出版説明

《先秦漢魏晉南北朝詩》百三十五卷，逯欽立（一九一〇——一九七三）纂輯。欽立先生字卓亭，筆名祝本，山東鉅野人。一九三九年畢業於北京大學中文系，隨即考入北大文科研究所，專門研習漢魏六朝文學。此後在前中央研究院歷史語言研究所、廣西大學（桂林）、東北師範大學任職，謝世前爲東北師大中文系教授，兼古典文學教研室主任。

逯先生對於漢魏六朝文學造詣殊深，撰述很多。一九四〇年，他感到明人馮惟訥所輯《詩紀》、近人丁福保所輯《全漢三國晉南北朝詩》，雖然「搜括靡遺」，有功於世，但仍存在嚴重缺失，遂在前書基礎上，重新攟摭上古迄隋末的歌詩謡諺，另謀新編。工作時斷時續，直至一九六四年，始編定《先秦漢魏晉南北朝詩》這部百卷巨帙，歷時長達二十四年。其間焚膏繼晷之勤苦，爬梳剔抉之艱辛，校讎編輯之謹嚴，略見於書末《後記》中。可惜本書出版時，逯先生已不及見，但是他對古典文學研究所作的貢獻，本書在學術上的價值，我們相信是經得住時間考驗的。

纂修總集，其準則大柢有兩條：「一則網羅放佚，使零章殘什，並有所歸；一則刪汰繁蕪，使莠稗咸除，菁華畢出。」（《四庫全書總目·總集類》）以此考核《詩紀》，可以看到馮惟訥的氣力主要是用在「網羅放佚」上，凡孤章浩帙、片辭隻韻，無不蒐録；而在「刪汰繁蕪」方面則用力甚微，致使全書眞僞錯雜，時見舛漏牴牾之處。再以此考核《全漢三國晋南北朝詩》，又會覺得丁福保的功夫主要是用來「刪汰繁蕪」。他以《詩紀》爲藍本而進行增刪，又依據清人馮舒的《詩紀匡謬》改正了原本的不少錯誤，這是《全漢三國晋南北朝詩》後來居上，得以廣泛流傳的原因。但是，丁書不録先秦的歌謡逸詩，已較《詩紀》爲遜色，又剿襲馮舒《匡謬》的按斷，不加細審，也造成了一些新的訛誤。另外，全書所録各詩均不注明出處，尤使人難以信據。今日編纂新的隋前詩歌總集，理當著力糾正馮、丁二書的偏頗。

可以説《先秦漢魏晋南北朝詩》正是馮、丁二書的糾偏補闕之作。相比較而言，逯書有着五項明顯的優點：（一）取材廣博。隋前歌詩謡諺，除《詩經》、《楚辭》而外，悉數編入。此雖取法《詩紀》，而引書近三百種，已超出《詩紀》三分之一以上。又如阮籍四言《詠懷詩》十三首，第三首以下皆馮、丁二書所未見，現在也據明刻本補入。（二）資料翔實。書中每一首詩都詳細標著出處，既有利徵引亦備覆查，大大提高了本書的科學價值。（三）異文齊備。凡各書異文，或一書不同版本的異文，甚至前人校勘成果，均予記録。爲便於研究，不避繁瑣，間亦指摘他本誤字。（四）考訂精審。如所謂蘇武、李陵的一組別詩，古人已有疑辭，而馮、丁二書仍以爲蘇、李自作，繫諸前漢卷内。逯先生就其内容題旨和修辭用語等方面分析，判定爲後漢文士所作，（詳見所著《漢詩別録》一文，載《歷史語言研究所集刊》第十六本。）在前漢卷内僅録《漢書》本傳所載「徑萬里兮度沙漠」歌一首，其餘《李陵録別詩》二十一首統編入後漢卷。又如宋刻《陸雲集》有《從事中郎張彦明爲中護軍》詩，割「奚世都爲汲郡太守」以下六十一字爲序，並在題下注「并序」二字。馮書以爲欠妥，將「奚世都」以下移至下文《贈汲郡太守》詩下爲序，丁書從其例。逯先生則以詩

逯欽立 輯校

先秦漢魏晉南北朝詩

一

中華書局

圖書在版編目(CIP)數據

先秦漢魏晉南北朝詩:附作者篇目索引:全四册/逯欽立輯校. —北京:中華書局,2017.9(2025.8 重印)
ISBN 978-7-101-12719-5

Ⅰ.先… Ⅱ.逯… Ⅲ.①古典詩歌-篇名索引-中國-先秦時代-魏晉南北朝時代②古典詩歌-著者索引-中國-先秦時代-魏晉南北朝時代 Ⅳ.I222.72

中國版本圖書館 CIP 數據核字(2017)第 183094 號

責任印製:陳麗娜

先秦漢魏晉南北朝詩
(附作者篇目索引)
(全四册)
逯欽立 輯校

*

中 華 書 局 出 版 發 行
(北京市豐臺區太平橋西里 38 號 100073)
http://www.zhbc.com.cn
E-mail:zhbc@zhbc.com.cn
三河市中晟雅豪印務有限公司印刷

*

850×1168 毫米 1/32 · 99¾印張 · 8 插頁 · 2228 千字
2017 年 9 月第 1 版 2025 年 8 月第 4 次印刷
印數:5501-7000 册 定價:498.00 元

ISBN 978-7-101-12719-5

再版説明

《先秦漢魏晉南北朝詩》自一九八三年初版，至今已經三十多年。此書出版後，受到了學術界的一致好評，並榮獲首屆國家圖書獎提名獎。一九八八年，常振國、絳雲二位先生爲《先秦漢魏晉南北朝詩》編製了作者、篇目索引，對詩篇作者歧互、輯校者加案語注明者，以及字號爵謚等，亦皆編入索引，殊便學者利用，此次再版，並附於後。適值輯校者逯欽立先生一百零八歲冥壽，謹以此表示我們對逯先生的敬意與懷念。

中華書局編輯部

二〇一七年八月

和序互證，認爲「奚世都爲汲郡太守」以下六十一字當與《從事中郎張彦明爲中護軍》詩題相接，勘正了宋刻陸集和馮、丁二書的淆亂。似此類辨僞訂訛之事，書中多有，説明本書不止是資料豐贍，而且在學術研究上也能給人以不少啓迪。（五）編排得宜。本書不取《詩紀》分爲前集、正集、外集、别集的體例，與《全漢三國晉南北朝詩》各代必以帝王宗室爲首卷也大不相同，而是嚴格按照作者卒年的先後加以編次。這樣做不僅能顯示同期作家之間的聯係和影響，也易於比較不同的詩風和流派，爲文學發展史的研究提供了方便。

《先秦漢魏晉南北朝詩》囊括千餘年詩歌篇什，引用數百種子史文集，個别考辨上的失當、校勘上的疏漏，都是難以避免的。譬如北周庾信卷有《重别周尚書詩二首》，王褒卷有《别王都官詩》，庾作第二首與王詩末四句全同，考《文苑英華》當是王褒作，其誤實源出明人所輯《庾信集》，所以庾信卷應删第二首。至於取材上的遺漏，也偶有發現。如《晉詩》卷十五湛方生下未收《神仙詩》：「爰有逸客，棲迹幽穴。仰超千里，夷此九折。」此詩載《北堂書鈔》卷百五十八。查本書已據《書鈔》百五十四録入湛方生「仲秋有秋色」詩，惟此《神仙詩》遺落，大概是由於鈎稽失察。我們見聞有限，不能重加輯校，只能略舉一二示例。

作爲一部遺著，本書原稿還曾有過其他一些缺點，像體例上前後有時矛盾，標注出處往往誤書卷數，凡此我們都在讀稿時作了改正。原稿上的斷句有欠精當，不少篇章未加點斷，已有的斷句偶見破讀，爲了便於使用，我們已全部重新點過。出於對原著的尊重，凡屬學術觀點上的問題，即如上面所列舉的疏失，一律不加改動，讀者在檢讀時當可自行辨别。

中華書局編輯部

一九八二年十二月

先秦漢魏晉南北朝詩目次

漢詩

魏詩

晉詩

宋詩

齊詩

梁詩

北魏詩

北齊詩

北周詩

陳詩

隋詩

凡例

一、是編以馮惟訥古詩紀爲基礎。以楊守敬古詩存目爲參考。廣取羣書。悉心校輯。補苴闕佚。訂正謬誤。編成先秦漢魏晉南北朝詩共一百三十五卷。先秦迄隋之詩歌謡諺略備於此。

二、詩經始肇歌集。楚辭總集之祖。所載歌詩。亦應編入。惟兩書傳行廣泛。極便查閲。又完整無闕。不待校正。且其成書年代久遠。雅詩騷辭已難脱離訓傳。故兹仍沿舊例。置諸編外。意防疊牀架屋。不是崇古尊經。

三、是編分代編次。略依隋志順序。分爲先秦、漢、魏、晉、宋、齊、梁、北魏、北齊、北周、陳、隋各代。又各代作者。以年代編次。其謡諺樂府。則分類序列。全書大例。略準下式。先諸家。次謡諺樂府。再次郊廟歌辭。最後釋道鬼神。惟先秦篇章。不備衆類。故分類編次。不傳作者。兩漢無名之作較多。有異各代。故彙集附諸卷末。

四、各代作者。率不詳生卒。其僅有卒年者。亦不過四分之一。今編次諸家。略以卒年爲準。其無卒年而僅知時代或僅有社會關係可考者。則酌入有關各卷。其俱無可考者。則仍沿詩紀。編之諸家之末。而以無卒年無社會關係之婦女作家專卷殿之。

五、是編於各代國君。不集體編之各代之首。而分别次之於同時諸家之前。而諸家之間。亦或兄弟異卷。父子分編。又曹操、司馬懿始造魏晉。故今編之魏晉之首。徐、陳、應、劉。屬之魏氏。嵇康、阮籍。仍歸當塗。其身歷數代者。則略從史傳定其倫第。如江淹入梁。顔之推入北齊。庾信入周。江總入陳是也。至於孔融列漢。陶淵明列晉。則係依據實際。非遵封建傳統。

六、晉宋以後。郊廟樂舞。皆具撰人。似應分别編入各家。然此等詩章。皆襲舊套。陳陳相因。徒具形式。作者所長。不具於此。且同堂之歌。宫商有序。一郊之樂。撰者匪一。合曲編列。有益研討。若加分割。易致兩失。今一從樂府詩集。專卷列之各代。分别注明作者姓名。

七、鼓吹曲辭、雜舞曲辭。凡奏之公朝。列在樂官者。亦如前例。編諸郊廟燕射之後。其各家擬作不入樂府者。則仍入本集。

八、横吹、清商二部。不著撰人姓氏。今編横吹入梁。從古今樂録也。至清商曲辭。歷經各代。既不無增減。亦迭有新製。詩紀統編晉代。尚所未安。今凡晉、宋、齊曲及舊舞之辭。姑仍詩紀。編入晉詩。其顯屬陳樂者入陳。明爲唐作者删之。

九、歌謡諺語。多出民間。片辭隻語。厥惟珍寶。故廣搜博採。期於全備。凡屬韵語者。悉加甄録。其僅口語與詩不類者。則略有删芟。以較杜文瀾古謡諺。此或增其所無。間亦略其所有。

一〇、各家小傳。略依詩紀及嚴氏全文。著其爵里、卒年、壽數以及著述。二書間有未載或不詳者。則捃摭史傳。補其事略。

一一、縹緗既紛。作者易混。往往一詩。作者歧互。其故蓋有下列諸端。各書傳刻之訛誤。後人輯本之妄收。文集合刻之混淆。作者姓名之變亂。賡答詩章之竄易。以及擬作之誤爲原作等。玆皆據實證。廣事究尋。凡能確定爲某人作者。則逕編入某集。題下注明某書作某人者誤。或於篇後附以案語。凡一時不能確定甲乙者。則互見兩集。而由各詩之出典標明之。不再論證。

一二、樂府詩作者姓名歧出者。亦略如上例。惟又有以下二事爲一般詩篇所無者。(一)因經樂人改用。遂署樂人之名。(二)一篇之辭。乃雜取各作而非一人之辭。凡此。或互見各集。或姑屬某人。皆視其情況而定。

一三、詩紀各集。先以類分。各類之間。又以體分。並依句數多寡。以定次序先後。此法不合舊集編纂體例。易泯各詩時間順序。割裂樂府本身條貫。本無足取之處也。然念先唐舊集傳世者。僅嵇康、阮籍、陸雲、陶淵明、鮑照、江淹六家。舊集殘存者。僅蔡邕、謝朓、蕭統、何遜、陰鏗、庾信等六家。以較隋志別集。百不存一矣。然則多數詩集已難規復原貌。今之編纂。自以仍從詩紀體例爲宜。又嵇康集、謝宣城集等。每附他人歌詩。可徵當時並作或賡答之迹。此舊集之佳體例也。詩紀間仿此例。一二集中附載他作。似爲可循之則。然全書大例既如彼。一二詩集又如此。殊爲自亂其例。今於附詩。一律從删。以求畫一。

一四、箴、頌、銘、贊以及誄、賦。皆各具體製。與詩不同。今皆不録。惟賦中所附之詩歌。如張衡思玄賦詩、趙壹刺世疾邪賦詩、梁簡文帝蓮花賦歌等。今悉録存。以廣詩囿。蓋此等歌詩本身抑已結構完備也。至於息夫絶命、王吉祝辭。亦皆列入。至如夏侯湛秋可哀、蕭慤聽鐘鳴等三字題歌。均屬詩人之什。

今亦悉加甄録。

一五、詩之散見於史子、方志、金石、碑帖、漢簡者。概加輯録。小説短書而爲唐宋以後人僞託者。則不濫收。

一六、佛道兩藏。並加蒐輯。惟釋氏篇章。譯文不録。録本人之作。本土之謡。仙道歌詩。凡有年代可稽者。編入各朝。無者率雜後世僞託。故一律從略。惟詩紀外編之無年可考者。附之隋詩之末。以俟再考。

一七、古人歌詩。一題或有數首。一首或分數章。一歌或含數解。積章成篇。合解成歌。是以一作而具各章各解者。皆不得割裂。蓋解斷即不成歌。章斷即不成篇也。如顔延年秋胡行。文選一首。玉臺九章。王融秋胡詩。本集七章。古文苑一首。舉數雖異。然皆不誤。因一首可有數章也。詩紀於上舉二詩。改九章、七章爲九首、七首。詩删因之。遂取顔氏三章以爲三首。此甚不可也。又如劉楨贈五官中郎將之必爲四首。而不得以四章目之。嵇康秋胡行之必分七章。而不得以七首目之。區囿不同。界限須明。今於詩歌出處。一律注之一首之末。一首數章。一歌數曲者。一律注之結章或末解末曲之下。此其統一體例。亦所以明篇章之有異也。

一八、各詩注明出於何書何卷。有利徵用。並備覆查。然名詩舊章。各書競引。若悉予著録。則其出典動輒十數。無益於校讀。易滋乎迷誤。今於標明出處一律從嚴。凡徵引全篇者。以時代爲次全部列出。凡節引而有異文可勘者。則附之出處之末。並列舉韻數。明其節引範圍。凡節引而無異文者。則一律不録。以省繁瑣。

一九、集本散亡。賴類書存其遺佚。然類書徵引。率爲節録。詩紀於顯爲殘闕者。篇末注一闕字以分別之。按馮氏以爲闕者。盡人能知其爲闕。馮氏不注而以爲完篇者。又多有殘什。增此一注。反滋迷誤。詩歸編者諸多臆説。未必不以此也。今統删此等注字。詩之爲完爲闕。參稽出處卽可略知。

二〇、古詩殘闕。或一篇而淪爲數處。或數章而雜爲一首。害辭害義。莫斯爲甚。今於分割之兩文。凡能確定爲一首者。則合之以爲一篇。隴西行、步出夏門行之例是也。凡一首而雜有數作者。則析之各歸本篇。應璩百一之例是也。

二一、樂府詩之分本辭奏曲。此法始自樂府詩集。較其名實。良多未安。然行之既久。今亦沿襲不改。姑以本辭爲主。以奏曲附之。唯魏明帝步出夏門行。原止奏曲。詩紀乃據選詩外編補其本辭。實謬之甚。今删之。又玉臺新詠雙白鵠一篇。與宋志載者繁簡亦異。今姑仿郭氏。補爲本辭。

二二、詩歌題目。率從詩紀。然亦間參各書標出新目。求其接近舊集也。至於各代謡諺。詩紀多從樂府詩集。楊氏古詩存目多從杜氏古謡諺。今以楊目爲主。取其較爲詳實也。

二三、古人詩篇。或無題目。或有序而無題。固無定也。後人或妄爲標目。或依詩添序。或因序置題。古詩面目頗以失真。今者。或重爲訂正。以復其舊。或詳列出處。明其異同。

二四、樂府詩凡兼有篇名、調名者。或兼有詩題調名者。今略依宋志。悉以篇名及詩題標目。而以調名注於題下。其僅有調名者。卽以調名爲題。不仿首句名篇之例臆造新題。

二五、詩紀題注。凡屬馮氏考證或創見。則一律著録。以彰其功。其爲録自書傳者。則不再注明。詩歌謡諺本事。亦率從詩紀。間有以原書改易詩紀者。亦不再注明。

二六、詩紀各詩題目。有出詩字者。有不出詩字者。標題殊不一致。今一律綴以詩字。其無題或失題之殘篇。今只標曰詩。以求體例之統一。至於樂府歌行以及雜詠。則不在此例。

二七、資以校勘之文史子集。本身亦復魯魚亥豕。歷經校者比對。異文滋多。今爲擷取衆長。取校多用校本。如廣弘明集用大正藏本是也。又間參前人校記。以廣異文。如陸機詩取羣書校補。藝文類聚參馮己蒼校記是也。

二八、詩紀編詩。亦間參衆本。而參用之本。今多不見。故詩紀原注異文。今悉數保存。並逐字注明之。

二九、詩歌出處既已注明。故文字異同僅夾注某書作某。不再標出卷第。同書異卷所引文字有互歧者。則夾注某書或作某。亦不再標出卷第。凡此皆以省閲讀之繁也。

引用書目

尚書
詩經
禮記
周禮
儀禮
大戴禮　四部叢刊本
尚書大傳　四部叢刊本
韓詩外傳　四部叢刊本
論語
孟子
尚書考河命　清河郡本
尚書摘洛戒　清河郡本
詩含神霧　清河郡本
詩汎歷樞　守山閣本
河圖絳象　清河郡本
論語摘衰聖　清河郡本
毛詩草木鳥獸魚蟲疏　漢魏叢書本
説文繫傳　龍威秘書本
廣韻　宋刊本
韻補　叢書集成本
爾雅翼　明正德刊本
左傳
國語　黄氏仿宋刻本
逸周書　四部叢刊本
戰國策　黄氏刻本
史記　百衲本

漢書　百衲本
後漢書　百衲本
三國志　百衲本
晉書　百衲本
宋書　百衲本
南齊書　百衲本
梁書　百衲本
陳書　百衲本
魏書　百衲本
北齊書　百衲本
周書　百衲本
隋書　百衲本
南史　百衲本
北史　百衲本
舊唐書　百衲本
資治通鑑　四部叢刊本

列女傳　四部叢刊本
漢紀　四部叢刊本
謝承後漢書　姚氏集本
十六國春秋　屠刻本
華陽國志　四部叢刊本
山海經　郝氏校本
穆天子傳　平津館本
吴越春秋　漢魏叢書本
水經注　四部叢刊本
襄陽耆舊記　明五雲溪活字本
世説新語　四部叢刊本
高僧傳　大正藏本
續高僧傳　大正藏本
洛陽伽藍記　四部叢刊本
渚宫舊事　平津館本
岱史　道藏本

廬山記　大正藏本
廬山紀事　大正藏本
陶隱居傳　道藏本
茅山志　道藏本
列仙傳　郝氏遺書本
神仙傳　漢魏叢書本
周氏冥通記　秘册本
金陵玄觀志　陶風慶本
長安志　明刊本
中吴紀聞　叢書集成本
景定建康志　清翻宋本
永嘉縣志
南康府志
輿地紀勝　述古堂本
太平寰宇記　樂氏刊本
六朝事迹編類　古今逸史本
竹書紀年　古今逸史本
七略　玉函山房本
通志
路史　明萬曆刊本
隸釋　明刊本
漢晉西陲木簡
金石遺文録　中如埴重刻本
石鼓文箋
金石文字記　指海本
胡録金石考
管子　四部叢刊本
墨子　四部叢刊本
莊子　四部叢刊本
列子　四部叢刊本
荀子　古逸叢書本
晏子春秋　四部叢刊本

韓非子　四部叢刊本
尸子　百子全書本
慎子　四部叢刊本
商子　天一閣本
鄒子　百子全書本
尉繚子　四部叢刊本
魯連子　四部叢刊本
鬼谷子　四部叢刊本
燕丹子　百子全書本
吕氏春秋　四部叢刊本
淮南子　諸子集成本
家語　百子全書本
孔叢子　百子全書本
鹽鐵論　四部叢刊本
新書　四部叢刊本
新序　四部叢刊本

說苑　四部叢刊本
論衡　黄暉校本
風俗通　四部叢刊本
中論　四部叢刊本
博物志　黄氏叢書本
抱朴子　四部叢刊本
西京雜記　四部叢刊本
漢武帝内傳　道藏本
搜神記　百子全書本
搜神後記　百子全書本
拾遺記　漢魏叢書本
異苑　津逮秘書本
顔氏家訓　知不足齋本
述異記　百子全書本
金樓子　龍威秘書本
老子化胡經　石室秘寶本　石室佚書續編本

齊民要術　學津討源本
玉燭寶典　古逸叢書本
弘明集　大正藏本
廣弘明集　大正藏本
辨正論　大正藏本
真誥　道藏本
還冤記　漢魏叢書本
歲華紀麗　津逮秘書本
編珠　高氏刊本
文鏡秘府論
意林　道藏本
開元占經　叢書集成本
法書要録　津逮秘書本
匡謬正俗　四部叢刊本
長短經　讀畫齋叢書本
嬾真子　稗海本

劉賓客嘉話録　叢書集成本
陸羽茶經　百川學海本
北户録　學海類編本
唐語林　叢書集成本
灌畦暇語　叢書集成本
雲麓漫鈔　叢書集成本
續齊諧記　漢魏叢書本
法苑珠林　四部叢刊本
雲笈七籤　四部叢刊本
困學紀聞　四部叢刊本
出三藏記集　大正藏本
野客叢書　稗海本
集古録　叢書集成本
韻語陽秋　學海類編本
古今注　黄中模校本
北窗炙輠録　叢書集成本

荆川左編　叢書集成本
猗覺寮雜記　知不足齋本
春秋演繁露　叢書集成本
廣博物志　萬曆刊本
古今黈　羣書校補本
冷齋夜話　藏園羣書本
式古堂書畫彙考　方氏刊本
戲鴻堂帖
歲時廣記　學海類編本
高似孫緯略　守山閣本
筆麈　奇晉齋叢書本
泉志　學津討源本
仙歌品　道藏本
諸真歌頌　道藏本
無上秘要　道藏本
歷世真仙通鑑　道藏本

玉音法事　道藏本
靈寶无量上度人品妙經符圖　道藏本
靈寶无量上經大法　道藏本
太上洞玄靈寶授受儀　道藏本
靈寶昇玄步虚章序經疏　道藏本
洞玄靈寶玉京山步虚經　道藏本
北堂書鈔　孔氏刊本
藝文類聚　影印宋本　馮己蒼校本
初學記　陳大科刊本
白帖　影印宋本
修文館御覽　鳴沙石室佚書本
太平御覽　影印日本宋本
太平廣記　明刊本
事類賦　明仿宋本
錦繡萬花谷　明刊本
海録碎事　明刊本

風雅翼　明刊本
古今合璧事類備要　明嘉靖刊本
事文類聚　明刊本
略出籯金　鳴沙石室古籍叢殘本
唐類函　明刊本
類書殘卷　鳴沙石室古籍叢殘本
潛確類書　明刊本
倭名類聚
楚辭　宋刊本
琴操　平津館本
昭明文選　胡刻本　四部叢刊本
玉臺新詠　寒山趙氏仿宋本
文館詞林　董氏影印唐寫本　適園叢書本
古文苑　守山閣本　四部叢刊本
古今歲時雜詠　明抄本
樂府古題要解　明刊本
樂府詩集　影宋刊本
文苑英華　明刊本
文苑英華辨證　知不足齋本
文章正宗　明刊本
三謝詩　影印日本刊本
古樂府　明刻本
文選補遺　清乾隆刊本
廣文選　明刻本
風雅遺篇　函海本
古今風謡　函海本
古今諺　函海本
古詩類苑　明嘉靖刊本
苑詩類選　明嘉靖刊本
全唐詩
全唐文
續古文苑　平津館叢書本

古謡諺　曼陀羅華閣叢書本
蔡中郎集　海源閣本
曹子建集　四部叢刊本
嵇康集　周樹人校本
阮步兵集　潘璁刻本
阮嗣宗集　二十二家集本
陸士衡集　四部叢刊本　羣書校補本
陸士龍集　四部叢刊本
陶淵明集　曾集刻本　蘇寫大字本　焦竑刻本
東坡先生和陶淵明詩
鮑氏集　四部叢刊本
謝宣城集　四部叢刊本
梁武帝集　六朝詩集本
梁簡文帝集　六朝詩集本
江文通集　四部叢刊本　二十二家集本
劉孝威集　六朝詩集本

何水部集　六朝詩集本
陰常侍集　六朝詩集本
徐孝穆集　四部叢刊本
庾子山集　四部叢刊本
庾開府詩集　六朝詩集本
黄氏集千家注杜工部詩史　四部叢刊本
草堂詩箋　古逸叢書本
朱文公校韓昌黎集　四部叢刊本
松陵集　湖北先正遺書本
文心雕龍　范文瀾注本
西溪叢語　津逮秘書本
苕溪漁隱叢話　叢書集成本
石林詩話　津逮秘書本
後村詩話　適園叢書本
詩人玉屑　㭬致叢書本
坦齋通編　守山閣本

對牀夜語　學海類編本

觀林詩話　墨海金壺本

彥周詩話　津逮秘書本

詩話總龜　四部叢刊本

先秦詩卷一

歌上

彈歌

吴越春秋曰。越王欲謀復吴。范蠡進善射者陳音。音。楚人也。越王請音而問曰。孤聞子善射。道何所生。音曰。臣聞弩生于弓。弓生于彈。彈起于古之孝子。不忍見父母爲禽獸所食。故作彈以守之。歌曰。○詩紀注。劉勰云。黄歌斷竹。質之至也。又曰斷竹黄歌。乃二言之始。又注。黄。黄帝也。○逯案。吴越春秋所載越歌。率類漢篇。惟此歌質樸。殆是古代逸文。劉勰謂爲黄歌。當别有據。今仍照詩紀列此。

斷竹續竹。書鈔作屬木。類聚、白帖、御覽同。飛土逐宍。書鈔作肉。白帖　御覽同。吴越春秋誤作害。類聚同。詩紀云。宍。古肉字。今吴越春秋作害。非。○吴越春秋九。書鈔百二十四。類聚六十。白帖五。御覽三百五十。詩紀前集一。

擊壤歌

禮記經解正義引尚書傳曰。民擊壤而歌。鑿井而飲。畊田而食。帝力何有。類聚引帝王世紀曰。天下大和。百姓無事。有五十老人擊壤於道。觀者歎曰。大哉。帝之德也。老人曰云云。於是景星曜於天。甘露降於地。

日出而作。日入而息。鑿井而飲。耕田而食。帝力於我何有哉。類聚作帝何力於我哉。樂府、詩紀同。初學記作帝力何有於我哉。御覽或作帝何德於我哉。○類聚十一。御覽五百六引高士傳。又五百七十二、七百五十五引逸士傳。樂府詩集八十三。詩紀前集一。

賡歌

尚書曰。帝庸作歌曰。敕天之命。惟時惟幾。乃歌曰云云。皐陶拜手稽首颺言曰。念哉。率作興事。慎乃憲。欽哉。乃賡載歌曰云云。又歌曰云云。帝拜曰。俞。往。欽哉。

股肱喜哉。元首起哉。百工熙哉。白帖作元首起哉。百工喜哉。萬事熙哉。○尚書益稷篇。史記夏本紀。白帖十八。御覽五百七十。詩紀前集一。

元首明哉。股肱良哉。庶事康哉。○尚書益稷篇、史記夏本紀。類聚四十三作舜作歌。文選一兩都賦注。御覽九百五十一。詩紀前集一。

元首叢脞哉。股肱惰御覽或誤作隋。哉。萬事墮御覽或作隳。哉。○尚書益稷篇。史記夏本紀作舜又歌。類聚四十三。御覽五百七十、五百九十。詩紀前集一。

南風歌

家語曰。昔者舜彈五絃之琴。造南風之詩。其詩曰云云。史記樂書曰。舜彈五弦之琴。歌南風之詩。而天下治。南風之詩者。生長之音也。舜樂好之。樂與天地同意。得萬國之驩心。故天下治也。

南風之薰兮。可以解吾民初學記、白帖作人。御覽或同。之慍兮。南風之時兮。可以阜吾民白帖作人。御覽或同。之財兮。上下兩聯御覽或顛倒。○家語辨樂篇。類聚四十三。白帖一。御覽五百七十一、五百九十二。詩紀前集四作南風操。又尸子綽子篇、初學記一、御覽九並引薰、慍二韵。○史記樂書又云。昔者舜作五絃之琴以歌南風。正義云。鄭玄曰。其辭未聞也。索隱云。此詩之辭出於尸子及家語。○逯案。史記已言歌南風之詩。馮衍顯志賦又云詠南風之高聲。步隲上疏亦言彈五絃之琴。詠南風之詩。俱證尸子以後。此詩傳行已久。謂爲王肅僞作。非是。

大唐歌

尚書大傳曰。惟五祀。定鍾石。論人聲。鳥獸咸變。於是勃然興韶於大麓之野。執事還歸。二年謗然。乃作大唐之歌。以聲帝美。聲成而綵鳳至。故其樂曰。

舟張辟雍。鶬鶬相從。八風回回。鳳皇喈喈。○尚書大傳一。路史後記十二。詩紀前集九。○逯案。詩紀原作辟雍詩。巵林已辨其非。今改正列此。

卿雲歌

尚書大傳曰。舜將禪禹。於時俊乂百工。相和而歌卿雲。帝乃倡之曰云云。八伯咸進。稽首曰云云。帝乃載歌旋持衡曰云云。

卿尚書考河命作慶。雲爛兮。糺類聚作禮。御覽、樂府同。縵縵樂府作漫漫。兮。日月光華。旦類聚或缺此字。復類聚作或。御覽作咸。旦兮。○尚書大傳一。尚書考河命。宋書二十七。書鈔一百六。類聚一、四十三。御覽五百七十一。樂府詩集八十三。詩紀前集一。

明明上天。爛然星陳。日月光類聚無光字。華。弘于尚書考河命作予。宋書、御覽同。類聚作兮。一人。○尚書大傳。尚書考河命。宋書二十七。類聚四十三。御覽五百七十一。樂府詩集八十三。詩紀前集一。

日月有常。星辰有行。四時從樂府作順。詩紀同。經。萬姓允誠。於予御覽作施子。論樂。配天之靈。遷于賢聖。尚書考河命作聖賢。宋書同。樂府作賢善。詩紀同。又注。一作聖。莫不咸聽。鼚御覽作長。乎鼓御覽作歌。之。軒乎舞御覽作僡。之。精詩紀作菁。華已尚書考河命作以。宋書同。竭。褰裳去之。○尚書大傳。尚書考河命。宋書二十七。御覽五百七十一。樂府詩集八十三。詩紀前集一。又類聚四十三引常、行、經、誠、靈五韻。

塗山歌

呂氏春秋曰。禹年三十未娶。行塗山。恐時暮失嗣。辭曰。吾之娶必有應也。乃有白狐九尾而造於禹。禹曰。白者。吾服也。九尾者。其證也。於是塗山人歌曰云云。於是娶塗山女。

綏綏白狐。九尾龐龐。成于家室。書鈔作成家成室。御覽同。我都攸書鈔作彼。御覽同。昌。○書鈔一百六。類聚九十九、御覽五百七十一並引呂氏春秋。○逯案。今本呂氏春秋脱此條。又吴越春秋越王無余外傳載塗山之歌云。綏綏白狐。九尾痝痝。我家嘉夷。來賓爲王。成家成室。我造彼昌。天人之際。於茲則行。蓋據呂書又有增加。樂府詩集八十三引吴越春秋此歌成家成室二句作成于家室。我都攸昌。文字略異。詩紀前集一據樂府詩集以吴越春秋之歌爲正文。而以呂書佚文附之。非是。又劉師培呂氏春秋斠補自序謂書鈔所引係吴越春秋之誤。亦非是。

塗山女歌

呂氏春秋曰。禹行功。見塗山氏之女。禹未之遇。而巡省南土。塗山氏之女。乃令其妾候禹于塗。女乃作歌。歌曰。

候人猗兮。呂氏春秋作兮猗。○呂氏春秋音初篇。文選四南都賦注。文選五吴都賦注。

五子歌

夏書曰。太康失位。以逸豫滅厥德。黎民咸貳。乃盤游無度。畋于有洛之表。有窮后羿。因民弗忍。距于河。厥弟五人。御其母以從。徯于洛之汭。五子咸怨。述大禹之戒以作歌。

皇祖有訓。民可近。不可下。民惟邦本。本固邦寧。予視天下愚夫愚婦。一能勝予。怨豈在明。不見是圖。予臨兆民。懔乎若朽索之馭六馬。爲人上者。奈何不敬。○夏書五子之歌篇。御覽八十二。詩紀前集一。

訓有之。内作色荒。外作禽荒。甘酒嗜音。峻宇雕牆。有一於此。未或不御覽或作弗。亡。○夏書五子之歌篇。御覽八十二。詩紀前集一。又御覽五百七十引荒、牆、亡三韵。

惟彼陶唐。有此冀方。今失厥道。詩紀云。左傳作行。亂其紀綱。乃底滅亡。○同上

明明我祖。萬邦之君。有典有則。貽厥子孫。關石和鈞。王府則有。荒墜厥緒。覆宗絶祀。○同上

嗚呼曷歸。予懷之悲。萬姓仇予。予將疇依。鬱陶乎予心。顏厚有忸怩。弗慎厥德。雖悔可追。○同上○逯案。左氏哀六年傳引夏書曰。惟彼陶唐。帥彼天常。有此冀方。今失其行。亂其紀綱。乃滅而亡。與此略同。可證歌爲先秦逸文。

夏人歌

韓詩外傳曰。桀爲酒池糟隄。縱靡靡之樂。一鼓而牛飲者三千人。羣臣皆相持而歌。尚書大傳曰。夏人飲酒。醉者

持不醉者。不醉者持醉者而歌曰。盍歸乎。薄亦大矣。伊尹退而更曰。覺兮較兮。吾大命格兮。去不善而從善。何不樂兮。薄。湯之都也。

江水沛新序重沛字。兮。舟楫敗兮。我王廢兮。趣歸於新序無於字。薄。韓詩外傳作亳。樂府同。詩紀云。一作亳。新序薄下有兮字。薄亦大兮。趣歸以下尚書大傳作盍歸于亳。盍歸于亳。亳亦大矣。類聚同。唯亳亦上有上字。○韓詩外傳二。新序六。樂府詩集八十三。又尚書大傳二及類聚十二皆引大一韵。樂兮樂兮。四牡蹻韓詩外傳作驕。樂府同。兮。六轡沃兮。去不善而從善。韓詩外傳此句作去不善兮。何不樂兮。○韓詩外傳二。新序六。樂府詩集八十三。詩紀前集一。

麥秀歌

史記曰。箕子朝周。過故殷墟。感宫室毁壞生禾黍。箕子傷之。欲哭則不可。欲泣爲其近婦人。乃作麥秀之詩以歌之。其詩曰。

麥秀漸漸文選注不重漸字。尚書大傳作蔪蔪。兮禾黍油油。文選注作黍米䵷䵷。彼狡童史記作僮。文選注同。兮不與我好兮。尚書大傳作不我好仇。御覽、樂府同。文選注作不我好。○史記宋世家。尚書大傳。文選十六思舊賦注引尚書大傳。御覽五百七十引史記。樂府詩集五十七作傷殷操。詩紀前集一。

採薇歌

史記曰。武王已平殷亂。天下宗周。而伯夷、叔齊恥之。義不食周粟。隱於首陽山。採薇而食之。及餓且死而作歌。

其辭曰。

登彼西山兮採御覽採上有言字。其薇矣。書鈔無矣字。以暴御覽作亂。易暴兮不知其非矣。書鈔、御覽無矣字。神農虞夏忽焉没兮。我適安歸矣。書鈔、御覽無矣字。吁嗟徂兮命之衰矣。○史記伯夷列傳。詩紀前集一。又書鈔百六、御覽五百七十並引薇、非、歸三韵。○逯案。吕氏春秋誠廉篇云。昔周之將興也。伯夷、叔齊相謂曰。昔者神農氏之有天下也。時祀盡敬。不以人之壞自成也。今周見殷之僻亂也。而遽爲之正與治。以此紹殷。是以亂易暴也。今天下闇。周德衰矣。不若避之以潔吾行。至首陽之下而餓焉。其曰神農氏。曰以亂易暴。曰周德衰。與此歌相出入。則此歌之出殆在秦之末年也。

夢歌

詩紀云。一作瓊瑰歌。

左傳曰。聲伯夢涉洹。或與己瓊瑰食之。泣而爲瓊瑰。盈其懷。從而歌之云云。懼不敢占也。還自鄭。至於貍脤而占之。曰。余恐死。故不敢占。今衆繁而從余三年矣。無傷也。言之。之暮而卒。

濟洹之水。贈我以瓊瑰。歸乎歸乎。瓊瑰盈吾懷乎。○左傳成公十七年傳。御覽四百。詩紀前集一。

去魯歌

詩紀云。一作師乙歌。

史記曰。孔子相魯。齊人遺女樂。季桓子受之。三日不聽政。郊。又不致膰俎於大夫。孔子遂行。宿乎屯。而師己送曰。夫子則非罪。孔子曰。吾歌可夫。歌曰云云。桓子聞之曰。夫子罪我以羣婢故也。

彼婦家語婦下有人字。類聚、御覽、樂府同。之口。可以出走。彼婦家語婦下有人字。類聚、御覽、樂府同。之謁。可以死敗。御覽作敗死。蓋家語無蓋字。類聚、御覽、樂府同。優哉游哉。維家語作聊。類聚、御覽、樂府同。以卒歲。○史記孔子世家。家語子路初見篇。類聚十九。御覽四百六十五。樂府詩集八十三。詩紀前集一。

蟪蛄歌

詩含神霧曰。孔子歌曰云云。政尚静而惡華也。

違山十里。蟪蛄之聲。猶尚在耳。○古微書詩含神霧。説苑政理篇作孔子謂弟子曰。詩紀前集一。

曳杖歌

詩紀云。一作夢奠歌。亦見家語。

檀弓曰。孔子蚤作。負手曳杖。消摇於門。歌曰云云。既歌而入。當户而坐。子貢聞之曰。泰山其頹。則吾將安仰。梁木其壞。哲人其萎。則吾將安放。遂趨而入。夫子曰。予疇昔之夜。夢奠於兩楹之間。夫明王不興。而天下其孰能宗予。予殆將死也。蓋寢疾七日而終。

泰御覽或作太。山其頹乎。梁木其壞乎。哲人其萎乎。○禮記檀弓上。家語終記解。書鈔百六、百三十三。御覽四百、五百七十、七百十。詩紀前集一。

原壤歌

檀弓曰。孔子之故人曰原壤。其母死。夫子助之沐槨。原壤登木曰。久矣。予之不託於音也。歌曰云云。夫子爲弗聞也而過之。

貍首之斑御覽作班。然。執女手之卷然。○禮記檀弓下。家語屈節篇。白帖十八。御覽五百十三、五百五十二、五百七十。詩紀前集一。

南蒯歌

詩紀云。一作鄉人飲酒歌。

左傳曰。魯昭公十二年。季平子立。而不禮於南蒯。南蒯以費叛。將適費。飲鄉人酒。鄉人或歌曰。

我有圃。生之杞乎。從我者子乎。去我者鄙乎。倍其隣者恥乎。已乎已乎。非吾黨之士乎。○左傳昭公十二年傳。御覽五百七十。詩紀前集一。

成人歌

檀弓曰。成人有其兄死而不爲衰者。聞高子皐爲成宰。遂爲衰。成人歌曰。

蠶則績而蟹有匡。范則冠而蟬有緌。兄則死而子皐爲之衰。○禮記檀弓下。詩紀前集一。

黄鵠歌

列女傳曰。魯陶嬰者。陶明之女也。少寡。養幼孤。無彊昆弟。紡績爲産。魯人或聞其義。將求焉。嬰聞之。恐不得免。乃作歌明己之不更二庭也。其歌曰云云。魯人聞之。遂不敢復求。

悲夫御覽或無夫字。列女傳無悲夫二字。黄鵠之早寡兮。書鈔或無兮字。御覽或同。下仿此。七御覽或作十。年不雙。白帖雙下增飛字。宛列女傳作鵷。頸御覽或作勁。獨宿御覽或作戢翼。兮不與衆同。夜半悲鳴兮想其故雄。此句御覽或作時則非鳴兮獨行惸惸。天白帖作其。命早寡御覽或作令然。兮獨宿何傷。御覽或作愧獨永傷。寡婦念此白帖作念此寡婦。御覽或作感烏悒己。兮泣御覽或作淚。下數御覽或作成。行。嗚呼哀哉二字御覽或作悲哉。或止作悲。兮白帖無兮字。死者不可忘。飛白帖無飛字。鳥御覽或作鳴。尚然兮況於御覽或作何況。貞樂府作真。良。白帖作況其夫良。雖有賢雄兮終不御覽不下或有可字。重詩紀作同。行。○列女傳四。白帖六。御覽四百四十一、五百七十二。樂府詩集四十五。詩紀前集一。○逯案。藝文類聚九十、御覽九百十六引此皆略爲四言。其辭曰。黄鵠早寡。七年不雙。宛頸獨宿。不與衆同。禽鳥尚然。況於貞良。

宋城者謳詩紀云。卽華元歌。

左傳曰。鄭公子受命於楚。伐宋。宋華元、樂呂御之。戰于大棘。宋師敗績。囚華元。獲樂呂。宋人以兵車百乘。文馬百駟。以贖華元於鄭。半入。華元逃歸宋城。華元爲植巡功。城者謳曰云云。使其驂乘謂之曰。牛則有皮。犀兕尚多。棄甲則那。役人曰云云。華元曰。去之。夫其口衆我寡。

睅其目。皤其腹。棄甲而復。于思于思。棄甲復來。○左傳宣公二年傳。類聚十九。御覽百九十二、三百五十五、三百六十六、四百六十五。詩紀前集一。

從其有皮。丹漆若何。○左傳宣公二年傳。御覽百九十二、三百五十五。詩紀前集一。

澤門之晳謳詩紀云。一作築者歌。

左傳曰。宋皇國父爲太宰。爲平公築臺於門。妨於農收。子罕請俟農功之畢。公弗許。築者謳曰。

澤門之晳。實興我役。邑中之黔。實慰我心。○左傳襄公十七年傳。白帖三。御覽百七十七、四百六十五。詩紀前集一。

野人歌

左傳曰。衛侯爲夫人南子召宋朝。會于洮。野人歌之曰。

既定爾婁豬。盍歸吾艾豭。○左傳定公十四年傳。白帖二十九。詩紀前集一。

齊民歌

韓非子曰。齊桓公飲酒。醉遺其冠。恥之。管仲曰。公胡其不雪之以政。公曰。善。因發倉囷賜貧窮。論囹圄。出薄罪。處三日而民歌之曰。

公胡御覽或作乎。不復遺其韓非子無其字。御覽或同。冠乎。○韓非子難二篇。金樓子雜記篇。類聚十九。御覽四百九十七、六百八十四、八百四十五。詩紀前集一。

凍水歌詩紀作齊臺歌。

晏子春秋曰。景公起大臺之役。歲寒不已。國人望晏子。晏子見公。迺坐飲酒樂。晏子曰。君若賜臣。臣請歌之。歌曰。庶民之言曰云云。歌終。喟然流涕。公止之曰。子殆爲大臺之役夫。寡人將速罷之。

凍水書鈔作冰。洗類聚作庶民之凍。我若之何。太書鈔作奉。類聚同。上靡散書鈔作靡散。類聚作靡弊。我若之何。○晏子春秋內諫下。書鈔百五十六。類聚五。詩紀前集一。

穗歌

晏子春秋曰。景公爲長庲。將欲美之。有風雨作。公與晏子入坐飲酒。致堂上之樂。酒酣。晏子作歌曰云云。歌終。顧而流涕。張躬而舞。公遂廢酒罷役。不果成長庲。

穗乎晏子春秋作兮。御覽或同。御覽或作禾有穗兮。不得穫。秋風至兮殫御覽或作盡。或作草。零落。風雨之弗殺也。御覽作拂煞之。太上之靡弊也。此句御覽止作靡弊之。○晏子春秋内諫下。御覽四百五十六。詩紀前集一。又御覽八百二十四引虞喜志林引穫、落二韵。

歲莫歌詩紀作齊役者歌。

晏子春秋曰。景公築長庲之臺。晏子侍坐。觴三行。晏子起舞曰云云。舞三而涕下沾襟。景公慚焉。爲之罷長庲之役。

歲已莫矣。而禾不穫。忽忽兮若之何。歲已寒矣。而役不罷。惙惙兮如之何。○晏子春秋外篇。詩紀前集一。

齊莊公歌

晏子春秋曰。晏子臣於莊公。公不説。飲酒。令召晏子。晏子至。入門。公令樂人奏。歌曰。

已哉已哉。寡人不能説也。爾來爲。○晏子春秋内篇雜上。

萊人歌

左傳曰。哀公五年秋。齊景公卒。冬十月。公子嘉、公子駒、公子黔奔衛。公子鉏、公子陽生來奔。萊人歌之曰。

景公死乎不史記作弗。與埋。三軍之士御覽作事。之士二字史記作事。不史記作弗。與謀。師乎師乎。何史記作胡。黨之乎。○左傳哀公五年傳。史記齊世家。御覽五百七十。詩紀前集一。

齊人歌

左傳曰。哀公二十一年。公與齊侯邾子盟於顧。齊人責稽首。因歌之曰。

魯人之皐。數年不覺。使我高蹈。唯其儒書。以爲二國憂。○左傳哀公二十一年傳。御覽五百七十。詩紀前集一。

采芑歌

史記曰。田常成子與監止俱爲左右相。相齊簡公。田常心害監止。監止幸於簡公。權弗能去。於是田常復修釐子之政。以大斗出貸。以小斗收。齊人歌之曰。

嫗乎采御覽作採。芑。歸乎田成子。○史記田敬仲完世家。詩紀前集一。○詩紀云。劉知幾史通曰。田常見在而遽呼以謚。此之不實。昭然可見。○逯案。此歌自是後世所傳。故有成子之説。然亦仍爲周末之作。觀下歌可知。

周秦民歌

韓非子曰。景公與晏子遊於少海。登柏寢之臺。還望其國曰。美哉。泱泱乎。堂堂乎。後世將孰有此。晏子對曰。其田成氏乎。齊嘗大飢。道旁餓死者不可勝數也。父子相牽而趨田成氏者。不聞不生。故周秦之民相與歌之曰。

謳乎其已乎。苞乎其往歸田成子乎。○韓非子外儲説右上。

彈鋏歌 一作長鋏歌。

史記曰。馮驩見孟嘗君。居傳舍十日。孟嘗君問傳舍長曰。客何所爲。答曰。馮先生甚貧。惟有一劍耳。又蒯緱彈其劍而歌曰云云。孟嘗君遷之幸舍。食有魚矣。五日。又問傳舍長。答曰客復彈劍而歌曰云云。孟嘗君遷之代舍。五日。孟嘗君復問傳舍長。答曰。先生又嘗彈劍而歌曰云云。于是孟嘗君不悦。

長鋏歸來乎御覽或作兮。書鈔作大丈夫歸去來兮。白帖作長鋏歸兮。食無魚。○戰國策齊策四。史記孟嘗君列傳。書鈔百六。白帖五。御覽三百四十六、四百八十四、五百七十一。詩紀前集一。

長鋏歸來乎御覽或作兮。書鈔作大丈夫歸去來兮。出書鈔作乘。無車。御覽或作輿。○戰國策齊策四。史記孟嘗君列傳。書鈔百六。御覽三百四十六、四百八十四、五百七十一。詩紀前集一。

長鋏歸來乎御覽或作兮。無以爲家。○戰國策齊策四。史記孟嘗君列傳。御覽三百四十六、四百八十四、五百七十一。詩紀前集一。

松柏歌

戰國策曰。秦使陳馳誘齊王建入秦。遷之共。處之松柏之間。餓而死。齊人怨建聽姦人賓客。不蚤與諸侯合從。以亡其國。歌之云。

松邪柏邪。住風俗通作亡。詩紀無住字。注云。一本作住建共者客邪。建共者客邪。○戰國策齊策六。風俗通王霸篇。通鑑六。詩紀前集一。

先秦詩卷二

歌下 附孔叢子等書傳聞依託之作。

狐裘歌 詩紀云。一作狐裘詩。

左傳曰。晉侯使士蔿爲二公子築蒲與屈。不慎。置薪焉。夷吾訴之。公使讓之。士蔿對曰。臣聞之。無喪而慼。憂必讎焉。無戎而城。讎必保焉。寇讎之保。又何慎焉。詩云。懷德惟寧。宗子惟城。君其修德而固宗子。何城如之。三年。將尋師焉。焉用慎。退而賦曰。

狐裘尨茸。一國三公。吾誰適從。○左傳僖公五年傳。白帖十二。詩紀前集二。

暇豫歌

國語曰。驪姬告優施曰。君既許我殺太子而立奚齊矣。吾難里克。使優施飲里克酒。中飲。優施起舞。謂里克妻曰。主孟啗我。我教兹暇豫事君。乃歌曰云云。里克笑曰。何謂苑。何謂枯。優施曰。其母爲夫人。其子爲君。可不謂苑乎。其母既死。其子又有謗。可不謂枯乎。枯且有傷。優施出。里克不餐而寢。夜半。召優施曰。曩而言戲乎。抑有所聞之乎。曰。然。君既許殺太子而立奚齊。里克曰。中立其免乎。優施曰。免。

暇豫之吾吾御覽作俉俉。不如鳥烏。人文選注作烏。皆集於苑。國語作苑。御覽作蔚。己獨集於枯。○國語晉語二。文選二十九曹攄感舊詩注。御覽四百六十九。詩紀前集二。

龍蛇歌

呂氏春秋曰。晉文公反國。介子推不肯受賞。自爲賦詩曰云云。懸書公門而伏於山下。文公聞之曰。譆。此必介子推也。○逯案。龍蛇歌分見呂氏春秋、史記、說苑、新序、淮南子注及琴操等。辭各有異。詩紀均入古逸。今分別編此及漢詩中。

有龍于飛。周徧天下。五蛇從之。爲之承輔。龍返其鄉。得其類聚作既得。處所。四蛇從之。得其露雨。一蛇羞御覽作著。之。槁呂氏春秋作橋。詩紀同。御覽無此字。死於類聚無於字。中野。○呂氏春秋介立篇。類聚九十六。御覽九百二十九。詩紀前集二。

龍蛇歌附

史記曰。晉國復而文公得歸。賞從亡者。未至介子推。推亦不言祿。從者憐之。乃懸書宮門曰云云。文公出。見其書曰。此介子推也。使人召之。則亡。入緜上山中。於是文公環緜上山而封之。以爲介推田。號曰介山。

龍欲上天。五蛇爲輔。龍已升雲。四蛇各入其宇。一蛇獨怨。終不見處所。○史記晉世家。樂府詩集五十七。詩紀前集二。

龍蛇歌附

說苑曰。文公卽位。賞不及推。推且出怨言。不食其食。推從者憐之。乃懸書宫門曰云云。文公出。見書。曰。嗟。此介子推也。使人召之。則亡。入緜上山中。於是文公表緜上山中而封之。以爲介推田。號曰介山。

有龍矯矯。頃失其所。五蛇從之。周徧天下。龍飢無食。一蛇割書鈔作劖。股。龍返其淵。安其壤土。四蛇入穴。皆有處所。一蛇無穴。號於中野。○説苑復恩篇。書鈔百五十八。樂府詩集五十七。詩紀前集二。

龍蛇歌附

説苑曰。晉文公出亡。舟之僑去虞而從焉。文公反國。擢可爵者而爵之。擢可禄者而禄之。僑獨不與焉。文公酌諸大夫酒。酒酣。文公曰。二三子盍爲寡人賦乎。僑曰。君子爲賦。小人請陳其辭。辭曰云云。遂歷階而去。○詩紀作舟之僑歌。

有龍矯矯。頃失其所。一蛇從之。周流天下。龍反其淵。安御覽作虵。寧其處。一蛇耆乾。獨不得其所。○説苑復恩篇。詩紀前集二作舟之僑歌。又御覽百九十八引所、下、乾三韵。○逯案。自上諸龍蛇歌觀之。西漢人之著録先秦詩章。率皆有據。匪出臆造。特傳聞異辭耳。

河激歌

列女傳曰。女娟者。趙河津吏之女也。簡子南擊楚。津吏醉卧不能渡。簡子怒。欲殺之。娟懼。持檝走前曰。願以微軀易父之死。簡子遂釋不誅。將渡。用檝者少一人。娟攘拳操檝而請簡子。遂與渡。中流爲簡子發河激之歌。簡子歸。納爲夫人。

升彼河列女傳作阿。兮而列女傳作面。書鈔、御覽作西。觀清。水揚波兮冒文選注作沓。御覽同。冥冥。書鈔、御覽不叠冥字。

禱求福兮醉不醒。誅將加兮妾心驚。罰既釋兮瀆書鈔作河。乃清。妾持檝兮操其維。蛟文選注作交。龍助兮主將歸。呼來櫂御覽作棹。兮行勿疑。○列女傳辨通篇。書鈔百六。文選二十二車駕幸京口詩注。詩紀前集二。又御覽五百七十二引清、冥、醒、驚、歸、疑六韵。

鼓琴歌 一作鼓瑟歌。

史記曰。趙武靈王夢見處女鼓琴而歌詩曰云云。異日王飲酒樂。數言所夢。想見其狀。吴廣聞之。因夫人而内其女娃嬴孟姚也。孟姚甚有寵於王。是爲惠后。

美人熒熒熒熒御覽止作熒。兮顏若御覽若下有舜華二字。苕之榮。書鈔作生。命乎命乎。列女傳作命兮命兮。御覽止作命兮二字。逢天時而生。史記無此五字。御覽同。曾無列女傳作莫。我嬴。○史記趙世家。列女傳七。御覽五百七十。詩紀前集四。

段干木歌

吕氏春秋曰。魏文侯過段干木之閭而軾之。其僕曰。君胡爲軾。曰。此非段干木之閭歟。段干木蓋賢者也。吾安敢不軾。其僕曰。然則君何不相之。於是君請相之。段干木不肯受。則君乃致禄百萬而時往。館之。國人相與誦之曰。

吾君好正。段干木之敬。吾君好忠。段干木之隆。○吕氏春秋期賢篇。新序雜事篇五。詩紀前集二。

鄴民歌 詩紀云。一作魏河内歌。一作漳水歌。

史記曰。魏襄王以史起爲鄴令。引漳水漑鄴。以富魏之河内。而民作歌云。

鄴有賢呂氏春秋作聖。書鈔、類聚、御覽同。令兮呂氏春秋、書鈔、類聚、御覽無兮字。下仿此。爲御覽或作曰。呂氏春秋爲上有時字。史公。決白帖或作引。書鈔決下或有反字。漳水兮灌鄴旁。白帖或誤作田。終白帖或作千。古舄呂氏春秋作斥。書鈔、類聚、白帖、御覽同。鹵舄鹵二字白帖或止作岸。兮生稻粱。○呂氏春秋樂成篇。史記河渠書。漢書溝洫志。書鈔三十九、百五十六。類聚十九。御覽六十四、四百六十五、八百三十九。詩紀前集二。又白帖二十三凡三引旁、粱二韻。

楚人誦子文歌

説苑曰。楚令尹子文之族有干法者。廷理聞其令尹之族也。釋之。子文召廷理而責之。遂致其族人於廷理曰。不是刑也。吾將死。廷理懼。遂刑其族人。國人聞之。曰。若令尹之公也。吾黨何憂乎。乃相與作歌曰。

子文之族。犯國法程。廷理釋之。子文不聽。恤顧怨萌。方正公平。○説苑至公篇。渚宮舊事一。詩紀前集二。

楚人爲諸御己歌

説苑曰。楚莊王築層臺。延石千里。延壤百里。大臣諫者七十二皆死矣。有諸御己者。違楚百里而耕。謂其耦曰。吾將入諫王。委其耕而入見莊王。遂解層臺而罷民。楚人歌之曰。

薪乎菜御覽作萊。乎。無諸御己訖無子乎。菜御覽作萊。乎薪乎。無諸御己訖無人乎。○説苑正諫篇。御覽四百五十五。詩紀前集二作楚人歌。

優孟歌

史記曰。楚相孫叔敖病且死。屬其子曰。若貧困。往見優孟。居數年。其子貧困負薪。逢優孟。曰。我孫叔敖子也。

父死時。屬我貧困往見優孟。孟卽爲孫叔敖衣冠。抵掌談語。歲餘。像孫叔敖。楚王置酒。優孟前爲壽。莊王大驚。以爲孫叔敖復生也。欲以爲相。優孟曰。楚相不足爲也。孫叔敖爲楚相。盡忠爲廉。王得以伯。今死。其子貧困負薪以自飲食。必如孫叔敖。不如自殺。因歌曰云云。莊王乃召孫叔敖子。封之寢丘。

山居耕田苦。難以得食。起而爲吏。身風雅逸篇無身字。詩紀同。貪鄙者餘財。不顧恥辱。身死家室富。又恐受賕枉法爲姦觸大罪。身死而家滅。貪吏安可爲也。念爲廉吏。奉法守職。竟死不敢爲非。廉吏安可爲也。

詩紀云。風雅逸篇曰。按此無音韻章句。而史以爲歌者。不可曉。豈當時檃括轉換借歌聲以成之歟。史不能述其音。但記其義也。又曰。劉子玄譏此事之妄幻。然此傳以滑稽名。乃優孟自爲寓言爾。○史記滑稽列傳。風雅遺篇六。詩紀前集二。

忼慨歌 詩紀云。一作楚商歌。

孫叔敖碑曰。楚相孫君諱饒。字叔敖。臨卒。將無棺槨。令其子曰。優孟曾許千金貸吾。孟。楚之樂長。與相君相善。雖言千金。實不負也。卒後數年。莊王置酒以爲樂。優孟乃言孫君相楚之功。卽忼慨商歌曲曰云云。涕泣數行。王心感動。卽求其子而加封焉。

貪吏而可爲而不可爲。廉吏而可爲而不可爲。貪吏而不可爲者。當時有汚名。而可爲者。子孫以家成。廉吏而可爲者當時有淸名。而不可爲者。子孫困窮被褐而負碑作賣。薪。貪吏常苦富。廉吏常苦貧。獨不見楚相孫叔敖。廉絜不受錢。○隸釋三。風雅逸篇六。詩紀前集二。○逯案。隸釋所載孫叔敖碑。立於後漢延熹三年五月二十八日。

楚狂接輿歌

論語曰。楚狂接輿歌而過孔子曰。

鳳兮鳳兮何德之衰。往者不可諫。史記諫下有兮字。來者猶可追。史記追下有也字。已而已而。今之從政者殆而。○論語微子篇。史記孔子世家。御覽五百七十。詩紀前集二作接輿歌。

同上

莊子曰。孔子適楚。楚狂接輿遊其門曰。

鳳兮鳳兮何德之衰也。來世不可待。往事不可追也。天下有道。聖人成焉。天下無道。聖人生焉。方今之時。僅免刑焉。福輕乎羽。莫之知載。禍重乎地。莫之知避。已乎已乎。臨人以德。殆乎殆乎。畫地而趨。迷陽迷陽。無傷吾行。吾行却曲。無傷吾足。○莊子人間世篇。詩紀前集二。○詩紀云。困學紀聞曰。胡明仲云。荆楚有草。叢生脩條。野人呼爲迷陽。其膚多刺。故曰無傷吾行。無傷吾足。

孺子歌詩紀云。文章正宗作滄浪歌。楚辭載此作漁父歌。

孟子曰。有孺子歌曰云云。孔子曰。小子聽之。清斯濯纓。濁斯濯足矣。自取之也。

滄浪之水清兮文選注、白帖無兮字。御覽或同。可以濯我纓。滄浪之水濁文選注作淥。兮文選注、白帖無兮字。御覽或同。可以濯我足。○孟子離婁篇。楚辭漁父作漁父歌。文選十五歸田賦注、樂府詩集八十三俱作漁父歌。白帖二。御覽五十九、三百七十二引楚辭。又五百七引高士傳。又五百七十二。詩紀前集二。○逯案。詩紀於此篇後又有一篇。題云文子載滄浪歌。辭云。混混之水濁。可以濯我足乎。泠泠之水清。可以濯我纓乎。查文子上卷載此。並不謂歌。蓋轉引以論其道耳。今不再編入。

被衣爲齧缺歌

莊子曰。齧缺問道乎被衣。被衣曰。若正汝形。一汝視。天和將至。攝汝知。一汝度。神將來舍。神精將爲汝美。道將爲汝居。汝瞳焉如新生之犢而無求其故。其言未卒。齧缺睡寐。被衣大說。行歌而去之。

形若槁骸。心若死灰。真其實知。不以故自持。媒媒晦晦。淮南子作墨墨恢恢。無心而不淮南子無而不二字。可與謀。彼何人哉。○莊子知北遊篇。淮南子道應訓。詩紀前集二作被衣歌。

子桑琴歌

莊子曰。子輿與子桑友。而霖雨十日。子輿曰。子桑殆病矣。裹飯而往食之。至子桑之門。則若歌若哭。鼓琴曰云云。子輿入。曰。子之歌聲。何故若是。曰。吾思夫使我至此極者而不得也。父母豈欲吾貧哉。天地豈私貧我哉。然而至此極者。命也。

父邪母邪。天乎人乎。○莊子大宗師篇。詩紀前集四。

相和歌

莊子曰。子桑户、孟子反、子琴張三人相與友。子桑户死。未葬。孔子使子貢往侍事焉。或編曲。或鼓琴。相和而歌曰。

嗟來桑户。白帖作扈。乎。嗟來桑户乎。白帖不叠句。而已反其真。而我猶爲人猗。白帖無猗字。○莊子大宗師篇。白帖十。詩紀前集四。

楊朱歌

列子曰。楊朱之友曰季梁。疾大漸。其子環而泣之。請醫。季梁謂楊朱曰。汝奚不爲我歌以曉之。楊朱歌曰云云。俄而季梁之疾自瘳。

天其弗識。人胡能覺。匪佑自天。弗孽由人。我乎汝乎。其弗知乎。醫乎巫乎。其知之乎。○列子力命篇。詩紀前集二。

申叔儀乞糧歌

左傳曰。哀公十三年。公會單平公、晉定公、吴夫差于黄池。吴申叔儀乞糧於公孫有山氏曰云云。有山氏對曰。粱則無矣。粗則有之。若登首山以呼曰庚癸乎。則諾。

佩玉蘂兮余白帖作子。無所御覽無所字。繫之。旨酒一盛御覽作盞。兮余白帖作子。與褐之父白帖作人。睨之。○左傳哀公十三年傳。白帖十五。御覽六百九十三。詩紀前集二作庚癸歌。

徐人歌

新序曰。延陵季子將聘晉。帶寶劍以過徐君。徐君觀劍不言而心欲之。季子未獻也。然其心已許之。使反而徐君已死。季子於是以劍帶徐君墓樹而去。徐人爲之歌曰。

延陵季子兮類聚無兮字。御覽同。不忘故。類聚故上有舊字。御覽同。脱御覽無脱字。千金之劍帶類聚作挂。御覽帶上有以字。丘墓。類聚作樹。○新序節士篇。類聚三十四。御覽四百六十五。詩紀前集二。

越人歌

說苑曰。襄成君始封之日。楚大夫莊辛過而説之曰。君獨不聞夫鄂君子晳之泛舟於新波之中也。越人擁楫而歌。歌辭曰。濫兮抃草濫予昌枑澤予昌州州𩡧州焉乎秦胥胥縵予乎昭澶秦踰滲惿隨河湖。鄂君子晳曰。吾不知越歌。子試爲我楚説之。於是乃召越譯。乃楚説之曰云云。於是鄂君子晳乃揄脩袂行而擁之。舉繡被而覆之。鄂君子晳。親楚王母弟也。官爲令尹。爵爲執珪。一榜枻越人。猶得交歡盡意焉。

今夕何夕御覽或無何夕二字。兮類聚誤作子。書鈔無兮字。搴洲書鈔作舟。是。中流。類聚作褰州水流。御覽或作搴流水洲。說苑作搴中洲流。皆誤。今日御覽或無今日二字。何日兮類聚無兮字。得書鈔無得字。與王子同舟。蒙羞被好兮不訾詬恥。心幾煩說苑作頑。樂府同。而不絶兮得知說苑作知得。王御覽或無王字。子。山有御覽有下或有樹字。木兮木有枝。心説君兮君不知。○說苑善說篇。樂府詩集八十三。詩紀前集二。又書鈔百六引流、舟二韻。類聚七十一、御覽五百七十二並引流、舟、枝、知四韻。御覽七百七十一引洲、舟、枝、知四韻。

荆軻歌

詩紀作渡易水歌。注。一曰荆軻歌。

史記曰。燕太子丹使荆軻刺秦王。太子及賓客知其事者。皆白衣冠以送之。至易水之上。既祖取道。高漸離擊筑。

荆軻和而歌。爲變徵之聲。士皆垂淚涕泣。又前而爲歌曰云云。復爲羽聲忼慨。士皆瞋目。髮盡上指冠。於是荆軻就車而去。

風蕭蕭兮易水寒。壯士一去兮類聚無兮字。不復還。○戰國策燕策三。史記刺客列傳燕丹子下。文選二十八。書鈔百六。類聚四十三。初學記一、十五。御覽六十四、五百七十二。詩紀前集二。

諷賦歌

諷賦曰。主人之女。翳承日之華。披翠雲之裘。來排臣户曰。無乃飢乎。爲臣炊彫胡之飯。烹露葵之羹。來勸臣食。以其翡翠之釵。掛臣冠纓。臣不忍仰視。爲臣歌曰云云。臣復援琴而鼓之。爲秋竹積雪之曲。主人之女。又爲臣歌曰云云。

歲將暮兮日已寒。中心亂兮勿多言。

内怵惕兮原注。一本作怵惕之心兮。徂玉牀。横自陳兮君之傍。○古文苑一宋玉諷賦。

附

楚聘歌詩紀云。一作大道歌。

孔叢子曰。楚王使使奉金幣聘夫子。宰予、冉有曰。夫子之道。至是行矣。遂請見。問曰。太公勤身苦志。八十而遇文王。孰與許由之賢。子曰。許由獨善其身者也。太公兼利天下者也。然今世無文王。雖有太公。孰能識之。乃歌曰。

大道隱兮禮爲基。書鈔作有。御覽同。賢人竄兮將待時。天下如一兮孔叢子無兮字。欲何之。○孔叢子記問篇。書鈔百六。御覽五百七十一。詩紀前集一。

丘陵歌

詩紀云。陸賈新語作丘公陵歌。

詩紀此注本之風雅逸篇。案。陸賈新語愼微篇言孔子作公陵之歌。然無歌辭。○孔叢子曰。哀公使以璧如衛迎夫子。而不能賞用也。故夫子作丘陵之歌曰。

登彼丘陵。峛崺御覽作山施。誤。其阪。仁道在邇。詩紀云。一作近。求之若遠。遂迷文選注作邇。御覽作迷而。不復。自嬰屯蹇。喟然迴慮。題彼泰山。鬱確其高。梁甫迴連。枳棘充路。陟之無緣。將伐無柯。患兹蔓延。惟以永歎。涕霣潺湲。○孔叢子記問篇。詩紀前集一。文選二十三臨終詩注引蹇一韻。御覽五百七十一引阪、遠、蹇三韻。

獲麟歌

孔叢子曰。叔孫氏之車子鉏商樵於野而獲麟焉。衆莫之識。以爲不祥。棄之五父之衢。冉有告曰。麕身而肉角。豈天之妖乎。夫子往觀焉。泣曰。麟也。麟出而死。吾道窮矣。乃歌云。

唐虞世兮論語摘衰聖作之世。麟鳳遊。今非其時來孔叢子作吾。何求。論語摘衰聖作由。麟兮麟兮我心憂。○孔叢子記問篇。古微書論語摘衰聖。御覽五百七十一、八百八十九。詩紀前集一。

琴歌

風俗通曰。百里奚爲秦相。堂上樂作。所賃澣婦自言知音。因援琴撫絃而歌曰云云。問之。乃其故妻。還爲夫婦也。○詩紀從樂府詩集於題下注云三首。然後引風俗通敍其本事。逯案。此三首歌辭大同小異。一見典略。一見顔氏家訓。並不全出風俗通。樂府詩集、嚴氏全後漢文以爲皆出風俗通者。非是。今以風俗通所載爲正文。而以他二首附之。

百里奚。初娶我時五羊皮。臨當相御覽無相字。樂府同。別時御覽作行。烹乳雞。今適富貴忘我爲。○御覽五百七十二。樂府詩集六十。詩紀前集四。

琴歌 附

百里奚。百里奚。御覽不叠句。母已死。葬南谿。御覽作溪。墳以瓦。以瓦御覽止作已。覆以柴。御覽誤作紫。春黄藜。御覽誤作春莫黎。搤伏雞。西入秦。五羖皮。今日富貴捐我爲。○御覽五百七十六引典略。樂府詩集六十。詩紀前集四。

琴歌 附

百里奚。五羊皮。憶別時。烹伏雌。炊扊扅。今日富貴忘我爲。○顔氏家訓書證篇作古樂府歌百里奚詞。樂府詩集六十。詩紀前集四。

漁父歌 詩紀云。一作渡伍員歌。

吴越春秋曰。伍子胥逃楚。與楚太子建奔鄭。晉頃公欲因太子謀鄭。鄭知之。殺太子建。伍員奔吴。追者在後。至江。江中有漁父。子胥呼之。漁父欲渡。因歌曰云云。子胥止蘆之漪。漁父又歌曰云云。既渡。漁父視之有飢色。曰。爲子取餉。漁父去。子胥疑之。乃潛深葦之中。父來持麥飯鮑魚羹盎漿。求之不見。因歌而呼之曰云云。子胥出飲食畢。解百金之劍以贈漁父。不受。問其姓名。不答。子胥誡漁父曰。掩子之盎漿。無令其露。漁父諾。胥行數步。漁者覆船自沈於江。

日月昭昭乎越絶書、書鈔止作日昭昭。御覽或止作炤炤兮。或止作灼灼兮。案作日昭昭是。寖已馳。越絶書作侵以施。書鈔作侵已施。御覽或作侵已施。或作侵已私。與子期乎越絶書、書鈔作甫。御覽或作甫。或作兮。蘆之漪。越絶書、書鈔作碕。御覽或字缺或作崎。案作碕是。○吴越春秋上。越絶書一。書鈔百六引越紀。御覽六十九引輿地志。又五百七十一。詩紀前集二。

日已夕兮予心憂悲。月已馳兮何不渡爲。事寖急兮將奈何。越絶書作心中目施。子可渡河。何爲不出。船到即載入船而伏。書鈔引越紀、御覽引越絶書略同。○吴越春秋三。

蘆中人。蘆中人。豈非窮士乎。○同上

河上歌

吴越春秋曰。楚白喜奔吴。吴王闔閭以爲大夫。與謀國事。吴大夫被離問子胥曰。何見而信喜。子胥曰。吾之怨與喜同。子不聞河上歌乎。

同病相憐。同憂相捄。吴越春秋作救。驚翔之鳥相隨而集。瀨下之水因復俱流。詩紀此下有胡馬望北風而立。越鷰向日而熙。誰不愛其所近。悲其所思者乎數句。案此已非歌詩本文。不應闌入。今删。○吴越春秋四。詩紀前集二。

申包胥歌

吴越春秋曰。子胥以吴兵伐楚。入郢。昭王出奔。申包胥乃之秦求救。倚哭於秦庭。七日七夜。口不絶聲。哭已。歌曰云云。桓公大驚曰。楚有賢臣若此。吴猶欲滅之。寡人無臣若斯者。其亡無日矣。爲賦無衣之詩。出師而送之。

吴爲無道。封豕長蛇。以食上國。欲有天下。政從楚起。寡君出自草澤。使來告急。〇吴越春秋四。詩紀前集二。

窮劫曲

吴越春秋曰。楚樂師扈子非荆王信讒佞殺伍奢、白州犂而寇不絶於境。至乃掘平王墓。戮尸奸喜。以辱楚君臣。又傷昭王困迫。幾爲天下大鄙。乃援琴爲楚作窮劫之曲。其詞曰。

王耶王耶何乖劣。吴越春秋作烈。注云。疑當作劣。不顧宗廟聽讒孽。任用無忌多所殺。誅夷白氏族幾滅。二子東奔適吴越。吴王哀痛助忉怛。垂涕舉兵將西伐。伍胥白喜孫武決。三戰破郢王奔發。留兵縱騎虜京闕。楚荆骸骨遭掘發。吴越春秋作發掘。鞭辱腐屍恥難雪。幾危宗廟社稷滅。莊吴越春秋作嚴。王何罪國幾絶。卿士悽愴民惻悷。吴軍雖去怖不歇。願王更隱撫忠節。勿爲讒口能謗褻。〇吴越春秋四。詩紀前集四。〇逯案。渚宫舊事二曰。昭王反郢。樂師扈子侍坐。引琴而歌曰。王兮王兮聽讒邪。枉殺左右寃伍奢。二子懷恨東奔吴。創釁搆禍破國都。鞭尸戮骸邱墓屠。賴申包胥人獲蘇。王雖反國憂未徂。與此互有異同。

烏鵲歌

吴越春秋曰。越王句踐與大夫種、范蠡入臣於吴。羣臣皆送至浙江之上。越王夫人乃據船哭。顧烏鵲啄江渚之蝦。飛去復來。因哭而歌之曰云云。又哀吟曰云云。

仰飛鳥兮烏鳶。凌玄虚兮吴越春秋無兮字。號吴越春秋注云。號當作兮。翩翩。詩紀不叠翩字。集洲渚兮優恣。啄蝦矯翮兮雲間。任厥性吴越春秋缺性字。注云。此闕一字。兮往還。妾無罪兮負地。有何辜兮譴天。颿颿詩紀不叠颿字。獨兮西往。孰知返兮何年。心惙惙兮若割。淚泫泫兮雙懸。○吴越春秋七。詩紀前集二作烏鳶歌。

彼書鈔作兩。御覽同。飛鳥兮鳶御覽誤作戴。烏。已迴翔書鈔誤作哭回鄉。兮翕蘇。心在專兮素蝦。何居食兮江湖。徊復翔兮游颺。書鈔作水中蟲兮白蝦。御覽作水中虫子曰蝦。去復返書鈔作還。兮於乎。書鈔作嗚呼。御覽同。始事君兮去家。終我命兮君都。終來遇御覽作中年過。是。兮何辜。吴越春秋作幸。注云。幸當作辜。離我國兮去御覽作入。吴。妻衣褐兮爲婢。夫去冕兮爲奴。二句御覽作妻爲婢兮夫爲奴。歲遥遥御覽作昭昭。兮難極。寃悲痛御覽作痛悲。兮心惻。腸千結兮服膺。於乎御覽作嗚呼。哀兮忘御覽作不。食。願我身兮如鳥。身翱翔兮矯翼。去我國兮心摇。詩紀作遥。情憤惋兮誰識。○吴越春秋七。詩紀前集二。又書鈔百六引鳥、蘇、湖、蝦、呼五韵五句。御覽五百七十一引鳥、湖、蝦、呼、家、都、辜、吴、奴、極、側、食十二韵十二句。○詩紀引風雅逸篇注曰。吴越春秋作於後漢人。所載事多不實。此歌依託無疑。

采葛婦歌

吴越春秋曰。越王句踐歸越。念復吴仇。苦身勞心。夜以接日。懸膽於户。出入嘗之。乃使國中男女入山采葛。以作黄絲之布。吴王得葛布之獻。乃增越之封。賜羽毛之飾机杖諸侯之服。越國大悦。采葛之婦傷越王用心之苦。乃作苦何之詩曰。

葛不連詩紀云。一作延。蔓菜御覽或作葉。台台。我君心苦命更之。嘗膽不苦甘如御覽作味若。事類賦同。飴。令御覽或作今。事類賦作今。我采葛以作絲。女工織兮不敢遲。弱於羅兮輕霏霏。號絺素兮將獻之。越王悦兮忘罪除。吴王歡兮飛尺書。增封益地賜羽奇。机杖茵蓐諸侯儀。羣臣拜舞天顔舒。我王何憂能不移。○吴越春秋八作苦之詩。詩紀前集二。又御覽五百七十一引飴、絲二韵。九百九十五引台、飴、絲三韵。又事類賦十一作若何之歌。引飴、絲二韵。飢不遑食四體疲。○文選二十曹植應召詩注引吴越記采葛婦人詩。○佚句。

離别相去辭

吴越春秋曰。越王伐吴。國人各送其子弟於郊境之上。作離别相去之辭曰。

躒躁摧長恧兮擢戟馭殳。所離不降兮以泄我王氣蘇。三軍一飛降兮所向皆殂。一士判死兮而當百夫。道祐有德兮吴卒自屠。雪我王宿恥兮威振八都。軍伍難更兮勢如貔貙。行行各努力兮於乎於乎。○吴越春秋十。詩紀前集二。

河梁歌

吴越春秋曰。句踐已滅吴。乃以兵北渡江淮。與齊、晉諸侯會于徐州。致貢於周。號令齊、楚、秦、晉皆輔周室。血盟而去。秦桓公不如越王之命。句踐乃選吴越將士西渡河以攻秦。軍士苦之。會秦怖懼。逆自引咎。越乃還軍。軍人悦樂。遂作河梁之詩曰。

渡河梁兮渡河梁。舉兵所伐攻秦王。孟冬十月多雪霜。隆寒道路誠難當。陣兵未濟秦師降。諸侯怖懼皆恐惶。聲傳海内威遠邦。稱霸穆桓齊楚莊。天下安寧壽考長。悲去歸兮河無梁。○吴越春秋十。詩紀前集二。○

逯案。吴越春秋原注云。案史記年表。句踐二十五年。是爲秦厲共公六年。此書爲秦桓公不如越王之命。非也。由句踐二十五年上距秦桓公之卒。蓋一百有六年矣。桓公當作厲共公云云。詩紀卽據此直改秦厲公。○逯案。吴越春秋。後漢時短書小説。本不注意年限。勿庸爲之改正。今仍照原文作秦桓公。

豐歌

尚書中候曰。周文王作豐。一朝扶老至者八十萬户。草居陋然。歌曰。

鳳皇下豐。○詩經大雅文王篇疏。御覽九百一十五。

秦始皇時民歌

楊泉物理論曰。秦築長城。死者相屬。民歌曰。

生男慎勿舉。生女哺用脯。意林作餔。不見長城下。尸骸意林作白骨。相支拄。意林作撑拄。注云。一作根拄。○水經河水注三。意林五。詩紀前集二。

甘泉歌

三秦記曰。始皇作驪山陵。周迴跨陰盤縣界。水背陵障。使東西流。運大石於渭北渚。民怨之。作甘泉之歌曰。○逯案。二酉堂叢書本辛氏三秦記載此。張氏謂出太平御覽。今檢御覽無此條。

運石甘泉口。渭水不敢闗中記作爲不。博物志同。流。千人唱。闗中記唱上有一字。萬人謳。博物志作鈎。闗中記謳作相鈎。

御覽同。金陵餘石關中記餘石上有下字。大如塸。關中記作大如篚土屋。○逯案。土屋二字博物志屬下文。○博物志四。關中記。御覽五百五十九引流、鈎二韵。。詩紀前集二。

琴女歌

燕丹子曰。荆軻刺秦王。右手執匕首。左手把其袖。秦王曰。乞聽琴聲而死。琴女奏曲云云。王從其計。軻不解。故及於難。

羅縠單衣。可裂燕丹子作掣。詩紀同。而絶。三燕丹子作八。書鈔、類聚、史記正義、御覽同。尺屏風。可超而越。鹿盧意林作轆轤。之劍。可負而拔。類聚作伏。○燕丹子下。類聚八十五。史記刺客列傳正義引燕太子篇。意林二。御覽三百四十四。御覽五百七十七引史記。詩紀前集四。又書鈔百二十八引絶一韵。又御覽七百一引三秦記引三尺羅衣何不掣。四面屏風何不越二句。與本辭異。

先秦詩卷三

謡 吟誦附

康衢謡 詩紀云。一作康衢歌。

列子曰。堯治天下五十年。不知天下治歟。不治歟。願戴己歟。乃微服遊於康衢。聞兒童謡云云。堯喜。問曰。誰教爾爲此言。童兒曰。聞之大夫。大夫曰。古詩也。

立我烝類聚作蒸。御覽同。民。莫匪爾極。不識不知。順帝之則。○列子仲尼篇。類聚十九、五十六。御覽四百六十五、五百八十六。樂府詩集八十八。詩紀前集三。

黄澤謡

穆天子傳曰。天子東遊于黄澤。使宫樂謡云。

黄之池。類聚作陀。詩紀云。一作陀。其馬歕沙。皇人威儀。黄之澤。其馬歕玉。御覽誤作王。皇人受初學記作壽。御覽同。穀。○穆天子傳五。初學記二十九。御覽八百九十六。詩紀前集三。又類聚四十三引沙、玉二韵。

白雲謡

穆天子傳曰。乙丑。天子觴西王母于瑶池之上。西王母爲天子謡曰云云。天子答之。

白雲在天。山文選注作丘。御覽同。陵各書引作陵。自出。道里文選注作路。御覽或同。悠遠。山川閒顔氏家訓作諫。之。將子無死。尚能復樂府作向復能。來。○穆天子傳三。類聚四十三。文選四十拜中軍記室辭隋王牋注。御覽八十五、五百七十二。樂府詩集八十七。詩紀前集三。又文選二十七早發定山詩注引出一韵。御覽八引出、之二韵。

穆天子謡

予歸東土。和治詩紀云。一作洽。諸夏。萬民平均。吾顧見女。類聚、御覽、樂府作汝。比及三年。將復而野。○穆天子傳三。類聚四十三。御覽五百七十二。樂府詩集八十七。詩紀前集三。

西王母吟

穆天子傳曰。西王母又爲天子吟曰。

徂彼穆天子傳作比徂。西土。爰居其御覽作于。野。山海經注作所。虎豹爲羣。於山海經注作烏。鵲與處。嘉命不遷。御覽作還。事類賦同。我惟帝女。穆天子傳無女字。彼何世民。又將去予。二句穆天子傳作天子大命而不可稱顧世民之恩流涕芔隕十七字。吹笙鼓簧中心翱穆天子傳作翔。翔。世民之子。惟天之望。○穆天子傳三。山海經西山經注。詩紀前集三。御覽九百二十一及事類賦十九並引土、野、處、女四韵。

周宣王時童謡

史記曰。夏后氏之衰也。有二龍止于帝庭而言曰。予。褒之二君。夏帝卜藏其漦。歷夏殷莫敢發。至厲王之末。發而觀之。漦化爲玄黿。以入后宮。童女遭之而孕。生女。懼而棄之。宣王之時。童女謡曰云云。適有夫婦賣是器者。宣王使執之。逃于道。見鄉者所棄妖子。哀而收之。犇於褒。褒人有罪。請入棄女于王以贖。是爲褒姒。幽王嬖之。

檿弧箕漢書作其。服。書鈔作箙。金樓子作皦皦白服。實亡周國。○國語鄭語。史記周本紀。漢書五行志。列女傳七。金樓子箴戒篇。書鈔四十二、百二十六。御覽百三十五、三百四十七。詩紀前集三。

鸜鵒謡

漢書五行志曰。左氏傳魯文、成之世。童謡曰云云。至昭公時。有鸜鵒來巢。公攻季氏。敗。出奔齊。居外野。次乾侯。八年。死於外。歸葬魯。昭公名裯。公子宋立。是爲定公。

鸜之鵒之。公出辱之。鸜鵒之羽。公在外野。往饋之馬。鸜鵒跦跦。御覽作株株。公在乾侯。徵褰與襦。鸜鵒之巢。遠哉遥遥。漢書作摇摇。裯左傳作稠。御覽同。樂府作裯。父喪勞。宋父以驕。鸜鵒鸜鵒。往歌來哭。○左傳昭公二十五年傳。漢書五行志。御覽九百二十三。樂府詩集八十八。詩紀前集三。○逯案。史記魯世家引此謡云。鸜鵒來巢。公在乾侯。鸜鵒入處。公在外野。白帖二十九引此謡曰。鸜之鵒之。公出辱之。鸜鵒之巢。遠哉遥遥。鸜鵒株株。公在乾侯。鸜鸜鵒鵒。往歌來哭。皆與此有異。

魯童謡

家語曰。齊有一足之鳥。飛集於公朝。止於殿前。舒翅而跳。齊侯怪之。使使聘魯。問於孔子。子曰。此鳥名商羊。水祥也。昔童兒有屈一脚。振訊兩肩而跳。且謡云云。今齊有之。其應至矣。急告民趨治溝渠。修隄防。將有大水爲災。頃之。大霖雨。水溢泛諸國。傷害民人。惟齊有備不敗。

天將大雨。商羊鼓說苑作起。舞。〇說苑辨物篇。家語辨政篇。類聚二。初學記二。白帖一、二。御覽十。詩紀前集三。

晉童謡

左傳曰。晉獻公伐虢。圍上陽。問於卜偃曰。吾其濟乎。對曰。克之。童謡云云。其九月、十月之交乎。丙子旦。日在尾。月在策。鶉火中。必是時也。冬十二月丙子朔。晉滅虢。虢公醜奔京師。

丙御覽丙下有子字。之晨。龍尾伏辰。均服振振。取虢之旂。御覽作旗。鶉之賁賁。天策焞焞。火中成軍。虢公其奔。〇左傳僖公五年傳。御覽三百二十八。詩紀前集三作晉獻公時童謡。

晉兒謡

漢書五行志曰。史記晉惠公時。童謡曰云云。惠公賴秦力得立。立而背秦。内殺二大夫。國人不説。及更葬其兄恭太子申生而不敬。故詩妖作也。後與秦戰。爲秦所獲。立十四年而死。晉人絶之。更立其兄重耳。是爲文公。遂伯諸侯。

恭太子更葬兮史記作矣。後十四年晉亦不昌。昌乃在其史記無其字。兄。〇史記晉世家。漢書五行志。詩紀前集三作晉惠公時童謡。

趙民謡

史記曰。趙幽繆王遷立五年。代地大動。六年。大饑。民譌言曰云云。七年。秦人攻趙。趙大將李牧、將軍司馬尚將。擊之。李牧誅。司馬尚免。趙怱及齊將顔聚代之。趙怱軍破。顔聚亡去。以王遷降。

趙爲號。秦爲笑。以爲不信。視地之風俗通作上。詩紀同。又注。一作之。生毛。○史記趙世家。風俗通皇霸篇。詩紀前集三作趙童謡。

楚童謡

家語曰。楚昭王渡江。江中有物。大如斗。圓而赤。直觸王舟。舟人取之。王怪之。使使聘於魯。問于孔子。孔子曰。此萍實也。可剖而食之。吉祥也。唯霸者爲能獲焉。使者反。王遂食之。大美。使來以告魯大夫。大夫因子游問曰。夫子何以知其然。曰。吾昔之鄭。過乎陳之野。聞童謡云云。此楚王之應也。是以知之。

楚王渡江得萍實。大如斗。説苑作拳。赤如日。剖御覽或作劃。而食之甜説苑作美。家語作甘。如初學記同。蜜。○家語致思篇引實、蜜二韵。説苑辨物篇。類聚八十二。初學記二十七。白帖三十。御覽六百十二、一千。詩紀前集三作楚昭王時童謡。○逯案。今本家語脱大如斗赤如日一句。

楚人謡

史記曰。楚懷王爲張儀所欺。客死於秦。至王負芻遂爲秦所滅。百姓哀之。爲之語曰。

楚雖三户。亡秦必楚。○史記項羽本紀。風俗通王霸篇。詩紀前集三。

攻狄謠

戰國策曰。田單攻狄。三月而不克。嬰兒謠曰。

大冠若書鈔作如。箕。脩書鈔作長。劍拄頤。御覽或作歸。攻狄御覽作翟。不能書鈔無能字。下。壘於梧丘國策作下壘枯丘。詩紀同。御覽作累於吾兵。通鑑作壘枯骨成丘。○戰國策齊策六。說苑指武篇。書鈔百五十七。御覽三百十八。詩紀前集三。又御覽三百十一引起首二句。

有炎氏頌

莊子曰。北門城問於黃帝曰。帝張咸池之樂於洞庭之野云云。帝曰。天機不張而五官皆備。此之謂天樂無言而心說。故有炎氏爲之頌曰。

聽之不聞其聲。視之不見其形。充滿天地。苞裹六極。○莊子天運篇。詩紀前集三。

輿人誦

國語曰。晉惠公入而背外内之賂。輿人誦之曰。

佞之見佞。果喪其田。詐之見詐。果喪其賂。得國而狃。終逢其咎。喪田不懲。禍亂其興。○國語晉語三。詩紀前集三。

恭世子誦

國語曰。晉惠公改葬共世子。臭達于外。國人誦之曰。

貞之無報也。孰是人斯。而有斯臭也。貞爲不聽。信爲不誠。國斯無刑。媮國語作偷。居幸國語作倖。生。不更厥貞。大命其傾。威兮懷兮。各聚爾有。以待所歸兮。猗兮違兮。心之哀兮。歲之二七。其靡有徵詩紀作徵。兮。若翟國語作狄。公子。吾是之依兮。鎮撫國家。爲王妃兮。○國語晉語三。詩紀前集三。

輿人誦詩紀云。一作歌。

左傳曰。晉侯、宋公、齊國歸父、崔夭、秦小子憖次於城濮。楚師背酅而舍。晉侯患之。聽輿人之誦曰。

原田每每。御覽作莓莓。舍其舊而新是謀。○左傳僖公二十八年傳。御覽五十七。詩紀前集三。

朱儒誦詩紀云。一作歌。

左傳曰。襄公四年。邾人、莒人伐鄫。臧紇救鄫侵邾。敗於狐駘。國人逆喪者皆髽。魯於是乎始髽。國人誦之曰。

臧之狐裘。敗我於狐駘。我君小子。朱儒是使。朱白帖作侏。下仿此。儒朱儒。使我敗於邾。○左傳襄公四年傳。詩紀前集三。又白帖七引末尾二句。

子產誦詩紀云。二章。一作歌。

左傳曰。鄭子產從政一年。輿人誦之曰云云。及三年。又誦之曰。

取我衣冠而褚之。取我田疇而伍之。吕氏春秋作我有田疇。而子產賦之。我有衣冠。而子產貯之。孰殺子產。我其與之。

我有子弟。子産誨之。我有田疇。子産殖御覽作闢。之。呂氏春秋作我有田疇。而子産殖之。我有子弟。而子産誨之。子産而呂氏春秋作若。死。誰其呂氏春秋作其使誰。嗣之。○左傳襄公三十年傳。呂氏春秋樂成篇。御覽六百二十二、八百二十一。詩紀前集三。

孔子誦

孔叢子曰。子順曰。先君初相魯。魯人謗誦曰云云。及三月政成化行。民又作誦曰。○詩紀引呂氏春秋。於題下注云。二章。又云辭亦見家語、孔叢子。○逯案。呂氏春秋曰。孔子始用於魯。魯人鷖誦之曰云云。用三年。男子行乎塗右。女子行乎道左。財物之遺者。民莫之舉。大智之用。莫難用也云云。無第二章誦。詩紀謂呂氏春秋有誦二章。實誤。又第一章見於呂氏春秋。知爲先秦之作。第二章出孔叢子。今亦著録。

麛裘而韠。孔叢子作芾。投之無戾。韠孔叢子作芾。之呂氏春秋作而。麛裘。投之無郵。○呂氏春秋樂成篇。孔叢子陳士義篇。詩紀前集三。

衮衣章甫。實獲我所。章甫衮衣。惠我無私。○孔叢子陳士義篇。詩紀前集三。

齊人頌詩紀云。七略作齊語。

史記曰。荀卿。趙人。年五十始來遊學於齊。騶衍術迂大而閎辯。奭也文具難施。淳于髡久與處。時有得善言。故齊人頌曰。

天口駢。詩紀云。史記無天口駢三字。談天衍。雕龍奭。炙轂過七略作輠。髡。○史記孟荀列傳。詩紀前集三。又文選十六別賦注作諺。引談天衍一句。

附

童謡詩紀引靈寶要略作靈寶謡。

河圖絳象曰。太湖中洞庭山林屋洞天。即禹藏真文之所。一名包山。吴王闔閭登包山之上。命龍威丈人入包山。得書一卷凡一百七十四字而還。吴王不識。使問仲尼。詭云赤烏銜書以授仲尼。仲尼曰。昔吾遊四海之上。聞童謡曰云云。某按謡言乃龍威丈人洞中得之。赤烏所銜。非某所知也。吴王懼。乃復歸其書。

吴王出遊觀震湖。龍威丈人名靈寶要略作山。詩紀同。隱居。北上包山入靈墟。乃造靈寶要略作入。詩紀同。洞庭竊禹書。天帝詩紀作地。大文不可舒。此文長傳六百靈寶要略作百六。詩紀同。初。今靈寶要略作若。詩紀同。强取出喪國廬。○古微書河圖絳象。雲笈七籤三靈寶要略紀。詩紀前集三。

包山謡

詩紀云。見楊方吴越春秋。又引沈懷遠南越志曰。牛女之分。揚州之末土也。爰有泰山。實曰秦望。又有石篔。峻起壁立。内有金簡玉字。

禹得金簡玉字書。藏洞庭包山湖。○楊慎古今風謠。詩紀前集三。

長水童謠

神異傳曰。由拳縣。秦時長水縣也。始皇時。縣有童謠曰云云。有老嫗聞之憂懼。旦往窺城門。門侍欲縛之。嫗言其故。嫗去後。門侍殺犬。以血塗門。嫗有大水。長欲没縣。主簿令幹入白令。令見幹曰。何忽作魚。幹又曰。明府亦作魚。遂乃淪陷爲谷矣。因目長水、城水曰谷水矣。

城門當有血。城没陷爲湖。搜神記作城門有血。城當陷没爲湖。初學記同。○搜神記十三。水經注沔水注。初學記十、御覽六十六並引干寶搜神記。

泗上謠

水經注曰。周顯王四十二年。九鼎淪没泗淵。秦始皇時。見於泗水。始皇大喜。使數千人入水系而行。未出。龍齒嚙斷其系。故泗上爲之謠曰。

稱樂太早絶鼎系。○水經注泗水注。詩紀前集三。

秦人謠

虞喜志林曰。秦穆公夢之天帝所。奏鈞天樂。賜以金策祚世之業。當時有謠曰。

天帝醉秦暴。金誤隕石墜。○文選二西京賦注。詩紀前集三。

秦世謡

異苑曰。秦世有謡曰云云。始皇既坑儒焚典。乃發孔子墓。欲取諸經傳。壙既啟。於是悉如謡者之言。又言謡言刊在石壁。政甚惡之。乃遠沙丘而循别路。見一羣小兒輩沙爲阜。問。云沙丘。從此得病。

秦始皇。何彊梁。開吾户。據吾床。飲吾酒。唾吾漿。飱吾飯。以爲糧。張吾弓。射東牆。前至沙丘當滅亡。

○異苑四。

童謡

述異記曰。始皇二十六年。童謡云。

阿房阿房亡始皇。○述異記下。

先秦詩卷四

雜辭

蜡辭

禮記曰。伊耆氏始爲蜡。蜡也者。索也。歲十二月合聚萬物而索饗之也。古之君子。使之必報之。祭坊與水庸事也。曰。

土反其宅。水歸其壑。昆蟲勿作。草木歸其宅。○禮記郊特牲。文心雕龍祝盟篇。詩紀前集六。

祠田辭

文心雕龍曰。舜之祠田云云。利民之志。頗形於言矣。

荷此長耜。耕彼南畝。四海俱有。○文心雕龍祝盟篇。詩紀前集六。○困學紀聞曰。舜兼愛百姓。務利天下。其田也。荷彼耒耜。耕彼南畝。與四海俱有其利。文心雕龍。舜之祠田云云。謂之祠田。豈他有所據乎。

禱雨辭

荀子曰。湯旱而禱曰云云。何以不雨至斯極也。

政不節與。使民疾與。何以不雨至斯極也。詩紀略去此句。宫室崇荀子作榮。與。婦謁盛與。何以不雨至斯極也。詩紀略去此句。苞苴行與。讒夫興與。何以不雨至斯極也。詩紀略去此句。○荀子大略篇。詩紀前集六。

成王冠辭

家語曰。武王崩。成王年十三而嗣立。周公攝政以治天下。冠成王而朝于祖。以見諸侯。周公命祝雍作頌曰。

令月吉日。王始加元服。去王幼志服詩紀云。一作心。是。衮職。欽若昊天。六合是式。率爾祖考。永永無極。○家語冠頌解。詩紀前集六作成王冠頌。

同前

大戴禮曰。成王冠。周公使祝雍曰達而勿多也。祝雍曰。

使王博物志無使王二字。近於民。遠於佞。大戴禮作羊。近於義。大戴禮無此三字。嗇於時。惠於財。親博物志作任。賢使能。○大戴禮公符篇。博物志五。詩紀前集六。

士冠辭

儀禮曰。士冠始加。祝曰。

令月吉日。始加元服。棄爾幼志。順爾成德。壽考惟祺。介爾景福。始加辭。○儀禮士冠禮。詩紀前集六。

吉月令辰。乃申爾服。敬爾威儀。淑慎爾德。眉壽萬年。永受胡福。右再加辭。○同上

以歲之正。以月之令。咸加爾服。兄弟具在。以成厥德。黄耇無疆。受天之慶。右三加辭。○同上

甘醴惟厚。嘉薦令芳。拜受祭之。以定爾祥。承天之休。壽考不忘。右醴辭。○同上

旨酒既清。嘉薦亶時。始加元服。兄弟具來。孝友時格。永乃保之。右醮辭。○同上

旨酒既湑。嘉薦伊脯。乃申爾服。禮儀有序。祭此嘉爵。承天之祜。右再醮辭。○同上

旨酒令芳。籩豆有楚。咸加爾服。肴升折俎。承天之慶。受福無疆。右三醮辭。○同上

禮儀既備。令月吉日。昭告爾字。爰字孔嘉。髦士攸宜。宜之于假。永受保之。右字辭。○同上○逯案。詩紀此下又有曰伯某父四字。今删。

嘏辭

儀禮曰。主人酳尸。尸酢。主人佐食。取黍授尸。尸執以命祝。祝受以東北面。嘏主人曰。

皇尸命工祝。承致多福無疆。于女孝孫。來女孝孫。使女受禄于天。宜稼于田。眉壽萬年。勿替引之。○儀禮祭禮。詩紀前集六。

祭辭

文心雕龍曰。周之太祝。掌六祀之辭。是以庶物咸生。陳於天地之郊。旁作穆穆。唱於迎日之拜。○大戴禮載下列三辭。不言祭天、祭地、迎日。

皇皇上天。照臨下土。集地之靈。降甘風雨。博物志作神降甘雨。庶物羣生。各博物志作咸。得其所。靡今靡古。維予一人某敬拜皇天之祜。大戴禮作祐。右祭天辭。○大戴禮公符篇。詩紀前集六。又博物志五作請雨。引土、雨、所三韵。○逯案。博物志尚有止雨祝一篇。在請雨前。

薄薄之土。承天之神。興甘風雨。庶卉百物。莫不茂者。既安且寧。維予一人某敬拜下土之靈。右祭地辭。○同上

維某年某月上日。明光于上下。勤施于四方。旁作穆穆。惟予一人某敬拜迎于郊。以正月朔日迎日於東郊。右迎日辭。○同上○逯案。尚書大傳四有云。光明於上下。勤施四方。旁作穆穆。至於海表。與此略同。

祭侯辭

周禮曰。梓人爲侯。張皮侯而棲鵠。則春以功。張五彩之侯。則遠國屬。張獸侯。則王以息燕。祭侯之禮。以酒脯醢。其辭曰。

惟若寧侯。毋或若女不寧侯。不屬於王所。故抗而射女。强飲强食。詒詩紀作貽。爾曾孫。諸侯百福。○周禮考工記。詩紀前集六。

同上

嗟爾不寧侯。爲爾不朝於王所。故亢而射女。强食爾大戴禮無爾字。食。曾孫侯氏百福。○大戴禮投壺篇。詩紀前

集六。

禳田辭

史記曰。齊威王使淳于髡之趙請兵禦楚。賫金百斤。車馬十駟。髡仰天大笑。冠纓索絶。王曰。先生少之乎。髡曰。臣從東方來。見道旁有禳田者。操豚。酒一盂。而祝曰云云。臣見其所持者狹而所欲者奢。故笑之。

甌窶滿篝。荀子注作蝌螺者宜禾。污邪荀子注一有者字。滿車。五穀荀子注作椞。蕃熟。穰穰滿家。○史記滑稽列傳。詩紀前集六作田者祝二首。又荀子儒效篇注引說苑録前二句。

投壺辭

左傳曰。晉侯以齊侯宴。中行穆子相。投壺。晉侯先。穆子曰云云。中之。齊侯舉矢曰云云。亦中之。伯瑕謂穆子曰。子失辭矣。

有酒如淮。有肉如坻。寡君中此。爲諸侯師。○左傳昭公十二年傳。詩紀前集七。

有酒如澠。有肉如陵。寡君中此。與君代興。○同上

渾良夫譟

左傳曰。衛侯夢于北宮。見人登昆吾之觀。被髮北面而譟曰。

登此昆吾之虚。緜緜生之瓜。余爲渾詩紀作諢。良夫。叫天無辜。○左傳哀公十七年傳。御覽八百八十三。詩紀前集七。

狐援辭

呂氏春秋曰。狐援説齊湣王。王不受。狐援出而哭三日。其辭曰云云。齊王問吏曰。哭國之法若何。吏曰。斲。王曰。行法。狐援乃言曰云云。

先出也衣絺風雅逸篇作緇。詩紀云。一作緇。紵。後出也滿囹圄。吾今見民之洋洋然。東走而不知所處。風雅逸篇作吾見今之人。洋洋東走而不知所處。詩紀云。一作吾見今之人。洋洋東走而不知所處。○呂氏春秋貴直篇。風雅逸篇二。詩紀前集七。

有人自南方來。鮒入而鯢居。使人之朝爲草國爲墟。殷有比干。吴有子胥。齊有狐援。己不用若言。又斲之東閭。每斲者以吾參夫二子者乎。○呂氏春秋貴直篇。詩紀前集七。

爲士卒倡詩紀作士卒昌。一曰相士卒。

戰國策曰。田單攻狄不克。懼問魯仲連。仲連曰。將軍之在卽墨。坐則織蕢。立則杖鍤。爲士卒倡曰云云。當此之時。將軍有死之心。士卒無生之氣。聞若言。莫不揮泣奮臂而欲戰。此所以破燕也。

無戰國策無無字。可往矣。宗廟亡矣。魂魄喪戰國策作云曰尚。注云。一作去日。風雅逸篇作今日尚。詩紀同。矣。歸戰國策歸下有於字。何黨矣。○戰國策齊策六。説苑指武篇。風雅逸篇七作相士卒。又詩紀前集七作士卒昌。

成相雜辭

請成相。世之殃。愚闇愚闇墮賢良。人主無賢。如瞽無相何倀倀。請布基。愼聖人。愚而自專事不治。主忌苟勝。羣臣莫諫必逢災。論臣過。反其施。尊主安國尚賢義。拒諫飾非。愚而上同國必禍。曷謂罷。國多私。比周還主黨與施。遠賢近讒。忠臣蔽塞主勢移。曷謂賢。明君臣。上能尊主愛下民。主誠聽之。天下爲一四海賓。主之孽。讒人達。賢能遁逃國乃蹷。愚以重愚。闇以重闇成爲桀。世之災。妬賢能。飛廉知政任惡來。卑其志意。大其園囿高其臺。荀子臺下衍榭字。武王怒。師牧野。紂卒易鄉啓乃下。武王善之。封之荀子無之字。於宋立其祖。世之衰。讒人歸。比干見刳箕子累。武王誅之。呂尚招麾殷民懷。世之禍。惡賢士。子胥見殺百里徙。穆公得之。强配五伯六卿施。世之愚。惡大儒。逆斥不通孔子拘。展禽三絀。春申道綴基畢輸。請牧基。賢者思。堯在萬世如見之。讒人罔極。險陂傾側此之疑。基必施。辯賢罷。文武之道同伏戲。由之者治。不由者亂何疑爲。凡成相。辯法方。至治之極復後王。慎墨季惠。百家之說誠不祥。治復一。脩之吉。君子執之心如結。衆人貳之。讒夫棄之形是詰。水至平。端不傾。心術如此象聖人。□當是人字。而有勢。詩紀作執。直而用抴必參天。世無王。窮賢良。暴人芻豢仁人人字衍文。糟糠。禮樂滅息。聖人隱伏墨術行。治之經。禮與刑。君子以脩百姓寧。明德慎罰。國家既治四海平。治之志。後勢富。君子詩紀無子字。誠之好以待。處之敦固。有深藏之能遠思。思乃精。志之榮。好而一之神以誠。荀子作成。精神相反。一而不貳爲聖人。治之道。美不老。君子由之佼以好。下以教誨子弟。上以事祖考。成相竭。辭不蹷。君子道之順以達。宗其賢良辯其殃孽□□□。依前後句例。此處缺三字。○右一章。

請成相。道聖王。堯舜尚賢身辭讓。許由善卷。重義輕利行顯明。堯讓賢。以爲民。氾利兼愛德施均。辯治上下。貴賤有等明君臣。堯授能。舜遇時。尚賢推德天下治。雖有賢聖。適不遇世孰知之。堯不德。舜不辭。妻以二女任以事。大人哉舜。南面而立萬物備。舜授禹以天下。尚德推賢不失序。外不避仇。內不阿親賢者予。禹勞心心字當是衍文。力。堯有德。干戈不用三苗服。舉舜甽畝。詩紀作甽畎。任之天下身休息。得后稷。五穀殖。夔爲樂正鳥獸服。契爲司徒。民知孝弟尊有德。禹有功。抑下鴻。辟除民害逐共工。北決九河。通十二渚疏三江。禹傅當作敷。土。平天下。躬親爲民行勞苦。得益皋陶。横革直成爲爲下當有之字。輔。契玄王。生昭明。居於砥石遷于商。十有四世乃有天乙是成湯。天乙湯。論舉當。身讓卞隨舉牟光。□□□□依前後句例此處缺四字。道古賢聖基必張。□□□。依前後句例此處缺三字。願陳辭。世亂惡善不此治。隱諱疾賢。良由姦詐鮮無災。患難哉阪爲先疑當作失。聖知不用愚者謀。前車已覆。後未知更何覺時。不覺悟。不知苦。迷惑失指易上下。忠不上達。蒙揜耳目塞門户。門户塞。大迷惑。悖亂昏莫不終極。是非反易。比周期上惡正直。正直惡。心無度。邪枉辟回失道途。已無郵人我獨自美豈無故。不知戒。後必有恨後遂過不肯悔。讒夫多進。反覆言語生詐態。人之態。不如備。争寵疾賢利惡忌。妬功毁賢。下斂黨與上蔽匿。上壅蔽。失輔勢。任用讒夫不能制。郭荀子作孰。詩紀同。從楊注作郭。公長父之難。厲王流於彘。周幽厲。所以敗。不聽規諫忠是害。嗟我何人。獨不遇時當亂世。欲對衷。荀子作衷對。言不從。恐爲子胥身離凶。進諫不聽。剄而獨鹿棄之江。觀往事。以自戒。治亂是非亦可識。□□□□。依前後句例此處闕四字。託於成相以喻意。○右二章。

請成相。言治方。君論有五約以明。君謹守之。下皆平正國乃昌。臣下職。莫游食。務本節用財無極。事業聽上。莫得相使一民力。守其職。足衣食。厚薄有等明爵服。利往卬上。莫得擅與孰私得。君法明。論有常。表儀既設民知方。進退有律。莫得貴賤孰私王。君法儀。禁不爲。莫不說教名不移。脩之者榮。離之者辱孰它師。刑稱陳。守其銀。下不得用輕私門。罪禍有律。莫得輕重威不分。請牧祺。用荀子作明。有基。主好論議必善謀。五聽循領。莫不理續主執持。聽之經。明其請。參伍明謹施賞刑。顯者必得隱者復顯民反誠。言有節。稽其實。信誕以分賞罰必。下不欺上。皆以情言明若日。上通利。隱遠至。觀法不法見不視。耳目既顯。吏敬法令莫敢恣。君教出。行有律。吏謹將之無鈹滑。下不私請。各以所據楊倞注增此字。宜舍巧拙。臣謹脩。君制變。公察善思論不亂。以治天下。後世法之成律貫。右三章。〇荀子下。詩紀前集七。

先秦詩卷五

詩

詩

呂氏春秋曰。伊尹奔夏三年。反報于亳。曰桀。迷惑於末嬉。不恤其衆。上下相疾。民心積怨。皆云云。湯謂伊尹曰。若告我曠夏。盡如詩。

上天弗恤。夏命其卒。○呂氏春秋慎大篇。

石鼓詩

詩紀云。按古文苑所載石鼓文。稱孫巨源得於佛書龕中。蓋唐人所録僅四百九十七言耳。章樵爲之考正集釋之。又薛尚功、鄭樵、潘迪諸家咸有音訓。然於闕文靡所增益。楊子用修。自言受學於李文正公。得蘇文忠舊本。蓋六百五十七言。而訓釋亦簡要。楊子易以今文傳之矣。陝西志亦載此文。悉與楊本同。而字畫訓釋頗異。今以二本參較著之。其古文苑舊註有可採者。亦間取附入。註中姓氏薛、鄭、章、潘已見前。施謂施宿。王。王厚之。蘇疑卽文忠也。○詩紀以此爲詩。本之楊慎。風雅逸篇云。石鼓詩。周宣王獵碣也。於詩體屬小雅。又云愼按此詩。其體雅也。

刻于石鼓。史籀書之。羊欣書録云。史籀石鼓文。韓退之云。張生手持石鼓文。皆謂字而言。若論其辭。當云石鼓詩。而不當用石鼓文也。今特易文爲詩云。○逯案。楊説甚是。故依詩紀列之先秦詩中。又詩紀多書古文。而以今文注釋。頗覺煩亂。今仍照古文苑、風雅逸篇寫以今文。

我車既攻。我馬既同。我車既好。我馬既騂。君子爰獵。爰獵爰遊。麀鹿速速。君子之求。𩖨𩖨肉古文苑作酋。羅箋作角。詩紀云。音條。弓。弓兹以時。我驅其時。古文苑作孫。羅箋作時。其來趩趩。𢫦𢫦㿝㿝。即御即時。麀鹿趚趚。古文苑作趚趚。其來大垐。我驅其樸。風雅逸篇作僕。其來𧾣𧾣。射其豜風雅逸篇作豚。蜀。𧾣𧾣射三字古文苑作肉既遊。又屬作蜀。

右一薛作辛文。鄭作丙文。文六十六。重文十。共七十六字。一十九句。

汧繄泛泛。古文苑作沔沔。烝彼古文苑作丞丞敺。淖風雅逸篇作潮。淵。鰋鯉處之。君子漁之。漫漫古文苑作㵮㵮。有鯊。其游𣁋𣁋。白古文苑作帛。魚鱳鱳。古文苑作𤋉𤋉。其菹底鮮。黄白古文苑作帛。其鯿。有鮒有白。詩紀云。志云與鮊同。古文苑作又鮊又鱄。其翊古文苑作豆。孔庶。𩿿之㚗㚗。洋洋𧾣𧾣。詩紀作趯趯。其魚惟何。惟鱮惟鯉。何以橐古文苑音瓢。詩紀音托。之。惟楊及柳。

右二薛作戊文。鄭作甲文。文六十一。重文七。共六十八字。一十七句。

施云。石鼓中惟此完好。無一字磨滅。然字多假借。世既逾遠。不能盡知。故義亦有不通處。更俟博雅君子辯而釋之。庶可補雅頌之亡逸。

田車孔古文苑作既。安。鋚勒馯馯。六師上四字古文苑止作馬衆。既簡。左驂旛旛。風雅逸篇作翻翻。右驂風雅逸篇缺此字。騝騝。我以隮于原。我戎古文苑作陣。止古文苑止下有世字。陸。宮車其寫。秀弓時射。麋豕孔庶。麀鹿雉兔。其原有迪。古文苑作旃。詩紀同。並注。或作迪。音循。其戎奔奔。古文苑此下有直字。詩紀云。鄭本有囱字。在大字上。音通。古直字也。大車出洛。亞獸風雅逸篇作獻。白澤。我執而勿射。多庶趯趯。君子逌樂。

右三薛作丙文。鄭作丁文。文六十九。重文五。共七十四字。一十八句。

帥彼鑾車。忽速填如。秀弓孔碩。彤矢鏃鏃。風雅逸篇作笑笑。四馬其寫。六轡沃若。古文苑作鰲鰲。徒馯孔庶。鄜騎宣博。古文苑作鄜宣搏搏。酋古文苑作旨。車載行。如徒如章。原隰陰陽。趍趍六馬。射之簇簇。上八字古文苑作射之簇迂。陽迂六馬。有貙如虎。獸鹿古文苑作麀。如兕。怡爾多賢。迪禽奉雉。我兎允異。

右四薛作丁文。鄭作戊文。文六十九。重文三。共七十一字。一十八句。

我來自東。零雨。古文苑零上有蔞蔞二字。奔流逆古文苑作迄。湧。盈盈濼隰。君子既古文苑作即。涉。我馬流汧。汧繄洎淒。古文苑作洎洎淒淒。丞士。駕言西歸。舫舟自廓。以上八字古文苑作舫舟西歸自廓。羅箋舫舟亦在西歸下。徒馯趠趠。古文苑作湯湯。惟舟以行。或陰或陽。極深風雅逸篇作渫。以户。出于水一方。烝徒逴風雅逸篇作徨。止。其奔古文苑作其奔其敔。我以阻其乃事。○此章句讀不從風雅逸篇。

右五薛作壬文。鄭作辛文。文六十六。重文三。共六十九字。一十六句。

逯案。此文恐非十六句。

宣猷作原作周道（詩紀作導。）𨑡。我辭攸除帥（古文苑作師。）彼阪（風雅逸篇作陂。）甲莽（詩紀云。居幽切。古文苑作莽。）爲世里希微䉆䉆（詩紀云。音徵。）乃罟淶栗柞棫其拔（風雅逸篇作援。）樓榴庸庸鳴條亞箬其華何爲所遊𩬍𩬍（詩紀云。音𩬍。或作夔。）水盭（詩紀云。音利。或作周。非。）導旨樹幽晤（古文苑晤下多孫字。）

右六（薛作庚文。鄭作乙文。文五十二。重文三。共五十五字。）

施云。此鼓乃皇佑間向傅師搜訪而得者。每行末僅存四字。故今所傳。皆斷續不成文。

徒我嘽嘽然。而師旅填然。會同又繹。以左（詩紀云。施云。左字下有驂字。今碑本磨滅。）戎障。弓矢孔庶。（古文苑此下有左驂二字。）滔滔是熾。（風雅逸篇作識。）射夫寫矢。具奪𦨶𦨶。其徒肝（詩紀云。鄭作肝。音吁。蘇作肝。）來。或羣或友。悉率左右。燕樂天子。來嗣王始。振振復古。我來攸止。○同上

右七（薛作甲文。鄭作壬文。文五十九。重文三。共六十二字。一十五句。）

彼走驕驕馬麃（古文苑作𪊨。）皙皙華華雉色位（古文苑作立。）多庶微我師氏憲憲文武可其一之

右八（薛作己文。鄭作庚文。文二十三。重文四。共二十七字。）

施云。此鼓最磨滅。不復成文。

我水既淨。我道既平。我行既止。嘉（古文苑作喜。）樹則里。天子永寧。日惟丙申。旭旭杲杲。我其旁導。乘馬既迪。敹（古文苑作敕。詩紀云。未詳音義。章作敕。羅箋作數。）夏康康。（古文苑作肅肅。）駕彼四黃。左驂驖驖。右驂𩧌𩧌。㯮戟

以奕。汝古文苑作女。羅箋作母。不執德。旛翰黎黎。旚斿施施。公謂大古文苑作天。來。余及如茲邑。曷不余及。

右九薛作乙文。鄭作癸文。文七十四。重文七。共八十一字。二十句。

施云。上下磨滅不成文。

吴詩紀云。古作虞。人憐古文苑作憖。亟。朝夕警古文苑作敬。羅箋同。風雅逸篇作儆。惕。載西載北。勿掩古文苑作奄。風雅逸篇同。勿伐。古文苑作伏。若詩紀云。或云畢字。而出奇。進獻用特。歸格蓺祖。告于大祝。禘嘗羅箋作曾。受享。致其方執風雅逸篇作蓺。詩紀云。與藝同。寓逢中囿。孔庶麀鹿禘嘗以下古文苑作享執寧逢中孔囿鹿麀。原隰既坦疆理此六字古文苑作麀麀我其鹿麀。羅箋作□我其□□□。蕃蕃。大田不蒐。君子何求。有謀有始。周爰止于是。〇古文苑一。風雅逸篇三。羅振玉石鼓文箋。詩紀前集八。

右十薛作癸文。鄭作己文。文七十二。重文一。共七十三字。一十八句。

佹詩

荀子曰。天下不治。請陳佹詩云云。與愚亦疑。願聞反辭。其小歌也云云。

天地易位。四時易鄉。列星隕荀子作殞。墜。旦暮晦盲。類聚作冥。幽闇荀子作晦。類聚作暗。登昭。類聚作照。日月下藏。公正無私。反見類聚作見謂。從横。志愛公利。類聚作私。重樓疏堂。無私罪人。憼革二荀子作貳。兵。道德純備。讒口將將。仁人絀類聚作詘。約。敖暴擅强。天下幽險。恐類聚作怨。失世英。類聚作殃。龜荀子作螭。詩紀同。龍爲蝘蜓。鴟梟爲鳳凰。比干見刳。類聚作剖。孔子拘匡。昭昭乎其知類聚作智。之明也。郁郁乎其遇時之類聚無之字。不祥也。拂乎其欲禮義之大行也。闇類聚作暗。乎天下之晦盲也。皓天不復。憂無疆也。千秋必反。古之常也。弟子勉學。天不忘也。聖人共手。時幾將矣。念彼遠方。何其塞詩紀云疑作蹇。矣。仁人絀約。暴人衍矣。忠臣危殆。讒人般荀子作服。楊倞曰。本或作般。矣。琁玉瑶珠。類聚作琳。不知佩也。雜布與錦。類聚作綿。不知異也。閭娵文選注作嫊。集韻作娶。楚辭補注作姝。子奢。韓詩外傳作都。莫之媒也。嫫母力荀子作刀。詩紀同。父。是類聚誤作莫。之喜玉燭寶典作憘。也。以盲爲明。以聾爲聰。以危爲安。以吉爲凶。嗚呼上天。曷維詩紀作惟。其同。○荀子賦篇。詩紀前集八。又玉燭寶典十二作荀子荆楚歌賦。引憘一韻。類聚二十四作荀況賦危詩。引鄉、冥、藏、横、堂、將、强、殃、皇、匡、明、祥、行、盲、佩、異、媒、喜、聰、凶、同二十一韻。文選四十五楊雄解嘲注作荀卿雲賦。引皇一韻。又五十一王褒四子講德論注引媒、喜二韻。楚辭七諫洪氏補注引佩一韻。

書後賦詩附

戰國策曰。春申君使人請孫子於趙。孫子爲書謝曰。癘人憐王。此不恭之語也。雖然。不可不審察也。因爲賦曰。

○逯案。此所賦即佹詩後段。以文字稍異。故附於此。

寶珍隋珠。韓詩外傳作琁玉瑶珠。不知佩詩紀作佩。兮。韓詩外傳無兮字。下同。褘戰國策誤作褘。衣與絲。韓詩外傳作雜布與錦。不知異兮。閭姝韓詩外傳作娵。子奢。韓詩外傳作都。莫之媒兮。嫫母求之。又甚喜之求之以下韓詩外傳作力父是之喜。兮。以瞽韓詩外傳作盲。爲明。以聾爲聰。以是爲非。以吉爲凶。嗚呼上天。曷惟韓詩外傳作維。詩紀作謂。其同。○戰國策楚策四。韓詩外傳四。詩紀前集八。

先秦詩卷六

逸詩

支詩

國語曰。衛彪傒曰。武王克殷。作此詩。以爲飫歌。名之曰支。以遺後人。使永監焉。夫禮之立成者爲飫。昭明大節而已。少曲與焉。是以爲之日惕。欲其教民戒也。

天之所支。不可壞也。其所壞亦不可支也。○國語周語下。詩紀前集九。

貍首詩

禮記鄭注曰。貍首。詩篇名。射義所云詩曰曾孫侯氏是也。

曾孫侯氏。四正具舉。大夫君子。凡以庶士。小大莫處。御於君所。以燕以射。則燕則譽。○禮記射義。大戴記投壺。詩紀前集九。

同上

質參既設。執旌既載。干侯既抗。中獲既置。弓既平張。四侯且良。決拾有常。既順乃讓。乃揖乃讓。乃隮詩紀作躋。其堂。乃節其行。既志乃張。射夫命射。射者之聲。御車之旌。既獲卒莫。○大戴禮投壺篇。詩紀前集九。○逯案。大戴記先載質參既設四句。次載弓既平張以下等句。二者之間。雜有他文。不相連屬。恐非一篇之辭。姑依詩紀附此待考。

黄竹詩 三章

穆天子傳曰。丙辰。天子遊黄臺之丘。獵於苹澤。有陰雨。天子乃休。日中大寒。北風雨雪。有凍人。天子作詩三章以哀民。

我徂黄竹。□□□□。依前後句例。此處至少脱一句。□員穆天子傳作負。初學記同。閟寒。帝收九行。嗟我公侯。百辟冢卿。皇我萬民。旦夕勿忘。

我徂黄竹。□□□□。依前後句例。此處至少脱一句。□員穆天子傳作負。初學記同。閟寒。帝收九行。嗟我公侯。百辟冢卿。皇我萬民。旦夕勿窮。

有皎者鵅。翩翩御覽或作鷂鷂。其飛。嗟我公侯。□勿則遷。居樂甚御覽作其。寡。不如遷土。穆天子傳作上。禮樂其民。○穆天子傳五。御覽五百九十二。詩紀前集九。又初學記卷二引七字。御覽十二引一二兩章。又御覽九百二十五引飛一韻。

祈招詩

左傳曰。昔穆王欲肆其心。周行天下。將皆必有車轍馬跡焉。祭公謀父作祈招之詩。以止王心。是以獲没於祇宫。其詩曰。

祈招之愔愔。家語有乎字。式昭德音。思我王度。式如玉。式如金。形家語作刑。民之力。而無醉飽之心。○左傳昭公十二年傳。家語正論篇。御覽六百九。詩紀前集九。

招詩

孟子曰。景公召太師曰。爲我作君臣相説之樂。蓋徵招角招是也。其詩曰。

畜君何尤。○孟子二梁惠王篇。詩紀前集九作徵招角招。

無射詩

周書曰。晉平公使叔譽于周。見太子而與之言。五稱而五窮。歸告公曰。太子晉行年十五。而臣弗能與言。君請歸聲就復與田。師曠曰。不可。請使暝臣。師曠見太子。三稱三告善。王子曰。請入坐。遂敷席注瑟。師曠歌無射。乃注瑟於王子。王子歌嶠。

國誠書鈔作城。寧矣。書鈔作兮。遠人來觀。脩義經矣。書鈔作兮。好樂無荒。○周書太子晉解。書鈔百六。御覽五百七十六。詩紀前集九。

嶠詩

何自南極。至于北極。絶境越國。弗愁道遠。○周書太子晉解。詩紀前集九。

轡之柔矣詩

周書曰。師曠見周太子晉歸。太子賜乘車四馬。曰。太師亦善御之。對曰。御吾未之學也。王子曰。汝不爲夫時詩云云。以是御之。

馬之剛矣。轡之柔矣。馬亦不剛。轡亦不柔。志氣麃麃。周書作塵塵。誤。取與不疑。○周書太子晉解。詩紀前集九。

驪駒詩

漢書曰。王式爲博士。既至止舍中。共持酒肉勞式。式謂歌吹諸生曰。歌驪駒。文穎注曰。其辭云。

驪駒在門。僕夫具存。驪駒在路。僕夫整駕。○漢書王式傳注。詩紀前集九。

詩

左傳曰。鄭伯克段于鄢。遂置姜氏於城潁而誓之曰。不及黄泉。無相見也。既而悔之。潁考叔曰。若闕地及泉。隧而相見。其誰曰不然。公從之。公入而賦云云。姜出而賦云云。遂爲母子如初。

大隧之中。其樂也融融。○左傳隱公元年傳。

大隧之外。其樂也洩洩。○同上

白水詩

列女傳曰。甯戚擊牛角而商歌。甚悲。桓公異之。使管仲迎之。甯戚稱曰。浩浩乎白水。管仲不知所謂。不朝五日。而有憂色。其妾笑曰。人已語君矣。古有白水之詩云云。甯戚之欲得仕國家也。

浩浩白水。鯈鯈之魚。君來召我。我將安居。國家未立。列女傳作定。從我焉如。○列女傳六。詩紀前集九。

同上

管子曰。桓公使管仲求甯戚。甯戚應之曰。浩浩乎。管仲不知。至中食而慮之。婢子曰。公何慮。管仲曰。公使我求甯戚。甯戚應我曰。浩浩乎。吾不識。婢子曰。詩有之云云。甯子其欲室乎。

浩浩者類聚、御覽作之。水。育育御覽作游游。者類聚、御覽作之。魚。未有室家。類聚作家室。而召我上三字類聚、御覽作我將。安居。管子作而安召我居。○管子小問篇。類聚三十五。御覽五百。詩紀前集九。

左傳引逸詩

翹翹車乘。招我以弓。豈不欲往。畏我友朋。○左傳莊公二十二年傳陳仲敬引。詩紀前集九。

我無所監。夏后及商。用亂之故。民卒流亡。○左傳昭公二十六年傳晏子引。晏子春秋外篇。詩紀前集九。

俟河之清。人壽幾何。兆云詢多。職競作羅。○左傳襄公八年傳子駟引周詩。詩紀前集九。

雖有絲麻。無棄菅蒯。雖有姬姜。無棄蕉萃。凡百君子。莫不代匱。○左傳成公九年傳。詩紀前集九。

周道挺挺。我心扃扃。講事不令。集人來定。○左傳襄公五年傳。詩紀前集九。

禮義漢書或有之字。不愆。何恤於漢書無於字。後漢書作乎。人漢書有之字。後漢書同。言。○左傳昭公四年傳。漢書東方朔傳。

又匡衡傳。後漢書班超傳注。詩紀前集九。

淑慎爾止。無載爾僞。○左傳襄公三十年傳。詩紀前集九。

論語引逸詩

巧笑倩兮。美目盼兮。素以爲絢兮。○論語八佾篇。詩紀前集九。

棠棣之華。偏其反而。豈不爾思。室是遠而。○論語子罕篇。詩紀前集九。

禮記引逸詩

昔吾有先正。其言明且清。國家以寧。都邑以成。庶民以生。誰能秉國成。不自爲政。卒勞百姓。○禮記緇衣篇。詩紀前集九。又文選二十四荅何劭詩注作子思子詩。引正、清、寧、成四韻。○詩紀云。下三句見小雅節南山之篇。李善文選注引首四句作子思子詩。

相彼盍旦。尚猶患之。○禮記坊記篇。詩紀前集九。○詩紀云。鹽鐵論亦載此。盍旦作鴇旦。月令作鶡鴠。或作渴旦。

家語引逸詩

皇皇上天。說苑作帝。其命不忒。天之以善。說苑作與人。必報其說苑作有。德。○家語六本篇。說苑權謀篇。詩紀前集九。

管子引逸詩

鴻鵠將將。〇管子形勢篇。〇逯案。詩紀引此作鴻鵠將將。唯民歌之。濟濟多士。殷民化之。然檢管子云。銜命者。君之尊也。受辭者。名之運也。上無事則民自試。抱蜀不言。而廟堂既修。鴻鵠鏘鏘。唯民歌之。濟濟多士。殷民化之。據此。如謂管子引詩。則止鴻鵠鏘鏘、濟濟多士兩句。而鴻鵠鏘鏘爲逸詩也。又鏘鏘。形勢解篇作將將是。今從之。

墨子引周詩

王道蕩蕩。不偏不黨。王道平平。不黨不偏。〇墨子兼愛篇。〇逯案。書洪範篇有此四句。惟不字皆作無。

墨子引逸詩

必擇所堪。必謹所堪。〇墨子所染篇。詩紀前集九。

魚水不務。陸將何及。〇墨子非攻篇。詩紀前集九。

荀子引逸詩

如霜雪之將將。如日月之光明。〇荀子王霸篇。詩紀前集九。〇逯案。詩紀此下尚有爲之則存、不爲之則亡二句。今依楊倞注只録前二句。

國有大命。不可以告人。妨其躬身。〇荀子臣道篇。詩紀前集九。

鳳凰類聚作鳥。御覽同。秋秋。類聚作啾啾。御覽同。其翼若干。類聚作竿。御覽作竽。其聲若簫。有鳳有凰。類聚作有皇有鳳。御覽同。樂帝之心。○荀子解蔽篇。類聚九十九。御覽四百六十八、九百十五。詩紀前集九。

長夜慢兮。永思騫兮。太古之不慢兮。禮義之不愆兮。何恤人之言兮。○荀子正名篇。詩紀前集九。○逯案。前引左傳逸詩與此末二句略同。

涓涓源水。不雝荀子作雝。不塞。轂既荀子作已。破碎。乃大其輻。事以荀子作已。敗矣。乃重太荀子作大。息。○荀子法行篇。詩紀前集九。

墨以爲明。詩紀作朗。狐狸而蒼。○荀子解蔽篇。詩紀前集九。

列子引逸詩

良弓之子。必先爲箕。良冶之子。必先爲裘。○列子湯問篇。御覽七百四十六作列子古語。詩紀前集九。○逯案。禮記學記云。良冶之子必學爲裘。良弓之子必學爲箕。與此稍異。

莊子引逸詩

青青之麥。生於陵詩紀作陵之。陂。御覽或誤作坂。生不布類聚或無布字。施。死何御覽何下或有用字。含珠爲。○莊子外物篇。類聚八十四、八十五。白帖十九。御覽四百七十七、五百四十九、八百三、八百三十八。詩紀前集九。

呂氏春秋引逸詩

將欲毀之。必重累之。將欲踣之。必高舉之。○呂氏春秋行論篇。詩紀前集九。

君君子則正。以行其德。君賤人則寬。以盡其力。○呂氏春秋愛士篇。詩紀前集九。

唯則定國。○呂氏春秋權勳篇。左傳僖公九年傳。詩紀前集九。

戰國策引逸詩

行百里者。半於九十。○戰國策秦策五。詩紀前集九。

大武遠宅不涉。○戰國策秦策四。史記春申君傳。新序善謀篇。詩紀前集九。

木實繁者披其枝。披其枝者傷其心。大其都者危其君。尊其臣者卑其主。○戰國策秦策三。詩紀前集九。

樹德莫如滋。除害莫如盡。○戰國策秦策三。詩紀前集九。

史記引逸詩

得人者興。失人者崩。○史記商君列傳。

漢書引逸詩

四牡翼翼。以征不服。親省邊陲。用事所極。○漢書武帝紀。詩紀前集九引起首二句。

九變復貫。知言之選。詩紀云。變一作辨。○漢書武帝紀。詩紀前集九。

説苑引逸詩

緜緜之葛。在於曠野。良工得之。以爲絺紵。良工不得。枯死於野。○説苑尊賢篇。詩紀前集九。

周禮注引逸詩

敕爾瞽。率爾衆工。奏爾悲誦。肅肅雝雝。無怠無凶。○周禮春官注。詩紀前集九。○逯案。詩紀列此爲辟雍詩之三。今從卮林别列於此。又周官賈公彦疏曰。瞽人無目而云敕爾瞽率爾衆工。於義不可。且奏爾悲誦等似逸詩。不知何從而出云云。○逯案。鄭注只來敕也。敕爾瞽以下卽逸詩。賈説亦未的。

後漢書引逸詩

皎皎練絲。在所染之。○後漢書楊終傳。詩紀前集九。

晉書引逸詩

羽觴隨波。初學記波上有流字。御覽或同。○晉書束晳傳。初學記四。御覽三十、一百五十八、六百十二。詩紀前集九。

集韻引逸詩

俟人如蝉。○集韻六脂。詩紀前集九。

先秦詩卷七

古諺語

六韜引諺

天下攘攘。皆爲利往。天下熙熙。皆爲利來。○御覽四百九十六。詩紀前集十。

管子引古言

牆有耳。伏寇在側。○管子君臣篇。詩紀前集十。

論語引南人言

人而無恒。不可以作巫醫。○論語子路篇。

孔子家語引里語

相馬以輿。相士以居。○家語子路初見篇。御覽四百九十五。詩紀前集十。

禮記引諺

人莫知其子之惡。莫知其苗之碩。○禮記大學篇。詩紀前集十。

禮記引南人言

人而無恒。不可以爲卜筮。○禮記緇衣篇。

孟子引夏諺

吾王晏子春秋作君。不遊。吾晏子春秋作我。何以休。吾王晏子春秋作君。不豫。吾何晏子春秋作我曷。以助。一遊一豫。爲諸侯度。○孟子梁惠王篇。晏子春秋内篇。御覽五百三十七引越絶書。詩紀前集十。

孟子引齊人言

雖有智慧。不如乘勢。雖有鎡基。不如待時。○孟子公孫丑篇。詩紀前集十。

左傳引周諺

山有木工則度之。賓有禮主則白帖無則字。擇之。○左傳隱公十一年傳。御覽四百九十五。詩紀前集十。又白帖十引下一句。

匹夫無罪。懷璧其罪。○左傳桓公十年傳。類聚八十三、八十四。御覽三百四十二、四百九十五。詩紀前集十。

左傳引諺

心苟無瑕。何恤乎無家。○左傳閔公元年傳。詩紀前集十。

輔車相倚。脣亡齒寒。○左傳僖公五年傳。類聚五十九。白帖九。御覽三百三、三百六十七、三百六十八、四百五十一、四百九十五。詩紀前集十。

高下在心。川澤納汚。山藪藏疾。瑾瑜匿瑕。國君含垢。○左傳宣公十五年傳。御覽四百九十五。詩紀前集十。○詩紀云。漢書亦引此。無高下在心一句。

民之多幸。國之不幸。○左傳宣公十六年傳。詩紀前集十。

非宅是卜。初學記誤作名。惟隣是卜。○左傳昭公三年傳。初學記二十四。御覽一百五十七、一百八十。詩紀前集十。

狼子野心。○左傳宣公七年傳。御覽七百二十九。

老將知而耄及之。○左傳昭公元年傳。

臣一主二。○左傳昭公十三年傳。詩紀前集十。

無過亂門。○左傳昭公十九年傳。詩紀前集十。○逯案。左傳昭公二十二年傳引人有言曰唯亂門之無過。國語周語引人有言曰無過亂人之門。均屬一諺而小異。

室於怒市於色。御覽作怒於室而色於市。○左傳昭公十九年傳。御覽一百七十四。詩紀前集十。

唯食忘憂。○左傳昭公二十八年傳。○詩紀前集十。○詩紀云。國語作唯食可以忘憂。

民保於信。○左傳定公十五年傳。詩紀前集十。

左傳引古人言

心則不競。何憚於病。○左傳僖公七年傳。詩紀前集十。

畏首畏尾。身其餘幾。○左傳文公十七年傳。詩紀前集十。

雖鞭之長。不及馬腹。○左傳宣公十五年傳。詩紀前集十。

殺老牛莫之敢尸。○左傳成公十七年傳。詩紀前集十。

挈缾之知。守不假器。○左傳昭公七年傳。詩紀前集十。

鹿死不擇音。○左傳文公十七年傳。詩紀前集十。

左傳引上國言

不索何獲。○左傳昭公二十七年傳。

國語引諺

獸惡其網。民惡其上。○國語周語。御覽八百三十四。詩紀前集十。

衆心成城。衆口鑠金。○國語周語。御覽四百九十五、五百七十五。詩紀前集十。

從善如登。從惡如崩。○國語周語。詩紀前集十。

黍稷無成。不能爲榮。黍不爲黍。御覽無不爲黍三字。不能蕃廡。國語作廡。御覽作蕪。稷不爲稷。御覽無不爲稷三字。

不能蕃殖。所生不疑。惟德之基。○國語晉語。御覽四百九十五。詩紀前集十。

狐埋之而狐搰之。是以無成功。○國語吴語。詩紀前集十。

餓飯不及壺飧。○國語越語。詩紀前集十。

國語引人言

兄弟讒鬩。侮人百里。○國語周語。詩紀前集十。

兵在其頸。○國語周語。詩紀前集十。

佐雝者嘗焉。佐鬭者傷焉。○國語周語。詩紀前集十。

禍不好不能爲禍。○國語周語。詩紀前集十。

墨子引古語

唇亡則齒寒。○墨子非攻篇。○案此與左傳所引小異。

謀而不得。則以往知來。○墨子非攻篇。

君子不鏡於水而鏡於人。鏡於水見面之容。鏡於人則知白帖知下有其字。吉與類聚無與字。白帖、御覽同。凶。○墨子非攻篇。類聚八。白帖二。御覽五十八。

莊子引野語

聞道百以爲莫己若。○莊子秋水篇。詩紀前集十。

衆人重利。廉士重名。賢士尚志。聖人貴精。○莊子刻意篇。詩紀前集十。

荀子引古言

衣與繆與。不女聊。○荀子子道篇。詩紀前集十。

荀子引民語

欲富乎。忍恥矣。傾絶矣。故舊矣。與義分背矣。○荀子大略篇。詩紀前集十。

荀子引語

流丸止於甌臾。流言止於知者。○荀子大略篇。詩紀前集十。

淺不可與測深。愚不足與謀知。坎井之鼃。不可與語東海之樂。○荀子正論篇。

晏子引諺言

鼠社不可薫。○晏子春秋外篇。

晏子引語

言發於爾。不可止於遠。行存於身。不可掩於衆。○晏子春秋外篇。

列子引古語

生相憐。死相捐。○列子楊朱篇。詩紀前集十。

人不婚宦。情欲失半。人不衣食。君臣道息。○列子楊朱篇。詩紀前集十。

列子引周諺

田父可坐殺。○列子楊朱篇。詩紀前集十。

慎子引諺

不聰不明。不能爲王。不瞽不聾。不能爲公。○御覽四百九十六。困學紀聞十。詩紀前集十。

韓非子引鄙諺

長袖御覽或作袂。善舞。多財御覽或作資。善賈。○韓非子五蠹篇。類聚四十三。御覽五百七十四、八百二十九。

莫衆而迷。○韓非子內儲說上。

傭自賣。哀而不售。士自譽。辯而不信。○御覽八百二十八。

韓非子引古諺

爲意林無爲字。政若沐也。意林無也字。雖有棄髮之費御覽作勞。而有長髮之利也。○意林一。御覽三百九十五。

韓非子引先聖諺

不躓於山。而躓於垤。○韓非子六反篇。

規有摩而水有波。我欲更之。無柰之何。○韓非子八說篇。

韓非子引古語

奔車之上無仲尼。覆舟之下無伯夷。○韓非子安危篇。御覽四百三十引殷康明愼、四百五十九引淮南子。詩紀前集十。

商子引諺

蠹衆而意林作則。木折。隙大而意林作則。牆壞。○商子修權篇。意林四。

商子引語

愚者暗於成事。智者見於未萌。○商子更法篇。御覽四百九十六引商君書。

鄒子引古語

截趾適屨。詩紀作履。孰云其愚。何與斯人。追欲喪軀。○古今諺。詩紀前集十。

呂氏春秋引鄙諺

居者無載。行者無埋。○呂氏春秋知接篇。詩紀前集十。

黄金累千。不如一賢。○初學記十七引吕氏春秋。

尉繚子引諺

千金不死。百金不刑。○尉繚子將理篇。

魯連子引諺

百足之蟲。三文選注作至。御覽或同。斷上二字御覽或作斷而。不蹶。○意林一。文選五十二六代論注。御覽九百四十四、九百四十八。詩紀前集十。

心誠憐。白髮玄。情不怡。艷色媸。○風雅遺篇六。詩紀前集十。

鬼谷子引古語

女愛不蔽席。男歡不盡輪。古今諺云。戰國策。寵女不敝席。寵臣不敝軒。詩紀同。○古今諺。詩紀前集十。

孔叢子引遺諺

堯舜白帖作飲。論衡作文王飲酒。千鍾。孔子御覽或有飲字。百觚。子路嗑嗑。類聚、御覽或作溘溘。類聚或無嗑嗑二字。尚御覽或作日。飲十類聚作百。御覽同。榼。○孔叢子儒道篇。書鈔百四十八。類聚二十五、七十二。御覽四百六十六、七百六十一、八百四十五。詩紀前集十。又論衡語增篇引觚一韻。白帖五引第一句。

戰國策引諺

見君之乘下之。見杖起之。○戰國策楚策。詩紀前集十。

以書爲御者。不盡馬之情。以古制今者。不達事之變。○戰國策趙策。詩紀前集十。

厚者不損詩紀作毁。人以自益。詩紀有也字。仁者不危軀詩紀作人。以要名。詩紀有也字。○戰國策燕策。詩紀前集十。

戰國策引鄙語

見兔而顧犬。未爲晚也。亡羊而補牢。詩紀云。一本作籬。音同。未爲遲也。新序作亡羊而補牢未爲遲。見兎而呼狗未爲晚。○戰國策楚策。新序雜事篇。御覽四百九十五、九百七。詩紀前集十。

借車者馳之。借衣者被之。○戰國策趙策。詩紀前集十。

寧爲雞口。無爲牛後。○戰國策韓策。史記蘇秦列傳。類聚二十五。御覽四百六十、四百九十五、八百九十八。詩紀前集十。○顏氏家訓曰。按延篤戰國策音義曰。尸。鷄中之主。從。牛子也。然則口當爲尸。後當爲從。俗寫誤也。○逯案。史記索隱引戰國策與顏氏同。

戰國策引語

戰勝而國危者。物不斷也。功大而權輕者。地不入也。○戰國策秦策。詩紀前集十。

騏驥之衰也。駑馬先之。孟賁之倦也。女子勝之。○戰國策齊策。詩紀前集十。

厲疾憐王。○戰國策楚策。詩紀前集十。

强者善。弱者不能自守。○戰國策趙策。

仁不輕絶。智不輕怨。○戰國策燕策。新序雜事篇。詩紀前集十。

史記引諺

死者復生。生者不愧。○史記趙世家。詩紀前集十。

蓬生麻中。不扶自直。白沙在泥。史記有中字。與之皆黑。○史記三王世家褚先生引。書鈔百五十八引大戴禮。類聚八十二引曾子。詩紀前集十。○詩紀云。魯子書作諺曰。

力則任鄙。智則樗里。○史記樗里子傳引秦人諺。詩紀前集十。

史記引語

狡兔死。良狗烹。高鳥盡。良弓藏。敵國破。謀臣亡。○史記淮陰侯傳韓信引人言。○逯案。韓非子説儲下。太宰嚭遺大夫種曰。狡兔盡則良犬烹。敵國滅則謀臣亡。又漢書蒯通傳。通欲説韓信令背漢。引語曰。野禽殫。走犬烹。敵國破。謀臣亡。知此語始自太宰嚭。輾轉成爲習語。故有繁簡文字之異。今依史記録之。

新書引周諺

君子重襲。小人無由入。正人十倍。邪辟無由來。○新書容經篇。詩紀前集十。

囊漏文心雕龍作滿。貯文心雕龍作儲。長短經同。中。○新書春秋篇。文心雕龍書記篇。長短經大體篇。詩紀前集十。

附

金樓子引殷紂時語

車行酒。騎行炙。百二十日爲一夜。○金樓子箴戒篇。

金樓子引古語

寧得一把五加。不潛確類書作安。用金玉詩紀作黃金。滿車。寧得一斤詩紀作把。地榆。不潛確類書作安。用明月寶珠。○金樓子志怪篇。潛確類書九十八引東華真人煮石經。○逯案。詩紀此篇作魯定公記載古語。

妝臺記序引春秋時諺

夏姬得道。雞皮三少。○西溪叢話下引宇文士及妝臺記序。

漢詩卷一

漢高帝劉邦

邦。字季。沛豐邑中陽里人。初爲泗上亭長。秦二世元年。起兵。稱沛公。明年。楚懷王以爲碭郡長。封武安侯。以子嬰元年西入關。立爲漢王。都南鄭。以漢五年破項羽。卽皇帝位。都長安。漢十二年卒。年五十三。謚曰高皇帝。

歌詩二首從漢書藝文志。

大風史記又名三侯之章。

漢書曰。十二年冬。上破布軍于會缶。布走。令别將追之。上還。過沛。留。置酒沛宫。悉召故人父老子弟佐酒。發沛中兒得百二十人。教之歌。酒酣。上擊筑自歌曰。

大風起倭名類聚作吹。誤。兮雲飛揚。威加海内書鈔作四海。初學記、白帖同。兮歸故鄉。安得猛士兮魏志引略兮字。守四方。○漢書高帝紀。史記高祖紀。文選二十八。史記樂書三侯之章下司馬貞索隱。書鈔一百六。類聚四十三。白帖十八。御覽八、八十七、二百四十一、五百三十九、五百九十一。樂府詩集五十八。詩紀一。又魏志蔣濟傳作高祖歌引方一韵。倭名類聚一引揚一韵。

鴻鵠樂府詩集作楚歌。

漢書曰。上欲廢太子。立戚夫人子趙王如意。漢十二年。上從破布歸。疾益甚。愈欲易太子。及宴。置酒。太子侍。四人者從太子。年皆八十有餘。須眉皓白。衣冠甚偉。爲壽已畢。趨去。上目送之。召戚夫人指視曰。我欲易之。四人爲之輔。羽翼已成。難動矣。戚夫人泣涕。上曰。爲我楚舞。吾爲若楚歌。歌曰。

鴻鵠史記作鴈。白帖同。高飛。白帖飛下有兮字。漘確類書同。一舉千里。羽翼史記作翮。書鈔、白帖、漘確類書同。以史記作已。書鈔、白帖、文選補遺、廣文選、漘確類書、詩紀並同。案目、已古通用。就。白帖作成。又成下有兮字。漘確類書同。横絶真仙通鑑作截。下同。四海。横絶四海。白帖海下有兮字。漘確類書同。又可史記作當可。書鈔同。白帖無此二字。有無字。漘確類書同。奈何。雖有漘確類書無有字。矰書鈔作累。樂府作繒。繳。白帖繳下有兮字。漘確類書同。尚白帖無此字。漘確類書同。詩紀作將。云。一作尚。安所施。○漢書張良傳。史記留侯世家。書鈔一百六。白帖二十九。歷世真仙體道通鑑十。樂府詩集八十三。文選補遺三十五。廣文選十四。詩紀一。○逯案。白帖所引有兮字。更合楚歌體。其所據書。當爲楚漢春秋。史通曰。劉氏初興。書惟陸賈而已。子長述楚漢之事。專據此書。然觀遷之所載往往與舊不同。如酈生之初謁沛公。高祖之長歌鴻鵠。非惟文句有别。遂乃事理皆殊云云。可爲確證。

楚霸王項羽

羽名籍。一字子羽。下相人。楚將項燕孫。秦二世元年。從季父梁起兵。爲裨將。二年。楚懷王以爲次將。封魯公。三年。拜上將軍。漢元年。自立爲西楚霸王。都彭城。五年。兵敗走烏江。自刎死。年三十一。

歌

漢書曰。高祖圍項羽垓下。是夜聞漢軍皆楚歌。驚曰。漢已得楚乎。起飲帳中。有美人名虞常從之。駿馬名騅。常騎之。乃悲歌慷慨。自爲歌曰。

力拔山兮氣蓋世。時不利兮騅不逝。騅不逝兮可奈何。虞兮虞兮奈若何。○漢書項羽傳。史記項羽本紀。御覽八十七、五百七十。樂府詩集五十八作力拔山操。文選補遺三十五作垓下帳中歌。詩紀二作垓下歌。○逯案。文選補遺與詩紀標題各異。然皆涉杜撰。今從漢書只曰歌。樂府詩集引琴集云。力拔山操。項羽所作也。則此歌曰操。亦後起之名。

美人虞

虞。項王幸姬。括地志云。虞姬墓在濠州定遠縣東六十里。

和項王歌

史記曰。項王夜起。飲帳中。有美人名虞。常幸從。駿馬名騅。常騎之。於是項王乃悲歌忼慨。自爲詩。歌數闋。美人和之。

漢兵已略地。四方楚歌聲。大王意氣盡。賤妾何樂生。○史記項羽本紀正義引楚漢春秋。詩紀二。○逯案。四方。詩紀作四面。何樂。詩紀作何聊。今據正義改正。

四皓

四皓者。用里先生、綺里季夏、黄公、東園公。皆河内之枳人。秦世隱商山。

崔琦四皓頌曰。昔南山四皓者。蓋角里先生、綺里季夏、黄公、東園公是也。秦之博士。遭世闇昧。道滅德消。坑黜儒術。詩書是焚。於是四公退而作歌曰。

歌

莫莫高山。寰宇記作英英白雲。御覽或作英英高山。樂府作漢漢商洛。文選補遺、廣文選同。草堂詩箋作漢漢高山。詩紀云。一作漢漢商洛。深谷逶迤。書鈔作威夷。樂府、文選補遺同。草堂詩箋或作逶邐。御覽或誤作滅哉。曄曄紫芝。可㠯療飢。唐虞文選補遺作皇農。世御覽或作時。寰宇記同。樂府作邈。文選補遺、廣文選同。遠。吾樂府作余。將何樂府作安。文選補遺、苕溪叢話、廣文選同。詩紀云。一作安。歸。駟事類賦作四。馬高蓋。草堂詩箋或作車。事類賦同。寰宇記作而。樂府、文選補遺同。其憂甚大。富貴之御覽或無之字。事類賦同。寰宇記作畏寰宇記作屈。人兮。高士傳無兮字。寰宇記、樂府、文選補遺、苕溪叢話、草堂詩箋八注並同。不若高士傳作如。御覽、寰宇記、樂府、文選補遺、事類賦、苕溪叢話並同。貧賤之肆志。樂府作而輕世。文選補遺同。廣文選作之輕世。詩紀云。一作富貴而畏人。不如貧賤而輕世。○御覽五百七十三引崔琦四皓頌。樂府詩集五十八誤作崔鴻四皓歌。御覽五百七引高士傳。寰宇記一百四十引高士傳。御覽一百六十八引皇甫謐帝王世紀。文選補遺三十五作采芝歌。事類賦歌賦。苕溪漁隱叢話後集一。文章正宗二十九作紫芝歌。草堂詩箋八注、十一注。廣文選十四作采芝歌。詩紀二作紫芝歌。注。一作四皓歌。又書鈔一百六崔琦四皓頌引夷、飢、歸三韵。

採芝操 詩紀云。一作紫芝歌。

樂府詩集曰。琴集曰。採芝操。四皓所作也。古今樂録曰。南山四皓隱居。高祖聘之。四皓不甘。仰天歎而作歌。案漢書曰。四皓皆八十餘。鬚眉皓白。故謂之四皓。卽東園公、綺里季夏、黄公、角里先生也。崔鴻曰。四皓爲秦博士。遭世暗昧。坑黜儒術。於是退而作此歌。亦謂之四皓歌。二説不同。未知孰是。○逯案。琴集此操。與前篇實爲一作。特删取稍異耳。詩紀從樂府詩集。此在前。今改附於後。

皓天嗟嗟。深谷逶迤。樹木莫莫。高山崔嵬。巖居穴處。以爲幄茵。曄曄紫芝。可以療饑。唐虞往矣。吾當安歸。○樂府詩集五十八引琴集。廣文選十四。詩紀二。

戚夫人

夫人。高帝姬。定陶人。生趙隱王如意。如意高帝所愛。幾於立爲太子。惠帝元年。吕后害之。

春歌 詩紀云。一作永巷歌。

漢書曰。吕后爲皇太后。乃令永巷囚戚夫人。髡鉗衣赭衣。令春。戚夫人春且歌曰云云。太后聞之。大怒。召趙王殺之。遂斷夫人手足。去眼薫耳。飲瘖。使居鞠域中。名曰人彘。

子爲王。母爲虜。終日春薄暮。常與死爲伍。相離三千里。當詩紀作將。誰使御覽或作使誰。告女。○漢書外戚傳。御覽百三十六、百四十四、五百七十。樂府詩集八十四。詩紀二。

趙王劉友

友。高帝子。十一年立爲淮陽王。趙隱王如意死。孝惠元年。徙友王趙。凡立十年。高后三年幽死。

歌詩紀作幽歌。

漢書曰。孝惠時。友以諸呂女爲后。不愛。愛它姬。諸呂女讒之於太后。太后怒。召趙王置邸。令衛圍守之。趙王餓。乃作歌。遂幽死。以民禮葬之長安。

諸呂用事兮劉氏微。史記作危。御覽同。迫脅王侯兮彊授我妃。我妃既妬兮誣我以惡。讒女亂國兮上曾不寤。我無忠臣史記作良。兮何故棄國。自快史記作決。詩紀同。中野兮蒼天與史記作舉。直。于嗟不可悔兮寧早史記作蚤。自賊。史記作財。爲王史記王下有而字。餓死兮誰者憐之。呂氏絶理兮託天報仇。○漢書高五王傳趙王傳。史記呂后本紀。樂府詩集八十四。詩紀一。又御覽百五十一引危、妃、惡、寤四韻。

城陽王劉章

章。齊悼惠王肥之子。高帝之孫。高后稱制。封爲朱虚侯。高后崩。以平諸呂迎立文帝功。封城陽王。孝文二年卒。謚曰景。

耕田歌詩紀云。耕一作種。

史記曰。趙王友入朝。幽死于邸。三趙王皆廢。高后立諸吕爲三王。擅權用事。朱虚侯年二十。有氣力。忿劉氏不得職。嘗入侍高后燕飲。高后令爲酒吏。章自請曰。臣。將種也。請以軍法行酒。高后曰。可。酒酣。章進飲歌舞。已而曰。請爲太后言耕田歌云云。高后默然。

深耕穊風俗通作廣。種。立事類賦作植。苗欲疏。非其種者。詩紀云。種一作類。鉏而去之。○史記齊悼惠王世家。漢書齊悼惠王傳。風俗通怪神篇。御覽四百三十四、七百六十四、八百二十二。文選補遺三十五。事類賦劒篇注。詩紀一。

漢武帝劉徹

徹。景帝中子。四年。封膠東王。七年。立爲皇太子。後三年正月卽位。在位五十四年。後元二年卒。年七十一。有集二卷。

瓠子歌

漢書武帝紀曰。元封二年四月。作瓠子歌。溝洫志曰。上旣封禪。乃使汲仁、郭昌發卒數萬人。塞瓠子決河。於是上以用事萬里沙。則還自臨決河。湛白馬玉璧。令羣臣從官自將軍以下皆負薪窴決河。是時東郡燒草。以故薪柴少。而下淇園之竹以爲揵。上旣臨河決。悼功之不成。乃作歌曰。

瓠子決兮將奈何。浩浩洋洋文選補遺少一洋字。廣文選同。史記作皓皓旰旰。詩紀云。一作皓皓昕昕。兮漢書、水經注無兮字。類聚同。慮史記作閭。殫爲河。殫爲河兮地不得寧。功無已時類聚無時字。兮吾山平。吾山平兮鉅野水經注作巨野。寰宇記同。類聚作鉅鹿。誤。溢。魚弗史記作沸。水經注同。寰宇記作佛。鬱兮栢類聚作迫。冬日。正史記作延。即征字。道弛兮離常流。蛟龍騁兮放史記作方。樂府同。遠遊。歸舊川兮神哉沛。不封禪兮安知外。皇謂河公史記作爲我謂河伯。樂府、文選補遺、廣文選、詩紀並同。兮何不仁。泛濫不止兮愁吾人。齧桑浮兮淮泗滿。久不反水經注作返。詩紀同。兮水維緩。○漢書溝洫志。史記河渠書。水經注瓠子河注。樂府詩集八十四。文選補遺三十五。廣文選十四。詩紀一。又類聚四十三引何、河、寧、平、溢、日六韵。寰宇記十三引溢、日二韵。韵補三引游一韵。

河湯湯兮激潺湲。北渡回史記作迂。水經注作迴。兮迅史記作浚。流難。搴長茭樂府作茭。書鈔誤作菱。兮湛美玉。河公史記作伯。樂府、文選補遺、廣文選、詩紀並同。詩紀云。一作公。許兮薪不屬。薪不屬兮衛人罪。燒蕭條兮噫乎何以御史記作禦。水經注、樂府、廣文選、詩紀並同。案御、禦通。水。隤史記作頹。林竹水經注作竹林。兮揵史記作楗。水經注、樂府、文選補遺、廣文選、詩紀並同。石菑。宣防史記作房。案鹽鐵論申韓篇。歌宣房塞。萬福來焉。又崔瑗河隄謁者箴。瓠子潺湲。宣房作歌。與史記並同。塞兮萬福來。○漢書溝洫志。史記河渠書。水經二十四。樂府詩集八十四。文選補遺三十五。廣文選十四。詩紀一。又書鈔八十九引一句。

秋風辭

漢武帝故事曰。上行幸河東。祠后土。顧視帝京。欣然中流。與羣臣飲燕。上歡甚。乃自作秋風辭曰。

秋風起兮白雲飛。草木黃御覽或作搖。落兮鴈南歸。蘭有秀兮菊有芳。懷文選注作攜。御覽或同。佳人兮不能忘。汎樓船兮濟汾河。橫中流兮揚素波。簫御覽作蕭。鼓鳴書鈔作吹。兮發櫂歌。歡御覽或作忻。樂極兮哀情多。少壯幾時兮奈老何。○文選四十五。御覽五百七十、五百九十一並引漢書。樂府詩集八十四引漢武帝故事。合璧事類外集五十八引正本漢書本紀。詩紀一。又書鈔百六引漢武故事。録河、波、歌、多四韻。後漢書馬融傳注引歌一韻。文選十三雪賦注引忘一韻。又十六別賦注引歌一韻。御覽九引飛、歸、河、波四韻。又七百六十八作武帝汾歌。引河、波二韻。○逯案。此辭御覽數引皆曰漢書。合璧事類且謂出正本漢書。殊怪。事類謂案正本漢書本紀。天漢元年三月。上行幸河東。祀后土云云。秋風而曰三月。顯有誤字。考漢書。帝幸汾陰凡六次。然皆不在秋。惟郊祀志稱。夏六月中。汾陰巫錦爲民祠魏脽后土營旁。見地如鉤狀。掊視得鼎。吏告河東太守勝。勝以聞之。乃以禮祀迎鼎至甘泉。從行上薦之云云。據武紀。事在元鼎四年。得鼎既在六月中。並經遣使驗問。則帝之河東當值秋時。秋風辭其即此行之作乎。

天馬歌

漢書武帝紀。元鼎四年六月。得寶鼎后土祠旁。秋。馬生渥洼水中。作寶鼎天馬之歌。史記曰。嘗得神馬渥洼水中。復次以爲太一之歌。歌曲曰。

太一貢兮天馬下。霑赤汗兮沬流赭。騁容與兮跇韻補作迣。萬里。今安匹兮龍爲友。○史記樂書。詩紀一。又韻補三引里、友二韻。○逯案。此與郊祀天馬歌文字稍異。故別入武帝集。

西極天馬歌 廣文選作蒲梢天馬歌。詩紀同。

漢書武帝紀曰。太初四年。斬大宛王首。獲汗血馬來。作西極天馬之歌。史記曰。後代大宛得千里馬。馬名蒲梢。次作以爲歌。歌詩曰。

天馬徠白帖作來。從白帖作自。西極。經萬里兮歸有德。承靈威兮降廣文選誤作障。詩紀同。外國。涉流沙兮四夷服。○史記樂書。白帖十六。廣文選十四。詩紀一。○逯案。此與郊祀天馬歌文字稍異。故別入武帝集。

李夫人歌

漢書曰。夫人早卒。帝思念不已。方士齊人少翁言能致其神。乃夜張燈燭。設帷帳。陳酒肉。而令帝居帷帳。遥望見好女如李夫人之貌。還幄坐而步。又不得就視。帝愈益相思悲感。爲作詩。令樂府諸家絃歌之。

是邪非邪。立而望之。偏詩紀作翩。何姗姗其來御覽作來何。遲。搜神記作偏娜娜何冉冉其來遲。類聚同。○漢書外戚傳。搜神記二。類聚四十三。文選五十八哀永逝文注。御覽百四十四。樂府詩集八十四。詩紀一。○焦氏筆乘云。武帝李夫人歌。是邪非邪。立而望之。翩何姗姗其來遲。之與遲一韵。許顗詩話云。立而望之偏。是退之走馬看來立不正之所祖也。以偏字屬上。不惟與韵不叶。立而望之偏。是何語邪。○逯案。焦説是也。又類聚此歌引漢書。與今本漢書絶異。與搜神記則同。未悉所據爲何本也。

思奉車子侯歌詩紀作思車子侯歌。原在外集。今編入武帝集。

洞仙傳曰。車子侯者。扶風人。漢武帝愛其清淨。稍遷其位至侍中。一朝語家云。我今補仙官。此春應去。至夏中當暫還。還少時復去。如其言。武帝思之。乃作歌曰云云。○逯案。漢書霍去病傳。去病薨。子嬗嗣。嬗字子侯。上愛之。幸其壯而將之。爲奉車都尉。從封泰山而薨。子侯之薨。又見郊祀志。類聚五十六引武帝集曰。奉車子侯暴病。一日死。上甚悼之。乃自爲歌詩。初學記十八引漢武帝與秦車子侯家詔曰。春。時子侯於北館。與家别。又文心雕龍哀弔篇曰。暨武帝封禪。而霍子侯暴亡。帝傷而作詩。亦哀辭之類也。及漢汝陽王亡。崔瑗哀辭始變前式。又卒章五言。頗似歌謡。亦彷彿乎漢武也。洞仙傳作車子侯。初學記作秦車子侯。則文字有脱誤也。

嘉幽蘭兮延秀。蕈妖娙兮中溏。華斐斐兮麗景。風徘徊兮流芳。皇天兮無慧。至人逝兮仙鄉。天路遠兮無期。不覺涕下兮霑裳。○雲笈七籤百十洞仙傳。詩紀外集一。又書鈔十九引漢書録起首一句。

柏梁詩

東方朔別傳曰。孝武元封三年。作柏梁臺。詔羣臣二千石有能爲七言者。乃得上坐。

日月星辰和四時。帝驂駕駟馬從梁來。梁王郡國士馬羽林材。大司馬總領天下誠難治。丞相和書鈔作鎮。撫四夷不易哉。大將軍刀筆之吏臣執之。御史大夫撞鐘伐鼓聲中詩。太常宗室廣大日益滋。宗正周衛交戟禁不時。衛尉總領從官詩紀作宗。柏梁臺。書鈔誤作台。○光祿勳平理請讞決嫌疑。廷尉脩飾書鈔作牧扶。初學記同。類聚脩誤循。輿詩紀云。一作車。馬待駕初學記作警。來。太僕郡國吏功差次之。大鴻臚乘輿御物主治之。少府陳粟萬石揚以詩紀云。一作筥。箕。大司農徼道宮下匡謬正俗作中。隨討治。匡謬正俗作禁陞怠。○執金吾三輔盜賊天下危。類聚作尤。○左馮翊盜阻南山爲民災。右扶風外家公主不可治。京兆尹椒房率更領其材。詹事蠻夷朝賀常會期。古文苑作舍其。詩紀同。常借作掌。○典屬國柱枅書鈔作欐。欂類聚作薄。古文苑同。櫨相枝書鈔作支。持。大匠枇杷御覽或作枏梨。橘栗桃李梅。太官令走狗逐兔張罘罳。上林令齧妃女脣甘如飴。郭舍人迫窘詰屈幾窮哉。東方朔○類聚五十六。古文苑四。詩紀一。又書鈔五十引大將軍鎮撫四夷者也一句、五十三引台一韵、五十四引來一韵持一韵。匡謬正俗七引時、來、怠三韵。初學記十二引來一韵。御覽三百五十二引東方朔傳引時一韵、九百六十六引梅一韵、九百七十引梅一韵。○逯案。詩紀從章樵本古文苑。各官下附以人名。今據韓本删之。顧炎武日知録據史漢紀傳年表。辨此詩年代官人皆相牴牾。因定爲後世依託。然考漢書武帝紀。於建元六年即出大司農一官名。與此牴牾相同。吾人如信班書。不得獨疑此詩。且此詩出東方朔別傳。此別傳即班書朔傳所本也。

枚乘

乘。字叔。淮陰人。爲吴王濞郎中。去之梁。景帝平七國。召拜弘農都尉。以疾去官。復游梁。後歸淮陰。武帝即位。徵入都。道卒。有集二卷。

歌 乘作七發。系此歌。

麥秀蘄兮雉朝飛。向虚壑兮背枯書鈔作槁。槐。依絶區兮臨迴溪。○文選三十四。書鈔一百六。

淮南王劉安

安。淮南王長之子。高帝之孫。孝文八年。封阜陵侯。十六年。封淮南王。孝武元朔五年。削地五縣。元狩元年。謀反自殺。有集二卷。

八公操 一曰淮南操。

古今樂録曰。淮南好道。正月上辛。八公來降。王作此歌。

煌煌搜神記作明明。御覽同。上天照下土搜神記作四海。御覽同。兮。知我好道御覽作之。公來下兮。公將與予搜神記作余。御覽、樂府、詩紀同。生毛羽兮。超搜神記作升。御覽同。騰青雲蹈梁甫兮。觀見瑶搜神記作三。御覽同。光過北斗兮。馳搜神記作軀。御覽同。乘風雲使玉女兮。含精吐氣嚼芝草兮。悠悠將將天相保兮。○樂府詩集五十八。廣文選十四。詩紀一。又搜神記一作淮南操。引海、下、羽、甫、斗、女六韵。御覽五百七十三引海、下、羽、甫、斗、女六韵。○逯案。論衡道虚篇云。八公之傳。欲示神奇。此操蓋出八公傳。干寶搜神即據之也。

司馬相如

相如。字長卿。蜀郡成都人。以貲爲郎。事景帝爲武騎常侍。病免。客游梁。後歸蜀。武帝召復爲郎。拜中郎將。坐事免。尋拜孝文園令。病免。元狩五年卒。有集二卷。

歌 相如作美人賦。系此歌。

獨處室兮廓御覽誤作郎。無依。思佳人兮情傷悲。彼君子類聚作有美人。初學記、古文苑同。兮來書鈔作求。何遲。書鈔作違。日既書鈔作日月將。暮兮華色書鈔作容。御覽作髮。衰。敢託身兮長自私。書鈔作以自知。○書鈔一百六。類聚十八。初學記十九。御覽五百七十三。

琴歌二首

玉臺新詠有序曰。司馬相如遊臨邛。富人卓王孫有女文君新寡。竊於壁間窺之。相如鼓琴歌挑之曰。

鳳兮鳳兮歸故鄉。遨遊類聚作遊遨。四海求其御覽作索我。杜詩注作隨其。皇。時未御覽作來。通遇御覽作遇兮。樂府、詩紀同。無書鈔作何。所將。何書鈔無何字。悟今夕杜詩補遺注作日。書鈔此下有兮字。詩紀同。升斯堂。有豔淑杜詩補遺注作俶。女詩紀云。玉臺有兮字。在此方。類聚作房。御覽同。杜詩補遺注作芳。又書鈔作闔房。樂府、詩紀同。室邇人杜詩補遺注作從。誤。遐毒玉臺作獨。杜詩補遺注作愁。我腸。何緣交頸書鈔作接。類聚、御覽同。爲鴛鴦。樂府此下有胡頡頏兮共翺翔一句。詩紀同。〇玉臺新詠九。書鈔一百六。御覽五百七十三。樂府詩集六十。黄氏集千家注杜工部詩補遺一琴臺詩注。詩紀二。又類聚四十三引鄉、皇、房、鴦四韻。黄氏集千家注杜工部詩六客居詩注引鄉、皇二韻。

皇兮皇兮兩皇字類聚作鳳。杜詩補遺注、樂府、萬花谷、詩紀同。從我棲。得託詩紀作托。孳字樂府作孳。詩紀同。尾永爲妃。交情杜詩補遺注作清。通體心和諧。杜詩補遺注作相怡。中夜相從知者誰。雙興樂府作翼。詩紀同。杜詩補遺注作羽。俱起翻高飛。無感我心樂府作思。詩紀同。萬花谷此下有兮字。使余玉臺作予。悲。〇玉臺新詠九。樂府詩集六十。黄氏集千家注杜工部詩補遺一琴臺詩注。詩紀二。又類聚四十三引棲、妃、諧、誰四韻。錦繡萬花谷十八引棲、妃二韻。〇逯案。此歌殆兩漢時琴工假託爲之。姑附此俟考。

東方朔

朔。字曼倩。平原厭次人。武帝初。年二十二。待詔公車。尋待詔金馬門。爲常侍郎。拜大中大夫。給事中。被劾。免爲庶人。待詔宦者署。復爲中郎。有集二卷。

歌

史記曰。朔行殿中。郎謂之曰。人皆以先生爲狂。朔曰。如朔等所謂避世於朝廷間者也。古之人乃避世於深山中。

時坐席中。酒酣。據地歌曰。

陸沉於俗。避世金馬門。宫書鈔無宫字。殿中可以避世全身。何必深山之中蒿廬之下。○史記滑稽列傳。書鈔一百六。○逯案。此歌門、身、下三字不韵。在漢殊爲罕例。北齊書四十五樊遜傳云。遜常服東方朔之言。陸沉世俗。避世金馬。何必深山蒿廬之下云云。似以馬、下爲韵。今本殆衍門字。

嗟伯夷

窮隱處兮窟穴自藏。與其隨佞書鈔譌作接。而得志兮。不若從孤竹於首陽。○書鈔百五十八。唐類函十四。

七言

折羽翼兮摩蒼天。○文選二十二芙蓉池作注。

六言

合樽促席相娱。○文選四蜀都賦注。

計策棄捐不收。○文選二十一詠史詩注。

李延年

延年。中山人。故倡也。坐法腐刑。給事狗監中。善歌爲變新聲。所造詩謂之新聲曲。女弟李夫人得幸於武帝。延年由是貴。爲協律都尉。征和三年卒。

歌

漢書曰。李延年性知音。善歌舞。武帝愛之。延年侍上。起舞。歌曰云云。上嘆息曰。世豈有此人乎。平陽主因言延年有女弟。上召見之。實妙麗善舞。由是得幸。

北方有佳人。絶世白帖作代。而古籍叢殘本文選注作稱。獨草堂詩箋作特。立。一顧傾人城。再顧傾人國。寧文選補遺作豈。不知傾城與傾國。以上八字。玉臺作傾城復傾國。類聚作寧不知傾城國。又作寧不知傾國與傾城。文選注或作寧知傾城國。御覽作寧知傾城傾國。又作豈不言傾城國。又作不惜傾城與國。佳人難初學記或作不。文選注同。類聚難字作不可。御覽或同。再得。○漢書外戚傳。玉臺新詠一。類聚十八、四十三。初學記十、十九。白帖七。文選二十一秋胡詩注。古籍叢殘石室本文選西京賦注。御覽百三十六、百四十四、三百八十、三百八十一、五百十七、五百七十四。事類賦舞賦。草堂詩箋十六佳人詩注。文選補遺三十五作佳人歌。詩紀二。○劉子卷三辨樂篇。袁注云。延年者。李延年也。姿顔色豔。武帝嬖之。任爲協律都尉。帝令造新聲。延年於坐起舞而歌曰。南國有佳人。美者顔如玉。一顧傾人城。再顧傾人國。不惜傾城國。佳人不再得。武帝寵之。問左右曰。天下更有美人乎。對曰。延年有一妹。極端正。姿容絶代。帝即詔之。美貌無匹。遂納爲夫人。時人語曰。一雌復一雄。雙飛入紫宫。○逯案。袁注殆憑記憶。未嘗一檢漢書。又一雌復一雄。本苻堅時謠。所以刺慕容氏者。袁氏亦竟誤歸延年。馮氏詩紀、楊氏古詩存目皆沿其誤。

商丘成

成。武帝征和二年。爲大鴻臚。戾太子兵變。以獲反將張光功。封秺侯。

醉歌

漢書曰。延和二年七月。癸巳封。四年。後二年。坐爲詹事侍祠孝文廟。醉歌堂下曰云云。大不敬。自殺。

出居安能鬱鬱。〇漢書景武昭宣元成功臣表。

漢詩卷二

韋孟

孟。魯國鄒人。家本彭城。景帝時。爲楚元王傅。

諷諫詩

漢書曰。孟爲元王傅。傅子夷王及孫王戊。戊荒淫不遵道。作詩諷諫曰。

肅肅我祖。國御覽作家。自豕韋。黼御覽作衮。衣朱紱。文選作黻。御覽同。四牡龍旂。彤弓斯征。撫寧遐荒。總齊羣邦。以翼大商。迭彼大彭。勳績惟光。至于有周。歷世會同。王赧聽譖。韵補誤作政。寔絶我邦。我邦既絶。厥政斯逸。賞罰之行。非繇六臣本文選作由。注云。善作繇。王室。庶尹羣后。靡扶靡衛。五服崩離。宗周以隊。文選作墜。詩紀同。我祖斯微。罨文選作遷。詩紀同。于彭城。在予小子。勤誒文選作唉。厥生。阸文選作阨。詩紀同。六臣本注云。五臣作阸。此嫚秦。耒耜以文選作斯。詩紀同。耕。悠悠嫚秦。上天不寧。迺眷類聚作睠。南顧。授漢于京。於赫有漢。四方是征。靡適不懷。萬國逌文選作攸。詩紀同。平。迺命厥弟。建侯於楚。俾我小臣。惟傅是輔。兢兢文選作矜矜。類聚、詩紀同。元王。恭儉淨壹。文選作静一。詩紀同。類聚作静壹。惠此黎民。六臣本文選注云。五臣作人。納彼輔弼。饗文選作享。詩紀同。國漸世。垂烈于六臣本文選作於。注云。善本作于。後。迺六臣本文選作乃。類聚作爰。及夷王。

克奉厥緒。六臣本文選作次。注云。五臣作緒。詩紀云。一作次。咨命不永。惟王統祀。左右陪臣。此文選作斯。詩紀同。惟皇士。如何我王。不思守保。不惟履冰。以繼祖考。邦事是廢。逸游類聚作遊。初學記同。是娱。犬馬繇繇。文選作悠悠。類聚、初學記、詩紀同。是放六臣本文選注云。五臣作田獵。是驅。務彼文選作此。韵補、詩紀同。鳥獸。忽此稼苗。烝文選作蒸。韵補、詩紀同。民以匱。我王以媮。所弘非文選作匪。類聚、初學記、詩紀同。德。所親非文選作匪。類聚、初學記、詩紀同。俊。唯囿是恢。唯諛初學記誤作諫。是信。睮睮諂夫。咢咢文選作諤諤。詩紀同。黄髪。如何我王。曾不是察。既藐下臣。追欲從文選作縱。詩紀同。六臣本注云。五臣作樂。逸。嫚彼顯祖。輕茲文選作此。詩紀同。削黜。嗟嗟初學記作嗟哉。我王。漢之睦親。曾不夙夜。以休令聞。穆穆天子。臨爾文選作照臨。詩紀同。注云。漢書作臨爾。下土。明明羣司。執憲靡顧。正遐繇文選作由。詩紀同。近。殆其怙茲。文選作茲怙。六臣本注云。五臣作怙茲字。詩紀云。文選作茲怙。嗟嗟我王。曷不此文選作斯。詩紀同。思。非文選作匪。詩紀同。思非文選作匪。詩紀同。鑒。文選作監。詩紀同。嗣其罔則。彌彌其失。文選作逸。詩紀同。案失當爲佚。岌岌其國。致冰匪霜。致隊文選作墜。詩紀同。靡文選作匪。詩紀同。嫚。六臣本文選作慢。瞻惟我王。昔文選作時。詩紀同。注云。漢書作昔。靡不練。興國救顛。孰違悔過。追思黄髪。秦繆六臣本文選注云。五臣作穆。以霸。歲月其徂。年其逮耇。於昔文選作赫。詩紀同。注云。漢書作昔。君子。庶顯于後。我王如何。曾不斯覽。黄髪不近。胡不時監。文選作鑒。詩紀同。〇漢書韋賢傳。文選十九。詩紀二。又類聚二十四引韋、旂、荒、商、光、同、邦、寧、京、楚、輔、壹、弼、緒、祀、保、考、娱、驅、俊、信、親、聞二十三韵。初學記十八作諷楚元王四言詩。引娱、驅、俊、信、親、聞六韵。御覽六百九十引韋、旂二韵。韵補一引同、邦二韵。二引苗、媮二韵。〇逯案。昔靡不練。文選作時靡不練。漢書補注引王文彬云。作時是也。時古作旹。與昔形近而誤。又於昔君子。文選昔作赫。王念孫讀書雜志云。韋孟諷諫詩。於赫君子。庶顯于後。李善曰。歎美昔之君子。能庶幾自悔。故光顯於後。念孫案。如此注。李善本本作於昔君子。漢書韋賢傳亦作昔。李周翰注曰。於赫。美也。言何不美君子之道。庶光明於後代。則五臣本已作於赫君子。昝字俗書作昔。赫字俗書作赤。二形相近。故昔譌赫。於赫美也。古亦無此訓。

在鄒詩

漢書曰。楚王戊荒淫不遵道。孟作詩諷諫。後遂去位。徙家於鄒。又作一篇。在鄒詩曰。

微微小子。既耇廣文選作苟。且陋。豈不牽位。穢我王朝。王朝肅清。惟俊之庭。顧瞻余躬。懼穢此征。我之退征。請于天子。天子我恤。矜我髮齒。赫赫天子。明悊廣文選作哲。詩紀同。且仁。縣詩紀作懸。車之義。以洎小臣。嗟我小子。豈不懷土。庶我王寤。越遷于魯。既去禰祖。惟懷惟顧。祈祈我徒。戴負盈路。爰戾于鄒。鬋茅作堂。我徒廣文選作從。詩紀同。注云。一作徒。我環。築室于牆。我既𨙸廣文選作遷。詩紀同。逝。心存我舊。夢我瀆上。立于王朝。其夢如何。夢争王室。其争如何。夢王我詩紀倒作我王。弼。寤其外邦。歎其喟然。念我祖考。泣涕其漣。微微老夫。咨既遷絶。洋洋仲尼。視我遺烈。濟濟鄒魯。禮義唯恭。誦習弦歌。于異廣文選作異於。詩紀同。他邦。我雖鄙耇。心其好而。我徒侃爾。樂亦在而。○漢書韋賢傳。廣文選九。詩紀二。又文選十六閒居賦注作安革猛詩。引祁祁我徒一句。

漢昭帝劉弗陵

弗陵。武帝少子。後元二年二月。立爲皇太子。卽位。元平元年卒。年二十二。

黄鵠歌

西京雜記曰。始元元年。黄鵠下太液池。上爲歌曰。

黄鵠初學記作鶴。白帖同。御覽或同。飛兮下建章。羽肅肅西京雜記作衣肅。兮行蹌蹌。説文繫傳作蹩蹩。金爲衣兮菊爲裳。唼喋荷荇。出入蒹葭。自顧菲薄。初學記作薄德。御覽或同。愧爾嘉祥。〇西京雜記一。御覽五百九十二。爾雅翼作作。古文苑四。樂府詩集八十四。廣文選十四。詩紀一。又初學記三十引章、蹌、祥三韻。白帖二十九引章、裳二韻。御覽九百十六引章、蹌、裳、祥四韻。説文繫傳足部蹩下作漢宣帝歌。引章、蹩二韻。爾雅翼三作漢武帝歌。引裳一韻。〇逯案。鵠、鶴。古率通用。故此鵠或作鶴。又出入蒹葭句。葭字似與章、祥等不韻。惟檢安世房中歌。宊與光、行、芒、章相叶。是歌陽混押。本有其例。

燕王劉旦

旦。武帝第四子。元狩六年。封於燕。立三十八年。元鳳元年自殺。謚曰刺王。

歌

漢書曰。昭帝時。旦自以爲武帝子。旦長。不得立。乃與其姊蓋長公主、左將軍上官桀交通。謀廢帝自立。燕倉知其謀告之。由是發覺。王憂懣。置酒萬載宫。會賓客羣臣妃妾坐飲。王自歌曰云云。華容夫人起舞。坐者皆泣。王遂自殺。

歸空城兮狗不吠。雞不鳴。横術何廣廣御覽或無廣字。兮固知國中御覽或作中國。之無人。〇漢書燕刺王旦傳。御覽一百五十、五百七十。樂府詩集八十五作燕王歌。詩紀一。

華容夫人歌 附

髮紛紛兮寘渠。寘渠。御覽或作不暇梳。骨籍籍兮亡居。亡居。御覽或作枕丘墟。母求死御覽或無死字。下同。子兮妻求死夫。裴回御覽作徘徊。兩渠間御覽或作問。兮君子獨詩紀作將。安居。○漢書燕剌王傳。御覽一百五十、五百七十。樂府詩集八十五。詩紀一。

李陵

陵。字少卿。隴西成紀人。前將軍廣之孫。爲侍中建章監。拜騎都尉。天漢二年。兵敗降于匈奴。娶單于女。封右校王。元平元年。病死。有集二卷。

歌 詩紀作別歌。

漢書曰。昭帝即位數年。匈奴與漢和親。漢使求蘇武等。單于許武還。李陵置酒賀武曰。異域之人。一別長絶。因起舞而歌。泣下數行。遂與武決。

徑御覽無徑字。萬里兮文選注引無兮字。度漢書注作渡。沙漠。書鈔作幕。韵補同。爲君將兮奮匈奴。路窮絶兮矢刃摧。士衆滅兮名已隤。御覽作頹。老母已死雖欲報恩將安歸。○漢書蘇武傳。書鈔一百七。漢書霍去病傳注。文選六十祭顔光禄文注。御覽四百八十八。詩紀二。又韵補一引幕、奴二韵。

廣川王劉去

西京雜記作去疾。御覽七百七、七百十九引漢書。並同。

去。繆王齊太子。武帝征和二年。嗣。在位四十五年。宣帝本始三年。自殺。

歌二首

據漢書。廣川王去以陽城昭信爲后。幸姬陶望卿爲脩靡夫人。主繒帛。崔脩成爲明貞夫人。主永巷。後昭信譖望卿失寵。去與昭信等飲。諸婢皆侍。去爲望卿作歌。竟殺望卿。昭信欲擅愛。曰。王使明貞夫人主諸姬。淫亂難禁。乃禁閉諸姬。非大置酒召。不得見。去憐之。爲作歌曰。

背尊章。嫖以忽。謀屈奇。起自絕。行周流。自生患。諒非望。今誰怨。○漢書廣川惠王越傳。樂府詩集八十四。詩紀一。

右爲望卿作

愁莫愁。居樂府作生。詩紀同。無聊。心重結。意不舒。内茀樂府作弗。鬱。憂哀積。上不見天。生何益。日崔隤。時不再。願棄軀。死無悔。○同上

右爲脩成作

廣陵王劉胥

胥。武帝第五子。元狩六年。封廣陵王。立六十四年。五鳳四年誅。謚曰厲。

歌詩紀作瑟歌。

漢書曰。昭帝時。胥見帝年少無子。有覬欲心。迎女巫李女須。使下神祝詛。宣帝時。祝詛事發覺。胥置酒顯陽殿。召太子霸及子女等夜飲。使所幸鼓瑟歌舞。王自歌曰云云。左右悉涕泣奏酒。至雞鳴時罷。

欲御覽或作空。久御覽或作人。生兮無終。長不樂兮安窮。奉天期兮不得須臾。千里馬兮駐待路。黄泉下兮幽深。人生要死。御覽死下有兮字。何爲苦心。何御覽或作可。用爲樂心所喜。出入無悰爲樂亟。蒿里召兮郭門閲。死不得取代庸。身自逝。〇漢書廣陵厲王胥傳。御覽一百五十、五百七十。樂府詩集八十五。詩紀一。

烏孫公主細君

細君。江都王建女。元封中。武帝以之妻烏孫王昆莫。昆莫以爲左夫人。昆莫死。復妻其孫岑陬。生一女少夫。

歌詩紀作悲愁歌。

漢書曰。武帝遣細君爲公主。以妻烏孫王昆莫。公主至其國。自治宮室居。歲時一再與昆莫會。置酒飲食。昆莫年老。言語不通。公主悲。乃自作歌曰。

吾家玉臺家下有之字。嫁我兮我兮二字書鈔或止作女。天一方。遠託草堂詩箋作托。御覽曰。又或作適。書鈔或作通。異事類賦作絶。書鈔、御覽或同。國兮書鈔、御覽或無兮字。類聚同。烏孫王。廬文選注或誤盧。爲室兮書鈔或無兮字。旃玉臺作氊。書鈔、類聚、御覽、事類賦並同。爲牆。御覽或誤作壇。以玉臺、類聚、事類賦無以字。書鈔、文選注並同。肉爲食兮文選注或無兮字。酪爲漿。居常土思書鈔或作思土。類聚同。御覽或作悲思。事類賦同。玉臺此上四字作常思漢土。兮類聚無兮字。心内傷。願書鈔或無願字。爲黄鵠類聚作鶴。兮還書鈔作歸。類聚、樂府、廣文選、詩紀並同。故鄉。○漢書西域傳。玉臺新詠九。書鈔一百六。類聚四十三。御覽五百七十。樂府詩集八十四。廣文選十四。事類賦歌賦注。草堂詩箋十二留花門詩注。詩紀二。又書鈔百三十四引方、王、牆三韻。文選二十七王明君辭注引方、王、牆三韻、四十一答蘇武書注引漿一韻。御覽七百八引王、壇二韻。又七百九十五引通典。録方、王、牆、漿四韻。○逯案。此歌。廣文選作劉安烏孫公主歌。殊謬。

楊惲

惲。字子幼。敞第二子。初爲郎。補常侍騎。擢左曹。地節中。封平通侯。遷中郎將。神爵初。拜光禄勳。五鳳二年。與太僕戴長樂相失。免爲庶人。後歲餘腰斬。

歌詩詩紀作拊缶歌。

漢書惲答孫惠宗書曰。田家作苦。歲時伏臘。烹羊炰羔。斗酒自勞。家本秦也。能爲秦聲。婦趙女也。雅善鼓瑟。奴婢歌者數人。酒後耳熱。仰天拊缶而呼烏烏。其詩曰。

田彼南山。蕪穢不治。種一頃白帖作畝。豆。落而爲萁。人生行樂耳。須富貴何時。○漢書楊敞傳。白帖二十三。御覽八百二十一。風雅翼補遺下。詩紀二。

韋玄成

玄成。字少翁。魯鄒人。丞相賢之少子。爲諫大夫。遷大河都尉。襲爵扶陽侯。拜河南表作河内。太守。神爵末。徵爲未央衛尉。五鳳中。遷太常。坐楊惲免。起爲淮南王中尉。元帝即位。進少府。遷太子太傅。永光初。拜御史大夫。代于定國爲丞相。建昭三年卒。謚曰共侯。

自劾詩

漢書曰。玄成以列侯侍祀孝惠廟。當晨入廟。天雨淖。不駕駟馬車而騎至廟下。有司劾奏。等輩數人皆削爵爲關内侯。玄成自傷貶黜父爵。作詩自劾責。曰。

赫矣我祖。侯于豕韋。賜命建伯。有殷以綏。厥績既昭。車服有常。朝宗商邑。四牡翔翔。德之令顯。慶流于裔。宗周至漢。羣后歷世。肅肅楚傳。輔翼元夷。厥駟有庸。惟慎惟祇。嗣王孔佚。越遷于鄒。五世壙僚。廣文選誤作寮。至我節侯。惟我節侯。顯德遐聞。左右昭宣。五品以訓。既耇廣文選誤作苟。致位。惟懿惟奂。厥賜祁祁。百金洎館。國彼扶陽。在京之東。惟帝是留。政謀是從。繹繹六轡。是列是理。威儀濟濟。朝享天子。天子穆穆。是宗是師。四方遐爾。觀國之輝。茅土之繼。在我俊兄。惟我俊兄。是讓是形。廣文選作刑。於休厥德。於赫有聲。致我小子。越留於京。惟我小子。不肅會同。媠彼車服。黜此附庸。赫赫顯爵。自我隊之。微微附庸。自我招之。誰能忍媿。寄之我顔。誰將遐征。從之夷蠻。於赫三事。匪俊匪作。於蔑小子。終焉其度。誰謂華高。企其齊而。誰謂德難。厲其庶而。嗟我小子。于貳其尤。隊彼令聲。申此擇辭。四方羣后。我監我視。威儀車服。唯肅是履。○漢書韋賢傳附玄成傳。廣文選八。詩紀二。○王念孫讀書雜志四漢書第十二厲其庶而條。謂庶當作幾。與齊爲韻。王先謙漢書補注引王文彬曰。上文隊、招非韻。疊之爲韻。此亦疊而爲韻。無庸改庶爲幾。逯案。王文彬説是。漢人用韻較寬。不必律以古韻也。

戒子孫詩

漢書曰。元帝卽位。以玄成爲少府。遷太子太傅。至御史大夫。永光中。代于定國爲丞相。貶黜十年之間。遂繼父相位。封侯故國。榮當世焉。玄成復作詩。自著復玷缺之艱難。因以戒示子孫。曰。

於肅君子。既令厥廣文選作儀。詩紀同。德。儀服此恭。廣文選作服此温恭。詩紀同。棣棣其則。咨余廣文選作予。詩紀同。小子。既德靡逮。曾是車服。荒嫚以隊。明明天子。俊德烈烈。不遂我遺。恤我九列。我既茲恤。惟夙惟夜。畏忌是申。供事靡惰。天子我監。登我三事。顧我傷隊。爵復我舊。我既此登。望我舊階。先后茲度。漣漣孔懷。司直御事。我熙我盛。羣公百僚。我嘉我慶。于異卿士。非同我心。三事惟艱。莫我肯矜。赫赫三事。力廣文選誤作刀。雖此畢。非我所度。退其罔日。昔我之隊。畏不此居。今我度茲。戚戚其懼。嗟詩紀作唯。注云。一作嗟。我後人。命其靡常。靖享廣文選作共。詩紀同。爾位。瞻仰靡荒。慎爾會同。戒爾車服。無媠爾儀。以保爾域。爾無我視。不愼不整。我之此復。惟禄之幸。於戲後人。惟肅惟栗。無忝顯祖。宋祁曰。一作位。廣文選作位。詩紀同。以蕃漢室。○漢書韋賢傳附玄成傳。廣文選卷八。詩紀二。

劉向

向。字子政。初名更生。楚元王交玄孫。地節中。爲輦郎。神爵初。擢諫大夫。後坐罪。贖減死。拜郎中給事黄門。遷散騎諫大夫給事中。元帝即位。擢爲宗正。以忤弘恭、石顯下獄。尋爲中郎。復下獄爲庶人。成帝即位。召拜中郎。領護三輔都水。遷光禄大夫中壘校尉。綏和中卒。年七十二。有集六卷。

七言

博學多識與凡殊。○文選二西京賦注。

時將昏暮白日午。○文選十三雪賦注。

朅來歸耕永自疎。○文選十五思玄賦注、二十一秋胡詩注、二十九雜詩注。

結構野草起屋廬。○文選三十七出師表注作劉歆七言詩。○逯案。以韻斷之。是亦向作。選注誤作劉歆耳。

宴應作晏。處從容觀詩書。○文選二十三贈士孫文始詩注引作劉向七略。○逯案。七略乃七言之誤。又向字。胡刻李注本作歆。今從六臣作向。

山鳥羣鳴我心懷。○文選二十四贈秀才入軍詩注。

息夫躬

躬。字子微。河内河陽人。哀帝初。召待詔。擢光禄大夫左曹給事中。封宜陵侯。免。尋坐祝詛建平二年繫獄死。有集一卷。

絶命辭

漢書曰。躬初待詔。數危言高論。自恐遭害。著絶命辭曰云云。後數年乃死。如其文。

玄雲泱鬱將安歸兮。鷹隼横厲鸞徘徊兮。矰若浮猋動則機兮。叢棘棧棧白帖作棧棧。詩紀同。曷可棲兮。發忠忘身自絶罔兮。冤頸折翼庸得往兮。涕泣流兮萑御覽作藋。蘭。心結愲兮傷肝。虹蜺曜文選注作燿。兮日微。孽杳冥兮未開。痛入天兮鳴謼。冤際絶兮誰語。仰天光詩紀作高。兮自列。招上帝兮我察。秋風爲我唫。浮雲爲我陰。嗟若是兮欲何留。撫神龍兮攬其須。游曠迥兮反亡期。雄失據兮世我思。〇漢書息夫躬傳。文選補遺三十四。詩紀二。又白帖二十九引徊、機、棲、往四韵。文選三十七始出尚書省詩注引微一韵。御覽三百七十六引蘭、肝二韵。

班婕妤

班氏。樓煩人。班固之祖姑。成帝初。選入後宫。拜婕妤。鴻嘉中。求供養太后長信宫。有集一卷。

怨詩怨歌行〇玉臺、文選注作怨詩。文選、樂府詩集作怨歌行。

新裂編珠作製。文選注、事類賦並同。詩紀云。一作製。齊紈素。鮮類聚或作皎。李善本文選、編珠、白帖、事類賦、文章正宗、合璧事類、詩紀並同。詩紀云。一作鮮。潔如霜雪。裁爲六臣本文選作成。玉臺、類聚、詩紀並同。詩紀云。一作爲。合歡扇。團團編珠作團欒。合璧事類作團圓。詩紀云。一作團圓。似編珠作狀。御覽或作象。明黄氏杜詩注作秋。月。出入君懷袖。動摇微風發。常恐秋節至。涼飈類聚、文選注或作風。玉臺、文章正宗並同。詩紀云。一作風。奪炎熱。棄捐歲華紀麗作之。篋笥中。恩情中道絶。○文選二十七。玉臺新詠一。類聚四十一、又六十九引作扇詩。白帖四引作詠扇詩。樂府詩集四十二。合璧事類外集六十不著撰人。文章正宗二十九。詩紀二。又杜公瞻編珠一引雪、月二韵。文鏡祕府論西卷引雪、月二韵及雪一韵。初學記一月部引雪、月二韵、又風部引雪、月、發三韵。初學記二雪部引雪、月二韵、又霜部引雪一韵。又白帖一月部引雪、月二韵、雪部引雪一韵作詠扇詩、霜部引雪一韵作扇詩。又白帖二引雪一韵。又文選三十和王主簿怨情詩注引雪、月二韵、又三十一雜體詩注引雪、月二韵。歲華紀麗三引熱、絶二韵作紈扇詩。御覽七百二引雪、月、發三韵作扇詩、又八百十四引雪、月二韵。黄氏集千家注杜工部詩史補遺五薄遊詩注引月韵一句。事類賦扇賦引雪、月、發三韵作扇詩。○逯案。玉臺此詩有序云。昔漢成帝班婕妤失寵。供養於長信宫。乃作賦自傷。併爲怨詩云云。此玉臺編者語也。又梁元帝謝東宫賚辟邪子錦白褊等啟云。鮮潔齊紈。聲高趙縠。似梁時此詩皎仍作鮮。又類聚五十徐陵裴使君墓志銘云。明月團團似班姬之扇。則團圓者原應作團團。此詩蓋魏代伶人所作。附此俟考。

漢詩卷三

雜歌謡辭

歌辭

平城歌

漢書曰。高祖自將兵三十二萬。擊韓王信。帝先至平城。步兵未盡到。冒頓精兵三十餘萬。圍帝於白登。七日。漢兵中外不得救餉。樊噲時爲上將軍。不能解圍。天下皆歌之。後用陳平秘計得免。白登在平城東南。去平城十餘里。

平城之下後漢書注作事。詩紀云。一作圍。亦誠後漢書注作甚大。苦。七日不後漢書注此下有得字。食。不能彀𡡉真子作控。後漢書注作彎弓。弩。○漢書匈奴傳。後漢書南匈奴傳論注引前漢書。樂府詩集八十三。御覽三百四十八引史記。詩紀八。又𡡉真子四引不能控弩四字。

畫一歌詩紀云。一作百姓歌。

漢書曰。惠帝時。曹參代蕭何爲相國。初。高帝與何定天下。法令既明具。及參守職。舉事無所變更。一遵何之約束。於是百姓歌之。

蕭何爲法。文選補遺作政。講史記作顜。全唐文同。後漢書班固傳注作較。文選注、白帖、文選補遺、詩紀並同。若畫一。曹參代之。守而勿失。載其清靖。史記作淨。文選注、文選補遺、全唐文並同。後漢書王充傳論注作静。類聚、御覽、樂府、詩紀並同。民以寧壹。史記作一。後漢書王充傳論注、類聚、文選注、御覽、文選補遺、詩紀並同。全唐文作謐。○史記曹相國世家。漢書曹參傳。後漢書王充等傳論注。類聚十九。文選西都賦注。御覽四百六十五。樂府詩集八十四。文選補遺三十五。全唐文八百二十一程晏蕭何求繼論。詩紀八。又後漢書班固傳注及白帖二十一並引一、失二韵。

民爲淮南厲王歌

漢書曰。淮南厲王長廢法不軌。文帝不忍置於法。乃載以輜車。處蜀嚴道邛郵。遣其子母從居。長不食而死。後民有作歌歌淮南王。帝聞之。乃追尊淮南王爲厲王。置園如諸侯儀。

一尺布鴻烈叙作繒。御覽或作帛。尚可縫。鴻烈叙作好童童。一斗舊唐書作㪷。鴻烈叙作升。粟白帖或作穀。尚可舂。鴻烈叙作飽蓬蓬。又秘府略縫、春二韵顛倒。類聚、御覽並同。兄弟文選補遺兄弟上有奈何二字。二人不史記此下有能字。鴻烈叙、世説注、秘府略、類聚並同。御覽或同。相容。○史記淮南厲王傳。漢書淮南厲王傳。淮南鴻烈解叙。世説新語方正篇注。秘府略八百六十四。類聚八十五。白帖二、六。御覽八百二十、八百四十。樂府詩集八十四作淮南一王歌。舊唐書蕭至忠傳。文選補遺三十五及詩紀八作淮南民歌。

天下爲衛子夫歌樂府作衛皇后歌。詩紀同。

漢書曰。衛子夫爲皇后。弟青貴震天下。天下歌之。

生男無喜。生女無類聚或作勿。怒。御覽或作怨。獨不見衛類聚衛下或有青字。子夫霸天下。○史記外戚世家褚先生跋。類聚十九、五十一。御覽百九十九、四百六十五。樂府詩集八十四。詩紀八。又御覽四百七十引無霸天下三字。

鄭白渠歌

史記曰。韓聞秦之好興事。欲罷之。無令東伐。乃使水工鄭國間説秦。令鑿涇水自中山西邸瓠口爲渠。並北山東注洛。溉澤滷之地四萬餘頃。因命曰鄭國渠。漢書曰。太始二年。趙中大夫白公。復奏穿渠引涇水。首起谷口。尾入櫟陽。注渭中二百里。溉田四千五百餘頃。名曰白渠。民得其饒。歌之。

田於何所。白帖或作處。御覽或作許。池初學記作櫟。陽漢紀缺陽字。谷口。鄭國在前。白渠白帖、御覽或作公。起漢紀作在。白帖、續古文苑並同。書鈔或同。後。舉鍤漢書作臿。後漢書注、樂府、文選補遺同。文選注作插。類聚同。御覽或同。如漢紀作成。續古文苑同。白帖或同。書鈔或作爲。文選注同。白帖、御覽或同。雲。書鈔或作雨。決渠爲雨。書鈔或作雲。水流竈下。魚跳入釜。涇水一石。其泥風俗通作埿。數斗。且溉且糞。書鈔作且糞且溉。御覽或同。長我禾風俗通作稷。御覽或同。黍。衣食京師。億文選補遺作一。萬之漢紀作百萬餘。續古文苑同。風俗通作數百萬。口。○漢紀十五。樂府詩集八十三。續古文苑四。詩紀八。又漢書溝洫志。風俗通山澤篇。御覽六十二、四百六十五。文選補遺三十五並引口、後、雨、斗、黍、口六韻。又後漢書班固傳注、文選二西京賦注、初學記六並云出史記。引口、後、雨、斗、黍、口六韻。又書鈔三十九、類聚六十五、御覽八百二十一並引口、後、雨、斗、黍五韻。又白帖二、白帖二十三並引口、後、雨、斗四韻。又書鈔百五十六引口、後、雲、黍四韻。○逯案。詩紀此歌據溝洫志。今依漢紀補足之。又今本史記不載此歌。而後漢書及文選注皆云出史記。其所據本或異也。

潁川兒歌

漢書曰。灌夫不好文學。喜任俠。已然諾。諸所與交通。無非豪桀大猾。家累數千萬。食客日數十百人。陂池田園。宗族賓客爲權利。横潁川。潁川兒歌之曰。

潁水白帖作川。御覽同。清。灌氏寧。潁水白帖作川。濁。灌氏族。○史記灌夫傳。漢書灌夫傳。白帖七。御覽六十三。寰宇記七。詩紀八作潁川歌。

牢石歌

漢書曰。元帝時。宦官石顯爲中書令。與僕射牢梁少府五鹿充宗爲黨友。諸附倚者皆得寵位。民歌之。言其兼官據勢也。

牢邪石邪。五鹿客邪。印何纍纍。綬御覽綬下有何字。若若邪。○漢書佞幸傳。御覽四百六十五。樂府詩集八十四。文選補遺三十五作印綬歌。詩紀八。

上郡吏民爲馮氏兄弟歌

漢書曰。成帝時。馮野王爲上郡太守。其後。弟立亦自五原太守徙西河上郡。立居職公廉。治行略與野王相似。而多智有恩貸。好爲條教。吏民嘉美野王立相代爲太守。歌之曰。

大馮君。小馮君。兄弟繼踵相因循。聰明賢知類聚作聖智。御覽或同。惠吏御覽或作恩惠。民。御覽或作人。政如魯衛德化鈞。白帖作均。御覽或同。周公康叔猶二君。○漢書馮野王傳。書鈔七十四。類聚十九。御覽二百六十、三百九十六、四百六十五。樂府詩集八十五作上郡歌。文選補遺三十五作馮君歌。詩紀八作上郡歌。又白帖二十一引君、循、均三韵。

長安爲尹賞歌

漢書曰。賞。字子心。鉅鹿楊氏人。永始、元延間。上怠於政。貴戚驕恣。交通輕俠。藏匿亡命。長安中姦猾浸多。羣輩殺吏。受賕報讐。賞以三輔高第選守長安。賞至。修治長安獄。穿地方深各數丈。致令辟爲郭。以石覆其口。名爲虎穴。乃收捕輕薄少年惡子。得數百人。内穴中。覆以大石。百日後。令死者家自發取。親屬號哭。道路歔欷。長安歌之曰。

安所求子死。桓東少年場。生時諒不謹。枯骨後匡謬正俗作復。是。何葬。○漢書尹賞傳。匡謬正俗五。詩紀八作尹賞歌。○逯案。死與屍通。

長安百姓爲王氏五侯歌

漢書曰。成帝河平二年。悉封舅大將軍王鳳庶弟譚爲平阿侯。商爲成都侯。立紅陽侯。根曲陽侯。逢時高平侯。五人同日封。故世謂之五侯。時五侯羣弟。争爲奢侈。後庭姬妾。各數十人。羅鍾磬。舞鄭女。作優倡。狗馬逐馳。大治第室。起土山漸臺。洞門高廊閣道。連屬彌望。百姓歌之。言其奢侈如此。案。高都、外杜皆長安里名。

五侯初起。曲陽最怒。壞決御覽或作決壞。高都。連竟水經作竟連。御覽或作竟連。或作連境。外御覽或作五。杜。土山漸臺西水經西上有像字。文選注、御覽並同。惟字作象。白虎。○漢書元皇后傳。水經渭水注。文選十西征賦注。御覽六十二、四百六十五。樂府詩集八十五。詩紀八作五侯歌。○此歌末句西字上。水經、文選注及御覽並有象字。案漢書。曲陽侯第土山漸臺類白虎殿云云。似原有象字。今本漢書蓋脱。當據補。

閭里爲樓護歌

漢書曰。樓護字君卿。爲京兆吏數年。甚得名譽。與谷永俱爲五侯上客。母死。送葬者致車二三千兩。閭里歌之曰。

五侯治喪樓君卿。○漢書樓護傳。詩紀八作樓護歌。

劉聖公賓客醉歌

續漢書曰。時聖公聚客。家有酒。請游徼飲。賓客醉歌言云云。游徼大怒。縛捶數百。

朝亨御覽作烹。兩都尉。游徼後來用調羹味。○後漢書劉玄傳注。御覽八百四十六。

匈奴歌

西河舊事曰。焉支山。東西百餘里。南北二十里。亦有松柏五木。其水草美茂宜畜牧。與祁連山同。匈奴失祁連、焉支二山。歌曰。

亡樂府作失。雲麓漫鈔、爾雅翼同。御覽或誤作使。我祁連山。使我六畜不蕃爾雅翼作繁。息。雲麓漫鈔作殖。失我焉支爾雅翼作闕氏。山。使樂府作令。我婦女無顏色。樂府息、色二韵顛倒。詩紀同。○御覽五十、七百十九。寰宇記百五十二。樂府詩集八十四。雲麓漫鈔一。爾雅翼三。詩紀八。○逯案。詩紀原題注爲十道志。今改從寰宇記所引之西河舊事。

謡辭

長沙人石虎謡

寰宇記曰。長沙縣石虎在縣東四里。每食倉廩。當吴芮爲王之時。倉廩廢耗。芮以生肉祭之。後截其頭截其身。由是長沙人謡曰。

石虎頭截。倉廩不闕。○寰宇記一百十四。

元帝時童謡

漢書曰。元帝時童謡云云。至成帝建始二年三月戊子。北宫中井泉稍上。溢出南流。井水。陰也。竈烟。陽也。玉堂、金門。至尊之居。象陰盛而滅陽。竊有宫室之應也。王莽生於元帝初元四年。至成帝封侯。爲三公輔政。因以篡位。

井水溢。滅竈烟。灌玉堂。流金門。○漢書五行志。初學記二十五。御覽百八十九、八百七十一。樂府詩集八十八。詩紀八。

長安謡

漢書曰。成帝初。丞相御史條奏石顯舊惡。及其黨牢梁、陳順皆免官。顯與妻子徙歸故郡。憂懣不食。道病死。諸所交結。以顯爲官。皆廢罷。少府五鹿充宗左遷玄菟太守。中丞伊嘉爲雁門都尉。長安謡云。

伊徙鴈。鹿徙御覽脱此字。菟。去牢與陳實無賈。樂府作價。○漢書佞幸傳石顯傳。御覽四百六十五。樂府詩集八十七。詩紀八。

成帝時童謡

漢書曰。成帝時童謡云云。後帝爲微行出遊。常與富平侯張方俱稱富平侯家人。過陽阿主作樂。見舞者趙飛燕而幸之。故曰燕燕尾涎涎。美好貌也。張公子。謂富平侯也。木門倉琅根。爲宫門銅鍰。言將尊貴也。後遂立爲皇后。弟昭儀賊害後宫皇子。卒皆伏辜。所謂燕飛來。啄皇孫。皇孫死。燕啄矢者也。

燕燕尾涎涎。官本漢書作涎涎。占經、詩紀同。玉臺作殿殿。張公子時相見。木門倉琅玉臺作狼。根。燕飛來。啄皇孫。皇孫死。燕啄矢。○漢書五行志。漢書外戚傳。開元占經百十三。樂府詩集八十八作成帝時燕燕童謡。文選補遺三十五作西漢童謡。錦繡萬花谷三十九。詩紀八。又玉臺新詠九引殿、見、根、孫四韵。

成帝時歌謡

漢書曰。成帝時歌謡又曰云云。桂赤色。漢家象。華不實。無繼嗣也。王莽自謂黄象。黄爵巢其顛也。

邪徑敗良田。讒口占經作言。亂善人。桂樹華事類賦作秋。不實。黄爵風雅翼作雀。巢其顛。故占經作昔。文選補遺、事類賦、詩紀並同。爲人所羡。今爲人所憐。○漢書五行志。開元占經百十三作成帝時童謡。樂府詩集八十八。文選補遺三十五作西漢童謡。事類賦雀賦作古詩。風雅翼補遺下作成帝時黄雀謡。詩紀八。又玉臺新詠九引人、顛二韵。御覽九百二十二作古詩。引顛一韵。

汝南鴻隙陂童謠

漢書曰。汝南舊有鴻隙大陂。郡以爲饒。成帝時。關東數水。陂溢爲害。翟方進爲相。與御史大夫孔光共遣掾行視。以爲決去陂水。其地肥美。省隄防費而無水憂。遂奏罷之。及翟氏滅。鄉里歸惡。言方進請陂下良田不得而奏罷陂云。王莽時。常枯旱。郡中追怨方進。時有童謠云云。子威。方進字。

壞陂誰。後漢書作敗我陂者。水經注作敗我陂。類聚作懷我陂。翟子威。飯後漢書作飴。我豆類聚脱豆字。食後漢書作大豆。羹後漢書作亨我二字。御覽誤作美。芋魁。後漢書作魁。類聚、白帖、御覽並同。反白帖作及。乎白帖無乎字。覆。陂當復。誰云白帖作言。御覽同。者。白帖無者字。兩黄鵠。○漢書翟方進傳。白帖二。御覽七十二。樂府詩集八十八作王莽時汝南童謠。文選補遺三十五。詩紀八作鴻隙陂童謠。又後漢書許楊傳引威、魁、復三韻。水經淮水注引威、復二韻。類聚八十七引威、羹二韻。御覽九百七十五引威、魁二韻。○逯案。此歌後漢書引作歌謠。是也。又後漢書引文較原歌爲略。惟飯我豆食句。後漢書竟作飴我大豆。亨我芋魁。此可異者。逯謂歌中我字皆虚聲。因記録有詳略。故有小異。實則此三言之歌也。

王莽末天水童謠

續漢書曰。王莽末。天水童謠曰云云。時隗囂初起兵於天水。後意稍廣。欲爲天子。遂破滅。囂少病蹇。吴門。冀郭門名也。緹羣。山名也。

出吴門。望緹羣。見一蹇人言欲上天。令天可上。地上文選補遺作下。安得民。後漢書注作人。○續漢書五行志。後漢書隗囂傳注。文選補遺三十五作天水童謠。詩紀八。

更始時南陽童謡

續漢書曰。更始時南陽有童謡曰云云。是時更始在長安。世祖爲大司馬。平定河北。更始大臣並僭專權。故謡妖作也。後更始遂爲赤眉所殺。是更始之不諧。在赤眉也。世祖自河北興。

諧不諧。在赤眉。得不得。在河北。○續漢書五行志。後漢書光武紀注。樂府詩集八十八。文選補遺三十五作南陽童謡。詩紀八。

諺語

曹邱生引楚人諺

史記曰。楚人曹邱生。辯士。與竇長君善。季布聞之。寄書諫竇長君勿與通。曹邱生欲得書請季布。竇長君曰。季將軍不說足下。足下勿往。固請書。遂行。使人先發書。季布果大怒。待曹邱。曹邱至。卽揖季布曰。楚人諺曰云云。足下何以得此聲於梁、楚閒哉。季布乃大説。引入。留數月。爲上客。厚送之。季布名所以益聞者。曹邱揚之也。

得白帖無得字。黄金百斤。御覽或作鎰。漢書無斤字。不如得御覽或無得字。季布一漢書無一字。諾。○史記及漢書季布傳。白帖二。御覽四百三十、四百六十三、四百九十五、八百九。詩紀九作楚人諺。

漢人引鄙語

韓詩外傳曰。夫明鏡者。所以照形也。往古者。所以知今也。鄙語曰。

不知漢書作習。爲吏。視已成大戴記作如視己。新書作而視己。事。○韓詩外傳五。大戴記保傅篇。漢書賈誼傳。賈子新書保傅篇。御覽四百九十六。

韓安國引語

漢書曰。韓安國云。治天下終不用私亂公。語曰。

雖有親父。安知史記知下有其字。下同。不爲虎。雖有親兄。安知不爲狼。○史記韓安國傳。漢書韓安國傳。

桓寬引語

鹽鐵論曰。秦兼萬國之地。有四海之富。而意不贍。非宇小而用非者。欲多而下不堪其求也。語曰。

厨有腐肉。國有飢民。廄有肥馬。路有餧人。○鹽鐵論園池篇。

桓寬引鄙語

鹽鐵論曰。大夫曰。鄙語曰云云。以世俗言之。鄉曲有桀人尚辟之。今匈奴公爲寇。侵擾邊境。是以縣官厲武。以討不義。設機械以備不仁。

賢者容不辱。○鹽鐵論備胡篇。

淮南子引諺

淮南子曰。亂世之法。高爲量而罪不及。重爲任而罰不勝。危爲禁而誅不敢。民困於三責。則飾智而詐上。犯邪而干免。故諺曰。

鳥窮則噣。獸窮則觸。人窮則詐。○淮南子齊俗訓。

鄒陽引諺

史記曰。鄒陽獄中上書曰。臣聞比干剖心。子胥鴟夷。臣始不信。乃今知之。願大王孰察。少加憐焉。諺曰云云。何則。知與不知也。

白史記、漢書白上有有字。頭如新。傾蓋如故。○史記及漢書鄒陽傳。文選三十九。

司馬相如引諺

史記曰。是時天子方好自擊熊彘。馳逐野獸。相如上疏諫之。鄙諺曰云云。言雖小可以喻大。願陛下幸察。

家絫千金。史記、御覽金下有者字。坐不垂堂。○史記司馬相如傳。漢書司馬相如傳。御覽四百九十五。○逯案。史記袁盎傳云。臣聞千金之子坐不垂堂。百金之子不騎衡。漢書盎傳載此無坐字。白帖八引漢書曰。千金之子坐不垂堂。百金之子立不倚衡。又御覽三百九十三引漢書諺曰。千金之子坐不垂堂。又三國志薛綜傳諺曰。千金之子坐不垂堂。似此諺原爲四言四句。相如所引既不全。且似已加删改也。而今本漢書作七言。恐亦經後人删落。

貢禹引俗語

漢書曰。禹又言。郡國擇便巧史書習於計簿能欺上府者。以爲右職。取勇猛能操切百姓者。以苛暴威服下者。使居大位。故亡義而有財者顯於世。欺謾而善書者尊於朝。誖逆而勇猛者貴於官。故俗皆曰。

何以孝弟爲。財多而光榮。何以禮義爲。史書而仕宦。何以謹慎爲。勇猛而臨官。○漢書貢禹傳。○逯案。故俗皆曰云云。皆假爲諧。亦通。

司馬遷引諺

史記曰。余睹李將軍悛悛如鄙人。口不能道辭。及死之日。天下知與不知。皆爲盡哀。諺曰云云。此言雖小。可以諭大也。

桃李不言。下自成蹊。○史記李將軍傳。漢書李廣傳。御覽四百九十五、九百六十八。

司馬遷引諺

史記曰。人富而仁義附焉。富者得勢益彰。諺曰云云。此非空言也。

千金之子。不死於市。○史記貨殖傳。御覽四百九十五。

司馬遷引諺

史記曰。諺曰云云。固無虚言。非獨女以色媚。而仕宦亦有之。

力田不如逢年。善仕不如遇徐廣云。遇一作偶。合。○史記佞幸傳。

司馬遷引鄙語

史記曰。鄙語云云云。白起料敵合變。出奇無窮。聲震天下。然不能救患於應侯。王翦爲秦將。夷六國。然不能輔秦建德。固其根本。偷合取容。以至圽身。彼各有所短也。

尺有所短。寸有所長。○史記白起王翦傳贊。

褚先生引諺

史記曰。褚先生曰。尹夫人自請武帝。願望見邢夫人。乃詔使邢夫人衣故衣。獨身來前。尹夫人乃低頭而泣。自痛其不如也。諺曰。

美女入室。惡女之仇。○史記外戚世家。御覽百四十四、三百八十。

褚先生引諺

史記曰。褚先生曰。東郭先生久待詔公車。貧困飢寒。道中人笑之。及其拜二千石。立名當世。所謂衣褐懷寶者也。諺曰。

相馬失之瘦。相士失之窮。○史記滑稽列傳。

路温舒引俗語

漢書曰。温舒上書曰。臣聞秦有十失。其一尚存。治獄之吏是也。是以獄吏專爲深刻殘賊而亡極。媮爲一切。不顧國患。此世之賊也。故俗語曰。

畫地爲獄。書鈔作牢。議不入。刻木爲吏。期書鈔作議。不對。○漢書路温舒傳。書鈔七十七。詩紀九作諺。

劉向引諺

説苑曰。存亡禍福。其要在身。聖人重誡。敬慎所忽。諺曰。

誡無垢。思無辱。○説苑敬慎篇。

薛宣引鄙語

漢書曰。宣上疏曰。政教煩碎。咎在部刺史。或不循守條職。舉錯各以其意。以求吏民過失。郡縣相迫促。亦内相刻。流至衆庶。鄙語曰云云。宜明申敕。使昭然知本朝之要務。

苛政不親。煩苦傷恩。○漢書薛宣傳。

劉輔引里語

漢書曰。成帝欲立趙倢伃爲皇后。先下詔封倢伃父臨爲列侯。輔上書言。妙選有德之世。考卜窈窕之女。以承宗廟。猶恐晚暮。今乃觸情縱欲。傾於卑賤之女。欲以母天下。不畏于天。不媿于人。惑莫大焉。里語曰。

腐御覽作朽。木不可以御覽或無以字。爲柱。卑人不可以御覽或無以字。爲主。○漢書劉輔傳。御覽一百八十七、二百二十

三、四百九十五。

王嘉引里諺

漢書曰。是時侍中董賢愛幸於上。遂下詔封賢等。下丞相御史。益封賢二千户。嘉封還詔書。因奏封事諫曰。高安侯賢。佞幸之臣。陛下傾爵位以貴之。單貨財以富之。損至尊以寵之。主威已黜。府藏已竭。唯恐不足。財皆民力所爲。往古以來。貴臣未嘗有此。流聞四方。皆同怨之。里諺曰云云。臣常爲之寒心。

千人所指。無病而死。○漢書王嘉傳。全唐文二百七十七柳澤上睿宗書。

氾勝之引諺

氾勝之書曰。麥生黄色。傷於太稠。稠者鋤而稀之。秋鋤以棘柴耬之以壅麥根。故諺曰。

子欲富。黄金覆。○齊民要術二。

氾勝之引古語

土長冒橛。陳根可拔。耕者急發。○禮記月令注。

馬廖引長安語樂府詩集作城中謡。詩紀同。

後漢書曰。明德皇后既立。躬履節儉。事從簡約。廖慮美業難終。上疏長樂宫以勸成德政曰。百姓不足。起於世尚奢靡。長安語曰。

城中好高髻。文選補遺誤作結。四方高御覽或作且。一尺。城中好廣玉臺作大。類聚、文選補遺同。眉。四方且玉臺作眉。文選補遺同。御覽或作過。或作晝。半額。城中好大玉臺作廣。類聚、文選補遺同。御覽或作廣。袖。四方全玉臺作用。詩紀同。匹帛。○後漢書馬援傳附馬廖傳。玉臺新詠一作漢時童謠歌。類聚四十三。御覽四百九十五。樂府詩集八十七。文選補遺三十五作長安謠。詩紀八。又御覽三百六十四引額一韵。八百十八引帛一韵。

漢人爲黄公語

奚囊橘柚曰。漢高帝時。有黄公。不事生産。日牽一黄斑虎乞食於道。飲食稍不腆。輒解其縛虎。便咆哮作噬人狀。人人震懾。多畀錢米。始謝去。人有語曰云云。人入山遇猛虎。輒畏之曰黄公來。猛獸無不垂頭掉尾而去。人又語曰云云。

虎莫凶。有黄公。○古謠諺七十。

猛獸回。黄公來。○同上○逯按。此殆後人假託。姑附於此。

時人爲應曜語

廣韻曰。漢有應曜。隱於淮陽山中。與四皓俱徵。曜獨不至。時人語之曰。

南山四皓。不如淮陽一老。○廣韻十六蒸。

關東爲甯成號

史記曰。甯成家居。上欲以爲郡守。御史大夫弘曰。臣居山東爲小吏時。甯成爲濟南都尉。其治如狼牧羊。成不可使治民。上乃拜成爲關都尉。歲餘。關東吏隸郡國出入關者。號曰。

寧見乳虎。無值甯成之書鈔無之字。怒。○史記酷吏傳義縱傳。漢書義縱傳。書鈔四十一。

長安爲韓嫣語

西京雜記曰。韓嫣好彈。以金爲丸。一日所失者十餘。長安爲之語云云。京師兒童每聞嫣出彈輒隨之。望丸所落。便拾取焉。

苦白帖作若。御覽或同。飢寒。逐彈白帖作金。御覽或同。丸。○西京雜記四。白帖十四。御覽四百九十六、七百五十五、八百十一。詩紀九作逐彈丸。

諸儒爲朱雲語

漢書曰。少府五鹿充宗貴幸。爲梁丘易。元帝好之。欲考其異同。令與諸易家論。充宗辨口。諸儒莫能抗。有薦朱雲者。召入攝齊登堂。抗首而請。音動左右。故諸儒爲之語曰。

五鹿嶽嶽。類聚作岳岳。御覽或同。朱雲折其角。○漢書朱雲傳。類聚五十五。白帖二十六。御覽四百六十三、四百九十五、六百十五。詩紀九作五鹿。

長安爲王吉語

漢書曰。王吉少時。居長安。其東家有棗樹垂吉庭中。吉婦取以啖吉。吉知而去婦。東家聞。欲伐其樹。鄰里止之。因請吉還婦。里中爲之語曰。

東家有類聚作棗。詩紀同。樹。王陽婦去。御覽或作女婦。東家棗完。去婦復還。○漢書王吉傳。類聚八十七。御覽四百九十五、五百二十一、九百六十五。詩紀九作東家棗。

世稱王貢語

漢書王吉傳曰。吉與貢禹爲友。世稱云云。言其取舍同也。

王陽在位。貢公後漢書注作禹。彈冠。○漢書王吉傳。後漢書王丹傳注。白帖十二。

長安爲蕭朱王貢語

漢書曰。蕭育少與陳咸、朱博爲友。著聞當世。往者有王陽、貢公。故長安語曰云云。言其相薦達也。

蕭朱結綬。王貢彈冠。○漢書蕭育傳。風俗通窮通篇。類聚二十一。初學記十八。白帖十。御覽四百十、四百九十五。

吏民爲趙張三王語

漢書曰。王吉子駿。成帝欲大用之。出駿爲京兆尹。試以政事。先是京兆有趙廣漢、張敞、王尊、王章。至駿皆有能名。故京師稱曰。

前有趙張。後有三王。○漢書趙尹韓張兩王傳贊。又王吉傳。書鈔三十九。類聚六。白帖二十一。文選十潘安仁西征賦注。御覽四百九十五。詩紀五作三王。

鄒魯諺

漢書曰。韋賢少子玄成。復以明經歷位至丞相。故鄒魯諺曰。

遺子黄金滿籯。不如類聚、白帖此下有教子二字。御覽或同。一經。○漢書韋賢傳。類聚八十三。白帖二十六。御覽四百九十五、五百十八、六百十三、七百六十四、八百九。詩紀九。○逯案。類聚、白帖所引有教子二字。於義較勝。可據補。

諸儒爲匡衡語

漢書曰。衡好學。家貧傭作。以供資用。尤精力過絶人。諸儒爲之語曰。

無説詩。匡鼎來。匡説詩。解人頤。○漢書匡鼎傳。西京雜記二。詩紀八作匡衡歌。

京師爲諸葛豐語

漢書曰。諸葛豐。元帝擢爲司隸校尉。刺舉無所避。京師爲之語曰。

間白帖作聞。何闊。逢諸葛。○漢書諸葛豐傳。書鈔三十六、三十七。白帖十三。御覽二百五十、四百二十七、四百九十五。詩紀九作諸葛豐。

諸儒爲張禹語

漢書曰。成帝卽位。張禹爲論語章句獻之。諸儒爲之語曰。

不漢書無不字。欲爲論。念張文。○漢書張禹傳。西京雜記二。御覽四百九十五。詩紀九作張文。

長安爲谷永樓護號

漢書曰。樓護。字君卿。精辯論議。常依名節。聽者皆竦。與谷永俱爲五侯上客。長安號曰。

谷御覽或無谷字。子雲書鈔雲下有之字。類聚同。御覽或同。筆札。樓書鈔、御覽或作婁。君卿書鈔卿下有之字。類聚同。御覽或同。喉御覽或作唇。舌。○漢書樓護傳。書鈔百三、百四。類聚三十三、五十八。御覽四百六十三、四百九十五、五百九十五、六百六。詩紀九作谷樓。

時人爲甄豐語

後漢書曰。王莽爲宰衡時。甄豐旦夕入謀議。時人語曰。

夜半客。甄長伯。○後漢書彭寵傳。

長安爲張竦語

漢書曰。安衆侯劉崇與相張紹進攻宛。不得入而敗。竦與崇族父劉嘉詣闕自歸。王莽赦弗罪。竦爲崇作奏。莽大說。後又封竦爲淑德侯。長安爲之語曰。

欲求封。過張柏松。力戰鬬。不如巧爲奏。〇漢書王莽傳。

時人爲王莽語

蔡邕獨斷曰。古幘無巾。王莽頭禿。乃始施巾。故語曰。

莽頭續漢志注作王莽。獨斷同。御覽或同。禿。此句御覽或作王頭禿帴。幘施御覽或作如。屋。〇續漢書輿服志。獨斷下。御覽四百九十六、六百八十七、七百四十。詩紀九作幘如屋。

東方爲王匡廉丹語

漢書曰。地皇三年四月。王莽遣太師王匡、更始將軍廉丹東。太師、更始合將鋭士十餘萬人。所過放縱。東方爲之語曰。

寧逢赤眉。不逢太師。太師尚可。更始殺我。〇漢書王莽傳。

時人爲蔣詡諺

嵇康高士傳曰。蔣詡。字元卿。杜陵人。爲兖州刺史。王莽爲宰衡。詡奏事到灞上。稱病不進。歸杜陵。荆棘塞門。舍中三徑。終身不出。時人諺曰。

楚國二龔。不如杜陵蔣翁。〇御覽五百十。詩紀九作杜陵蔣翁。

京師爲揚雄語

漢書曰。王莽篡位後。復上符命者。莽盡誅之。時揚雄校書天禄閣。使者欲收雄。雄恐。乃從閣自投。幾死。京師爲之語曰。

惟寂白帖此下有惟字。文選注、御覽、詩紀並同。寞。文選注作漠。詩紀作莫。自投白帖此下有于字。文選注、御覽、詩紀並同。閣。爰清詩紀有爰字。御覽清下或有爰字。静。作詩紀作上有無字。御覽四百作上或有無字。符命。漢書師古注。今流俗本云。惟寂惟寞。自投於閣。爰清爰静。無作符命。妄增之。○漢書揚雄傳。御覽四百九十五。又白帖三、十。文選三十齋中讀書詩注、御覽一百八十四並引閣一韵。詩紀九作投閣。

時人爲揚雄桓譚語

廣輿記曰。漢桓譚字君山。宿州人。博學有文章名。光武欲以讖決疑。桓譚諫。出爲六安丞。著新論。藏書甚多。時人語曰。

玩揚子雲之篇。樂於居千乘之官。挾桓君之書。富於積廣輿記無積字。猗頓之財。廣輿記無之財二字。○廣輿記二。潛確類書八十。

更始時長安中語

東觀漢記曰。更始在長安。所授官爵皆羣小賈人。或膳夫庖人。長安爲之語曰。

竈下養。中郎將。爛羊胃。騎都尉。爛羊頭。關内白帖作封公。侯。○後漢書劉玄傳。類聚四十五。白帖十二。御覽九十、二百三、四百九十五、九百二。又文選補遺三十五作長安謡。詩紀九作竈下養。

時人爲戴遵語

後漢書曰。遵字子高。王莽篡位。稱疾歸鄉里。家富。好給施。尚俠氣。食客嘗三四百人。時人爲之語曰。

關東大豪戴子高。○後漢書戴良傳。

三輔爲張氏何氏語

三輔決録注曰。張氏得鈎。何氏得筭。故三輔舊語曰。

何氏筭。廣記作策。張氏鈎。何氏肥。張氏瘦。○御覽三百七十八。太平廣記三百九十一。

時人爲張氏諺

文士傳曰。留侯七世孫張讚。字子卿。初居吴縣相人里。時人諺曰。

相里張。多賢良。積善應。子孫昌。○御覽四百九十六。

桓譚引諺論巧習

新論曰。揚子雲工于賦。王君大習兵器。余欲從二子學。子雲曰。能讀千賦則善賦。君大曰。能觀千劍則曉劍。

諺曰。

伏習象神。巧者不過習者之門。○意林三。

桓譚引關東鄙語

新論曰。關東鄙語曰。

人間長安樂。出類聚出上有則字。文選注、御覽同。門西向類聚、文選注作向西。御覽西上有而字。笑。文選注笑上有而字。知初學記知上有人字。肉味美。初學記無美字。對類聚對上有則字。御覽同。初學記對上有即字。屠門而大類聚無大字。嚼。御覽或誤屑。○書鈔百四十五。類聚七十二。初學記二十六。文選四十二與吴季重書注。白帖五。御覽四百九十六、八百二十八、八百六十三。

漢詩卷四

郊廟歌辭

安世房中歌

漢書曰。漢房中祠樂。高祖唐山夫人所作也。周有房中樂。至秦改名壽人。凡樂。樂其所生。禮不忘本。高祖樂楚聲。故房中樂楚聲也。孝惠二年。使樂府令夏侯寬備其簫管。更名安世樂。安世房中歌十七章。其詩曰。

大孝備矣。休德昭清。高張四縣。樂充宫庭。芬樹羽林。雲景杳冥。金支秀華。庶旄翠旌。七始華始。肅倡和聲。神來晏娭。庶幾是聽。○漢書禮樂志。樂府詩集八。文選補遺三十四。廣文選十一。詩紀二。○逯案。通行本漢書此章與下章連爲一篇。文選補遺及詩紀割七始等四句屬下。别爲一章。今依汲古閣本漢書及樂府詩集、廣文選分釐之。

粥粥音送。細齊人情。忽乘青玄。熙事備成。清思眑眑。經緯冥冥。○同上

我定曆數。人告其心。敕身齊戒。施教申申。乃立祖廟。敬明尊親。大矣孝熙。四極爰轃。○同上○漢書此與下篇連爲一首。今從樂府詩集。

王侯秉德。其鄰翼翼。顯明昭式。清明鬯矣。皇帝孝德。竟全大功。撫安四極。○同上○王先謙漢書補注引吴仁傑曰。安世房中歌十七章。刊誤區分之。一章多或十句八句。少或六句四句。未有奇數者。獨王侯秉德一章七句。仁傑案。既醉詩及下文安其所章。皆用疊句。此章當云。王侯秉德。其鄰翼翼。其鄰翼翼。顯明昭式。書本脱誤。今改定作八句。

海内有姦。紛亂東北。詔撫成師。武臣承德。行樂交逆。簫勺羣慝。肅爲濟哉。蓋定燕國。○同上○漢書與下兩篇連爲一首。

大海蕩蕩水所歸。高賢愉愉民所懷。大山崔。百卉殖。民何貴。貴有德。○同上○逯案。劉敞所見本漢書蕩愉二字皆不疊。

安其所。樂終産。樂終産。世繼緒。飛龍秋。游上天。高賢愉。樂民人。○同上

豐草葽。女羅施。善何如。誰能回。大莫大。成教德。長莫長。被無極。○同上

雷震震。電燿燿。明德鄉。治本約。治本約。澤弘大。加被寵。咸相保。德施大。世曼壽。○同上

都荔遂芳。窅窊桂華。孝奏天儀。若日月光。乘玄四龍。回馳北行。羽旄殷盛。芬哉芒芒。孝道隨世。我署文章。桂華○同上○逯案。漢書桂華二字冠下文之首。樂府詩集同之。惟又於文章字下刻□□兩空格。文選補遺刪桂華二字。

馮馮翼翼。承天之則。吾易久遠。燭明四極。○同上○逯案。詩紀依文選補遺、廣文選以此四句與下文德福兩韻共爲一首。然檢各本漢書。此四句悉獨立成篇。當是原歌如此。今據以改正。

慈惠所愛。美若休德。杳杳冥冥。克綽永福。美芳○同上○劉奉世曰。桂華、美芳。皆二詩章名。本側注前篇之末。傳寫之誤。遂以冠後。又詞無美芳。亦當作美若矣。逯案。漢書此與下文連爲一篇。而樂府詩集則連下文起首二句共爲一篇。

磑磑即即。師象山則。嗚呼孝哉。案撫戎國。蠻夷竭歡。象來致福。兼臨是愛。終無兵革。○同上

嘉薦芳矣。告靈饗矣。告靈既饗。德音孔臧。惟德之臧。建侯之常。承詩紀云。一作永。保天休。令問不忘。○同上

皇皇鴻明。蕩侯休詩紀云一作嘉。德。嘉承天和。伊樂厥福。在樂不荒。惟民之則。浚則師德。下民咸殖。

令問在舊。孔容翼翼。詩紀云。漢書自浚則以下别爲一章。今從樂府。○同上○逯案。鐵琴銅劍樓藏北宋本及汲古閣本各漢書。浚則等四句與上文皆連爲一章。詩紀云云。不知究據何本。又文選補遺及廣文選則以浚則等四句獨立成篇。此蓋從漢書刊誤説。而足成十七章之數也。

孔容之常。承帝之明。下民之樂。子孫保光。承順温良。受帝之光。嘉薦令芳。壽考不忘。○同上

承帝明德。師象山則。雲施稱民。永受厥福。承容之常。承帝之明。下民安樂。萬壽漢書作受福。無疆。○漢書禮樂志。樂府詩集八。文選補遺三十四。廣文選十一。詩紀二。

郊祀歌

此歌文選補遺及廣文選、詩紀均署唐山夫人。逯案。漢書僅謂唐山夫人作樂。樂與辭非一事。此質之漢志可知。似不得卽署唐山夫人。今依樂府詩集編入闕名卷中。又此歌於樂分十七章。於辭實爲十七首。郊祀歌仿此。

漢書曰。武帝定郊祀之禮。祠太乙於甘泉。祭后土於汾陰。乃立樂府。采詩夜誦。有趙、代、秦、楚之謳。以李延年爲協律都尉。多舉司馬相如等數十人造爲詩賦。略論律吕。以合八音之調。作十九章之歌。以正月上辛用事甘泉圜丘。使童男女七十人歌之。時新得神馬。因次爲歌。汲黯曰。王者作樂。上以承祖宗。下以化兆民。今陛下得馬詩以爲歌協於宗廟。先帝百姓豈能知其音邪。觀黯之言。則是歌宗廟亦用之矣。然其辭亦多難曉云。

練時日

練時日。侯詩紀作候。有望。焫膋蕭。延四方。九重開。靈之斿。垂惠恩。鴻祜休。靈之車。結玄雲。駕飛龍。羽

旐紛。靈之下。若風馬。左倉文選補遺作蒼。韵補、廣文選、詩紀並同。龍。右白虎。靈之來。神哉沛。先以雨。般裔裔。靈之至。慶陰陰。相放悲。震澹心。靈已坐。五音飭。虞至旦。承靈億。牲繭栗。詩紀誤粟。粢盛香。尊桂酒。賓八鄉。靈安留。吟青黄。偏觀此。眺瑶堂。衆嫭並。綽奇麗。顔如荼。兆逐靡。被華文。側樂府作厠。霧縠。曳阿錫。佩珠玉。俠嘉夜。茝蘭芳。澹容與。獻嘉觴。○漢書禮樂志。樂府詩集一。文選補遺三十四。廣文選十一。詩紀五。

帝臨

帝臨中壇。四方承宇。繩繩意變。備得其所。清和六合。制數以五。海内安寧。興文匽廣文選作偃。同。武。后土富媪。昭明三光。穆穆優游。嘉服上黄。○同上

青陽鄒子樂。漢書載此名。下同。

青陽開動。根荄以遂。膏潤并愛。跂行畢逮。霆聲發榮。壧處頃聽。枯槀復産。乃成厥命。衆庶熙熙。施及夭胎。羣生啿啿。惟春之祺。○同上

朱明鄒子樂。

朱明盛長。旉與萬物。桐生茂豫。靡有所詘。敷華就實。既阜既昌。登成甫田。百鬼迪嘗。廣大建祀。肅雍

不忘。神若宥之。傳世無疆。〇同上

西顥 鄒子樂。

西顥沆碭。秋氣肅殺。含秀垂穎。續舊不廢。姦僞不萌。祅樂府作妖。孽伏息。隅辟越遠。四貉咸服。既畏茲威。惟慕純德。附而不驕。正心翊翊。〇同上

玄冥 鄒子樂。

玄冥陵陰。蟄蟲蓋藏。草木零落。抵冬降霜。易亂除邪。革正異俗。兆民反本。抱素懷樸。條理信義。望禮五嶽。籍斂之時。掩收嘉穀。〇同上

惟泰元

惟泰元尊。媪神蕃釐。經緯天地。作成四時。精建日月。星辰度理。陰陽五行。周而復始。雲風靁電。降甘露雨。百姓蕃滋。咸循厥緒。繼統共樂府作恭。勤。文選補遺作動。順皇之德。鸞路龍鱗。罔不肸飾。嘉籩列陳。庶幾宴享。滅除凶災。烈騰八荒。鐘鼓竽笙。雲舞翔翔。招摇靈旗。九夷賓將。建始元年。丞相匡衡奏罷鸞路龍鱗。更定詩曰涓選休成。〇同上〇逯案。篇末注據漢志補入。

天地

天地並況。惟予有慕。爰熙紫壇。思求厥路。恭承禋祀。緼豫爲紛。黼繡周張。承神至尊。千童羅舞成八溢。初學記作佾。合好效初學記作交。歡虞泰一。九歌畢奏斐然殊。鳴琴竽瑟會軒朱。璆磬文選補遺作罄。注云。古磬字。金鼓。靈其有喜。百官濟濟。各敬厥樂府詩集作其。事。盛牲實俎進聞膏。神奄留。臨須摇。長麗前掞光燿文選注作耀。詩紀同。明。寒暑不忒況皇章。展詩應律鋗廣文選作琄。詩紀同。玉鳴。函宫吐角激徵清。發梁揚羽申以商。造兹新音永久文選補遺誤作欠。長。聲氣遠條鳳鳥鶬。神夕奄虞蓋孔享。丞相匡衡奏罷黼繡周張。更定詩曰肅若舊典。〇漢書禮樂志。初學記十五。樂府詩集一。文選補遺三十四。廣文選十一。詩紀五。

日出入

日出入安窮。時世不與人同。故春非我春。夏非我夏。秋非我秋。冬非我冬。泊如四海之池。偏觀是耶謂何。吾知所樂。獨樂六龍。六龍之調。使我心若。訾黄其何不徠下。〇漢書禮樂志。樂府詩集一。文選補遺三十四。廣文選十一。詩紀五。

天馬詩紀云。一作天馬歌。

漢書武帝紀曰。元鼎四年秋。馬生渥洼水中。作天馬之歌。太祖四年春。貳師將軍李廣利斬大宛王首。獲汗血馬來。作西極天馬之歌。

太一況。類聚作貺。御覽同。天馬下。霑類聚作沾。赤汗。沫文選注作染。流赭。志俶儻。精權奇。籋浮雲。晻上馳。體容與。迣詩紀云。即逝字。萬里。今安匹。龍爲友。元狩三年。馬生渥洼水中作。○漢書禮樂志。類聚九十三。御覽八百九十四。樂府詩集一。文選補遺三十四。廣文選十一。詩紀五。又文選三十五七命注引第二句。○逯案。御覽引天馬下有千里二字。當是衍文。不注入本文下。

天馬徠。水經注作來。類聚、文選注、白帖、御覽、事類賦同。又白帖此下有兮字。從白帖作自。西極。涉流沙。九夷服。天馬徠。出泉水。虎脊兩。化若鬼。天馬徠。水經注此下有兮字。歷御覽誤作曆。無草。廣文選作皁。詩紀同。詩紀云。皁即草。徑水經注作逕。廣文選、詩紀作經。千里。水經注此下有兮字。循事類賦作來。東道。天馬徠。執徐時。將搖漢書如淳曰或作遥。舉。誰與期。天馬徠。御覽徠下或有兮字。開遠門。竦予御覽或作子。身。御覽身下或有兮字。逝御覽三十八作遊。昆侖。文選補遺作崙。又類聚作崑崙。御覽同。天馬徠。龍之媒。游閶闔。觀玉臺。太初四年。誅宛王獲宛馬作。○漢書禮樂志。樂府詩集一。文選補遺三十四。廣文選十一。詩紀五。又水經二河水注引草、道二韻。類聚九十三引極、服、草、道、門、崙、媒、臺八韻。文選十四赭白馬賦注引極一韻、又二十三詠懷詩注引極、服、草、道四韻。白帖十八引極一韻。御覽三十八引門、崙二韻、又八百九十四引極、服、草、道、門、崘、媒、臺八韻。事類賦馬賦引極、服、草、道、媒、臺六韻。○逯案。御覽三十八引此作漢書曰張安世房中歌詩云云。殊謬。又錦繡萬花谷三十七引漢天馬歌曰尾蕭梢兮朔風起。則實非漢歌。諸如此類。均須明辨。

天門

天門開。詄蕩蕩。穆並騁。以臨饗。光夜燭。德信著。靈寖平而鴻。長生豫。太文選補遺作大。朱涂廣。夷石爲堂。飾玉梢以舞歌。體招搖若永望。星留俞。塞隕光。照紫幄。珠熉黃。幡比翄文選補遺作翍。廣文選、詩紀並同。

回集。貳雙飛常羊。月穆穆以金波。日華燿以宣明。假清風軋忽。激長至重觴。神裵回廣文選作徘徊。詩紀同。若留放。殣冀親以肆章。函蒙祉福常若期。寂漻上天知厥時。泛泛滇滇從高斿。殷勤此路臚所求。佻正嘉吉弘以昌。休嘉砰隱溢四方。專精厲意逝九閡。紛云六幕浮大海。○漢書禮樂志。樂府詩集一。文選補遺三十四。廣文選十一。詩紀五。○靈寖平而鴻長生豫句。王先謙漢書補注曰。八字不成句義。平而二字當衍。顏注亦未爲平字釋義。衍文明矣。又幡比狘回集。貳雙飛常羊句下。王氏又曰。狘飛下皆有兮字。假清二句同。逯案。王説是也。此歌楚體。各句殆均有兮字。經孟堅删削。故至此耳。

景星詩紀云。一曰寶鼎歌。

漢書武帝紀曰。元鼎四年夏六月。得寶鼎后土祠旁。作寶鼎之歌。

景星顯見。信星彪列。象載昭庭。日親以察。參侔開闔。爰推本紀。汾脽文選補遺誤作睢。廣文選、詩紀並同。出鼎。皇祐元始。五音六律。依韋饗昭。雜變並會。雅聲遠姚。空桑琴瑟結信成。四興迭文選補遺作遞。代八風生。殷殷鐘石羽籥鳴。河龍供鯉醇犧牲。百末御覽作味。旨酒布蘭生。泰御覽作奉。尊柘漿析御覽或誤作折。朝酲。御覽或誤作醒。微感心攸通修名。周流常羊思所并。穰穰復正直往甯。馮蠵切和疏寫平。上天布施后土成。穰穰豐年四時榮。元鼎五年得鼎汾陰作。○漢書禮樂志。樂府詩集一。文選補遺三十四。廣文選十一。詩紀五。又御覽八百六十一引酲一韵、九百七十四引生酲二韵。○逯案。王氏漢書補注曰。武紀得鼎在四年。五當作四。又馮蠵切和疏寫平句。晋灼曰。馮。馮夷。河伯也。蠵。觜蠵。龜屬也。逯案。蠵、夷同部。音近相假。馮蠵當即馮夷。唐劉恂嶺表録異云。蟕蠵。俗謂之兹夷。是亦馮蠵即馮夷之證。

齊房詩紀云。一曰芝房歌。

漢書武帝紀曰。元封二年夏六月。甘泉宫内中産芝。九莖連葉。作芝房之歌。

齊房産草。九莖連葉。宫童効異。披圖案諜。玄氣之精。回復此都。蔓蔓日茂。芝成靈華。元封二年芝生甘泉齊房作。○漢書禮樂志。樂府詩集一。文選補遺三十四。廣文選十一。詩紀五。

后皇

后皇嘉壇。立玄黄服。物發冀州。兆蒙祉福。沇沇四塞。假狄合處。經營萬億。咸遂厥宇。○同上

華爗爗

華爗爗。固靈根。神之斿。過天門。車千乘。敦昆侖。文選補遺作崙。神之出。排玉房。周流雜。拔蘭堂。神之行。旌容容。騎沓沓。般縱縱。文選補遺作從從。廣文選、詩紀同。神之徠。泛翊翊。甘露降。慶雲集。神之揄。樂府作楡。臨壇宇。九疑賓。夔龍舞。神安坐。鴹吉時。共翊翊。合所思。神嘉虞。申貳觴。福滂洋。邁延長。沛施祐。汾之阿。揚金光。横泰河。莽若雲。增揚樂府作陽。文選補遺同。波。徧臚驩。騰天歌。○同上

五神

五神相。包四鄰。土地廣。揚浮雲。扢嘉壇。椒蘭房。璧玉精。垂華光。益億年。美始興。交於神。若有承。廣

宣延。咸畢觴。靈輿位。偃蹇驤。卉汩臚。析奚遺。淫淥澤。泩然歸。○同上

朝隴首

詩紀云。一曰白麟歌。

漢書武帝紀曰。元狩元年冬十月。行幸雍。獲白麟。作白麟之歌。

朝隴首。覽西垠。靁電尞。獲白麟。爰五止。顯黃德。圖匈虐。熏鬻殛。闢流離。抑不詳。賓百僚。山河饗。掩回轅。鬗長馳。騰雨師。洒路陂。詩紀誤作披。流星隕。感惟風。籋歸雲。撫懷心。元狩元年。行幸雍獲白麟作。○同上

象載瑜

詩紀云。一曰赤雁歌。

漢書禮樂志曰。大始三年。行幸東海獲赤雁作。

象載瑜。白集西。食甘露。飲榮泉。赤雁集。六紛員。殊翁雜。五采文。神所見。施祉福。登蓬萊。結無極。太始三年行幸東海獲赤雁作。○同上

赤蛟

赤蛟綏。黃華蓋。露夜零。晝晻濭。百君禮。六龍位。勺椒漿。靈已醉。靈既享。錫吉祥。芒芒極。降嘉觴。靈殷殷。爛揚光。延壽命。永未央。杳冥冥。塞六合。澤汪濊。輯萬國。靈禗禗。象輿轙。票然逝。旗逶蛇。禮樂成。靈將歸。托玄德。長無衰。○同上

逯案。此樂歌如天馬、景星、齊房、朝隴首、象載瑜諸篇。武紀悉謂武帝作。又青陽、朱陽、西顥、玄冥四篇署鄒子樂。

或卽鄒陽之作也。惟樂章既不容分割。歌辭亦當經人删定。故今統編闕名卷中。不再析出。

鼓吹曲辭

鐃歌

崔豹古今注曰。短簫鐃歌。軍樂也。黄帝使岐伯作。所以建武揚威德。風勸戰士也。周禮所謂王大捷。則令凱樂。漢樂有黄門鼓吹。天子所以宴樂羣臣也。短簫鐃歌。鼓吹之一章爾。亦以錫有功諸侯。古今樂録曰。漢鼓吹鐃歌十八曲。字多訛誤。又有務成、玄雲、黄爵、釣竿。亦漢曲也。其辭亡。或云漢鐃歌二十一。無釣竿。擁離亦曰翁離。宋書樂志曰。漢鼓吹鐃歌十八篇。按古今樂録。皆聲辭豔相雜。不復可分。沈約云。樂人以音聲相傳。訓詁不可復解。凡古樂録。皆大字是辭。細字是聲。聲辭合寫。故致然耳。

朱鷺

隋書樂志曰。建鼓殷所作。又棲翔鷺於其上。不知何代所加。然則漢曲。蓋因飾鼓以鷺而名曲焉。〇譚苑醍醐云。漢初有朱鷺之瑞。故以鷺形飾鼓。又以朱鷺名鼓吹曲也。

朱鷺魚以烏路訾邪鷺何食食茄下。不之食不之吐將以問諫宋書作誅。注云。一作諫。詩紀同。今從注文。者。〇宋書樂志。樂府詩集十六。詩紀五。〇逯案。賈生書云。鼓所以來諫。詩云。柔亦不茹。剛亦不吐。此歌云云。言諫官之道也。茄。古荷字。又十八曲歌辭凡以爲聲字者皆細字旁書之。以區别於本文。

思悲翁

思悲翁。唐思。奪我美人侵以遇。悲翁也但我思。蓬首樂府云。一作蕞。案蕞字當是蓬之異文。狗。逐狡兔。食交君。梟子五。梟母六。拉沓高飛莫安宿。○同上○唐思。徒思也。也、我皆聲。侵遇爲侵漁或侵虐之借字。交君殆狡麢之借字。

艾如張

詩紀云。艾與刈同。芟草也。穀梁傳曰。艾蘭以爲防。置旃以爲轅門。謂因蒐狩以習武事也。蘭。香草也。言艾草以爲田之大防是也。

艾而張羅。夷於何。行成之。四時和。山出黄雀亦有羅。雀以高飛奈雀何。爲此倚欲。誰肯礞當作磙。古墜字。室。○同上○董若雨曰。礞當是磙字之誤。案此說是。漢書敍傳。薄姬磙宗文産德。師古注。磙。古墜字。

上之回

漢書武帝紀曰。元封四年冬。行幸雍。祠五時。通回中道。遂北出蕭關。回中地在安定。沈建樂府廣題曰。漢曲皆美當時之事。按石關。宫闕名。近甘泉宫。相如上林賦云。蹷石關。歷封巒是也。

上之回。所中益。夏將至。行將北。以承甘泉宫。寒暑德。文選補遺作得。游石關。望諸文選補遺作渚。國。月支臣。匈奴服。令從百官疾驅馳。千秋萬歲樂無極。○宋書樂志。樂府詩集十六。文選補遺三十四。廣文選十二。詩紀五。○逯案。上之回者。言上幸回中。所中即行在所。又見雉子班。蓋當時習語。所中益言行在所儀從之盛。末二句則讚美之辭。

翁離一作擁離。

擁離趾中可築室。何用葺之蕙用蘭。擁離趾中。○宋書樂志。樂府詩集十六。詩紀五。○逯案。翁離當作翁雜。漢時習語。所以狀五采之貌。郊祀歌。殊翁雜。五采文。是其證。趾者。讀爲沚。詩谷風。湜湜其沚。說文水部引作止。詩七月。四之日舉趾。漢書食貨志引作止。趾皆可作止。故趾可借爲沚。又沚即時。見左氏隱三年傳釋文。漢郊五時。郊祀志謂五時祭黃、青、赤、白、黑神。祝宰之衣。各如其色。則五時土色自亦各別。五時而五色相映。故曰翁雜。又時中築室所以祠神。故以蕙蘭葺成。此歌有脫爛處。

戰城南

戰城南。死郭北。野死不葬烏可食。爲文選補遺無爲字。我謂烏。且爲客豪。野死諒不葬。腐肉安能去子逃。水深激激。蒲葦冥冥。梟騎戰鬬死。駑馬裴回鳴。梁築室何以南梁何北。文選補遺此三字作何以北。風雅翼、廣文選、詩紀並同。禾黍而風雅翼作不。廣文選、詩紀同。穫風雅翼作獲。君何食。願爲忠臣安可得。思子良臣。良臣誠可思。朝行出攻。莫不夜文選補遺作暮夜不。歸。○宋書樂志。樂府詩集十六。文選補遺三十四。風雅翼。選詩補遺下。廣文選十二。詩紀五。○逯案。梁築室句不辭。上梁字乃衍文。以字虛聲。原文當作築室河南梁河北。河今作何。假借字耳。漢書衛青傳。遂定河南地。絶梓領。梁北河。討蒲泥。破苻離云云。魏文帝典論。孝武自征元以迄征和。征匈奴四十餘舉。踰廣漠。絶梓嶺。封狼居。禪姑幕。梁北河云云。皆言定河南梁北河事。梁亦漢人習語。如司馬相如難蜀父老。梁孫原云云。是其比。漢取河南。置朔方郡。故築室以爲屯戍。並以討胡。遂有梁北河之事。此歌築室河南梁河北。即指此乎。又思子良臣。子乃哉之假借字。與下聖人出美人子之子同例。

巫山高

巫山高。高以大。淮水深。難以逝。我欲東歸。害梁不爲。我集無高曳。水何梁。當是深之譌字。湯湯回回。臨水遠望。泣下沾衣。遠道之人心思歸。謂之何。○宋書樂志。樂府詩集十六。廣文選十二。詩紀五。○逯案。害梁不爲。害者。曷之借字。漢書翟方進傳。予害敢不於身撫祖宗之所受大命。是其比。我集無高曳。集高曳爲濟篙枻之借字。

上陵

古今樂録曰。漢章帝元和中。有宗廟食舉六曲。加重來上陵二曲爲上陵食舉。後漢書禮儀志曰。正月上丁。祀南郊。次北郊、明堂、高廟、世祖廟謂之五供。禮畢。以次上陵。西都舊有上陵。東都之儀。太官上食。太常樂奏食舉。按古辭大略言神仙事。不知與食舉曲同否。○逯案。古今樂録所疑非也。此題上陵與本文山林。殆皆上林之誤。

上陵何美美。下津風以寒。問客從何來。言從水中央。桂樹爲君船。青絲爲君笮。木蘭爲君櫂。書鈔作棹。御覽同。黄金錯其間。滄海之雀赤翅鴻。白鴈隨。當作墮。山林乍開乍合。曾不知日月明。醴泉之水。光澤何蔚蔚。芝爲車。龍爲馬。覽遨游。四海外。甘露初二年。芝生銅池中。仙人下來飲。延壽千萬歲。○宋書樂志。樂府詩集十六。廣文選十二。詩紀五。又書鈔百三十八、御覽七百七十一並引笮、間二韵。

將進酒

將進酒。乘大白。辨加詩紀作佳。哉。詩審搏。放故歌。心所作。同陰氣。詩悉索。使禹良工。觀者苦。○宋書樂志。樂府詩集十六。詩紀五。○逯案。乘大白即引滿舉白之意。上言進酒。故下言舉白。辨加即駕辨。此倒言之。大招。伏羲駕辨。楚勞商只。二八接武。投詩賦只。此上言辨而下言詩。正與之合。詩審搏。審讀蟠。審搏繁盛之意。見周禮羽人注。上言詩審搏。下言詩悉索。正示歌舞之由盛及衰。心。新之借字。與上文故對文。陰氣或謂爲飲泣。借字。義亦可通。使禹二字義不明。苦。快也。見楊子方言。

君馬黃

君馬黃。臣馬蒼。二馬同逐臣馬良。易之有騩文選補遺作醜。非。蔡有赭。美人歸以南。駕車馳馬。美人傷我心。佳人歸以北。駕車馳馬。佳人安終極。○宋書樂志。樂府詩集十六。文選補遺三十四。風雅翼。選詩補遺下。廣文選十二。詩紀五。○逯案。二馬之二。宋書作三。殆刊寫之誤。今從樂府。

芳樹

芳樹日月君亂如於風。芳樹不上無心。温而鵠。三而爲行。臨蘭池。心中懷我悵。心不可匡。目不可顧。妬人之子愁殺人。君有它樂府作他。心。樂不可禁。王將何似。如絲如魚乎。悲矣。○宋書樂志。樂府詩集十六。詩紀五。○逯案。芳樹日月。月當作夕。費昶芳樹篇。幸被夕風吹云云。是梁時尚作夕。日夕。朝夕也。亂如即亂挐。懷我悵。我者聲字。蘭池。池名。亦宫名。見漢書楊僕傳及續漢書地理志。地在長安。

有所思

古今樂録曰。漢大樂食舉第七曲亦用之。不知與此同否。

有所思。乃在大海南。何用問遺君。御覽作爲問遺。雙珠玳瑁簪。用玉紹繚之。聞君有它樂府作他。心。拉雜摧燒之。摧燒之。當風揚其灰。從今以往。勿復相思。相思。與君絶。雞鳴狗吠。兄嫂當知之。妃呼豨秋風肅肅晨風颸。東方須臾高知之。○宋書樂志。樂府詩集十六。廣文選十二。詩紀五。又御覽六百八十八引南、簪二韵。○逯案。雙珠玳瑁簪句。當有疊文。妃呼豨。聲字。

雉子班

雉子班如此之于樂府作干。雉梁。無以吾翁孺雉子。知得雉子高飛樂府作蜚。下同。止。黄鵠飛之以千里。王可思雄來飛從雌視子。趨一雉雉子車大駕馬滕被王送行所中。堯羊飛從王孫行。○宋書樂志。樂府詩集十六。詩紀五。

聖人出

聖人出。陰陽和。美人出。游九河。佳人來。騑離哉何。駕六飛龍四時和。君之臣明護不道。美人哉。宜天子。免甘星筮樂甫始。美人子。含四海。○宋書樂志。樂府詩集十六。廣文選十二。詩紀五。○逯案。美人、佳人對舉。乃分言君臣。已見上文君馬黄曲。離哉何與臨高臺離哉翻、遠如期曲佳哉紛爲同一語法。美人子。子與哉同。蓋聲之轉。

上邪詩紀云。一作雅。

上邪。我欲與君相知。長命無絶衰。山無陵。江水爲竭。冬雷震震夏雨雪。天地合。乃敢與君絶。○宋書樂志。樂府詩集十六。廣文選十二。詩紀五。

臨高臺

臨高臺以軒。下有清水清且寒。江有香草目以蘭。黄鵠高飛離哉翻。關弓射鵠。令我主壽萬年。收中吾。

廣文選作吉。○宋書樂志。樂府詩集十六。風雅翼。選詩補遺下。廣文選十二。詩紀五。○劉履曰。篇末收中吾三字。其義未詳。疑曲調之餘聲。如樂録所謂羊無夷、伊那何之類。逯案。此三字當是殘句。與翁離曲同例。又江有香草目以蘭。目以蘭與蕙用蘭、風以寒語法同。則目亦香草也。疑爲苢之誤。

遠如期

一曰遠期。宋書樂志有晚芝曲。沈約言舊史云詁不可解。疑是漢遠期曲也。古今樂録曰。漢太樂食舉曲有遠期。至魏省之。

遠如期。益如壽。處天左側。大樂萬歲。與天無極。雅樂陳。佳哉紛。單于自歸。動如驚心。虞心大佳。萬人還來。謁者引。鄉殿陳。累世未嘗聞之。增壽萬年亦誠哉。○宋書樂志。樂府詩集十六。廣文選十二。詩紀五。○逯案。遠如期、益如壽。兩如字皆聲。與蛺蝶曲軒奴軒之奴殆同。故遠如期實即遠期也。此曲蓋美宣帝時單于來朝之作。漢書匈奴傳云。單于朝甘泉。禮畢。宿長平。上登長平詔單于勿謁。其左右當户之羣臣。皆得列觀。及諸蠻夷君長侯王數萬咸迎於渭橋下。夾道陳、上登渭橋。咸稱萬歲。正與此曲所寫相同。又宣帝紀有司議曰。匈奴單于鄉風慕義。舉國同心。奉珍朝賀。自古未之有也云云。與此累世未嘗聞之。

義同。

石留詩紀作流。

石留詩紀作流。涼陽涼石。水流爲沙錫以微。河爲香向始䅵。詩紀作谿。冷將風陽北逝。肯無敢與于揚。心邪懷蘭志金安薄北方開留離蘭。〇宋書樂志。樂府詩集十六。詩紀五。〇逯案。留、涼雙聲。陽、涼疊韵。皆石之形容。錫讀爲細。與前曲高以大語法同。言細又微也。冷將風陽北逝。冬日行北陸。故曰陽北逝。蓋上言石沙之銷毁。下言時光之迅速。

漢詩卷五

馬援

援。字文淵。扶風茂陵人。建武四年。奉使洛陽。以爲待詔。歷太中大夫、隴西太守、虎賁中郎將。拜伏波將軍。封新息侯。二十五年。擊五溪蠻。卒于軍。建初三年。追謚曰忠成侯。

武溪深樂府作武溪深行。詩紀同。樂府云。一作武陵深行。

古今注曰。武溪深。乃馬援南征之所作也。援門生爰寄生善吹笛。援作歌和之。名曰武溪深。其曲云。

滔滔五溪樂府溪下有兮字。一何深。鳥飛不度獸不敢古今注作能。集古録同。臨。嗟哉五溪多集古録作何。毒淫。○古今注中。樂府詩集七十四。歐陽集古録上。詩紀三。○逯案。御覽六十七引善歌録歌曰。武溪深復深。飛鳥不能渡。遊獸不能臨云。殆别是一歌也。

王吉

吉。明帝時爲虎賁。

射烏辭

風俗通曰。明帝東巡。有烏飛鳴乘輿上。虎賁王吉射之。作辭云云。帝賜錢百萬。遂令亭壁皆畫烏。

烏烏寰宇記不重烏字。啞啞。引弓射。寰宇記此下有之字。洞左腋。陛下壽萬年。初學記作歲。臣爲二千石。○初學記三十引風俗通。太平寰宇記九。詩紀四。

白狼王唐菆

歌詩

廣文選作莋都夷歌三章。詩紀同。逯案。蜀都賦云。陪以白狼。夷歌成章。○後漢書曰。明帝時。益州刺史朱輔宣示漢德。威懷遠夷。自汶山以西。前世所不至。正朔所未加。白狼、槃木、唐菆等百餘國。皆舉種稱臣奉貢。白狼王唐菆作詩三章。歌頌漢德。輔使譯而獻之。

遠夷樂德歌

大漢是治。與天合意。後漢書少合字。吏譯平端。不從我來。聞風向化。所見奇異。多賜繒布。甘美酒食。昌樂肉飛。屈申悉備。蠻夷貧薄。無所報嗣。願主長壽。子孫昌熾。

遠夷慕德歌

蠻夷所處。日入之部。慕義向化。歸日出初學記作自明。主。聖德深恩初學記作恩深。與人富厚。冬多霜雪。夏多和雨。寒温時適。部人多有。涉危歷險。不遠萬里。去初學記作夷。俗歸德。心歸慈母。

遠夷懷德歌

荒服之外。土地墝埆。食肉衣皮。不見鹽穀。吏譯傳風。大漢安樂。携負歸仁。觸冒險狹。高山岐峻。緣崖磻石。木薄發家。百宿到洛。父子同賜。懷抱匹廣文選誤作四。帛。傳告種人。長願臣僕。○後漢書西南夷傳。廣文選十四。詩紀四。又初學記十五引第二章。

杜篤

篤。字季雅。京兆杜陵人。仕郡爲文學掾。建初三年。車騎將軍馬防擊西羌。請篤爲從事中郎。戰没於射姑山。所著賦、誄、弔、書、讚七言及雜文凡十八篇。

京師上巳篇

窈窕淑女美勝豔。妃戴翡翠珥明珠。○書鈔百三十五。○逯案。書鈔原題杜季稚。稚殆雅之譌。又漢人七言率句句用韻。此篇珠不叶。疑非出一章。

梁鴻

鴻。字伯鸞。平陵人。家貧而尚節介。隱居霸陵山中。後居吳。皐伯通舍之於家。鴻潛避著書十餘篇。

卒於吴。

五噫歌

後漢書曰。梁鴻東出關。過京師。作五噫之歌。肅宗聞而非之。求鴻不得。

陟御覽或作遵。彼北芒兮噫。顧覽文選注作瞻。文選補遺、廣文選、事類賦、詩紀並同。御覽或作顧瞻。或作覽觀。帝京書鈔作師。兮噫。宫室御覽或作闕。文選補遺、廣文選、事類賦、詩紀同。崔嵬寰宇記作巍。文選補遺、事類賦、詩紀並同。兮噫。民後漢書作人。文選注、寰宇記同。御覽或同。之劬勞兮噫。遼遼未央兮噫。御覽或末二句互倒。又遼遼作寥寥。○後漢書梁鴻傳。書鈔一百六。文選四十三與嵇茂齊書注。御覽百五十八、五百七十二。寰宇記三。文選補遺三十五。廣文選十四。又事類賦歌賦注。詩紀三。

適吴詩

後漢書曰。鴻易姓運期。名燿。字侯光。與妻子居齊魯之間。有頃又去適吴。將行作詩曰云云。

逝後漢書作遊。舊邦兮遐征。將遥集兮東南。心惙怛兮傷悴。忘後漢書作志。菲菲兮升降。欲乘策兮縱邁。疾吾俗兮作讒。競舉枉兮措直。咸先佞兮唌唌。固靡慚兮獨建。冀異州兮尚賢。聊逍遥兮遨嬉。纘仲尼兮周流。儻云覩兮我悦。遂舍車兮即浮。過季札兮延陵。求韵補作去。魯連兮海隅。雖不察兮光貌。幸神靈兮與休。惟季春兮華阜。類聚作色。麥含英後漢書作含。類聚作金。案作金者是也。含亦金之訛。今作英。非是。兮方秀。哀茂時兮逾邁。愍芳香兮日臭。悼吾詩紀作我。心兮不獲。長委結兮焉究。口囂囂兮余訕。嗟恇恇兮誰留。○後漢書梁鴻傳。詩紀三。又類聚三引秀一韵。吴棫韵補二引隅、休二韵。

思友詩 詩紀云。一作思高恢。

後漢書曰。鴻友人京兆高恢。少好老子。隱於華陰山。及鴻東遊。思恢作詩。二人遂不復相見。恢亦高抗。終身不仕。

鳥嚶嚶兮友之期。念高子兮僕懷思。想念恢兮爰集兹。○後漢書梁鴻傳。詩紀三。

東平王劉蒼

蒼。明帝同母弟。建武十五年。封東平公。十七年。進爵爲王。明帝卽位。拜驃騎將軍。永平五年歸國。建初八年卒。

武德舞歌詩

東觀漢記曰。明帝永平三年八月。公卿奏世祖廟舞名。東平王蒼議。以漢制宗廟。各奏其樂。不皆相襲。光武皇帝撥亂中興。武功盛大。廟樂舞宜曰大武之舞。乃進武德舞歌詩。遂用之於光武廟焉。

於穆世廟。肅雍顯清。俊乂翼翼。秉文之成。越序上帝。駿奔來寧。建立三雍。封禪泰山。章明圖讖。放唐之文。休矣廣文選作以。惟德。罔射協同。本支百世。永保厥功。○續漢書祭祀志九注。樂府五十二。廣文選八。詩紀三。○此歌廣文選作漢廟登歌詩。查南齊書樂志云。永平三年。東平王蒼造光武廟登歌一章二十六句。其辭稱述功德云。今此詩僅一十四句。

知已經刪節矣。

班固

固。字孟堅。扶風安陵人。永平中。召詣校書部。除蘭臺令史。遷爲郎。建初中。遷玄武司馬。永元初。大將軍竇憲出塞。以爲中護軍。行中郎將事。四年。憲敗。坐下獄死。年六十一。有集十七卷。

明堂詩固作東都賦。系自此以下五詩。

於昭明堂。明堂孔陽。聖皇宗祀。穆穆煌煌。御覽作皇。詩紀同。上帝宴饗。五位時序。誰其配之。世祖光武。普天率土。各以其職。猗歟緝熙。允懷多福。○後漢書班固傳。文選一。御覽五百三十三。風雅翼補遺下。詩紀三。

辟雍詩

乃流辟雍。辟雍湯湯。聖皇涖止。造舟爲梁。皤皤國老。乃父乃兄。抑抑威御覽作皇。儀。孝友光明。於赫太上。示我漢行。洪後漢書作鴻。風雅翼同。化惟神。永觀厥成。○後漢書班固傳。文選一。御覽五百三十四。風雅翼補遺下。詩紀三。

靈臺詩

乃經靈臺。靈臺既崇。帝勤時登。爰考休徵。三光宣精。五行布序。習習祥風。祁祁甘雨。百穀蓁蓁。後漢書作溱溱。庶草後漢書作卉。蕃廡。後漢書作蕪。屢惟豐年。於皇樂胥。○後漢書班固傳。文選一。御覽五百三十四。風雅翼補遺下。詩紀三。

寶鼎詩

嶽修貢兮川效珍。吐金景兮歊浮雲。寶鼎見兮色紛縕。焕其炳兮被龍文。登祖廟兮享聖神。昭靈德兮彌億年。○後漢書班固傳。文選一。詩紀三。

白雉詩

啓靈篇兮披瑞圖。獲白雉兮效素烏。嘉祥阜兮集皇都。發皓羽兮奮翹後漢書作羽。英。容潔朗兮於純後漢書作淳。精。彰後漢書作章。皇德兮侔周成。永延長兮膺天慶。○後漢書班固傳。文選一。詩紀三。

論功歌詩

固爲漢頌。系此歌詩。○御覽作頌論功歌詩靈芝歌。樂府作古辭靈芝歌。廣文選同。事類賦作漢頌論功歌詩靈芝歌。詩紀作郊祀靈芝歌。

因露樂府作靈。事類賦、廣文選同。寢御覽作寐。誤。兮産靈芝。象三德兮瑞應詩紀云一作應瑞。圖。延壽命兮光此初學記作北。都。配御覽作緣。上帝兮象太微。參日月兮揚光輝。○初學記十五。御覽五百七十。樂府詩集一。事類賦歌賦。廣文選十一。詩紀三。

右靈芝歌

后土化育兮四時行。修靈液養兮元氣覆。冬同雲兮春霡霂。膏澤洽兮殖嘉穀。○御覽一。○逯案。此篇詩紀缺收。僅見御覽作漢頌論功歌詩。大抵固作漢頌中附論功歌詩若干篇。各篇並有小題。此與上靈芝歌皆其佚遺也。姑依詩義補嘉禾歌三字。藉配上篇云爾。

右嘉禾歌

詠史

文選注作班固歌詩。詩品曰。孟堅才流。而老於掌故。觀其詠史。有感歎之詞。

三王德彌薄。惟後用肉刑。太蒼令有罪。就遞文選注作逮。詩紀同。長安城。自恨身無子。困急獨煢煢。小女痛父言。死者不可文選注作復。生。上書詣闕下。文選注作北闕。思古文選注作闕下。歌雞鳴。憂心摧折裂。晨風揚激聲。聖漢孝文帝。惻然感至情。文選注作誠。百男何憒憒。文選注作憒憒。不如一緹縈。○史記倉公傳正義。文選三十六策秀才文注。廣文選八。詩紀三。

詩

長安何紛紛。詔葬霍將軍。刺繡被百領。縣官給衣衾。○御覽八百十五。

寶劍值千金。指之干樹枝。○書鈔百二十二。御覽三百四十四。

延陵輕寶劍。○御覽三百四十四。

崔駰

駰。字亭伯。涿郡安平人。少游太學。與班固、傅毅齊名。和帝初。車騎將軍竇憲辟爲府掾。進主簿。察高第。出爲長岑長。不之官而歸。永元四年卒。有集十卷。

歌

駰作北巡頌。系此。

皇皇太上湛恩篤兮。庶見我王咸思覲兮。仁愛紛紜德優渥兮。滂霈羣生澤淋漉兮。惠我無疆承天祉兮。流衍萬昆長無已兮。○文館詞林三百四十六。

安封侯詩御覽作安豐侯詩。逯案。續漢志有安豐。無安封。則作安豐爲是。

戎馬鳴兮金鼓震。壯士激兮忘身命。被類聚作破。誤。兕類聚作光。廣文選、詩紀同。甲兮跨良馬。揮御覽作揮。誤。長戟御覽作戰。誤。兮彀類聚作廓。御覽作彍。並注彍音霍。强弩。○類聚五十九。廣文選十。詩紀三。又御覽三百三十九引馬、弩二韵。

七言詩

鸞鳥高翔時來儀。應治歸德御覽作得。合望規。啄食楝實百三家集作竹食。飲華池。○御覽九百十六。百三家集崔亭伯集

又

皦皦練絲退濁污。○文選二十五答傅咸注。

三言詩

屏九皐。詠典文。披五素。躭三墳。○書鈔九十七。

傅毅

毅。字武仲。扶風茂陵人。建初中爲蘭臺令史。拜郎中。與班固、賈逵共典校秘書。永元初。車騎將軍竇憲請爲記室。憲遷大將軍。以爲司馬。有集五卷。

迪志詩

後漢書曰。毅永平中於平陵習章句。因作迪志詩。

咨爾庶士。迨時斯勗。日月逾邁。豈云旋復。哀我經營。膂後漢書作旅。力靡及。在兹弱冠。靡所樹後漢書作庶。立。於赫我祖。顯于殷國。貳後漢書作二。類聚、廣文選同。迹阿衡。克光其則。武丁興商。伊宗皇士。爰作股肱。萬邦是紀。奕世載德。迄我顯考。保膺淑懿。纘修其道。漢之中葉。俊乂式序。秩彼殷宗。光此勳緒。伊類聚作咨。余小子。穢陋靡逮。懼我世烈。自類聚作於。茲以墜。誰能革濁。清我濯溉。誰能昭闇。啓我童昧。先人有訓。我訊我誥。訓我嘉務。誨我博學。爰率朋友。尋此舊則。契闊夙夜。庶不懈忒。秩秩大猷。紀綱庶式。匪勤匪昭。匪壹匪測。農夫不怠。越有黍稷。誰能云作。考之居息。二事敗業。多疾我力。如彼遵衢。則罔所極。二志靡成。聿勞我心。如彼兼聽。則溷於音。於戲君子。無恒自逸。徂年如流。鮮類聚作尠。文選注同。茲暇日。行邁屢稅。胡能有迄。密勿朝夕。聿同始卒。○後漢書傅毅傳。廣文選八。詩紀三。又類聚二十三引昜、復、國、則、逮、墜、逸、日八韵。文選四十一論盛孝章書注引日一韵。○逯案。後漢書脊力靡及句。脊作旅。注云。陳也。靡所樹立句。樹作庶。注云。無所庶幾成立也。是李賢所見本作旅作庶。與廣文選、詩紀皆異。作脊作樹似於義較勝。

歌

毅作七激。系此。

陟景山兮採芳苓。哀不慘傷樂不流聲。彈羽躍水叩角奮榮。沈微字當作徵。玄穆感物寤靈。○類聚五十七。

劉珍

珍。字秋孫。一名寶。南陽蔡陽人。永初中爲謁者僕射。永寧初。遷侍中、越騎校尉。延光四年。拜宗正。永建元年。轉衛尉。卒官。有集二卷。

贊賈逵詩

摛藻揚暉。如山如雲。世有令聞。以迄于君。○書鈔一百。

劉騊駼

騊駼。永初中。召入東觀。除校書郎。有集二卷。

詩

縹碧以爲瓦。○白帖三劉騊駼詩。○逯案。騊駼二字倒誤。

李尤

尤。字伯仁。廣漢雒人。永元中。召詣東觀。拜蘭臺令史。安帝時爲諫議大夫。順帝初。遷樂安相。卒年八十三。有集五卷。

九曲歌

年歲晚暮時書鈔作日。事類賦同。已斜。安得壯類聚作力。編珠同。士翻日車。○書鈔百四十九。類聚一。杜公瞻編珠。御覽四。事類賦日賦。草堂詩箋十一洗馬詩注。詩紀三。

肥骨消滅隨塵去。○文選二十八挽歌注。

武功歌

清埃飛。連日月。○文選二十一謝宣遠張子房詩注。
恩普洽。威令行。○文選五十九齊故安陸昭王碑注。
身非金石。名俱滅焉。○文選三十七求自試表注。
□□□。鳴金鼓。馬模起。士激怒。○書鈔百二十一。

石勛

勛。字子才。甘陵人。

費鳳别碑詩

碑云。君舅家中孫甘陵石勛。字子才。載馳載驅。來奔于喪庭。肝摧意悲。感切傷心。瞻彼碑誄。懷之好音。司馬慕藺相。南容復白珪。仰之以彌高。鑽之而彌堅。不堪哀且思。叙詩之一篇。庶遴昔子夏。起夫子之所言。其辭曰。

君諱鳳。字伯蕭。梁相之元子。九江太守之長兄也。世德襲爵。銀艾相亞。恢遐祖之鴻軌。拓前代之休蹤。邈逸越而難繼。非羣愚之所頌。仁義本於心。慈孝著於性。不失典術。行不越矩度。清潔皦爾。涅而不滓。恤憂矜厄。施而不記。由近及遠。靡不覆載。故能闡令名而雲騰。揚盛聲而風布。踐郡右職。三貢獻計。辟州式部。忠以衛上。漢安二年。吴郡太守東海郭君以君有逶虵之節。自公之操。年卅一舉孝廉。拜郎中。除東國新平長。神化風靡。惠以流下。静而爲治。匪煩匪擾。乾乾日稷。矜此黔首。功成事就。色斯高舉。

宰司委職位。思賢以自輔。玄懿守謙虚。白駒以𧺝阻。丹陽有越寇。没□□□□。命君討理之。試守故鄣長。蓋危亂有不讓。又畏此之罪罟。□□而□牧。爰止其師旅。鴪若飛鷹鷂。虓若夫虓虎。彊者綏以德。弱者以仁撫。簡在上帝心。功訓而特紀。轓輿宰堂邑。基月而致道。視□□□□。遂據亐卿尹。中表之恩情。兄弟與甥舅。鳺與女蘿性。樂松之茂好。聞君顯令名。舉宗爲懽喜。不悟奄忽終。藏形而匿影。耕夫釋耒耜。桑婦投鉤莒。道阻而且長。望遠淚如雨。筴馬循大路。搴裳而涉洧。悠悠歌黍離。思黄鳥集亐楚。惴惴之臨穴。送君於厚土。嗟嗟悲且傷。每食□不飽。夫人篤舊好。不以存亡改。文平感渭陽。悽愴益以甚。諸姑咸𨂂踊。爰及君伯姊。孝孫字元宰。生不識考妣。追惟厥祖恩。蓬首斬縗杖。世所不能爲。流稱於鄉黨。見吾若君存。剥裂而不已。壹别會無期。相去三千里。絶翰永忼慨。泣下不可止。

○隸釋九。續古文苑四。

漢詩卷六

張衡

衡。字平子。南陽西鄂人。永平中。舉孝廉。連辟公府皆不就。永初中。大將軍鄧隲累召不應。公車特徵。拜郎中。遷尚書郎。轉太史令。順帝初。再轉。復爲太史令。陽嘉中。遷侍中。永和初。出爲河間相。徵拜尚書。四年卒。年六十二。有集十四卷。

歌

衡爲太史令。嘗憂及難。作思玄賦。系此。

天地烟熅。百卉含蘤。鳴鶴交頸。雎鳩相和。處子懷春。精魂回移。如何淑明。忘我實多。○後漢書張衡傳。文選十五。○逯案。詩紀載思玄詩一首。細檢知乃思玄系辭。今從刪。而别録此歌。

歌

衡作東巡誥。系此。

皇皇者鳳。通玄知時。萃于山趾。與帝邀期。吉事有祥。惟漢之祺。○類聚三十九。

歌

衡作舞賦。系此。

鷩雄逝兮孤雌翔。臨歸風兮思故鄉。○類聚四十三。初學記十五。

歎

衡作定情賦。系此。

大火流兮草蟲鳴。繁霜降兮草木零。秋爲期兮時已征。思美人兮愁屏營。○類聚十八。廣文選十四。古樂苑三十二。詩紀三。○逯案。此定情賦中之歎也。詩紀從廣文選作定情歌。則杜撰矣。

同聲歌

樂府解題曰。同聲歌。張衡所作也。言婦人自謂幸得充閨房。願勉供婦職。不離君子。思爲莞簟。在下以蔽匡牀衾裯。在上以護霜露。繾綣枕席。没齒不忘焉。以喻臣子之事君也。

邂逅承際會。得充君玉臺作遇得充。後房。情好新交接。恐慄玉臺誤作慓。若探湯。不才勉自竭。賤妾職所當。綢繆主中饋。奉禮助烝樂府作蒸。嘗。思爲廣文選作惟。苑蒻席。在下蔽匡牀。願爲廣文選作得。羅衾幬。在上衛風霜。灑玉臺、樂府作洒。掃清枕席。鞮芬以狄詩紀云。一作秋。香。重户結廣文選作納。金扃。高下華燈光。衣解巾粉御。列圖陳枕張。素女爲我師。儀態廣文選作容。盈萬方。衆夫所希見。天老教軒皇。樂莫斯廣文選作思。夜樂。

没齒焉可忘。○玉臺新詠一。樂府詩集七十六。廣文選十三。詩紀三。○吳騫拜經樓詩話引蟲獲軒筆記云。平子同聲歌。灑掃清枕席。鞮芬以狄香。王制西方曰狄鞮。古詩中所謂迷迭、兜納諸香。大都出于西域。故曰鞮芬狄香。鞮芬卽狄香。重言之者。古人常有此文法。素女爲我師。儀態刑萬方。衆夫所希見。天姥教軒皇。刑今本作盈。姥今本作老。皆非。抱朴子。黄帝論導養而質元素二女。徐孝穆文。優游俯仰。極素女之經天。升降盈虛。盡軒皇之圖藝。與此意同。○逯案。鞮芬、狄香。重言之。說甚是。謂盈舊作刑。老舊作姥。不知根據何本。惟天老、天姥本同。又黄節漢魏樂府箋注云。張衡七辯曰。假明蘭燈。指圖觀列。蟬綿宜愧。夭紹紆折。此女色之麗也。蓋卽所言列圖陳、儀態萬方也。漢書藝文志。房中八家有天老雜子陰道二十五卷。黄帝三王養陽方二十卷。列圖以下。蓋卽漢志所言房中也。玉房秘訣黄帝問素女玄女采女陰陽之事。皆黄帝養陽方遺說也。

歌 書鈔作詩。

浩浩陽春發。楊柳何依依。書鈔作猗猗。百鳥自南歸。翺翔萃我枝。○御覽二十。又書鈔百五十四引猗一韵。

怨詩

文心雕龍曰。張衡怨篇。清曲可誦。

秋蘭。詠嘉美人也。嘉而不獲。用故作是詩也。

猗猗秋蘭。植彼中阿。有馥其芳。有黄其葩。雖曰幽深。厥美彌廣文選作稱。嘉。之子之詩紀云。一作云。遠。我勞如何。○御覽九百八十三。困學紀聞十八。廣文選九。詩紀三。○逯案。詩紀作怨篇。今據御覽改之。詩紀從廣文選。不載序文。今爲補入。

我聞其聲。載坐載起。○文選二十三贈士孫文始詩注。范晞文對牀夜語。

同心離居。絶我中腸。○文選二十三贈士孫文始詩注。

詩

顧言不獲。終然永思。○文選二十四贈秀才入軍詩注。

四愁詩并序

張衡不樂久處機密。陽嘉中。出爲河間相。時國王驕奢。不遵法度。又多豪右并兼文選注作兼并。之家。衡下車。治威嚴。能内察屬縣。姦猾行巧刼。皆密知名。下吏收捕。盡服擒。諸豪俠遊客。悉惶懼逃出境。郡中大治。争訟息。獄無繫囚。時天下漸弊。鬱鬱不得志。爲四愁詩。六臣本注云。五臣有依字。效屈原以美人爲君子。以珍寶爲仁義。以水深雪雰爲小人。思以道術爲報。貽於時君。而懼讒邪不得以通。其辭曰。○文選二十九。又文選二十一詠史詩注引一句。○逯案。此序乃後人僞託。而非衡所作。王觀國學林辨之甚詳。兹不列舉。

一思曰。詩紀云。玉臺無此三字。劉履曰。衍文也。下倣此。我所思兮在太類聚作泰。山。欲往從之梁父玉臺作甫。艱。側身東望涕霑翰。美人贈我金錯刀。何以報之英御覽或作雙。或作美。瓊瑶。路遠莫致倚逍遥。何爲類聚作以。懷憂類聚作愁。心煩勞。○文選二十九。玉臺新詠九。類聚三十五。詩紀三。又御覽三百四十六、八百九並引刀、瑶二韵。

二思曰。我所思類聚作望。兮在桂林。欲往從之湘水深。側身南望涕霑襟。美人贈我金玉臺作琴。六臣本文選注云。五臣作琴。類聚作翠。御覽同。琅玕。何以報之雙玉盤。御覽或作槃。路遠莫致倚惆悵。何爲懷憂心煩傷。玉臺作快。○文選二十九。玉臺新詠九。詩紀三。又類聚三十五引林、深、襟、玕、盤五韵。御覽四百七十八引盤一韵。七百五十八引槃一韵。

三思曰。我所思兮在漢陽。欲往類聚作往欲。從之隴阪長。側身西望涕霑裳。美人贈我貂襜褕。御覽作氈毾氉。何以報之明月珠。路遠莫致倚踟蹰。玉臺作峙躇。何爲懷憂心煩紆。○文選二十九。玉臺新詠九。類聚三十五。詩紀三。又御覽七百八引氉一韵。

四思曰。我所思兮在雁門。欲往從之雪雰雰。玉臺作紛紛。類聚同。側身北望涕霑巾。美人贈我錦繡段。書鈔作被。誤。何以報之青玉案。路遠莫致倚增歎。何爲懷憂心煩惋。○文選二十九。玉臺新詠九。詩紀三。又書鈔百三十三引被、案二韵。類聚三十五引門、紛、巾、段、案五韵。

朱穆

穆。字公叔。南陽宛人。元初末爲郡督郵。後舉孝廉。順帝末。辟大將軍梁冀府。桓帝初。舉高第。爲侍御史。永興中。擢冀州刺史。延熹六年卒。年六十四。贈益州太守。蔡邕與門人議謚曰文忠先生。有集二卷。

與劉伯宗絶交詩

北山有鴟。不潔其翼。飛不正向。寢不定息。飢則木攬。詩紀作欖。飽則泥伏。饕餮貪汙。臭腐是食。填腸滿嗉。嗜欲無極。長鳴呼鳳。謂鳳無德。鳳之所趣。與子異域。永從此訣。各自努力。○後漢書朱穆傳注引穆集。詩紀三。

後漢靈帝劉宏

宏。章帝玄孫。世封解瀆亭侯。永康元年。桓帝崩。無子。奉迎即位。改元四。建寧、熹平、光和、中平。在位二十二年。中平六年卒。年三十四。謚曰孝靈皇帝。

招商歌

拾遺記曰。靈帝初平三年。遊於西園。起裸遊館千間。采緑苔而被堦。引渠水以繞砌。周流澄澈。乘船游漾。選玉色宫人執篙楫。又奏招商之曲以來涼風。歌曰。

涼風起兮日照渠。青荷晝偃葉夜舒。惟日不足樂有餘。清絲流管歌玉鳧。曲名。千年萬歲嘉難踰。○拾遺記六。古文苑八。太平廣記二百三十六。詩紀三。

酈炎

炎。字文勝。范陽人。靈帝時。州郡辟命。皆不就。後風病。妻始産而驚死。妻家訟之。熹平六年死獄中。年二十八。有集二卷。

詩二首廣文選作見志詩。詩紀同。

大道夷且長。窘路狹且促。脩翼無卑棲。遠趾不步局。舒吾陵霄羽。奮此千里足。超邁絶塵驅。倐忽誰能逐。賢愚豈常類。禀性在清濁。富貴有人籍。貧賤無人録。通塞苟由己。志士不相卜。陳平敖里社。韓信釣河曲。終居天下宰。食此萬鍾禄。德音流千載。功名重山嶽。○後漢書酈炎傳。風雅翼遺詩一。廣文選九。詩紀三。又文選二十四於承明作與弟士龍詩注引舒吾淩霄羽一句。

靈芝生河洲。動摇因御覽或作困。或作回。洪波。蘭榮一何晚。類聚作秋蘭榮何晚。御覽同。嚴霜瘁類聚作悴。御覽或作害。其柯。哀哉二御覽或作之。芳草。不植御覽或作殖。太御覽或作泰。廣文選、詩紀同。山阿。文質道所貴。遭時用有嘉。絳灌臨合璧事類作歸。衡宰。謂誼崇浮華。賢才抑不用。遠投荆南沙。抱玉乗龍驥。不逢樂與和。安得孔仲尼。爲世陳四科。○後漢書酈炎傳。風雅翼遺詩一。廣文選九。詩紀三。又類聚八十一、御覽五十六、九百八十三並引波、柯、阿三韵。類聚作蘭詩。○逯案。動摇因洪波句。御覽引因作困。於義爲勝。

桓麟

麟。字元鳳。沛郡龍亢人。辟司徒掾。桓帝初爲議郎。侍講禁中。出爲許令。病免。以母喪哀毁卒。有集二卷。

答客詩

文士傳曰。麟伯父焉。官至太尉。麟年十二。在座。焉告客曰。吾此弟子。知有異才。殊能作詩。客乃作詩曰云云。麟應聲答曰。

邈矣甘羅。超等絶倫。伊御覽作卓。彼楊烏。命世稱賢。嗟予蠢類聚作惷。弱。殊才偉御覽作倅。是。年。仰慙二子。俯媿過言。○類聚三十一。御覽三百八十五、五百十二。詩紀三。

客示桓驎詩附

甘羅十二。楊烏九齡。昔有二子。今則桓生。參差等蹤。異世齊名。○御覽五百十二。詩紀三。又類聚三十一、御覽三百八十五並引齡、生二韵。

應季先

季先。汝南人。曾爲巴郡太守。

美嚴王思詩

華陽國志曰。巴郡嚴王思爲揚州刺史。惠愛在民。每當遷官。吏民塞路攀轅。詔遂留之。居官十八年卒。百姓若喪考妣。義崇送者。賫錢百萬。欲以贍王思家。其子徐州刺史。不受送吏。義崇不忍持還。乃送以爲食。食行客。巴郡太守汝南應季先善而美之。乃作詩曰。

乘彼西漢。潭潭其淵。君子愷悌。作民二親。没世遺愛。式鏡後人。○華陽國志巴志。

侯瑾

瑾。字子瑜。敦煌人。桓帝時。徵有道。復徵博士。皆不至。有集二卷。

歌詩

周公爲司馬。白魚入王舟。○書鈔五十一。

述志詩

嬪母升玉堂。○初學記十。

秦嘉

嘉。字士會。隴西人。桓帝時。仕郡。舉上計掾入洛。除黄門郎。病卒于津鄉亭。

述婚詩

羣祥既集。二族詩紀作姓。交歡。敬兹新姻。廣文選作昏。詩紀同。六禮不愆。羔初學記作羊。鴈總備。玉帛戔戔。君子將事。威儀孔閑。詩紀作閒。猗兮容兮。穆矣其言。○初學記十四。章本古文苑八。廣文選十五。詩紀四。

紛彼婚姻。禍福之由。衛女興齊。褒姒滅周。戰戰競競。懼德初學記作其。不仇。神啓其吉。果獲令攸。我之愛矣。荷天之休。○同上

贈婦詩

曖曖白日。引曜西傾。啾啾雞雀。羣飛赴楹。皎皎明月。煌煌列星。嚴霜悽愴。飛雪覆庭。寂寂獨居。寥寥空室。飄飄帷詩紀作桂。誤。帳。熒熒華燭。爾不是居。帷帳何玉臺作焉。施。爾不是照。華燭何爲。○玉臺新詠九。詩紀四。

贈婦詩詩紀作留郡贈婦詩。三首

嘉西溪叢話作秦嘉字士會。隴西人也。爲郡上掾西溪叢話云。一作計。其妻徐淑。寢疾還家。不獲面別。贈詩云爾。西溪叢話無爾字。○紀容舒玉臺新詠考異改上掾爲上計。並云。計。宋刻作掾。西溪叢話引此文。注。掾一作計。案漢法。歲終郡國各遣吏上計。鄭玄注周禮歲終則令羣吏致事句。謂若今上計是也。其所遣之吏亦謂之上計。後漢趙壹傳。光和元年。舉郡上計。晉書宣帝紀。建安六年。郡舉上計掾。鍾嶸詩品直題漢上計秦嘉。嘉及其妻往來書亦並稱爲郡詣京師。則作計爲是。宋刻誤也。馮氏詩紀又因漢有上郡。遂倒其文爲上郡掾。更誤中之誤矣。

人生譬朝露。居世多屯蹇。憂艱常早至。懽會文選注作爲樂。常苦晚。念當奉時役。去爾日遥遠。遣車迎子還。空往韵補作去。復空返。省書情悽愴。臨食不能飯。獨坐空房中。誰與相勸勉。長夜不能眠。伏枕獨展轉。憂來如循玉臺作尋。西溪叢話同。環。匪席不可卷。○玉臺新詠一。西溪叢話下。廣文選十。詩紀四。又文選三十擬今日良宴

會詩注引晚一韵作答婦詩。吴棫韵補三引返、卷二韵。○逯案。西溪叢話以此爲徐淑所作。失之不察。

皇西溪叢話作帝。靈無私親。爲善荷天禄。傷我與爾身。少小罹西溪叢話作惟。煢獨。既得結大義。歡樂苦玉臺作若。不足。念當遠離别。思念文選注作面。叙款曲。河廣無舟梁。道近隔丘陸。臨路懷惆悵。中駕正躑躅。浮雲起高山。悲風激深谷。良馬不迴鞍。輕車不轉轂。針藥可屢進。愁思難爲數。貞士篤終始。恩義可不屬。玉臺作不可屬。西溪叢話同。廣文選作不可促。詩紀同。○玉臺新詠一。西溪叢話下。廣文選十。詩紀四。又文選二十五謝靈運酬從弟惠連詩注引一句。○逯案。此詩末句不可屬或不可促。義皆不通。陸士衡君子有所思行。耽毒不可恪。敬齊古今注謂不可乃可不之倒。言不可不慎。此末句殆與同例。言不可不屬也。又思念敍款曲句。選注作思面敍款曲。於義較勝。漢人五言句常有上三下二者。今面字作念。殆後人不知妄改耳。

肅肅僕夫征。鏘鏘揚和鈴。清晨當引邁。束帶待鷄鳴。顧看空室中。髣髴想姿形。一别懷萬恨。起坐爲不寧。何用叙我心。遺文選注作惟。西溪叢話作遺。思致款誠。寶釵好玉臺作可。耀首。明鏡可鑒形。芳香去垢穢。素琴有清聲。詩人感木瓜。乃欲答瑶瓊。愧彼贈我西溪叢話作持贈。厚。慚此往物輕。雖知未足報。貴西溪叢話作良。用叙我情。○玉臺新詠一。西溪叢話下。文選五十五劉孝標廣絶交論注。詩紀四。

答婦詩

哀人易感傷。○文選二十三七哀詩注。

詩

過辭二親墓。振策陟長衢。○文選二十六赴洛道中詩注。

詩

巖石鬱嵯峨。○文選二十六河陽縣詩注。

徐淑

淑。隴西人。黄門郎秦嘉妻。有集一卷。

答秦嘉詩

妾身兮不令。嬰疾兮來歸。沉滯兮家門。歷時兮不差。曠廢兮侍覲。情敬兮有違。君今兮奉命。遠適廣文選作遞。兮京師。悠悠兮離别。無因兮叙懷。瞻望兮踴躍。佇立兮徘徊。思君兮感結。夢想兮容暉。玉臺作煇。君發兮引邁。去我兮日乖。恨無兮羽翼。高飛兮相追。長吟兮永歎。淚下兮沾衣。○玉臺新詠一。西溪叢話下。廣文選十。詩紀四。

仇靖

靖。字漢德。武都下辨人。爲郡從史。

李翕析里橋郙閣頌新詩

碑云。太守漢陽阿陽李君諱翕。字伯都。以建寧三年二月辛巳到官。乃俾衡官掾下辨仇審改解危殆。卽便求隱。析里大橋於今乃造。行人夷欣。慕君靡已。乃詠新詩曰。

□□□□申如墳本作曰析里之四字。金石遺文録作析里之陬。兮水兌之間。高山崔隗兮水流蕩蕩。地既塉確兮與寇爲隣。□□□□□□申如墳本作西隴鼎峙兮東。以析分。或失緒業兮至于困貧。危危累卵兮聖朝閔憐。旣艾究□申如墳本作分符析壤。兮务□□□。申如墳本作逌命是君。□□申如墳本作扶危。王念孫謂是扶跛。救傾兮全育□王念孫謂是孑字。金石遺文録同。遺。劬勞日稷兮惟惠勤勤。黄邵朱龔申如墳本作拯溺亨屯。兮蓋不□□。申如墳本作瘡痍始起。□□申如墳本作閶闔。充贏兮百姓歡欣。僉曰太平兮文翁復存。○隷釋四。金石遺文録。王念孫讀書雜志。

趙壹

壹。字元叔。漢陽西縣人。光和初。舉郡上計。十辟公府。並不就。有集二卷。

秦客詩

壹作疾邪賦託爲此詩。○詩品曰。元叔散憤蘭蕙。指斥囊錢。苦言切句。良亦勤矣。斯人也而有斯疾。悲夫。

河清不可俟。人命不可延。順風激靡草。富貴者稱賢。文籍初學記作史。草堂詩箋作詩書。雖類聚作徒。初學記、白帖同。滿腹。不如一囊錢。伊優初學記作憂。北堂上。抗詩紀作骯。髒初學記作葬。倚門邊。初學記作前。又錢、前二韻顛倒。○後漢書趙壹傳。詩紀三。又初學記二十七引前、錢二韻。類聚七十引錢一韻作客秦詩。又白帖二、四、草堂詩箋二十九吾宗詩注並引錢一韻。

魯生歌同上

勢家多所宜。欬吐自成珠。被御覽或作披。褐懷金御覽或作珠。玉。蘭蕙化爲芻。御覽或作蒭。賢者雖獨悟。所困在羣愚。且各守爾分。勿復空馳驅。哀哉復哀哉。此是命矣夫。○後漢書趙壹傳。詩紀三。又御覽三百八十七、七百六十七、九百八十三並引珠、芻二韻。

漢詩卷七

後漢少帝劉辯

辯。靈帝長子。養于史道人家。謂之史侯。中平六年四月。卽位。改元平熹。八月改元昭寧。在位六月。董卓廢爲弘農王。

悲歌

後漢書曰。董卓廢帝爲弘農王。使李儒進酖。王不肯飲。强飲之。不得已。乃與妻唐姬飲讌别。酒行。王悲歌云云。王令唐姬起舞。抗袖而歌云云。王謂姬曰。卿王者妃。勢不復爲吏民妻。自愛。從此長辭。遂飲藥而死。時年十八。

天道易兮我何艱。御覽或作如。棄萬乘兮退守御覽或作居。蕃。御覽或作藩。逆臣見迫兮命不延。逝將去汝御覽或作爾。兮適幽玄。○後漢書何后紀附王美人傳。御覽九十二、百五十。

唐姬起舞歌附

唐姬。潁川人。少帝薨。歸鄉里。守節不嫁。獻帝下詔迎姬。使侍中持節。拜爲弘農王妃。

皇天崩兮后土頽。身爲帝王兮命夭摧。死生路文選注作各。異御覽或誤作畢。兮從此乖。奈御覽或作悼。我煢獨兮心中御覽或作中心。哀。○後漢書何后紀附王美人傳。御覽九十二、百五十。又文選二十八挽歌詩注引一句。

蔡邕

邕。字伯喈。陳留圉人。建寧三年。辟司徒喬玄府。出補河平長。召拜郎中。校書東觀。遷議郎。董卓爲司空。徵屬祭酒。補侍御史。遷尚書。尋爲侍中。初平元年。拜左中郎將。封高陽侯。三年。卓誅。坐下獄死。年六十一。有集二十卷。

飲馬長城窟行

詩紀云。文選作古辭。玉臺作蔡邕。蔡集亦載此。

青青河邊類聚作畔。樂府同。六臣本文選作畔。注云。善作邊字。草。綿綿思遠道。遠道不可思。宿類聚作夙。詩紀同。文選作夙。六臣本注云。五臣作宿。昔夢見之。夢見在我草堂詩箋作己在。傍。忽覺在他鄉。他鄉各杜詩補遺注作復。異縣。展轉不可玉臺作相。本集、樂府同。六臣本文選注云。五臣作相。見。枯桑知天風。海水知天寒。入門各自媚。誰肯相爲類聚作與。本集云。抄本作與。言。客從遠方來。遺御覽作贈。我雙鯉魚。呼兒類聚作兒。詩紀同。烹鯉魚。中有尺素書。長跪讀素書。書中李善本文選作上。本集同。竟事類賦作意。本集云。或作意。白帖作素書意。何如。上有白帖作言。加餐食。樂府作飯。下有白帖作言。長相憶。類聚作思。白帖、事類賦同。本集云。抄本作億。〇文選二十七作古辭。玉臺新詠一。類聚四十一作樂府古詩。樂府詩集三十八作古辭。蔡中郎集外集。詩紀三。又白帖十作古詩。引魚、書、如、思四韻。黄氏集千家註杜工部詩史補遺八引一句。草堂詩箋十四蔘李詩注作樂府詩。引鄉、憶二韻。御覽九百三十六作古歌辭。引魚、書二韻。事類賦魚注作古詩。引魚、書、如、思四韻。

歌詩紀作琴歌。

邕作釋誨。設爲胡老援琴而歌曰。

練余心兮浸太清。滌穢濁兮存正靈。和液暢兮神氣寧。情志泊兮心亭亭。嗜欲息兮無由生。踔宇宙而遺俗兮眇廣文選作少。誤。翩翩而獨征。○後漢書蔡邕傳。廣文選十四。詩紀三。

答對元式詩本集作答元式詩。廣文選同。

伊余有行。爰戾兹邦。先進博學。同類率從。濟濟羣彦。如雲如龍。君子博文。貽我德音。辭之集矣。穆如清風。○類聚三十一。廣文選十。蔡中郎集外集。詩紀三。

答卜元嗣詩

斌斌碩人。貽我以文。辱此休辭。非余所希。敢不酬答。賦誦以歸。○類聚三十一。詩紀三。

翠鳥詩

庭陬有若榴。類聚作留。緑葉含丹榮。翠鳥時來集。振翼脩形容。類聚作容形。回顧生碧色。動摇揚縹青。幸脱虞人機。得親君子庭。馴心托君素。雌雄保百齡。○蔡中郎集外集。廣文選十五。詩紀三。又類聚九十二引榮、形、青三韵。

初平詩

暮宿河南此二字文選注或單作何。悵望。天陰雨雪滂滂。○文選二十新亭渚别范零陵詩注。又文選二十六酬王晉安詩注引上一句。又文選三十一雜體詩注、文選三十八爲范尚書讓吏部尚書第一表注。各引上句。並作蔡邕詩序。○逯案。選注引此或作詩序。若爾則此非六言詩。乃詩序之殘文。

酸棗令劉熊碑詩

碑云。君諱熊。字孟□。廣陵海西人也。清越孤竹。德牟産奇。誠宜褒顯。昭其憲則。乃相□咨度諏詢。采摭謡言。刊□詩三章。其辭曰。○逯案。嚴可均輯蔡中郎集云。唐王建題此碑云。蒼苔滿字土埋龜。風雨消磨絶妙辭。不向圖經中舊見。無人知是蔡邕碑。蔡。陳留圉人。酸棗屬陳留。蔡爲酸棗令德政碑。容或有之。圖經者。陳留舊志。梁劉昭注補續漢志陳留郡引陳留志十一事。乃魏晉古書。王建或嘗見之。語非鑿空。今依圖經入蔡集。洪景伯詆此碑文有云。七業勃然而興。咸居今而好古。其詩則曰。有父子然後有君臣。文律如此。難以謂之絶妙辭。朱竹垞力辨之。謂詩以三言五言。繼以四言。足以見文律之古云。

清和穆鑠。實惟乾巛。惟嶽降靈。篤生我君。服骨叡聖。允鍾厥醇。誕生歧嶷。言協典隸釋缺典字。墳。懿德震燿。孝行通神。動履規繩。文彰彪繽。成是正服。以道德民。○隸釋五。嚴可均輯蔡中郎集十五。

有父子然後有君臣。理財正辭。束帛戔戔。□夢刻像。鶴鳴一震。天臨保漢。實生□勳。明試賦授。夷夏已親。嘉錫來撫。潛化如神。其神伊何。靈不傷人。○同上猗歟明哲。秉道之樞。養□之福。匪德之隅。淵乎其長。涣乎成功。政暇民豫。新我□通。用行則達。以誘我邦。賴茲劉父。用説其蒙。澤零年豐。黔首歌頌。○同上

趙岐

岐。字邠卿。京兆長陵人。初名嘉。字臺卿。順帝時。仕州郡。病廢。永興中。辟司空房植掾。後辟大將軍梁冀府。舉理劇。爲皮氏長。延熹初。以忤宦官逃難四方。後遇赦。辟司徒胡廣府。擢并州刺史。坐黨事免。中平初。徵拜議郎。獻帝西都。復拜議郎。遷太僕。興平初。奉使荆州。建安六年卒。年九十餘。

歌

典略曰。趙岐卒。江陵作歌曰。○案典略説與范書異。

國後漢書、白帖、御覽作漢。書鈔或同。有逸民。後漢書、白帖作人。書鈔、御覽或同。姓趙氏白帖、御覽作人。書鈔或同。後漢書無氏字。名嘉。書鈔或作岐。誤。有志無時。命也奈何。○書鈔百六。後漢書趙岐傳。白帖七。書鈔百十引謝承後漢書。御覽五百一引後漢書。又御覽五百五十八、七百三十九並引三輔決録。又文選二十三悼亡詩注引何一韵。○逯案。書鈔百六及文選注皆引典略此歌。今從之。

孔融

融。字文舉。靈帝時。辟司徒楊賜府。中平初。舉高第。爲侍御史。病免。辟司空掾。拜中軍侯。遷虎賁中郎將。獻帝初。以忤董卓左轉議郎。出爲北海相。劉備表爲青州刺史。建安元年。爲袁譚所攻。城陷出奔。徵爲匠作大匠。遷少府。以忤曹操免。復爲太中大夫。與劉楨、王粲、陳琳、阮瑀、徐幹、應瑒爲建安七子。數以書爭曹操。十三年爲操所害。年六十五。有集十卷。

離合作郡姓名字詩類聚作離合郡姓名詩。

漁父屈節。水潛匿方。離魚字。與旹類聚、石林詩話作時。進止。出行石林詩話作寺。施石林詩話作弛。張。離日字。魚日合成魯。呂公磯類聚作飢。釣。闔古文苑作盍。口渭旁。離口字。九域有聖。無土不王。離或字。口或合成國。好是正直。女回類聚作固。于匡。離子字。海外有截。隼逝鷹揚。當離乙字。恐古文與今文不同。合成孔也。六翮將類聚作不。奮。羽儀未彰。離鬲字。虵詩紀作蛇。龍類聚作龍虵。石林詩話作龍蛇。之蟄。俾也可忘。離蟲字。合成融。玟璇類聚、古文苑作琁。隱曜。美玉韜光。去玉成文。不須合。無名以上二字類聚無。無譽。放言深藏。離與字。按轡安行。誰謂路長。離才字。合成舉。◯類聚此下注。魯國孔融文舉六字。◯類聚五十六。古文苑四。石林詩話中。詩紀三。◯逯案。此詩夾注小字。詩紀本之章樵古文苑注。今仍之。又案截字。漢碑每作乢。如杜尚碑乢彼海外。是其例。故海外有截。隼逝鷹揚。可以離乙字。此詩之爲漢人作。有此一字。亦足證之。◯逯案。詩紀此下有雜詩二首。經證知出李陵集。此略。

臨終詩書鈔作折楊柳行。

言多令事敗。器書鈔作語。漏苦書鈔作坐。不密。河潰蟻孔端。書鈔作從蟻孔。山書鈔作牆。壞由猿書鈔作郄。穴。涓涓江漢流。天窗通冥室。讒邪害公正。浮雲翳白日。靡辭無忠誠。華繁竟不實。人有兩三心。安能合爲一。三人成市虎。浸漬解膠漆。生存多所慮。長寢萬事畢。○古文苑四。詩紀三。書鈔百五十八引密、穴二韵。

六言詩三首

漢家中葉道微。董卓作亂乘衰。僭上虐下專威。萬官惶布莫違。百姓慘慘心悲。○古文苑四。詩紀三。

郭李分争爲非。遷都長安思歸。瞻望關東可哀。夢想曹公歸來。○同上

從洛到許巍巍。曹公憂一作輔。國無私。減去厨膳甘肥。羣僚率從祁祁。雖得俸禄常飢。念我苦寒心悲。○同上

詩

後魏書曰。夏侯道遷每詠孔融詩曰。

坐上客御覽作賓。恒滿。樽中飲不空。○後魏書七十一夏侯道遷傳。御覽四百九十三。詩紀三。

辛延年

延年。爵里不祥。書鈔作辛延壽。後村詩話作後漢李延年。

羽林郎詩

書鈔作羽林郎歌。樂府無詩字。詩紀同。

昔有霍家姝。後村詩話作奴。廣文選、詩紀同。姓馮名子都。依倚將軍勢。調萬花谷作啁。誤。笑酒家胡。胡姬年十五。春日獨當壚。長裾連理帶。廣袖合歡襦。頭上藍田玉。耳後大秦珠。兩鬟何窈窕。一世良所無。一鬟五百萬。兩鬟千萬餘。不意金吾子。娉婷過書鈔作至。我廬。銀鞍何煜玉臺作昱。文選注作焴。爚。翠蓋空踟躕。後村詩話作躇。玉臺作峙𡺾。就我求清酒。絲繩提玉壺。就我求珍肴。廣文選作餚。金盤鱠鯉魚。貽我青銅鏡。結我紅羅裾。不惜紅羅裂。何論輕賤軀。男兒愛後婦。女子重前夫。人生有新故。貴賤不相踰。後村詩話作渝。多謝金吾子。私愛徒區區。○玉臺新詠一。樂府詩集六十三。廣文選十二。詩紀四。又書鈔一百四十二引廬、魚二韵。文選十六別賦注引躕一韵。錦繡萬花谷三十五引都、胡、廬三韵。後村詩話一引都、胡、壚、襦、珠、無、廬、躕、裾、夫、渝、區十二韵。

宋子侯

逯案。續漢志有宋子一地。

董嬌饒詩

詩紀作董嬌嬈。類聚作董嬌饒。初學記作董嬌嬈。樂府、廣文選同。合璧事類作董嬌饒歌。

洛陽城東路。桃李生路傍。類聚作旁。花花自相對。葉葉自相當。春風南玉臺作東。類聚、樂府、廣文選、詩紀同。北起。花葉正初學記作自。御覽同。低昂。不知誰家子。提籠行採桑。纖手折其枝。花落何飄颺。合璧事類作揚。請謝彼姝子。何爲見損傷。高秋八九月。白露變爲霜。終年會飄墮。安得久馨香。秋時自零落。春月復廣文選作自。芬芳。何如玉臺作時。樂府、廣文選、詩紀同。盛年去。歡愛類聚作歡如。合璧事類作驩如。永相忘。吾欲竟此曲。此曲愁人腸。歸來酌美酒。挾瑟類聚、合璧事類作琴。上高堂。○玉臺新詠一。類聚八十八。樂府詩集七十三。廣文選十三。詩紀四。又初學記二十八引傍、當、昂三韵。御覽九百六十七引傍、當、昂三韵。合璧事類别集五十一引傍、桑、揚、霜、香、忘、腸、堂八韵。

蔡琰

琰。字文姬。伯喈女。適河東衛仲道。夫亡無子。歸寧于家。興平中。大亂。琰爲胡騎所獲。没於南匈奴左賢王。在胡十二年。生二子。後爲曹操贖歸。重嫁陳留董祀。

悲憤詩

後漢書曰。琰歸董祀後。感傷亂離。追懷悲憤。作詩二章。

漢季失權柄。董卓亂天常。志欲圖篡弑。先害諸賢良。逼迫遷舊邦。擁主以自彊。廣文選作疆。誤。海内興義師。欲共討不祥。卓衆來東下。金甲耀日光。平土人脆弱。來兵皆胡羌。獵野圍城邑。所向悉破亡。斬截廣文選作馘。無孑遺。尸骸相掌廣文選作穿。誤。拒。馬邊縣男頭。馬後載婦女。長驅西入關。迥路險且阻。還顧邈冥冥。肝脾爲爛腐。所略有萬計。不得令屯聚。或有骨肉俱。欲言不敢語。失意幾後漢書作機。微間。輒言後漢書作此。斃降虜。要當以亭刃。我曹不活汝。豈復惜性命。不堪其詈罵。或便加棰杖。毒痛參并下。旦則號泣行。夜則悲吟坐。欲死不能得。欲生無一可。彼蒼者何辜。乃遭此戹禍。邊荒御覽作亭。與華異。人俗少義理。處所多霜雪。胡風春夏御覽作夕。起。翩翩吹我衣。肅肅入我耳。感時念父母。哀歎無窮已。有客從外來。聞之常歡喜。迎問其消息。輒復非鄉里。邂逅徼時願。骨肉來迎己。己得自解免。當復棄兒子。天屬綴人心。念別無會期。存亡永乖隔。不忍與之辭。兒前抱我頸。問母後漢書作我。欲何之。人言母當去。豈復有還時。阿母常仁惻。念何更不慈。我尚未成人。柰何不顧思。見此崩五内。恍惚生狂癡。號泣手撫摩。當發復回疑。兼有同時輩。相送告離別。慕我獨得歸。哀叫聲摧裂。馬爲立踟蹰。車爲不轉轍。觀者皆歔欷。行路亦嗚咽。去去割情戀。遄征日遐邁。悠悠三千里。何時復交會。念我出腹子。胸臆爲摧敗。既至家人盡。又復無中外。城郭韵補作郭城。爲山林。庭宇生荆艾。白骨不知誰。從横莫覆蓋。出門無人聲。豺狼號且吠。煢煢對孤景。文選注作影。怛咤糜肝肺。登高遠眺望。魂神忽飛逝。奄若壽命盡。旁人相寬大。爲復彊視息。雖生何聊賴。託命於新人。竭心自勗厲。流離成鄙賤。常恐復捐廣文選作損。廢。人生幾何時。懷憂終年歲。

○後漢書蔡琰傳。廣文選九。詩紀四。又文選三十石門新營所住詩注引肺一韵。御覽八百引兩句。韵補四引外、艾二韵。

嗟薄祜兮遭世患。宗族殄兮門户單。身執略兮入西關。歷險阻兮之羌蠻。山谷眇兮路漫漫。後漢書作曼曼。眷東顧兮但悲歎。冥當寢兮不能安。饑文選注作飢。當食兮不能餐。常流涕兮眥不乾。薄志節兮念死難。雖苟活兮無形顔。惟彼方兮遠陽精。陰氣凝兮雪夏零。沙漠壅兮塵冥冥。有草木兮春不榮。人似獸兮食臭腥。言兜離兮狀窈停。歲聿暮兮時邁征。夜悠長兮禁門扃。不能寢兮起屏營。登胡殿兮臨廣庭。玄雲合兮翳月星。詩紀作腥。北風厲兮肅泠泠。胡笳動兮邊馬鳴。孤雁歸兮聲嚶嚶。樂人興兮彈琴箏。音相和兮悲且清。心吐思兮胸憤盈。欲舒氣兮恐彼驚。含哀咽兮涕沾頸。家既迎兮當歸寧。臨長路兮捐所生。兒呼母兮啼失聲。我掩耳兮不忍聽。追持我兮走煢煢。頓復起兮毁顔形。還顧之兮破人情。心怛絶兮死復生。○後漢書蔡琰傳。詩紀四。又書鈔百十一、類聚四十四引鳴、嚶二韵。俱云出蔡琰别傳。文選二十六赴洛詩注引一句。御覽四百八十八引寧、聲、聽三韵。謂出蔡琰别傳。

詩

長笛聲奏苦。○草堂詩箋十五秋笛詩注。

附

胡笳十八拍

盛唐以後。率謂胡笳十八拍爲蔡琰作。實則無論曲辭均是後人假託。證據有五。一。隋唐類書引蔡琰别傳云。琰爲胡騎所獲。在右賢王部伍中。春日登胡殿。感笳之音。作詩言志曰。胡笳動兮邊馬鳴。孤雁歸兮聲嚶嚶。可見感笳作詩。即所賦悲憤詩。其時尚無胡笳十八拍。二。宋書樂志篋下云。胡笳。漢舊箏笛録有其曲。不記所出本末。知劉宋以前。胡笳曲尚譜之於琴。今言笳一會兮琴一拍。亦不合。三。十八拍言戎羯逼我兮爲室家。據韻會。晉匈奴别部入居羯室之後。因號爲羯。匈奴别部稱羯既始於晉。蔡琰漢人。自無由言戎羯。四。漢魏騷體詩、七言詩皆句句用韻。今十八拍間句押韻。體裁與漢不侔。五。十八拍押韻。已嚴守唐人官韻規範。今姑從詩紀。附此備查。

我生之初尚無爲。我生之後漢祚衰。天不仁兮降亂離。地不仁兮使我逢此時。干戈日尋兮道路危。民卒流亡兮共哀悲。煙塵蔽野兮胡虜盛。志意乖兮節義虧。對殊俗兮非我宜。遭惡辱兮當告誰。笳一會兮琴一拍。心憤怨兮無人知。

戎羯逼我兮爲室家。將我行兮向天涯。雲山萬里兮歸路遐。疾風千里兮揚塵沙。人多暴猛兮如虺蛇。控弦被甲兮爲驕奢。兩拍張絃兮絃欲絶。志摧心折兮自悲嗟。

越漢國兮入胡城。亡家失身兮不如無生。氈裘爲裳兮骨肉震驚。羯羶爲味兮枉遏我情。鞞鼓喧兮從夜達明。胡風浩浩兮暗塞營。傷今感昔兮三拍成。銜悲畜恨兮何時平。

無日無夜兮不思我鄉土。稟氣含生兮莫過我最苦。天災國亂兮人無主。唯我薄命兮没戎虜。殊俗心異兮身難處。嗜欲不同兮誰可與語。尋思涉歷兮多艱阻。四拍成兮益悽楚。

雁南征兮欲寄邊聲。雁北歸兮爲得漢音。雁飛高兮邈難尋。空斷腸兮思愔愔。攢眉向月兮撫雅琴。五拍泠泠兮意彌深。

冰霜凜凜兮身苦寒。飢對肉酪兮不能餐。夜聞隴水兮聲嗚咽。朝見長城兮路杳漫。追思往日兮行李難。六拍悲兮欲罷彈。

日暮風悲兮邊聲四起。不知愁心兮説向誰是。原野蕭條兮烽戍萬里。俗賤老弱兮少壯爲美。逐有水草兮安家葺壘。牛羊滿野兮聚如蜂蟻。草盡水竭兮羊馬皆徙。七拍流恨兮惡居於此。

爲天有眼兮何不見我獨漂流。爲神有靈兮何事處我天南海北頭。我不負天兮何配我殊匹。我不負神兮神何殛我越荒州。製兹八拍兮擬俳優。何知曲成兮心轉愁。

天無涯兮地無邊。我心愁兮亦復然。生倏忽兮如白駒之過隙。然不得歡樂兮當我之盛年。怨兮欲問天。天蒼蒼兮上無緣。舉頭仰望兮空雲煙。九拍懷情兮誰與傳。

城頭烽火不曾滅。疆場征戰何時歇。殺氣朝朝衝塞門。胡風夜夜吹邊月。故鄉隔兮音塵絶。哭無聲兮氣將咽。一生辛苦兮緣離別。十拍悲深兮淚成血。

我非貪生而惡死。不能捐身兮心有以。生仍冀得兮歸桑梓。死當埋骨兮長已矣。日居月諸兮一作日月居諸在戎壘。胡人寵我兮有二子。鞠之育之兮不羞恥。愍之念之兮生長邊鄙。十有一拍兮因兹起。哀響纏綿兮徹心髓。

東風應律兮暖氣多。知是漢家天子兮布陽和。羌胡蹈舞兮共謳歌。兩國交歡兮罷兵戈。忽遇漢使兮稱近詔。遺千金兮贖妾身。喜得生還兮逢聖君。嗟別稚子兮會無因。十有二拍兮哀樂均。去住兩情兮難具陳。

不謂殘生兮却得旋歸。撫抱胡兒兮泣下沾衣。漢使迎我兮四牡騑騑。號失聲兮誰得知。與我生死兮逢此時。愁爲子兮日無光輝。焉得羽翼兮將汝歸。一步一遠兮足難移。魂消影絶兮恩愛遺。十有三拍兮絃急調悲。肝腸攪刺兮人莫我知。

身歸國兮兒莫之隨。心懸懸兮長如飢。四時萬物兮有盛衰。唯我愁苦兮不暫移。山高地闊兮見汝無期。更深夜闌兮夢汝來斯。夢中執手兮一喜一悲。覺後痛吾心兮無休歇時。十有四拍兮涕淚交垂。河水東流兮心是思。

十五拍兮節調促。氣填胸兮誰識曲。處穹廬兮偶殊俗。願得歸兮天從欲。再還漢國兮歡心足。心有懷兮愁轉深。日月無私兮曾不照臨。子母分離兮意難任。同天隔越兮如商參。生死不相知兮何處尋。

十六拍兮思茫茫。我與兒兮各一方。日東月西兮徒相望。不得相隨兮空斷腸。對萱草兮憂不忘。彈鳴琴兮情何傷。今別子兮歸故鄉。舊怨平兮新怨長。泣血仰頭兮訴蒼蒼。胡爲生兮獨罹此殃。

十七拍兮心鼻酸。關山阻修兮行路難。去時懷土兮心無緒。來時別兒兮思漫漫。塞上黄蒿兮枝枯葉乾。沙場白骨兮刀痕箭瘢。風霜凜凜兮春夏寒。人馬飢尫兮筋力單。豈知重得兮入長安。歎息欲絶兮淚闌干。

胡笳本自出胡中。緣琴翻出音律同。十八拍兮曲雖終。響有餘兮思無窮。是知絲竹微妙兮均造化之功。哀樂各隨人心兮有變則通。胡與漢兮異域殊風。天與地隔兮子西母東。苦我怨氣兮浩於長空。六合雖廣兮受之應不容。○詩紀四。

仲長統

統。字公理。山陽高平人。建安中。荀彧舉爲尚書郎。尋參丞相軍事。延康元年卒。年四十一。

見志詩二首廣文選作述志詩。詩紀同。

飛鳥遺跡。蟬蛻亡殼。騰蛇棄鱗。神龍喪角。至人能變。達士拔俗。乘雲無轡。騁風無足。垂露成幃。張霄成幄。沆瀣當餐。九陽代燭。恒星豔珠。朝霞潤玉。六合之內。恣心所欲。人事可遺。何爲局促。○後漢書仲長統傳。廣文選八。詩紀三。又吳棫韻補五引殼、角、俗三韻作見志詩。

大道雖夷。見幾者寡。任意無非。適物無可。古來繞繞。廣文選作繚繞。詩紀同。委曲如瑣。百慮何爲。至要文選注作安。在我。寄愁天上。埋憂地下。叛散五經。滅棄風雅。百家雜碎。請用從火。韻補作大。抗志山西。韻補作棲。廣文選、詩紀同。游心海左。元氣爲舟。微風爲柂。敖廣文選作翱。詩紀同。翔太清。縱意容冶。○後漢書仲長統傳。廣文選八。詩紀三。又文選二十六酬王晉安詩注。文選三十一雜體詩注。各引在一韻。吳棫韻補三。引大、左二韻。○逯案。選注三十一引作百慮何爲至安在我延佇。衍延佇二字。遂若五言詩者。楊目爲另列一題。非是。又至要在我句。選注兩引。要皆作安。安字較勝。又吳棫引請用從火句。誤火爲大。以論漢韻。失之。

詩

春雲爲馬。秋風爲駟。按之不遲。勞之不疾。○初學記一。

漢詩卷八

雜歌謡辭

歌辭

漁陽民爲張堪歌

後漢書曰。張堪。光武時爲漁陽太守。捕擊姦猾。賞罰必信。吏民皆樂爲用。乃於狐奴開稻田八千餘頃。勸民耕種。以致殷富。百姓歌之。

桑無附枝。麥穗書鈔作秀。類聚、御覽或作秀。兩歧。張君爲政。樂不可支。類聚或作期。或作爲。鳴沙石室古籍作思。○後漢書張堪傳。水經注沽水注。書鈔七十六引華嶠後漢書。類聚十九、五十、八十五引東觀漢記。初學記二十七。白帖二十一。文選三十六策秀才文注。鳴沙石室古籍叢殘。御覽二百六十、四百六十五、八百三十八、九百五十五引謝承後漢書。樂府詩集八十五作張君歌。文選補遺三十五作漁陽民歌。詩紀八作張君歌。

臨淮吏人爲宋暉歌

後漢書曰。暉字文季。建武中。再遷臨淮太守。好節概。有所拔用。皆厲行士。諸報怨以義犯。率皆爲求其理。多得生濟。其不義之囚。卽時僵仆。吏人畏愛。爲之歌曰。

彊御覽作强。直自遂。南陽朱季。吏畏其威。民後漢書作人。懷其惠。○後漢書朱暉傳。御覽二百六十、四百二十七、四百六十五俱引東觀漢記。樂府詩集八十五作朱暉歌。文選補遺三十五作臨淮民歌。詩紀八作朱暉歌。

涼州民爲樊曄歌

詩紀從樂府詩集作涼州歌。注。一作樊曄歌。

後漢書曰。曄。光武時爲天水太守。政嚴猛。好申、韓法。善惡立斷。人有犯其禁者。率不生出獄。吏人及羌胡畏之。道不拾遺。涼州爲之歌。

遊子常苦貧。力子天所富。寧見乳虎穴。不入冀書鈔作州。府顏氏家訓作曄城。御覽作冀城。寺。大笑期必死。忿怒或見置。嗟我樊府君。安可再遭値。書鈔作植。誤。○後漢書樊曄傳。樂府八十五。文選補遺三十五作涼州歌。詩紀八。又顏氏家訓書證篇引寺一韻。書鈔七十引東觀漢記引府、置、植三韻。御覽二百六十二引東觀漢記引富、寺、値三韻。

董少平歌

後漢書曰。董宣字少平。光武時爲洛陽令。捕擊豪强。莫不震慄。京師號爲卧虎。歌之云。

枹鼓不鳴董少平。○後漢書董宣傳。白帖十二。樂府詩集八十五。詩紀八作董宣歌。

郭喬卿歌

後漢書曰。郭賀。字喬卿。建武中爲尚書令。在職六年。拜荆州刺史。到官有殊政。百姓歌之。

厥德仁明郭喬卿。中渚宫舊事作忠。類聚、御覽同。正朝廷上下一作天下。平。○後漢書蔡茂傳。渚宫舊事四。類聚十九引謝承後漢書。御覽二百十、四百六十五。樂府詩集八十五。詩紀八。

蜀中爲費貽歌

華陽國志曰。費貽。字奉君。南安人也。公孫述時。漆身爲厲。佯狂避世。述破。爲合浦守。蜀中歌之曰。

節義至仁費奉君。不仕亂世。不避惡君。○華陽國志犍爲士女贊。

鮑司隸歌

列異傳曰。鮑宣。宣子永。永子昱。三世皆爲司隸。而乘一驄馬。京師人歌之。

鮑氏驄。三人御覽作入。是也。司隸再入公。馬雖瘦。御覽或作疲。行步御覽或作步轉。工。書鈔作通。○書鈔六十一引列異記。御覽二百五十引列異傳、八百九十七引列異記。樂府詩集八十五。詩紀八。

通博南歌一作行者歌。

後漢書西南夷傳曰。永平十二年。哀牢王柳貌遣子率種人內屬。顯宗以其地置哀牢、博南二縣。割益州郡西部都尉所領六縣合爲永昌郡。始通博南山。度蘭倉水。行者苦之。歌曰。

漢德廣。開不賓。度博南。越蘭水經注作倉。御覽或作倉。津。度御覽或作一渡。蘭倉。漢書注作滄。華陽國志同。爲他後漢書作它。水經注作作。人。○後漢書西南夷傳。華陽國志南中志。水經注若水注。御覽五十九、七百八十六。詩紀八。

蜀郡民爲廉范歌

詩後漢書曰。廉范。字叔度。建中初爲蜀郡太守。成都民物阜盛。邑宇偪側。舊制禁民夜作。以防火災。而更相隱蔽。燒者日屬。范乃毀削前令。但嚴使儲水而已。百姓爲便。乃歌之。

廉叔度。來何暮。不禁火。民白帖、御覽或作人。安韻補作夜。作。書鈔、類聚作堵。白帖、御覽或作堵。平生類聚、白帖、御覽或作昔日。無襦今御覽今下或有有字。五袴。一作昔無襦。今有袴。袴。後漢書作絝。華陽國志作來時我單衣。去時重五袴。類聚、白帖或作昔無襦。今有袴。或作昔無一襦。今有五袴。○後漢書廉范傳。書鈔百二十九。類聚十九、五十。白帖四、十二、二十一。御覽四百六十五、六百九十五、八百六十八。樂府詩集八十五作廉叔度歌。文選補遺三十五作蜀民歌。詩紀八作廉范歌。又華陽國志蜀志及類聚六十七引暮、袴二韻。白帖二十四引堵、袴二韻。韻補引暮、作二韻。

蒼梧人爲陳臨歌

謝承後漢書曰。陳臨。字子然。爲蒼梧太守。人遺腹子報父怨。捕得繫獄。傷其無子。令其妻入獄。遂産得男。人歌曰。

蒼梧陳君恩廣大。令死罪囚有後代。德參古賢天報施。○御覽四百六十五引謝承後漢書。詩紀八作陳臨歌。

又

蒼梧府君惠及死。能令死人不絕嗣。○輿地紀勝一百八。詩紀八。

鄉人爲秦護歌

謝承後漢書曰。秦護清廉。不受禮賂。家貧。衣服單露。鄉人歌之曰。

冬無袴。有秦護。○御覽六百九十五引謝承後漢書。

魏郡輿人歌

後漢書曰。岑熙爲魏郡太守。招聘隱逸。與參政事。無爲而化。視事二年。輿人歌之。

我有枳棘。岑君伐之。我有蟊書鈔作蚌。御覽或作蛑。賊。御覽或作蟹。岑君遏書鈔作化。之。狗吠書鈔作犬。御覽或作吠狗。不驚。足下生氂。書鈔誤作釐。含脯鼓腹。焉知凶災。我喜類聚作嘉。御覽同。我生。獨于書鈔誤作於。斯時。美矣類聚作哉。岑君。於戲休類聚作在。御覽或作在。或作如。玆。○後漢書岑彭傳。類聚十九引謝承後漢書。御覽二百六十引華嶠後漢書。御覽四百六十五引謝承後漢書。樂府詩集八十五作岑君歌。文選補遺三十五。詩紀八。又書鈔七十六引之、之、釐三韵。三十五引狗吠不驚獨於斯時二句。○逯案。此歌非庶民作。

范史雲歌

後漢書曰。范冉。字史雲。桓帝時爲萊蕪長。遭母喪不到官。後遁身於梁、沛之閒。徒行敝服。賣卜於市。遭黨人禁錮。遂推鹿車載妻子。捃拾自資。所止皁漏。有時絶粒。窮居自若。言貌無改。閭里歌之。冉或作丹。

甑中生塵范史雲。釜中御覽或作裏。生魚范萊蕪。○後漢書本傳。類聚三十五引續漢書。初學記十八引續漢書。白帖二十一。

御覽四百二十五引袁山松後漢書、四百六十五引東觀漢記、四百八十四引續漢書。樂府詩集八十五。詩紀八。又御覽三十七引謝承後漢書引雲一韵。

順陽吏民爲劉陶歌

後漢書曰。劉陶。字子奇。潁川潁陰人。濟北貞王勃之後。桓帝時。舉孝廉。除順陽長。縣多姦猾。陶到官宣募吏民。有氣力勇猛能以死易生者。得數百人。皆嚴兵待命。於是覆案姦軌。所按發若神。以病免。吏民思而歌之。

悒後漢書作邑。御覽、樂府詩集、文選補遺並同。然不樂。思我劉君。何時復來。安此下民。白帖作人。○後漢書本傳。水經注淮水注作童謡歌。類聚十九、五十。白帖十二、四十。御覽二百六十七、四百六十五。樂府詩集八十五及詩紀八作劉君歌。文選補遺三十五作順陽民歌。逯案。類聚引謝承後漢書、御覽引後漢書。劉陶作劉騊駼或劉陶駼。又順陽。謝承後漢書作摐陽。稍不同。

董逃歌 詩紀云。一作靈帝中平中京都歌。

後漢書曰。按董謂董卓也。言雖跋扈。終歸逃竄。至於滅族也。風俗通曰。卓以董逃之歌主爲己。禁絶之。楊孚董卓傳曰。卓改董逃爲董安。

承樂世董逃。遊四郭董逃。蒙天恩董逃。帶金紫董逃。行謝恩董逃。整車騎董逃。垂欲發董逃。與中辭董逃。出西門董逃。瞻宮殿董逃。望京城董逃。日夜絶董逃。心摧傷董逃。摧。後漢書作推。○後漢書五行志。詩紀八。

交阯兵民爲賈琮歌

後漢書曰。中平元年。交阯屯兵執刺史及合浦太守。靈帝敕三府精選能吏。有司舉賈琮爲交州刺史。琮到部。訊其反狀。咸言賦斂過重。民不聊生。故聚爲盜。琮卽移書告示。各使安其資業。招撫荒散。蠲復徭役。誅斬渠帥爲大害者。簡選良吏試守諸縣。百姓以安。巷路爲之歌曰。

賈父來晚。使我先反。今見清平。吏不敢飯。○後漢書本傳。類聚五十引謝承後漢書。御覽二百五十六。又四百六十五引司馬彪續漢書。樂府詩集八十五及詩紀八作賈父歌。文選補遺三十五作交阯民歌。

皇甫嵩歌

後漢書曰。皇甫嵩。字義真。靈帝時。黄巾作亂。以嵩爲左中郎將。討賊數有功。拜左車騎將軍。領冀州牧。嵩請冀州一年田租以贍饑民。百姓歌曰。

天下大御覽或無大字。亂兮市爲墟。母不保子御覽或誤予。兮類聚或無此兮字。妻失夫。賴得御覽或作有。皇甫兮類聚或無兮字。復安類聚、御覽或作汝。居。○後漢書本傳。類聚十九、五十。御覽二百五十、四百六十五。樂府詩集八十五。文選補遺三十五作百姓歌。詩紀八。○逯案。此歌末句。類聚、御覽所引謝承書均作復汝居。與續漢書、後漢書不同。汝字甚關重要。曰復汝居。則統治者口吻也。皇甫嵩乃鎮壓黄巾軍者。其免租乃一時權宜。未必有實惠於民。謝書作汝居者。近真。

洛陽人爲祝良歌

長沙耆舊傳曰。祝良。字召卿。爲洛陽令。歲時亢旱。天子祈雨不得。良乃暴身階庭。告誠引罪。自晨至申。紫雲沓起。甘雨登降。人爲之歌。

天久不雨。烝民水經注、樂府詩集作人。詩紀同。失所。天王自出。祝令特書鈔作時。苦。精符感應。滂沱而下。水經注、樂府詩集作下雨。詩紀同。○水經注洛水注。書鈔九十。御覽五百二十九。樂府詩集八十五及詩紀八作洛陽令歌。

巴人歌陳紀山

華陽國志曰。巴郡陳紀山。爲漢司隸校尉。嚴明正直。西虜獻眩。王庭試之。分公卿以爲嬉。紀山獨不視。京師稱之。巴人歌曰。

築室載直梁。國人以貞真。邪娛不揚目。狂行不動身。奸軌僻乎遠。理義協乎民。○華陽國志巴志。

汲縣長老爲崔瑗歌

崔氏家傳曰。崔瑗爲汲令。開溝造稻田。瀉鹵之地更爲沃壤。民賴其利。長老歌之。

上天降神明。御覽或作天降神明君。錫我仁慈御覽或作慈仁。父。臨民御覽或作人。布德澤。恩惠施以序。穿溝廣溉灌。決渠作甘雨。○御覽二百六十八引崔氏家傳、四百六十五引崔鴻崔氏家傳。詩紀八作崔瑗歌。

崔君歌

略出篇金曰。漢書崔君爲令。有德化百姓百葉。公私不廢。歌曰。

譚治小序兮稼穡分。天賜我兮此崔君。○鳴沙石室古籍叢殘略出篇金縣令子男之篇第二十四小序條。○逯案。此崔君失其名字。姑附於此。又譚當作課。

彭子陽歌

謝承後漢書曰。彭循。字子陽。太守秘君聞循義勇多謀。請循以守吳令。民歌之。又吳録曰。彭循。字子陽。毗陵人。建國二年。海賊丁儀等萬人據吳。太守秘君聞循勇謀。請以守令。循與儀相見。陳説利害。應時散降。民歌之曰。

時歲倉卒。盜賊縱横。大戟强弩不可當。賴遇賢令彭子陽。〇書鈔三十九。御覽三百五十二、四百六十五。〇逯案。後漢無建國紀元者。國字誤。

王世容歌

吳録曰。王鐔。字世容。爲武城令。民服德化。宿惡奔迸。父老歌之。鐔。藝文類聚作譚。武城。類聚作成武。

王世容。治樂府作政。詩紀同。無雙。省徭役。盜賊空。〇藝文類聚十九。御覽四百六十五。樂府詩集八十五。詩紀二十。逯案。此歌詩紀編入吳詩。蓋以其出於吳録也。然武城或成武皆漢之舊縣。其地皆不在孫吳轄區。作吳地歌謡甚非。今編於此。

巴郡人爲吳資歌

華陽國志曰。太山吳資。字元約。孝順帝永建中爲巴郡太守。屢獲豐年。人歌之曰云云。其後資遷去。人思之。又歌云云。

習習晨風動。澍雨潤禾御覽作乎。苗。我后恤時務。我人御覽或作民。以優饒。〇華陽國志巴志。御覽二百六十二、四百六十五。詩紀八作吳資歌。

又歌

望遠忽不見。惆悵當書鈔作常。是。徘徊。恩澤實難忘。悠悠心永懷。○華陽國志巴志。書鈔七十六。御覽二百六十二。詩紀八。

六縣吏人爲爰珍歌詩紀作爰珍歌。

陳留耆舊傳曰。爰珍除六令。吏人訟息。教誨其子弟。歌之曰。

我有田疇。爰父殖置。我有子弟。爰父教誨。御覽四百六十五。詩紀八作爰珍歌。

謠辭

後漢時蜀中童謠

後漢書曰。世祖建武六年。蜀中童謠。是時公孫述僭號於蜀。時人竊言王莽稱黄。述欲繼之。故稱曰。五銖。漢家貨。明當復也。述遂誅滅。

黄牛白腹。五銖當復。○後漢書五行志。又公孫述傳。華陽國志公孫述劉二牧志。御覽四百六十五、八百三十五。樂府詩集八十八。文選補遺三十五作蜀童謠。詩紀八。

會稽童謠

後漢書曰。張霸永元中爲會稽太守。時賊未解。郡界不寧。乃移書開購。明用信賞。賊遂束手歸附。不煩士卒之力。童謡歌曰。

棄我御覽或作若。戟。捐我御覽或作若。矛。盜賊盡。吏皆休。○後漢書張霸傳。類聚十九。御覽三百五十二。又四百六十五引續漢書。樂府詩集八十七。詩紀八。○逯案。御覽引陳壽益都耆舊傳兩我字皆作若。於義較勝。

同前

益都耆舊傳曰。張霸爲會稽太守。舉賢士勸教講授。一郡慕化。但聞誦聲。又野無遺寇。民語曰云云。又東觀漢記曰。張霸。字伯饒。蜀郡成都人。年數歲。有所噉。必先讓父母。鄉里號曰張曾子。後作會稽太守。兒童歌曰。

城上烏鳴御覽無鳴字。哺父母。府中諸吏皆孝友。御覽作子。○御覽二百六十二引益都耆舊傳、四百十二引東觀漢記。詩紀八。

河内謡

東觀漢記曰。王渙除河内温令。商賈露宿。人開門卧。人爲作謡曰。

王稚子。世御覽作代。未有。平徭役。百姓喜。○華陽國志廣漢士女傳。御覽四百六十五。詩紀八。逯案。此王渙即雁門太守行稱頌之洛陽令王君。

順帝末京都童謡

後漢書五行志曰。太尉李固以爲清河王雅性聰明。敦詩悦禮。加又屬親。立長則順。而梁冀建白太后。策免固。徵鑫吾侯。遂卽至尊。固是日幽斃于獄。暴屍道路。而太尉胡廣封安樂鄉侯、司徒趙戒厨亭侯、司空袁湯安國亭侯。

京都童謡云。

直如弦。死道邊。曲如鈎。反御覽或作乃。封侯。〇後漢書五行志。意林四。後漢書桓帝紀注。文選三十一袁陽源詩注。御覽四百二十八引李固别傳、七百六十七引風俗通。樂府詩集八十八。文選補遺三十五。詩紀八。

蜀郡童謡

謝承後漢書曰。黄昌爲蜀郡太守。未至蜀郡。時有童謡曰。

兩日出。天兵戢。兵戢二字。書鈔只作兮字。〇書鈔七十六。

益都民爲王忳謡

益都耆舊傳曰。王忳。字少林。詣京師。於客邸見諸生病甚困。生謂忳曰。腰下有金十斤。願以相與。乞收藏尸骸。未問姓名。呼吸因絶。忳賣金一斤。以給棺絮。九斤置生腰下。後署大度亭長到亭日。有馬一匹至亭中。大風。有一綉被隨風來。後忳騎馬。突入它舍。主人見曰。得真盜矣。忳説得狀。又取被示之。彦父悵然曰。被馬俱止。卿有何陰德。忳具説葬諸生事。彦父曰。此吾子也。姓金名彦。遣迎彦喪。餘金俱存。民謡之曰。

信哉少林世爲當作無。遇。還魂記作偶。飛被走馬與鬼語。〇還冤記。御覽四百六十五。

恒農童謡

陳留耆舊傳曰。吴佑爲恒農令。勸善懲姦。貪濁出境。甘露降。年穀豐。童謡曰。

君不我憂。人何以休。不行界署。焉知人處。○廣博物志。御覽四百六十五。○逯案。恒農或弘農之訛。明本御覽恒作宏是也。

桓帝初天下童謡

後漢書曰。桓帝之初。天下童謡。案元嘉中。涼州諸羌。一時俱反。南入蜀、漢。東抄三輔。延及并、冀。大爲民害。命將出衆。每戰常負。中國益發甲卒。麥多委棄。但有婦女穫刈之也。吏買馬、君具車者。言調發重及有秩者也。請爲諸君鼓嚨胡者。不敢公言。私咽語。

小玉臺作大。麥青青大玉臺作小。麥枯。誰當穫者婦與姑。丈夫後漢書作人。何在西擊胡。吏買馬。君具車。請爲諸君鼓嚨胡。○後漢書五行志。玉臺新詠九作桓帝時童謡歌。樂府詩集八十八及詩紀八作桓帝初小麥童謡。文選補遺三十五作小麥謡。

桓帝初城上烏童謡

後漢書曰。桓帝之初。京師童謡。按此皆爲政貪也。城上烏。尾畢逋者。處高利獨食。不與下共。謂人主多聚斂也。公爲吏。子爲徒者。言父既爲軍吏。其子又爲卒徒。一徒死。百乘車者。言前一人往討胡既死矣。後又遣百乘車往。車班班。入河間者。言桓帝將崩。乘輿班班入河間迎靈帝也。河間姹女工數錢。以錢爲室金爲堂者。靈帝既立。其母永樂太后好聚金以爲堂也。石上慊慊舂黄粱者。言永樂唯積金錢。慊慊常苦不足。使人舂黄粱而食之也。梁下有懸鼓。我欲擊之丞卿怒者。言永樂主教靈帝。使賣官受錢。所禄非其人。天下忠篤之士怨望。欲擊懸鼓以求見。丞卿主鼓者。亦復諂順。怒而止我也。

城上烏。尾畢逋。初學記此下有一年生九雛五字。白帖、御覽或同。可據補。公爲吏。子玉臺作兒。類聚、初學記、白帖同。爲徒。一徒死。百乘車。車班班。入玉臺作至。河間。河間姹靈帝紀作妊。玉臺作婉。誤。女工玉臺作能。類聚同。數錢。以玉臺無以字。錢以錢二字。類聚只作銀字。爲室金爲堂。石玉臺作户。類聚同。上慊慊類聚作膴膴。春黄粱。上五字玉臺作春膴粱膴。粱玉臺粱下有之字。下有懸類聚無懸字。鼓。我欲擊之丞卿玉臺作相。類聚、文選補遺同。御覽或作丞相卿。怒。○後漢書五行志。玉臺新詠九。後漢書靈帝紀注。類聚四十三作後漢桓帝時童謡。御覽八百四十二。樂府詩集八十八。文選補遺三十五作城上烏謡。詩紀八作城上烏童謡。又初學記三十及御覽九百二十引烏、逋、雛、徒、車五韵。白帖二十九引烏、雛、徒三韵。

桓帝時京都童謡

後漢書曰。延熹末。鄧皇后以譴自殺。乃以竇貴人代之。其父名武字游平。拜城門校尉。及太后攝政。爲大將軍。與太傅陳蕃合心勠力。惟德是建。印綬所加。咸得其人。豪賢大姓。皆絶望矣。

游平賣印自有平。竇武傳注作評。不辟竇武傳注作避。豪賢及大姓。○後漢書五行志。後漢書竇武傳注。樂府詩集八十八及詩紀八作桓帝初京都童謡。文選補遺三十五作賣印童謡。

桓帝末京都童謡

後漢書曰。桓帝之末。京都童謡。按解犢亭屬饒陽河間縣也。居無幾何而桓帝崩。使者與解犢侯皆白蓋車從河間來。延延。衆貌也。是時御史劉儵建議立靈帝。以儵爲侍中。中常侍侯覽畏其親近。必當間己。白拜儵泰山太守。因令司隸迫促殺之。朝廷少長。思其功效。乃拔用其弟郃。致位司徒。此爲合諧也。

白蓋小車何延延。河間來合諧。河間來合諧。○後漢書五行志。樂府詩集八十八。詩紀八。

桓帝末京都童謠

後漢書曰。按易曰。拔茅連茹。以其彙征吉。茅喻羣賢也。井者。法也。于時中常侍管霸、蘇康憎疾海内英哲。與長樂少府劉囂、太常許詠等。代作脣齒。河内牢川詣闕上書。汝、潁、南陽。上采虚譽。專作威福。甘陵有南北二部。三輔尤甚。由是傳考黄門北寺。始見廢閣。茅田一頃者。言羣賢衆多也。中有井者。言雖阨窮。不失其法度也。四方纖纖不可整者。言姦慝大熾。不可整理。嚼復嚼者。京都飲酒相强之辭也。言食肉者鄙。不恤王政。徒躭宴飲歌呼而已也。今年尚可者。言但禁錮也。後年鐃者。陳、竇被誅。天下大壞也。

茅田一頃中有井。四方纖纖不可整。嚼復嚼。今年尚可後年鐃。風俗通作譊。後漢書注同。○後漢書五行志注。又竇武傳注。文選補遺三十五作茅田童謡。詩紀八。

鄉人謡

後漢書曰。初。桓帝爲侯時。受學於甘陵周福。及卽位。擢爲尚書。時同郡房植有名。故鄉人爲之謡曰。

天下規矩。房伯武。因師獲印。周仲進。○後漢書黨錮傳序。詩紀八。

二郡謡

後漢書曰。汝南太守宗資任功曹范滂。南陽太守成瑨亦委任功曹岑晊。范滂字孟博。岑晊字公孝。二郡爲謡曰。

汝南太守范孟博。南陽宗資主畫諾。南陽太守岑白帖誤作成。公孝。弘農成瑨但坐嘯。○後漢書黨錮傳序。書鈔七十七。御覽二百六十四。樂府詩集八十七。詩紀八。又白帖十二引孝、嘯、博、諾四韵。

太學中謡見陶淵明集。

袁山松後漢書曰。桓帝時。朝廷日亂。李膺風格秀整。高自標尚。後進之士。升其堂者以爲登龍門。太學生三萬餘人。牓天下士。上稱三君。次八俊。次八顧。次八及。次八厨。猶古之八元、八凱也。因爲七言謡曰。

天下忠誠竇游平。大將軍、槐里侯、扶風平陵竇武字游平。天下義府陳仲舉。太傅、高陽鄉侯、汝南平輿陳蕃字仲舉。天下德弘劉仲承。侍中、河間樂成劉淑字仲承。

右三君　一云。不畏强禦陳仲舉。九卿直言有陳蕃。○逯案。御覽引袁山松後漢書與此一云同。

天下模楷李元禮。少傅、潁川襄城李膺字元禮。天下英秀王叔茂。司空、山陽高平王暢字叔茂。天下良輔杜周甫。太僕、潁川陽城杜密字周甫。天下冰凌御覽作楞。朱季陵。司隸校尉、沛國朱寓字季陵。天下忠貞魏少英。尚書、會稽上虞魏朗字少英。天下好交荀伯條。沛國、潁陰荀翌字伯條。天下稽古劉伯祖。大司農、博陵安平劉佑字伯祖。天下才英趙仲經。太常、蜀郡成都趙典字仲經。

右八俊

天下和雍郭林宗。有道。太原介休郭泰字林宗。天下慕恃夏子治。太常、陳留圉夏馥字子治。天下英藩尹伯元。尚書令、河南鞏尹勳字伯元。天下清苦羊嗣祖。河南尹、太山平陽羊陟字嗣祖。天下琦金劉叔林。議郎、東郡陽發劉儒字叔林。天下雅志蔡孟喜。冀州刺史、陳國項蔡衍字孟喜。天下卧虎巴恭祖。潁川太守、渤海東城巴肅字恭祖。天下通儒宗孝初。議郎、南陽安衆宗慈字孝初。

右八顧　後漢書無劉儒。有范滂。

海内貴珍陳子鱗。御史中丞、汝南召陵陳翔字子鱗。海内忠烈張元節。衛尉、山陽高平張儉字元節。海内謇諤范孟博。太尉掾、汝陽細陽范滂字孟博。海内通士檀文友。蒙令、山陽高平檀敷字文友。海内彬彬范仲真。太山太守、渤海重合范康字仲真。海内珍好岑公孝。太尉掾、南陽棘陽岑晊字公孝。海内所稱劉景升。鎮南將軍、荆州牧、武城侯、山陽高平劉表字景升。

右八及　後漢書無范滂。有翟超。

海内賢智王伯義。少府、東萊曲城王商字伯義。後漢書作王章。海内修整蕃嘉景。郎中、魯國蕃嚮字仲景。海内貞良秦平王。北海相、陳留己吾秦周字平王。海内珍奇胡母季皮。侍御史、太山奉高胡母班字季皮。海内光光劉子相。太尉掾、潁川陰劉翊字子相。海内依怙王文祖。冀州刺史、東平壽張王考字文祖。海内嚴恪張孟卓。陳留相、東平壽張張邈字孟卓。海内清明度博平。荆州刺史、山陽湖陸度尚字博平。

右八廚　後漢書無劉翊。有劉儒。○後漢書黨錮傳序。詩紀八。御覽四百六十五略引袁山松書、六百九十三略引古今善言。

京兆爲李燮謡詩紀從樂府詩集作京兆謡。

續漢書曰。李燮拜京兆。詔發西園錢。燮上封事。遂止不發。吏民愛敬。乃爲此謡。○據御覽引李燮别傳。燮字德公。京兆人。

我府君。道教舉。恩如春。威如虎。剛不吐。柔不茹。愛如母。訓如父。○類聚十九、御覽四百六十五並引續漢書。樂府詩集八十七作京兆謡。詩紀八。御覽二百五十二引李燮傳引舉、虎、父三韵。

靈帝末京都童謡

後漢書曰。靈帝之末。京都童謡。至中平六年。少帝登躡至尊。獻帝未有爵號。爲中侍段珪等所執。公卿百官皆隨其後。到河上。乃得來還。此爲非侯非王上北邙者也。

侯非侯。王非王。千乘萬騎上董卓傳注作走。北芒。靈帝紀注作邙。御覽同。○後漢書五行志。三國志董卓傳注。後漢書靈帝紀注。御覽四十二。樂府詩集八十八。詩紀八。

獻帝初京都童謡

後漢書曰。獻帝元初。京都童謡。按千里草爲董。十日卜爲卓。凡别字之體。皆從上起。左右離合。無有從下發端者也。今二字如此者。天意若曰。卓自下摩上。以臣陵君者也。青青暴盛之貌。不得生者。亦旋破亡也。

千里草。何青青。十日卜。不得生。○後漢書五行志。三國志董卓傳注。意林四。樂府詩集八十八。文選補遺三十五作京都童謡。詩紀八。

獻帝初童謡

後漢書曰。獻帝初童謡。公孫瓚以爲易地當之。遂徙鎮焉。乃修城積穀。以待天下之變。建安三年。袁紹攻瓚。瓚大敗。縊其姊妹妻子。引火自焚。紹兵趣登臺斬之。初。瓚破黄巾。殺劉虞。乘勢南下。侵據齊地。雄威大振。而不能開廓遠圖。欲以堅城觀時。坐聽圍戮。斯亦自易地而去世也。

燕南垂。趙北際。中央不合大御覽或缺大字。如礪。唯有此中可避世。○後漢書公孫瓚傳。三國志公孫瓚傳注。御覽百六十二、七百六十七。樂府詩集八十八。詩紀八。

初平中長安謡

後漢書曰。初平四年九月甲午。試儒生四十餘人。上第賜位郎中。次太子舍人。下第者罷之。詔曰。今耆舊年踰六十。去離本土。營求糧資。不得專業。結童入學。白首空歸。朕甚愍焉。其依科罷聽爲太子舍人。注引劉文獻帝紀曰。時長安中爲之謡曰。

頭白皓然。食不充糧。裹衣蹇裳。當還故鄉。聖王愍念。悉用補郎。舍是布衣。被彼玄黄。○後漢書獻帝紀注。

興平中吴中童謡

吴志曰。初興平中吴中童謡。閶門。吴西郭門。夫差所生也。

黄金車。班蘭耳。開閶門。出天子。○三國志吴書孫權傳。詩紀八。

建安初荆州童謡

後漢書曰。言自中興以來。荆州無破亂。及劉表爲牧。又豐樂。至此逮八九年。當始衰者。謂劉表妻當死。諸將並零落也。十三年無孑遺者。言十三年表又當死。民當移詣冀州也。

八九年間始欲衰。至十三年無孑遺。○後漢書五行志。搜神記六。渚宫舊事四。詩紀八。

漢末洛中童謡

述異記曰。漢末大飢。洛中謡云。

雖有千黄金。無如我斗粟。斗粟自可飽。千金何所直。○御覽八百四十。

漢末江淮間童謡

述異記曰。漢末大飢。江、淮間童謡曰。

大兵如市。人死如林。持金易粟。粟貴於金。○御覽八百四十。

京師爲光禄茂才謡

後漢書曰。舊制光禄舉三署郎。以功高久次才德尤異者爲茂才異行。時權富子弟。以人事得舉。而貧約守志者。以窮迫見遺。京爲三謡曰。

欲得不能。光禄茂才。○後漢書黄琬傳。詩紀八作京都謡。

閬君謡

華陽國志曰。閬憲。字孟度。成固人也。爲綿竹令。以禮爲化。民莫敢犯。男子杜成夜行。得遺物一囊。中有錦二十匹。求其主還之。曰。縣有明君。何負其化。童謡歌曰。

閬君賦政。既御覽無既字。詩紀同。明且昶。去御覽作蠲。苛去碎。華陽國志作辟。動御覽無動字。詩紀同。以禮讓。○華陽國志十。御覽四百六十五。詩紀八。

東門奂謡

魯國先賢傳曰。東門奂。歷吴郡濟陰太守。所在貪濁。謡曰。

東門奂。取吴半。吴不足。濟陰續。○御覽四百九十二。

商子華謡

商氏家傳曰。商亮。字子華。舉孝廉。到楊城。遇兩虎争一羊。亮按劍直前斬羊。虎乃各以其半去。時人爲之謡曰。

石里之勇商御覽或作殷。子華。暴虎見之藏御覽或作合。爪牙。　○御覽四百三十六引殷氏家傳、四百六十五引商氏家傳。

時人謡

春秋考異郵曰。龍鬭。下血如注。時人謡曰。

五侯之鬭血成江。○白帖十五。

擿洛謡

詩汎歷樞曰。擿洛謡曰。

剡者配姬以放賢。山崩水潰納小人。家伯罔主異哉震。○黄氏逸書考引古微書。

京師爲唐約謡

謝承後漢書曰。唐約。字仲謙。拜尚書。數有直言善策。處官不言貨利之事。當法不阿所私。京師謡曰。

治身無嫌。唐仲謙。○事文類聚新集四。姚集謝承後漢書。古謡諺十六。

蔣横遘禍時童謡

全唐文齊光義後漢卭亭侯蔣澄碑曰。父横。大將軍。復遒侯。初遭禍。爲司隸羌路所譖。時童謡曰。

君用讒慝。忠烈是殛。鬼怨神怒。妖氣充塞。○全唐文三百五十四。古謡諺八十一。

錫山古謡

常州圖經曰。惠山之側有錫山。其山出錫。古謡云。

有錫兵。無錫寧。○常州圖經。○古謡諺引陸羽慧山寺記曰。慧山。古華山也。山東峰當周秦間。大産鉛錫。至漢興方殫。故創無錫縣。自光武至孝順之世。錫果竭。順帝更爲吴錫縣。屬吴郡。

時人爲三茅君謡

詩紀作茅山父老歌。注云。外編作大茅君。誤。

李尊茅君内傳曰。茅盈。咸陽人也。得道隱句曲。邦人因改句曲爲茅君之山。時盈二弟俱貴。衷爲五官大夫。西河太守。固爲執金吾。各棄官渡江。來兄於東山。後咸得仙道。太上命固治丹陽句曲山。衷治良常之山。盈爲司命真君東嶽上卿。於是盈與二弟決别俱去。固、衷留治山。漢平帝元壽二年也。内法既融。外教坦平。爾乃風雨以時。五禾成熟。疾癘不起。暴害不行。父老歌曰。○逯案。道藏茅君志。茅固字季偉。而後漢書郭太傳附有茅季偉傳。内傳所言。當卽此人。然則三茅君謡。至早不過後漢末年。今依楊氏古詩存目爲題。附之本卷。

茅山連金陵。初學記作穴。江湖據下流。三神乘白鶴。各在初學記作居。茅山志作治。詩紀云。一作治。一山頭。佳茅山志作召。雨灌畦初學記作得。御覽作旱。稻。陸地初學記作田。亦復周。茅山志作柔。妻子保堂室。茅山志作咸保室。使我無百初學記作百無。茅山志同。憂。白鶴茅山志作鵠。翔青天。初學記作金穴。御覽同。何時復來遊。○初學記三十。御覽九百十六。茅山志。詩紀外集一。

諺語

光武述時人語

後漢書曰。時匈奴數犯塞。帝患之。乃召百僚廷議。郭憲以爲天下疲敝。不宜動衆。諫争不合。乃伏地稱眩瞀。帝令兩郎扶下殿。憲亦不拜。帝曰常聞云云。竟不虚也。

關東觥觥。郭子横。○後漢書郭憲傳。

時人爲郭況語

拾遺記曰。郭況。光武皇后之弟也。累金數億。家僮四百餘人。以黄金爲器。工冶之聲。震於都鄙。時人謂郭氏之室。不雨而雷。言其鑄鍛之聲盛也。錯雜寶以飾臺榭。懸明珠於四垂。晝視之如星。夜望之如月。里語曰云云。其寵者皆以玉器盛食。故東宫謂郭家爲瓊厨金穴。

洛陽多錢郭氏室。月夜晝星富無匹。○拾遺記六。

時人爲郭況語

拾遺記曰。漢郭況。光武皇后之弟也。累金數億。里語曰。

洛陽多錢。郭氏萬千。○太平廣記二百三十六。

光武引諺

後漢書曰。時帝姊湖陽公主新寡。帝與共論朝臣。微觀其意。主曰。宋公威容德器。羣臣莫及。帝曰。方且圖之。後弘被引見。帝令主坐屏風後。因謂弘曰。諺言云云。人情乎。弘曰。臣聞貧賤之知不可忘。糟糠之妻不下堂。帝顧謂主曰。事不諧矣。

貴易交。初學記作知。富易妻。○後漢書宋弘傳。初學記十。御覽百五十二、八百五十四、四百九十五。又五百十七引謝承後漢書、七百一引東觀漢記。

宋弘引語

貧賤之知御覽或作交。不可忘。糟糠之妻不下堂。○後漢書宋弘傳。御覽百五十二、八百五十四、四百九十五。又五百十七引謝承後漢書、七百一引東觀漢記。

南陽爲杜師語

後漢書曰。南陽太守杜師。政治清平。百姓便之。又修治陂池。廣拓土田。郡內比室殷足。時人以方召信臣。南陽爲之語曰。

前有召御覽作邵。父。後有杜母。○後漢書本傳。御覽二百六十。詩紀九作南陽諺。

時人爲廉范語

後漢書曰。初范與洛陽慶鴻爲刎頸交。時人稱曰。

前有管鮑。後有慶廉。○後漢書本傳。御覽四百七、四百九。

章帝引諺

後漢書曰。詔召玄武司馬班固。問改定禮制之宜。固曰。京師諸儒多能說禮。宜廣招集。共議得失。帝曰。諺言。

作舍道邊。三年不成。○後漢書曹襃傳。御覽五百二十三。

班固引諺論經方

漢書藝文志曰。諺曰。

有病不治。常得中醫。○漢書藝文志。

班昭女誡引鄙諺

女誡敬慎第三曰。陰陽殊性。男女異行。陽以剛爲德。陰以柔爲用。男以彊爲貴。女以弱爲美。故鄙諺曰。

生男如狼。猶恐其尫。生女如鼠。猶恐其虎。○後漢書曹世叔妻傳。

王逸引諺

正部曰。明刑審法。憐民惠下。生者不怨。死者不恨。諺曰。

政如冰霜。姦軌消亡。威如雷霆。寇賊不生。○意林四。

虞詡引諺

後漢書曰。永初四年。羌胡反亂。殘破并涼。大將軍鄧騭欲棄涼州。詡聞之。乃説李修曰。公卿定策。當棄涼州。求之愚心。未見其便。諺曰云云。觀其習兵壯勇。實過餘州。今羌胡所以不敢入據三輔。以涼州在後故也。

關西出將。關東出相。○後漢書虞詡傳。

王符引諺論得賢

潛夫論曰。諺曰。

一犬吠形。百犬吠聲。○潛夫論賢難篇。

京師爲黄香號

後漢書曰。黄香。字文彊。江夏人。博學經典。究精道術。京師號曰。

天下御覽或作日下。無雙。江夏黄童。白帖作香。御覽或作香。初學記或作國士瞻重。○後漢書本傳。初學記十一、十七。白帖六。御覽二百十五、三百八十四、四百九十五、六百十六並引東觀漢記。詩紀九作江夏黄童。

人爲高慎語

陳留耆舊傳曰。高慎。字孝甫。敦質少華。口不能劇談。嘿而好沈深之謀。人謂之曰。

嶷然不語。名高孝甫。○御覽二百六十五。詩紀八作高孝甫歌。

潁川爲荀爽語

後漢書曰。爽字慈明。幼而好學。躭思經書。慶弔不行。徵命不應。潁川爲之語曰。

荀氏八龍。慈明無雙。○後漢書荀淑傳。御覽三百八十五引荀氏家傳、四百九十五引續漢書。詩紀九作荀氏八龍。

崔實引農家諺

上火不落。下火滴沰。○楊慎古今諺引四民月令。康熙字典水部沰字下引。○逯案。楊慎引崔實四民月令諺共十六條。其中如羸牛劣馬寒食下。乃齊民要術引諺。不出四民月令。據此。楊氏著録者。未宜輕信。今依康熙字典載此條。

崔寔引里語

政論曰。頃間以來。歲且一赦。百姓狃妖。輕爲奸非。諺曰。

一歲再潛夫論作載。赦。奴兒喑噁。御覽或作喑啞。詩紀同。或作噫喈。○羣書治要四十五。御覽四百九十六、六百五十二。

李固引語

後漢書王龔傳曰。龔深疾宦官專權。上書極言其狀。請加放斥。諸黄門各使賓客誣奏龔罪。順帝命亟自實。前掾李固時爲大將軍梁商從事中郎。乃奏記於梁商曰。宜加表救。濟王公之艱難。語曰。

善人在患。飢不及餐。○後漢書王龔傳。

益州民爲尹就諺

後漢書曰。李固駁曰。前中郎尹就討益州畔羌。益州諺曰。

虜來尚可。尹來華陽國志作將。殺我。○後漢書南蠻傳。華陽國志巴志。

天下爲賈彪語

後漢書曰。彪兄弟三人。並有高名。而彪最優。故天下稱曰。

賈氏三虎。偉節最怒。○後漢書賈彪傳。御覽四百九十六。詩紀九作賈偉節。

應劭引俚語論正失

風俗通曰。宋均令虎渡江。謹案虎山栖穴處。毛鬣婆娑。豈能犯陽侯凌濤瀨而横厲哉。俚語。

狐欲渡河。無奈尾何。○風俗通正失篇。水經注汳水篇。御覽八百九十一。

應劭引俚語論愆禮

風俗通曰。山陽太守汝南薛恭祖。喪其妻不哭。謹案禮爲適妻杖。重於宗也。且鳥獸之微。尚有回翔之思。啁噍之痛。何有死喪之感。始終永絶。而曾無惻容。此爲矯情。僞之至也。俚語。

婦死腹悲。唯身知之。○風俗通愆禮篇。

應劭引里語論日蝕

風俗通曰。俗説臨日月薄食而飲。令人蝕口。謹案日太陽之精。君之象也。日有食之。天子不舉樂。里語。

不救蝕者。出行遇語。○御覽八百四十九。

應劭引里語論主客

風俗通曰。里語曰。

越陌度阡。更爲客主。○文選二十七短歌行注。

應劭引里語論讞獄

風俗通曰。頃者。廷尉多牆面。而苟充兹位。持書侍御史。不復平議。讞當糾紛。豈一事哉。里語曰。

縣官漫漫。寃死者半。○御覽二百二十六、四百九十六。

應劭引里語

漢官儀曰。里語曰。

仕宦不止車生耳。○御覽四百九十六。

應劭引語論正失

風俗通曰。王陽能鑄黄金。謹按物之變化。固自有極。王陽何人。獨能乎哉。語曰。

金不可作。世不可度。○風俗通正失篇。

時人爲龐氏語

風俗通曰。龐儉少失父。不知所在。後穿井得錢。所求蒼頭。乃父也。時人語曰。

廬里諸初學記作之。龐。諸龐御覽或作龐公。鑿井得銅。買奴得白帖作乃。翁。御覽作公。○類聚三十五。初學記十九。白帖六。御覽四百七十二、五百、八百三十六。又御覽百八十九引銅、翁二韵。

民爲二殽語

風俗通曰。殽在弘農澠池縣。其語曰。

東殺西殺。澠池所高。○風俗通山澤篇。

南陽爲衛修陳茂語

風俗通曰。汝南陳茂君因爲荆州刺史。不入宛城。引車到城東。爲友衛修母拜。修坐事繫獄。茂彈繩不撓。修竟極罪。南陽疾茂殺修。爲之語曰。

衛修有事。陳茂治之。衛修無事。陳茂殺之。○風俗通過譽篇。

公沙六龍

袁山松後漢書曰。公沙穆有六子。時人號曰。

公沙六龍。天下無雙。○御覽四百九十五。

民爲五門語

三輔決録曰。五門。今在河南西四十里澗、穀、洛三水之交。傳聞馬氏兄弟五人共居此地。作五門客舍。因以爲名。主養猪賣豚。故民爲之語曰。

苑中三公。館御覽或作鉅。誤。下二卿。五門嚄嚄。御覽或作嚾。詩紀同。御覽或又作舊。但聞豚聲。○御覽四百九十六、八百二十八、九百三。詩紀九作五門。

時人爲作奏語

笑林曰。桓帝時。有人辟公府掾者。倩人作奏記文。人不能爲作。因語曰。梁國葛龔者。先善爲記文。自可爲用。不煩更作。遂從人言寫記文。不去龔名姓。府公大驚。不答而罷歸。故時人語曰。

作奏雖工。宜去葛龔。○後漢書葛龔傳注。御覽四百九十五。詩紀九作作奏。

高誘引諺論毀譽

淮南子注曰。語曰。

欲人不知。莫如不爲。○淮南子二十四説林訓注。

武陵人爲黄氏兄弟諺

襄陽耆舊傳曰。黄穆。字伯開。博學。爲山陽守。有德政。弟奂。字仲開。爲武陵太守。貪穢無行。武陵人諺曰。

天有冬夏。人有二御覽或作兩。黄。○御覽二十二。又四百九十二作武陵人謂。

時人爲楊氏四子語

華陽國志曰。泰瑛。南鄭楊相妻。大鴻臚劉巨公女也。有四男二女。相亡。教訓六子。動有法矩。長子元玲。次子仲玲。兄弟爲名士。泰瑛之教。流於三世。四子才官。隆於先人。故時人爲之語曰。

三苗不止。四珍復起。○華陽國漢中士女志。古謡諺三十三。○逯案。華陽國志十二劉巨公爲後漢人。

羊元引諺

謝承後漢書曰。仇覽。字季智。陳留考城人也。爲縣陽遂亭長。有羊元者。凶惡不孝。其母詣覽告之。覽呼元責誚之。以子道與孝經一卷。使誦讀之。元深改悔。至母前謝罪曰。元少孤。爲母所驕。諺曰云云。乞今自改。母子更相向泣。於是元遂修孝道。後成佳士也。○逯案。羊元後漢書注引作陳元。

孤犢觸乳。驕子罵後漢書注作罵。母。○後漢書仇香傳注。御覽六百十。

古諺

任昉述異記曰。漢世古諺云。

雖有神藥。不如少年。雖有珠玉。不如金錢。○御覽九百八十四。

時人爲郭典語

江表傳曰。郭典。字君業。爲鉅鹿太守。與中郎將董卓攻黄巾賊張寶於曲陽。典作圍塹。卓不肯。典獨於西當賊之衝。晝夜進攻。寶由是城守不敢出。時人爲之語曰。

郭君圍塹。董將不許。幾令狐狸。化爲豺虎。賴我郭君。不畏强禦。轉機之間。敵爲窮虜。猗猗惠君。實完彊土。○御覽四百九十六。詩紀九作郭君。

時人爲周澤語詩紀作太常妻。

漢官儀曰。北海周澤爲太常。恒齋。其妻憐其年老疲病。窺内問之。澤大怒。以爲干齋。掾吏叩頭争之。不聽。遂收送詔獄。并自劾。論者非其激發不實。諺曰。

居後漢書、御覽作生。世初學記作代。御覽同。不諧爲御覽作作。太常妻。一歲三百六十日。三百五十九日齋。一日不齋醉如泥。既作事。復低迷。○初學記十二。御覽二百二十八。詩紀九作太常妻。又後漢書本傳、類聚四十九、御覽五百二十並引妻、齋、泥三韵。又白帖二十一引妻、泥二韵。

崔實引語

政論曰。

小民髮如韭。剪復生。頭如雞。割復鳴。吏不必可畏。從來必可輕。奈何欲望平。御覽作乎。誤。○御覽九百七十六。

時人爲桓典語詩紀作避驄。

後漢書曰。桓典。字公雅。靈帝時爲侍御史。是時宦官秉政。典執正無所回避。常乘驄馬。京師畏憚。爲之語曰。

行行且止。避驄馬御史。○後漢書本傳。書鈔六十二引續漢書。類聚九十三引東觀漢記。初學記十二。御覽二百二十七、四百二十七。又八百九十四引東觀漢記。詩紀九作避驄。

益都鄉里爲柳宗語

華陽國志曰。柳宗。字伯騫。成都人。爲州郡右職。務在進賢。州里爲諺曰。

得黄金一笥。不如爲柳伯騫所識。○華陽國志蜀郡士女贊。御覽二百六十三、四百九十六。詩紀九作柳伯騫。

時人爲貢舉語

抱朴子曰。桓、靈之世。更相濫舉。故人爲之語曰。

舉秀才。不知書。舉孝廉。父書鈔作乃。誤。别居。寒素清白濁如泥。高第良將怯如黽。御覽作蠅。○抱朴子審舉篇。書鈔七十九。御覽四百九十六。又樂府詩集八十七、詩紀八並作後漢桓靈時謡。各引書、居兩韵。○逯案。晉書引作舉秀才。濁如泥。舉良將。怯如雞。與此不相同。

宣城爲封使君語

述異記曰。漢宣城郡守封邵。死化爲虎。食郡民。呼之曰封使君。因去不復來。故時語曰。

無作封使君。生來治民死食民。○任昉述異記。

益都爲任文公語

後漢書曰。公孫述時。武擔石折。文公曰。噫。西州智士死。我乃當之。自是常會聚子孫設酒食。後三月果卒。益都爲之語曰。

任文公。智無雙。○後漢書本傳。御覽四百三十二引華陽國志。

馬皇后引俗語

東觀漢記曰。明德馬后。時上欲封諸舅。外間白太后。曰。吾自念親屬。皆無柱石之功。俗語。

時無赭。澆黄土。○御覽四百九十五。

崔寔引里語

崔寔政論曰。今典州郡者。自違詔書。縱意出入。故里語曰。

州郡記。初學記作詔。御覽或作縣符。如霹靂。得詔書。但掛壁。○初學記二十四。御覽十三、四百九十六、五百九十三。詩紀九。

崔寔引農語詩紀作四民月令引農語二章。

二月昏。參星要術無星字。夕。杏花盛。桑椹古謡諺作葉。赤。○齊民要術二。古謡諺三十七引齊民要術。○逯案。齊民要術引崔寔。非農語。

河射角。堪夜作。犂星没。水生骨。○古謡諺三十七引齊民要術。○逯案。齊民要術無此條。

京師爲袁成諺

英雄記曰。袁紹父成。字文開。貴盛。自梁冀以下。皆與交。言無不從。京師諺曰。

事不諧。詣文開。○三國志袁紹傳注。後漢書袁紹傳注。御覽三百八十六、四百九十六。詩紀九作袁文開。

天下爲四侯語

後漢書曰。單超。河南人。徐璜。下邳良城人。具瑗。魏郡元城人。左悺。河南平陰人。唐衡。潁川郾人。世謂之五侯。自是權歸宦官。朝廷日亂。其後四侯轉横。天下爲之語曰。

左回天。具獨坐。徐卧虎。唐兩墮。御覽引風俗通作左回天。徐轉日。具獨坐。唐應聲。○後漢書單超傳。御覽四百九十三。又二百引後漢書、三百九十三、四百九十六並引風俗通。

京師爲張盤語

謝承後漢書曰。丹陽張盤。字子石。以操行爲廬江太守。京師諺曰。

聞清白。張子石。○書鈔三十八。

人爲徐聞縣諺

元和郡縣志曰。漢置左右侯官。在徐聞縣南七里。積物於此。備其所求。與交易有利。故諺曰。

欲拔貧。詣徐聞。○輿地紀勝一百十八。

京師爲鮑永鮑恢語

鮑永、鮑恢爲從事。京師語曰。

貴戚斂手避二鮑。○御覽三百七十引漢書。

時人爲折氏諺

華陽國志曰。折像。字伯式。雒人也。事東平虞叔雅。以道教授門人。朋友自遠而至。時人爲諺曰。

折氏客誰。朱雲卿段節英。中有佃子趙仲平。但說天文論五經。○華陽國志廣漢士女讚。

王符引諺論守邊

潛夫論曰。乃者邊患震如雷霆。而談者皆諱之。欲令朝廷以寇爲小。而不蚤憂。患乃至此。尚不欲救。諺曰。

痛不著身言忍之。錢不出家言與之。○潛夫論救邊篇。御覽八百三十六。

三府爲朱震語

後漢書曰。朱震。字伯厚。爲州從事。奏濟陰太守臧罪之數。諺曰。

車如雞棲後漢書作栖。御覽同。書鈔或作棲。誤。馬如狗。疾惡如風朱伯厚。○後漢書陳蕃傳。書鈔三十九、七十三。類聚九十三。御覽二百六十五、八百九十四。詩紀九作朱伯厚。

時人爲貢舉語

抱朴子曰。桓、靈之世。更相濫舉。故人爲之語曰。

古人欲達勤誦經。今世圖官勉治生。○抱朴子審舉篇。御覽四百九十六。

趙岐引南陽舊語

三輔決録曰。平陵范氏。南陽舊語曰云云。言其廉儉也。

前隊大夫范仲公。鹽蒜果御覽或作顆。顏氏家訓謂果即顆字。共一筩。○顏氏家訓書證篇。御覽四百三十一、八百五十五、九百七十七。

考城爲仇覽諺

後漢書曰。仇覽。陳留考城人。爲蒲亭長。陳元之母。詣亭告元不孝。乃親到元家與其母子飲。因爲陳人倫孝行。譬以禍福。元卒成孝子。鄉邑爲之諺曰。

父母何在在我庭。化我鳲梟哺所生。○後漢書仇香傳。詩紀九作考城諺。

時人爲孔氏兄弟語

孔叢子曰。子和二子。長曰長彦。次曰季彦。甘貧味道。研精墳典。十餘年間。會徒數百。故時人爲之語曰。

魯國孔氏好讀經。兄弟講誦皆可聽。學士來者有聲名。不過孔氏那得成。○御覽三百八十五。詩紀九作魯國孔氏。

華容女子獄中歌吟

搜神記曰。建安初。華容有女子在獄中歌吟曰云云。後無幾。太祖平荆州。以涿州李立字建賢爲荆州刺史。

不意李立爲貴人。○三國志劉表傳注。

閼駰引語

十三州志曰。冀州之地。蓋古京也。人患剽悍。故語曰云云。其人剛狠。淺于恩義。無賓序之禮。懷居慳嗇。古語云云。亦履山之險。爲逋逃之藪。

仕宦不偶值冀部。○寰宇記六十三。

幽冀之人鈍如椎。○同上

王符引諺論考績

潛夫論曰。聖漢踐祚。載祀四八。而猶未治者。教不假而功不考。賞罰稽而赦贖數也。諺曰。

曲木惡直繩。重罰惡明證。意林作政。○潛夫論考績篇。意林三。

時人爲王符語

後漢書曰。度遼將軍黄甫規。解官歸安定。鄉人有以貨得雁門太守者。亦去職還家。書刺謁規。規卧不迎。有頃又白王符在門。規素聞符名。乃驚遽而起。衣不及帶。屣履出迎。援符手而還與同坐。極歡。時人爲之語曰。

徒見二千石。不如一縫白帖作逢。御覽或同。掖。御覽或作腋。○後漢書王符傳。白帖二十六。御覽四百七十四、四百九十五、五百二。詩紀八作縫掖。

鄉里爲雷義陳重語

後漢書曰。雷義舉茂才。讓於陳重。刺史不聽。義遂佯狂披髮。走不應命。鄉里爲之語曰。

膠漆自謂御覽或作雖。又白帖、御覽或作誰謂膠漆。堅。不如雷與陳。○後漢書雷義傳。類聚二十一。白帖十、十四。御覽四百七、四百二十四、七百六十六。

鄭玄引俗語

禮記曲禮注。俗語云。

隱疾難爲醫。○禮記曲禮注。

時人爲呂布語

曹瞞傳曰。時人語曰。

人中有呂布。馬中有赤兔。○後漢書呂布傳注。三國志呂布傳注。類聚九十三。白帖二十九。御覽四百九十六、八百九十七。詩紀九作時人語。

關中爲游殷諺

三輔決録曰。游殷。字幼齊。爲胡軫所害。月餘。軫得病。但言伏伏。游幼齊將鬼來。於是遽死。關中諺曰。

生有知人之明。死有貴神之靈。御覽或作鬼靈之騐。○魏志張既傳注。御覽四百四十四、四百九十六。

京師爲戴憑語

後漢書曰。戴憑。字次仲。汝南平輿人。正旦朝賀。百僚畢會。帝令羣臣能説經者更相難詰。義有不通。輒奪其席以益通者。憑遂重坐五十餘席。故京師爲之語曰。

解經二字御覽或只作説字。不窮。戴侍中。○後漢書本傳。書鈔五十八、一百。類聚五十五、六十九。御覽二百十九、四百九十五、六百十五。詩紀九作戴侍中。

京師爲井丹語

後漢書曰。井丹。字大春。扶風郿人。受業太學。通五經。善談論。故京師爲之語曰。

五經紛綸。御覽或作紛紛。井御覽井下或有之字。大白帖作伯。御覽或作太。春。○後漢書本傳。世語新語品藻篇注。書鈔九十六、一百並引三輔決録。白帖二十六。御覽四百十引高士傳、四百七十四、四百九十五、五百一並引逸民傳、六百十五引東觀漢記。詩紀九作井大春。

時人爲王君公語

後漢書曰。平原王君公。遭亂。儈牛自隱。時人爲之語曰。

避世牆東。王君公。○後漢書逢萌傳。詩紀九作王君公。

京師爲楊政語

後漢書曰。楊政。字子行。京兆人。少好學。從代郡范升受梁丘易。善說經書。京師爲之語曰。

說經鏗鏗。書鈔作硜硜。楊子行。○後漢書本傳。書鈔一百。御覽四百九十五、六百十五。詩紀九作楊子行。

京師爲祁聖元號

東觀漢記曰。楊政。字子行。治梁丘易。與京兆祁聖元同好。俱名善說。京師號曰。說經鏗鏗楊子行。論難云云。

論難僠僠。祁聖元。○御覽六百十五。

壽春鄉里爲召馴語

後漢書曰。召馴。字伯春。九江壽春人。少習韓詩。博通書傳。以志義聞。鄉里號之曰。

德行恂恂。召伯春。○後漢書本傳。書鈔五十六。白帖七十四。

時人爲丁鴻語

後漢書曰。丁鴻。字孝公。潁川定陵人。肅宗召鴻與諸儒賈逵等。論定五經同異於北宫白虎觀。帝親稱制臨決。鴻以才高論難最明。時人歎曰。

殿中無雙。丁孝公。○後漢書本傳。又注。御覽六百十五。

京兆鄉里爲馮豹語

後漢書曰。豹字仲文。京兆杜陵人。時人稱其孝。好儒學。以詩、春秋教麗山下。鄉里爲之語曰。

道德彬彬。御覽或作斌斌。馮仲文。○後漢書馮衍傳附本傳。御覽四百三、四百九十六。詩紀九作馮仲文。

諸儒爲賈逵語

後漢書曰。賈逵。字景伯。扶風平陵人。能誦左氏傳及五經本文。自爲兒童。常在太學。不通人間事。身長八尺二寸。諸儒爲之語曰。

問事不休。賈長頭。○後漢書本傳。意林四。書鈔九十七、一百。白帖二十六。御覽三百七十七、六百十二、六百十五。

關中爲魯丕語

後漢書曰。丕字叔陵。扶風平陵人。兼通五經。以魯詩、尚書教授爲當時名儒。元和元年。徵再遷拜趙相。門生就學者常百餘人。關東號之曰。

五經復興。魯叔陵。〇後漢書魯恭傳附本傳。書鈔一百。白帖二十六。御覽六百十五。〇逯案。魯丕。初學記、御覽皆作魯平。

諸儒爲楊震語 詩紀作楊伯起。

後漢書曰。楊震。字伯起。弘農華陰人。少好學。受歐陽尚書於太常桓郁。明經博覽。無不窮究。諸儒爲之語曰。

關西孔子。楊伯起。〇後漢書本傳。御覽四百九十五、六百十二。詩紀九作楊伯起。

時人爲許慎語

後漢書曰。許慎。字叔重。汝南召陵人。性淳厚。少博學經籍。馬融常推重之。時人爲之語曰。

五經無雙。許叔重。〇後漢書本傳。御覽四百九十五引謝承後漢書、又六百八。詩紀九作許叔重。

京師爲周舉語

後漢書曰。周舉。字宣光。汝南汝陽人。姿貌短陋。而博學洽聞。爲儒者所宗。故京師爲之語曰。

五經從白帖、御覽作縱。橫。周宣光。〇後漢書本傳。白帖二十六。御覽六百十五引東觀漢記。

京師爲胡廣語

後漢書曰。胡廣。字伯始。南郡華容人。遜言恭色。達練事體。明解朝章。雖無謇直之風。屢有補闕之益。故京師諺曰。

萬事不理。問問字御覽作詣胡。伯始。天下中庸。有胡公。○後漢書本傳。渚宮舊事四。初學記十一引東觀漢記。御覽四百九十五。詩紀九作胡伯始。

時人爲任安語

後漢書曰。任安。字定祖。廣漢綿竹人。少遊太學。受孟氏易。兼通數經。又從同郡楊厚學圖讖。究極其術。時人稱曰云云。

欲知仲桓。問任安。

居今行古。任定祖。○後漢書本傳。詩紀八作任安二謡。

時人爲陳囂語

東觀漢記曰。陳囂字君期。明韓詩。時語曰。

關東説詩。陳君期。○書鈔一百。御覽六百十五。

諸儒爲劉愷語

華嶠後漢書曰。劉愷爲太常。論議常引正大義。諸儒爲之語曰。

難經伉伉。劉太常。○類聚四十九。白帖七十四。御覽二百二十八。詩紀九作劉太常。

人爲許晏諺

陳留風俗傳曰。許晏。字偉君。授魯詩於琅邪王政學。曰許氏章句。列在儒林。故諺曰。

殿上成羣。許偉君。○御覽四百九十六。詩紀九作許偉君。

鄉里爲茨充號

東觀漢記曰。茨充。字子河。宛人也。初學孝廉。之京師。同侶馬死。充到前亭。輒舍車持馬還相迎。鄉里號之曰。

一馬兩車。茨子河。○後漢書衛颯傳注。書鈔三十九。

時人爲繆文雅語

皇甫謐達士傳曰。繆斐。字文雅。代修儒學。繼踵六博士。以經行修明。學士稱之。故時人爲之語曰。

素車白馬。繆文雅。○古詩類苑六十九。詩紀九作繆文雅。

敦煌鄉人爲曹全諺

郃陽令曹全碑曰。君收養繼祖母。供事繼母。先意承志。存亡之敬。禮無遺闕。是以鄉人爲之諺曰。

重親致歡。曹景完。○金石字記。

漢詩卷九

樂府古辭

相和歌辭

相和。漢舊曲也。絲竹更相和。執節者歌。本一部。魏明帝分爲二。晉荀勗採舊辭施用於世。謂之清商三調歌詩。卽沈約所謂因絃管金石造歌以被之者也。唐樂志云。平調、清調、瑟調。皆周房中曲之遺聲。漢世謂之三調。總謂之相和調。張永元嘉技録云。有吟歎四曲。亦列于相和歌。又有大曲十五篇。分於諸調。唯滿歌行一曲。諸調不載。故附見於大曲之下云。晉書樂志曰。凡樂章古辭今之存者。並漢街陌謠謳。江南可採蓮、烏生八九子、白頭吟之屬是也。

相和曲

箜篌引

一曰公無渡河。崔豹古今注曰。箜篌引。朝鮮津卒霍里子高妻麗玉所作也。子高晨起刺船。有一白首狂夫。披髮提壺。亂流而渡。其妻隨而止之。不及。遂墮河而死。於是援箜篌而鼓之。作公無渡河之曲。聲甚悽愴。曲終。亦投河而死。子高還。以其聲語其妻麗玉。麗玉傷之。乃引箜篌而寫其聲。名曰箜篌引。○逯案。宋樂志巾舞歌詩有公莫舞一篇。沈約謂琴操有公莫渡河曲。其聲所從來已久。樂録非之曰。今三調中自有公無渡河。其聲哀切。音入瑟調。不容以瑟調雜於舞曲云。據此。公無渡河曲兼爲瑟調曲。

公無渡河。公竟渡河。墮文選補遺作墜。初學記墮上有公字。河而白帖作公墮河。死。當柰公初學記無公字。樂府解題同。何。○初學記十六。白帖十八。樂府古題要解下作公無渡河。樂府詩集二十六。文選補遺三十四。廣文選十二。詩紀六。○逯案。白帖謂此歌出琴操。

江南

江南可採蓮。蓮類聚作荷。葉何田田。魚戲蓮類聚作荷。葉間。魚戲蓮葉東。魚戲蓮類聚作荷。葉西。魚戲蓮葉南。魚戲蓮葉北。○宋書樂志。樂府詩集二十六。文選補遺三十四。詩紀六。又類聚八十二作古詩。引蓮、田、間、西四韵。白帖三十作古詩。引魚戲蓮下一句。御覽九百九十九作古詩。引蓮、田二韵。

東光

古今樂録曰。張永元嘉技録云。東光舊但絃無音。宋識造其歌聲。○逯案。技録云云。似此曲西晉前尚無歌辭。宋識始造新詩。應再考。

東光平樂府作乎。詩紀同。倉。詩紀作蒼。梧何不平。樂府作乎。詩紀同。倉詩紀作蒼。梧多腐粟。無益諸軍糧。諸軍遊蕩子。早行多悲傷。樂府云。右一曲魏晉樂所奏。○宋書樂志。樂府詩集二十七。古樂府四。廣文選十二。詩紀六。○逯案。平字樂府作乎。疑誤。倉。詩紀作蒼。非。歌中光、梧皆當是聲字。無義。似原作東平倉何不平。倉多腐粟。無益諸軍糧云云。漢人陽庚爲韵。故平與糧傷叶。

薤露

亦曰泰山吟行。喪歌。崔豹古今注曰。薤露、蒿里。並哀歌也。本出田横門人。横自殺。門人傷之。爲作悲歌。言人命奄忽如薤上露。易晞滅也。亦謂人死魂魄歸於蒿里。故有二章。至孝武時。李延年乃分二章爲二曲。薤露送王公貴人。蒿里送士大夫庶人。使挽柩者歌之。亦呼爲挽歌。

薤後漢書注作䪥。上露。初學記露上有朝字。文選注、古今注、合璧事類、草堂詩注同。文選注露上或有零字。何易白帖作朝日。晞。御覽或作稀。露晞御覽無此二字。事類賦同。明朝更後漢書注作還。復落。初學記作結。御覽或作露。古今注作滋。人死一去御覽或無一去二字。事類賦同。何時歸。○古今注中。後漢書周舉傳注。文選二十八挽歌詩注。初學記十四。御覽十二。又五百五十二作古辭。樂府詩集二十七。事類賦露賦注。合璧事類六十八。草堂詩箋二十四故秘詩注。詩紀六。又文選二十四贈白馬王彪詩注、白帖一、御覽九百七十七俱引首一句。

蒿里詩紀作蒿里曲。

蒿里誰家地。聚草堂詩注作收。斂魂御覽作精。草堂詩箋同。魄御覽作魂。無賢愚。鬼伯一何相催促。人命樂府要解作今乃。不得少踟躕。○古今注下。文選二十八挽歌詩注。初學記十四。御覽五百五十二。樂府詩集二十七。樂府古題要解上。草堂詩箋二十四故秘詩注引古今注。合璧事類六十八引干寶搜神記。詩紀六。

雞鳴

詩紀云。此曲前後辭不相屬。蓋采詩人樂合而成章邪。抑有錯簡紊亂邪。後多放此。

雞鳴高樹巔。狗吠深宮通志作巷。中。蕩子何所之。天下方太平。刑法非有文選補遺作所。貸。柔協文選補遺作叶。正亂名。黄金爲君門。璧樂府云。一作碧。玉爲軒闌詩紀無闌字。注云。古樂府有闌字。堂。上有雙樽酒。作使邯鄲倡。劉玉樂府作王。文選補遺、廣文選、詩紀並同。碧青甓。後出郭門王。文選補遺作望。舍後有方池。池中雙鴛鴦。鴛鴦七十二。羅文選補遺誤作雖。列自成行。鳴聲何啾啾。聞我殿東廂。宋書作箱。古通。兄弟四五人。皆爲侍中郎。五日一時來。觀者滿路傍。黄金絡馬頭。熲熲何煌煌。桃生事類賦作種桃。露井上。李樹類聚無樹字。生桃類聚桃下有樹字。傍。蟲來齧御覽作食。事類賦同。桃根。御覽作桃桃。李樹代桃殭。宋書作僵。類聚、御覽、事類賦並同。樹木身相代。兄弟類聚作骨肉。御覽同。還相忘。樂府云。右一曲魏晉樂所奏。〇宋書樂志。樂府二十八。通志樂略。文選補遺三十四。廣文選十二。詩紀六。類聚八十六作古歌辭。引傍、僵、忘三韻。御覽九百六十七作古歌辭。引傍、僵、忘三韻。事類賦井賦注作古詩。引傍、僵二韻。〇逯案。歌中劉玉碧青甓後出郭門王十字。有脱誤。書鈔百十二引樂府歌云。名倡劉碧玉。疑卽此上句原文。今本殆以上句倡字而脱去名倡二字。並倒碧玉爲玉碧也。又新五代史三十七伶官傳。郭門高者。名從謙。門高其優名也云云。疑此郭門王亦倡人名。上言劉碧玉。下言郭門王。所以眩邯鄲倡樂之佳也。

烏生樂府云。一曰烏生八九子。詩紀同。

烏生八九子。端坐御覽無此二字。秦氏桂樹間。唶初學記作昔。我。秦氏家有遊初學記無此字。遨御覽作遊。蕩子。工御覽作立。初學記無此字。用睢陽彊宋書作强。御覽同。初學記無此字。蘇合彈。御覽只作彈丸二字。左手持彊宋書作强。彈兩丸。出入烏東西。唶我。一丸卽發中烏身。烏死魂魄飛揚上天。阿母生烏子時。乃在南山巖石間。唶我。人民安知烏子處。蹊徑窈窕安從通。白鹿乃在上林西苑中。射工尚復御覽無復字。得白鹿脯。御覽作脯腊之。

唶我。黄鵠御覽作鶴。摩天極高飛。後宫尚復御覽無復字。得烹宋書作亨。煮之。鯉魚乃在洛水深淵中。釣鈎尚得鯉魚口。唶我。人民生各各有壽命。死生何須復道前後。樂府云。右一曲魏晉樂所奏。〇宋書樂志。樂府詩集二十八。文選補遺三十四。詩紀六。又文選二十七從軍詩注作古烏生八九子歌。引黄鵠摩天極高飛一句。初學記三十引間、彈兩韵。御覽三百五十引間、丸二韵、九百六引白鹿以下四句。又九百十六作魏武樂府。引黄鵠以下二句。

平陵東

樂府解題曰。平陵東。漢翟義門人所作也。義爲丞相方進少子。爲東郡太守。以王莽篡漢。舉兵誅之。不克而見害。門人作歌以怨之也。

平陵東。松柏桐。不知何人劫義公。劫義公在高堂下。交錢百萬兩走馬。兩走馬。亦誠難。顧見追吏心中惻。心中惻。血出漉。歸告我家賣黄犢。樂府云。右一曲魏晉樂所奏。〇宋書樂志。樂府詩集二十八。詩紀六。

陌上桑

樂府云。一曰豔歌羅敷行。崔豹古今注曰。邯鄲女子姓秦名羅敷。爲邑人千乘王仁妻。仁後爲趙王家令。羅敷出採桑於陌上。趙王見而悦之。因飲酒欲奪之。羅敷乃彈箏作陌上之歌以自明焉。樂府解題曰。古辭言羅敷採桑爲使君所邀。羅敷盛誇其夫以拒之。與前説不同。

日出東南類聚作海。御覽或作方。隅。照我秦氏樓。秦氏有好女。自名爲玉臺作言名。初學記、御覽或同。羅敷。羅敷善類聚作喜。廣文選同。御覽或作好。樂府作憙。蠶初學記作採。白帖或同。桑。御覽或作好養蠶。採桑城南隅。類書殘卷作南陌頭。

青絲爲籠係。玉臺作繩。類聚、初學記、白帖、韵補、事文類聚、合璧事類同。御覽或同。桂枝爲籠鉤。頭上倭類聚作綏。初學記作髮。御覽或同。墮髻。耳中草堂詩注作邊。明月珠。緗玉臺作緑。詩紀同。書鈔作湘。御覽或作紺。綺爲下裙。玉臺、類聚作裾。初學記或同。初學記作裳。御覽或同。紫綺白帖或作錦。爲上襦。行玉臺作觀。初學記、事文類聚同。者見羅敷。下擔宋書作儋。捋髭鬚。宋書作須。少年見羅敷。脱帽玉臺作巾。後漢書注、樂府、事文類聚、合璧事類同。御覽或同。著帩後漢書注作幧。初學作幧。御覽或作綃。頭。耕者忘其犂。宋書作耕。玉臺、合璧事類同。鋤孫氏玉臺考異謂初學記作刈。者忘其鋤。來歸相怨玉臺作喜。初學記同。怒。宋書作怒怨。樂府、廣文選同。但坐觀羅敷。宋書。一解。樂府、廣文選同。使君從南來。五馬立踟蹰。宋書作跱躕。玉臺同。使君遣吏往。問此宋書作是。類聚、樂府、廣文選同。誰家姝。秦氏有好女。自名爲羅敷。羅敷年幾何。二十尚不足。玉臺作未滿。事文類聚同。類聚作未然。十五頗有餘。使君謝羅敷。寧可共載不。羅敷前事文類聚作亦。合璧事類同。致宋書作置。玉臺、樂府同。辭。類聚作詞。使君一何愚。使君自有婦。羅敷自有夫。宋書。二解。樂府、廣文選同。東方千餘騎。夫婿居上頭。何用玉臺作以。識夫婿。白馬從御覽或作紫。驪駒。青絲繫馬尾。黃金絡玉臺作駱。馬頭。腰事文類聚作要。合璧事類同。中玉臺作間。御覽同。鹿事文類聚作慪。合璧事類作湛。盧劍。可值千萬餘。十五府小史。玉臺作吏。類聚同。二十朝大夫。三十侍中郎。四十專城居。爲人潔白晳。鬑鬑玉臺作髯髯。類聚作鬑鬑。頗有鬚。盈盈公府步。冉冉府中趨。坐中數千人。皆言夫婿殊。宋書。三解。前有豔辭曲。後有趨。樂府、廣文選同。樂府云。右一曲魏晉樂所奏。廣文選同。○宋書樂志作豔歌羅敷行。玉臺新詠一作日出東南隅行。樂府詩集二十八。廣文選十二。詩紀六。又書鈔二十九作古詩。引襦一韵。類聚四十一作古陌上桑羅敷行。引樓、敷、隅、鉤、珠、襦、蹰、姝、餘、不、愚、夫、頭、駒、頭、餘、夫、居、鬚、趨二十韵、初學記十九作陌上桑行。引樓、敷、隅、鉤、珠、襦、須、頭、鉏、敷、蹰十一韵。又二十六作古樂府陌上採桑。引敷、襦二韵。白帖二作古詩。引襦一韵。白帖二十三作古詩。引隅、鉤二韵。御覽三百四十四作古詩。引餘一韵。三百八十一引樓、敷、隅、鉤、珠五韵。六百八十八作古詩。引隅、頭二韵。六百九十五作古詩。引隅、襦二韵。六百九十六引敷、襦二韵。八百十四作古樂府歌詩。引隅、鉤、駒、頭四韵。八百十六作古詩。引襦一韵。八百二十五作古豔歌。引樓、敷、隅三韵。又韵補一作古日出東南隅詩。引隅、鉤二韵。草堂詩箋四麗人行注引珠一韵。○逯案。帩頭或作幓頭、幧頭。皆通。而初學記引作幞頭則非。廣韵幞字下云。幞頭。周武帝所製。裁幅巾出四角。據此。幞頭之製始於北周。兩漢無此物。

同前 楚辭鈔。

今有人。山之阿。被服薜荔帶女蘿。既含睇。又宜笑。子戀慕予善窈窕。乘赤豹。從文狸。辛夷車駕結桂旗。被石蘭。帶杜衡。折芳拔荃遺所思。處幽室。終不見。天路險艱獨後來。表獨立。山之上。雲何容容而在下。杳冥冥。羌晝晦。東風飄飖神靈雨。風瑟瑟。木搜搜。思念公子徒以憂。樂府云。右一曲魏晉樂所奏。○宋書樂志。樂府詩集二十八。詩紀六。

吟歎曲

王子喬

王子喬。參駕白鹿雲中遨。參駕白鹿雲中遨。下遊來。王子喬。參駕白鹿上至雲戲遊遨。上建逋陰廣里踐近高。結仙宮過謁三台。東遊四海五嶽上。初學記作山。廣文選同。過蓬萊紫雲臺。三王五帝不足令。令我聖朝樂府作明。應太平。養民若子事父明。當究天祿永康寧。玉女羅坐吹笛簫。嗟行聖人遊八極。鳴吐銜福翔殿側。聖主享萬年。悲今皇帝延壽命。樂府云。右一曲魏晉樂所奏。〇樂府詩集二十九。廣文選十二。詩紀六。

平調曲

長歌行

事文類聚引作顔延年詩。

青青園中葵。朝露待李善本文選作行。六臣本注云。善作行字。日晞。陽春布德澤。萬物書鈔作里。生光輝。文選作暉。御覽、文章正宗同。常恐秋節至。焜黄華葉李善本文選作蘂。衰。百川東到海。何時復西歸。少壯不努力。老大徒李善本文選作乃。文選注同。六臣本注云。善作乃字。傷悲。文選注或作悲傷。〇文選二十七。類聚四十二。樂府詩集三十。文章正宗二十九。詩紀六。又書鈔百五十四引輝一韵。文選四十三與吴質書注引悲一韵。文選四十五秋風辭注引傷一韵。御覽二十引晞、暉二韵。事文類聚前集六引輝一韵。

同前

樂府合岧岧山上亭通爲一首。詩紀分爲二首。注云。樂府通作一首。嚴滄浪云。苕苕山上亭以下。其義不同。當别爲一首也。詩紀又於岧岧山上亭下跋云。類聚載魏文帝明津詩與此大同而逸其半。〇逯案。樂府古辭。多雜他人詩歌。今仍從樂府作一首。另將岧岧山上亭以下列入魏文帝集。

仙人騎白鹿。髮短耳何長。導我上太華。攬芝獲赤幢。二句御覽作導我奉上藥。覽之獲無彊。來到類聚作至。主人門。奉藥一玉箱。主人服此藥。身體樂府體下有一字。廣文選同。詩紀云。一有一字。日康彊。類聚作强。御覽同。髮白復樂府無復字。廣文選同。更御覽作還。黑。延年壽命長。岧岧山上亭。皎皎雲間星。遠望使心思。遊子戀所生。驅車出北門。遥觀洛陽城。凱風吹長棘。夭夭枝葉傾。黄鳥飛文選注作鳴。相追。咬咬弄音聲。文選注作好音。竚立望西河。泣下沾羅纓。○樂府詩集三十。廣文選十二。詩紀六。類聚八十一作古詩。引長、箱、强、長四韵。御覽九百八十四作樂府歌。引長、彊、箱、强、長五韵。文選二十四秀才入軍詩注作古詩。引音一韵。

君子行

詩紀云。曹子建亦載此首。○逯案。合璧事類引作顏延年詩。

君子防未然。不處嫌疑間。瓜田不納履。李下不正白帖、合璧事類作整。御覽或同。冠。嫂叔不親授。長幼不比肩。勞謙得其柄。和光甚獨難。周公下白屋。吐哺不及餐。一沐三握髮。後世類聚作人。稱聖賢。○六臣本文選二十七。樂府詩集三十二。文章正宗二十九。詩紀六。類聚四十一作陳思王曹植君子行。引間、冠、餐、賢四韵。白帖四、二十八、九十八各引間、冠二韵。御覽九百七十八引間、冠二韵。合璧事類別集四十二引間、冠二韵。又外集二十四引第四句。○逯案。白帖二十九文選詩瓜田不納履云云。證唐時文選實載此詩也。又案合璧事類引此皆作顏延年詩。不知何據。

清調曲

豫章行

樂府云。古今樂録曰。豫章行。王僧虔云。荀録所載古白楊一篇。今不傳。樂府解題曰。陸機汎舟清川渚。謝靈運出宿告密親。皆傷離别。言壽短景馳。容華不久。傅玄苦相篇云。苦相身爲女。言盡力於人。終以華落見棄。亦題曰豫章行也。

白楊初生時。乃在豫章山。上葉摩類聚作拂。青雲。下根通黄泉。涼秋八九月。山客持斧斤。我□四庫本樂府作心。詩紀注。闕。何皎皎。梯落□□□。四庫本樂府作葉漸傾。詩紀注。闕。根株已斷絶。顛倒巖石間。大匠持斧繩。鋸墨齊兩端。一驅四五里。枝葉自相捐。□□□□□。四庫本樂府作棄捐勿復道。詩紀注。闕。會爲舟船燔。身在洛陽宫。根在豫章山。多謝枝與葉。何時復相連。吾生百年□。四庫本樂府作事。詩紀注。闕。自□□□四庫本樂府作與浮雲。詩紀注。闕。俱。何意萬人巧。使我離根株。樂府云。右一曲晉樂所奏。○樂府詩集三十四。詩紀六。類聚八十九作古詩。引山、泉二韻。○逯案。四庫本樂府補闕字多處。不知根據何本。又大匠二句。似有竄亂。應作大匠持斧鋸。繩墨齊兩端。

董逃行

樂府云。崔豹古今注曰。董逃歌。後漢遊童所作也。終有董卓作亂。卒以逃亡。後人習之爲歌章。樂府奏之以爲儆誡焉。○宋書作董桃行。

吾欲上謁從高山。山頭危險宋書作嶮。樂府同。道路難。宋書作大難言。樂府同。遥望五嶽端。黄金爲闕班璘。但見芝草葉落紛紛。一解　百鳥集來如烟。山獸紛綸麟辟邪其端。鵾雞聲鳴。但見山獸援戲相拘攀。二解小復前行。玉堂未心懷流還。傳教出門來。門外人何求所言。欲從聖道。求一得命延。三解教敕凡吏受言。採取神藥若木宋書作若水。類聚只作山字。御覽作山之。端。玉宋書作白。類聚、御覽、樂府、廣文選同。兔長跪類聚無長跪二字。御覽同。擣藥類聚無藥字。御覽作成。蝦蟆丸。奉上陛下一玉柈。服此藥可得神宋書作卽。仙。四解服爾神藥。莫不歡喜。陛下長生老壽。四面肅肅稽首。天神擁宋書作擁。護左右。陛下長與天相保守。五解○宋書樂志。樂府詩集三十四。

廣文選十二。詩紀六。類聚九十五作古歌詩。引端、丸、柈三韵。御覽九百七作樂府歌詩。引端、丸、柈三韵。

同前

年命冉冉我遒。○文選二十二宿東園詩注引古董桃行。

相逢行

樂府云。一曰相逢狹路間行。亦曰長安有狹斜行。樂府解題曰。古詞文意與雞鳴曲同。晉陸機長安狹斜行云。伊洛有歧路。歧路交朱輪。則言世路險狹邪僻。正直之士無所措手足矣。唐李賀有難忘曲。亦出於此。

相逢狹路間。道隘不容車。不知何年少。玉臺作如何兩少年。夾玉臺作挾。轂問君家。君家誠易知。易知初學記作悠悠。復難忘。黄金爲君門。白類聚作壁。玉文選注作璧。爲君堂。堂上置文選注作上有雙。樽酒。初學記作羅酒樽。作使玉臺作使作。初學記同。邯鄲倡。中庭御覽作庭中。生桂樹。華鐙何煌煌。兄弟兩三人。中子爲侍郎。文選注作侍中郎。五日一類聚作因。來歸。玉臺作遊。道上自生光。黄金絡玉臺作駱。馬頭。觀者盈道玉臺、文選注作滿路。傍。入門時類聚作一。左顧。但見雙鴛鴦。鴛鴦七十二。羅列自成行。音聲何噰噰。鶴鳴東西廂。大婦織綺羅。玉臺作羅綺。中婦織流黄。小廣文選作少。婦無所爲。玉臺作作。挾瑟上高堂。丈人且安坐。調絲方未央。玉臺作未遽央。匡謬正俗同。類聚作調絃未遽央。樂府注云。一作調絲未遽央。○玉臺新詠一作相逢狹路間。樂府詩集三十四。廣文選十二。詩紀六。類聚四十一引車、家、忘、堂、煌、郎、光、傍、鴦、黄、堂、央十二韵。初學記十八作古樂府詩。引忘、堂、倡、煌、郎、光、傍七韵。文選十四舞鶴賦注作古樂府。引堂、倡二韵。二十二古意酬到長史注引郎、傍二韵。御覽百七十六作古詩。引堂、煌二韵。

長安有狹斜行

長安有狹斜。狹斜不容車。適逢兩少年。夾轂問君家。君家新市傍。易知復難忘。大子二千石。中子孝廉郎。小子無官職。衣冠仕洛陽。三子俱入室。室中自生光。大婦織綺紵。樂府注云、一作羅。中婦織流黄。小婦無所爲。御覽或作作。挾琴上高堂。丈人御覽作夫。樂府同。且徐徐。調弦詎御覽作遽。未央。○樂府詩集三十五。詩紀六。御覽八百十六作古歌詩。引黄、堂二韵。又八百二十六作古歌辭。引黄、堂、史三韵。○逯案。相逢行挾瑟。此作挾琴。考宋書禮志徐邈上書曰。是故雙劍之節崇。而飛白之俗成。俠琴之容飾。而赴曲之和作。據此。作挾琴亦不爲誤也。

瑟調曲

善哉行

詩紀云。此篇宋書樂志亦作古辭。或以此爲子建詩。按子建擬善哉行爲日苦短云當來日大難。則此非子建作矣。

來日大難。口燥脣乾。今日相樂。皆當喜歡。一解經類聚作徑。韵補同。歷名山。芝草飜飜。類聚作翩翩。韵補同。仙人王喬。奉藥一丸。二解自惜袖短。内手知寒。慚無靈輒。類聚、樂府、廣文選並誤作輙。以報宋書作救。類聚同。趙宣。三解月没宋書作落。韵補同。參横。北斗闌干。親交宋書作友。類聚、初學記、御覽同。在門。飢不及餐。初學記作忘寢與飡。御覽同。四解歡日尚少。戚日苦多。何以樂府作以何。忘憂。彈筝酒歌。五解淮南八公。要道不煩。參駕六龍。遊戲雲端。六解　樂府云。右一曲魏晉樂所奏。○宋書樂志。樂府詩集三十六。廣文選十二。詩紀六。類聚四十一作魏陳思王曹植。引乾、歎、翩、丸、寒、宣、干、飡八韵。初學記十八引干、飧二韵。御覽四百十引干、飡二韵。吴棫韵補二作曹植。引宣、干二韵。又翩、丸二韵。

隴西行

樂府云。一曰步出夏門行。王僧虔技録云。隴西行歌。武帝碣石、文帝夏門二篇。○詩紀云。此篇之辭。前後不屬。首四句乃與步出夏門行同。而辭意復備。逯案。詩紀此説甚善。細勘之。隴西行與步出夏門行實同屬一篇也。一、步出夏門行辭云。邪徑過空廬。好人常獨居。卒得神仙道。上與天相扶。過謁王父母。乃在太山隅。離天四五里。道逢赤松俱。攬轡爲我御。將我上天遊。天上何所有。歷歷種白楡。桂樹夾道生。青龍對伏趺云云。文義不完。且與隴西行之前段大同小異。二、宋志、樂府皆言隴西行一曰步出夏門。是二調古辭亦原爲一篇。特標題不同耳。三、鳳皇鳴啾啾。一母將九雛二句。今屬隴西行語。但文選注引歌録。二句正作步出夏門行。尤證隴西行、步出夏門行之原爲一辭。四、九代樂章所載步出夏門行較今爲備。十四句後又有鳳皇鳴啾啾。一母將九雛。顧視世間人。爲樂甚獨殊四句。亦證二者同屬一篇。節取又有不同。依此。今併二者爲一篇。以符原歌舊貌。

邪徑過空廬。好人常獨居。卒得神仙道。上與天相扶。過謁王父母。乃在太山隅。離天四五里。道逢赤松俱。攬轡爲我御。將吾天上樂府作上天。遊。天上何所有。歷歷御覽或作曆歷。誤。種白楡。桂樹夾道生。青龍對伏趺。玉臺作道隅。文選補遺同。樂府、廣文選或同。鳳凰鳴啾啾。一母將文選注作從。九雛。白帖此二句作鳳皇何啾啾。三母將九子。顧視世間人。爲樂甚獨殊。好婦出迎客。顏色正敷愉。廣文選作腴。伸腰再拜跪。問客平安不。廣文選作否。請客北堂上。坐客氈氍毹。此二句御覽或作請客上北堂。坐氊及氍㲣。清白各異樽。酒上玉各書作正。今從韵補作玉。

華疏。酌酒持韵補作待。與客。客言主人持。却略再拜跪。然後持一杯。談笑未及竟。左顧勑中厨。促令辦麤飯。慎莫使稽留。廢禮送客出。盈盈府中趨。送客亦不遠。足不過門樞。取婦得如此。齊姜亦文選補遺作有。不如。健婦持門户。亦勝一玉臺作勝一大。草堂詩注、西溪叢話、文選補遺同。丈夫。○玉臺新詠一、樂府詩集三十七、文選補遺三十四、廣文選十二、詩紀六俱引天上何所有以下。樂府詩集三十七、廣文選十二、詩紀六作步出夏門行。引邪徑過空廬至青龍對伏趺等句。又白帖二十九作古詩。引鳳皇何啾啾二句。文選十八笙賦注作步出夏門行。引雛一韵。草堂詩箋二十二水檻詩注作隴西行。引夫一韵。御覽二作古樂府。引榆一韵。七百八作古樂府。引㲸一韵。苕溪漁隱叢話十二作隴西行。引夫一韵。韵補一作隴西行。引琉、持二韵。

同前

行行重行行。白日薄西山。○文選二十四贈徐幹詩注。

折楊柳行

樂府云。古今樂録曰。王僧虔技録云。折楊柳行歌文帝西山古默默二篇。今不歌。○詩紀云。宋書作大曲。

默默施行違。厥罰隨事來。末喜殺龍逢。桀放於鳴條。一解祖伊言不用。紂頭懸白旄。指鹿用爲馬。胡亥以喪軀。二解夫差臨命絶。乃云負子胥。戎王納女樂。以亡其由余。璧馬禍及虢。二國俱爲墟。三解三夫成市虎。慈母投杼趨。卞和之刖足。接輿宋書作予。歸草廬。樂府作盧。四解　樂府云。右一曲魏晉樂所奏。○宋書樂志作大曲。樂府詩集三十七。廣文選十二作折楊柳。詩紀六。

西門行

樂府云。古今樂録曰。王僧虔技録云。西門行歌古西門一篇。今不傳。○詩紀云。宋書作大曲。

出西門。步念之。今日不作樂。當待何時。文選注作今日尚不樂。當復待何時。逮爲樂。逮爲樂。文選補遺不重句。當及時。何能愁怫鬱。當復待來兹。釀美酒。炙肥牛。請呼心所懽。可用解憂愁。人生不滿百。常懷千歲憂。晝短苦夜長。何不秉燭遊。遊行去去如雲除。弊車文選補遺作裘。羸馬爲文選補遺無爲字。自儲。樂府云。右一曲本辭。○樂府詩集三十七。文選補遺三十四。詩紀六。又文選二十公讌詩注作古樂府歌。引時一韵。

出西門。步念之。今日不作樂。當待何時。一解夫爲樂。爲樂當及時。何能坐愁怫鬱。當復待宋書缺待字。來兹。二解飲醇酒。炙肥牛。請呼心所歡。可用解憂愁。三解人生不滿百。常懷千歲憂。晝短而廣文選作苦。詩紀同。夜長。何不秉燭遊。宋書云。一本燭遊後作去之如雲除。弊車羸馬爲自推。無自非以下四十八字。四解自非仙人王子喬。計會壽命難與期。五解人壽非金石。年命安可期。貪財愛惜費。但爲後世嗤。六解　樂府云。右一曲晉樂所奏。○宋書樂志。樂府詩集三十七。廣文選十二。詩紀六。

東門行

樂府云。古今樂録曰。王僧虔技録云。東門行歌古東門一篇。今不歌。○詩紀云。宋書作大曲。

出東門。不顧歸。來入門。悵欲悲。盎中無斗米儲。還視架上無懸衣。御覽作甖中無斗米。架上無懸衣。拔劒東門去。舍中兒母詩紀云。一作女。牽衣啼。他家但願富貴。賤妾與君共餔糜。上用倉浪天故。下當用此黄口兒。

今非。咄。行。吾去爲遲。白髮時下難久居。樂府云。右一曲本辭。○樂府詩集三十七。詩紀六。又文選二十一詠史詩注作古出東門行。引衣一韵。御覽七百六十五作古詩。引衣一韵。

出東門。不顧歸。來入門。悵欲悲。盎中無斗儲。還視桁上無懸衣。一解拔劍出門去。兒女牽衣啼。他宋書作它。風雅翼同。家但願富貴。賤妾與君共餔糜。二解共餔糜。上用倉文選補遺作滄。浪天故。下爲黃宋書誤作哉。口小兒。今時清廉。難犯教言。君復自愛莫爲非。三解今時清廉。難犯教言。君復自愛莫爲非。行。吾去爲遲。平慎行。望君宋書作吾。歸。四解　樂府云。右一曲晉樂所奏。○宋書樂志。樂府詩集三十七。文選補遺三十四。風雅翼補遺下。廣文選十二。詩紀六。

婦病行

婦病連年累歲。傳呼丈人前一言。當言未及得言。不知淚下一何翩翩。屬累君兩三孤子。莫我兒飢詩紀作饑。且寒。有過慎莫笪笞。行當折搖。思復念之。亂曰。抱時無衣。襦復無裏。閉門塞牖。舍孤兒到市。道逢親交。泣坐不能起。從乞求與孤買餌。對交啼泣。淚不可止。我欲不傷悲不能已。探懷中錢持授交。入門見孤兒。詩紀無兒字。啼索其母抱。徘徊空舍中。行復爾耳。棄置勿復道。○樂府詩集三十八。詩紀六。

孤兒行

樂府云。孤子生行。一曰孤兒行。古辭言孤兒爲兄嫂所苦。難於久居也。歌録曰。孤子生行。亦曰放歌行。

孤兒生。孤子遇生。命獨當苦。父母在時。乘堅車。駕駟馬。父母已去。兄嫂令我行賈。南到九江。東到齊與魯。臘月來歸。不敢自言苦。頭多蟣虱。面目多塵。大兄言辦飯。大嫂言視馬。上高堂。行取殿下堂。孤兒淚下如雨。使我朝行汲。暮得水來歸。手爲錯。足下無菲。詩紀云。一作扉。愴愴履霜。中多蒺藜。拔斷蒺藜。腸月中愴欲悲。淚下渫渫。清涕纍纍。冬無複襦。夏無單衣。居生不樂。不如早去。下從地下黄泉。春氣動。草萌芽。三月蠶桑。六月收瓜。將是瓜車。來到還家。瓜車反覆。助我者少。啗瓜者多。願還我蒂。兄與嫂嚴。獨且急歸。當興詩紀作與。校計。亂曰。里中一何譊譊。願欲寄尺書。將與地下父母。兄嫂難與久居。○樂府詩集三十八。詩紀六。○逯案。詩中大兄之大。爲土之訛字。當屬上句。作面目多塵土。土與前後韵賈、魯、馬、雨皆叶，今土訛大。則斷塵爲句。失其韵。又土訛大。連下讀爲大兄。後人遂不得不於嫂字上亦添大字。使篇中兄嫂辭例亦亂。應添土字。去兩大字。

雁門太守行

樂府云。古今樂録曰。王僧虔技録云。雁門太守行歌古洛陽令一篇。後漢書曰。王涣。字稚子。廣漢郪人也。少好俠。尚氣力。晚改節。敦儒學。習書讀律。略通大義。後舉茂才。除温令。討擊姦猾。境内清夷。永元十五年。還爲洛陽令。政平訟理。發摘姦伏。京師稱歎。以爲有神算。民思其德。爲立祠安陽亭西。每食輒弦歌而薦之。延熹中。桓帝事黄老道。悉毁諸旁祠。惟存卓茂與涣祠焉。

孝和帝在時。洛陽令王君。本自益州廣漢蜀宋書無蜀字。民。後漢書注作人。少文選注作小。行宦後漢書注作官。學。通五經論。宋書作綸。一解明知法令。歷世後漢書注作代。衣冠。從温補洛陽令。治後漢書注作化。行致賢。擁護百姓。子養萬民。二解外行猛政。内懷慈仁。文武備具。料文選注作課。民富文選注作不。貧。移惡子姓。宋書此下有名五二字。後漢書注同。詩紀云。宋書有名五二字。篇文選注作偏。著里端。三解傷殺人。比伍同罪對門。禁鍪宋書作鍪。矛八尺。捕輕薄少年。加笞決罪。詣馬市論。四解無妄發賦。念在理冤。敕吏正獄。不得苛煩。財用錢三十。買繩禮詩紀云一作理。竿。五解賢哉賢哉。我縣王君。臣吏衣冠。奉事皇帝。功曹主簿。皆得其人。六解臨部居職。不敢行恩。草堂詩箋注作私。清身苦體。夙夜勞勤。治後漢書注作化。有能名。遠近所聞。七解天年不遂。早就奄昏。爲君作祠。安陽亭西。欲令後世。後漢書注作代。莫不稱傳。八解　樂府云。右一曲晉樂所奏。○宋書樂志。樂府詩集三十九。詩紀六。又後漢書王涣傳作古樂府歌。引君、人、論、冠、賢、仁、端、寬、勤、聞、昏、西、傳十三韵。文選五十九故安陸王碑文注引仁、貧、端三韵。草堂詩箋二十一送梓詩注引私、聞二韵。○逯案。歌中民作人。世作代。治作化。皆係唐人避諱。

豔歌何嘗行

樂府云。一曰飛鵠行。古今樂録曰。王僧虔技録云。豔歌何嘗行歌文帝何嘗、古白鵠二篇。○詩紀云。飛鵠行。宋書作大曲。○逯案。此詩詩紀分爲兩篇。念與君離别以下另爲一首。不著解數。不曰右一曲爲晉樂所奏。僅於題下標曰二首。篇後附廣文選歌辭。不免自亂其例。今據宋書及玉臺新詠所載。以次列奏曲本辭。

飛來雙白鵠。草堂詩箋作鶴。乃從西北來。十十將五五。羅列行不齊。忽然卒被病。不能飛相隨。五里一反顧。六草堂詩箋作十。里一徘徊。吾欲銜汝去。口噤不能開。吾欲負汝去。羽毛日摧頽。樂哉新相知。憂來生别離。峙嶇草堂詩箋作踟躕。顧羣侶。淚落縱横垂。今日樂相樂。延年萬歲期。○玉臺新詠一。廣文選十二。又草堂詩箋二十九暇日詩注引來、徊、開、頽、離、垂六韵。

飛來雙類聚無雙字。白鵠。修文館御覽作鶴。類聚、御覽、黄氏杜詩注、事類賦同。乃修文館御覽無乃字。類聚、御覽、事類賦同。從西北黃氏杜詩注作南。來。事類賦作方。詩紀同。十十五五。類聚作十五十五。是。羅列類聚作邐迤。成行。一解妻卒被病。行修文館御覽無行字。類聚同。不能相隨。五里一修文館御覽無一字。御覽同。返御覽作還。事類賦作還一。顧。六白帖作十。里一修文館御覽無一字。御覽同。徘徊。二解吾欲銜汝去。口噤不能開。吾欲負汝去。毛羽何類聚作日。事類賦同。摧頹。三解樂哉新相知。憂來生別離。躇躊顧羣侶。淚下不自知。四解念與君離別。氣結不能言。各各初學記作言。重自愛。道遠歸還難。初學記作遠道歸來難。妾當守空房。閉門下重關。若生當相見。亡者會重泉。今日樂相樂。延年萬歲期。念與下爲趨。曲前有豔。樂府云。右一曲晉樂所奏。○宋書樂志。樂府詩集三十九。風雅翼補遺下。文選補遺三十四作飛鵠行。詩紀六。又類聚九十作古詩。引來、行、隨、徊、開、頹六韻。鳴沙石室修文館御覽及御覽九百十六俱作古歌辭。引來、行、隨、徊、開、頹六韻。初學記十八作飛鵠行。引言、難二韻。白帖二十九作飛來雙白鶴。引徊一韻。黃氏集千家註杜詩補遺十銅官詩注引來一韻。事類賦鶴賦注作古歌辭。引方、行、隨、徊、開、頹六韻。

豔歌行

樂府云。古今樂録曰。豔歌行非一。有直云豔歌。即豔歌行是也。若羅敷、何嘗、雙鴻、福鍾等行。亦皆豔歌。王僧虔技録云。豔歌雙鴻行。荀録所載雙鴻一篇。豔歌福鍾行。荀録所載福鍾一篇。今皆不傳。豔歌羅敷行日出東南隅篇。荀録所載羅敷一篇。相和中歌之。今不歌。

翩翩堂前燕。冬藏夏來見。兄弟兩三人。流宕玉臺作蕩。韻補同。類書殘卷作分居。在他縣。故衣誰當玉臺作爲。詩紀云。一作爲。韻補作誰當。補。新衣誰當韻補作當誰。綻。賴得賢主人。覽取爲我組。玉臺作綻。廣文選、詩紀誤作組。夫壻從門來。斜柯詩紀作倚。西北眄。語卿且勿眄。水清石自見。石見何纍纍。遠行不如歸。○玉臺新詠一。樂府詩集三十九。廣文選十二。詩紀六。又鳴沙石室古籍叢殘類書殘卷作古詩。引見、縣二韵。韵補四作古䵷歌。引縣、綻二韵。

楚調曲

白頭吟

樂府云。古今樂録曰。王僧虔技録曰。白頭吟行。歌古皚如山上雪篇。西京雜記曰。司馬相如將聘茂陵人女爲妾。卓文君作白頭吟以自絶。相如乃止。

皚如山上雪。皎若雲間月。聞君有兩意。故來相決絶。今日斗酒會。明旦御覽作日。溝水頭。躞蹀御覽作蹀躞。御溝上。溝水東西流。淒淒復淒淒。嫁娶不須啼。願得一心人。白頭不相離。竹竿何嫋嫋。魚尾何簁簁。玉臺作簁簁。男兒重意氣。何用錢刀爲。樂府云。右一曲本辭。〇玉臺新詠一。樂府詩集四十一。詩紀二作卓文君白頭吟。御覽七十五作古詩。引頭、流二韵。

皚宋書作晴。御覽作皓。合璧事類作曉。如山上雪。皎如玉臺作若。御覽同。雲間月。聞君合璧事類作良人。有兩意。故來合璧事類作與。相決絶。合璧事類作別。一解平生共城中。何嘗斗酒會。今日斗酒會。明旦御覽作日。樂府、合璧事類同。溝水頭。躞蹀御合璧事類作向。詩紀云。一作向。溝上。溝水東西流。二解郭東亦有樵。郭西亦有樵。兩樵相推與。無親爲誰驕。三解淒淒重淒淒。文選集注作妻妻。嫁娶亦不文選集注作不須。合璧事類同。啼。願得一心人。白頭不相離。四解竹竿何嫋嫋。魚尾何離簁。男兒欲相知。何用錢刀爲。齕如樂府云。如下或有五字。宋書如下有五字。又注云。一本云。詞曰。上有紫羅。咄咄奈何。廣文選、詩紀云。或有下五字。馬噉箕。川上高士嬉。今日相對樂。延年萬歲期。五解樂府云。右一曲晉樂所奏。○宋書樂志。樂府詩集四十一。風雅翼補遺下。廣文選十二。詩紀二作卓文君白頭吟。又御覽十二作樂府歌。引雪、月、絶三韵。合璧事類二十八引月、别、頭、流、啼、離六韵。文選集注五十六白頭吟注引啼、離二韵。

怨詩行 詩紀云。一曰怨詩行歌。

樂府云。古今樂録曰。怨詩行歌東阿王明月照高樓一篇。王僧虔技録曰。荀録所載古爲君一篇。今不傳。

天道悠且長。人命一何促。百年未幾時。奄若風吹燭。嘉賓難再遇。人命不可續。齊度遊四方。各繫太山録。人間樂未央。忽然歸東嶽。當須盪中情。遊心恣所欲。○樂府詩集四十一。廣文選十二。詩紀六。

大曲

滿歌行

樂府云。樂府解題曰。古辭云。爲樂未幾時。遭時嶮巇。其始言逢此百罹。零丁荼毒。古人遜位躬耕。遂我所願。次言窮達天命。智者不憂。莊周遺名。名垂千載。終言命如鑿石見火。宜自娱以頤養。保此百年也。○逯案。詩紀此曲先載本辭。後著奏曲。今依樂府移置。

爲樂未幾時。遭時嶮巇。逢此百罹。零丁荼毒。愁苦難爲。遥望極辰。天曉月移。憂來填心。誰當我知。戚戚多思慮。耿耿殊不寧。禍福無形。惟念古人遜位躬耕。遂我所願。以兹樂府無兹字。自寧。自鄙棲棲。廣文選作捿捿。守此末榮。暮樂府作莫。秋烈風。昔蹈滄海。心不能安。攬衣瞻夜。北斗闌干。星漢照我。去自無他。奉事二親。勞心可言。窮達天爲。智者不愁。多爲少憂。安貧樂道。師彼莊周。遺名者貴。子遐同遊。往者二賢。名垂千秋。飲酒歌舞。樂復何須。照視日月。日月馳驅。轗軻人間。何有何無。貪財惜費。此一何愚。鑿石見火。居代幾時。爲當懽樂。心得所喜。安神養性。得保遐期。樂府云。右一曲本辭。○樂府詩集四十三。廣文選十二。詩紀六。○逯案。廣文選此辭分解書之。與下奏曲混淆。

爲樂未幾時。遭世嶮巇。逢此百罹。宋書作離。零丁荼毒。愁懣難支。遥望辰極。天曉月移。憂來填宋書作闐。心。誰當我知。一解　戚戚多思慮。耿耿不寧。禍福無刑。唯念古人。遜位躬耕。遂我所願。以兹自寧。自鄙山棲。守此一榮。二解　暮宋書作莫。秋烈宋書作冽。風起。西蹈滄海。心不能安。攬衣起瞻夜。北斗闌干。星漢照我。去去自無他。奉事二親。勞心可言。三解　窮達天所爲。智者不愁。多爲少憂。安貧樂正道。師彼莊周。遺名者貴。子熙同巇。詩紀作巇。往者二賢。名垂千秋。四解　飲酒歌舞。不樂何須。善哉照觀日月。日月馳驅。轗軻世間。何有何無。貪財惜費。此何一愚。命如鑿石見火。居世竟能幾時。但當歡樂自娱。盡心極所嬉宋書作熙。怡。安善養君德性。百年保此期頤。飲酒下爲趨。樂府云。右一曲晉樂所奏。○宋書樂志。樂府詩集四十三。詩紀六。

舞曲歌辭

雜舞

淮南王詩紀云。樂府列在晉拂舞歌。

樂府云。崔豹古今注曰。淮南王。淮南小山之所作也。淮南王服食求仙。遍禮方士。遂與方士相攜俱去。莫知所往。

小山之徒。思戀不已。乃作淮南王曲焉。

淮南王。自言尊。宋書作尊言。百尺高樓與天連。後園鑿井銀作牀。金瓶素綆汲寒漿。汲寒漿。文選補遺少此三字。飲少年。少年窈窕何能賢。揚聲悲歌音絶天。我欲渡宋書作度河河無梁。願化南齊書作作。晉書、文選補遺同。雙黄鵠還故鄉。還故鄉。入故里。徘徊故鄉苦身不已。繁舞寄聲晉書作奇歌。文選補遺同。無不泰。徘徊桑梓遊天外。○宋書樂志。晉書樂志。樂府詩集五十四。文選補遺三十四。廣文選十二。詩紀六。又南齊書樂志引尊、連、梁、鄉四韵。

鐸舞歌詩

聖人制禮樂篇詩紀云。晉書樂志曰。鐸舞詩二篇陳於元會。

唐書樂志曰。鐸舞。漢曲也。古今樂録曰。鐸。舞者所持也。木鐸制法度。以號令天下。故取以爲名。古鐸舞曲有聖人制禮樂一篇。聲辭雜寫。不復可辨。相傳如此。○逯案。曲中吾、許、來、邪、意、帝、武、尊、來、咄等皆聲字。治路萬善道明金聖皇八音善草供國皆有疊辭。今將聲字及疊辭皆以小字側書之。

昔皇文武邪彌彌舍善誰吾時吾行許帝道銜來治路萬邪治路萬邪赫赫意黄運道吾治路萬邪善道明邪金邪善道明邪金邪近帝武武邪邪聖皇八音偶邪尊來聖皇八音及來義邪同邪烏及來義邪善草供國吾咄等邪烏近帝邪武邪近帝武邪武邪應節合用武邪尊邪應節合用酒期義邪同邪酒期義邪善草供國吾咄等邪烏近帝邪武邪近帝烏烏邪邪下音足木上爲鼓義邪應衆義邪樂邪邪延否已邪烏已禮祥咄等邪烏素女有絶其聖烏烏武邪○宋書樂志。樂府詩集五十四。詩紀六。○逯案。此曲聲辭相雜。不易詮釋。然若較以傅玄擬作。則尚有可解者。傅玄雲門篇云。黄雲門。唐咸池。虞韶舞。夏夏殷濩。列代有五。振鐸鳴金延大武。清歌發唱形爲主。聲和八音協律呂。身不虛動。手不徒舉。應節合度周其叙。時奏宮角。雜之以徵羽。下壓衆目。上從鍾鼓。樂以移風。與德禮相輔。安有失其所。今以古曲比較傳作。則見聖皇八音即聲和八音之所本。應節合用酒期即應節合度周其叙之所本。下音足木上爲鼓。即下壓衆目上從鐘鼓之所本。樂延否已禮祥。即樂以移風與德禮相輔之所本。皆異中有同也。傳玄曉音。善擬舊曲。然亦非全襲舊辭。如身不虛動。手不徒舉二句。傳作有而古曲無之。赫赫皇連一句。古曲有而傳作無之。古曲爲有絶其聖。傳則改爲安有失其所。皆證古辭與擬作又有不同。

巾舞歌詩

樂府云。唐書樂志曰。公莫舞。晉宋謂之巾舞。其説云。漢高祖與項籍會鴻門。項莊舞劍。將殺高祖。項伯亦舞。以袖隔之。且語莊云。公莫。公莫苦。楚人相呼曰公。言公莫害漢王也。漢人德之。故舞用巾。以象項伯衣袖之遺式。宋書樂志曰。按琴操有公莫渡河。然其聲所從來已久。俗云項伯。非也。古今樂録曰。巾舞。古有歌辭。訛異不可解。江左以來。有歌舞辭。沈約疑是公無渡河曲。今三調中自有公無渡河。其聲哀切。故入瑟調。不容以瑟調離於舞曲。○逯案。沈約謂巾舞曲與項伯無關。所見甚是。謂即公無渡河。亦非。此曲當是西漢人形容寡婦之舞詩。其辭與後人詠陶嬰之黃鵠曲極相類似也。

吾不見公莫時吾何嬰公來嬰姥時吾哺聲何爲茂時爲來嬰當思明月之土轉起吾何嬰土來嬰轉去吾哺聲何爲土轉南來嬰當去吾城上羊下食草吾何嬰下來吾食草吾哺聲汝何三年針縮何來嬰吾亦老吾平平門淫涕下吾何嬰何來嬰涕下吾哺聲昔結吾馬客來嬰吾當行吾度四州洛四海吾何嬰海何來嬰海何來嬰四海吾哺聲熇西馬頭香來嬰吾洛道吾洛五丈渡汲水吾噫邪哺誰當求兒母何意零邪錢健步哺誰當吾求兒母何吾哺聲三針一發交時還弩心意何零意弩心遥來嬰弩心哺聲復相頭

巾意何零何邪相哺頭巾相吾來嬰頭巾母何何吾復來推排意何零哺推相來嬰推非母何吾復車輪意何零子以邪相哺轉輪吾來嬰轉母何吾使君去時意何零子以邪使君去時使來嬰去時母何吾思君去時意何零子以邪思君去時思來嬰吾去時母何吾吾〇宋書樂志。樂府詩集五十。詩紀六。〇當思樂府作當恩。土宋書作上。吾何嬰海何來嬰海何來嬰樂府作吾何嬰海何來嬰、〇逯案。巾舞辭有可訓釋者。公莫當卽公姥。故下文轉唱卽爲姥字茂字。莫茂皆姥音之轉。城上羊下食草。卽鮑照所謂躑躅城上羊。攀隅食玄草義。洛四海洛。卽略之借字。錢健步。錢卽遣之借字。三國志有遣健步語。三針。針乃箭之借字。他如推排轉輪等。亦漢人習語。又篇中有平門滔涕下語。知詩爲西漢作。

散樂

俳歌辭

樂府云。一曰侏儒導。自古有之。蓋倡優戲也。南齊書樂志曰。侏儒導。舞人自歌之。古辭俳歌八曲。前一篇二十二句。今侏儒所歌。摘取之也。古今樂録曰。梁三朝樂第十六。設俳伎。伎兒以青布囊盛竹篋。貯兩踒子。負束寫地歌舞。小兒二人提沓踒子頭讀俳云。見俳不語。言俳澀所。俳作一起。四坐敬止。馬無懸蹄。牛無上齒。駱駞無角。奮迅兩耳。半折薦博。四角恭跱。

俳不言不語。呼俳噏所。俳適一起。狼率不止。生拔牛角。摩斷膚耳。馬無懸蹄。牛無上齒。駱駞無角。奮迅兩耳。〇南齊書樂志。樂府詩集五十六。詩紀六

漢詩卷十

樂府古辭

雜曲歌辭

蜨蝶行

蜨蝶之初學記作蝶之蝶。萬花谷同。遨遊初學記作我。萬花谷作戲。東園。奈何卒逢初學記作未還。萬花谷同。三月養子燕。接我苜蓿間。持古詩紀作披。之我初學記作戲。入紫深宫中。行纏之傳樂府作傅。欂櫨間。雀來燕。燕子見銜哺來。摇頭鼓翼何軒奴軒。○樂府詩集六十一。詩紀七。又初學記三十、萬花谷後四十俱引園、驚、間三韵。○逯案。持之我入紫深宫中句有倒誤。當作持之我入此深宫中。或作持之我深入紫宫中。

梁甫吟

古文苑作古梁父吟。不題諸葛亮名字。類聚、樂府詩集等均題蜀諸葛亮作。按李勉琴説曰。梁甫吟。曾子撰。琴操曰。曾子耕太山之下。天雨雪凍。旬月不得歸。思其父母。作梁山歌。蔡邕琴頌曰。梁甫悲吟。周公越裳。按梁甫。山名。在泰山下。據此。梁甫吟不始於孔明。而此辭亦與孔明無關。今附入漢雜曲歌辭中。

步出齊城門。遥滄浪詩話作追。望蕩陰御覽作陰陽。寰宇記、滄浪詩話同。里。里中御覽作内。寰宇記同。有三墳。樂府作墓。廣文選同。纍纍正寰宇記作皆。相似。問是御覽作借問。寰宇記、草堂詩箋同。誰家墓。類聚作冢。草堂詩箋、文選補遺同。御覽作墳。田疆古文苑作强。類聚、樂府、草堂詩箋作彊。寰宇記作開。古冶滄浪詩話作固野。子。草堂詩箋作氏。西溪叢話同。詩紀云。一作氏。力能排南山。文西溪叢話作又。是。能絶地紀。類聚作理。文選補遺同。詩紀云。一作理。一朝被讒言。二桃殺三士。誰能爲此謀。西溪叢話作誅。非。國相西溪叢話作相國。非。齊晏子。○類聚十九引蜀志作梁父吟。古文苑四作梁父吟。樂府詩集四十一。草堂詩箋一同李詩注引三齊記略。文選補遺三十四。西溪叢話上。廣文選十三。詩紀四作諸葛亮梁甫吟。又御覽百五十七、寰宇記十八並引郡國志。録里、似、子三韵。滄浪詩話作梁父吟。引追望陰陽里、田彊固野子二句。

悲歌

悲歌可以當泣。遠望可以當歸。思念故鄉。鬱鬱纍纍。欲歸家無人。欲渡河無船。心思不能言。腸中車輪轉。○樂府詩集六十二。文選補遺三十六。廣文選十二。詩紀七。

前緩聲歌

水中之馬。必有陸地之船。但有意氣不能自前。心非木石。荆根株數得覆詩紀作復。廣文選同。蓋天。當復思東流之水。必有西上之魚。不在大小。但有朝於復來。長笛續短笛。欲今當作令。皇帝陛下三千萬。○樂府詩集六十五。廣文選十二。詩紀七。

古詩爲焦仲卿妻作並序○玉臺詩下有無名人三字。

漢末建安中。廬江府小吏焦仲卿妻劉氏。爲仲卿母所遣。自誓不嫁。其家逼之。乃投玉臺、樂府並作没。水而死。仲卿聞之。亦自縊於庭樹。時人玉臺無人字。傷之。爲詩云爾。樂府作而爲此辭也。

孔雀東南飛。五里一徘徊。十三能織素。類聚作綺。十四學裁衣。十五彈箜篌。十六誦詩書。類聚作書詩。十七爲君類聚作嫁爲。婦。心中常苦悲。君既爲府吏。類聚作史。守節情不移。賤妾留空房。相見常日稀。玉臺無此二句。樂府同。鷄鳴入機織。夜夜不得息。三日斷五疋。大人詩紀云。一作丈人。故嫌類聚作言。遲。非爲織作遲。君家婦難爲。妾不堪驅使。徒留無所施。便可白公姥。及時相遣歸。府吏得聞之。堂上啓阿母。兒已薄禄相。幸復得此婦。結髮同枕席。黄泉共爲友。共事三二玉臺、樂府作二三。年。始爾未爲久。女行無偏斜。何意致不厚。阿母謂府吏。何乃太區區。此婦無禮節。韵補作所。舉動自專由。吾意久懷忿。汝豈得自由。東家有賢女。自名秦羅敷。可憐體無比。阿母爲汝求。便可速遣之。遣之樂府作去。慎莫留。府吏長跪告。玉臺作答。伏惟啓阿母。今若遣此婦。終老不復取。阿母得聞之。槌牀詩紀誤作衣。便大怒。小子無所畏。何敢古樂府誤作取。助婦語。吾已失恩義。會不相從許。府吏默無聲。再拜還入户。舉言謂新婦。哽咽不能語。我自不驅卿。逼迫有阿母。卿但暫還家。吾今且報詩紀作赴。府。不久當歸還。還必相迎取。以此下心意。慎勿違吾語。新婦謂府吏。勿復重紛紜。往昔初陽歲。謝家來貴門。奉事循公姥。進止樂府作心。古樂府同。韵補作退。敢自專。晝夜勤作息。伶俜韵補作娉。縈苦辛。謂言無罪過。供養卒大恩。仍更被驅遣。何言復來還。妾有繡腰襦。葳蕤自生光。類聚作金縷光。紅羅複斗帳。四角垂香囊。箱簾六七十。類聚作交文象牙簞。御覽作交文象牙籠。緑碧御覽作宛轉。青類聚作宛轉素。絲繩。物物各自異。種種在其中。人賤物亦鄙。類聚作鄙賤雖可薄。不足類聚作猶中。迎後人。留待作遺玉臺作遺。樂府、古樂府同。施。於今無會因。時時爲安慰。久久莫相忘。鷄鳴外欲曙。新婦起嚴妝。著我繡裌裙。事事四五通。足下躡絲履。頭上玳瑁光。腰若流紈素。耳著明月璫。指如削葱根。口如含朱丹。纖纖作細步。精妙世無雙。上堂拜樂府作謝。古樂府同。詩紀云。一作謝。阿母。阿母怒玉臺作母聽去。樂府、古樂府同。不止。昔作女兒時。生小出野里。本自無教訓。兼愧貴家子。受母錢帛多。不堪母驅使。今日還家去。念母勞家裏。却與小姑別。淚落連珠子。新婦初來時。此下詩紀有小姑始扶牀。今日被驅遣二句。小姑如我長。勤心養公姥。好自相扶將。初七及下九。嬉戲莫相忘。出門登車去。涕落百餘行。府吏馬在前。新婦車在後。隱隱何甸甸。俱會大道口。下馬入車中。低頭共耳語。誓不相隔卿。且暫還家去。吾今且赴府。不久當還歸。誓天不相負。新婦謂府吏。感君區區懷。君既若見録。不久望君來。君當作磐玉臺作盤。下同。石。妾當作蒲葦。蒲葦紉如絲。磐石無轉移。我有親父兄。性行暴如雷。恐不任我意。逆以煎我懷。舉手長勞勞。二情同依依。入門上家堂。進退無顔儀。阿母大拊掌。不圖子自歸。十三教汝織。十四能裁衣。十五彈箜篌。十六知禮儀。十七遣汝嫁。謂言無誓違。汝今無詩紀作何。罪過。不迎而自歸。蘭芝慚阿母。兒實無罪過。阿母大悲摧。還家十餘日。縣令遣媒來。云有第三郎。窈窕世無雙。年始十八九。便言多令才。阿母謂阿女。汝可去應之。阿女含玉臺作銜。淚答。蘭芝初還時。府吏見丁寧。結誓不別離。今日違情義。恐此事非奇。自可斷來信。徐徐更謂之。阿母白媒人。貧賤有此女。始適還家門。不堪吏人婦。豈合令郎君。幸可廣問古樂府誤作門。訊。不得便相許。媒人去數日。尋遣丞樂府作承。請還。說樂府作誰。古樂府同。有蘭家女。承籍有宦官。云有第五郎。嬌逸未有婚。遣丞爲媒人。主簿通語言。直說太守家。有此令郎君。既欲結大義。故遣來貴門。阿母謝媒人。女子先有誓。老姥豈敢言。阿兄得聞之。悵然心中煩。舉言謂阿妹。作計何不量。先嫁得府吏。後嫁得郎君。否泰如天地。足以榮汝身。不嫁義郎玉臺、樂府作卽。體。其住古樂府作往。詩紀同。欲何云。蘭芝仰頭答。理實如兄言。謝家事夫壻。中道還兄門。處分適兄意。那得自任專。雖與府吏要。渠會永無緣。登卽相許和。便可作婚姻。詩紀作婣。媒人下牀去。諾諾復爾爾。還部白府君。下官奉使命。言談大有緣。府君得聞之。心中大歡喜。視曆復開書。便利此月內。六合正相應。良吉三十日。今已二十七。卿可去成婚。交語速裝束。古樂府作表。絡繹玉臺作駱驛。如浮雲。青雀白鵠舫。四角龍子幡。婀娜隨風轉。金車玉作輪。躑躅青驄馬。流蘇金鏤玉臺、樂府作鏤。鞍。齎錢三百萬。皆用青絲穿。雜綵三百疋。交用玉臺、樂府作廣。詩紀同。又注。一作用。市鮭古樂府作鯉。珍。從人四五百。鬱鬱登郡門。阿母謂阿女。適得府君書。明日來迎汝。何不作衣裳。莫令事不舉。阿女默無聲。手巾掩口啼。淚落便如瀉。移我琉璃榻。出置前窗下。左手持刀尺。古樂府誤作天。右手執綾羅。朝成繡裌裙。晚成單羅衫。晻晻日欲暝。愁思出門啼。府吏聞此變。因求假暫歸。未至二三里。摧藏馬悲哀。新婦識馬聲。躡履相逢迎。悵然遥相望。知是故人來。舉手拍馬鞍。嗟歎使心傷。自君别我後。人事不可量。果不如先願。又非君所詳。我有親父母。逼迫兼弟兄。以我應他人。君還何所望。府吏謂樂府誤作爲。新婦。賀卿得樂府誤作德。高遷。磐石方且玉臺、樂府作可。厚。可以卒千年。蒲葦一時紉。便作旦夕間。卿當日勝貴。吾獨向黃泉。新婦謂府吏。何意出此言。同是被逼迫。君爾妾亦然。黃泉下玉臺、樂府作不。相見。勿違今日言。執手分道去。各各還家門。生人作死別。恨恨那可論。念與世間辭。千萬不復全。府吏還家去。上堂拜阿母。今日大風寒。寒風摧樹木。嚴霜結庭蘭。兒今日冥冥。令母在後單。故作不良計。勿復怨鬼神。命如南山石。四體康且直。阿母得聞之。零淚應聲落。汝是大家子。仕宦於臺閣。慎勿爲婦死。貴賤情何薄。東家有賢女。窈窕豔城郭。阿母爲汝求。便復在旦夕。府吏再拜還。長歎空房中。作計乃爾立。轉頭向户裏。漸見愁煎迫。其日牛馬嘶。新婦入青廬。菴菴黄昏後。寂寂人定初。我命絶今日。魂去尸長留。攬裙脱絲履。舉身赴清池。府吏聞此事。心知長别離。徘徊顧玉臺、樂府作庭。樹下。自掛東南枝。兩家求合葬。合葬華山傍。東西植松柏。左右種梧桐。枝枝相覆蓋。葉葉相交通。中有雙飛鳥。自名爲鴛鴦。仰頭相向鳴。夜夜達五更。行人駐足聽。寡婦起彷徨。多謝後世人。戒之慎勿忘。○玉臺新詠一、樂府詩集七十三、古樂府十並作焦仲卿妻。詩紀七。又類聚三十二引徊、衣、詩、移、息、遲、爲、光、囊、繩十韻。吴棫韻補九引區、由二韻。韻補一引專、辛二韻及鞍、穿二韻。○逯案。新婦初來時下。詩紀有小姑始扶牀。今日被驅遣二句。此後人所妄增。草堂詩箋三十五引此詩尚直作新婦初來時。小姑如我長。且始扶牀之小姑。三二年後亦不能與蘭芝等長。又雜俎三百疋。交用市鮭珍。按作用者是。錢與雜綵皆是貨幣。故下言交用也。作廣者。後人不諳幣制故妄改。

枯魚過河泣

樂府

枯魚過河泣。何時悔復及。作書與魴鱮。相教慎出入。○樂府詩集七十四。文選補遺三十四。廣文選十二。詩紀七。

行胡從何方。御覽作來。列國持何來。氍毹㲪類聚無毹㲪二字。御覽同。㲪萬花谷無㲪㲪二字。五木類聚作水。萬花谷同。御覽作伍味。香。迷迭御覽誤作送。艾納類聚誤作網。萬花谷無艾納二字。及都梁。類聚作良。○樂府詩集七十七。御覽九百八十二。詩紀七。又類聚八十一引香、良二韵。萬花谷三十二引香、良二韵。

離歌詩紀作雜歌。注云。一作離歌。

晨行梓道中。梓葉相切磨。與君別交中。繣如新縑羅。詩紀作維。注云。一作羅。裂之有餘絲。吐之無還期。○樂府詩集八十四。詩紀七。

箜篌謡

結交在相知。文苑作得。樂府同。骨肉何必親。甘言無忠實。世薄多蘇秦。從風暫靡草。富貴上昇天。文苑作人。注云。一作真。不見山文苑作高。巔樹。摧扤文苑誤作抗。下爲薪。豈甘文苑云。一作目睹。井中泥。上出作埃塵。文苑作時至出作塵。詩紀云。一云時至出作塵。○文苑英華二百十失名。次梁劉孝威後。樂府詩集八十七作無名氏。又御覽四百六作古歌辭。引親、秦二韵。

猛虎行

飢不從猛虎食。暮文選注暮上或衍日字。不從野雀棲。野雀安無巢。遊子爲誰驕。○樂府詩集三十一。文選二十八猛虎行注。文選三十雜詩注。詩紀七。

同上

少年惶且怖。伶俜到他鄉。○文選十六寡婦賦注。

稟氣有豐約。受形有短長。○文選五十謝靈運傳論注。

上留田行

出是上獨西門。三荆同一根生。一荆斷絶不長。兄弟有兩三人。塊摧獨貧。○文選二十八豫章行注。

同上

里中有啼兒。似類親父當是交字殘文。親交。漢人習語。子。　回車問啼兒。　慷慨不可止。　○樂府詩集三十八上留田行注。詩紀七。

古八變歌

選詩拾遺曰。古歌有八變、九曲之名。未詳其義。李尤九曲歌曰。年歲晚暮時已斜。安得壯士挽日車。傅玄九曲歌曰。歲暮景邁羣光絶。安得長繩繫白日。全篇無傳。獨八變僅存。樂府諸書亦不收也。○逯案。此詩可疑。

北風初秋至。吹我章華臺。浮雲多暮色。似從崦嵫來。枯桑鳴中林。緯絡響空堦。　翩翩飛蓬征。愴愴遊子懷。故鄉不可見。長望始此回。○選詩拾遺。古詩類苑四十五。詩紀七。又御覽二十五引臺、來二韻。

古歌

上金殿。著類聚誤作者。玉樽。延貴客。入金類聚無金字。門。入金門。類聚無此三字。上類聚作黄。金堂。東厨具肴膳。椎牛烹猪羊。主人前進酒。彈類聚作琴。瑟爲清商。投壺對彈棋。博奕並復行。朱火颺煙霧。博山吐微香。清樽發朱顔。四坐樂且康。今日樂相樂。延年壽千霜。○選詩拾遺。古詩類苑四十五。詩紀七。又類聚七十四引樽、門、堂、羊、商、行六韻。

古歌

秋風蕭蕭愁殺人。出亦愁。入亦愁。座中何人誰不懷憂。令我白頭。胡詩紀作故。地多飇風。樹木何修修。御覽作蕭蕭。離家日趨遠。衣帶日趨緩。心思不能言。腸中車輪轉。○選詩拾遺。古詩類苑四十五。詩紀七。又御覽二十五作古樂府歌。所引缺憂、頭二韻。文選二十三七哀詩注作古詩。引憂、頭二韻。○逯案。此歌與前悲歌當爲同篇殘文。

豔歌

今日樂上樂。相從步雲衢。御覽無步雲衢三字。天公出美酒。河伯出鯉魚。青龍前鋪席。白虎持榼壺。南斗工鼓瑟。御覽作琴。北斗吹笙竽。御覽誤作竿。姮娥垂明璫。織女奉瑛琚。蒼霞揚東謳。清風流西歈。垂露成帷幄。奔星扶輪輿。○選詩拾遺。古詩類苑三十三。詩紀七。又御覽五百三十九作古豔詩。引從、魚、壺、竿四韻。

古咄唶歌

棗下何攢攢。榮華各有時。棗欲初赤時。人從四邊來。棗適今日賜。誰當仰視之。○文選十八笙賦注。詩紀七。

古胡無人行

望胡地。何嶮巇。斷胡頭。脯胡臆。○御覽八百。

古步出夏門行

白骨不覆。疫癘流行。○文選二十關中詩注。

市朝易人。一作人易。千載一作歲。墓平。○文選二十八門有車馬客詩注、三十和伏武昌詩注。

行行復行行。白日薄西山。○文選二十七從軍詩注。

古新成安樂宮

般鼓鍾聲。盡爲鏗鏘。○文選十七舞賦注。

視刀鐶歌

文選補遺云。亦入樂府。

常恨言語淺。不如人意深。今朝兩相視。脉脉動人心。○文選補遺三十五。廣文選十四。○逯案。文選補遺此篇置漢悲歌後。而趙整酒德歌前。殆以爲漢歌乎。

古樂府罣辭

罣初何得。端來得鮒。小者如手。大者如履。孝子持歸遺我公姬。詩乘作姥。安得此魚。適與罣迕。從今以後。但當求鮒。○御覽九百三十七。

雞鳴歌

樂府云。樂府廣題曰。漢有雞鳴衛士。主雞唱宮外。舊儀。宮中與臺並不得畜雞。晝漏盡。夜漏起。中黄門持五夜。甲夜畢傳乙。乙夜畢傳丙。丙夜畢傳丁。丁夜畢傳戊。戊夜是爲五更。未明三刻。雞鳴衛士起唱。晉太康地記曰。後漢固始、鮦陽、公安、細陽四縣衛士習此曲。於闕下歌之。今雞鳴歌是也。然則此歌蓋漢歌也。

東方欲明星爛爛。汝南晨雞登壇喚。曲終漏盡嚴具陳。月没星稀天下旦。千門萬户遞魚鑰。宮中城上飛烏鵲。○樂府詩集八十三。○逯案。漢七言詩率句句用韵。今此第三句不韵。似經後人竄改。

古豔歌

孔雀東飛。苦寒無衣。爲君作妻。中心惻悲。夜夜織作。不得下機。三日載疋。尚言吾遲。○御覽八百二十六。

○逯案。古詩爲焦仲卿作卽繼承此歌。

同上詩紀作古詩。

行行御覽作不。草堂詩箋同。隨道。經歷山草堂詩箋作止。誤。陂。馬啖栢葉。人啖草堂詩箋作啗。栢御覽或作松。脂。不可常詩紀作長。飽。聊可遏飢。○藝文類聚八十八。御覽四百八十六。草堂詩箋十六空囊詩注。詩紀十。又御覽九百五十三木部松引脂、飢二韵。

同上

煢煢白兔。東走西顧。衣不如新。人不如故。○御覽六百八十九、九百七。

同上

蘭草自生香。生于大道傍。十月鉤簾起。升菴詩話作腰鎌八九月。并升菴詩話作俱。在束薪中。○匡謬正俗七。升菴詩話蘭草條。詩紀十作古樂府。

秋霜白露下。桑葉鬱爲黄。○御覽十四。

同上

白鹽海東來。美豉出魯門。○書鈔百四十六。御覽八百五十五。

同上

居窮衣單薄。腸中常苦飢。○文選二十七善哉行注。

古樂府詩

請説劍。駿犀標首。玉琢中央。六一所善。王者所杖。帶以上車。如燕飛揚。○書鈔百二十二。

同上

鑿石見火能幾時。○文選二十六河陽詩注。

古樂府

東家公。字仲春。柱一鳩。杖僂脣。○玉燭寶典正月孟春第一。

同上

布穀鳴。農人驚。○玉燭寶典二月仲春第二。

同上

啄木高飛乍低仰。摶樹林藪著榆桑。低足頭啄劚如劚。此字疑誤。飛鳴相䮽聲如篁。○玉燭寶典五月仲夏第五。

同上

豹則虎之弟。鷹則鶚之兄。○御覽九百二十六。

同上

天寒知被薄。憂思知夜長。○御覽七百七。

同上

琉璃琥珀象牙槃。○御覽七百五十八。

古妍歌

妍歌展妙聲。發曲吐令辭。○文選四十六曲水詩序注。

樂府歌

集會高堂上。長彈箜篌。○書鈔一百十。

樂府歌

春酒甘如醴。秋醴清如華。○書鈔百四十八。

漢書歌

上蓬萊。咀瓊英。○文選五吳都賦劉淵林注。

古歌

田中菟絲。何嘗可絡。道邊燕麥。何嘗可穫。○御覽九百九十四。

同上

長笛續短笛。願御覽願上有長字。陛下保壽無極。事類賦只作長笛短笛。保壽無極。○書鈔百十一。御覽五百八十。事類賦笛賦注。

同上

大憂摧人肺肝心。○文選二十一三良詩注。

同上

流塵生玉匣。○御覽七百十三。

歌

濯龍望如海。河橋渡似雷。○文選三東京賦薛綜注引洛陽圖經。

茂陵中書歌

都孋桂英。美芳鼓行。○漢書禮樂志臣瓚注引。

有所思

有所思。思昔人。曾閔二子善養親。和顏色。奉晨昏。至誠烝烝通神明。○宋范晞文對牀夜語三。○逯案。此歌似非漢作。姑録存之。

古博異辯遊

衆星累累如連貝。江河四海如衣帶。○文選二十四贈顧交阯公真詩注。

古董逃行

年命冉冉我遒。零落下歸山丘。○漢魏詩乘補遺。

古樂府

青天含翠彩。素日揚清暉。○漢魏詩乘補遺。

古歌

金荆持作枕。紫荆持作牀。○漢魏詩乘補遺。

古歌

高田種小麥。終久不成穗。男兒在他鄉。焉得不憔悴。○齊民要術二注引氾勝之書。詩紀十。又爾雅翼一引氾勝之書引穗一韵。

漢詩卷十一

琴曲歌辭

琴操

琴操。後漢蔡邕撰集。以平津館本爲最善。署曰漢前議郎陳留蔡邕伯喈撰。書中所載。除鹿鳴等五歌詩爲詩經詩外。十二操九引河間雜弄二十一章等。皆兩漢琴家擬作。其中如雉朝飛操。西漢揚雄尚未之見。河間雜弄亦自漢河間國樂人所制。更以聶政刺秦王對照武梁祠像。尤證琴操有後漢之作。詩紀以霍將軍歌屬霍去病。以怨曠思惟歌屬之昭君。以其餘系之周秦。皆非是。今一律編入兩漢歌辭。又今本琴操間有後人所增。如思歸引一歌。西晉初尚未流傳。故石崇序此曲有絃無歌。今此歌辭明爲後人所作。隋志云。琴操三卷。晉廣陵相孔衍撰。據此。舊本琴操累經增添可知也。又如岐山操。樂府詩集以韓愈歌辭爲首。明郭氏所見尚無古辭。此所謂古辭。實出琴苑要録。凡此皆不可不辨。今採琴操各曲之有歌辭並能確定爲漢作者。録之如下。

將歸操

將歸操者。孔子之所作也。趙簡子循執玉帛以聘孔子。孔子將往。未至。渡狄水。聞趙殺其賢大夫竇鳴犢。喟然而歎之曰。夫趙之所以治者。鳴犢之力也。殺鳴犢而聘余。何丘之往也。夫燔林而田。則麒麟不至。覆巢破卵。則鳳皇不翔。鳥獸尚惡傷類。而況君子哉。於是援琴而鼓之云。○逯案。今本乃據大周正樂載入敍文。未知與琴操原文是否相合。又今本所載四言歌辭翺翔于衛。復我舊居。從我所好。其樂只且。乃孔叢子鄹操之末章。與酈道元所見不同。今録酈氏所見者。

狄之水水經注作水衍。兮風揚波。船楫顛倒更相加。歸來歸來胡爲斯。○琴操上。朱文公校昌黎先生集注。又水經河水注五引波、加二韵。御覽五百七十八引大周正樂有序無辭。

陬操附

史記孔子世家曰。孔子聞竇鳴犢、舜華之死也。臨河而歎。乃還息乎陬鄉。作爲陬操以哀之。孔叢子曰。趙簡子使聘。夫子將至焉。及河。聞鳴犢與竇犨之見殺也。迴輿而旋之衛。使鄹。遂爲操曰。

周道衰微。禮樂陵遲。文武既墜。吾將焉歸。周遊天下。靡邦可依。鳳鳥不識。珍寶梟鴟。眷然顧之。慘然心悲。巾車命駕。將適唐都。黄河洋洋。攸攸之魚。臨津不濟。還轅息鄹。傷予道窮。哀彼無辜。翺翔于衛。復我舊廬。從我所好。其樂只且。○孔叢子記問篇。又樂府詩集五十八引後四句作將歸操。詩紀前集四作息鄹操。○逯案。史記之前。陬操一曲。蓋有絃無辭。孔叢子乃託爲此歌。樂府詩集以末尾四句當將歸操。是郭茂倩所見琴操。又與北朝傳本不同。又孔子家語稱孔子臨河不濟。還息于鄒。作槃操云云。然尚無歌辭。揚慎風雅逸篇雜湊四言六句。目爲槃操。非是。

猗蘭操

猗蘭操者。孔子所作也。孔子歷聘諸侯。諸侯莫能任。自衛反魯。過隱谷之中。見薌蘭獨茂。喟然歎曰。夫蘭當爲王者香。今乃獨茂。與衆草爲伍。譬猶賢者不逢時。與鄙夫爲倫也。乃止車援琴鼓之云云。自傷不逢時。託辭於薌蘭云。

習習谷風。以陰以雨。之子于歸。遠送于野。何彼蒼天。不得其所。逍遥九州。無有定處。世樂府作時。注云。一作世。人闇蔽。不知賢者。年紀邁逝。一身將老。〇琴操上。類聚八十一。御覽九百八十三。樂府詩集五十八。朱文公校昌黎集注。又御覽五百七十八引大周正樂有序無辭。詩紀前集四。

龜山操

龜山操者。孔子所作也。齊人饋女樂。季桓子受之。魯君閉門不聽朝。當此之時。季氏專政。上僭天子。下畔大夫。賢聖斥逐。讒邪滿朝。孔子欲諫不得。退而望魯。魯有龜山蔽之。譬季氏於龜山。託勢位於斧柯。季氏專政猶龜山之蔽魯也。傷政道之陵遲。閔百姓不得其所。欲誅季氏而力不能。於是援琴而歌云。

予欲望魯兮龜山蔽之。手無斧柯。奈龜山何。〇琴操上。朱文公校昌黎先生集龜山操注。御覽五百七十八引大周正樂有序無辭。詩紀前集四。

越裳操詩紀云。琴操作越嘗操。

越裳操者。周公之所作也。周公輔相成王。成文王之王道。天下太平。萬國和會。江黄納貢。越裳重九譯而來獻白雉。執贄曰。吾君在外國也。頃無迅風暴雨。意者中國有聖人乎。故遣臣來。周公於是仰天而歎之。乃援琴而鼓之。其章曰云云。遂受之獻於文王之廟。

於戲嗟嗟。非旦之力。乃文王之德。詩紀力德下皆有也字。注云。一無二也字。○琴操上。樂府詩集五十七。朱文公校昌黎先生集注。御覽五百七十八引大周正樂有序無辭。詩紀前集四。

拘幽操

拘幽操者。文王拘於羑里而作也。文王備修道德。百姓親附。文王有二子。周公、武王。皆聖。是時崇侯虎與文王列爲諸侯。德不能及文王。常嫉妬之。乃譖文王於紂曰。西伯昌。聖人也。長子發。中子旦。皆聖人也。三聖合謀。將不利於君。君其慮之。紂用其言。乃囚文王於羑里。擇日欲殺之。於是文王四臣。太顛、閎夭、散宜生、南宮适之徒。往見文王。文王爲瞔反目者。紂之好色也。柎桴其腹者。言欲得奇寶也。蹀躞其足者。使疾迅也。於是乃周流海内。經歷風土。得美女二人、水中大貝、白馬朱鬣。以獻於紂。陳於中庭。紂見之。仰天而歎曰。嘻哉。此誰寶。散宜生趨而進曰。是西伯之寶。以贖刑罪。紂曰。於寡人何其厚也。立出西伯。紂謂宜生。譖岐侯者。長鼻決耳也。宜生還以狀告文王。乃知崇侯譖之。文王在羑里時。演八卦以爲六十四卦。作鬱厄之辭。困於石。據於蒺藜。乃申憤以作歌曰。

殷道溷溷浸濁煩兮。朱御覽作丹。紫相合不別分御覽作分別。繹史同。兮。迷亂聲色信讒御覽作諛。言兮。炎炎之虐御覽作闔閭之虎。使我愆御覽作騫。兮。幽閉御覽作閇。牢穽御覽作獄。由御覽作誰。其言兮。無辜桎梏誰所宜兮。今本此句在幽閉牢穽句前。孫有校語。今從御覽引古今樂録。遘我四人續古文苑作國。今本孫校謂原脫人字。憂勤勤樂府詩集作憂勤勤。御覽作皆憂勤。兮。得此珍玩且解大患兮。倉皇迄命遺後昆兮。作此象變兆在昌兮。欽承祖命天今本天下有下字。各引皆無。今刪。不喪兮。遂臨下土在聖明兮。討暴除亂誅逆王兮。○琴操上。御覽五百七十一引古今樂録。續古文苑四。詩紀前集四。又類聚十二、御覽八十四、樂府五十七俱引煩、分、言、愆、言、勤六韵。朱文公校昌黎集注引琴録煩、分、言、愆、言、勤六韵。

岐山操

逯案。此歌乃宋以後人所擬。郭茂倩尚未之見。今故從略。

履霜操

履霜操者。尹吉甫之子伯奇所作也。吉甫。周上卿也。有子伯奇。伯奇母死。吉甫更娶後妻。生子曰伯封。乃譖伯奇於吉甫曰。伯奇見妾有美色。然有欲心。吉甫曰。伯奇爲人慈仁。豈有此也。妻曰。試置妾空房中。君登樓而察之。後妻知伯奇仁孝。乃取毒蜂綴衣領。令伯奇綴之。伯奇前持之。吉甫大怒。放伯奇於野。伯奇編水荷而衣之。采楟花而食之。清朝履霜。自傷無罪見逐。乃援琴而鼓之曰云云。宣王出遊。吉甫從之。伯奇乃作歌。以言感之於宣王。宣王聞之曰。此孝子之辭也。吉甫乃求伯奇於野而感悟。遂射殺後妻。

履朝霜兮採（劉師培琴操補釋云。採字疑誤。）晨寒。考不明其心兮聽（昌黎集注作信。）讒言。孤恩別離（昌黎集注作離別。）兮摧肺肝。何辜皇天兮遭斯愆。痛殁不同兮恩有偏。誰說（詩紀作誰能流。）顧兮知我（昌黎集注作此。）寃。○琴操上。世說新語言語篇注。文選十八長笛賦注。初學記二。白帖六。御覽十四、五百十一引並有序無辭。樂府詩集五十七。朱文公校昌黎集注引古樂府解題。詩紀前集四。○逯案。後漢書黃瓊傳注引說苑曰。王國子前母子伯奇。後母子伯封。後母欲其子立爲太子。說王曰。伯奇好妾。王不信。其母曰。令伯奇於後園。妾過其旁。王上臺視之。卽可知。王如其言。伯奇入園。後母取蜂十數置單衣中。過伯奇邊曰。蜂螫我。伯奇就衣中取蜂殺之。王遙見之。乃逐伯奇也云云。據此西漢初年。始有與琴操本事相同之故事。然尚無琴曲之事。水經江水注引揚雄琴清英曰。尹吉甫子伯奇。至孝。後母譖之。自投江中。衣苔帶藻。忽夢見水仙。賜其美藥。思惟養親。揚聲悲歌。船人聞之而學之。吉甫聞船人之聲。疑似伯奇。援琴作子安之操云云。據此伯奇故事雖演爲琴曲。與本操亦相異。又後漢王充論衡書虚篇、趙岐孟子注。均謂伯奇流放。作小弁之詩。可見後漢前期。伯奇故事亦尚未固定。至曹植貪惡鳥論引俗傳云。吉甫後悟追傷伯奇。遂射殺後妻。而世説新語注引琴操謂伯奇作歌。以言感之。履霜操及其歌辭。始正式傳行於世。要之。此操至早爲後漢時作品。

雉朝飛操

雉朝飛操者。齊獨沐子所作也。獨沐子年七十無妻。出薪於野。見飛雉雄雌相隨。感之。撫琴而歌曰。〇逯案。獨沐子。琴操序首作沐犢子。是也。古今注作牧犢子。

雉朝飛。昌黎集注有兮字。詩紀同。鳴相和。雌雄類聚作雄雌。羣遊於昌黎集注作兮。山阿。類聚作河。御覽同。我獨何命兮未有家。時將暮兮可奈何。嗟嗟暮兮可奈何。〇琴操上。樂府詩集五十七。朱文公校昌黎集雉朝飛操注引古今注。詩紀前集四。又類聚九十、御覽九百十七引和、河二韵。〇逯案。崔豹古今注曰。雉朝飛者。牧犢子所作也。齊處士。湣宣王時人。年五十無妻。出薪於野。見雉雌雄相隨而飛。意動心悲。乃仰天歎。大聖在上。恩及草木鳥獸。而我獨不獲。因援琴而歌。以明自傷。其聲中絶。魏武帝宮人有盧女者。故冠軍將軍陰叔之妹。七歲入漢宮。學鼓琴。琴特鳴。異於諸妓。善爲新聲。能爲此曲云云。又據昌黎集注。原本古今注並載此歌辭。可見此操此歌即後漢末年之新聲。查揚雄琴清英曰。雉朝飛操者。衛女傅母之所作也。衛侯女嫁於齊太子。至中道。聞太子死。問傅母曰。何如。傅母曰。且往當喪。喪畢不肯歸。終之以死焉。傅母悔之。取女所自操琴。於冢上鼓之。忽有二雉俱出墓中。傅母撫雌雉曰。女果爲雉耶。言未畢。俱飛而起。忽然不見。傅母悲痛。援琴作操。故曰雉朝飛。據此西漢末已有雉朝飛操。但其本事與琴操異。且無此歌也。

別鶴操

別鶴操者。商陵牧子所作也。牧子娶妻五年。無子。父兄將欲爲改娶。妻聞之。中夜驚起。倚户悲嘯。牧子聞之。援琴鼓之云云。痛恩愛之永離。因彈別鶴以舒情。故曰別鶴操。後仍爲夫婦。

將乖比翼兮隔天端。山川悠遠兮路漫漫。攬衣不寐兮食詩紀云。一作辰。忘餐。詩紀云。古今注無三兮字。攬衣作撫衾。○敦煌石室唐寫修文殿御覽殘卷。書鈔百九。類聚九十六。白帖六、二十九。御覽九百十六有序無辭。朱文公校昌黎集別鶴操注。崔豹古今注。樂府詩集五十八引古今注。詩紀前集四。○逯案。今本琴操有敍無辭。蓋此書乃後人輯綴而成。故致遺漏。今據古今注及樂府詩集補入之。

列女引

列女引者。楚莊王妃樊姬之所作也。莊王愛幸樊姬。不敢專席。飾衆妾使更侍王。以廣繼嗣。莊王一日罷朝而晏。樊姬問故。王曰與賢相語。姬問爲誰。曰。虞丘子。樊姬曰。妾幸得侍王。非不欲專貴擅愛也。以爲傷王之義。故所進與王同位者數人矣。今虞丘子爲相。未嘗進一賢。安得爲賢。明日。王以樊姬語告虞丘子。稽首辭位而進孫叔敖。樊姬自以諫行志得。作列女引曰。

忠諫行兮正不邪。衆妾夸兮繼嗣多。○琴操上。○逯案。渚宫舊事云。莊王無子。愛幸樊姬。後宫不得進御。姬言於王曰。妾以卑微之身。明不足以自照。善不足以補過。後宫出入十年矣。寢專寵。衆妾不進。繼嗣不孳。王有偏施之過。妾有專愛之罪。此非大王全國之福。王善其言。使六姬更侍。有子六人。樊姬言從志得。援琴而歌曰。忠言信兮從正不邪。衆妾進兮繼嗣多云云。與琴操大同小異。又案。樊姬此事分見列女傳、韓詩外傳及新序等書。

貞女引

貞女引者。魯漆室女所作也。漆室女倚柱悲吟而嘯。隣人見其心之不樂也。進而問之曰。有淫心欲嫁之念耶。何吟之悲。漆室女曰。嗟乎。嗟乎。子無智不知人之甚也。昔者楚人得罪於其君。走逃。吾東家馬逸。蹈吾園葵。使吾終年不厭菜。吾西隣失羊不還。請吾兄追之。霧濁水出。使吾兄溺死。終身無兄。政之所致也。吾憂國傷人。心悲而嘯。豈欲嫁哉。自傷懷結。而爲人所疑。於是褰裳入山林之中。見女貞之木。喟然歎息。援琴而弦歌以女貞之辭云云。遂自經而死。

菁菁茂木隱獨榮兮。變化垂枝含琴操作合。秀樂府作蕤。詩紀同。英兮。修身養行樂府作志。詩紀同。建令名兮。厥道不移琴操注。一作積。樂府、詩紀並作同。詩紀注云。一作積。善惡并兮。屈躬就濁樂府作屈身身獨。世徹詩紀作疑。樂府作去微。清兮。懷忠見疑何貪生兮。○琴操上。後漢書盧植傳注。樂府詩集五十八作處女吟。又詩紀前集四。○逯案。列女傳魯漆室女傳與此本事同。然尚無所謂女貞之歌。而後漢紀劉陶改鑄大錢議曰。臣嘗誦詩至于鴻雁于野之勞。哀勤百堵之事。每喟爾長懷。中篇而歎。近聽征夫劬勞之聲。甚於斯歌。是以追悟匹婦吟魯之憂。始于此乎云云。疑此歌後漢時已甚流行。又案。樂府于貞女引只引琴操叙語。未列歌辭。同卷處女吟下引琴操曰。處女吟。魯處女所作也。所列歌。即此菁菁茂木篇。查樂府同卷雙燕離下引琴集曰。獨處吟、流澌咽、雙燕離、處女吟四曲。其詞俱亡云云。據此菁菁茂木非處女吟。又梁簡文帝擬貞女引云。南臨女貞樹。與琴操見女貞之木相合。並證菁菁茂木一歌應依琴操及琴苑要録作貞女引。

辟歷詩紀作霹靂引

辟歷引者。楚商梁子所作也。商梁子出遊九皐之澤。覽漸水之臺。張罛置罟。周於荆山。臨曲池而漁。而疾風霄雹。雷電奄冥。天火四起。辟歷下臻。玄鶴翔其前。白虎吟其後。懼然而驚。謂其僕曰。今日出遊。豈非常之行耶。何其災變之甚也。其僕曰。孤虚設張。八宿相望。熒惑干角。五星失行。此國之變也。君其返國矣。於是商梁子歸其室。乃援琴而歌之。韵聲激發。象辟歷之聲。故曰辟歷引云。

疾雨盈河。辟歷詩紀作霹靂。下臻。洪水浩浩滔厥天。鏗琴操作鏗。趨隆愧。隱隱闐闐。國將亡兮喪厥年。原注。

商梁當作莊王。聲之誤也。王有琴名繞梁。〇琴操上。書鈔百五十二。御覽十三有序無辭。事類賦雷賦注。詩紀前集四。

箕山操

箕山操。許由作也。許由者。古之貞固之士也。堯時爲布衣。夏則巢居。冬則穴處。飢則仍山而食。渴則仍河而飲。無杯器。以手掬水而飲之。人見其無器。以一瓢遺之。由操飲畢。以瓢掛樹。風吹樹動。歷歷有聲。由以爲煩擾。遂取捐之。以清節聞於堯。堯大其志。乃遣使以符璽禪爲天子。於是許由喟然歎曰。匹夫結志。固如盤石。采山飲河。所以養性。非以求禄位也。放髮一優遊。所以安己不懼。非所以貪天下也。使者還。以狀報堯。堯知由不可動。亦已矣。於是許由以使者言爲不善。乃臨河洗耳。樊堅見由方洗耳。問之。耳有何垢乎。由曰。無垢。聞惡語耳。堅曰。何等語者。由曰。堯聘吾爲天子。堅曰。尊位。何爲惡之。由曰。吾志在青雲。何乃劣爲九洲伍長乎。於是樊堅方且飲牛。聞其言而去。恥飲于下流。於是許由名布四海。堯既殂落。乃作箕山之歌曰云云。許由死。遂葬於箕山。〇逯案。此下爲河間雜歌二十一章。今本所載。實爲二十四則。合補遺計之且已三十。越出二十一章之數矣。細審二十四則中。如周太伯、文王思士、崔子渡河操等。皆不出琴操。乃輯家據古今樂録移入者。應從删。又如周金縢一則。

標爲周公金縢。實敍成王思慕。又僅見太平御覽。或出於孔衍之書。應存疑。捨此四則不計。實存者爲二十章。然今本琴操尚有補遺五則。其中如西狩獲麟一則。當屬於孔子戹篇。雍門周一則。已確知出於桓譚新論。此外尚有伍員、孤鵠、甯戚等三則。以之合二十章。仍越出原二十一章之數也。此二十三章中。有歌辭者共十五篇。今一概列之本卷。又其中如莊周獨處吟一篇。據本文應從詩紀改爲引聲歌。不得以二十一章中已逸之獨處吟目之也。

登彼箕山兮瞻望天下。山川麗崎。萬物還普。還普。殆遝普之訛。遝普。言萬物森著。日月運照。靡不記睹。游放其間。何所御慮。歎彼唐堯。獨自愁苦。勞心九州。憂勤后土。謂余欽明。傳禪易祖。我樂如何。蓋不盼顧。河水流兮緣高山。甘瓜施兮棄緜蠻。劉師培曰。案棄緜蠻三字不可通。乃葉緜蠻之訛。高林肅兮相錯連。居此之處傲堯君。君字原缺。從古今樂補。○琴操下。御覽五七一引古今樂録。

文王受命

受命者。謂文王受天命而王。文王以紂時爲岐侯。躬修道德。執行仁義。百姓親附。是時紂爲無道。刳胎斮涉。廢壞仁人。天統易運。諸侯瓦解。皆歸文王。其後有鳳皇銜書於文王之郊。文王以殷帝無道。虐亂天下。皇命已移。不得復久。乃作鳳皇之歌。其章曰。○逯案。樂府詩集作文王操。引琴操曰。紂爲無道。諸侯皆歸文王。其後有鳳皇銜書於郊。文王乃作此歌。據此本篇以作文王操爲是。

翼翼翺翔類聚作翔翔。御覽同。彼御覽無彼字。鸞原注。一作鳳。樂府作鳳。詩紀同。皇兮。銜書來遊以命樂府作會。詩紀同。並注。一作命。昌兮。瞻天案圖殷將亡兮。蒼蒼昊御覽作皓。樂府作之。詩紀同。注云。一作昊。天始有萌兮。神連精合謀於房御覽作五神連精合謀房。樂府、詩紀同。詩紀並注。一作精連神合謀於房。兮。與樂府作興。詩紀同。我之業望羊來詩紀作來羊。兮。○琴操上。樂府詩集五十七及詩紀前集四作文王操。又類聚十二、御覽八十四所引無末句。○逯案。孔子世家。孔子學鼓琴師襄子。十日不進。師襄子曰。可以益矣。孔子曰。丘已習其曲矣。未得其數也。有間曰。已習其數。可以益矣。孔子曰。丘未得其志也。有間曰。已習其志。可以益矣。孔子曰。丘未得其爲人也。有間曰。有所穆然深思焉。有所怡然高望而遠志焉。曰。丘得其爲人。黯然而黑。幾然而長。眼如望羊。心如王四國。非文王其誰能爲此也。師襄子辟席再拜曰。師蓋云文王操也云云。韓詩外傳、孔子家語所記與此略同。據此。前漢人所傳文王操。尚僅有弦無歌。是以桓譚新論謂文王操聲紛以擾。駭角震商。只從聲曲言之。又此歌望羊二字。沿襲史記、家語眼如望羊。乃以形容文王者。而論衡骨相篇云。武王望陽。語增篇云。武王之相。望羊而已。又白虎通聖人篇云。武王望羊。是謂攝陽。盱目陳兵。天下富昌。是後漢時望羊之説已轉屬武王。與史記、韓詩外傳不同。今琴操言與我之業望羊來兮。或興我之業望羊來兮。明是文王希冀子發興集王業之意。與後漢説同。與前漢説不同。可見歌辭爲後漢人之所作也。又歌辭望羊來。來字與前韵不叶。疑當作來望羊三字。

思親操

舜耕歷山。思慕父母。見鳩與母俱飛鳴相哺食。益以感思。乃作歌曰。

陟彼歷山兮崔嵬。有鳥翔兮高飛。瞻彼鳩兮徘徊。河水洋洋兮清泠。深谷鳥鳴兮嚶嚶。樂府作𨾏𨾏。設罝樂府作買。張罝樂府作罝。兮思我父母力耕。日與月兮往如馳。父母遠兮吾將樂府作當。安歸。○琴操下。類聚九十二、御覽九百二十一並引琴操。有序無辭。又樂府詩集五十七引古今樂録。詩紀前集四。

儀鳳歌

儀鳳歌者。周成王之所作也。成王卽位。用周召、畢榮之屬。天下大治。殊方絶域。莫不蒙化。是以越裳獻雉。重譯來貢。太平之瑞。同時而應。麒麟游苑囿。鳳皇來舞於庭。頌聲並作。僉然大同。於是成王乃援琴而鼓之曰。○樂府詩集作神鳳操。詩紀同。

鳳皇翔兮於白帖作舞。紫庭。余何德兮以感靈。賴先人尚書摘洛戒作王。宋書符瑞志同。兮恩澤臻。于胥樂兮民以寧。鳳皇來兮百獸晨。孫貽讓曰。案晨當作震。震與振通謂振奮而舞也。○類聚九十九。白帖二十九。初學記三十。御覽九百十五。尚書摘洛戒。宋書二十七符瑞志。竹書紀年下。沈約注。樂府五十七引古今樂録。御覽五百七十八引大周正樂有序無辭。詩紀前集四。○逯案。鳳皇來兮百獸晨句。當是另一章起句。與上四句不是一篇。又案。尚書摘洛戒乃兩漢緯書。後漢何休曾爲之作注。琴操襲用之。證其必出後漢。

龍蛇歌

龍蛇歌者。介子綏所作也。晉公子重耳。與子綏俱亡。子綏割其腕股。以救重耳。重耳復國。舅犯、趙衰俱蒙厚賞。子綏獨無所得。綏甚怨恨。乃作龍蛇之歌以感之。遂遁入山。其章曰云云。文公驚悟。卽遣求得於緜山之下。使者奉節迎之。終不肯出。文公令燔山求之。火熒自出。子綏遂抱木而燒死。文公哀之流涕。歸。令民五月五日。不得舉發火。

有龍矯矯。遭天譴怒。捲玉燭寶典作惓。逃琴操作排。鱗琴操作角。甲。來遁玉燭寶典作道。於下。志願不得。與蛇同伍。龍蛇俱行。周遍琴操作身辨。誤。山野。琴操作壄。龍遭飢餓。蛇割腓股。二句從玉燭寶典引補。龍得玉燭寶典作行。升天。安厥玉燭寶典作其。房户。蛇獨抑摧。沈滯泥土。仰天怨望。惆悵琴操作綢繆。悲苦。非樂龍伍。玉燭寶典作位。恠琴操作悏。不盼顧。○琴操下。玉燭寶典二引琴操。詩紀前集二。○逯案。介之推龍蛇歌共有六種。分別見於吕覽、史記、説苑、新序、淮南子注及琴操等。吕覽、史記、説苑爲一系。皆言五蛇從龍。此自先秦傳流者。新序、淮南子注、琴操爲一系。只言蛇龍相從。此則流行兩漢之新篇。吕覽、史記、説苑等篇已編入先秦。今於琴操龍蛇歌後。並附新序、淮南子注兩篇。又樂府詩集所載一首。與琴操辭相似。蓋抄琴集。今亦附入。

龍蛇歌 附

新序曰。晉文公返國。酌士大夫酒。召咎犯而將之。召艾陵而相之。授田百萬。介子推無爵齒而就位。觴三行。介子推奉觴而起曰云云。遂去而之介山之上。文公使人求之。不得。以謂焚其山宜出。及焚其山。遂不出而焚死。

有龍矯矯。將失其所。有蛇從之。周流天下。龍既入深淵。得其安所。蛇脂盡乾。獨不得甘雨。○新序節士篇。樂府詩集五十七。詩紀前集二。

龍蛇歌 附

淮南子注曰。介子。介推也。從晉公子重耳出奔翟。遭難絶糧。介子推割肌啗之。文公復國。賞從亡者。子推獨不及。故歌曰云云。龍以喻文公。蛇以自喻也。於是文公覺悟。求介子不得。而號泣之。

有龍矯矯。而失其所。有蛇從之。而啖其口。龍既升雲。蛇獨泥處。○淮南説山訓許慎注。

龍蛇歌附

琴集曰。士失志操。介子推所作也。一曰龍蛇歌。

有龍矯矯。遭天譴怒。三蛇從之。一蛇割股。二蛇入國。厚蒙爵土。餘有一蛇。棄於草莽。○樂府詩集五十七。詩紀前集二。

芑梁妻歌

芑梁妻歌者。齊邑芑梁殖之妻所作也。莊公襲莒。殖戰而死。妻歎曰。上則無父。中則無夫。下則無子。外無所依。内無所倚。將何以立。吾節豈能更二哉。於是乃援琴而鼓之曰云。曲終遂自投淄水而死。

樂莫樂兮新相知。悲莫悲兮生别離。哀感皇天兮琴操無兮字。水經注同。城爲墮。琴操作墜。水經注作之墜。○琴操上。水經沭水注。御覽百九十二。詩紀前集四。○逯案。齊侯襲莒、杞梁死之事。見左襄二十三年傳。然左氏僅謂齊侯歸遇杞梁之妻於郊。使弔之。又禮記檀弓、韓詩外傳亦只載杞梁妻哭夫事。並無哭城與城崩之説。列女傳、説苑始謂杞梁死。其妻向城哭而城崩。今琴操既同此説。叙事亦與列女傳雷同。知歌辭之作。必在前漢以後也。又崔豹古今注謂杞梁妻歌乃杞梁妻妹明月所作。與此當不同。

信立詩紀作獻玉。退怨歌

卞和者。楚野民。常居山耕種。因得玉璞。以獻於楚懷王。懷王使樂正子占之。言非玉。王以爲欺謾。斬其一足。懷王死。子平王立。和復抱其璞而獻之。平王復以爲欺謾。斬其一足。平王死。子立爲荆王。和復欲獻之。恐復見害。乃抱其玉而哭荆山之中。晝夜不止。涕盡繼之以血。荆山爲之崩。荆王遣問之。於是和隨使獻王。王使剖之。中果有玉。乃封和爲陵陽侯。和辭不就而去。作退怨之歌曰。

悠悠文選注作攸攸。沂水經渚宫舊事作到。荆山兮。類聚、詩紀無兮字。下同。精氣鬱泱原作泱。從類聚引改。初學記作決。渚宫舊事作紘。詩紀作洽。谷巖巖下巖字琴操作中。兮。中有神寶灼明渚宫舊事作燎。明兮。穴山采玉文選注重玉字。難爲功兮。於何獻之楚先王兮。遇王暗類聚作闇。昧信讒言兮。斷截兩足離余身兮。俛仰嗟歎心摧傷兮。紫之亂朱粉墨同兮。空山歔欷涕龍鍾渚宫舊事作俛仰嗟歎心摧傷。兮。天鑒孔明竟以彰兮。沂水滂沌渚宫舊事作滂。流於汶兮。進寶得刑詩紀作刖。足渚宫舊事作體。離分兮。去封立信守休芸兮。斷者不續豈不冤類聚作怨。樂府、詩紀同。兮。○琴操下。類聚八十三。樂府詩集四十一。詩紀前集四。又後漢書孔融傳注引分、芸、冤三韵。初學記二十七引山、巖、明、功四韵。文選二十五重贈盧諶詩注引山、功二韵。渚宫舊事一所引缺身一韵。○劉師培琴操補釋曰。案此以平王爲懷王子。與史不合。韓非子和氏篇作以獻厲王。下言厲王薨。武王即位。又言武王薨。文王即位。新序雜事五同。惟文王作共王。疑所記當以韓非子爲確。又曰。案沂水在魯。不得經荆山。沂乃沔字之訛也。説文云。沔。沔水也。出武都沮縣東狼谷。東南入江。一日入夏水。逯案。琴操本事多沿民間傳説。不斤斤於時地記載。既能謂平王爲楚懷王子。亦可言魯水過荆山。不必作沂沔考訂也。

歸耕操原作曾子歸耕。今從詩紀改。

歸耕者。曾子之所作也。曾子事孔子。十有餘年。晨覺。眷然念二親年衰。養之不備。於是援琴而鼓之曰。

歔欷歸耕來兮。琴操誤作日。從文選注改。安所耕歷山盤兮。以上十三字風雅逸篇、詩紀並作朅來歸耕歷山盤兮。以晏父母我心慱詩紀作博。誤。兮。琴操無以上八字而有欽崟二字。○琴操下。風雅逸篇五。詩紀前集四。又文選十五思玄賦注引起首二句。

引聲歌原作莊周獨處吟。今從詩紀。

莊周者。齊人也。篤學術。多所博達。進見方來。却覩未發。是時齊滑王好爲兵事。習用干戈。莊周儒士。不合於時。自以不用。行欲避亂。自隱於山岳。後有達莊周於滑王。遣使齎金百鎰。聘以相位。周不就。使者曰。金至寶。相尊官。何辭之爲。周曰。君不見夫郊祀之牛。衣之以朱彩。食之以禾粟。非不樂也。及其用時。鼎鑊在前。刀俎在後。當此之時。雖欲還就孤犢。寧可得乎。周所以飢不求食。渴不求飲者。但欲全身遠害耳。於是重謝。使者不得已而去。復引聲歌曰。

天地之道。近在胸臆。呼噏精神。以養九德。渴不求飲。飢不索食。避世守文選注作俟。御覽同。道。志潔如玉。卿相之位。難可直當。巖巖之石。幽而清涼。枕塊寢處。樂在其央。寒涼固回。御覽作回固。詩紀同。又云。一作周。可以久長。○琴操下。詩紀前集二。又文選三十八薦譙元彥表注引玉一韵。御覽五百七十一引古今樂録。

霍將軍歌

霍將軍歌者。霍去病之所作也。去病爲討寇校尉。爲人少言。勇而有氣。使擊匈奴。斬首兩千。後六出。斬首十餘萬級。益封萬五千户。秩禄與大將軍等。於是志得意歡。乃援琴而鼓之曰。

四夷既獲樂府作護。詩紀同。注云。一作獲。諸夏康兮。國家安廣文選誤作康。寧樂無樂府作未。對牀夜語同。詩紀云。一作未。央兮。載戢干戈弓矢藏兮。麒麟來臻鳳皇翔兮。與天相保永無疆兮。親親百年各延長兮。○琴操下。樂府詩集六十。范晞文對牀夜語一、廣文選十四俱作琴歌。詩紀二。○逯案。樂府詩集曰。案琴操有霍將軍渡河歌。去病所作也。因據古今樂録著録此歌。蓋以此當霍將軍渡河歌也。又此叙今本琴操與古今樂録略同。惟多誤字。今直鈔樂録。

怨曠思惟歌

王昭君者。齊國王穰女也。昭君年十七時。顔色皎潔。聞於國中。穰見昭君端正閑麗。未嘗窺看門户。以其有異於人。求之皆不與。獻於孝元帝。以地遠既不幸納。叨備後宮。積五六年。昭君心有怨曠。僞不飾其形容。元帝每歷後宮。疏略不過其處。後單于遣使者朝賀。元帝陳設倡樂。乃令後宮妝出。昭君怨恚日久。不得侍列。乃更修飾。善妝盛服。形容光輝而出。俱列坐。元帝謂使者曰。單于何所願樂。對曰。珍奇怪物。皆悉自備。惟婦人醜陋。不如中國。帝乃問後宮。欲一女賜單于。誰能行者起。於是昭君喟然越席而前曰。妾幸得備在後宮。粗醜卑陋。不合陛下之心。誠願得行。時單于使者在旁。帝大驚悔之。不得復止。良久太息曰。朕已誤矣。遂以與之。昭君至匈奴。單于大悦。以爲漢與我厚。縱酒作樂。遣使者報漢。送白璧一雙、駿馬十匹、胡地珠寶之類。昭君恨帝始不見遇。心思不樂。心念鄉土。乃作怨曠思惟歌曰云云。昭君有子曰世違。單于死。子世違繼立。凡爲胡者。父死妻母。昭君問世違曰。汝爲漢也。爲胡也。世違曰。欲爲胡耳。昭君乃吞藥自殺。單于舉葬之。胡中多白草。而此冢獨青。

秋木萋萋。其葉萎書鈔作黄。黄。有鳥爰止。琴操作處山。類聚、書鈔、樂府、廣文選、詩紀並同。集于苞御覽或作包。桑。書鈔此下有徘徊枝條。意志自得二句。養育毛羽。形詩紀云。一作儀。容生光。既得升雲。獲倖樂府作上遊。廣文選、詩紀並同。類聚作遊倚。御覽同。帷類聚作曲。樂府、詩紀同。房。離宮絶曠。身體文選注無體字。摧藏。志念抑御覽或作幽。沉。琴操作宂。類聚同。不得頡頏。雖得餧樂府作委。詩紀同。食。心有徊徨。我獨伊何。改廣文選作來。詩紀同。又注。一作改。往變常。翩翩之燕。遠集西羌。高山峩峩。河水泱泱。父兮母兮。御覽作父母妻子。道里悠長。嗚呼哀哉。憂心惻傷。○琴操下。類聚三十。樂府詩集五十九作昭君怨。廣文選九。詩記二作怨詩。又書鈔百六引黄、桑、得三韵。文選二十八扶風歌注引藏一韵。御覽四百八十三引黄、常、羌、泱、長、傷六韵。五百七十一引黄、桑、房、藏、頏、常、羌、泱、傷九韵。○逯案。書鈔引此謂出漢書。恐誤。又昭君本入匈奴。而歌辭則謂遠集西羌。地理不合。後漢外患在羌。作者遂率筆及之也。

獲麟歌

魯哀公十四年西狩。薪者獲麟。擊之。傷其左足。將示孔子。孔子道與相逢。見。俛而泣。抱麟曰。爾孰爲來哉。孰爲來哉。反袂拭面。乃歌曰云云。仰視其人。龍顔日角。夫子奉麟之口。須臾吐三卷圖。一爲赤符。劉季興爲王。二爲周滅。夫子將終。三爲漢制造作孝經。夫子還謂子夏曰。新主將起。其人如得麟者。○逯案。此篇原無題目。附在琴操卷後。今據詩紀題爲獲麟歌。

唐虞世兮論語摘衰聖作之世。麟鳳遊。今非其時來孔叢子作吾。何求。論語摘衰聖作由。麟兮麟兮我心憂。○琴操補遺。類聚十。繹史八十六。孔叢子記問篇。論語摘衰聖。御覽八百八十九引孔叢子。詩紀前集一。○逯案。孔叢子論語摘衰聖皆載此歌。知爲漢人假託。琴操既沿用之。故附之於此。

失題

伍員奔吳。過溧陽瀨溪。見一女擊漂於水中。旁有壺漿。乃就乞飲。飲畢。謂女子曰。掩夫人壺口。女子知其意。自投瀨溪而死。○御覽七百六十一伍子胥歌曰。

俟罪斯國志願得兮。○文選六十弔屈原賦注。伍子胥歌曰。

庶此太康皆爲力兮。○文選二十六張子房詩注。

飯牛歌

甯戚飯牛車下。叩角而商歌曰云云。齊桓聞之。舉以爲相。○逯案。此篇原失題。今據詩紀標之。又案。呂氏春秋、淮南子皆及甯戚叩角商歌以干齊桓公事。然皆無歌辭。後漢高誘注呂覽。以爲卽詩經碩鼠篇。至史記、淮南子各注及三齊略記、琴操等始出七言飯牛歌。可知皆漢人僞託。各歌大同小異。今並附之。

南山矸。類聚作研。白石爛。生不逢堯與舜禪。短布單衣裁至骭。長夜漫漫類聚作冥冥。何時旦。○琴操補遺。類聚九十四。詩紀前集一。

附

南山矸。矸。書鈔作硻硻。文選注作嵯峨。御覽作粲。白石爛。爛。書鈔作爛爛。生不逢文選注作遭。堯與舜禪。短布單衣適至骭。從昏飯牛薄書鈔作至。夜半。長夜漫漫史記注作曼曼。文選注作暝暝。何時旦。○史記鄒陽傳應劭注。書鈔百六。又文選十八嘯賦注並引應劭注。詩紀前集一。又御覽八百九十八引史記引禪、骭、旦三韵。

滄書鈔作康。浪之水白石粲。中有鯉魚長尺半。弊書鈔作轂。類聚作轂。布單衣裁御覽或作適。至上四字御覽或作衣裳不覆。骭。清御覽或作終。朝飯御覽或作飲。牛至夜半。黄犢上坂且休息。吾將捨汝相齊國。○書鈔百六引三齊略記。

類聚四十三。詩紀前集一。又書鈔百二十八引三齊略記。録骭韵一句。御覽六百九十一、九百三十六引半、骭二韵。○逯案。三齊略記謂康浪水在齊城西南。其下引甯戚飯牛歌。則作康浪者是。以人習知滄浪。故誤。

出東門兮厲石斑。文選注作班。上有松柏青淮南注作清。且蘭。淮南注作閑。文選注作蘭。麤布衣兮緼縷。時不遇兮堯舜主。文選注脱主字。牛兮努力食細草。大臣在爾側。吾當與爾適楚國。○淮南道應訓許慎注。文選十八嘯賦注引淮南子。詩紀前集一。○詩紀原注云。此首見劉向别録。逯案。此説非是。蓋嘯賦甯子撿手而歎息下注先引劉向别録。次引淮南子及此歌。馮氏不察。故有此誤。

南石粲。白石爛。短褐單衣長至骭。生不逢堯與舜禪。終日飼牛至夜半。長夜漫漫何時旦。○御覽五百七十二引淮南子。

失題

孔子遊於隅山。見取薪而哭。長梓上有孤鶵。乃承而歌之云云。○逯案。此叙及左列歌辭出於類要。詩紀據之編入前集卷一。檢北堂書鈔所録琴操逸文。與此叙文相合。僅隅山作騶山而已。可見類要所載卽琴操無疑也。今據兩者合爲一篇。

附

神人暢

鵷彼鳴鶵。在巖山之唅。○風雅逸篇五引類要。琴操補遺。書鈔一百六。○逯案。琴操補遺。又據類聚載琴操逸文云。孔子遊於泰山。見薪者哭甚哀。孔子問之。薪者曰。吾自傷故哀爾。當亦此篇之遺。

古今樂録曰。堯郊天地祭神。座上有響誨堯曰。水方至爲害。命子救之。堯乃作歌謝。謝希逸琴論曰。神人暢。堯帝所作。○逯案。桓譚新論曰。堯暢經逸不存。則此歌辭之不出前漢人手可知。今附此。

清廟樂府作廟。穆兮承予宗。百僚肅兮于寢堂。醊禱進福求年豐。有諤響。樂府作嚮。在坐敕予爲害樂府作害。在玄中。欽哉昊樂府作皓。天德不隆。承命任禹寫中樂府云。一作東。宫。○樂府詩集五十七。風雅逸篇一引琴操。詩紀前集四。

南風操

風雅逸篇云。琴操以爲舜作。詩紀同。○古今樂録曰。舜彈五絃之琴。作南風之詩。

反彼三山兮商岳嵯峨。天降五老兮迎我來歌。有樂府云。一作青。黄龍兮自出于河。負書圖兮委蛇羅沙。案圖觀讖兮閔天嗟嗟。擊石拊韶兮淪幽洞微。鳥獸蹌蹌兮鳳凰來儀。凱風自南兮喟其增悲。樂府誤作歎。○樂府詩集五十七作南風歌。風雅逸篇一。詩紀前集四。

箕子操一曰箕子吟。

古今樂録曰。紂時箕子佯狂。痛宗廟之爲墟。乃作此歌。後傳以爲操。

嗟嗟紂爲無道殺比干。嗟重復嗟。獨柰何。漆身爲厲。被髪以佯狂。今柰宗廟何。天乎天哉。欲負石自投河。嗟復嗟柰社稷何。○樂府詩集五十七。詩紀前集四。

尅商操 一曰武王伐紂。

古今樂録曰。武王伐紂而作此歌。謝希逸琴論曰。尅商操。武王伐紂時制。琴集曰。武王伐紂。武王自作也。

上告皇天兮可以行乎。〇樂府詩集五十七。詩紀前集四。

水仙操

琴苑要録曰。水仙操。伯牙之所作也。伯牙學琴於成連。三年而成。至於精神寂莫。情之專一。未能得也。成連曰。吾之學不能移人之情。吾師有方子春在東海中。乃齎糧從之。至蓬萊山。留伯牙曰。吾將迎吾師。刺船而去。旬時不返。伯牙心悲。延頸四望。但聞海水汩没。山林窅冥。羣鳥悲號。仰天嘆曰。先生將移我情。乃援琴而作此歌。

翳洞渭兮流澌濩。舟楫逝兮仙不還。移形素兮蓬萊山。歍欽傷宫仙石還。〇詩紀前集四。〇逯案。各書所引琴操僅載伯牙學琴事。不言有歌辭。樂府詩集輯録古今琴曲亦不及此操。知琴苑要録此辭乃後人依託也。

伯姬引

琴苑要録曰。伯姬引者。保母之所作也。伯姬。魯女也。爲宋共公夫人。公薨。伯姬執節守貞。魯襄公三十年。宋宫災。伯姬在焉。有司請曰。火將至矣。伯姬曰。吾聞夫人夜出。不見傅母不下堂。逮乎火而死。其母自傷行遲。悼伯姬之遇災。援琴而歌曰。

嘉名潔兮行彌章。托節鼓兮令躬喪。歍欷何辜遇斯殃。嗟嗟柰何罹斯殃。○詩紀前集四。○逯案。琴操有此引。但無歌辭。樂府詩集尚無著録。此歌係後人依託。

思歸引

琴苑要録曰。思歸引者。衛女之所作也。昔衛侯有女。邵王聞其賢。請聘之。未至而王薨。太子欲留之。女不聽。拘於深宫。欲歸不得。援琴而歌。曲終縊而死。

涓涓泉水。流及風雅逸篇無及字。于淇兮。有懷于衛。靡日不思。執節不移兮行不隳。風雅逸編作詭隨。砼軻風雅逸篇作坎坷。何辜兮離厥菑。風雅逸篇作茨。嗟乎何辜兮離厥菑。○詩紀前集四。又風雅逸篇二引淇、思、隨、茨四韵。○逯案。晉石崇思歸引序曰。崇少有大志。晚節更樂放逸。因覽樂篇有思歸引。古曲有絃無歌。乃作樂辭云云。又琴操此引亦有序無歌。據此本篇顯係後人依託。

琴引

琴苑要録曰。琴引者。秦時屠門高之所作也。秦爲無道。奢淫不制。徵天下美女以充後宫。乃縱酒離宫。作戲倡優。宫女侍者千餘人。屠門高見宫女幼妙寵麗。於是援琴而歌之。作爲離□之操。曲未及終。琴折柱摧。絃音不鳴。舍琴而更援他琴以續之曰。

酒坐俱勿往。聽吾琴之所言。舒長袲似舞兮乃褕袂何曼。奏章而却逢兮顧瞻心之所驩。借連娟之寒態兮假卮酒酌五般。泣喻而妖兮納其聲聲麗顔。長榆兮嘆曰騎。美人旖旎紛嬀。椎霜羅衣兮羽旄。當是麾之訛字。夜褎圭玉珠參差。妙麗兮被雲髾。登高臺兮望青挨。常羊啖還何厭兮歸來。詩紀云。字訛不可讀。俟再考正。○詩紀前集四。○逯案。琴操有琴引。其文云。琴引者。秦時倡屠門高之所作也。秦時采天下美女以充後宫。幽愁怨曠。咸致災異。屠門高爲之作琴引以諫焉云云。與琴苑要録所言旨意不同。而此歌亦非諫辭。知必爲琴操以後僞作也。

岐山操

琴苑要録曰。岐山操者。周太王之所作也。太王居邠。狄人攻之。事之以珠玉太馬皮幣。狄侵不止。問其所欲。得土地也。太王曰。土地所以養萬民也。吾不争所用養而害吾所養。遂策杖而去之。踰梁山而邑乎岐山。喟然嘆息。援琴而鼓之。

狄戎侵兮土地遷琴操作移。移。琴操作遷。邦邑琴操邑下有兮字。適於岐山。琴操無山字。烝民不憂兮誰者知。嗟嗟柰何兮琴操無兮字。予命遭斯。○琴操上。詩紀前集四。○逯案。樂府詩集五十七載韓愈岐山操而不著此歌。題注又引琴操曰。岐山操。周公爲太王作也。是知唐宋之間此操尚有絃無辭。其序語與琴苑要録亦不同。琴苑此歌必爲後世依託無疑。又案。今本琴操曰。岐山操者。周太王之所作也。太王居豳。狄人攻之。仁恩惻隱。不忍流血。選練珍寶犬馬皮幣束帛與之。狄侵不止。問其所欲。得土地也。太王曰。土地者。所以養萬民也。吾將委國而去矣。二三子亦何患無君。遂杖策而出。踰乎梁而邑乎岐山。自傷德劣。不能化夷狄。爲之侵。喟然歎息。援琴而鼓之云云。其後即爲歌辭。查此序文與樂府所引琴操不同。而全襲大周正樂之文。大周正樂乃唐時樂録。不能以之代琴操。至於歌辭乃沿用琴苑要録。據此今本琴操乃後世輯綴而成。已非書之原貌。不得據之謂岐山操爲後漢前之作。

仙道

綏山謡

列仙傳曰。葛由者。羌人也。周成王時。好刻木羊賣之。一旦。騎羊而入西蜀。蜀中王侯貴人追之上綏山。隨之者不復還。皆得仙道。故里諺曰。

得綏山御覽或誤作仙。一桃。雖不御覽不下或有能字。得仙。亦足亦豪。○列仙傳上。搜神記一。類聚九十四。御覽九百二、九百六十七。詩紀外集一。

長安中謠

列仙傳曰。陰生者。長安中渭橋下乞兒也。常止於市中乞。市人厭苦。以糞灑之。旋復在里中。衣不見污如故。長吏械收。繫著桎梏。而續在市中乞。又械欲殺之。乃去灑者之家。室自壞。殺十餘人。故長安中謠曰。

見乞兒與美酒。以御覽以上有可字。免破屋御覽作家。之咎。御覽作憂。○列仙傳下。搜神記一。御覽八百二十七。詩紀外集一。

里語

洞冥記曰。太初三年。東方朔從西那汗國歸。得聲風木十枝獻帝。曰。臣已見此枝三過枯死而復生。豈汗折而已哉。里語曰。

年未半。枝不汗。○別國洞冥記二。御覽九百五十三。

赤雀辭

列仙傳曰。陶安公者六安鑄冶師也。數行火。火一旦散上行。紫色衝天。安公伏冶下求哀。須臾朱雀止冶上曰云云。至期。赤龍到。大雨。而安公騎之東南上。

安公安公。治與天通。七月七日。迎汝以赤龍。○列仙傳下。搜神記一。類聚七十八。詩紀外集一。

鬼神

崔少府女贈盧充詩

搜神記曰。盧充者。范陽人。家西三十里有崔少府墓。充出獵。見一麞。逐之。忽見一里門如府舍。門中一鈴下。唱客前。充問之。答曰。少府府也。充進見少府。展姓名。酒炙數行。謂充曰。尊府君不以僕門鄙陋。近得書爲君索小女婚。故相迎耳。便敕内令女郎粧嚴。立席頭共拜。三日畢。崔謂充曰。君可歸矣。女有娠。相若生男當以相還。敕外嚴車送客。充上車去。須臾至家。别後四年。三月三日。臨水戲。忽見二犢車近岸。充往開車後户。見崔氏女與三歲男共載。女抱兒還充。又與金鋺。并贈詩曰云云。充取兒鋺及詩。忽不見車處。

煌煌靈芝質。光麗何猗猗。華豔當時顯。嘉異表神奇。含英未及秀。中夏罹霜萎。榮曜長幽滅。世路永無施。不悟陰陽運。哲人忽來儀。會淺離别速。皆由靈與祇。何以贈余親。金鋺可養兒。愛恩從此别。斷絶傷肝脾。○搜神記十六。世説新語方正篇注引孔氏志怪。法苑珠林七十五引續神仙記。詩紀外集四。

漢詩卷十二

古詩

詠譙君黄詩

華陽國志曰。巴郡譙君黄。不事公孫述。述遣使賫藥酒懼之。君黄笑曰。吾不省藥乎。其子瑛納錢八百萬得免。國人作詩曰。

肅肅清節士。執德實固貞。違惡以授命。没世遺令聲。○華陽國志巴志。

傷三貞詩

華陽國志曰。永初中。廣漢漢中羌反。虐及巴郡。有馬妙祈妻義。王元憒妻姬、趙蔓君妻華。執共姜之節。守一醮之禮。號曰三貞。遭亂兵迫匿。懼見拘辱。三人同時沉於西漢水而没死。有黄鳥鳴其亡處。國人傷之。乃作詩曰。

閒關黄鳥。爰集於樹。窈窕淑女。是繡是黼。惟彼繡黼。其心匪石。嗟爾臨川。邈不可獲。○華陽國志巴志。

風巴郡太守詩

華陽國志曰。漢安帝時。巴郡太守連失道。國人風之曰。

明明上天。下土是親。叢刊本作觀。帝選元后。求定安民。華陽國志作民安。孰可不念。禍福由人。願君奉詔。惟德日新。華陽國志作親。○華陽國志巴志。

刺巴郡郡守詩

華陽國志曰。孝桓帝時。河南李盛仲和。爲巴郡守。貪財重賦。國人刺之曰。

狗吠鳴沙類書殘卷作盧鵲。署出金籯同。何喧喧。有吏鳴沙類書殘卷作史。來在鳴沙類書殘卷作到。門。披衣出門應。署出金籯作出户看。府記署出金籯作吏言。欲得錢。二句鳴沙類書殘卷作問史何所以。己言欲得錢。語窮乞請期。吏怒反見尤。旋步顧家中。家中無可爲。思往從隣貸。隣人已言匱。錢錢何難得。令我獨憔悴。○華陽國志巴志。鳴沙石室古籍叢殘類書殘卷刺史門盧鵲條。鳴沙石室古籍叢殘署出金籯縣令子男之篇第二十四庭鵲喧條。

思治詩

華陽國志曰。漢末政衰。牧守自擅。巴郡民人思治。作詩曰。

混混濁沼魚。習習激清流。温温亂國民。業業仰前修。○華陽國志巴志。

張公神碑歌

張公神碑曰。惟和平元年五月。犂陽營謁者李君。畏敬公靈悃愊慇勤。作歌九章達李君□。頌公德芳。其辭曰。

綦水湯湯揚清波。東流□折□于河。□□□□□朝歌。縣以絜静無穢瑕。公□集古録跋作與。守相駕蜚魚。集古録跋作魚蜚。往來悠忽遂集古録跋作遠。熹娛。佑此兆民寧厥居。

出自綦□□□□。松柏鬱茂蘭公□。□神往來乘浮雲。種德收福惠斯民。家饒户富無□貧。亹界家静和睦□。當是隣字。

朝歌蕩陰及犁陽。三女所處各殊方。三門鼎列推其鄉。時擕甥幼歸候公。夫人□□□容□。□□□饗□觴。穆風屑兮起壇旁。樂吏民兮永夫央。

鹿呦呦兮□□庭。文樂樂兮□□□。飲清泉兮□□□。見□伏兮不駭驚。惟公德兮之所寧。上陵廟兮助三牲。天時和兮甘露泠。日番□兮無虧傾。

□□蜚兮朱鳥棲。□□桀兮鳴喈喈。㝅鴿勦兮乳徘徊。給御卵兮獻于西。惟公德兮之所懷。

池水□兮鈞臺粲。四角樓兮臨深澗。魚岌岌兮踊躍見。振鱗尾兮游盱盱。時鈞取兮給烹獻。惟公德兮之所衍。

栗蕭什兮蘖鋪陳。新美萌兮香苾芬。蕙草生兮滿園田。競苔茗兮給萬錢。惟公德兮之所□。

門堂鬱兮文耀光。公神赫兮坐東方。明暴視兮儼卬卬。夫人□女兮列在旁。陳君處北兮從官□。車騎駱驛兮交錯重。乘輗軺兮駕蜚龍。驂白鹿兮從仙僮。游北嶽兮與天通。

玄碑既立雙闕建兮。□□□□大路畔兮。亭長閽□□扞難兮。列種槐梓方茂爤兮。天下遠近□不見兮。公神日著聲洞徧兮。□□乾巛傳億萬兮。○隸釋三。又歐陽氏集古録下引蜚、熹、居三韻。

李翊夫人碑歎

李翊夫人碑曰。歲在大淵獻。精魂奄昏。莫不歎息涕零。逝而不返。子孫呱呱。歎曰。

陰陽分兮鐘律滋。星月列兮有四時。神宓設兮萬姓熹。壽十二兮九九期。五三末兮衰在姬。秋發兮春華殆。周公九兮成稱災。靡黄髮兮蓋夭胎。批有皇兮氣所裁。赴鴻淵兮逝不來。鳳延頸兮泣交頤。嚬頭悲兮涕隕零。寐耿耿兮摧傷情。彼蒼天兮愬神靈。慱切剥兮年不榮。蘭茝亡兮喪芝英。誰不切兮作傢聲。噵伾號兮鳴鷽鷽。杞之至兮感動城。陟四極兮升天庭。曰司命兮致不平。飛蠡蟲兮害仁良。魂魄孤兮獨煢煢。陳衵祠兮返所生。幽不見兮存厥荆。嗟日遐兮適窅窅。○隸釋十二。

郭輔碑歌

先生郭輔碑曰。先生諱輔。字甫行。年五十有二。遇疾而終。邑人縉紳。刻石作歌。其辭曰。

寔惟先生。號仲之裔。盛德遺祀。休矣亦世。孝友貞信。仁恕好惠。直己自求。不欲榮勢。綽綽令人。獲道之至。篤生七子。鍾天之祉。堂堂四俊。碩大婉敏。娥娥三妃。行追大姒。葉葉昆嗣。福禄茂止。克昌厥後。身去烈在。鐫石作歌。昭示萬祀。○隸釋十二。

風雨詩

日不顯目兮黑雲多。月不見視兮風非沙。從恣蒙水誠江河。州流灌注兮轉揚波。辟柱槇到忘相加。天門狹小路彭池。無因以上如之何。興詩教海兮誠難過。○漢晉西陲木簡彙編二編。漢人風雨詩簡。

古詩十九首

行行重行行。與君生別離。相去萬餘里。各在天一類聚作一天。鳴沙類書殘卷同。六臣本文選注云。善作一天。涯。鳴沙類書殘卷作崖。道路阻鳴沙類書殘卷作隔。且長。會面安可知。鳴沙類書殘卷作期。御覽同。詩紀云。一作期。胡文選注作代。馬依玉臺作嘶。白帖、御覽、草堂詩箋同。鳴沙類書殘卷作思。文選注同。北風。越鳥巢南枝。相去日已遠。衣帶日已緩。浮雲蔽白日。遊子不顧返。思君令人老。歲月忽已晚。棄捐勿復事文類聚作履。合璧事類同。道。努御覽誤弩。力加餐飯。○文選二十九。玉臺新詠一作枚乘雜詩。類聚二十九。文章正宗二十九。事文類聚別集二十五。合璧事類四十六。詩紀十。又鳴沙石室古籍叢殘類書殘卷送別門引離、崖、期、枝、遠、緩六韻。文選十三鸚鵡賦注引枝一韻。又白帖一、文選十八嘯賦注、草堂詩箋十八各引一句。又御覽四百八十九引離、涯、期、枝、遠、緩、飯七韻。

青青河畔草。鬱鬱園中柳。盈盈樓上女。皎皎當窗牖。娥娥類聚作峩峩。紅粉粧。纖纖出素手。昔爲書鈔作自云。初學記同。倡家女。今書鈔作嫁。初學記同。爲蕩子婦。蕩子行白帖作去。不歸。空牀難獨守。○文選二十九。玉臺新詠一作枚乘詩。類聚三十二。初學記十九。事文類聚後十四作古樂府。合璧事類三十八作古樂府。詩紀十。又書鈔百十二引婦一韻。白帖六引守一韻。

青青陵上栢。磊磊澗中石。人生天地間。忽如遠行客。斗酒相娛樂。聊厚不爲薄。驅車策駑馬。游戲宛與洛。洛中何鬱鬱。冠帶自相索。長衢羅夾巷。王侯多第宅。兩宮遙相望。雙闕百餘尺。極宴娛心意。戚戚何所迫。○文選二十九。詩紀十。又書鈔百四十八作古樂府。引客一韵。又斗酒相娛樂一句。

今日良宴會。歡樂難具陳。彈箏奮逸響。御覽誤作饗。新聲類聚作詩。妙入神。令德唱高言。識曲聽其真。齊心同所願。含意俱未伸。文選作申。類聚同。人生寄一世。奄忽若飇類聚作如飄。塵。何不策高足。先據要路津。無爲守貧賤。轗六臣本文選注云。五臣作坎。軻類聚作轗。長苦辛。○文選二十九。詩紀十。又書鈔百十作曹植詩引神一韵。又類聚三十九引陳、神、申、塵、津、辛六韵。○逯案。此詩書鈔引作曹植詩。當有所據。詩品謂古詩舊疑是曹王所著。爲説與書鈔合。

西北有高樓。上與浮雲齊。交御覽作文。疏結綺窗。阿閣三重階。上有絃歌聲。音響一何悲。誰能爲此曲。無乃杞梁妻。清商隨風發。中曲正徘徊。一彈再三歎。慷慨有餘哀。不惜歌者苦。但傷知音稀。文選注作希。願爲雙鴻鵠。文選作鳴鶴。六臣本注云。五臣作鴻鵠。詩紀云。善作鳴鶴。又文選注作鳴鳥。奮翅起高飛。○文選二十九。玉臺一作枚乘詩。文章正宗二十九。詩紀十。又文選十八琴賦注引希一韵。二十送應氏詩注引飛一韵。又御覽百八十八引階一韵。

涉江采芙蓉。蘭澤多芳草。采之欲事文類聚作與。遺誰。所思御覽作思之。在遠道。還顧望舊鄉。長路漫浩浩。同心而離居。憂傷以類聚作已。事文類聚、合璧事類同。終老。○文選二十九。玉臺新詠一作枚乘詩。類聚二十九。文章正宗二十十九。詩紀十。又御覽九百九十九引草、道二韵。

明月皎夜光。促織鳴東壁。玉衡指孟冬。衆星何歷歷。白露霑野草。時節忽復易。秋蟬鳴樹間。玄鳥逝安適。昔我同門友。高舉振六翮。不念携手好。棄我如遺跡。南箕北有斗。牽牛不負軛。良無盤六臣本文選注云。五臣作磐。文鏡秘府作槃。石固。虚名復何益。○文選二十九。文鏡秘府論西卷。詩紀十。○逯案。文選二十六謝靈運道路憶山中詩注云。古樂府有明月皎夜光。

冉冉孤生竹。結根泰山阿。與君爲白帖作結。新婚。兔玉臺、樂府作菟。下同。絲附女蘿。兔絲生有時。夫婦會有宜。千里遠結婚。悠悠隔山陂。合璧事類作南山。思君令人老。軒車來何遲。傷彼蕙蘭花。含英揚光輝。過時而不采。將隨秋草萎。君亮廣文選作亮君。執高節。賤妾亦文選注作擬。何爲。○文選二十九。玉臺新詠一。樂府詩集七十四。事文類聚後十三。合璧事類六十。廣文選十二。詩紀十。又文選二十六古意贈王中書詩注引一句。白帖六引蘿一韻。○詩紀原注。文心雕龍曰。孤竹一篇。傅毅之辭。逯案。此詩樂府詩集作古辭。事文類聚及合璧事類引作古樂府。

庭中玉臺作前。六臣本文選注云。五臣作前。有奇樹。緑葉事文類聚誤作緣藥。發華滋。攀條折其榮。將以遺所思。馨香盈懷袖。路遠莫致之。此物李善本文選注云。物或爲榮。何足貴。李善本文選作貢。注云。貢或作貴。又事文類聚誤作責。但感別經事文類聚作今。時。○文選二十九。玉臺新詠一作枚乘詩。類聚二十九。文章正宗二十九。事文類聚別集二十五。合璧事類續集四十六。詩紀十。

迢迢玉燭寶典作苕苕。牽牛星。皎皎玉燭寶典作皎皎。類聚同。河漢女。纖纖擢玉燭寶典作濯。類聚、白帖或作濯。素手。札札初學記作軋軋。御覽或同。弄機杼。終日不成章。泣涕零白帖作漣。如雨。河漢清且淺。相去復玉燭寶典作詎。類聚、事文類聚並同。御覽或作詎。書鈔作知。幾許。盈盈一水間。脉脉六臣本文選注云。五臣作脈脈。不得語。○文選二十九。玉臺新詠一作枚乘詩。玉燭寶典七月孟秋弟七。類聚四。初學記四。御覽三十一。文章正宗二十九。事文類聚前集十。詩紀十。又書鈔百五十、御覽八並引許、雨二韻。類聚六十五引女、杼二韻。白帖二引一句。白帖二十二引杼、雨二韻。○逯案。孫志祖文選考異曰。毛本覛覛不得語。何云。覛從見從脈。亦可通。從月則乖其意。廣韻嘆字下箋引此作嘆嘆不得語。志祖案。説文目部脈字注。脈則視也。徐鍇繫傳引脈脈不得語云云。知此句五臣本作脈脈者是。

迴御覽作驅。車駕言邁。類聚作驅車遠行役。悠悠涉長道。四顧何茫茫。御覽作芒芒。東風摇百草。所遇無故物。焉得不速老。盛衰各有時。立身苦不早。人生非金石。豈能長壽考。奄忽隨物化。榮名以爲寶。○文選二十九。文章正宗二十九。詩紀十。又類聚二十七引道、草、老三韻。御覽百九十五引道一韻。又九百九十四引道、草二韻。

東城高且長。逶迤自相屬。迴詩紀作回。風動地起。秋草萋已緑。四時更變化。歲暮一何速。晨風懷苦心。蟋蟀傷局促。蕩滌放情詩紀誤作惰。志。何爲自結束。燕趙多佳人。美者顔如玉。被服羅裳衣。御覽作衣裳。草堂詩箋同。當户理清曲。音響一何文選注作何太。悲。絃急知柱促。馳情整巾李善本文選作中。玉臺、文選注同。帶。沉吟聊躑躅。思御覽作願。爲雙飛燕。銜泥巢君屋。○文選二十九。玉臺新詠一作枚乘詩。詩紀十。又文選二十四贈秀才入軍詩注引一句。又二十九雜詩注引促一韻。御覽三百八十一引玉、曲、促、屋四韻。草堂詩箋四麗人行注作古樂府。引一句。

驅車上東門。遥望郭北類聚作北郭。墓。白楊何蕭蕭。松柏夾廣路。下有陳樂府作涷。死人。杳杳卽長暮。潛寐六臣本文選注云。五臣作寐潛。黄泉下。千載永不類聚作不覺。寤。浩浩陰陽移。年命如朝露。人生忽如寄。壽無金石固。萬歲更相送。賢聖李善本文選作聖賢。莫能度。服食求神仙。多爲藥所誤。合璧事類作悮。不如飲美酒。被服紈與素。辨正論引此下有寄語後世人。道士慎莫作二句。○文選二十九。樂府詩集六十一作驅車上東門行。合璧事類六十七作古樂府。廣文選十二作驅詩上東門行。詩紀十。又僧法琳辨正論引誤、素、作三韻。類聚四十一作古驅車上東門行。引墓、路、暮、寤、露、誤、素七韻。

去者日以六臣本文選注云。五臣作已。類聚作已。疎。來李善本文選作生。類聚同。者日以類聚作已。親。出郭門直視。但見丘與墳。古墓犁爲田。松柏摧爲薪。白楊多悲風。蕭蕭愁殺人。思還故里閭。欲歸道無因。○文選二十九。類聚四十作古墟墓詩。合璧事類六十七作古樂府。詩紀十。

生年文選注作人生。御覽同。不滿百。常懷千歲憂。晝短苦夜長。何不秉燭遊。爲樂當及時。何能待來茲。愚者愛惜費。但爲後世嗤。仙六臣本文選云。善作小。人王子喬。難可與六臣本文選云。五臣作以。等期。○文選二十九。詩紀十。又文選三十五七命注引憂一韵。白帖四引游一韵。御覽八百七十引憂、遊二韵。○逯案。文選二十六河陽縣作注引古詩曰。人生年不滿百。人年二字當有一衍文。

凜凜歲云暮。螻蛄夕六臣本文選注云。五臣作多。玉臺作多。鳴悲。涼風率已厲。遊子寒無衣。錦衾遺洛浦。同袍與我違。獨宿累長夜。夢想見容輝。良人惟古歡。枉駕惠前綏。願得常巧笑。携手同車歸。既來不須臾。又不處重闈。亮無晨風翼。焉能玉臺作得。凌六臣本文選注云。五臣作陵。風飛。眄睞以適意。引領遥相睎。六臣本文選注云。善無此二句。徙倚懷感傷。垂涕沾雙扉。○文選二十九。玉臺新詠一。詩紀十。○古詩存目云。玉臺古本無。

孟冬寒氣至。北風何慘慄。愁多知夜長。仰觀衆星列。三五明月滿。四五蟾李善本文選作詹。書鈔同。文選注作占。兔缺。客從遠方御覽作有客從南。來。遺我一書札。上言御覽或作有。或作叙。長相思。下言久離別。置書白帖作之。御覽或作之。懷袖中。三歲字不滅。一心抱區區。懼君不識察。○文選二十九。玉臺新詠一。文章正宗二十九。合璧事類續集四十八作古樂府。詩紀十。又書鈔百五十引缺一韵。白帖十引札、滅二韵。文選三十五七命注引一句。御覽四百八十九引劄、別、滅三韵。又五百九十五引札、滅二韵。又六百六引札、別二韵。○古詩存目云。玉臺古本無。

客從遠方來。遺御覽作贈。我一端綺。相去萬餘里。故人心尚爾。文彩文選作綵。白帖同。御覽作作。雙鴛鴦。裁爲合歡被。白帖作扇。著以長相思。緣以結不解。以膠投漆中。誰能別離此。○文選二十九。玉臺新詠一。合璧事類外集三十九作古樂府。詩紀十。又白帖二引扇一韵。又四引綺被二韵。又御覽四百七十八引綺、爾二韵。綺、被二韵。○古詩存目云。玉臺古本無。

明月何皎皎。照我羅牀緯。玉臺、類聚、御覽作帷。文選注同。憂愁不能寐。攬衣起徘徊。客行類聚作行客。雖云樂。不如早旋歸。出户獨彷徨文選、玉臺作彷。徨。愁思當告誰。引領還入房。淚下沾裳衣。○文選二十九。玉臺新詠一作枚乘詩。詩紀十。又類聚二十九引帷、徊、歸三韻。文選二十七燕歌行注引帷一韻。御覽八百十六引帷一韻。

古詩五首

上山採蘼類聚作蘪。鳴沙類書殘卷及御覽同。蕪。下山逢故夫。長跪御覽作迴首。問故夫。新人復何如。新人雖言類聚作云。合璧事類同。好。未若故人姝。玉臺作殊。顔色類相似。類聚作其色似相類。合璧事類同。手爪不相如。新人從門入。故人從閤去。新人工御覽作能。織縑。故人工織素。織縑日一匹。織素五白帖作日。丈餘。將縑來草堂詩箋作持。類聚或作以縑持。御覽同。比素。類聚或作持縑將比素。白帖、合璧事類同。新人不如故。○玉臺新詠一。類聚三十二。合璧事類二十八作古樂府。詩紀十。又類聚八十五、白帖二、御覽八百十四、合璧事類外集六十四並引素、餘、故三韻。鳴沙石室古籍叢殘類書殘卷、御覽五百二十一並引夫、如二韻。又白帖三十二引素、餘二韻。御覽九百八十三引夫一韻。草堂詩箋七白絲行注引素、故二韻。

○古詩存目云。玉臺古本無。

四坐初學記作座。萬花谷同。且莫諠。願聽歌一言。請説銅鑪器。合璧事類作香爐。萬花谷同。崔嵬象合璧事類作東。南山。上枝似玉臺作以。合璧事類同。御覽作上以植。松栢。下根據銅盤。雕文各異類。離婁自相聯。類聚作連。初學記、韻補同。誰能爲此器。公韻補作工。輸與魯班。朱御覽誤作末。火然其中。青煙颺其間。從類聚作順。初學記、御覽、合璧事類、萬花谷並同。風入君懷。四坐莫不廣文選作且莫。歎。玉臺、御覽作歎。香風難久居。空令蕙草殘。○玉臺新詠一。類聚七十。初學記二十五引作古詩詠香爐詩。合璧事類外集四十一作古樂府。萬花谷後七。廣文選十五。詩紀十。又御覽七百三引言、山、盤、連、間、歎、殘七韵。韵補二引連、班二韵及盤、連二韵。〇古詩存目云。玉臺古本無。逯案。玉臺所載均有關女性之作。此其體例也。此詩不合原書體例。原本不應有之。

悲與親友别。氣結不能言。贈子以自愛。道遠會見難。人生無幾時。顛沛在其間。念子棄我去。新心有所歡。結志青雲上。何時復來還。〇玉臺新詠一。廣文選十五。詩紀十。〇古詩存目云。玉臺古本無。

穆穆清風至。御覽作止。吹我羅衣玉臺作裳。類聚、御覽、事類賦同。裾。青袍似春草。長條草堂詩箋作修雲。隨類聚作從。御覽、事類賦、草堂詩箋同。風舒。朝登津梁山。褰裳望所思。安得抱柱信。皎日以爲期。〇玉臺新詠一。廣文選十五。詩紀十。又類聚八十一、御覽九百九十四、事類賦草賦注、草堂詩箋二十一渡江詩注並引裾、舒二韵。〇紀氏玉臺考異引吴兆宜曰。案下抱柱。山當作上。逯案。吴説是。津梁上。始與抱柱信呼應。若作津梁山。則互無關涉。又古詩存目謂玉臺古本無此詩。

蘭若生春陽。涉冬猶盛滋。願言追昔愛。情欵感四時。美人在雲端。天路隔草堂詩箋作杳。無期。夜光照玄陰。長歎念玉臺作戀。所思。誰謂我無憂。積念發狂癡。〇玉臺新詠一作枚乘詩。廣文選十五。詩紀十。又草堂詩箋三十一雨晴詩注作枚乘詩。引期一韵。〇古詩存目云。玉臺古本無。

古詩三首

橘柚垂華類聚作嘉。實。乃在深山側。聞君好我甘。竊獨自雕飾。委身玉盤中。歷年冀見食。芳菲不相投。青黄忽改色。人儻欲我知。因君爲羽翼。〇古詩類苑七十七。詩紀十。又類聚八十六、文選三十一雜體詩注、御覽九百六十六、九百七十三、事類賦橘賦注並引側、飾二韵。又文選三十一雜體詩注引翼一韵。

十五從軍征。八十始得歸。道逢鄉里人。家中有阿誰。遥望樂府作看。是君家。松栢冢纍纍。兔從狗竇入。雉從梁上飛。中庭生旅穀。井上生旅葵。烹樂府作舂。穀持作飯。采葵持作羹。羹飯一時熟。不知貽樂府作飴。阿誰。出門東向望。樂府作看。淚落沾我衣。○樂府詩集二十五紫騮馬歌辭。古詩類苑七十七。詩紀十。○逯案。古今樂録云。十五從軍征以下是古詩。

新樹蘭蕙葩。雜用杜蘅御覽作衡。草。終朝采其華。御覽作採草榮。日暮不盈抱。采之欲遺誰。所思在遠道。馨香易銷歇。繁華會枯槁。悵望欲何言。臨風送懷抱。○古詩類苑七十七。詩紀十。又類聚八十一、御覽九百九十四並引草、抱、道三韻。

古詩

步出城東門。遥望江南路。前日風雪中。故人從此去。我欲渡河水。河水深無梁。願爲雙黄鵠。高飛還故鄉。○古詩類苑八十四。詩紀十。

李陵録别詩二十一首

古詩紀依據文選編蘇、李詩七首於漢詩卷二。而以古文苑李陵録别詩十首附在漢詩卷十。蓋謂文選所載爲蘇、李自作。古文苑所載乃後人假託。丁福保全漢詩總匯文選、古文苑各詩。分别編之蘇、李名下。蓋以爲皆少卿、子卿之辭也。逯案。文選、古文苑蘇、李詩十七首以外。書鈔及文選注尚引李詩殘篇兩首。古文苑之孔融雜詩二首。亦原屬李陵。依此計之。蘇、李詩今存者尚有二十一首也。然檢宋顔延之庭誥云。逮李陵衆作。總雜不類。元是假託。非盡陵製。又檢隋志。只稱梁有李陵集二卷。不言有蘇武集。而宋、齊人凡稱舉摹擬古人詩者。亦只有李陵而無蘇武。據此。流傳晉、齊之李陵衆作。至梁始析出蘇詩。然仍附李陵集。昭明卽據此選篇也。以出於李集。故文選蘇武各詩他書尚有引作李陵詩者。要之。此二十一首詩。卽出李陵衆作也。又此二十一首種類雖雜。然無一切合李陵身世者。説明既非李陵所自作。亦非後人所擬詠。前賢如蘇軾、顧炎武等皆疑之固是。然亦未能釋此疑難也。欽立曩寫漢詩別録一文。曾就此組詩之題旨内容用語修辭等。證明其爲後漢末年文士之作。依據古今同姓名録。後漢亦有李陵其人。固不止西京之少卿也。以少卿最爲知名。故後人以此組詩附之耳。今總以李陵録別詩爲題。略依古詩紀。編之本卷之中。

良時不再至。離別在須臾。屏營事文類聚誤作雲。衢路側。執手野踟蹰。仰視浮雲馳。奄忽互類聚作交。事文類聚、合璧事類同。相踰。風波一失所。各書引作路。各在天一隅。御覽誤作涯。長當從此別。且復立類聚作去。合璧事類同。斯須。欲因晨風發。送子以賤軀。○文選二十九作與蘇武。類聚二十九、事文類聚別集二十五、合璧事類續集四十六並作贈蘇武別。初學記十八作贈蘇武。文章正宗二十九作與蘇武。詩紀二作與蘇武。又御覽四百八十九作贈蘇武。引逾、涯二韻。

携手上河梁。鳴沙類書殘卷作河梁上。遊子暮何之。徘徊蹊類聚、合璧事類作溪。路側。初學記作臨蹊路。御覽作歧路間。悢悢各類書作悵悵。六臣本文選注云。五臣作悵悵。不能文選作得。文章正宗同。辭。類聚作離。事文類聚、合璧事類同。行人難久留。各御覽作客。言事文類聚作各。長相思。安知非日月。弦望自有時。努御覽作弩。力崇明德。皓首以爲期。○文選二十九作與蘇武。類聚二十九、初學記十八、御覽四百八十九、事文類聚別集二十五、合璧事類續集四十六並作贈蘇武。文章正宗二十九作與蘇武。詩紀二作與蘇武。又鳴沙石室古籍叢殘類書殘卷作李陵詩。引之一韻。

嘉會難再遇。文選注作逢。三載爲千秋。臨河濯長纓。念子類聚、初學記作別。六臣本文選注云。五臣作別。悵悠悠。初學記作悵阻修。遠類聚作望。望悲風至。對酒不能酬。行人懷往路。何以慰類聚誤尉。我愁。獨有盈觴酒。與子結綢繆。○文選二十九作與蘇武。類聚二十九作贈蘇武別。文章正宗二十九作與蘇武。詩紀二作與蘇武。又文選二十送應氏詩注引一句。初學記十八作贈蘇武。引秋、修二韻。

骨肉緣枝葉。結交亦相因。四海皆兄弟。誰爲行路人。況我連枝樹。與子同一身。昔爲鴛與鴦。今爲參與辰。御覽誤作商。昔者類聚作在。初學記作時。常相近。邈若胡與秦。惟念當乖離。類聚作離別。恩六臣本文選作思。類聚同。情日以類聚作已。新。鹿鳴思野草。可以喻嘉賓。我有一尊酒。欲以贈遠人。願子留斟酌。慰此類聚作我。平生親。○文選二十九作蘇武詩。類聚二十九作蘇武詩。詩紀二作蘇武詩。又初學記十八作李陵贈蘇武詩。引辰、秦二韻。又御覽四百八十九作李陵贈蘇武詩。引商一韻。

結髮爲夫妻。玉臺作婦。恩愛兩不疑。歡娛在今夕。燕婉及良時。征夫懷往玉臺作遠。路。起視夜何其。參辰皆已没。去去從此辭。行玉臺作征。役在戰場。相見未有期。握手一長歎。類聚作歡。誤。淚爲生別玉臺作別生。滋。努力愛春華。六臣本文選作花。莫忘歡樂時。生當復來歸。事文類聚作歸來。合璧事類同。死當長相思。○文選二十九、玉臺新詠一並作蘇武詩。文章正宗二十九作蘇武別詩。詩紀二作蘇武詩。又類聚二十九、事文類聚別集二十五、合璧事類續集四十六俱作蘇武別李陵詩。引其、辭、期、滋、時、思六韻。

黄鵠初學記作鶴。一遠別。千里顧徘徊。胡馬失其羣。思心常依依。何況雙飛龍。羽翼臨當乖。幸有絃歌曲。可以喻中懷。請爲遊子吟。泠泠詩人玉屑作泛泛。一何悲。絲竹厲清聲。六臣本文選注云。五臣作音。慷慨有餘哀。長歌正激烈。中心愴以摧。欲展清商曲。念子不得文選作能。類聚同。歸。俛仰内傷心。淚下不可揮。願爲雙黄鵠。送子俱遠飛。○文選二十九、類聚二十九、詩紀二並作蘇武詩。又初學記十八作蘇武贈李陵詩。引徊、依二韻。詩人玉屑二作蘇武詩。引懷、悲、哀、摧、歸五韻。

燭燭晨明月。馥馥我詩紀云。補注曰。當作秋。蘭芳。芬六臣本文選注云。五臣作芳。馨良詩紀云。一作長。夜發。隨風聞我堂。征夫懷遠路。遊子戀故鄉。寒冬十二初學記作一。月。晨起踐嚴六臣本文選注云。五臣作凝。霜。仰觀江漢流。仰視浮雲翔。良友遠別離。文選作離別。各在天一方。山海隔六臣本文選注云。五臣作隔海。中州。相去悠且長。嘉會難再文選作兩。遇。歡樂殊未央。願君詩紀云。一作言。崇令德。隨時愛景光。○文選二十九作蘇武詩。詩紀二作蘇武詩。又初學記三作古詩。引霜一韻。

有鳥西南飛。熠熠似蒼鷹。朝發天北御覽作地。隅。暮聞御覽作宿。日南陵。欲寄一言去。古文苑缺去字。御覽作書。廣文選作辭。詩紀云。一作辭。託之牋綵繒。因風附輕翼。以遺心蘊蒸。鳥辭路悠長。羽翼不能勝。意欲從鳥逝。駑馬不可乘。○古文苑四。廣文選十。詩紀十。又御覽八百十四作李陵與蘇武詩。引鷹、陵、繒三韻。

爍爍三星列。拳拳月初生。寒涼應節至。蟋蟀夜悲鳴。晨風動喬木。枝葉日夜零。遊子暮思歸。類聚作歸思。塞耳不能聽。遠望正蕭條。百里無人聲。豺狼鳴後園。虎豹步前古文苑作客。庭。遠處天一隅。苦困獨零文選注作伶。類聚同。丁。親人隨風散。歷歷類聚作滴瀝。如流星。三萍古文苑作苹。廣文選同。案苹當爲荆之訛字。離不結。思心獨屏營。願得萱草枝。以解飢渴情。○古文苑四。廣文選十。詩紀十。又藝文類聚二十九作李陵贈蘇武詩。引生、鳴、零、聽、聲、丁、星、情八韻。文選三十七陳情表注作李陵贈蘇武詩。引丁一韻。

寂寂君子坐。奕奕合衆芳。温聲何穆穆。因風動馨香。清言振東序。良時著西庠。乃令絲竹音。列席無當作撫。高唱。悲意何慷慨。清歌正激揚。長哀發華屋。四坐莫不傷。○古文苑四。廣文選十。詩紀十。

晨風鳴北林。熠燿廣文選作熠熠。詩紀云。一作熠熠。東南飛。願言所相思。日暮不垂帷。明月照高樓。書鈔作户樞。御覽同。想見餘光輝。玄鳥夜過庭。髣髴能復飛。褰裳路踟躕。彷徨不能歸。浮雲日千里。安知我心悲。思得瓊樹枝。以解長渴飢。文選注或誤飢渴。○古文苑四。類聚二十九作漢李陵贈蘇武别。廣文選十。詩紀十。又書鈔百五十作李陵詩。引輝一韻。文選二十四爲顧彦先贈婦注作李陵贈蘇武。引渴一韻。御覽百八十四作李陵詩。引輝一韻。

陟彼南山隅。送子淇水陽。爾行西南遊。我獨東北翔。轅廣文選作猿。詩紀同。馬顧悲鳴。五步一彷廣文選作徬。詩紀同。徨。雙鳧相背飛。相遠日已長。遠望雲中路。想見來圭璋。萬里遥相思。何益心獨傷。隨時愛景曜。古文苑作耀。願言莫相忘。○古文苑四。類聚二十九作李陵贈蘇武别。廣文選十。詩紀十。

鍾子歌南音。仲尼歎歸與。戎馬悲邊鳴。遊子戀故廬。陽鳥歸飛雲。蛟龍樂潛居。人生一世間。貴與願同俱。身無四凶罪。何爲天一隅。與其苦筋力。必欲榮薄軀。不如及清時。策名於天衢。○同上

鳳皇鳴高岡。有翼不好飛。安知鳳皇德。貴其來見稀。○古文苑四作李陵録别詩。類聚九十作漢李陵詩。詩紀十。

紅塵蔽文選注作塞。天地。白日何冥冥。○古文苑四李陵録别詩。文選五十五與大理書注引作李陵詩。

許由不洗耳。後世有何徵。○文選五十五陸機演連珠注引李陵詩。○此與上兩句或是同篇殘文。詩紀據升菴詩話列詩全篇。其辭曰。紅塵蔽天地。白日何冥冥。微陰盛殺氣。淒風從此興。招搖西北指。天漢東南傾。嗟爾穹廬子。獨行如履冰。短褐中無緒。帶斷續以繩。瀉水置瓶中。焉辨淄與澠。巢父不洗耳。後世有何稱。詩紀並注曰。升菴詩話云。見修文殿覽御。逯案。此乃楊慎僞造。馮默庵已辨其妄。見詩紀匡謬。

童童孤生柳。寄根河水泥。連翩遊客子。干廣文選作于。詩紀同。冬服涼衣。去家千里餘。一身常渴飢。寒夜立

清庭。仰瞻天漢湄。寒風吹我骨。嚴霜切我肌。憂心常慘戚。晨風爲我悲。瑶光游何速。行願支何廣文選作芰荷。詩紀作支荷。並注云。一作去何。案支何當是夫何之訛。遲。仰視雲間星。忽若割長帷。低頭還自憐。古文苑作怜。盛年行草堂詩箋作倏。已衰。依依戀明世。愴愴古文苑作愴恨。難久懷。○古文苑四作蘇武答詩。廣文選十作蘇武答别詩。詩紀十。又草堂詩箋十一獨酌詩注作蘇武答李陵。引衰一韵。

雙初學記作二。御覽、事文類聚、合璧事類並同。鳧俱北飛。一鳧獨南翔。子御覽或作我。當御覽或作獨。留斯館。御覽或作土。我御覽或作子。當御覽或作獨。歸初學記作還。故鄉。一别如秦胡。會見何詎當作遽。央。愴恨類聚、廣文選作恨。詩紀同。切中懷。不覺淚沾裳。願子長努力。言笑莫相忘。○古文苑四作蘇武别李陵。類聚二十九作漢蘇武别李陵。事文類聚别集二十五。合璧事類續集四十六。廣文選十。詩紀十。又初學記十八引翔、鄉二韵。白帖二十九作李陵詩。引第一句。御覽四百八十九及九百十九並作李陵贈蘇武詩。引翔、鄉二韵。

清凉伊夜没。微風動單幬。○書鈔百三十二作李陵贈蘇子卿詩。

招摇西北馳。天漢東南流。○文選三十擬明月皎夜光詩注作李陵詩。○逯案。上列四句可能出於一篇。楊慎改流爲傾。雜凑僞詩。由此益顯。

嚴父潛長夜。慈母去中堂。○文選二十一三良詩注、詠史詩注、五十九齊故安陸昭王碑文注並引李陵詩。

行行且自割。無令五内傷。○文選二十七王明君詞注、又四十二與鍾大理書注並作李陵詩。○逯案。上列四句可能出於一篇。

巖巖鍾山首。赫赫炎天路。高明曜雲門。遠景灼寒素。昂昂累世士。結根在所固。吕望老匹夫。苟爲因世故。管仲小囚臣。獨能建功祚。人生有何常。但恐年歲暮。幸託古文苑作記。注云。一作託。不肖軀。且當猛虎步。安能苦一身。與世古文苑缺此字。同舉厝。由不慎小節。庸夫笑我度。吕望尚不希。夷齊何足慕。○古文苑四。廣文選十五、詩紀三並作孔融雜詩。又文選三十四七啟注、四十三孫楚爲石仲容與孫晧書注、四十四爲袁紹檄豫州注、五十八辨亡論注均作李陵詩。引步一韵。○逯案。古文苑乃唐人所藏殘書。宋時由一編次爲九卷。且訛缺已甚。不可完全據信。今此詩之句。李善數引皆作李陵。必有根據。今即依李注將此詩編李陵録別中。

遠送新古文苑作親。行客。歲暮乃來歸。入門望愛子。妻妾向人悲。聞子不可見。日已潛光輝。孤墳在西北。常念君來遲。褰裳上墟廣文選作虛。丘。但見蒿與薇。白骨歸黄泉。肌廣文選誤作肥。體古文苑作骨。乘塵飛。生時不古文苑缺不字。識父。死後古文苑缺後字。知我誰。孤魂遊窮暮。飄飖安所依。人生圖孠古文苑作晝。息。爾死我念追。俛仰内傷心。不覺淚沾衣。人生自有命。但恨生日希。○古文苑四、廣文選十五、詩紀三並作孔融雜詩。○逯案。此傷子之詩。亦原屬李集。文鏡秘府引或曰云。五言之作。召南行露。已有濫觴。漢武帝時屢見全什。非本李少卿也。少卿以傷子爲宗。文體未備。意悲辭切。若偶中音響。十九首之流也。據此。本篇與前詩一致。實俱出李集。原本古文苑此二詩與李陵録別詩等均在第四卷。李陵以後。即爲孔融。以相毗近。故易有此竄亂耳。

古詩二首

採葵莫傷根。傷根葵不生。結交莫羞貧。二三兩句。鳴沙類書殘卷作結交莫羞貧。傷根葵不生。互倒。御覽或同。羞貧友鳴沙類書殘卷作交。草堂詩箋同。御覽或同。不成。○類聚八十二。鳴沙石室古籍叢殘類書殘卷。草堂詩箋六示從姪詩注。御覽四百六及九百七十九作古歌辭。詩紀十。

甘瓜抱苦蔕。美棗御覽或誤作草。生荆御覽或作刺。事類賦同。棘。利事類賦誤作刺。傍有倚事類賦作固有。刀。御覽或作愛利防有刀。貪人還自御覽或作自還。賊。○御覽九百六十五、九百七十八。事類賦瓜賦注。詩紀十。

古絶句四首

逯案。六朝人有斷句體。尚無絶句名目。四首蓋後人附入玉臺者。

藁砧今何在。韻補作在何許。山上事文類聚作下。復有合璧事類作安。詩人玉屑同。山。何當合璧事類作時。詩人玉屑同。大刀頭。破鏡飛上初學記作在。天。○玉臺十。類聚五十六。初學記一。事文類聚前集二。合璧事類續集五。韻補二。詩人玉屑一。詩紀十。又御覽七百六十二作古樂府。引山一韻。

日暮秋雲陰。江水清且深。何用通音信。蓮花玳瑁簪。○玉臺新詠十。詩紀十。

菟絲從長風。根莖無斷絶。無情尚不離。有情安可別。○同上

南山一樹桂。上有雙鴛鴦。千年長交頸。歡慶不相忘。○同上

古詩一首

青青陵中草。傾葉晞朝日。陽春布惠澤。枝葉可攬韻補作攪。結。草木爲恩感。況人含氣血。○御覽九百九十四。又韻補五引日、結二韻。

古五雜組詩

五雜組。岡頭草。往復還。車馬道。不獲已。人將老。○藝文類聚五十六。詩紀十。

古兩頭纖纖詩

兩頭纖纖月初草堂詩箋作新月。生。半白事類賦作黑。半黑。事類賦作白。眼中睛。腷腷膊膊雞初鳴。磊磊落落向曙星。○藝文類聚五十六。事類賦星賦注。復古堂詩話。詩紀十。又草堂詩箋十七發秦詩注引生、星二韵。

古詩

啼呼哭泣。如吹胡笳。○御覽四百八十七。

有客從南來。贈我一抱筆。○書鈔一百四。古詩誤作左傳。

泛泛江漢萍。漂蕩水無根。○藝文類聚八十二。

離家千里客。戚戚多思復。○文選二十五登海嶠詩注。又二十七還都詩注作古歌。

日暮塗且遠。遊子悲故鄉。○白帖十。

屢見流芳歇。○文選三十四七啟注。

石門通越井。○寰宇記百五十七。

古遊仙詩

帶我瓊瑶佩。飡我沆瀣漿。○鳴沙石室古籍叢殘類書殘卷神仙門。

魏詩卷一

魏武帝曹操

操。字孟德。沛國譙人。靈帝時舉孝廉。爲郎。歷位丞相。封魏王。建安二十五年卒。年五十六。子丕。受禪。追尊爲武皇帝。有集十卷。

氣出倡

文選十八馬季長長笛賦注云。魏武帝集有氣出、精列二曲。

駕六龍乘風而行。行四海外路。下之八邦。歷登高山。臨谿谷。乘雲而行。行四海外。東到泰山。仙人玉女下來遨遊。宋書、樂府作翺游。下同。驂駕六龍飲玉漿。河水盡不東流。解愁腹飲玉漿。奉持行。東到蓬萊山。上之天之門。王樂府作玉。闕詩紀作玉闕。下引見得入。赤松相對。四面顧望。視正焜煌。詩紀作煌煌。開王宋書作玉。樂府同。心正興其氣。百道至。傳告無窮。閉其口但當愛氣。壽萬年。東到海與天連。神仙之道。出窈入冥。常當專之。心恬憺無所愒欲。閉門坐自守。天與期氣。願得神之人。乘駕雲車。驂駕初學記無此字。白鹿。上到天之門。來賜神之藥。跪受之敬神齊。當如此道自來。樂府止此爲一曲。詩紀同。華陰山自以爲大。高百丈浮雲爲之蓋。仙人欲來。出隨風列之雨。吹我洞簫。鼓瑟琴。何誾誾。酒與歌戲。今日相樂誠爲樂。玉女起起僊移數時。鼓吹一何嘈嘈。從西北來時。仙道多駕烟乘雲駕龍。鬱何蓩蓩。遨遊八極。乃到崑崙之山西王母側。神仙金止玉亭。來者爲誰。赤松王喬乃德旋之門。樂共飲食到黄昏。多駕合坐。萬歲長。宜子孫。樂府止此爲一曲。詩紀同。遊君山甚爲真。磪磈砟硌爾自爲神。乃到王母臺。金階玉爲堂。芝草生殿傍。樂府作旁。東西廂客滿堂。主人當行觴。坐者長壽遽何央。長樂。甫始宜孫子。常願主人增年與天宋書無天字。詩紀同。相守。樂府此上又爲一曲。並云。右三曲魏晉樂所奏。○宋書樂志。樂府詩集二十六。詩紀十一。又初學記一引願得神之人以下四句。

精列

厥初生。造化之陶物。莫不有終期。莫不有終期。聖賢不能免。何爲懷此憂。願螭龍之駕。思想崑崙居。思想崑崙居。見欺於迂怪。志意在蓬萊。志意在蓬萊。周孔聖徂落。會稽以墳丘。會稽以墳丘。陶陶誰能度。君子以弗憂。年之暮。奈何時過宋書作過時。時來微。○宋書二十一。樂府詩集二十六。廣文選十三。詩紀十一。

度關山

天地間。人爲貴。立君牧民。爲之軌則。車轍馬迹。廣文選作跡。詩紀同。經緯四極。黜陟幽明。黎庶繁息。於鑠賢聖。總統邦域。封建五爵。井田刑獄。有燔丹書。無普赦贖。皋陶甫侯。宋書作刑。何有失職。嗟哉後世。改制易律。勞民爲君。役賦其力。舜漆食器。畔者十國。不及唐堯。采宋書作採。椽不斲。世嘆伯夷。欲以厲俗。侈惡之大。儉爲共宋書作恭。德。許由推讓。豈有訟曲。兼愛尚同。疏者爲戚。樂府云。右一曲魏晉樂所奏。○宋書樂志。樂府詩集二十七。廣文選十三。詩紀十一。

薤露

惟漢二十宋書作二十二。樂府、廣文選同。世。所任誠不良。沐猴而冠帶。知宋書作智。小而謀彊。樂府作彊。廣文選同。猶豫不敢斷。因狩執君王。白虹爲貫日。己亦先受殃。賊樂府誤作賦。臣持廣文選作執。詩紀同。樂府云。一作執。國柄。殺主滅宇京。蕩覆帝基業。宗廟以燔喪。播越西遷移。號泣而且行。瞻彼洛城郭。微子爲哀傷。樂府云。

右一曲魏樂所奏。〇宋書樂志。樂府詩集二十七。廣文選十三。詩紀十一。

蒿里行

關東有義士。興兵討羣凶。初期會孟樂府作盟。廣文選、詩紀同。津。乃心在咸陽。軍合力不齊。躊躇而鴈行。勢利使人争。嗣還自相戕。淮南弟稱號。刻璽於北方。鎧甲生蟣虱。萬姓以死亡。白骨露於野。千里無雞鳴。生民百遺一。念之斷宋書作絶。人腸。樂府云。右一曲魏樂所奏。〇宋書樂志。樂府詩集二十七。廣文選十三。詩紀十一。

對酒

對酒歌。太平時。吏不呼門。王者賢且明。宰相股肱皆忠良。咸禮讓。民無所争訟。三年耕有九年儲。倉穀滿盈。斑樂府作班。詩紀同。白不負戴。雨澤如此。百宋書作五。穀用成。却走馬以糞其土樂府誤作上。田。爵公侯伯子男。咸愛其民。以黜陟幽明。子養有若父與兄。犯禮法。輕重隨其刑。路無拾遺之私。囹圄空虚。冬節不斷人。耄耋皆得以壽終。恩澤樂府作德。廣文選同。廣及草木昆蟲。樂府云。右一曲魏樂所奏。○宋書樂志。樂府詩集二十七。廣文選十三。詩紀十一。○逯案。起首對酒歌三字。當是衍文。

陌上桑

駕虹蜺。乘赤雲。登彼九疑歷玉宋書作王。門。濟天漢。至崑崙。見西王母。謁東君。交赤松。及羨門。受要秘道愛精神。食芝英。飲醴泉。拄杖桂樂府無桂字。枝佩秋蘭。絶人事。遊渾元。若疾風遊欻飄翩。宋書作飄。樂府同。又注云。一作飄。廣文選作飄。景未移。行數千。壽如南山不忘愆。樂府云。右一曲晉樂所奏。○宋書樂志。樂府詩集二十八。廣文選十三。詩紀十一。○逯案。樂府詩集於宋書所列相和曲。皆目爲魏樂所奏。於宋書所列三調曲。皆目爲晉樂所奏。今此篇乃相和曲。而曰晉樂所奏。疑晉爲魏字之誤。

短歌行

周西伯昌。懷此聖德。三宋書作參。分天下。而有其二。修奉貢獻。臣節不墜。樂府誤作隆。崇侯讒之。是以拘繫。一解後見赦原。賜之斧鉞。得使征伐。爲仲尼所稱。逮樂府誤作達。及德行。猶奉事殷。論叙其美。二解齊桓之功。爲霸之首。九合諸侯。一匡天下。一匡天下。不以兵車。正而不譎。其德傳稱。三解孔子所歎。並樂府作幷。廣文選同。稱夷吾。民受其恩。賜與廟胙。命無下拜。小白不敢爾。天威在顏咫尺。四解晉文亦霸。躬奉天王。受賜珪瓚。秬鬯彤弓。盧弓矢千。虎賁三百人。五解威服諸侯。師之者尊。八方聞之。名亞齊桓。河陽之會。詐稱周王。是以樂府無以字。其名紛葩。廣文選無葩字。六解○樂府云。右一曲晉樂所奏。○宋書樂志。樂府詩集三十。

廣文選十二。詩紀十一。

短歌行

對酒當歌。人生幾何。譬如朝露。去日苦多。慨當以慷。憂思難忘。何以解憂。唯有杜康。青青子衿。悠悠我心。但爲君故。沉吟至今。樂府無此二句。六臣本文選注云。善本無此二句。呦呦鹿鳴。食野之苹。我有嘉賓。鼓瑟吹笙。明明如月。何時可掇。樂府作輟。事文類聚作撮。憂從中來。不可斷絶。越陌度阡。枉用相存。契闊談讌。心念舊恩。月明星稀。詩紀作希。烏鵲南飛。繞樹三匝。何草堂詩箋作無。事文類聚同。枝可依。草堂詩注作棲。山不厭高。海不厭深。周公吐哺。天下歸心。樂府云。右一曲本辭。○文選三十七。樂府詩集三十。詩紀十一。又文選二十六郡内高齋閑坐答吕法曹詩注作善哉行。引深一韻。草堂詩箋五奉贈詩注引飛、棲二韻。事文類聚續集二十四引何、多、撮、絶、飛、依、深、心八韻。

對酒當歌。人生幾何。譬如朝露。去日苦多。一解 慨當以慷。憂思難忘。以何解愁。唯有杜康。二解 青青子衿。悠悠我心。但爲君故。沈吟至今。三解 明明如月。何時可掇。樂府作輟。憂從中來。不可斷絶。四解 呦呦鹿鳴。食野之苹。我有嘉賓。鼓瑟吹笙。五解 山不厭高。水不厭深。周公吐哺。天下歸心。六解 樂府云。右一曲晉樂所奏。○宋書樂志。樂府詩集三十。詩紀十一。○詩紀不載此篇。只從文選編入上篇。並注云魏晉樂所奏。分爲六解。與此並同。但無越陌度阡以下八句云云。○逯案。詩紀此篇不分本辭奏曲。不免自亂其例。今改正之。

秋胡行

晨上散關山。此道當何難。晨上散關山。此道當何難。宋書原注。一本云。晨〻上〻散〻關〻山〻此〻道〻當〻何〻難〻。

牛頓不起。車墮宋書作隳。谷間。坐盤宋書作槃。石之上。彈五弦之琴。作清角韵。意中迷煩。歌以言志。晨上散關山。一解 有何三老公。卒來在我傍。有何三老公。卒來在我傍。宋書原注。一本云有〻何〻三〻老〻公〻卒〻來〻在〻我〻傍〻。負揜被裘。似非恒人。謂卿云何。困苦以自怨。徨徨所欲。來到此間。歌以言志。有何三老公。二解 我居崑崙山。所謂者真人。我居崑崙山。所謂者真人。宋書原注。一本云我〻居〻崑〻崙〻山〻所〻謂〻真〻人〻。道深有文選注作未。可得。名山歷觀。文選注觀下有行字。遨遊宋書作游。八極。枕石漱流。飲泉沉吟不決。遂上升天。歌以言志。我居崑崙山。三解 去去不可追。長恨相牽攀。去去不可追。長恨相牽攀。宋書原注。一本云去〻不〻可〻追〻長〻相〻牽〻攀〻。夜夜安得寐。惆悵以自憐。正而不譎。乃宋書作辭。樂府同。賦依因。經傳所過。西來所傳。歌以言志。去去不可追。四解 樂府云。右一曲晉樂所奏。○宋書樂志。樂府詩集三十六。詩紀十一。又文選二十九雜詩注引二句。○逯案。有何三老公。三殆一之訛字。何一爲漢習語。漢簡多此例。如何一男子是。又選注引文與宋志異。蓋是則據魏武集。

秋胡行

願登泰華山。神人共遠遊。願登泰華山。神人共遠遊。經歷崑崙山。到蓬萊。飄颻八極。與神人俱。思得神藥。萬歲爲期。歌以言志。願登泰華山。一解 天地何長久。人道居之短。天地何長久。人道居之短。世言伯陽。殊不知老。赤松王喬。亦云得道。得之未聞。庶以壽考。歌以言志。天地何長久。二解 明明日月光。何所不光昭。明明日月光。何所不光昭。二儀合聖化。貴者獨人不。萬國率土。莫非王臣。仁義爲名。禮樂爲榮。歌以言志。明明日月光。三解 四時更逝去。晝夜以成歲。四時更逝去。晝夜以成歲。大人先天。而天弗違。

不戚年往。世憂不治。存亡有命。慮之爲蚩。歌以言志。四時更逝去。四解 戚戚欲何念。歡笑意所之。戚戚欲何念。歡笑意所之。廣文選缺以上二句。壯盛智惠。殊不再來。愛時進趣。將以惠誰。汎汎放逸。亦同何爲。歌以言志。戚戚欲何念。五解 樂府云。右一曲魏晉樂所奏。○宋書樂志。樂府詩集三十六。廣文選十三。詩紀十一。○逯案。山到蓬萊。山乃上之訛字。又二儀合聖化。貴者獨人不。應作二儀合化。貴者獨人。此自其章句及用韻皆足證之。不字涉下文萬字而衍。聖字後人妄添。

苦寒行

樂府解題曰。晉樂奏武帝北上篇。備言冰雪谿谷之苦。其後或謂之北上行。蓋因武帝辭而擬之也。

北上白帖作登。太行山。艱哉何巍巍。羊腸坂六臣本文選作阪。詰屈。白帖作曲。車輪爲之摧。樹木類聚作巃樹。何蕭瑟。六臣本文選作索。注云。善作瑟字。北風聲正悲。熊羆對我蹲。虎豹夾路啼。谿谷少人民。雪落何霏霏。延頸長歎息。遠行多所懷。我心何怫鬱。思欲一東歸。水深橋梁絶。中路六臣本文選作道。注云。善作路字。正徘徊。迷惑失故路。薄暮無宿栖。文選注作暮無所宿栖。六臣本文選注。五臣作暮無所宿栖。行行日已遠。人馬同時飢。六臣本文選作饑。擔類聚作檐。囊初學記作橐。行初學記作以。取六臣本文選注云。五臣作采。薪。斧冰持類聚作待。作糜。悲類聚作哀。彼東山詩。悠悠使樂府作令。我哀。類聚作悲。樂府云。右一曲本辭。○文選二十七。樂府詩集三十三作魏文帝作。詩紀十一。又文選二十六迎大駕詩注引一句。二十七王明君詞注引飢一韻。類聚四十一作魏文帝詩。引巍、摧、悲、霏、糜、悲六韻。初學記二十六引飢、糜二韻。白帖三引首句及摧一韻。○逯案。詩紀不載後篇。今據樂府補入。

北上太行山。艱哉何巍巍。太行山。艱哉何巍巍。羊腸坂詰屈。車輪爲之摧。一解 樹木何蕭瑟。北風聲正悲。何蕭瑟。北風聲正悲。熊羆對我蹲。虎豹夾道啼。二解谿谷少人民。雪落何霏霏。少人民。雪落何霏霏。延頸長歎息。遠行多所懷。三解我心何怫鬱。思欲一東歸。何怫鬱。思欲一東歸。水深橋梁絶。中道正徘徊。宋書作裵回。四解迷惑失徑路。暝無所宿棲。失徑路。暝無所宿棲。行行日以遠。人馬同時飢。五解擔宋書作儋。囊行取薪。斧冰持作糜。擔囊行取薪。斧冰持作糜。悲彼東山詩。悠悠使我哀。六解　樂府云。右一曲晉樂所奏。○宋書樂志。樂府詩集三十三署魏文帝作。

善哉行

古公亶甫。廣文選作父。詩紀同。積德垂仁。思弘一道。哲王於豳。一解太伯仲雍。宋書作雝。王德之仁。行施百世。斷髮文身。二解伯夷叔齊。古之遺賢。讓國不用。餓殂首山。三解智哉山甫。相彼宣王。何用杜伯。累我聖賢。四解齊桓之霸。賴得仲父。後任豎刁。蟲流出户。五解晏子平仲。積德兼仁。與世沈德。未必思命。六解仲尼之世。王國爲君。隨制飲酒。揚波疑作彼。使臣。樂府作官。七解　樂府云。右一曲魏晉樂所奏。○宋書樂志。樂府詩集三十六。廣文選十三。詩紀十一。

善哉行

自惜身薄祜。宋書作祐。夙賤罹孤苦。既無三徙教。不聞過庭語。一解其窮如抽裂。自以思所怙。雖懷一介志。是時其能與。二解守窮者貧賤。惋歎樂府誤作歎。淚如雨。泣涕於悲夫。乞活安詩紀作要。能覩。三解我願於天窮。琅邪傾側左。雖欲竭忠誠。欣公歸其楚。四解快人由宋書作曰。爲歎。文選注作喟然以惋歎。抱情不得敘。

顯行天教人。誰知莫不緒。五解我願何時隨。此歎亦難處。今我將何照於光曜。宋書作燿。釋銜不如雨。六解樂府云。右一曲魏晉樂所奏。詩紀同。○宋書樂志。樂府詩集三十六。詩紀十一。又文選二十五顏延之夏夜呈從兄詩注作魏文帝善哉行。引敍一韵。○逯案。操父嵩。因避董卓亂。赴琅邪。爲陶謙所殺。其時在中平六年以後。而操已三十五六歲。不應有夙賤罹孤苦自以思所怙之句。疑此非孟德之詩。宋書蓋傳寫有誤。

善哉行

痛哉世人。見欺神仙。○文選二十四曹子建贈白馬王彪詩注。

步出夏門行

詩紀作步出東西門行。初學記作出夏門行。晉書拂舞歌作碣石篇。樂府五十四、廣文選同。南齊書作碣石辭。○逯案。此歌用於瑟調者作步出夏門行。用於舞曲者作碣石篇。詩紀獨作步出東西門行。所據或魏帝本集歟。今依宋志。

雲行雨步。超越九江之皋。臨觀異同。心意懷遊豫。不知當復何從。經過至我碣石。心惆悵我東海。雲行至此爲豔。東臨碣石。以觀滄海。水何南齊書作河。淡淡。樂府作澹澹。廣文選、詩紀同。山島竦宋書作疎。峙。樹木叢生。百草豐茂。秋風蕭瑟。洪波詩紀云。一作濤。湧南齊書作涌。樂府作踴。起。日月之行。若出其中。星漢燦宋書、南齊書作粲。樂府同。爛。若出其裏。幸甚至哉。歌以言樂府作詠。廣文選、詩紀同。志。觀滄海。一解　南齊書止於歌以言志句。晉書無一解字。夾注觀滄海三字。樂府五十四無一解字，另行題右觀滄海四字。廣文選同。詩紀另行書右觀滄海四字。並注一解。下仿此。孟冬十月。北風徘徊。宋書作裵回。初學記作裵徊。天氣肅清。繁霜霏霏。鵾雞晨鳴。鴻雁晉書作雁過。樂府或同。南飛。鷙宋書作蟄。鳥潛藏。熊羆窟栖。錢鎛停置。農收積場。逆旅整宋書作正。設。以通賈商。晉書潘岳傳作商賈。廣文選、詩紀同。幸甚至哉。歌以詠志。冬十月。二解鄉土不同。河朔隆寒。流澌浮漂。舟船行難。錐不入地。豐晉書作豊。廣文選同。籟深奥。水竭不流。冰堅可蹈。士宋書作土。樂府或同。又注。一作士。隱者貧。勇俠輕非。心常歎怨。戚戚多悲。幸甚至哉。歌以詠志。河朔寒。晉書作土不同。樂府或作右土不同。廣文選、詩紀同。詩紀又注。一作河朔寒。餘如上。三解　神龜雖壽。猶有竟宋書殘作音。時。騰蛇樂府或作虵。乘宋書訛作末。霧。終爲土灰。驥老晉書王敦傳作老驥。書鈔、御覽、廣文選、詩紀並同。周書作老馬。樂府或作老驥。伏櫪。宋書作歷。世説同。志在千里。烈御覽作列。士暮年。壯心不已。盈縮之期。不但在天。養怡殿本宋書考證云。武帝集作恬。詩紀注云。一作恬。之福。可得永年。幸甚至哉。歌以詠志。神晉書無神字。龜雖壽。四解　樂府云。右一曲魏晉樂所奏。○宋書樂志。樂府詩集三十七。詩紀十一。又晉書二十三、樂府詩集五十四、廣文選十三均引四解。無豔詞。又南齊書十一引第一解。無豔詞。又晉書王敦傳、世説新語豪爽篇、北周書蕭詧傳、書鈔百三十五、御覽七百三各引里、已二韵。晉書潘岳傳引賈一韵。初學記三引徊、棲二韵。○逯案。末句神字。疑爲衍文。

却東西門行

古今樂録曰。王僧虔技録云。却東西門行。荀録所載武帝鴻雁一篇。今不傳。

鴻鴈出塞北。乃在無人鄉。舉翅萬里餘。樂府作萬餘里。行止自成行。冬節食南稻。春日復北翔。田中有轉蓬。隨風遠飄揚。長與故根絶。萬歲不相當。奈何此征夫。安得去四方。戎馬不解鞍。鎧甲不離傍。冉冉老將至。何時反故鄉。神龍藏深泉。猛獸步高岡。廣文選作崗。狐死歸首丘。故鄉安可忘。樂府云。右一曲魏晉樂所奏。○樂府詩集三十七。廣文選十三。詩紀十一。

董卓歌辭

逯案。此歌斥袁紹。無與於董卓。漢末有董逃歌。或作董桃。今作董卓。卓者蓋逃或桃之誤字。

德行不虧缺。變故自難常。鄭康成行酒。伏地氣絶。郭景圖命盡於園桑。○三國志袁紹傳注引英雄記。

謡俗辭

粒米不足舂。寸布不足縫。㲱初學記作甕。中無斗儲。發篋無尺繒。友來從我貸。不知所以應。○秘府略八百六十四引縫、繒二韵。初學記十八引繒、應二韵。

有南篇

南山有大石。○寰宇記三。

飲馬長城窟行

四時隱南山。子欲適西戎。○文選二十三臨終詩注。○逯按。句首當作四皓隱商山。

魏詩卷二

王粲

粲。字仲宣。山陽高平人。初辟司徒府。除黄門郎。不就。至荆州依劉表。荆州平。曹公辟爲丞相掾。封關内侯。遷軍謀祭酒。進侍中。建安二十二年卒。有集十一卷。

贈蔡子篤詩

蔡睦。字子篤。爲尚書。仲宣與之同避難荆州。子篤還。仲宣作此贈之。○五臣本文選向注謂子篤還會稽。

翼翼飛鸞。載飛載東。我友云徂。言戾舊邦。舫舟翩翩。以泝大江。蔚矣荒塗。時行靡通。慨我懷慕。君子所同。悠悠世路。亂離多阻。濟岱江衡。李善本文選作行。詩紀同。邈焉異處。風流雲散。一别如雨。人生實難。願其弗與。瞻望遐路。允企伊佇。烈烈初學記作冽冽。冬日。肅肅淒風。初學記作祁寒。潛鱗在淵。初學記作川。避唐諱改。歸雁載詩紀作在。軒。苟非鴻鵰。孰能飛翻。六臣本文選注云。五臣作翻。雖則追六臣本文選注云。五臣作進。慕。予思罔宣。瞻望東路。慘愴增歎。率彼江流。爰逝靡期。君子信誓。不遷于時。及子同寮。生死固之。何以贈行。言賦新詩。中心孔悼。涕淚漣洏。嗟爾君子。如何勿思。○文選二十三。又詩紀十五。類聚三十一引阻、處、雨三韵。初學記三引寒、軒二韵。

贈士孫文始

三輔決録注曰。士孫萌。字文始。少有才學。年十五。能屬文。初董卓之誅也。萌父瑞知王允必敗。京師不可居。乃命萌將家屬至荆州。依劉表。去無幾。瑞果爲李傕等所殺。及天子都許昌。追論誅董卓之功。封萌爲澹津亭侯。與山陽王粲善。萌當就國。粲作詩以贈萌。

天降喪亂。靡國不夷。我曁我友。自彼京師。宗守蕩失。越用遁違。遷于荆楚。在漳之湄。在漳之湄。亦克黙此孫作尅。李善本文選作尅。晏文選作宴。處。和通篪塤。比德車輔。既度禮義。文選旁證云。毛本作儀。卒獲笑語。庶茲永日。無愆厥緒。雖曰六臣本文選注云。五臣作日。無愆。時不我已。同心離事。乃有逝止。横此大江。淹彼南汜。我思弗及。載坐載起。惟彼南汜。君子居之。悠悠我心。薄言慕之。人亦有言。靡日不思。矧伊嬿婉。胡不悽而。晨風夕逝。託與之期。瞻仰王室。慨其永慨。良人在外。誰佐天官。四國方阻。俾爾歸藩。李善本文選作蕃。作式下國。無曰蠻裔。不虞汝德。愼爾所主。六臣本文選注云。五臣作之。率由嘉則。龍雖勿用。志亦靡忒。悠悠澹澧。御覽作澧。鬱彼唐林。雖則同域。邈爾迥詩紀作迴。非。深。白駒遠志。古人所箴。允矣君子。不遐厥心。既往既來。無密爾音。〇文選二十三。御覽百六十八。詩紀十五。

贈文叔良

搜神記曰。文穎。字叔良。南陽人。爲荆州從事。

翩翩者鴻。率彼江濱。君子于征。爰聘西鄰。臨此洪渚。伊思梁岷。爾行孔邈。如何忽勤。君子敬始。愼爾所主。謀言必賢。六臣本文選注云。五臣作貞。錯説申輔。延陵有作。僑六臣本文選作喬。注云。五臣作僑字。肸是與。先民遺跡。來世之矩。既慎爾主。亦迪知幾。探情以華。覩著知微。視明聽聰。靡事不惟。董褐荷名。胡寧不師。衆不可蓋。無尚我言。梧宮致辯。齊楚構患。成功有要。在衆思歡。人之多忌。掩之實難。瞻彼黑水。滔滔其流。江漢有卷。允來厥休。二邦若否。職汝之由。緬彼行人。鮮克弗留。尚哉君子。異于李善本文選作于異。他仇。人誰不勤。無厚我憂。惟詩作贈。敢詠在舟。〇文選二十三。詩紀十五。

贈文叔良

温温恭人。稟道之極。〇文選二十皇太子釋奠會作詩注。

贈楊德祖

我君餞之。其樂洩洩。〇顔氏家訓文章篇。

爲潘文則作思親詩

章本古文苑作思親爲潘文則作。類聚作思親詩。初學記作思親四言詩。廣文選作爲潘文則思親詩。詩紀作思親詩爲潘文則作。

摯虞文章流别云。王粲所與蔡子篤及文叔良、士孫文始、楊德祖詩。及爲潘文則作思親詩。其文當而整。皆近乎雅矣。顔氏家訓文章篇云。王粲爲潘文則思親詩云。躬此勞瘁。鞠予小子。庶我顯妣。克保遐年。古人之所行。今世之所諱。案此言代人爲文之弊。

穆穆顯初學記作皇。妣。德音徽止。思齊先廣文選作仙。誤。姑。志侔姜姒。廣文選作似。誤。躬此勞瘁。初學記作瘠。鞠予小子。小子之生。遭世罔初學記作同。誤。寧。烈考勤時。類聚作眸。誤。從之于征。奄遘不造。殷類聚作隱。憂是嬰。咨于靡及。退守祧祊。五服荒離。四國分爭。禍難斯逼。救死於頸。嗟我懷歸。弗克弗逞。聖善獨勞。莫慰其情。春秋代逝。于茲九齡。緬彼行路。焉託予誠。予誠既否。委之于天。庶我顯章本古文苑作剛。妣。克保遐年。亹亹惟懼。心乎如懸。如何不弔。早世徂顛。於存弗養。於後弗臨。遺衍在體。慘痛切心。形影尸立。魂爽飛沈。在昔蓼莪。哀有餘音。我之此譬。憂其獨深。胡寧視息。以濟于今。巖巖叢險。則不可摧。仰瞻歸雲。俯聆飄回。飛焉靡翼。超焉靡階。思若流波。情似坻頹。詩之作矣。情以告哀。〇章本古文苑八。廣文選十五。詩紀十五。又類聚二十作思親詩。引止、姒、子、生、寧、征、嬰、祊八韵。初學記十七作思親四言詩。引止、姒、子、生、寧、征、嬰七韵。

公讌詩類聚作公宴會詩。

昊天降豐澤。百卉挺葳蕤。涼風撤六臣本文選注云。五臣作徹。蒸暑。清雲却炎暉。高會君子堂。並坐蔭華榱。嘉肴充圓方。旨酒盈金罍。管絃發徽音。曲度清且悲。合坐同所樂。但愬白帖或作訴。或作覺。杯行遲。常聞詩人語。不醉且無歸。今日不極歡。含情欲待誰。見眷良不翅。守分豈能違。古人有遺言。君子福所綏。願我賢主人。與天享巍巍。克符周公業。奕世不可追。〇文選二十。詩紀十五。又類聚三十九引蕤、暉、榱、罍、歸、巍、追七韵。白帖四、五各引一句。

從軍詩五首樂府作從軍行五首。

魏志曰。建安二十年三月。公西征張魯。魯及五子降。十二月。至自南鄭。是行也。侍中王粲作五言詩。以美其事。

○逯案。五首非一時一地之作。魏志說未晐。

從軍有苦樂。但問李善本文選作聞。六臣本注云。善作聞字。所從誰。所從神且武。焉魏志注作安。得久勞師。相公征關右。赫怒震天威。一舉滅獯虜。再舉服羌夷。西收邊地賊。忽若俯樂府誤作附。拾遺。陳賞越丘山。魏志注作山嶽。酒肉踰川坻。軍中李善本文選作人。六臣本注云。善作人字。多飫詩紀作沃。饒。魏志注作饒飫。人馬皆溢肥。徒行兼乘還。空出有餘資。拓地魏志注作土。書鈔同。三千里。往返類聚作反。樂府云。一作反。速若魏志注作如。六臣本文選同。六臣注云。善作若字。樂府作一如。注云。一作若。詩紀作一如。飛。歌舞入鄴城。所願獲無違。晝李善本文選作盡。六臣本注云。善作盡字。樂府云。一作盡。日處樂府作獻。注云。一作處。大朝。日暮薄言歸。外參時明政。內不廢家私。禽獸憚爲犧。良苗實已揮。李善本文選注云。揮當作輝。竊慕負鼎翁。願厲朽鈍姿。李善本文選無此二句。六臣本注云。善本無此二句。不能效沮溺。相隨把鋤犂。熟李善本文選作孰。覽夫子詩。信知所言非。○文選二十七。樂府詩集三十二。詩紀十五。

又魏志武帝紀注引誰、師、威、夷、遺、坻、肥、資、飛、違十韻。書鈔十三引飛一韻。類聚五十九引誰、師、威、肥、資、飛、違七韻。

涼類聚作原。樂府云。一作源。案皆涼之訛字。風厲秋節。司典告詳刑。我君順時發。桓桓東南征。汎舟蓋長川。陳卒被隰坰。征夫懷親戚。誰能無戀類聚作此。樂府同。注云。一作戀。六臣本文選注云。五臣作此。情。拊衿李善本文選作襟。樂府云。一作襟。倚舟檣。眷眷樂府作眷言。思鄴城。哀彼東山人。喟然感鸛鳴。日月不安處。人誰獲恒李善本文選作常。六臣本注云。善作常字。樂府云。一作常。寧。昔人從公旦。一徂樂府作征。輒三齡。今我神武師。暫樂府作蹔。注云。一作暫。往必速平。弃樂府作棄。余親睦恩。輸力竭忠貞。懼無一夫用。報我素餐誠。夙夜自怲性。思逝若抽縈。將秉先登羽。豈敢聽金聲。詩紀云。建安二十二年。粲從曹公征吴。此下四首。蓋征吴作也。○文選二十七。樂府詩集三十二。詩紀十五。又類聚五十九引刑、征、坰、情、鳴五韵。

從軍征遐路。討彼東南夷。方舟順廣川。薄暮未安坻。白日半西山。桑梓有餘暉。蟋蟀夾岸鳴。孤鳥翩翩飛。征夫心多類聚作兩。六臣本文選注云。五臣作兩。樂府同。注云。一作多。懷。悽李善本文選作惻。六臣本注云。善本作惻。樂府云。一作惻。悽令吾悲。下船御覽作舡。登高防。草露霑我衣。廻身赴牀寢。此愁當告誰。身服干戈事。豈得念所私。即戎有授樂府作受。命。兹理不可違。○文選二十七。樂府詩集三十二。詩紀十五。又類聚五十九引夷、坻、暉、飛、悲五韵。御覽三百二十八引衣、誰、私三韵。

朝發鄴都橋。暮濟白馬津。逍遥説文繫傳作搖。河隄上。左右望我軍。連舫踰萬艘。帶甲千萬人。率彼東南路。將定一舉勳。籌策運帷幄。一由我聖君。恨類聚作限。樂府云。一作限。我無時謀。譬諸具官臣。鞠躬中堅類聚作豎。內。微畫無所陳。許歷爲完士。一言猶李善本文選作獨。六臣本注云。善作獨字。樂府云。一作獨。敗秦。我有素餐類聚作飡。責。樂府誤作貴。誠愧伐檀人。雖無鉛刀用。庶幾奮薄身。○文選二十七。樂府詩集三十二。詩紀十五。又類聚五十九引勳、君、臣、陳、秦、人、身七韵。説文繫傳巾部師下引軍一韵。○義門讀書志云。史記云。軍士許歷。請以軍事諫。完當作軍。傳寫誤也。

悠悠涉荒路。靡靡我心愁。四望無煙火。但見林與丘。城郭生榛棘。蹊徑無所由。雚樂府作蕉。誤。類聚、廣文選作萑。蒲竟廣澤。葭葦夾長流。日夕涼風發。翩翩漂吾舟。寒蟬在樹鳴。鸛鵠摩天游。李善本文選作遊。樂府同。注云。一作游。客子類聚作遊客。多悲傷。淚下不可收。朝入譙郡界。曠然消人憂。雞鳴達四境。黍稷盈原疇。館宅充韵補作光。鄽李善本文選作廛。韵補、樂府同。樂府注云。一作鄽。里。士女李善本文選作女士。樂府同。注云。一作士女。六臣本注云。善作女士。滿莊馗。樂府作馗。六臣本文選注云。五臣作馗。自非賢聖李善本文選作聖賢。六臣本注云。善作聖賢。樂府作聖賢。國。韵補作圖。誰能享斯休。詩人美樂土。雖客猶願留。○文選二十七。樂府詩集三十二。詩紀十五。又類聚二十八作王粲詩。廣文選九作清河作。引愁、丘、由、流、收、憂、留七韵。韵補卷二引馗、休二韵。○逯案。劉節以昭選收羅未備而纂廣文選一書。然不知文選有此篇。竟又據類聚甄入七韵。並題爲清河作。殊爲荒謬。又此詩館宅充鄽里。韵補充作光。自非賢聖國。韵補國作圖。義皆較勝。恐今本文選亦有誤字也。

從軍詩

被羽在先登。甘心除國疾。○文選二十七從軍詩注。

從軍詩

樓船凌洪波。尋戈刺羣虜。○御覽三百五十一。

詠史詩

自古無殉死。達人所共李善本文選作共所。六臣本注云。善作共所。知。秦穆殺三良。惜六臣本文選注云。五臣作昔。哉空爾爲。結髮事明君。受恩良不訾。臨没李善本文選作殁。要之死。焉得不相隨。妻子當門泣。兄弟哭路垂。詩紀作陲。臨穴呼蒼天。涕下如綆縻。人生各有志。終不爲此移。同知埋身劇。心亦有所施。生爲百夫雄。死爲壯士規。黄鳥作悲詩紀作哀。詩。至今聲不虧。○文選二十一。詩紀十五。

雜詩

日暮遊西園。冀寫六臣本文選注云。五臣作寫我。憂思情。曲池揚素波。列樹敷丹榮。上有特栖鳥。懷春向我鳴。褰袵六臣本文選注云。五臣作衽。欲從之。路險李善本文選作嶮。不得征。徘徊不能去。佇立望爾形。風飈六臣本文選注云。五臣作飄。揚塵起。白日忽已冥。迴詩紀作回。身入空房。託夢通精誠。人欲天不違。何懼不合并。○文選二十九。詩紀十五。又類聚二十八作王粲詩。引情、榮、鳴三韵。

詩

以下四詩。章本古文苑作雜詩四首。廣文選、詩紀同。

吉日簡清時。從君出西園。方軌策良馬。並馳厲中原。北臨清漳水。西看柏楊山。回翔遊廣囿。逍遥波渚間。○類聚二十八。章本古文苑八。廣文選十五。詩紀十五。章本古文苑作水。類聚、廣文選、詩紀同。

詩

廣文選九作清河作。

列車息衆駕。相伴緑水湄。幽蘭吐芳烈。芙蓉發紅暉。百鳥何繽翻。振翼羣相追。投網引潛鯉。章本古文苑作魚。詩紀同。强弩下高飛。白日已西邁。歡樂忽忘歸。○類聚二十八。章本古文苑八。廣文選九。又廣文選十五。詩紀十五。

○逯案。廣文選重出此篇。一作雜詩。一作清河作。殊謬。

詩

聯翩古文苑作翩。廣文選、詩紀同。飛鸞鳥。獨遊無所因。毛羽照野草。哀鳴入青古文苑作層。廣文選、詩紀同。雲。我尚假羽翼。飛覩爾形身。願及類聚作乃。春陽會。交頸遘廣文選作覯。殷勤。○類聚九十。章本古文苑八。廣文選十五。詩紀十五。

詩

鷙鳥化爲鳩。遠竄江漢邊。遭遇風雲會。託身鸞鳳間。天姿既否戾。受性又不閑。邂逅見逼迫。俛仰不得言。○類聚九十二。章本古文苑八。廣文選十五。詩紀十五。

七哀詩三首

西京亂無象。豺類聚作犲。虎方遘患。復草堂詩注作捐。棄中國去。遠詩紀作委。身杜詩注作身遠。適荆蠻。杜詩注倒作蠻荆。親戚對我悲。朋友相追類聚作追相。攀。出門無所見。白骨蔽平原。路有飢六臣本文選注云。五臣作餓字。婦人。抱子棄草間。顧聞號泣聲。揮涕獨不還。未知身死處。韻補作所。何能兩相完。驅馬棄之去。不忍聽此言。南登霸類聚作灞。陵岸。廻宋書作回。南史、水經注、文選注、寰宇記、詩紀並同。首望長安。悟彼下泉人。喟然傷心肝。○文選三十二。文章正宗二十九。詩紀十五。又宋書謝靈運傳論、水經注渭水注、文選二十二古意詶到溉登琅邪城詩注、寰宇記二十五各引安一韻。南史謝晦傳引安、肝二韻。藝文類聚三十四引患、蠻、攀、原、安、肝六韻。韻補卷二引完、言二韻。黄氏集千家注杜工部詩史補遺四通泉詩注引悲、荆二韵。又草堂詩箋二十將適詩注引悲、蠻二韵。

荆蠻非我鄉。何爲久滯淫。方舟泝文選作溯。六臣本注云。五臣作泝字。類聚作遡。御覽作浮。大江。日暮愁我心。山岡李善本文選作崗。書鈔同。有餘映。文選作暎。六臣本注云。五臣作映。巖阿增重陰。狐狸馳赴穴。飛鳥翔故林。流波激清響。猴猿六臣本文選作猨猴。注云。善本作猴猿。臨岸吟。迅風拂裳袂。白露沾衣襟。李善本文選作衿。六臣本注云。善作衿字。獨夜不能寐。攝衣起撫六臣本文選注云。五臣作拊。琴。絲桐感人情。爲我發悲音。羈旅無終極。憂思壯難任。○文選二十三。詩紀十五。又書鈔百五十八引陰、林二韵。類聚三十四引淫、心、陰、吟、琴、音六韵。御覽七百七十引心一韵。

邊城使心悲。昔吾親更之。冰雪截肌膚。風飄無止期。百里不見人。草木誰當遲。登城望亭燧。翩翩飛戍旗。行者不顧反。出門與家辭。子弟多俘虜。哭泣無已時。天下盡樂土。何爲久留兹。蓼蟲不知辛。去來勿與諮。○章本古文苑八。詩紀十五。

詩

荆軻爲燕使。送者盈水濱。縞素易水上。涕泣不可揮。○韵補一。○逯案。濱、揮不叶。濱蓋湄之訛。才老所據本有誤。

詩

探懷授所歡。願醉不顧身。○文選二十五還舊園作見顏范二中書詩注。

詩

哀笑動梁塵。急觴蕩幽默。○草堂詩箋九蘇端詩注。又海録碎事六引下句。○逯案。笑應作嘯。哀嘯而歌。故音動梁塵也。

魏詩卷三

陳琳

琳。字孔璋。廣陵人。初爲大將軍何進府主簿。後避亂冀州。依袁紹。冀州平。司空曹操以爲軍謀祭酒。管記室。徙門下督。建安二十二年卒。有集十卷。

飲馬長城窟行

飲馬長城窟。水寒傷馬骨。往謂長城吏。慎莫稽留太原卒。官作自有程。舉築諧汝聲。男兒寧當格鬭死。何能怫鬱築長城。長城何連連。連連三千里。邊城多健少。內舍多寡婦。作書與內舍。便嫁莫留住。善侍玉臺作事。草堂詩箋同。新姑嫜。時時念我故草堂詩箋至此斷句。夫子。報書往詩紀云。一作與。邊地。君今出語一何鄙。身在禍難中。何爲稽留他家子。生男慎莫舉。生女哺用脯。君獨不見長城下。死人骸骨相撐拄。結髮行事君。慊慊心意關。詩紀云。一作間。明知玉臺無明知二字。樂府、廣文選同。邊地苦。賤妾何能久自全。〇玉臺新詠一。樂府詩集三十八。廣文選十三。詩紀十六。又書鈔百四十五作古樂府。引脯一韵。草堂詩箋十三新婚別注引婦、故二韵。

詩廣文選合下篇作遊覽詩二首。詩紀同。

高會時不娛。羇客難爲心。慇懷從中發。悲感激清音。投觴罷歡坐。逍遥步長林。蕭蕭廣文選作肅肅。詩紀同。山谷風。黯黯廣文選作默默。詩紀同。天路陰。惆悵忘旋反。歔欷涕霑襟。詩紀云。一作巾。〇類聚二十八。廣文選九。詩紀十六。

詩

節運時氣舒。秋風涼且清。閒廣文選作閑。居心不娛。駕言從友生。翺翔廣文選作翱翔。詩紀同。戲長流。逍遥登高城。東望看疇野。廻顧覽園庭。嘉木凋緑葉。芳草纖應作殲。紅榮。騁哉日月逝。廣文選作遠。年命將西傾。建功不及時。鐘鼎何所銘。收念還寢房。慷類聚作忼。慨詠墳經。庶幾及君在。立德垂功名。○類聚二十八。廣文選九。詩紀十六。

宴會詩

凱風飄陰雲。白日揚素暉。良友招我遊。高會宴中闈。玄鶴浮清泉。綺樹焕青蕤。○類聚三十九。詩紀十六。

詩

春天潤九野。卉木渙油油。紅華紛曄曄。發秀曜中衢。○韵補二。

仲尼以聖德。行聘徧周流。遭斥厄陳蔡。歸之命也夫。○同上

沈淪衆庶間。與世無有殊。紆鬱懷傷結。舒展有何由。○同上

轗軻固宜然。卑陋何所羞。援兹自抑慰。研精於道腴。○同上○逯案。以上四詩韵補通入尤韵。當是一篇之辭。

劉楨

楨。字公幹。東平寧陽人。建安中。司空曹操以爲軍謀祭酒掾。建安二十二年卒。有集四卷。

公讌詩

永日行遊戲。歡樂猶未央。遺思在玄夜。相與復翺翔。輦車六臣本文選注云。五臣本作居。飛素蓋。御覽作質。誤。從者盈路傍。書鈔作旁。月出照園中。珍木類聚作樹。鬱蒼蒼。清川過石渠。流波爲魚防。芙蓉散其華。類聚作花。菡萏溢金塘。靈類聚作珍。鳥宿水裔。仁獸遊飛梁。華館寄流波。豁達來風涼。生平六臣本文選注云。五臣本作年。未始聞。歌之安能詳。投翰長歎息。綺麗不可忘。○文選二十。詩紀十六。又書鈔百三十四引旁一韻。類聚三十九引央、翔、傍、蒼、防、塘、梁、忘八韻。御覽七百七十四引傍一韻。

贈五官中郎將詩四首

昔我從元后。整駕至南鄉。過彼豐沛都。與君共翺翔。四節相推斥。季冬風且涼。衆賓會廣初學記作咸會。坐。明鐙六臣本文選注云。五臣作燈。熺六臣本文選注云。五臣作熹。炎光。清歌製妙聲。萬舞在中堂。金罍含甘醴。羽觴行無方。長夜忘歸來。聊且爲太康。四牡向路馳。歡李善本文選作歎。六臣本注云。善作歎字。悦誠未央。○文選二十三。又初學記十四引鄉、翔、光、堂、方五韻。

余嬰草堂詩箋作因。沉痼疾。竄身清漳濱。自夏涉玄冬。說文繫傳作及徂秋。彌曠說文繫傳作曠彌。六臣本文選注云。五臣作廣。十餘旬。常恐游岱宗。不復見故人。所親一何篤。步趾慰我身。清談同日夕。情盼六臣本文選注云。善作眄字。叙憂勤。便復爲別辭。遊車歸西鄰。素葉隨風起。廣路揚埃塵。逝者如流水。哀此杜詩注作叫。遂離分。追問何時會。要我以陽春。望慕結不解。貽爾新詩文。勉哉修令德。北面自寵珍。○文選二十三。詩紀十六。又黄氏集千家注杜工部詩史補遺九哭李詩注引分一韵。草堂詩箋二十一送韋詩注引濱一韵。○孫志祖文選考異云。自夏涉玄冬。彌曠十餘旬。説文繫傳疒部痁字引作自夏及徂秋。曠爾十餘旬。按若自夏涉冬。則不止十餘旬矣。逯案。孫氏此説甚是。應從説文繫傳正之。

秋日多悲懷。感慨以長歎。終夜不遑寐。叙意於濡翰。明燈六臣本文選作鐙。注云。五臣作燈。曜閨中。清風凄已寒。白露塗前庭。應門重其關。四節相推斥。歲月忽已殫。壯士遠出征。戎事將獨難。涕泣灑衣裳。能不懷所歎。○文選二十三。詩紀十六。

涼風吹沙韵補作礫。礫。霜氣六臣本文選注云。五臣作氛霜。何皚皚。明月照緹幕。華燈散炎輝。書鈔作暉。御覽、韵補同。六臣本文選注云。五臣作暉。賦詩連篇章。極夜不知歸。君侯多壯思。文雅縱横飛。小臣信頑鹵。僶俛安能追。○文選二十三。詩紀十六。又書鈔百三十二、御覽七百各引暉一韵。韵補一引皚、暉二韵。

贈徐幹詩

誰謂相去遠。隔此西掖垣。拘初學記或作所。限初學記或作此。清切禁。事文類聚作禁切。中情無由宣。思子沉李善本文選作沈。六臣本注云。五臣作沈。心曲。長歎不能言。起坐失次第。一日三四黄氏杜詩注作次。遷。步出北寺門。遥望初學記作見。西苑園。細柳夾道生。方塘含清源。輕葉隨風轉。飛鳥何翻翻。詩紀作飜。乖人易感動。文選注作慟。

涕六臣本文選注云。五臣作淚。下與衿連。仰視白日光。皦皦類聚作皎皎。高且懸。兼燭八紘內。物類無頗偏。我獨抱深感。不得與比焉。○文選二十三。詩紀十六。又文選三十一雜體詩注引一句。類聚一引懸、偏二韻。初學記十一引垣、宣、言、遷、園、源、翩七韻。又垣、宣二韻。又垣一韻。黄氏集千家注杜工部詩六崔評事詩注引遷一韻。事文類聚新集五引垣、宣二韻。

贈徐幹詩

猥蒙惠咳吐。貺以雅頌聲。高義厲青雲。灼灼有表經。○書鈔一百。○孔氏校云。陳俞本雅頌作大雅。有表經作粲華星。

贈從弟詩三首第三首初學記作鳳凰詩。殊謬。

汎汎東流水。磷磷水中石。蘋藻生其涯。華葉紛擾溺。李善本文選作華紛何擾溺。六臣本注云。善作華紛何擾溺。采之薦宗廟。可以羞嘉客。豈無園中葵。懿此出深澤。○文選二十三。詩紀十六。

亭亭文鏡秘府作青青。山文鏡秘府作陵。上松。瑟瑟谷中風。風聲一何盛。松枝一何勁。冰類聚作風。霜正慘悽。李善本文選作愴。終歲常類聚作恒。文章正宗作長。端正。豈不罹文選作羅。類聚同。凝寒。松柏有本性。○文選二十三。類聚八十八。文章正宗二十九。詩紀十六。又文鏡秘府論南卷引風、勁二韻。

鳳皇集南嶽。徘徊孤竹根。於心有初學記作存。萬花谷同。不厭。奮翅凌初學記作騰。萬花谷同。紫氛。豈不常勤初學記作辛。萬花谷同。苦。羞與黄雀初學記作雀同。萬花谷同。羣。何時當來儀。將初學記作要。萬花谷同。須聖明君。○文選二十三。初學記三十。文章正宗二十九。錦繡萬花谷後集四十。詩紀十六。又類聚九十引根、氛、羣三韻。

雜詩

職草堂詩箋作鄙。事相六臣本文選作煩。注云。善本作相。填委。文墨紛消散。馳翰未暇書鈔作遑。食。日昃不知晏。沈迷簿領間。文選作書。文選注、文章正宗同。回回自昏亂。釋此出西城。登高且遊觀。方塘含白水。中有鳧與雁。安得肅肅羽。從爾浮六臣本文選注云。五臣作爾從游。波瀾。○文選二十九。文章正宗二十九。詩紀十六。又文選四十三丘希範與陳伯之書注引亂一韵。書鈔三十六引散、亂二韵。又晏一韵。草堂詩箋八白水詩注引起首一句。

鬬雞詩

丹雞被華采。雙距如鋒芒。願一揚炎威。會戰此中唐。利爪探玉除。瞋目含火光。長翹驚風起。勁翮正敷張。輕舉奮勾喙。電擊復還翔。○類聚九十一。詩紀十六。

射鳶詩

鳴鳶弄雙翼。飄飄薄青雲。我后横怒起。意氣淩神仙。發機如驚焱。三發兩鳶連。流血灑牆屋。飛毛從風旋。庶士同聲贊。君射一何妍。○類聚九十二。詩紀十六。

詩

昔君錯畦時。東土有素木。條柯不盈尋。一尺再三曲。隱生寘翳林。控傯自迫速。得託芳蘭苑。列植高山足。○類聚八十八。詩紀十六。

詩

青青女蘿草。上依高松枝。幸蒙庇養御覽作眷。恩。分御覽作爲。惠不可貲。御覽作訾。風雨雖急疾。根株不傾移。○類聚八十一。詩紀十六。又御覽九百九十三引枝、訾二韵。

詩

天地無期竟。民生甚局促。爲稱百年壽。誰能應此録。低昂倐忽去。炯若風中燭。○御覽八百七十。

詩

翩翩野青雀。栖竄茨棘蕃。朝食事類賦作拾。平田粒。夕飲曲池泉。猥出蓬御覽作蔚。萊疑作藜。中。乃至丹丘邊。○御覽九百二十二。事類賦雀賦。

詩

旦發鄴城東。莫次溟水旁。三軍如鄧林。武士攻蕭莊。○書鈔百十七。○孔氏書鈔校語云。武士攻蕭莊。陳俞本改劍戟凜秋霜。逯案。蕭乃肅之訛字。言軍士肅莊也。

詩

初春含寒氣。陽氣匿其暉。灰風從天起。砂石縱横飛。○書鈔百五十四。

詩

和風從東來。玄雲起西山。夜中發此氣。明旦飛甘泉。○御覽十一。

詩

朝發白馬。暮宿韓陵。○寰宇記五十五。

詩

大厦一作夏。非。雲構。○文選四十六三月三日曲水詩序。又二十二招隱詩注。

詩

玄雲起高岳。終朝彌八方。○書鈔一百五十。類聚一。

詩

皦月垂素光。玄雲爲髣髴。○文選二十九雜詩注。

詩

攬衣出巷去。素蓋何翩翩。○書鈔百三十四。

詩

散禮風雨起。○書鈔一百。

徐幹

幹。字偉長。北海人。辟司空曹操府。除上艾長。以疾不行。歷軍謀祭酒掾。五官中郎將文學。建安二十二年卒。有集五卷。

贈五官中郎將詩

貽爾新詩。○文選二十三答何劭詩注。

答劉楨詩 詩紀作答劉公幹詩。

與子別無幾。所經未一旬。我思一何篤。其愁如三春。雖路在咫尺。難涉如文選注作兼。九關。陶陶朱類聚作諸。夏德。類聚作別。草木昌且繁。○類聚三十一。詩紀十六。又書鈔百五十四引繁一韵。文選二十五於安城答謝靈運詩注引春一韵。

情詩

高殿鬱崇崇。廣厦凄泠泠。玉臺作冷。廣文選同。微風起閨闥。落日照階庭。踟蹰玉臺作峙嶠。雲屋下。嘯廣文選作笑。詩紀同。歌倚華楹。君行殊不返。我飾爲誰容。廣文選作榮。詩紀同。鑪薰闔不用。鏡匣上塵生。綺羅失常色。金翠暗無精。嘉肴既忘御。旨酒亦常停。顧瞻空寂寂。唯聞燕雀聲。憂思連相屬。中心如宿酲。○玉臺新詠一。廣文選九。詩紀十六。

室思詩 六章○廣文選於前五章作雜詩五首。後一章作室思。詩紀於後一章作室思。前二章作雜詩。於三四五章又作室思。

沉陰結愁憂。韵補作憂愁。下句同。愁憂爲誰興。念與君生廣文選作相。詩紀同。別。各韵補作乃。在天一方。良會未韵補作無。有期。中心摧且傷。不聊憂飡食。慊慊韵補作嗛嗛。常飢空。端坐而無爲。髣髴君容光。

峩峩高山首。悠悠萬里道。君去日已玉臺作已日。遠。鬱結令人老。人生一世間。忽若暮春草。時不可再得。何爲自愁惱。每誦昔鴻恩。賤軀焉足廣文選作自。保。

浮雲何洋洋。願因通我辭。飄飖廣文選作飄飄。詩紀同。不可寄。徙倚徒相思。此二句類聚作一逝不可歸。嘯歌久踟躕。與玉臺删取不同。人離皆復會。君類聚作我。獨無返期。自君之出矣。明鏡暗類聚作開。章本古文苑同。不治。思君如流水。何樂府作無。文選補遺同。有窮已時。

慘慘時節盡。蘭葉玉臺作華。廣文選、詩紀同。凋復零。喟然長嘆息。君期慰我情。展轉不能寐。長夜何緜緜。躡履起出户。仰觀三星連。自恨志不遂。泣涕如涌泉。○紀容舒玉臺新詠考異云。君期二字未詳。疑爲期君之誤。又傅玄秋蘭篇。君期歷九秋。樂府詩集期作其。此篇亦當作君其歟。

思君見玉臺作見君。御覽同。巾櫛。以益御覽作弭。我勞勤。御覽作慙。安得鴻鸞羽。覯此心中人。誠心亮不遂。搔首立悁悁。何言一不見。復會無因緣。故如詩紀作然。比目魚。廣文選作惠。誤。今隔如參辰。○玉臺新詠考異云。見君。宋刻作君見。弭。宋刻作益。並誤。今從太平御覽。勤字御覽作慙。則書勤爲懃。因而轉誤。逯案。紀君説未盡的。君見御覽本作見君。又御覽益作弭。勤作慙。義皆勝。作勤者。殆後人誤以不韵而妄改。既改慙作勤。故並弭改爲益耳。

人靡不有初。想君能終之。别來歷年歲。舊恩玉臺作思。何可期。重新而忘故。君子所尤譏。寄韵補作妾。身雖在遠。豈忘韵補作違。君須臾。既厚不爲韵補作中。薄。想君時見思。○玉臺新詠一。廣文選十五。詩紀十六。又類聚三十二引第三章。又御覽七百十四作涂岑詩。引慙一韵。又樂府詩集六十九、文選補三十四、章本古文苑九俱引治、時二韵。又韵補二引傷、空二韵。韵補一引人、悁二韵。臾、思二韵。

於清河見挽船士新婚與妻别詩

與君結新婚。宿昔當别離。涼風動秋草。蟋蟀鳴相隨。冽冽類聚作蛚蛚。寒蟬吟。蟬吟抱枯枝。枯枝時飛揚。身體忽遷移。不悲身遷移。但類聚作當。惜歲月馳。歲月類聚作月馳。無窮極。會合安可知。願爲雙黄鵠。比翼戲清池。〇玉臺新詠二作魏文帝。類聚二十九、詩紀十六並作爲挽船士與新娶妻别。〇逯案。此篇乃幹作。魏文别有一首。玉臺於此偶誤。類聚作悲鳴。

阮瑀

瑀。字元瑜。陳留人。師事蔡邕。建安中。曹操以爲軍謀祭酒。管記室。後爲倉曹掾屬。建安十七年卒。有集五卷。

駕出北郭門行

駕出北郭門。馬樊初學記作行。不肯馳。下車步踟躕。初學記作躑躅。仰折枯楊初學記作楊柳。枝。顧聞丘林中。噭噭有悲啼。借問啼者出。何爲乃如斯。親母舍我殁。後母憎孤兒。飢寒無衣食。舉動鞭捶施。骨消肌肉盡。體若枯樹皮。藏我空室中。父還不能知。上冢察故處。存亡永别離。親母何可見。淚下聲正嘶。棄我於此間。窮厄豈有貲。傳告後代人。以此爲明規。〇樂府詩集六十一。初學記二十八作樂府詩。詩紀十七。

琴歌

文士傳曰。太祖雅聞瑀名。辟之。不應。乃逃入山中。太祖使人焚山得瑀。太祖時征長安。大延賓客。怒瑀不與語。使就技人列。瑀善解音。能鼓琴。撫絃而歌。爲曲既捷。音聲殊妙。太祖大悦云。

奕奕天門開。大魏應期運。青蓋巡九州。在東西文選注作西東。韵補同。人怨。士爲知己死。女爲悦者文選注作已。韵補同。玩。恩義苟敷文選注作潛。御覽、樂府同。暢。他人焉樂府作豈。能亂。○三國志王粲傳注。文選六十齊竟陵文宣王行狀注。御覽五百七十二。樂府詩集六十。詩紀十七。又吴棫韵補四引運、怨二韵及怨、玩二韵。○三國志裴注曰。魚氏典略、摯虞文章志並云瑀建安初。辭疾避役。不爲曹洪屈。得太祖召。即投杖而起。不得有逃入山中焚之乃出之事也。又典略載太祖初征荆州。使瑀作書與劉備。及征馬超。又使瑀作書與韓遂。此二書今具存。至長安之前。遂等破走。太祖始以十六年得入關耳。而張隲云。初得瑀時。太祖在長安。此又乖戾。瑀以十七年卒。太祖十八年策爲魏公。而云瑀歌舞辭稱大魏應期運。愈知其妄。其辭云他人焉能亂。了不成語。瑀之吐屬必不如此云云。逯案。據此知歌係後人所依託。姑編入俟考。

詠史詩二首

誤哉秦穆公。身没從三良。忠臣不違類聚作達。廣文選同。命。隨軀就死亡。低頭闚壙户。仰視日月光。誰謂此可廣文選作何。詩紀同。處。恩義不可忘。路人爲流涕。黄鳥鳴高桑。○類聚五十五作阮瑀詩。廣文選八。詩紀十七。

燕丹善勇士。荆軻爲上賓。圖盡擢類聚作擢盡。匕首。長驅西入秦。素車駕白馬。相送易水津。漸離擊筑歌。悲聲感路人。舉坐同咨嗟。歎氣若青雲。○同上○以上二首。類聚無題。詩紀從廣文選作詠史詩。逯案。王粲有詠三良之作。而題曰詠史。則此上篇自可題曰詠史。又左思詠史詩有荆軻一篇。當是祖述建安諸賢。則下篇亦可以作此題也。

七哀詩

丁年難再遇。富貴不重來。良時忽一過。身體爲土灰。冥冥九泉室。漫漫長夜臺。身盡氣力索。精魂靡所能。廣文選作迴。詩紀云。今本作迴。嘉肴設不御。旨酒盈觴杯。出壙望故鄉。但見蒿與萊。○類聚三十四。廣文選九。詩紀十七。又初學記十四引來、灰、臺、能、盃五韵。

公讌詩

陽春和氣動。賢主以崇仁。布惠綏人物。降愛常所親。上堂相娛樂。中外奉時珍。五味風雨集。杯酌若浮雲。○初學記十四。

詩詩紀作雜詩。

臨川多悲風。秋日苦清涼。客子易爲戚。感詩紀云。一作對。此用哀傷。攬衣起躑躅。上觀心與房。三星守故次。明月未收光。雞鳴當何時。朝晨尚未央。還坐長歎息。憂憂安可忘。○類聚二十七。類聚三十四作七哀詩。廣文選十作行詩。詩紀十七。

詩同上

我行自凜秋。季冬乃來歸。置酒高堂上。友朋集光輝。念當復離别。涉路險且夷。思慮益惆悵。淚下沾裳衣。○類聚二十七。廣文選十。詩紀十七。

詩詩紀作隱士詩。

四皓隱南岳。老萊嗚沙類書作來。誤。竄河濱。嗚沙類書作賓。誤。顔回樂陋巷。許由安賤貧。伯夷餓首陽。天下歸其仁。何患處貧苦。但當守明真。○類聚三十六。嗚沙石室古籍叢殘類書殘卷高尚門。詩紀十七。

詩

白髮隨櫛詩紀作節。誤。墮。未寒思厚衣。四支易懈惓。行步益疎遲。常恐時歲盡。魂魄忽高飛。自知百年後。堂上生旅葵。○類聚十八。詩紀十七。

詩詩紀作苦雨詩。

苦雨滋玄冬。引日彌且長。丹墀自殲殪。深樹猶沾裳。客行易感悴。我心摧已傷。登臺望江沔。陽侯沛洋洋。○類聚二。詩紀十七。

詩樂府作怨詩。詩紀同。

民生受天命。漂若河中塵。雖稱百齡壽。孰能應此身。猶獲嬰凶禍。流落類聚作離。樂府云。一作流離。恒苦辛。

○類聚三十。樂府詩集四十一。詩紀十七。○逯案。此詩類聚在人部怨門。故郭茂倩目爲怨詩。其實非是。

詩

箭細鐵絲剛。刀插銀刃白。○黄氏集千家注杜工部詩補遺九久雨詩注。

詩

春岑藹林木。○草堂詩箋二十四又於詩注。

應瑒

瑒。字德璉。汝南人。曹操辟爲丞相掾。轉平原侯庶子。後爲五官中郎將文學。建安二十二年卒。有集五卷。

報趙淑麗詩 詩紀云。一作報趙叔嚴。

朝雲不歸。夕結成陰。離羣猶詩紀云。疑作獨。宿。永思長吟。有鳥孤栖。哀鳴北林。嗟我懷矣。感物傷心。○類聚三十一。詩紀十七。

公讌詩

巍巍主人德。佳會被四方。開館延羣士。置酒于斯初學記作於新。堂。辨論釋鬱結。援筆興文章。穆穆衆君子。好合同歡康。促坐褰重帷。傳滿騰羽觴。○詩紀十七。類聚三十九作公宴詩。引堂、章、康、觴四韻。初學記十四作應瑒詩。引方、堂、章、康四韻。

侍五官中郎將建章臺集詩

朝雁鳴雲中。音響一何哀。問子遊何鄉。戢翼正徘徊。言我塞李善本文選作寒。六臣本注云。善本作寒。門來。將就衡陽棲。往春翔北類聚作朔。土。今冬客南淮。遠行蒙霜雪。類聚作露。毛羽日摧頹。常恐傷肌骨。身隕沉黃泥。簡珠墮六臣本文選注云。五臣本作隨。沙石。何能中自諧。欲因雲雨會。濯羽文選注作翼。陵高梯。良遇不可值。伸眉路何階。公子敬愛客。樂飲不知疲。和顏既以詩紀作已。暢。乃肯顧細微。贈詩見存慰。小子非所宜。爲且詩紀作且爲。極讙情。不醉其無歸。凡百敬爾位。以副饑渴懷。○文選二十。詩紀十七。又類聚九十一作應瑒詩。引哀、徊、棲、淮、頹、泥六韻。文選二十四贈陸機詩注引一句。

別詩二首

朝雲浮四海。日暮歸故山。行役懷舊土。悲思不能言。悠悠涉千里。未知何時旋。○類聚二十九。廣文選八。詩紀十七。

浩浩長河水。九折東北流。晨夜赴滄海。海流亦何抽。遠適萬里道。歸來未有由。臨河累詩紀云。一作竟。太息。五內懷傷憂。○同上

鬬雞詩

戚戚懷不樂。無以釋勞勤。兄弟遊戲場。命駕迎衆賓。二部分曹伍。羣雞煥以陳。雙距解長緤。飛踊超敵倫。芥羽張金距。連戰何繽紛。從朝至日夕。勝負尚未分。專場驅衆敵。剛捷逸等羣。四坐同休贊。賓主懷悦欣。博弈非不樂。此戲世所珍。○類聚九十一。詩紀十七。

繁欽

欽。字休伯。潁川人。爲丞相主簿。建安二十三年卒。有集十卷。

贈梅公明詩

瞻我北園。廣文選作國。誤。有條者桑。遘此春景。既茂且長。氤氳吐葉。柔潤有光。黄條蔓衍。青鳥來翔。日月其邁。時不可忘。公子瞻旃。勳名乃彰。○類聚三十一。廣文選十。詩紀十七。

遠戍勸戒詩

肅將王事。集此揚土。凡我同盟。既文既武。郁郁桓桓。有規有矩。務在和光。同塵共垢。各竟類聚作競。其心。爲國蕃輔。誾誾行行。類聚作衎衎。廣文選同。非法不語。可否相濟。闕則云補。○類聚二十三。廣文選十。詩紀十七。

詠蕙詩 廣文選作蕙詠。詩紀同。

蕙草生山北。托身失所依。植根陰崖側。夙夜懼危頹。寒泉浸我根。淒風常徘徊。三光照八極。獨不蒙餘暉。葩葉永彫瘁。廣文選作悴。詩紀同。凝露不暇晞。百卉廣文選作草。詩紀同。又注云。一作卉。皆含榮。己獨失時姿。比我英芳發。鶗鴂鳴已哀。○類聚八十一。廣文選十五。詩紀十七。

生茨詩

灌畦暇語曰。後漢繁欽。傷世道剥喪。賢愚隱情。上之人用察不至。而小人得志。君子伏匿。於是賦生茨之詩。其詞曰。

有茨生蘭圃。布葉翳芙蕖。寄根膏壤隈。春澤以養軀。太陽曝真色。翔風發其旉。甘液潤其中。華實與氣俱。族類日夜滋。被我中堂隅。○灌畦暇語。

定情詩 白帖作古詩。歲華紀麗同。御覽八百七作寄情詩。

樂府解題曰。定情詩。漢繁欽所作也。言婦人不能以禮從人。而自相悦媚。乃解衣服玩好致之。以結綢繆之志。若臂環致拳拳。指環致慇懃。耳珠致區區。香囊致扣扣。跳脱致契闊。佩玉結恩情。自以爲得志。而期於山隅山陽山西山北。終而不答。乃自悔傷焉。○逯案。文選十八洛神賦注引繁欽定情詩曰。何以消滯憂。足下雙遠遊云云。今此篇不見。殆玉臺有刪節。此其佚句也。

我出東門遊。邂逅承清塵。思君即幽房。侍寢執衣巾。時無桑中契。迫此路側人。我既玉臺、樂府作卽。媚君姿。君亦悦我顔。何以致拳拳。書鈔作奉意。誤。綰臂雙金環。何以致殷勤。樂府作慇懃。約指一雙銀。何以致區區。耳中雙明珠。何以致叩叩。香囊繫白帖四作懸。肘後。何以致契闊。繞腕書鈔作臂。白帖、御覽、歲華紀麗並同。雙御覽作金。跳脱。歲華紀麗作達。何以結恩情。佩詩紀作美。玉綴羅纓。何以結中心。素縷連雙針。何以結相於。詩紀云。一作投。金薄畫幧玉臺作搔。樂府、詩紀同。頭。何以慰書鈔百作表。類聚、御覽同。別離。耳御覽作取。後瑇瑁釵。何以答初學記作合。御覽同。懽欣。玉臺作悦。樂府、詩紀同。紈素三書鈔作二。條御覽爲衫。裙。玉臺作裙。樂府、詩紀同。何以結愁悲。白絹雙中衣。與我期何所。乃期東山隅。日旰兮不來。樂府作至。谷風吹我襦。遠望無所見。涕泣起踟躕。玉臺作峙嶇。與我期何所。乃期山南陽。日中兮不來。飄玉臺作凱。風吹我裳。逍遥莫誰覩。望君愁我腸。與我期何所。乃期西山側。日夕兮不來。躑躅長歎息。遠望涼風至。俯仰正衣服。與我期何所。乃期山北岑。日暮兮不來。淒風吹我襟。望君不能坐。悲苦愁我心。愛身以何爲。惜我華色時。中情既欵欵。然後剋密期。褰衣玉臺作裳。躡茂樂府作花。誤。草。謂君不我欺。詩紀作期。厠此醜陋質。徙倚無所之。自傷失所欲。淚下如連絲。○玉臺新詠一。樂府詩集七十六。詩紀十七。又書鈔百二十九、初學記二十六、御覽六百九十六、八百十九各引裙一韵。書鈔百三十五、御覽七百十八各引脱一韵。書鈔百三十六、類聚八十四、御覽八百七各引釵一韵。書鈔百三十六引環一韵。白帖四引區、珠、叩、後四韵。御覽六百八十八引頭一韵。歲華紀麗二引達一韵。

槐樹詩

嘉樹吐翠葉。列在雙闕涯。旖旎隨風動。柔色紛陸離。○初學記二十八。詩紀十七。

雜詩

世俗有險易。時運有盛衰。老氏和其光。蘧瑗貴可懷。○類聚二十三。詩紀十七。

七言詩

陰雲起兮白雪飄。○書鈔百五十二。

魏詩卷四

魏文帝曹丕

丕。字子桓。曹操長子。建安十六年爲五官中郎將。二十二年立爲魏太子。二十五年正月嗣魏王位。改建安爲延康。十一月受漢禪。卽帝位。改元黄初。七年卒。時年四十。謚曰文皇帝。有典論五卷、集二十三卷。

樂府

短歌行

古今樂録曰。王僧虔技録云。短歌行仰瞻一曲。魏氏遺令。使節朔奏樂。魏文製此辭。自撫筝和歌。歌者云。貴官彈筝。貴官卽魏文也。此曲聲制最美。辭不可入宴樂。

仰瞻帷幕。俯察几筵。其物如故。其人不存。一解 神靈倏忽。棄我遐遷。靡瞻靡恃。泣涕連連。二解 呦呦遊鹿。銜草鳴麑。翩翩飛鳥。挾子巢棲。三解 我獨孤煢。懷此百離。憂心孔疚。宋書作疾。莫我能知。四解 人亦有言。憂令人老。嗟我白髮。生一何早。五解 長吟永歎。懷我聖考。廣文選作老。詩紀同。曰仁者壽。胡不是保。六解 ○樂府云。右一曲魏樂所奏。○宋書樂志。樂府詩集三十。廣文選十三。詩紀十二。○顧炎武日知録曰。近日盛行詩歸一書。

尤爲妄誕。魏文帝短歌行。長吟永歎。思我聖考。聖考謂其父武帝也。改爲聖老。評之曰聖老字奇。

秋胡行二首 詩紀云。第一首一作歌魏德。第二首一作浮萍篇。

堯任舜禹。當復何爲。百獸率舞。鳳凰來儀。得人則安。失人則危。唯賢知賢。人不易知。歌以詠廣文選或作永。言。誠不易移。鳴條之役。萬舉必全。明德廣文選或作德道。通靈。廣文選或作言。降福類聚作福降。自天。○類聚四十一。樂府詩集三十六。廣文選十三。又廣文選八作歌魏德詩。

汎汎綠類聚作淥。樂府同。池。中有浮萍。寄身流波。隨風靡傾。芙蓉含芳。菡萏垂榮。朝采其實。夕佩其英。采之遺誰。類聚作誰遺。所思在庭。雙魚比目。鴛鴦交頸。有美一人。婉如清揚。類聚作青陽。知音識曲。善爲樂方。○詩紀云。有美四句又見善哉行。○類聚四十一。樂府詩集三十六。又廣文選八作歌魏德詩。詩紀十二。○逯案。詩紀依據廣文選注云一作歌魏德詩。非也。樂府詩集於秋胡行題下引樂府解題曰。後人哀而賦之。爲秋胡行。廣題曰。曹植秋胡行。但歌魏德而不取秋胡事。與文帝之辭同也云云。則兩書乃謂曹氏兄弟皆以舊題填新辭。其不取秋胡事者同。非言曹丕所作亦歌魏德也。廣文選題爲歌魏德詩。本是妄作。詩紀不應注一作某某而不言所本也。又有美四句分見兩詩。而善哉行篇似較完整。蓋樂府以聲曲爲主。歌辭可以割裂拼湊。故此詩以有美四句作爲全篇結尾。

善哉行二首 詩紀云。一曰擬作。○逯案。第一首類聚作苦哉行。六臣本文選注云。五臣作苦哉行。

上山採薇。薄暮苦飢。谿類聚、樂府作溪。谷多文選注多下有悲字。風。霜露沾文選注沾下有我字。衣。一解野雉羣雊。猴猿相追。還望故鄉。鬱何壘壘。文選注不疊壘字。二解　高山有崖。類聚作林。林類聚作崖。木有枝。憂來無方。人莫之知。類聚作知之。三解　人生如宋書作若。寄。多憂何爲。今我不樂。歲詩紀云。一作日。六臣本作日。注云。善作歲字。月如宋書作其。樂府同。類聚作若。馳。四解　湯湯川六臣本文選注云。五臣作中。流。中有行舟。隨波轉薄。類聚作泊。李善本文選、文章正宗作回轉。有似客遊。五解　策我良馬。被我輕裘。載馳載驅。聊以忘憂。六解　樂府云。右一曲魏晉樂所奏。○宋書樂志。文選二十七。樂府詩集三十六。文章正宗二十九。詩紀十二。又類聚四十一作苦哉行。引飢、衣、枝、之、馳、舟、遊七韵。文選十三月賦注引衣一韵。十八懷舊賦注作古樂府。引壘一韵。

有美一人。婉如清類聚作青。詩紀同。揚。類聚作陽。妍姿巧笑。和媚心腸。知音識曲。善爲樂方。哀絃微妙。清氣含芳。流鄭激楚。度宮中編珠作中宮。商。感心動耳。編珠作意。綺麗難忘。離鳥夕宿。在彼中洲。延頸鼓翼。悲鳴相求。眷然顧之。使我心愁。嗟爾昔人。何以忘憂。○樂府詩集三十六。廣文選十三。詩紀十二。又類聚四十一引陽、方、商、忘四韵。杜公瞻編珠二作魏武帝樂府詩。引商、忘二韵。

丹霞蔽日行

丹霞蔽日。采虹垂天。谷水潺潺。木落翩翩。孤禽失羣。悲鳴雲間。月盈則沖。華不再繁。古來有之。嗟我何言。詩紀云。明帝步出夏門行中八句與此同。○類聚四十一。樂府詩集三十七。廣文選十三。詩紀十二。

煌煌京洛行

天夭園桃。無子空長。虛美難假。偏輪不行。一解　淮陰五刑。宋書作行。鳥盡宋書作得。樂府、廣文選同。詩紀云。一作得。弓藏。保身全名。獨有子房。大憤不收。褒衣無帶。多言寡誠。祇令事敗。二解　蘇秦之説。六國以亡。傾側賣主。車裂固當。賢矣陳軫。忠而有謀。楚懷不從。禍卒不救。三解　禍夫吴起。智小謀大。西河何健。伏尸何劣。四解嗟彼郭類聚作樂。生。古之雅人。智矣燕昭。可謂得臣。峨峨仲連。齊之高士。北辭千金。東蹈滄海。五解　樂府云。右一曲晉樂所奏。○宋書樂志。樂府詩集三十九。廣文選十二。詩紀十二。又類聚四十二引人、臣、士、海四韵。又文選十八笙賦注作桃園行。引長、行二韵。

釣竿行

東越河濟水。遥望大海涯。釣竿何珊珊。魚尾何簁簁。行路之好者。芳餌欲何爲。○藝文類聚四十一。詩紀十二。

十五

登山而遠望。谿谷多所有。楩柟千餘尺。衆草之宋書作芝。樂府云。一作芝。盛茂。華葉耀人目。五色難可紀。雉雊山鷄鳴。虎嘯谷風起。號羆當我道。狂顧動牙齒。○宋書樂志。樂府詩集二十七。廣文選十三。詩紀十二。

猛虎行

與君媾新歡。託配於二儀。充列于紫微。升降焉可知。梧桐類聚作何梧。攀鳳翼。雲雨散洪池。○類聚四十一。樂府詩集三十一。詩紀十二。

善哉行詩紀云。初學記載第一解。題云於講堂作。

朝初學記作今。日樂相樂。酣飲不知醉。悲絃書鈔作筝。初學記同。激新聲。長笛吐清氣。一解　絃歌感人腸。四坐皆歡悦。寥寥高堂上。涼風入我室。二解　持滿如不盈。有德宋書作得。者能卒。君子多苦心。所愁不但一。三解　慊慊下白屋。吐握不可失。衆賓飽滿歸。主人苦不悉。四解　比翼翔雲漢。羅者安所羈。宋書作羈。沖静得自然。榮華何足爲。五解　樂府云。右一曲魏晉樂所奏。○宋書樂志。樂府詩集三十六。詩紀十二。又書鈔五十一及一百十引氣一韻。又初學記十四作於講堂作。引醉、氣二韻。

同前詩紀云。藝文類聚作銅雀園詩。

朝遊高臺觀。文選注作側。夕宴華池陰。大酋奉甘醪。狩類聚作獸。人獻嘉禽。一解　齊倡書鈔或作唱。或作瑟。發東舞。秦筝奏西音。有客從南來。爲我彈清琴。二解　五音紛繁會。拊者激微吟。淫魚乘波聽。踴躍自浮沈。三解　飛鳥翻翔舞。悲鳴集北林。樂極哀情來。寥宋書作憀。類聚同。亮類聚作恨。廣文選同。案恨當作悢。摧肝心。四解　清角豈不妙。德薄所不任。大哉子野言。弭絃且自禁。五解　樂府云。右一曲魏晉樂所奏。○宋書樂志。樂府詩集三十六。詩紀十二。又書鈔一百一、一百七引音一韻。類聚二十八作銅雀園詩。引陰、禽、音、林、心五韻。文選三十一代君子有所思注及雜體詩注並作東門行。引陰一韻。又廣文選九所引與藝文類聚同。

折楊柳行詩紀云。藝文作遊仙詩。古樂府作長歌行。

西山一詩紀作亦。注云。一本作一。何御覽作何如。高。高高初學記作望望。舊唐書作高處。殊無極。初學記作不極。上有兩仙僮。御覽或作西山有雙僮。寰宇記同。不飲亦不食。與我一丸藥。光耀文選注作輝。白帖同。有五色。一解　服藥四五日。身體類聚作胷臆。文選注同。舊唐書作身輕。生羽翼。輕舉乘浮類聚作生風。廣文選或同。雲。倏忽行萬億。流覽觀四海。茫茫宋書作芒芒。非所識。二解　彭祖稱七百。悠悠安可原。老聃適西戎。于今竟不還。王喬假虛辭。赤松垂空言。三解　達人識真僞。愚夫好妄傳。追念往古事。憒憒千萬端。百家多迂怪。聖道我所觀。四解　樂府云。右一曲魏晉樂所奏。○宋書樂志。樂府詩集三十七。廣文選十三。詩紀十二。又類聚七十八作遊仙詩。引極、食、色、翼、億、識六韻。文選二十二宿東園注引極、食、色、翼四韻。初學記五作登山望遠詩。引極、食二韻。白帖九引色一韻。舊唐書九十五、御覽九百八十四並引極、食、色、翼四韻。御覽四十五、寰宇記五十五並引食一韻。廣文選九作遊仙詩。引極、食、色、翼、億、識六韻。

燕歌行二首

秋風蕭瑟天氣涼。草木搖初學記作零。落露爲霜。羣燕辭類聚作爭。歸雁樂府作鵠。南翔。念君樂府作吾。客類聚作遠。遊多思李善本文選作思斷。詩紀同。腸。慊慊思歸戀故鄉。君何文選作何爲。類聚同。玉臺作君爲。淹留寄他方。賤妾煢煢守空房。憂來思君不敢玉臺作可。忘。不覺淚下沾衣裳。援琴宋書作瑟。樂府同。鳴絃發清商。短歌微吟不能長。明月皎皎照我牀。星漢西流夜未央。牽牛織女遙相望。爾獨何辜玉臺誤作幸。限河梁。詩紀云。晉樂所奏。分七解。○逯案。宋書及樂府詩集此篇前六解皆兩韵一解。○宋書樂志。文選二十七。玉臺新詠九。樂府詩集三十二。詩紀十二。又類聚四十二引涼、霜、腸、方、忘五韵。初學記三引涼、霜二韵。

別日何易會日難。山川悠遠路初學記誤作浮。漫漫。鬱陶思君未敢言。寄聲詩紀作書。注云。一作聲。浮雲往不還。涕零雨面毀容詩紀作形。注云。一作容。顏。誰能懷憂獨不歎。展詩清歌聊自寬。樂往哀來摧肺詩紀作心。注云。一作肝。肝。耿耿伏枕不能眠。披衣出户步東西。仰看詩紀作戴。注云。一作看。星月觀雲間。飛鶬詩紀作鳥。晨鳴聲可憐。留連顧懷不能詩紀作自。注云。一作能。存。詩紀云。晉樂所奏。分六解。又云。此首文互異者。並以宋書爲正。　樂府云。右一曲本辭。○玉臺新詠九。樂府詩集三十二。詩紀十二。又初學記十五引難、漫、言、還四韻。

別日何易會日難。山川悠遠路漫漫。一解　鬱陶思君未敢言。寄書浮雲往不還。二解　涕零雨面毁形顔。誰能懷憂獨不歎。三解　耿耿伏枕不能眠。披衣出户步東西。四解　展詩清歌聊自寬。樂往哀來摧心肝。悲風清厲秋氣寒。羅帷徐動經秦軒。五解　仰戴星月觀雲間。飛鳥晨鳴。聲氣可憐。留連懷顧不自存。六解

樂府云。右一曲晉樂所奏。○宋書樂志。樂府詩集三十二。詩紀十二。

臨高臺

臨臺行高。高以軒。下有水。清且寒。中有黄鵠往且翻。行爲臣。當盡忠。願令詩紀作今。皇帝陛下三千歲。宜居此宫。鵠欲南遊。雌不能隨。我欲躬銜汝。口噤不能開。我樂府無我字。詩紀同。欲負之。毛衣摧頹。五里一顧。六里徘徊。詩紀云。此曲三段辭不相屬。鵠欲南遊以下乃古辭飛鵠行也。○類聚四十二作臨高臺行。樂府詩集十八。廣文選十二。詩紀十二。又文選二十侍五官中郎將建章臺集詩注作古辭。引頽一韻。

陌上桑

棄故鄉。離室宅。遠從軍旅萬里客。披荆棘。求阡陌。側足獨窘步。路局苲。宋書作笮。廣文選作窄。虎豹嘷宋書誤作嗥。動。雞驚禽失。羣鳴相索。登南山。奈何蹈盤石。樹木叢生鬱差廣文選誤作羗。錯。寢蒿草。蔭松柏。涕

泣雨面霑枕席。伴旅單。稍稍日零落。惆悵竊自憐。相痛惜。樂府云。右一曲晉樂所奏。○宋書樂志。樂府詩集二十八。廣文選十三。詩紀十二。

秋胡行詩紀云。一作佳人期。

朝與佳人期。日夕殊不來。嘉肴不嘗。旨酒停杯。寄言飛鳥。告余不能。俯折蘭英。類聚作黃。樂府、廣文選同。仰結桂廣文選誤作佳。枝。佳人不在。結之何爲。從爾何所之。乃在類聚作至。大海隅。靈若道言。貽爾明珠。企予望之。步立踟類聚作踏。蹰。樂府作躊躇。佳人不來。何得斯類聚作何。樂府同。須。○類聚四十一。樂府詩集三十六。廣文選十三。詩紀十二。

上留田行

居世一何不同。上留田。富人食稻與粱。文選補遺誤作田。上留田。貧子食糟與糠。上留田。類聚缺以上三字。貧賤亦廣文選作一。何傷。上留田。祿命懸在蒼天。上留田。今類聚作命。爾歎息將欲誰怨。上留田。○類聚四十一。樂府詩集三十八。文選補遺三十四。廣文選十三。詩紀十二。

大牆上蒿行

陽春無不長成。草木羣類隨大風起。零落若何翩翩。中心獨立一何煢。四時舍我驅馳。今我隱約欲何爲。人生居天壤間。忽如飛鳥棲枯枝。我今隱約欲何爲。適君身體所服。何不恣君口腹所嘗。冬被貂鼲温暖。

夏當服綺羅輕涼。行力自苦。我將欲何爲。不及君少壯之時。乘堅車。策肥馬良。上有滄浪之天。今我難得久來視。下有蠕蠕之地。今我難得久來履。何不恣意遨遊。從君所喜。帶書鈔或作方。我帶我。書鈔或作勞民。寶文選注寶上有長字。書鈔或同。又或作劉。劍。今爾何爲自低卬。悲麗平壯觀。白文選注白上有光字。如積雪。利如樂府作若。秋霜。駮犀標樂府作摽。首。玉琢玉琢。書鈔作帝王環。中央。帝王所服。辟除凶殃。御左右奈何致福祥。上十六字書鈔作服之御左右。除凶致福祥。吴之辟閭。越之步光。楚之龍泉。韓有墨陽。苗山之鋋。羊頭之鋼。知名前代。咸自謂麗且美。曾不如君劍良。綺難忘。冠青雲之崔嵬。纖羅爲纓。飾以翠翰。既美且輕。表容儀。俯仰垂光榮。宋之章甫。齊之高冠。亦自謂美。蓋何足觀。排金鋪。坐玉堂。風塵不起。天氣清涼。奏桓當作絙。瑟。舞趙倡。女娥長歌。聲協宫商。感心動耳。蕩氣回腸。酌桂酒。鱠鯉魴。與佳人期爲樂康。前奉玉卮。爲我行觴。今日樂不可忘。樂未央。爲樂常苦遲。歲月逝。忽若飛。何爲自苦。使我心悲。○樂府詩集三十九。詩紀十二。又書鈔百二十二作魏文帝歌。引昂、央、祥三韵及昂、霜二韵。文選三十九七命注引我帶長寶劍。光白如秋霜二句。

豔歌何嘗行

詩紀云。宋書作古辭。樂府作文帝。○逯案。古今樂録引王僧虔技録云。豔歌何嘗行。歌文帝何嘗、古白鵠二篇。知此爲魏文帝作。

何嘗快。獨無憂。但當飲醇酒。炙肥牛。一解長兄爲二千石。中兄被貂裘。二解小弟雖無官爵。鞍馬駈駈。往來王侯長者遊。三解但當在王侯殿上。快獨摴蒲六博。對坐廣文選作坐對。彈棊。四解男兒居世。各當努力。蹙迫日暮。殊不久留。五解少小相觸抵。寒苦常相隨。忿恚安足諍。吾中道與卿共別離。約身奉事君。禮節不可虧。上慚滄浪之天。下顧黄口小兒。奈何復老心皇皇。獨悲誰能知。樂府云。少小下爲趨。前爲豔。又云。右一曲晉樂所奏。○宋書樂志作古詞。樂府詩集三十九。廣文選十三。詩紀十二。

月重輪行

三辰垂光。照臨四海。煥哉何煌煌。悠悠與天地久長。愚見目前。聖覩萬年。明闇相絶。何可勝言。○類聚四十二。樂府詩集四十。詩紀十二。

飲馬長城窟行

浮舟横大江。討彼犯荆虜。武將齊貫錍。樂府字缺。叢刊本作甲。征人伐金鼓。長戟十萬隊。幽冀百石弩。發機若雷電。書鈔作迅。一發連四五。○類聚四十一。樂府詩集三十八。詩紀十二。又書鈔百二十五作魏明帝武平謳哥詩。引弩、五二韵。

董逃行

晨背大河南轅。跋涉遐路漫漫。師徒百萬譁諠。戈矛若林成山。旌旗拂日蔽天。○御覽三百三十九。

折楊柳行

端居若無悰。駕遊博望山。〇文選二十一謝朓遊東園詩注。

詩

黎陽作詩三首

朝發鄴類聚誤作鄰。城。夕宿韓陵。霖雨載類聚誤作識。塗。輿類聚誤作與。人困窮。載馳載驅。沐雨櫛風。舍我高殿。何爲泥中。在昔周武。爰暨公旦。載主而征。救民塗炭。彼此一時。唯天所讚。我獨何人。能類聚作餘。不靖類聚作静。亂。〇類聚五十九。廣文選九。詩紀十二。

殷殷其雷。濛濛其雨。我徒我車。涉此艱阻。遵彼洹湄。言刈其楚。班之中路。塗潦是御。轔轔大車。載低載昂。嗷嗷僕夫。載仆載僵。蒙塗冒雨。沾衣濡裳。〇類聚五十九。廣文選九。詩紀十二。

千騎隨風靡。萬騎正龍驤。金鼓震上下。干戚紛縱横。白旄若素霓。丹旗發朱光。追思太類聚作大。王德。胥宇識足臧。經歷萬歲林。行行到黎陽。〇類聚五十九。詩紀十二。〇逯案。類聚此爲第一首。在上兩首前。詩紀倒以五言編在四言後。故列此爲第三首。

於譙作詩

清夜延貴初學記或作賓。客。明燭初學記或作燈。發高光。豐膳漫星陳。旨酒盈玉觴。絃書鈔作綺。歌奏新曲。書鈔作詩。初學記同。游響拂丹梁。書鈔誤作陽。餘初學記作繁。詩紀云。一作繁。音赴迅初學記作促。節。慷書鈔作忼。慨時激揚。獻酬紛交錯。雅舞何鏘鏘。羅纓從風飛。長劍自低昂。穆穆衆君子。和合同樂康。〇詩紀十二。書鈔百六引陽、揚二韻。初學記十四引光、觴、梁、揚、鏘、昂六韻。又引光、觴二韻。又十五引梁、揚二韻。

孟津詩

良辰啓初節。高會構初學記作構極。歡娛。通天拂景雲。俯臨四達衢。羽類聚作明。爵浮象樽。珍膳盈豆區。清歌發妙曲。樂正奏笙竽。曜靈忽西邁。炎燭繼望舒。翊日浮黄河。長驅旋鄴都。〇詩紀十二。類聚二十八作在孟津詩。引娱、竽、舒、都四韻。七十三引娱、區二韻。初學記十四引娱、衢、區三韻。

芙蓉池作詩

乘輦夜行遊。類聚作遨。逍遥步西園。雙渠相溉灌。類聚、御覽並作灌溉。嘉御覽作佳。木繞通川。卑枝拂羽蓋。脩條摩蒼天。驚風扶輪轂。飛鳥翔我前。丹霞夾明月。華星出雲間。上天垂光彩。五色一何鮮。壽命非松喬。誰能得神仙。遨遊快心意。保己終百年。〇文選二十七。詩紀十二。又類聚九、御覽五百九十二並引園、川、天、間、年五韻。

於玄武陂作詩

兄弟共行遊。驅車出西城。野田廣開闢。川渠互相經。黍稷何鬱鬱。流波激悲聲。菱芡覆緑水。芙蓉發丹榮。柳垂重蔭緑。向我池邊生。乘渚望長洲。羣鳥讙譁鳴。萍藻泛濫廣文選作濫泛。浮。澹澹隨風傾。忘憂共容與。暢此千秋情。〇古詩類苑十五。詩紀十二。又類聚九、廣文選十並引城、經、聲、榮、生、鳴、傾七韻。

至廣陵於馬上作詩 詩紀云。外編云廣陵觀兵。

觀兵臨江水。水流何湯湯。戈類聚作霜。矛成山林。玄甲耀日光。猛將懷暴怒。膽氣正縱橫。誰云江水廣。一葦可以航。不戰屈敵虜。御覽作能屈敵。戢兵類聚作兵記。稱賢良。古公宅岐邑。實始翦殷商。孟獻御覽作子。營虎牢。鄭人懼稽顙。充國務耕殖。御覽作植。先零自破亡。興農淮泗間。築室都徐方。量宜運御覽作量運宜。權略。六軍咸悅康。豈如東山詩。悠悠多憂御覽作悲。傷。〇魏志文帝紀注引魏書。御覽五百九十一。廣文選十。詩紀十二。又類聚五十九引湯、光、航、良四韻。

雜詩二首

漫漫秋夜長。烈烈北風涼。展轉不能寐。披衣起彷徨。類聚作徉。彷徨忽已久。白露沾我裳。俯視清水波。仰看明月光。天漢回西流。三五正縱橫。草蟲鳴何悲。孤鴈獨南翔。鬱鬱多悲類聚作愁。六臣本文選注云。五臣作愁。思。綿綿思故鄉。願飛安得翼。欲濟河無梁。向風長歎息。斷絶我中腸。〇文選二十九。文章正宗二十九。詩紀十二。又類聚二十七作魏文帝詩。引涼、徉、光、鄉、梁五韻。〇逯案。李善本文選四注此詩曰。集云枹中作。下篇云於黎陽作。

西北有浮雲。亭亭編珠作團團。如御覽作似。事類賦同。車蓋。惜哉時不遇。適與飄風會。吹我東南行。行行李善本文選作南行。至吴會。吴會非我鄉。安得久留滯。棄置勿復陳。客子常畏人。〇文選二十九。文章正宗二十九。事類賦雲賦注。詩紀十二。又御覽八、杜公瞻編珠一並引蓋一韻。

於明津作詩

遥遥山上亭。皎皎雲間星。遠望使心懷。遊子戀所生。驅車出北門。遥望河陽城。詩紀云。古辭長歌行與此同。後有六句曰。凱風吹長棘。夭夭枝葉傾。黄鳥飛相追。咬咬弄音聲。竚立望西河。泣下沾羅纓。○逯案。後六句亦當爲魏文帝作。應補入。樂府詩集所稱古辭。未必全爲漢詩也。○類聚二十七。詩紀十二。

清河作詩

方舟戲長水。湛澹類聚作澹澹。廣文選作淡。自浮沈。絃歌發中流。悲響有餘音。類聚作悲風漂餘音。音聲入君懷。悽愴傷人心。心傷安所念。但願廣文選作顧。恩情深。願爲晨玉臺作鶡。風鳥。雙飛翔北林。○玉臺新詠二。廣文選九。詩紀十二。又藝文類聚二十八作於清河作。引沉、音二韵。

代劉勳妻王氏雜詩

詩紀云。玉臺以爲王宋自作。今從藝文作魏文帝。

王宋者。平虜將軍劉勳妻也。入門二十餘年。後勳悦山陽司馬氏女。以宋無子出之。還於道中作詩。○玉臺新詠二。

翩翩牀前帳。張類聚作可。詩紀云。一作可。以蔽光輝。昔將爾同去。今將爾同玉臺作共。類聚同。歸。緘藏篋笥裏。當復何時披。○玉臺新詠二作劉勳妻王氏雜詩。類聚二十九作魏文帝代劉勳出妻王氏詩。詩紀十二。○逯案。玉臺載詩兩首。一爲魏文帝作。一爲曹植作。而只題爲劉勳妻王氏雜詩。實誤。詩紀據藝文類聚編此首於魏文帝詩。是矣。然並第二首亦歸魏文。則又非也。今卽析第二首入曹植集。

黎陽作詩

奉辭罰詩紀作討。罪。遐征。晨過黎山巉類聚作峞。崢。東濟黄河金營。北觀故宅頓傾。中有高樓亭亭。荆棘繞蕃叢生。南望果園青青。霜露慘悽宵零。彼桑梓兮傷情。○類聚五十九。詩紀十二。

寡婦詩

友人阮元瑜早亡。傷其妻類聚妻下有子字。孤寡。爲作此詩。

霜露紛兮交下。木葉落兮淒淒。類聚作萋萋。候鴈叫兮雲中。歸燕翩兮徘徊。妾心感兮惆悵。白日急兮西頹。守長夜兮思君。詩紀云。一作君思。魂一夕兮九乖。悵延佇兮仰視。星月隨兮天迴。徒引領兮入房。竊自憐兮孤棲。願從君兮終没。愁何可兮久懷。○類聚三十四。詩紀十二。

令詩

漢獻帝傳曰。太史丞許芝條上魏王代漢圖讖。王令曰。昔周文王三分天下有其二。以服事殷。公旦履天子之籍。聽天下之斷。終然復子明辟。吾雖德不及二聖。吾敢忘高山景行之義哉。吾作詩云云。庶欲守此辭以自終。卒不虚言也。

喪亂悠悠過紀。白骨從横萬里。哀哀下民靡恃。吾將以魏志注作佐。時整理。復子明辟致仕。○三國志文帝紀注引獻帝傳禪代衆事。詩紀十二。

夏日詩

夏時饒温詩乘作清。和。避暑就清涼。比御覽作北。詩乘同。坐高閣下。延賓作名倡。絃歌隨風厲。吐羽含徵商。嘉餚重疊來。珍果在一傍。棊局縱横陳。博弈合雙揚。巧拙更勝負。歡美樂人腸。從朝至日夕。安知夏節長。〇詩紀十二。又初學記十五作魏文帝詩。引倡、商二韵。御覽二十三作魏文帝詩。引涼、倡、傍、揚、腸、長六韵。

見挽船士兄弟辭别詩樂府作折楊柳行。

鬱鬱河邊樹。青青野田草。舍樂府誤作合。我故鄉客。將適萬里道。妻子牽衣袂。抆初學記作落。樂府作收。淚霑懷抱。還附幼童子。顧托兄與嫂。辭訣未及終。嚴駕一何早。負笮引文舟。書鈔作舡行。飽渴常不飽。書鈔作食。誰令爾貧賤。咨嗟何所道。〇樂府詩集三十七作謝靈運折楊柳行。書鈔百三十八作魏文帝詩。引食一韵。初學記十八作魏文帝見挽船士兄弟辭别詩。引道、抱二韵。白帖六作魏文帝詩。引將適千里道。妻子牽衣袂兩句。〇逯案。樂府詩集作謝靈運詩。然其思想情調。語言風格皆不類。樂府詩集折楊柳行。魏文一篇。謝兩篇。前後次列。亦或後世刊寫已有竄亂。今依書鈔、初學記、白帖等作魏文帝詩。而於謝詩亦分著此篇。

詩

行行遊且獵。且獵路南隅。彎我烏號弓。騁我纖驪駒。走者貫鋒鏑。伏者值御覽誤作飢。戈殳。白日未及移。

手獲三十餘。○御覽三百五十三。

詩

巾車出初學記作中。誤。鄴宫。校獵東橋津。重罝施初學記作結。密網。罟箄飄如雲。彎弓忽高馳。一發連雙麕。○類聚九十五。詩紀十二。又初學記二十二引津、雲二韵。御覽九百七引津、麕二韵。

蜘蛛網户牖。野草當階生。○文選二十九雜詩注引魏文帝詩。三十直學省愁卧詩注引上一句。

酒人獻三清。絲中當作竹。列南厢。○鳴沙石室古籍叢殘類書殘卷宴樂類。

王韓獨何人。翺翔隨天塗。○文選二十八前緩歌聲注。

迴頭四向望。眼中無故人。○文選二十五答張士然詩注。

絹綃白如雪。輕華比蟬翼。○白帖二。

畫舸覆隄。○唐語林二。

蘭芷生兮芙蓉披。○文選三十一雜體詩注。

東閣詩

高山吐慶雲。○文選三十一雜詩注。

歌

詩紀作古歌銅雀詞。編在漢詩。

長安城西御覽或作南。雙文選注雙上多有字。員文選注作圓。闕。雙員闕。三輔黃圖作有雙闕。寰宇記同。上有一三輔黃圖無一字。寰宇記同。御覽或同。雙銅雀。御覽雀下或有宿字。詩紀同。一鳴五穀生。三輔黃圖作成。寰宇記同。再鳴五穀熟。〇三輔黃圖二引作古歌。書鈔百五十六引作魏文帝歌詞。文選五十六石闕銘注作魏文帝歌。御覽三十五作古歌詞。百七十九作魏文帝歌。詩紀七。〇逯案。此歌書鈔等書數引。皆作魏文帝。今從之。編入本卷。

甄皇后

甄皇后。本袁紹中子袁熙妻。魏武破紹。文帝時爲太子。納爲夫人。生明帝。

塘上行

蒲生我池中。其類聚作蒲。葉何文選注作葉何一。離離。傍能行仁義。莫若妾自知。衆口鑠類聚作爍。黃金。使君生別離。念君去我時。獨愁常苦悲。想見君顔色。感結傷心脾。念君常苦悲。夜夜不能寐。莫以豪賢類聚作毫髮。故。棄捐素所愛。莫以魚肉賤。棄捐韵補作捐棄。葱與薤。莫以麻枲賤。棄捐菅類聚作管。樂府同。與蒯。出亦復苦愁。入亦復苦愁。邊地多悲風。樹木何脩脩。玉臺作翛翛。樂府、風雅翼同。從軍樂府作君。致獨樂。延年壽千秋。〇玉臺新詠二。樂府詩集三十五作魏武帝。風雅翼補遺下。詩紀十二。又文選二十八塘上行注引離一韵。類聚四十一作魏文帝甄皇后塘上行。引離、知、離、愛、薤、蒯六韵。又韵補四作魏文帝。引悲、薤二韵。○逯案。樂府以此篇爲魏武塘上行本辭。今從玉臺作甄后詞。又出亦復苦愁以下六句。乃樂人增入之曲。必非甄后之作也。

蒲生我池中。蒲生我池中。其葉何離離。傍能行人宋書作儀。儀。莫能縷自知。衆口鑠黄金。使君生別離。樂府誤作離別。一解 念君去我時。念君去我時。獨愁常苦悲。想見君顏色。感結傷心脾。今悉夜夜愁不寐。二解 莫用豪賢故。莫用豪賢故。棄捐素所愛。莫用魚肉貴。棄捐葱與薤。莫用麻枲賤。棄捐菅與蒯。三解 倍恩者苦枯。倍恩者苦枯。蹶船常苦没。教君安息定。慎莫致倉卒。念與君一共離別。亦當何時共坐復相對。四解 出亦復苦愁。入亦復苦愁。邊地多悲風。樹木何蕭蕭。今日樂相樂。延年壽千秋。五解 樂府云。右一曲晉樂所奏。○宋書樂志、樂府詩集三十五並作魏武帝。詩紀十二。○逯案。文選陸機塘上行題下李善注引歌録曰。塘上行古詞或曰甄皇后造。又樂府解題曰。前志云。晉樂奏魏武帝蒲生篇。而諸集録皆云其詞甄后所作。今依諸集録附此。

魏詩卷五

邯鄲淳

淳。字子叔。一名竺。潁川人。初平中。客荆州。荆州内附。武帝素聞其名。召見。甚敬異之。時五官將博延英儒。因啟淳欲使在文學。會臨淄侯植亦求淳。武帝遣淳詣植。黄初初爲博士給事中。有集二卷。

贈吴處玄詩詩紀依類聚作答贈詩。

我受上命。來隨臨菑。與君子處。曾未盈朞。詩紀作期。見召本朝。駕言趣期。羣子重離。首命于時。餞我路隅。贈我嘉辭。既受德音。敢不答之。余惟薄德。既局且鄙。見養賢侯。於今四祀。既庇西伯。永誓没齒。今也被命。義類聚誤作我。在不俟。瞻戀我侯。又慕君子。行道遲遲。體逝情止。豈無好爵。懼不我與。聖主受命。千載一遇。攀龍附類聚字缺。鳳。必在初舉。行矣去矣。文選注作言。别易會難。自强不息。人誰獲安。願子大夫。勉簣類聚作匱。成山。天休方至。萬福爾臻。○類聚三十一、廣文選十、詩紀十七並作答贈詩。又文選二十七晚登三山還望京邑詩注注引難一韵。唯淳誤湛。

左延年

黄初中。以新聲被寵。見晉書樂志。

秦女休行

始詩紀作步。出上西門。遥望秦氏廬。御覽或作樓。或作家。秦氏書鈔作家。有好女。自名爲書鈔作云。御覽作曰。女休。休年十四五。御覽作女休年十五。爲宗行報讐。左執白楊刃。書鈔作刀。御覽同。右據御覽或作援。宛魯書鈔、御覽皆作景。矛。讐家便東南。仆樂府闕此字。僵秦女休。上十字御覽作讎家東南僵五字。女休西上山。上山四五里。關吏呵問女休。御覽或作問吏得女休。或作關吏呵不得休。女休前置詩紀云。一作致。辭。平御覽無平字。生爲燕王婦。於御覽無於此。今爲詔獄囚。平生衣參差。當今無領襦。明知殺人當死。兄言怏怏。弟言無道憂。女休堅詞樂府作辭。爲宗報讐。死不疑。殺人都市中。徼我都巷西。丞卿羅詩紀云。一有列字。東向坐。女休悽悽曳梏前。兩徒夾我持刀。刀五尺餘。刀未下。刀未下。御覽作刀矛未及下。朣朧御覽或作攏幢。或作朧橦。擊鼓赦書下。〇樂府詩集六十一。詩紀十七。又書鈔百二十三引休、仇、矛三韵。御覽三百四十六作樂府歌。引休、雔、矛三韵。三百五十三引廬、休、雔、矛四韵。四百八十一引家、休、雔、矛、休、囚、下七韵。六百五十二作古樂府歌辭。引樓、休、雔、矛、休、囚、下七韵。

從軍行

苦哉邊地人。一歲三從軍。三子到燉煌。二子詣隴西。五子遠鬬去。五婦皆懷身。〇樂府詩集三十六。詩紀十七。

同上

從軍何等樂。一驅乘雙駁。鞍馬照人目。初學記作白。詩紀同。龍驤自動作。〇初學記二十二。御覽三百五十八。詩紀十七。

焦先

先。字孝然。河東人。或曰弘農人。魏受禪。結菴湄河之濱。獨止其中。太守董經往視之。不肯語。或忽老忽少。後與人別去。不知所適。

祝衂歌

高士傳曰。魏伐吳。有竊問隱士焦先。先不應。謬歌。後魏軍敗。人推其意。牂羊指吳。羖羺指魏也。

祝衂祝衂。非魚非肉。更相追逐。本爲殺牂羊。更殺羖羺。魏志注作本心爲當殺牂羊。更殺其羖羺耶。〇三國志管寧傳注。詩紀十七。

吴質

質。字季重。濟陰人。建安中爲朝歌長。遷元城令。魏文帝受禪。拜北中郎將。進振威將軍。封列侯。太和四年。入爲侍中。卒。

思慕詩

文章敍録曰。文帝崩。吴質思慕。作詩云。

愴愴懷殷憂。殷憂不可居。徙倚不能坐。出入步踟躕。念蒙聖主恩。榮爵與衆殊。自謂永終身。志氣甫當舒。何意中見棄。棄我就魏志注作之。黄壚。煢煢靡所恃。淚下如連珠。隨没無所益。身死名不書。慷慨自俛仰。魏志注作僶俛。庶幾烈丈夫。〇三國志本傳注。廣文選九。詩紀十七。

麋元

元爲散騎常侍。有集五卷。

詩

青雀東飛。别鵠東翔。〇御覽九百二十二。

詩

蒼蒼陵上柏。參差列成行。童童安石榴。列生神道傍。○御覽九百七十。

魏明帝曹叡

叡。字元仲。魏文帝太子。黄初七年五月卽位。在位十三年。景初三年卒。年三十六。謚曰明皇帝。有集七卷。

樂府

短歌行

翩翩春燕。端集余堂。陰匿陽顯。節運自常。厥貌淑美。玄衣素裳。歸仁服德。雌雄頡頏。執志精專。絜行馴良。銜土繕巢。有式宫房。不規自圓。樂府作圓。無矩而方。○類聚九十二。樂府詩集三十。廣文選十三。詩紀十二。

善哉行

我徂御覽誤作祖。我征。伐彼御覽誤作被。蠻虜。練師簡卒。爰正御覽作整。其旅。輕舟竟川。初鴻御覽作傍江。是。應據正。依浦。桓桓猛毅。如羆御覽作熊。詩紀云。一作貅。如虎。上二句書鈔作赳赳桓桓。猛毅如虎。發砲宋書誤作袍。書鈔作桴。御覽同。樂府、廣文選作枹。若雷。吐氣如各書作成。廣文選作如。雨。旄旌樂府作旍。御覽作旌旄。指麾。進退應矩。書鈔作指麾進退。迭應長矩。百馬齊轡。御由造父。休休六軍。咸同斯武。兼塗星邁。亮宋書作莵。兹行阻。行行日遠。西背京許。遊弗淹旬。遂屆揚土。奔寇震懼。莫敢當御。權實豎文選注作堅。子。備則亡虜。假氣遊魂。魚鳥文選注作鳥魚。爲伍。虎臣列將。怫鬱充宋書作免。怒。淮泗肅清。奮揚微所。運德耀威。惟鎮惟撫。反旆言歸。旆宋書作告。詩紀云。一作告。入皇祖。詩紀云。宋書樂志分爲八解。無權實豎子以下四句。樂府云。右一曲魏晉樂所奏。○宋書樂志、樂府詩集三十六、廣文選十三、詩紀十二所引並少權實豎子四句。又書鈔百十四引虜、旅、虎、雨、矩五韵。文選四十三爲石仲容與孫皓書注引虜、伍二韵。五十七馬汧督誄注引伍一韵。又御覽三百六引虜、旅、浦、虎、雨、矩六韵。○逯案。權實豎子以下四句。蓋詩紀據文選注以意補入。未必符原詩舊貌。

同前四解

赫赫大魏。王師徂征。冒暑討亂。振耀威靈。一解汎舟黄河。隨波潺湲。通渠回越。行路綿綿。二解綵旄蔽日。旗樂府作旌。旒翳天。淫魚瀺灂。遊戲樂府作嬉。深淵。三解唯塘泊。樂府作泊。從如流。不爲單。握揚楚。心惆悵。歌採薇。心綿綿。在淮淝。願君速節宋書作捷。樂府同。早旋歸。四解　樂府云。右一曲魏晉樂所奏。○宋書樂志。樂府詩集三十六。詩紀十二。

步出夏門行詩紀云。一曰隴西行。○逯案。宋書有此一曰注。

步出夏門。東登首陽山。嗟哉夷叔。仲尼稱賢。君子退讓。小人争先。惟斯二子。于今稱傳。林鍾受謝。節改時遷。日月不居。誰得久存。善哉殊復善。絃歌樂樂府注。樂下有我字。應據補。情。一解商風夕起。悲彼秋蟬。變形易色。隨風東西。乃眷西顧。雲霧相連。丹霞蔽日。彩虹帶天。弱水潺潺。葉落翩翩。孤禽失羣。悲鳴其間。

善哉殊復善。悲鳴在宋書在下衍鳴字。樂府同。其間。二解朝遊清泠。日暮嗟歸。朝遊止此爲豔。蹶迫日暮。烏鵲南飛。繞樹三匝。何枝可依。卒逢風雨。樹折枝摧。雄來驚雌。雌獨愁棲。夜失羣侶。悲鳴徘徊。芃芃荆棘。葛生綿綿。感彼風人。惆悵自憐。月盈則沖。華不再繁。古來之説。嗟哉一言。蹶迫下爲趨。樂府云。右一曲魏晉樂所奏。○宋書樂志。樂府詩集三十七。廣文選十三。又樂府詩集三十六瑟調曲善哉行題注引情一韵。○逯案。詩紀於此篇後。曾據選詩外編補出本辭一篇。並注云。右一曲疑是前篇本辭。見選詩外編。今按樂府增六句云云。詩紀此説非是。選詩外編本不足據。又詩紀所附本辭。其中夾雜魏武、魏文之作。何得稱爲本辭。今删去該篇。並説明於此。

月重輪行

天地無窮。人命有終。立功揚名。行之在躬。聖賢度量。得爲道中。○類聚四十一。樂府詩集四十。詩紀十二。

長歌行

静夜不能寐。耳聽類聚作聆。衆禽鳴。大類聚作人。文選注作久。城育狐兔。高墉多鳥聲。壞宇何寥廓。宿屋邪草生。中心感時物。撫劍下前庭。類聚作攬劍下閑庭。翔佯於階際。景星一何明。仰首觀靈宿。北辰奮休榮。哀彼失羣燕。喪偶獨煢煢。單心誰與侶。造房孰與成。徒然喟有和。悲慘傷人情。余情偏易感。懷往樂府誤作罔。增憤盈。吐吟音不徹。泣涕沾羅纓。○樂府詩集三十。廣文選十三。詩紀十二。又類聚四十二引鳴、聲、庭、明四韵。文選十一蕪城賦注引聲一韵。

苦寒行

悠悠發洛都。茾我征東行。征行彌二旬。屯吹龍宋書作隴。陂城。一解顧觀故壘處。皇祖之所營。屋室若平昔。棟宇無邪傾。二解奈何我皇祖。潛德隱聖形。雖没而不朽。書貴垂伐宋書作休。樂府同。名。三解光光我皇祖。軒耀同其榮。遺化布四海。八表以肅清。四解雖有吴蜀寇。春秋足耀兵。徒悲我皇祖。不永享百齡。賦詩以寫懷。伏軾淚沾纓。五解　樂府云。右一曲晉樂所奏。○宋書樂志。樂府詩集三十三。詩紀十二。○宋書此曲第一解疊首二句。第二至第五解疊第三字至第十字。樂府同。

櫂歌行

王者布大化。配乾稽后祇。宋書誤作祗。廣文選同。陽育則陰殺。晷景應度移。一解文德以時振。武功伐不隨。重華舞干戚。有苗服從嬀。二解蠢爾吴中宋書作蜀。樂府同。虜。憑江棲山阻。哀哉王士民。瞻仰靡依怙。三解皇上悼愍斯。宿昔奮天怒。發我許昌宫。列舟于長浦。四解翌日乘波揚。棹歌悲且涼。太宋書作大。樂府同。常拂白日。旗幟紛設張。五解將抗旄與鉞。耀威於彼方。伐罪以弔民。清我東南疆。將抗下爲趨。樂府云。右一曲晉樂所奏。○宋書樂志。樂府詩集四十。廣文選十三。詩紀十二。

種瓜篇

詩紀云。卽春遊曲。玉臺題云樂府。○逯案。樂府詩集此歌在古樂府行胡從何來後。題曰同前。而不在春遊曲内。詩紀誤。

種瓜東井上。冉冉自踰垣。與君新爲婚。瓜葛相結連。寄託不肖軀。有如倚太廣文選作泰。山。兔絲無根株。蔓延自登緣。萍藻託清流。常恐身不全。被蒙丘山惠。賤妾執拳拳。天日照知之。想君亦俱然。○玉臺新詠二作樂府詩。樂府詩集七十七。廣文選十三。詩紀十二。

燕歌行

白日晼晼忽西傾。霜露慘悽塗階庭。秋草捲葉摧枝莖。翩翩飛蓬常獨征。有似遊子不安廣文選作遑。寧。○類聚四十二。樂府詩集三十二。廣文選十三。詩紀十二。

猛虎行

雙事文類聚作梧。桐生空井。枝葉自相御覽或作交。事文類聚同。加。御覽或誤作如。通泉浸御覽或作溉。事類賦同。其根。玄雨初學記作雲。御覽或同。潤其柯。綠葉何蓩蓩。青條視曲阿。上有雙棲鳥。交頸鳴相和。何意行路者。秉丸彈是窠。○類聚八十八作魏明帝詩。引加、柯二韻。初學記七、御覽百八十九、事類賦桐賦注、事文類聚後集二十三並引加、柯二韻。御覽三百五十引加、柯、和、窠四韻。九百五十六引如、柯、阿三韻。

堂上行

武夫懷勇毅。勒馬於中原。干戈森若林。長劍奮無前。○御覽三百五十一。

清調歌

飛舟沈當作汎。洪波。旌旗蔽白日精。楫人荷輕櫂。騰飛造波庭。○書鈔百三十七。

自惜身薄祜行

出身秦川。爰居伊洛。○文選三十擬魏太子鄴中集注。六十弔魏武帝文注。

野田黄雀行

四夷重譯貢。百姓謳吟詠太康。○文選二十一張子房詩注。

豫章行

於斯誠微物。能不懷傷悴。○文選二十五還舊園詩注。

樂府詩

昭昭素明月。李善本文選作月明。暉光燭我牀。憂人不能寐。耿耿夜何長。微風衝文選作吹。樂府同。閨闥。羅帷自飄颺。攬衣曳長帶。屣玉臺作縱。戲鴻堂帖、廣文選同。履下高堂。東西安所之。徘徊以彷徨。春鳥向文選作翻。樂府、詩紀同。樂府注云。一作向。廣文選作何。南飛。翩翩獨翺翔。悲聲命儔匹。哀鳴傷我腸。感物懷所思。泣涕忽沾裳。佇立吐高吟。舒憤訴穹蒼。○文選二十七。樂府詩集六十二、詩紀七並作古辭傷歌行。玉臺新詠二所引缺末一韵。類聚四十二作古長歌行。引牀、長、颺、堂四韵。戲鴻堂帖八作古辭。樂府詩集所引缺末一韵。廣文選十三所引缺末一韵。

樂府詩

晝作不輟手。猛燭繼望舒。○御覽八百七十。

杜摯

摯。字德魯。河東人。明帝時歷任郎中令、校書郎。有集二卷。

贈毌丘儉詩

文章敍録曰。摯與毌丘儉鄉里相親。故爲詩與儉。求仙人藥一丸。欲以感切儉求助也。儉答以詩。然摯竟不得遷。卒於秘書。

騏驥馬不試。婆娑槽櫪間。壯士志未伸。坎軻多辛酸。伊摯爲媵臣。吕望身操竿。夷吾困商販。甯戚對牛歎。食其處監門。淮陰飢不餐。買臣老負薪。妻畔廣文選作叛。詩紀同。呼不還。釋之宦十年。位不增故官。才非八子倫。而與齊其患。無知不在此。袁盎未有言。被此篤廣文選作屬。詩紀作萬。並誤。病久。榮衛動不安。聞有韓衆藥。信來給一丸。〇三國志劉劭傳注。廣文選十。詩紀十七。

贈毌丘荆州詩

鵠飛舉萬里。一飛翀初學記作翀飛。昊蒼。翔高志難得。離鴻失所望。〇初學記十八。

魏詩卷六

陳思王曹植

植。字子建。武帝子。文帝同母弟。建安十六年。封平原侯。又封臨淄侯。文帝即位。離京就國。黄初二年。貶安鄉侯。改封鄄城王。四年。徙雍丘王。明帝太和元年。改封浚儀。二年。復還雍丘。三年。徙東阿。六年。加封陳王。太和五年卒。年四十一。謚曰思。有集三十卷。

樂府

丹霞蔽日行

詩紀云。魏文帝詩曰。丹霞蔽日。采虹垂天。明帝步出夏門行亦云。

紂爲昏亂。虐殘忠正。類聚作殘忠虐正。樂府同。周室何隆。一門三聖。牧野致功。天亦革命。漢祚類聚作祖。樂府同。之興。階秦本集作秦階。之衰。雖有南面。王道陵夷。炎光再幽。殄類聚作忽。樂府同。滅無遺。○類聚四十一。樂府詩集三十七。本集六。詩紀十三。

飛龍篇

晨遊泰書鈔作太。類聚作大。山。雲霧窈窕。忽逢二童。顔色鮮好。乘彼白鹿。手翳芝草。我知真人。長跪問道。

西登玉臺。類聚、本集作堂。樂府同。又注。一作臺。金樓複樂府作復。道。授類聚作投。我仙類聚作此。藥。神皇所類聚作可。造。教我服食。還精補腦。壽同金石。永世難老。○樂府詩集六十四。本集六。廣文選十三。詩紀十三。又書鈔百五十引窕一韵。類聚四十二引窕、好、草、道、造、老六韵。

薤露行

樂府解題曰。曹植擬薤露行爲天地。

天地無窮極。陰陽轉相因。人居一世間。忽若風吹塵。願得展功勤。輸力於明君。懷此王佐才。慷慨類聚作愷。獨不羣。鱗介尊神龍。走獸宗麒麟。蟲獸猶類聚作豈。本集同。知德。何況於士人。孔氏刪樂府誤作册。詩書。王業粲已分。騁我徑寸翰。流藻垂華芬。○類聚四十一。樂府詩集二十七。本集六。廣文選十四。詩紀十三。

惟漢行

魏武帝薤露詩曰。惟漢二十世。所任誠不良。

太極定二儀。清濁始以形。三光炤八極。天道甚著明。爲人立君長。欲以遂其生。行仁章以瑞。變故誡驕盈。神高而聽卑。報若響應聲。明主敬細微。三季曹天經。二皇稱至化。盛哉唐虞庭。禹湯繼厥德。周亦致太平。在昔懷帝京。樂府云。一作時。日昃不敢寧。濟濟在公朝。萬載馳其名。○樂府詩集二十七。本集六。廣文選十三作惟漢篇。詩紀十三。

鰕䱇篇

樂府解題曰。曹植擬長歌行爲鰕䱇。

鰕䱇游潢潦。不知江海流。燕雀戲藩柴。安識鴻鵠類聚作鶴。遊。世士樂府作事。此類聚作比。誠明。此誠明。本集作誠明性。誤。大德固無儔。駕言登五嶽。然後小陵丘。俯觀上路人。勢利惟是謀。本集作是謀讎。誤。讎高念皇家。本集作高念翼皇家。誤。遠懷柔九州。撫劍而雷音。本集作息。猛氣縱橫浮。汎泊徒嗷嗷。誰知壯士憂。○類聚四十二。樂府詩集三十。本集六。詩紀十三。○逯案。世士此誠明句。類聚此作比。是也。此句蓋作世士誠朋比。與大德固無儔對比。猶之燕雀與鴻鵠之對比也。傳刻久。遂誤此誠明。而本集編者以此誠明不辭。乃改爲誠明性。則更爲謬矣。又沈德潛說詩晬語云。樂府鰕䱇篇。䱇同鱓。水族之細者。從旦不從且。李于鱗誤用鰕䱇。押入魚虞韻。後人讀同疽音。不知其非也。古人造字有䱇無鉏。看說文等書自見。

吁嗟篇一作瑟瑟歌。

樂府解題曰。曹植擬苦寒行爲吁嗟。

吁御覽誤作于。嗟此轉蓬。御覽誤作逢。居世何獨然。文選注誤作亦然之。長去詩紀誤作土。本根逝。宿魏志注作夙。御覽、樂府、韵補同。夜類聚作昔。無休閑。東西經七陌。南北越九御覽作七。阡。樂府誤作千。卒遇回風起。吹我入雲間。自謂終天路。忽然魏志注作焉。下沉淵。本集作泉。詩紀同。驚飈接我出。廣文選作去。故歸彼中田。當南而更北。謂東而反西。宕宕廣文選作宕若。當何依。忽亡而復廣文選作反。存。飄颻周八澤。連翩歷五山。流轉無恒處。誰知吾苦艱。願爲中林草。秋隨野火燔。糜滅豈不痛。願與根御覽作株。本集同。荄魏志注根荄作林葉。樂府同。連。○三國志本傳注作瑟瑟歌。樂府詩集三十三。本集六。廣文選十三。詩紀十三。又類聚四十二引然、閑、燔三韵。文選二十七北使洛詩注引之一韵。御覽五百七十三作琴調歌。引閑、阡、燔、連四韵。又吴棫韵補二引然、閑二韵。

豫章行二首

樂府解題曰。曹植擬豫章行爲窮達。

窮達難豫圖。禍福信亦然。虞舜不逢堯。耕耘處中田。太公未遭文。漁釣終類聚作經。樂府作涇。渭川。不見魯孔丘。窮困陳蔡間。周公下白屋。天下稱其賢。○類聚四十一。樂府詩集三十四。本集六。詩紀十三。

鴛鴦自朋類聚作用。樂府同。親。不若樂府作苦。比翼連。他人雖同盟。骨肉天性然。周公穆康叔。管蔡樂府誤作葵。則流言。子臧讓千乘。季札慕其賢。○同上

浮萍篇蒲生行。

浮萍寄清類聚作緑。水。隨風東西流。結髮辭嚴親。來爲君子仇。恪勤在朝夕。無端類聚作中年。獲罪類聚作從。尤。在昔蒙恩惠。和樂如瑟琴。何意今摧頹。曠若商與參。茱萸自有類聚作内。爾雅翼作用。芳。不若桂與蘭。新人雖可愛。類聚作佳人雖成列。無若故所歡。行雲有返期。君恩儻中還。慊慊仰天歎。愁心將何愬。廣文選作訴。日月不恒玉臺作常。處。人生忽若寓。玉臺作遇。悲風來入懷。本集作帷。廣文選同。詩紀云。一作帷。淚下如垂露。發篋造裳本集作新。廣文選同。詩紀云。一作新。衣。裁縫紈與素。○玉臺新詠二。樂府詩集三十五作蒲生行浮萍篇。本集六。廣文選十三。詩紀十三。又類聚四十一作蒲生行。引流、仇、尤、蘭、歡、還六韵。爾雅翼十二引蘭一韵。

野田黄雀行

宋書云。空侯引亦用此曲。

置酒高殿上。親友樂府作交。從我遊。中廚辦豐膳。烹羊宰肥牛。秦筝何慷慨。類聚作愷。齊瑟和且書鈔作且和。柔。陽阿奏奇類聚作妙。舞。京洛出名謳。樂飲過三爵。緩帶傾庶羞。主稱千金壽。賓奉萬年酬。久要不可忘。薄終初學記作我。義所尤。謙謙君子德。磬折欲初學記作德。何求。本集作何所求。驚風飄白日。光景馳西流。盛時不可再。類聚、本集作不再來。六臣本文選注云。五臣作不再來。百年忽我遒。類聚作憂。生存文選作在。六臣文選注云。五臣作存。華屋處。零落歸山丘。先民誰不死。知命復何憂。樂府云。右一曲本辭。○文選二十七、樂府詩集三十九、本集六、文章正宗二十九俱作箜篌引。又書鈔百十引柔一韻。類聚四十二引遊、牛、柔、謳、羞、酬、流、憂、丘九韻。又初學記十七引遊、牛、尤、求四韻。

置酒高殿上。親交從我遊。中廚辦豐膳。烹羊宰肥牛。秦筝何慷宋書作忼。慨。齊瑟和且柔。一解陽阿奏奇舞。京洛出名謳。樂飲過三爵。緩帶傾庶羞。主稱千宋書誤作和。金壽。賓奉萬年酬。二解久要不可忘。薄終義所尤。謙謙君子德。磬折欲何求。盛時不再來。百年忽我遒。三解驚風飄白日。光景馳西流。生存華屋處。零落歸山丘。先民誰不死。知命復何憂。四解。樂府云。右一曲晉樂所奏。○宋書樂志。樂府詩集三十九。詩紀十三作箜篌引。

同前

高樹多悲風。海水揚其波。利劍不在掌。結友何須多。不見籬間雀。見鷂自投羅。羅家得雀喜。少年見雀悲。拔劍捎羅網。黄雀得飛飛。飛飛摩本集作磨。樂府同。蒼天。來下謝少年。○樂府詩集三十九。本集六。風雅翼選詩補遺下。詩紀十三。

門有萬里客

門有萬里客。問君何鄉人。褰裳起從之。果得心所親。挽裳對我泣。太息前自陳。本是朔方士。今爲吴越民。行行將復行。去去適西秦。○類聚二十九作曹植詩。樂府詩集四十。本集六。詩紀十三。

泰山梁甫行

樂府解題曰。曹植改泰山梁甫爲八方。

八方各異氣。千里殊風雨。劇哉邊海民。寄身於草墅。本集作野。妻子象禽獸。行止依林阻。柴門何蕭條。狐兔翔我宇。○藝文類聚四十一。樂府詩集四十一。本集六。詩紀十三。

怨歌行

詩紀云。技録、樂府解題皆以爲古辭。文章正宗作曹子建。○逯案。樂府詩集四十一怨詩行下引王僧虔技録曰。荀録所載。古爲君一篇。今不傳。又引樂府解題曰。古詞云。爲君既不易。爲臣良獨難云云。詩紀本此。又案。樂府詩集五十三引古今樂録曰。魏曲五篇。一、明明魏皇帝。二、大和有聖帝。三、魏曆長。四、天生烝民。五、爲君既不易。並明帝造。以代漢曲。其辭並亡。是古今樂録以此爲魏明帝詩。而書鈔又引作魏文帝。衆説紛歧如此。今據藝文類聚、樂府詩集、文章正宗等。仍編入曹植詩中。

爲君既不易。爲臣良獨難。忠信事不顯。乃有見疑患。周公晉書作旦。類聚、文選補遺同。佐成王。晉書作文武。類聚、御覽、文選補遺、本集、萬花谷並同。金縢功萬花谷作事。不刊。推心輔王室。晉書作政。類聚、御覽、本集、萬花谷同。二叔反流言。待罪居東國。泣涕常流類聚作當留。樂府同。連。皇靈大類聚作天。御覽同。動變。震雷風且寒。拔風雅翼作木。樹偃秋稼。天威不可干。素服開金縢。感悟求其端。公旦事既顯。成王乃哀歎。吾欲竟此曲。此曲悲且長。今日樂相樂。別後莫相忘。樂府云。右一曲晉樂所奏。○類聚四十一。樂府詩集四十二。文章正宗二十九。文選補遺三十四。风雅翼選詩二。詩紀十三。又書鈔二十九作魏文帝。引難一韵。晉書桓伊傳作怨詩。引難、患、刊、言四韵。萬花谷十引刊、言二韵。

鼙舞歌五首

漢靈帝西園鼓吹有李堅者。能鞞舞。遭亂播遷。西隨段煨。御覽作熲。樂府同。先帝聞其舊有伎。召之。堅既中廢。兼古曲多謬誤。異代之文未必相襲。故依前曲。改作新歌五篇。不敢充之黄門。近以成下國之陋樂焉。○宋書樂志。御覽五百七十四。事類賦舞賦注。

聖皇篇

聖皇應曆數。正康帝道休。九州咸賓服。威德洞八幽。三公奏諸公。不得久淹留。蕃位任至重。舊章咸率由。侍臣省文選注作首。文奏。陛下體仁慈。沈吟有愛戀。不忍聽可之。迫有官典憲。不得顧恩私。諸王當就國。璽綬何累宋書作纍。樂府作纍。縗。便時舍外殿。宮省寂無人。主上增顧念。皇母懷苦辛。何以爲贈賜。傾府竭寶珍。文錢百億萬。采帛若煙雲。乘輿服御物。錦羅與金銀。龍旂宋書作旗。垂九旒。羽蓋參班輪。諸王自計念。無功荷厚德。思一効筋力。糜軀以報國。鴻臚擁節衛。副使隨經營。貴戚並出送。夾道交輜軿。車服齊整設。韡樂府作韓曄燿天精。武騎衛前後。鼓吹簫笳聲。祖道魏東門。淚下霑冠纓。扳蓋因内顧。俛仰慕同生。行行將日暮。何時還闕庭。車輪爲徘徊。四馬躊躇鳴。路人尚酸鼻。何況骨肉情。○宋書樂志。樂府詩集五十三。詩紀十三。又文選二十七京路夜發詩注引慈一韵。

靈芝篇

靈芝生王宋書作玉。樂府同。地。文選注作玉池。是。朱草被洛濱。榮華相晃燿。光采曄若神。古時有虞舜。父母頑且嚚。盡孝於田壠。烝烝不違仁。伯瑜年七十。綵衣以娱親。慈母笞不痛。歔欷涕霑巾。丁蘭少失母。自傷早孤煢。刻木當嚴親。朝夕致三牲。暴子見陵侮。犯罪以亡形。樂府作刑。丈人爲泣血。免戾全其名。董永遭家貧。父老財無遺。舉假以供養。傭作致甘肥。責家填門至。不知何用歸。天靈感至德。神女爲秉機。歲月不安居。嗚呼我皇考。生我既已晚。棄我何其宋書作期。早。蓼莪誰所興。念之令人老。退詠南風詩。灑淚滿褘宋書作禕。抱。亂曰。聖皇君四海。德教朝夕宣。萬國咸禮讓。百姓家肅虔。庠序不失儀。孝悌處中田。户有曾閔子。比屋皆仁賢。髫齓無夭齒。黄髮盡其年。陛下三萬歲。慈母亦復然。○宋書樂志。樂府詩集五十三。詩紀十三。文選三十一雜體詩注引一句。

大魏篇

大魏應靈符。天禄方甫文選注作茲。始。聖德致泰和。神明爲驅使。左右宜供養。中殿宜皇子。陛下長壽考。

羣臣拜賀咸悦喜。宋書作説善。積善有餘慶。寵禄固天常。衆喜填門至。臣子蒙福祥。「無患及陽遂。輔翼我聖皇。衆吉咸集會。凶邪姦惡並滅亡。黄鵠遊殿前。神鼎周四阿。玉馬充乘輿。芝蓋樹九華。白虎戲西除。含樂府作舍。利從辟邪。騏驥宋書作驎。躡足舞。鳳皇拊翼歌。豐年大置酒。玉樽宋書作王尊。列廣庭。樂飲過三爵。朱顔暴己形。式宴不違禮。君臣歌鹿鳴。樂人舞鼙鼓。百官雷抃讚若驚。儲禮如江海。積善若陵山。皇嗣繁且熾。孫子列曾玄。羣臣咸稱萬歲。陛下長壽樂宋書作樂壽。年。御酒停未飲。貴戚跪東廂。侍人承顔色。奉進金玉觴。此酒亦真酒。福禄當聖皇。陛下臨軒笑。左右咸歡康。杯來一何遲。羣僚以次行。賞賜累千億。百官並富昌。○宋書樂志。樂府詩集五十三。詩紀十三。又文選六十弔魏武帝文注引始一韵。

精微篇

精微爛金石。至心動神明。杞妻哭死夫。梁山爲之傾。子丹西質秦。烏白馬角宋書作烏日白角。誤。生。鄒衍宋書作羨。囚燕市。繁霜爲夏宋書作下。零。關東有賢女。自字蘇來卿。壯年報父仇。身没垂功名。女休逢赦書。白刃幾在頸。俱上列仙籍。去死獨就生。太倉令有罪。遠徵當就拘。自悲居無男。禍至無與俱。緹縈痛父言。荷擔宋書作儋。西上書。盤桓北闕下。泣淚何漣如。乞得并姊弟。没身贖父軀。漢文感其義。肉刑法用除。其父得以免。辯義在列圖。多男亦何爲。一女足成居。簡子南渡河。津吏廢舟船。執法將加刑。女娟擁櫂前。妾父聞君來。將涉不測淵。畏懼風波起。禱祝祭名川。備禮饗神祇。爲君求福先。不勝釂祀誠。至令犯罰艱。君必欲加誅。乞使知罪諐。妾願以身代。至誠感蒼天。國君高其義。其父用赦原。河激奏中流。簡子知其賢。歸聘爲夫人。榮寵超後先。辯女解父命。何況健少年。黄初發和氣。明堂德教施。治道致太平。禮樂風俗移。刑措民無枉。怨女復何爲。聖皇長壽考。景福常來儀。○宋書樂志。樂府詩集五十三。詩紀十三。

孟冬篇

孟冬十月。陰氣厲清。武官誡田。講旅統兵。元龜襲吉。元光著明。蚩尤蹕路。風弭雨停。乘輿啓行。鸞鳴幽軋。虎賁采騎。飛象珥鶡。鐘鼓鏗鏘。簫管嘈喝。萬騎齊鑣。千乘等蓋。夷山填谷。平林滌藪。張羅萬里。盡其飛走。趯趯宋書作翟翟。狡兔。揚白跳翰。獵以青骹。掩以脩竿。韓盧宋鵲。呈才騁足。噬不盡緤。牽麋掎鹿。魏氏發機。養基撫弦。都盧尋高。搜索猴猨。慶忌孟賁。蹈谷超巒。張目決眥。髮怒穿冠。頓熊扼虎。蹴豹搏貙。氣有餘勢。負象而趨。獲車既盈。日側樂終。罷役解徒。大饗離宫。亂曰。聖皇臨飛軒。論功校獵徒。死禽積如京。流血成溝渠。明詔大勞賜。大樂府作太。官供有無。走馬行酒醴。驅車布肉魚。鳴鼓舉觴爵。擊鐘釂宋書作鐘擊位。無餘。絶綱樂府作網。縱麟宋書作麟。麑。弛罩出鳳雛。收功在羽校。威靈振鬼區。陛下長歡樂。永世合天符。○宋書樂志。樂府詩集五十三。詩紀十三。

當欲游南山行

東海廣且深。由卑下百川。五嶽雖高大。不逆垢與塵。良木不十圍。洪條無所因。長者能博愛。天下寄其身。大匠無棄材。船車用不均。錐刀各異能。何所獨却前。嘉善而矜愚。大聖亦同然。仁者各類聚作必。壽考。四類聚作八。坐咸萬年。○樂府詩集六十一。本集六。詩紀十三。又類聚四十二作當欲遊南山篇。引川、廛、然、年四韻。

名都篇

歌録曰。名都篇。齊瑟行也。

名都多妖女。類聚作麗。京洛出少年。寶劍直千金。被服麗李善本文選作光。樂府同。又注云。一作麗。且鮮。鬬雞東郊類聚作長安。樂府云。一作長安。道。走馬長楸間。馳騁六臣本文選注云。善作馳馳。類聚作驅馳。御覽同。樂府作馳驅。未能半。雙兔過我前。攬弓捷鳴鏑。長驅上南山。六臣本文選注云。五臣作驅上彼南山。草堂詩箋同。樂府云。一作驅上彼南山。本集作驅彼上南山。左挽因右發。一縱兩本集作雙。禽連。餘巧類聚作功。樂府云。一作功。未及展。仰手接飛鳶。觀者咸稱善。衆工初學記作王。歸我妍。初學記作賢。歸來李善本文選作我歸。宴平樂。美酒斗十千。膾鯉臇胎鰕。寒六臣本文選作炮。樂府、韻補、本集、詩紀同。鼈炙熊蹯。鳴儔嘯匹侶。李善本文選作旅。樂府同。列坐竟長筵。連翩擊鞠壤。詩紀作攘。巧捷惟萬端。白日西南馳。光景不可攀。雲散還城邑。清晨復來還。○文選二十七。樂府詩集六十三。本集六。詩紀十三。又書鈔百四十八作齊琴行。引千一韻。類聚四十二引年、鮮、間、前、連、鳶、千七韻。初學記十引間、賢、千三韻。草堂詩箋十五遺興詩注引兩句。御覽七百四十六作樂府歌。引間、前、山、連、鳶、妍六韻。吴棫韻補二引千、蹯二韻。

美女篇

歌録曰。美女篇。齊瑟行也。

美女妖且閑。採桑歧路間。六臣本文選注云。五臣作西字。柔玉臺作長。書鈔作弱。初學記作桑。御覽同。條紛書鈔作日。初學記作芬。御覽同。冉冉。御覽作苒苒。落葉文選作葉落。初學記、樂府同。何翩翩。攘袖見素手。皓腕約金環。初學記作鐶。御覽同。頭上書鈔作戴。御覽作戴。又作插。金類聚作三。樂府同。爵書鈔作雀。初學記同。御覽或同。又或作合歡。釵。腰佩翠琅玕。明珠交玉體。珊瑚間木難。羅衣何飄飖。李善本文作飄颻。玉臺同。輕裾詩紀誤作車。隨風還。顧眄遺光采。長嘯類聚作笑。初學記同。氣若蘭。行徒用息駕。休者以忘餐。借問女安類聚、樂府作何。居。乃在城南端。青樓臨大路。高門結重關。容華耀玉臺作曜。類聚同。朝日。誰不希令顏。媒氏何所營。玉帛不時安。佳人慕高義。求賢良獨難。衆人徒李善本文選作何。玉臺同。嗷嗷。安知彼所觀。玉臺作歡。盛年處房室。中夜起長歎。○文選二十七。玉臺新詠二。本集六。詩紀十三。又書鈔百三十六引玕一韻。又引翩、環二韻。類聚十八引閑、間、環、玕、難、還、蘭、餐、端、關、顏十一韻。初學記十九引閑、間、翩、環、玕、難、還、蘭、餐九韻。御覽三百八十一引間、翩、鐶、玕四韻。七百十八引頭插金爵釵一句、頭戴合歡釵一句。

白馬篇

歌録曰。白馬篇。齊瑟行也。

白馬飾金羈。連翩西北馳。借問誰家子。幽并游俠兒。少小去鄉邑。揚聲類聚作名。樂府云。一作名。沙漠垂。宿昔秉良弓。楛矢何參差。控弦破左的。右發御覽作發矢。摧月支。仰手接飛猱。俯身散馬蹄。狡捷過猴猿。樂府作猨猴。勇剽若豹螭。邊城多警急。胡虜六臣本文選作虜騎。注云。善本胡騎。樂府注云。一作虜騎。數遷移。羽檄從北來。厲馬登高隄。長樂府作右。驅蹈匈奴。左顧陵李善本文選作凌。鮮卑。棄類聚作寄。樂府同。身鋒刃端。性命安可懷。父母且不顧。何言子與妻。詩紀誤作妾。名編六臣本文選注云。五臣作在。樂府云。一作在。壯士籍。類聚作高名在壯籍。樂府云。一作高名在壯籍。不得中顧私。捐軀赴國難。視死忽如樂府云。一作若。歸。○文選二十七。樂府詩集六十三。文章正宗二十九。本集六。詩紀十三。又類聚四十二引馳、兒、垂、支、蹄、移、隄、懷、私、歸十韻。御覽三百五十九作遊俠篇。引馳、兒二韻。七百四十六作樂府歌。引支、蹄二韻。

升天行

乘蹻文苑英華作橋。注云。一作蹻。本集作蟜。追術士。遠之文選注作在。蓬萊山。靈液飛素文選注無素字。波。蘭桂文苑英華作柱。上文選注無上字。參天。玄文苑英華作文。注云。一作玄。豹游其下。翔鶤文苑英華作鸞。注云。一作鶤。戲其巔。乘風忽登舉。彷彿文苑英華云。一作防隍。樂府云。一作彷徨。見衆仙。○類聚四十二。文苑英華百九十三作劉孝威。注云。類聚作曹植樂府。詩集六十三。本集六。劉孝威集。詩紀十三。又文選十二海賦注作苦寒行。引山一韻。二十一遊仙詩注作苦寒行。引天一韻。略爲四言。

扶桑之所出。文苑英華作生。乃在朝陽谿。中心陵蒼昊。類聚誤作吴。文苑英華作皓。注云。一作昊。布葉蓋天涯。類聚作崖。日出登東幹。既夕没西枝。願得紆陽轡。迴日使東馳。○類聚四十二。文苑英華百九十三作劉孝威。樂府詩集六十三。本集六。劉孝威集。詩紀十三。

五遊詠樂府無詠字。詩紀同。廣文選作五遊詩。

九州不足步。願得凌雲翔。逍遥八紘外。遊目歷遐荒。披我丹霞衣。襲我素霓裳。華蓋芬類聚作紛。樂府同。晻類聚作藹。本集同。藹。六龍仰天驤。曜靈未移景。倏忽造昊蒼。類聚誤作倉。閶闔啓丹扉。雙闕曜朱光。徘徊文昌殿。登陟太微堂。上帝休類聚作伏。本集同。西櫺。羣后集東廂。帶我瓊瑶佩。漱類聚作嗽。我沆瀣漿。踟躕玩靈芝。徙倚弄華芳。王子奉仙藥。羨門進奇方。服食享遐紀。延壽保無疆。○類聚七十八。樂府詩集六十四。本集六。廣文選九。詩紀十三。

遠遊篇

遠遊臨四海。俯仰觀洪波。大魚若曲陵。承浪相經過。靈鼇戴方丈。神嶽儼嵯峨。仙人翔其隅。玉女戲其阿。瓊蕊可療飢。仰首樂府作漱。吸類聚作嗽。朝霞。崑崙本吾宅。中州非我家。將歸謁東父。一舉超流沙。鼓翼舞時風。長嘯激清歌。金石固易敝。樂府作弊。文選補遺同。日月同光華。齊年與天地。萬乘安足多。○類聚七十八。樂府詩集六十四。文選補遺三十四。廣文選十三。詩紀十三。

仙人篇

仙人攬本集作覽。六著。對博太廣文選作大。山隅。湘娥拊琴瑟。秦類聚作素。女吹笙竽。玉樽盈桂酒。河伯獻神魚。四海一何局。九州安所如。韓終與王喬。要我於天衢。萬里不足步。輕舉凌太虛。飛騰踰景雲。高風吹我軀。迴駕觀類聚作過。紫薇。本集作微。與帝合靈符。閶闔正廣文選作自。嵯峨。雙闕萬丈餘。玉樹扶道生。白虎夾本集作挾。門樞。驅風遊四海。東過王母廬。俯觀五嶽閒。人生如寄居。潛光養羽翼。進趨且徐徐。不見軒轅氏。樂府作昔軒轅。本集同。乘樂府作升。本集同。詩紀云。一作升。龍出鼎湖。徘徊九天上。樂府作下。與爾長相須。○樂府詩集六十四。本集六。廣文選十三。詩紀十三。又類聚四十二引隅、竽、魚、微、符、餘六韻。

盤石篇齊瑟行。

盤盤樂府作盤石。本集同。山巔石。飄颻澗底蓬。我本太山人。何爲客淮樂府作海。東。蒹樂府作蕳。葭彌斥土。林木無分重。岸詩紀作圻。巖若崩缺。湖水何洶洶。蚌詩紀作蚌。蛤被濱涯。光彩如錦虹。文選注作紅。高彼當作波。淩雲霄。浮氣象螭龍。鯨脊樂府作鬣。本集同。若丘陵。鬚若山上松。呼吸吞船欐。澎濞戲中鴻。方舟尋高價。珍寶麗以通。一舉必千里。乘飈舉帆幢。經危履險阻。未知命所鍾。常恐沈黄壚。下與黿鼈同。南極蒼梧野。游眄詩紀作盼。窮九江。中夜指參辰。欲師當定從。仰天長太息。思想懷故邦。乘桴何所志。吁樂府作于。本集同。嗟詩紀云。一作嗟歎。我孔公。○樂府詩集六十四。本集六。詩紀十三。又文選十二海賦注作齊瑟行。引紅一韻。

驅車篇

驅車揮岱史作揮。駑馬。東到奉高城。神哉彼泰類聚作太。樂府、本集同。山。五嶽專類聚作顯。其名。隆高貫雲霓。嵯峨出太清。周流二六候。詩紀作堠。間置十二岱史作一二。亭。上有涌醴泉。玉石揚類聚作暘。華英。東類聚作車。北望吴野。西眺觀日精。魂神所繫屬。逝者感斯征。王者以歸天。效厥元功成。歷代無不遵。禮記樂府作祀。有品程。探策或長短。唯德享利貞。封者七十帝。軒皇元獨靈。餐霞漱沆瀣。毛羽被身形。發舉蹈虚廓。徑庭樂府作廷。本集、廣文選同。升窈冥。同壽東父年。曠代永長生。○樂府詩集六十四。本集六。道藏縣上岱史。廣文選十三。詩紀十三。又類聚四十二引名、清、亭、英、精、成六韻。

種葛篇

種葛南山下。葛藟玉臺作蔓。類聚同。自成陰。與君初婚時。類聚作定婚。樂府云。一作初定婚。結髮恩義深。歡愛在枕席。宿昔同衣衾。竊慕棠棣篇。好樂和瑟琴。行年將晚暮。佳人懷異心。恩紀玉臺作絶。曠不接。我情遂抑沈。出門當何顧。徘徊步北林。下有交頸獸。仰有玉臺作見。樂府、文選補遺同。雙棲禽。攀枝長歎息。淚下沾羅襟。玉臺作衿。本集、文選補遺同。良馬玉臺作鳥。知我悲。延頸對詩帖作代。樂府、文選補遺、廣文選並同。我吟。昔爲同池魚。今爲玉臺作若。商與參。往古皆歡遇。我獨困於今。棄置委廣文選作爲。天命。悠悠玉臺作愁愁。安可任。○玉臺新詠二。式古堂書畫彙考十曹植詩帖。樂府詩集六十四。本集六。文選補遺三十四。廣文選十三。詩紀十三。又類聚四十二引陰、深、心、沈四韻。

妾薄命行詩紀依樂府詩集作妾薄命二首。今據類聚改。

攜玉手。喜同車。北類聚作比。樂府同。上雲閣飛除。釣臺蹇產清虚。池塘觀類聚作蠶。樂府同。沼可娱。仰汎龍舟緑類聚作淥。波。俯擢類聚誤作櫂。神草枝柯。想彼宓妃洛河。退詠漢女湘娥。日既逝矣玉臺作日月既逝。本集、詩紀並同。樂府、本集云。一作日既逝矣。詩紀云。藝文作日既逝矣。樂府作日月既是。西藏。更會蘭室洞房。華鐙步障類聚作先置。樂府云。一作先置。舒光。皎若日出扶玉臺作榑。桑。促樽類聚作酒。樂府云。一作酒。合坐類聚作座。樂府云。一作座。行觴。主人起舞娑盤。能者穴玉臺作冗。觸别端。騰觚飛爵闌干。同量等色齊顔。任意交屬所歡。朱顔發外形蘭。袖隨禮容極情。妙類聚作屢。樂府云。一作屢。舞僊僊玉臺作仙仙。樂府同。注云。一作僊僊。體輕。裳解類聚作解裳。樂府云。一作解裳。履遺絶纓。俛仰笑喧無呈。當作程。覽持佳人玉顔。齊舉玉臺作接。金爵翠盤類聚作槃。樂府云。一作槃。手形羅袖良難。腕弱不勝珠環。坐者歎息舒顔。御巾裛粉書鈔作粉於。御覽同。君傍。中有霍御覽作藿。納都梁。雞舌五味雜香。進者何人齊姜。恩重愛深難忘。召延親好宴私。但歌杯來何遲。客賦既醉言歸。主人稱露未晞。○樂府詩集六十二。本集六。廣文選十三。詩紀十三。又玉臺新詠九引日月既是西藏以下各句。書鈔百三十五作樂府歌。引傍、梁二韻。類聚四十一引車、除、虛、娛、波、柯、河、娥、藏、房、光、桑、觴、輕、纓、槃、環十七韻。御覽七百十九作樂府。引傍、梁二韻。

平陵東行詩紀作平陵東。類聚陵字誤陸。

閶闔開。天衢通。被我羽衣乘飛龍。乘類聚缺乘字。飛龍。與僊期。東上蓬萊採靈芝。靈芝採之可服食。年若王父無終極。○類聚四十一。樂府詩集二十八。本集六。詩紀十三。詩紀云。一作與。

當來日大難

樂府解題曰。曹植擬善哉行爲日苦短。○逯案。此篇應作苦短篇。

日苦短。樂有餘。乃置玉樽辦東廚。廣情故。心相於。闔門置酒。和樂欣欣。遊馬後來。轅樂府作袁。本集同。車解輪。今日同堂。出門異鄉。別易會難。各盡杯觴。○樂府詩集三十六。本集六。詩紀十三。又文選二十八短歌行注作苦短篇。引苦樂有餘一句。

桂之樹行

桂之樹。桂之樹。桂生一何麗佳。揚本集作楊。朱華而翠葉。流芳布天涯。上有棲鸞。下有盤螭。桂之樹。得道之真人咸來會講仙。教爾服食日精。要道甚省不煩。淡泊無爲自然。乘蹻萬里之外。去留隨意所欲存。高高上際於衆外。下下乃窮極地天。○樂府詩集六十一。本集六。廣文選十三。詩紀十三。

當牆欲高行

龍欲升天須浮雲。人之仕進待中人。衆口可以鑠金。讒言三至。慈母不親。憒憒俗間。不辯本集作辦。誤。僞真。本集作其誤。願欲披心自說陳。君門以九重。道遠河無津。○樂府詩集六十一。本集六。詩紀十三。

當事君行

人生有所貴尚。出門各異情。朱紫更相奪色。雅鄭異音聲。好惡隨所愛憎。樂府作增。本集同。追舉逐虛詩紀作聲。名。百心可事一君。巧詐寧拙誠。○樂府詩集六十一。本集六。詩紀十三。

當車已駕行詩紀已作以。

歡本集無歡字。坐玉殿。會諸貴客。侍者行樂府作打。觴。主人離席。顧視東西廂。樂府作箱。本集同。絲竹與鞞鐸。不醉無歸來。明燈以繼夕。本集誤作文。○樂府詩集六十一。本集六。詩紀十三。

苦思行

緑蘿緣玉樹。光曜粲相暉。下有兩真人。舉翅翻高飛。我心何踊躍。思欲攀雲追。鬱鬱西岳巔。石室青葱類聚作忽。本集同。與天連。中有耆年一類聚無一字。隱士。鬚髮皆皓然。策杖從吾詩紀作我。遊。教我要忘言。○類聚四十一。樂府詩集六十三。本集六。詩紀十三。

飛龍篇

同前

南經丹穴。積陽所生。煎石流鑠。品物無形。○書鈔百五十八。

遠遊篇

芝蓋翩翩。○文選二十前緩聲歌注。

夜光明珠。草堂詩箋作月。下隱金沙。採之誰遺。漢女湘娥。○初學記二十七。草堂詩箋二十陪王詩注。

善哉行

如彼翰鳥。或飛戾天。○文選二十三悼亡詩注。

對酒行

含生蒙澤。草木茂延。○文選四十到大司馬記室牋注。

苦熱行

行遊到日南。經歷交阯鄉。苦熱但曝露。文選注誤作霜。越夷水中藏。○文選二十八苦熱行注。樂府詩集六十五注。

豔歌行

出自薊御覽或誤作蒯。北門。遥望胡地御覽或作池。桑。枝枝自相值。類聚作植。葉葉自相當。○類聚八十八。御覽九百五十五。本集六。事類賦桑賦注。

同前

長者賜顔色。泰山可動移。○文選三十九詣建平王上書注。四十拜中軍記室辭隋王牋注。

結客篇

結客少年場。報怨洛北芒。○文選二十八結客少年場詩注。

利劍鳴手中。一擊而尸僵。○文選二十九雜詩注。

天地篇

復爲時所拘。羈紲作微臣。○文選三十一雜體詩注。

長歌行

樂府解題曰。曹植擬亟出爲尺蠖。

尺蠖知屈伸。體道識窮達。○御覽九百四十八。

亟出行

蒙霧犯風塵。○文選三十八和王著作八公山注。

妾薄倖

還行秋殿層樓。御輦從□好仇。排玉闥□椒房。丹帷楚組連綱。○書鈔百三十二。

妾薄相行

齊謳楚舞紛紛。歌聲上徹青雲。○文選四南都賦注作古樂府歷九秋妾薄相行。五吴都賦注引上句。十八琴賦注作古妾薄命行。引上句。

輜軿飛轂交輪。○文選二十八長安有狹邪行注。

豔歌行

夏節純和天清涼。百草滋殖舒蘭芳。○初學記三。

陌上桑

望雲際。有真人。安得輕舉繼清塵。執電鞭。騁飛驎。○御覽三百五十九。

兩儀篇

帝者化八極。養萬物。和陰陽。陰陽和。鳳至河洛翔。○初學記六。

秋胡行

歌以詠言。大魏承天璣。○文選五十八宋文皇帝元皇后哀策文注。

對酒行

蒲鞭葦杖示有刑。○文選五十九齊故安陸昭王碑文注。

樂府

膠漆至堅。浸之則離。皎皎素絲。溺色染移。君不我棄。讒人所爲。○御覽七百六十六。

市肉取肥。酤酒取醇。交觴接杯。以致慇懃。○書鈔百四十八。御覽八百二十八。

魴膭熊掌。豹胎龜腸。○書鈔百四十二。

□或作烏。鳥起舞。鳳凰吹笙。○書鈔百十。

橙橘枇杷。甘蔗代出。○御覽九百七十一。

墨出青松書鈔松下或有之字。煙。筆出狡兔書鈔兔下或有之字。翰。古人感鳥跡。文字有改判。○書鈔一百四作長歌行。又作樂府。初學記二十一。御覽六百五。事類賦墨賦注。萬花谷後二十九。

巢許蔑四海。商賈争一錢。○御覽八百三十六。

所齎千金劍。通犀間碧璵。翡翠飾雞必。一作雞璧。標首明月珠。○書鈔百二十二兩引。一作傅玄樂府九思。

口厭常珍鹿曤。願□百品異方。○書鈔百四十二。

金樽玉杯不能使薄酒更厚。○文選二十七望荆山詩注。三十石門新營所住詩注。

歌

植作七啓。繫此。

望雲際兮有好仇。天路長兮往無由。佩蘭蕙兮爲誰修。宴婉絶兮我心愁。○文選三十四。又類聚五十七引仇、由、修三韵。

甘露謳

植爲魏德論。繫此以下六謳。

玄德洞幽。飛化上承。甘露以降。蜜淳冰凝。覩陽弗晞。瓊爵是承。獻之帝廟。以明聖徵。○初學記二。御覽十二。

時雨謳

於穆聖皇。仁暢惠渥。辭獻減膳。以服鰥獨。和氣致祥。時雨滲漉。野草萌變。化成喜穀。○類聚八十五。

嘉禾謳

猗猗嘉禾。惟穀之精。其洪盈箱。協穗殊莖。昔生周朝。今植魏庭。獻之廟堂。以昭厥靈。○同上

白鵲謳

鵲之彊彊。詩人取喻。今存聖世。呈質見素。飢食苕華。渴飲清露。異于疇匹。衆鳥是慕。○類聚九十二。

白鳩謳

班班者鳩。爰素其質。昔翔殷邦。今爲魏出。朱目丹趾。靈姿詭類。載飛載鳴。彰我皇懿。○同上

木連理謳

皇樹嘉德。風靡雲披。有木連理。别榦同枝。將承大同。應天之規。○御覽八百七十三。

魏詩卷七

陳思王曹植

詩

獻詩并疏

魏志本傳云。黃初四年。徙封雍邱王。其年朝京師。上疏云云。○文選作上責躬應詔詩表。下列疏文。詩紀無此題。無疏文。直題上責躬詩應詔詩。

臣植言。臣自抱疊歸藩。刻肌刻骨。追思罪戾。晝分而食。夜分而寢。誠以天網不可重罹。聖恩難可再恃。竊感相鼠之篇。無禮遄死之義。形影相弔。五情愧赧。以罪棄生。則違昔賢夕改之勸。忍垢苟全。則犯詩人胡顏之譏。伏惟陛下。德象天地。恩隆父母。施暢春風。澤如時雨。是以不別荊棘者。慶雲之惠也。七子均養者。鳲鳩之仁也。舍罪責功者。明君之舉也。矜愚愛能者。慈父之恩也。是以愚臣徘徊於恩澤而不敢自棄者也。前奉詔書。臣等絕朝。心離志絕。自分黃耇永無執珪之望。不圖聖詔猥垂齒召。至止之日。馳心輦轂。僻處西館。未奉魏志作拜。闕庭。踊躍之懷。瞻望反側。不勝犬馬戀主之情。謹奉表並獻詩二篇。詞旨淺末。不足采覽。貴露下情。冒顏以聞。臣植誠惶誠恐。頓首頓首。死罪死罪。○文選二十。又魏志本傳。

責躬

於穆顯考。時惟武皇。受命于天。寧濟四方。朱旗所拂。九土披攘。玄化滂流。荒服來王。超商越周。與唐比蹤。篤生我皇。奕世載魏志作再。聰。武則肅烈。文則時雍。受禪于魏志作炎。漢。君臨萬邦。萬邦既化。率由舊則。本集作章。廣命懿親。以藩王國。帝日爾侯。君茲青土。奄有海濱。方周于魯。車服有輝。旗章有叙。濟濟雋六臣本文選作俊。乂。我弼我輔。伊予本集作尔。小子。恃寵驕盈。舉挂時網。動亂國經。作藩作屏。先軌是隳。魏志作墜。本集作隳。六臣本文選注云。善本作墮。傲我皇使。犯我朝儀。國有典刑。我削我絀。文選作黜。本集同。將寘于理。元兇是率。明明天子。時惟篤類。魏志作時篤同類。詩紀云。一作時篤同類。不忍我刑。暴之朝肆。違彼執憲。哀予小臣。魏志作子。本集同。六臣本文選注云。善本作臣字。改封兗邑。于河之濱。股肱弗置。有君無臣。荒淫之闕。誰弼予身。煢煢僕夫。于彼冀方。嗟予小子。乃罹斯殃。赫赫天子。恩不遺物。冠我玄冕。要我朱紱。光光大詩紀云。一作天。使。我榮我華。魏志作朱紱光大。使我榮華。剖符授玉。李善本文選作土。詩紀云。一作土。王爵是加。仰齒金璽。俯執聖策。皇恩過隆。祇承怵惕。咨六臣本文選注云。五臣作啓。我小子。頑兇是嬰。逝慙陵墓。存愧闕庭。魏志作廷。匪敢傲德。實恩是恃。威靈改加。足以沒齒。昊天罔極。生魏志作性。命不圖。常懼顛沛。抱罪黄壚。願蒙矢石。建旗東嶽。庶立毫氂。微功自贖。危軀授命。知足免戾。甘赴江湘。奮戈吴越。天啓其衷。得會京畿。遲奉聖顔。如渴如饑。心之云慕。愴矣其悲。天高聽卑。皇肯照微。○三國志本傳。文選二十。本集六。詩紀十四。

應詔

肅承明詔。應會皇都。星陳夙駕。秣馬脂車。命彼掌徒。肅我征旅。朝發鸞臺。夕宿蘭渚。芒芒原隰。祁祁士女。經彼公田。樂我稷黍。爰有樛木。重陰匪息。雖有餱糧。飢不遑食。望城不過。面邑不魏志作匪。游。僕夫警策。平路是由。玄駟藹藹。揚鑣漂魏志作罫。沫。流風翼衡。輕雲承蓋。涉澗之濱。緣山之限。遵彼河滸。黄阪是階。西濟詩紀作躋。關谷。或降或類聚作忽。升。騑驂倦路。載文選作再。寢載魏志、文選作再。興。將朝聖皇。匪敢晏類聚作燕。寧。弭節長騖。指日遄征。前驅舉燧。後乘抗旌。輪不輟運。鸞本集作鑾。無廢聲。爰暨帝室。税此西墉。嘉詔未賜。朝覲莫從。仰瞻城閾。俯惟闕庭。長懷永慕。憂心如酲。○三國志本傳。文選二十。本集五。詩紀十四。又藝文類聚三十九引旅、渚、黍、升、興、寧、旌、酲八韵。文選六魏都賦注作責躬詩。引一句。御覽七百七十五作應制詩。引聲一韵。

朔風詩五章

仰彼朔風。用懷魏都。願騁代馬。倏忽北徂。凱風永至。思彼蠻方。願隨越鳥。翻飛南翔。

四氣代謝。懸景運周。别如俯仰。脱若三秋。昔我初遷。朱華未晞。本集作希。今我旋止。素雪云飛。

俯降千仞。仰登天阻。風飄蓬飛。載離寒暑。千仞易陟。天阻可越。昔我同袍。今永乖别。

子好芳草。豈忘爾貽。繁華將茂。秋霜悴之。君不垂眷。豈云其誠。秋蘭可喻。桂樹冬榮。

絃歌蕩思。誰與銷憂。本集作愁。臨川慕思。何爲汎舟。豈無和樂。游非我鄰。本集誤作憐。誰忘御覽作何以。汎舟。愧無榜人。○文選二十九。本集五。詩紀十四。又御覽七百七十引人一韵。

矯志詩

芝本集作芳。桂雖芳。本集作香。此句廣文選作芳樹雖香。詩紀云。今本作芳樹雖香。難以餌魚。廣文選作烹。詩紀同。本集作兼。尸位素餐。難以成居。廣文選作名。詩紀同。磁石引鐵。於金不連。大朝舉士。愚不聞焉。抱璧塗乞。無爲貴寶。履仁遘禍。類聚誤作福。本集同。無爲貴道。鵷類聚作鴛。本集同。雛遠害。不羞卑棲。靈虬避難。不恥污泥。都蔗雖甘。杖之必折。巧言雖美。用之必滅。濟濟唐朝。萬邦作孚。詩紀此下注云。闕。逢蒙雖巧。必得良弓。聖類聚作賢。本集同。主雖知。類聚作智。本集同。必得類聚作亦待。英雄。螳螂見歎。齊士輕戰。越王軾本集誤作輕。蛙。國以死獻。道遠知驥。世僞知賢。覆之幬類聚作燾。本集誤作壽。之。順天之矩。澤如凱風。惠如時雨。口爲禁闥。舌爲發機。門機之闓。類聚作闔。即闕字。本集作闕。廣文選作間。楛矢不追。○類聚二十三。本集五。廣文選八。詩紀十四。又書鈔百三十三作雜詩。引折、滅二韵。○逯案。藝文類聚所引。抱璧塗乞以下另爲一篇。詩紀蓋依廣文選等書合之爲一。又類聚前後兩引。皆爲節録。故濟濟唐朝萬邦作孚句孤立。上下文不相銜接。世僞知賢與下文亦不相屬。詩紀於萬邦作孚下注云闕。其實闕文者不止此處。而輯曹集者。或於濟濟唐朝上設八空格。於世僞知賢下設八空格。皆自我作古。不足信。

同上

仁虎匿爪。神龍隱鱗。○文選三十六宣德皇后令注。○逯案。二句或上篇遺文。今附於此。

正會詩

詩紀從類聚作元會詩。又題下注云。晉禮志漢儀有正會禮。正旦受賀。公侯以下執贄來庭。二千石以上升殿稱歲後作樂燕饗。魏帝都鄴。正會文昌殿。用漢儀。

初歲元祚。吉日惟良。乃爲嘉本集作佳。廣文選同。會。讌類聚作宴。廣文選、詩紀同。此高堂。尊卑列叙。典而有章。衣裳鮮潔。黼黻玄黄。清酤盈爵。中坐騰光。珍膳雜遝。充溢圓方。笙磬既設。筝瑟俱張。悲歌厲響。咀嚼清商。俯視文軒。仰瞻華梁。願保兹善。本集作喜。廣文選同。詩紀云。一作喜。千載爲常。歡笑盡娱。樂哉未央。皇室本集作家。廣文選同。詩紀云。一作家。御覽作室家。榮貴。此句書鈔作天家華貴。壽若東王。書鈔作皇。類聚作壽考無疆。古文苑、廣文選、詩紀並同。○御覽二十九。詩紀十三。又書鈔百五十五引首三句及央、皇二韵。又類聚四。初學記四。章樵古文苑八。本集五。廣文選八。又御覽百八十七引曹植詩文榱華梁一句。

閨情詩

有美一詩紀作一美。本集同。人。被服纖羅。妖姿豔麗。蓊若春華。類聚作花。紅顔韡燁。雲髻嵯峨。類聚作峨峨。彈琴撫節。爲我絃歌。清濁齊均。既亮且和。取樂今日。遑恤其他。○類聚十八作魏陳王曹植詩。本集八。詩紀十四。

公讌詩詩紀讌作宴。

公子敬愛客。終宴御覽作夜。不知疲。清夜遊西園。飛鳴沙類書殘卷作冠。蓋相追隨。明月澄清影。各書作景。列宿正參差。秋蘭被長坂。朱華冒綠初學記或作淥。池。潛魚躍清波。好鳥鳴高枝。神飈接丹轂。輕輦隨風移。飄颻放志意。千秋長若斯。〇文選二十。本集五。詩紀十四。又書鈔百四十作五言詩。引移一韵。百五十引差一韵。類聚三十九作公宴詩。引疲、隨、差、池、枝、移六韵。初學記十引差、池二韵。十四引疲、隨、差、池、枝、移六韵。白帖一引一句。鳴沙石室古籍叢殘類書殘卷宴樂部作曹植詩。引疲、隨二韵。又引隨一韵。御覽八百二十四作曹植詩。引疲、隨二韵。事類賦月賦注引隨、差二韵。

侍太子坐詩

白日曜青春。御覽作天。時御覽作微。雨静飛塵。寒冰御覽作水。辟炎景。御覽作暑。涼風飄我身。清醴盈金觴。餚饌縱横陳。齊人進奇樂。歌者出西秦。翩翩我公子。機巧忽若神。〇類聚三十九。御覽五百三十九。本集五。詩紀十四。〇逯案。詩爲夏日作。白日曜青春句。御覽引春作天者是。

鬬雞詩

詩紀從樂府詩集作鬬雞篇。

遊目極妙伎。清聽厭宫商。主人寂無爲。衆賓進樂方。長筵坐戲客。鬬雞間詩紀作閒。觀樂府作觀間。廣文選作觀閑。房。羣雄正翕赫。雙翹詩紀作翅。自飛揚。揮羽激樂府作邀。本集同。清類聚作流。風。悍詩紀作博。誤。目發朱光。觜落輕毛散。嚴距往往傷。長鳴入青雲。扇翼獨翺翔。願蒙狸膏助。常得擅此場。〇類聚九十一。樂府詩集六十四作鬬雞篇。本集五。廣文選十三。詩紀十三。〇劉楨、應瑒均賦此題。

贈徐幹詩

驚風飄白日。忽然歸西山。圓景光未滿。衆星粲以文選注作已。繁。志士營世業。小人亦不閒。聊且夜行游。游彼雙闕間。文昌鬱雲興。迎風高中天。春鳩鳴飛棟。流猋激櫺軒。顧念蓬室士。貧賤誠足憐。薇藿弗充虚。皮褐猶不全。慷慨有悲心。興文自成篇。寶棄怨何人。和氏有其愆。彈冠俟知己。知己誰不然。良田無晚歲。膏澤多豐年。亮懷璠璵文選作璵璠。本集同。美。積久德愈六臣本文選注云。五臣作逾。宣。親交義在敦。申章復何言。○文選二十四。本集五。詩紀十四。又文選三十南樓望所遲客注引繁一韵。

贈丁儀詩

文選李善注云。集云與都亭侯丁翼。今云儀。誤也。

初秋涼氣發。庭樹微銷落。凝霜依玉除。清風飄飛閣。朝雲不歸山。霖雨成川澤。黍稷委疇隴。農夫安所穫。文選作獲。本集同。在貴多忘賤。爲恩誰能博。狐白足禦六臣本文選注云。五臣作御。冬。焉念無衣客。思慕延陵子。寶劍非所惜。子其寧爾心。親交義不薄。○文選二十四。本集五。詩紀十四。

贈王粲詩

端坐苦愁思。攬衣起西游。樹木發春華。清池激長流。中有孤鴛鴦。哀鳴求匹儔。我願執此鳥。惜哉無輕舟。欲歸忘故道。顧望但懷愁。悲風鳴我側。羲和逝不留。重陰潤萬物。何懼澤不周。誰令君多念。自本集作遂。六臣本文選注云。五臣作遂。使懷百憂。○文選二十四。本集五。詩紀十四。

贈丁儀王粲詩

文選李善注曰。集云答丁敬禮王仲宣。翼字敬禮。今云儀。誤也。

從軍度函李善本文選作亟。谷。驅御覽作馳。馬過西京。山岑六臣本文選注云。五臣作峯。高無極。涇渭揚濁清。壯哉帝王居。佳麗殊百城。員闕出浮雲。承露槩泰清。皇佐揚天惠。四海無交兵。權家雖愛勝。全國爲令名。君子在末位。不能歌德聲。丁生怨在朝。王子歡自營。歡怨非貞則。中和誠可經。○文選二十四。本集五。詩紀十四。又御覽三百二十八作曹植詩。引京一韻。

贈丁翼詩

文士傳曰。翼。字敬禮。儀之弟也。爲黄門侍郎。○案。翼。各書引作廙。

嘉賓填城闕。豐膳出中厨。吾與二三子。曲宴書鈔作燕。此城隅。秦筝發西氣。韵補作音。齊瑟揚東謳。肴來不虚歸。類聚作滿。觴至反無餘。我豈狎異人。朋友與我俱。大國多良材。譬海出明珠。君子義休偫。本集作待。六臣本文選注云。五臣作待。小人德無儲。積善有餘慶。榮枯立可須。滔蕩固大節。時李善本文選作世。俗多所拘。君子通大道。無願爲世儒。○文選二十四。本集五。詩紀十四。又書鈔八十二作與丁廙詩。引厨、隅、餘三韵。類聚三十九、御覽五百三十九並作與丁廙詩。引厨、隅、嘔、餘四韵。吴棫韵補一引隅、謳二韵。

贈白馬王彪詩七章

黄初四年正文選作五。月。白馬王、任城王與余六臣本文選注作植。俱朝京師。會節氣。到洛陽。李善本文選注作日不陽。任城王薨。至七月與白馬王還國。後有司以二王歸藩。道路宜異宿止。意毒六臣本文選注作每。恨之。蓋以大別在數日。是用自剖。與王辭焉。憤而成篇。○文選二十四李善注。○逯案。李善注。集曰於圈城作。又曰。黄初四年云云。是本集原題於圈城作。黄初四年云云以下乃原詩序文。昭明文選改詩題。並删其序。殊爲非是。今仍依詩紀命題列序。並誌異同如此。又據魏志。是年正月魏文帝尚不在洛陽。以作五月者爲是。

謁帝承明廬。逝將歸舊疆。清晨發皇邑。日夕過首陽。伊洛廣魏志注作曠。類聚同。且深。欲濟川無梁。汎舟越洪濤。怨彼東路長。顧瞻魏志注作回顧。戀城闕。引領情内傷。

太谷何寥廓。山樹鬱蒼蒼。霖雨泥我塗。流潦浩縱横。中逵魏志注作田。絶無軌。改轍登高岡。修坂造雲日。我馬玄以黄。

玄黄猶能進。我思鬱以紆。鬱紆將何念。文選作難進。六臣本注云。五臣作何念。親愛在離居。本圖相與偕。中更不克俱。鴟梟鳴衡軛。李善本文選作扼。六臣本文選作枙。本集同。豺狼當路衢。蒼蠅間白黑。本集作白間黑。讒巧草堂詩箋作諂。反各書作令。詩紀云。今本作令。親疏。欲還絶無蹊。類聚作逕。攬魏志注作擥。同。轡止踟蹰。

踟蹰亦何六臣本文選注云。善本作可。留。相思無終極。秋風發微涼。寒蟬鳴我側。原野何蕭條。白日忽西匿。歸鳥赴喬魏志作高。林。翩翩厲羽翼。魏志注歸鳥二句在孤獸二句後。孤獸走索羣。銜草不遑食。感物傷我懷。撫心長太魏志注作歎。息。

太魏志注作歎。息將何爲。魏志注作何所爲。天命與我違。奈何念同生。一往形不歸。孤魂翔故域。李善本文選作城。文章正宗同。靈柩寄京師。存者忽魏志注作勿。是。復詩紀云。一作己。過。亡没本集作殁。身自衰。人生處一世。去魏志注作忽。若朝露晞。年本集誤作三。在桑榆間。影響不能追。自顧非金石。咄唶魏志注作咤。令心悲。心悲動我神。棄置莫復陳。丈夫志四海。萬里猶比鄰。恩愛苟不虧。在遠分日親。何必同衾幬。然後展慇懃。各書作殷勤。憂思成疾疢。無乃兒女仁。魏志注缺以上二句。倉卒骨肉情。能不懷苦辛。苦辛何慮思。天命信可疑。虚無求列仙。松子久吾欺。變故在斯須。六臣本文選作須臾。百年誰能持。離别永無會。執手將何時。王其愛玉體。俱享黄髮期。收淚即長路。魏志注作塗。詩紀云。一作塗。援筆從此辭。〇三國志本傳注。文選二十四。文章正宗二十九。本集五。詩紀十四。又類聚二十一引疆、陽、梁、長、黄、衢、疏、厨、側、匿、息、隣、勤、辛十四韻。草堂詩箋十六兩當詩注引疏一韻。

送應氏詩二首

步登北邙文選作芒。阪。遥望洛陽山。洛陽何寂寞。宫室盡燒焚。垣牆皆頓擗。荆棘上參天。不見舊耆老。但覩新少年。側足無本集作不。六臣本文選注云。五臣作不。行徑。荒疇不復田。遊子久不歸。不識陌與阡。中野何蕭條。千里無人煙。念我平常本集作生。六臣本文選注云。五臣作生。居。詩紀云。一作平生親。氣結不能言。〇文選二十。本集五。詩紀十四。

清時難屢得。嘉會不可常。天地無終極。人命文選注作壽。若朝霜。願得展嬿婉。我友之朔方。親昵本集作暱。六臣本文選注云。五臣作暱。並集送。置酒此河陽。中饋豈獨薄。賓飲不盡觴。愛至望苦深。豈不愧中腸。山川阻類聚作逈。且遠。别促會日長。願爲比翼鳥。施翮起高翔。○文選二十。本集五。文章正宗二十九。詩紀十四。又類聚二十九引方、陽、長三韵。

三良詩

功名不可爲。忠義我所安。秦穆先下世。三臣皆自殘。生時等榮樂。既没同憂患。誰言捐軀易。殺身誠獨難。攬六臣本文選注云。五臣作攬。涕登君墓。臨穴仰天歎。長夜何冥冥。一往不復還。黄鳥爲悲鳴。哀哉傷肺肝。○文選二十一。本集五。詩紀十四。

代劉勳妻王氏雜詩

誰演繁露作人。言去婦薄。去婦情更重。千里不唾井。況乃昔所奉。遠望未爲遥。踟蹰玉臺作峙躕。不得共。玉臺作往。○玉臺新詠二作魏文帝。坦齋通編。春秋演繁露十三。

棄婦詩詩紀作棄婦篇。編入樂府部分。並云。本集不載。見玉臺新詠。

石榴植前庭。緑葉摇縹青。丹華灼烈烈。璀玉臺誤作帷。彩有光榮。光榮玉臺作好。曄流離。可以戲詩紀作處。案戲或獻之訛。淑靈。有御覽作翠。鳥飛來集。拊玉臺作樹。翼以悲鳴。悲鳴夫何爲。丹華實不成。拊心長歎息。無子當歸寧。有子月經天。無子若流星。天月相終始。流星没無精。棲遲失所宜。下與瓦石并。憂懷從中來。

歎息通雞鳴。反側不能寐。逍遥於前庭。踟蹰玉臺作跱𨇤。還入房。肅肅帷幕聲。褰帷更攝帶。撫節玉臺作弦。彈鳴玉臺作素。筝。慷慨有餘音。要妙悲且清。收淚長歎息。何以負神靈。招摇待霜露。何必春夏成。晚穫爲良實。願君且安寧。○玉臺新詠二。詩紀十三。又御覽九百七十作棄妻詩。引青、鳴二韵。

遊仙詩

人生不滿百。戚戚本集作歲歲。廣文選同。詩紀云。一作歲歲。少歡娱。意欲奮本集誤作舊。六翮。排霧陵紫虚。蟬蜕同松喬。翻跡登鼎湖。翱翔九天上。騁轡遠行遊。東觀扶桑曜。西臨弱水流。北極登玄詩紀作玄天。注云。一作登玄。渚。南翔陟丹邱。○類聚七十八。本集六。廣文選九。詩紀十四。

雜詩七首

高臺多悲風。朝日照北林。之子在萬里。江湖逈本集作迥。且深。方舟安可極。離思故難任。孤鴈飛南游。過庭長哀吟。翹思慕遠人。願欲托遺音。形影忽不見。翩翩傷我心。○文選二十九。本集五。詩紀十四。

轉蓬離本根。飄颻草堂詩箋作飄飄。合璧事類同。隨長本集作長隨。風。何意迴六臣本文選注云。五臣作迴。飈舉。吹我入雲中。高高上御覽作高上高。無極。天路安可六臣本文選注云。善作何字。窮。類此遊客類聚作流宕。御覽同。合璧事類誤作流巖。文選注作客遊。子。捐詩紀誤作損。軀遠從戎。毛褐不掩形。薇藿常不充。去去莫復道。沈憂令人老。○文選二十九。類聚八十二。本集五。文章正宗二十九。合璧事類别集五十六。詩紀十四。又文選三十一效古詩注引風、戎二韵。草堂詩箋五贈李詩注引風一韵。十五遺興詩注引風一韵。御覽九百九十七作曹植詩。引風、中、窮、戎四韵。

西北有織婦。綺縞何繽紛。明晨秉機杼。日昃類聚作晏。御覽作暮。不成文。太息終長夜。悲嘯入青雲。妾身守本集作入。空閨。玉臺作房。類聚同。良人行從類聚作從行。軍。自期三年歸。今已歷九春。飛玉臺作孤。類聚同。鳥遶樹翔。噭噭鳴索羣。願爲南流景。馳光見我君。○文選二十九。玉臺新詠二。類聚三十二。本集五。文章正宗二十九。詩紀十四。又御覽八百十六引紛、文二韵。

南國白帖作北方。有佳人。容華若桃李。朝遊江北類聚作海。岸。夕宿瀟湘玉臺作湘川。沚。李善本文選作日夕宿湘沚。對牀夜語同。時俗本集誤作宿。薄朱顔。誰爲發皓齒。俛仰歲將暮。榮曜難類聚作寧。久恃。○文選二十九。玉臺新詠二。類聚十八。本集五。文章正宗二十九。又類聚二十六作阮籍詠懷詩。引李、沚、齒三韵。白帖七引李一韵。范晞文對牀夜語一引沚一韵。

僕夫早嚴駕。吾將遠行六臣本文選注云。五臣作行遠。遊。本集作吾行將遠遊。遠遊欲何之。吴國爲我仇。將騁萬里塗。東路安足由。江介多悲風。淮泗馳急流。願欲一輕濟。惜哉無方舟。閑詩紀作閒。居非吾志。甘心赴國憂。○文選二十九。本集五。文章正宗二十九。詩紀十四。

飛觀百餘尺。臨牖御本集作仰。六臣本文選注云。五臣作仰。櫺軒。遠望周千里。朝夕見平原。烈士多悲心。小人媮本集作偷。六臣本文選注云。五臣作偷。自閑。詩紀作閒。國讎亮不塞。甘心思喪元。拊劍西南望。思欲赴太山。文選注此句上有我心常怫鬱一句。絃急悲聲發。聆我慷慨言。○文選二十九。本集五。詩紀十四。又文選二十責躬詩注引我心何怫鬱。思欲赴太山二句。○逯案。文選注所引二句。辭義貫注。當爲一聯。據此拊劍西南望句下至少尚缺一句。文選此詩蓋節録也。

攬衣出中閨。逍遥步兩楹。閒房何寂寞。類聚作寥。本集同。緑草被階庭。空室類聚作穴。本集、廣文選同。詩紀云。一作穴。自生風。百鳥翩玉臺作翔。南征。春思安可忘。憂戚玉臺作慼。與我類聚作君。本集、廣文選同。并。佳人在遠道。妾身單且煢。玉臺作獨單煢。是。歡會難再遇。本集作逢。廣文選同。並注一作遇。芝蘭玉臺作蘭芝。廣文選同。不重榮。人皆棄舊愛。君豈若平生。寄松爲女蘿。依水如浮萍。齎玉臺作束。身奉衿帶。朝夕不墮本集誤作墯。傾。倘終顧眄恩。玉臺作倘願終眄眄。詩紀云。一作倘能終顧眄。永副我中情。○玉臺新詠二。類聚三十二。本集五。廣文選十五。詩紀十四。

雜詩

悠悠遠行客。去家千餘里。出亦無所之。入亦無所止。浮雲翳日光。悲風動地起。本集作起動地。○類聚二十七。本集五。詩紀十四。

雜詩

美玉生盤石。寶劍出龍淵。帝王臨朝服。秉此威百蠻。歷刀不見貴。雜糅刀刃間。○書鈔百二十二。

七哀詩

詩紀云。玉臺作雜詩。樂府作怨歌行本辭。

明月照高樓。流光正徘徊。上有愁思婦。悲歎有餘哀。借問歎者誰。言類聚作云。是宕文選作客。玉臺、類聚、樂府、本集、文章正宗同。子妻。君行踰十年。孤妾常獨棲。君若白帖作爲。御覽同。清路塵。妾若白帖作作。又作爲。御覽作爲。濁水泥。浮沈各異勢。會合何時諧。願爲西南風。長逝類聚作遊。入君懷。君懷良玉臺作時。類聚、樂府同。不開。賤妾玉臺作妾心。類聚、樂府同。當類聚作將。何依。○文選三十三。玉臺新詠二作雜詩。類聚三十二作曹植詩。樂府詩集四十一作怨詩行本辭。文章正宗二十九。本集五。詩紀十四。又白帖一、六、御覽三十七並作古詩。引泥一韵。

怨詩行

詩紀云。卽七哀詩。中閒畧有異同耳。

明月照高樓。流光正徘徊。宋書作裴回。同。上有愁思婦。悲歎有餘哀。一解　借問歎者誰。自云宕宋書作客。樂府、本集同。子妻。夫行踰十載。賤妾常獨棲。二解　念君過於渴。思君劇於飢。君作宋書作爲。樂府同。高山柏。妾爲濁水泥。三解　北風行蕭蕭。烈烈入吾耳。心中念故人。淚墮不能止。四解　浮沈宋書作沉浮。各異路。會合當何諧。願作東北風。吹我入君懷。五解　君懷常不開。賤妾當何依。恩情中道絶。流止任東西。六解　我欲竟此曲。此曲悲且長。今日樂相樂。别後莫相忘。七解　樂府云。右一曲晉樂所奏。○宋書二十一作楚調怨詩。樂府詩集四十一。本集六。詩紀十三。○逯案。詩紀此詩編在樂府部分。又在詩後注云。七哀詩是此篇本辭云。然分在兩處。不易見二者異同。今以本辭爲主。列奏曲於此。以示樂府奏曲。不僅增删原詩章節。卽詞句閒亦有所更動也。

情詩

微陰翳陽景。清風飄我衣。遊魚潛緑李善本文選作淥。類聚同。水。翔鳥類聚或作鸞。薄天飛。眇眇客行士。遥類聚作徭。本集同。役不得歸。始出嚴霜結。今來白露晞。類聚或作稀。遊子歎黍離。處玉臺作行。者歌式微。慷慨對嘉賓。悽愴内傷悲。○文選二十九。玉臺新詠二作雜詩。類聚二十九作曹植詩。本集五。詩紀十四。又類聚二十七作雜詩。引飛、稀二韵。

喜雨詩

太和二年。大旱。三麥不收。百姓分爲飢餓。○書鈔百五十六。

天覆何彌廣。苞育此羣生。棄之必憔悴。惠之則滋榮。慶雲從北來。鬱述西南征。時雨中夜降。長雷周我庭。嘉種盈類聚作穟。膏壤。登秋畢本集作必。有成。○類聚二。本集五。詩紀十四。

詩

雙鶴俱遨遊。相失初學記作候。東海傍。雄飛竄北朔。初學記作翔。雌驚初學記作逝。赴南湘。棄我交頸歡。離别各異初學記作一。方。不惜萬里道。但恐天網張。○類聚九十。初學記十八。詩紀十四。

七步詩詩紀云。本集不載。

煮豆持作羹。漉豉草堂詩箋作菽。又世説新語作叔。誤。以爲汁。其在釜下詩紀作中。然。豆在釜中泣。本自鳴沙類書作是。詩紀同。同根生。相煎何太鳴沙類書作乃。急。詩紀云。一作萁豆燃豆萁。豆在釜中泣。本是同根生。相煎何太急。○世説新語文學篇。草堂詩箋三十四别李詩注。詩紀十四。又鳴沙石室古籍叢殘類書殘卷引泣、急二韵。

離友詩三首并序

鄉人有夏侯威者。少有成人之風。余尚其爲人。與之昵好。王師振旅。送余於魏邦。心有眷然。爲之隕涕。乃作離友之詩。其辭曰。

王旅旋類聚作遊。本集、詩紀同。兮背故鄉。彼君子兮篤人綱。本集誤作剛。暌余御覽作䳒鴐。行兮歸朔方。馳原隰兮尋舊疆。車載本集作載車。奔兮馬繁驤。涉浮濟兮泛輕航。迄魏都兮息蘭房。展宴好兮惟樂康。○類聚二十一。本集二。詩紀十四。又御覽四百十引鄉、綱、方、疆四韵。

涼風肅兮白露滋。木感氣兮條葉辭。臨淥水兮登崇類聚作重。基。折秋華兮采靈芝。尋永歸兮贈所思。感離隔兮會無期。伊鬱悒兮情不怡。詩紀云。本集止載前一首。今考藝文附入。○類聚二十九。詩紀十四。

妬詩

日匿影兮天微陰。經迴路兮造北林。詩紀云。初學記載二句云云。當別有一首也。○初學記十八。詩紀十四。

嗟爾同衾。曾不類聚作弗。是志。寧彼冶容。安此妬忌。○類聚三十五。本集五。詩紀十四。

四言詩

華屏列曜。藻帳垂陰。○書鈔百三十二。

同前

高談虛論。問彼道原。○文選三十擬魏太子鄴中集詩注。

離友詩

靈鑒無私。○文選二十一張子房詩注。二十七郊祀歌注。

詩

身被輕煖。○白帖四。

詩

皇考建世業。余從征四方。櫛風而沐雨。萬里蒙露霜。劍戟不離手。鎧甲爲衣裳。○御覽三百三十九。

芙蓉池詩

逍遥芙蓉池。翩翩戲輕舟。南陽詩紀作楊。棲雙本集誤作雙西。鵠。北柳有鳴鳩。○類聚九。本集五。詩紀十四。

言志詩

慶雲未時興。雲龍潛作魚。神鸞失其儔。還從燕雀居。○類聚二十六作魏陳王曹植詩。本集五。詩紀十四。

詩

遊鳥翔故巢。狐死反邱穴。我信歸故鄉。安得憚離別。○書鈔百五十八。

詩

君王禮英賢。不吝千金璧。從容冰井臺。清池映華薄。○吴棫韵補五。

七哀詩

南方有障氣。晨鳥不得飛。○文選二十八苦熱行注。
膏沐誰爲容。明鏡闇不治。○文選三十一擬行行重行行注。

離別詩

人遠精魂近。寤寐夢容光。○文選二十九張茂先情詩注。

詩

一顧千金重。何必珠玉錢。○文選三十和王主簿怨情詩注。

詩

彈箏奮逸響。新聲好入神。○書鈔百十。

述仙詩

遊將升雲煙。○文選二十六入華子崗詩注。

詩

長鋏鳴鞘中。○御覽三百四十六。

寡婦詩

高墳鬱兮巍巍。松柏森兮成行。○文選二十三廬陵王墓下作注。

詩

秋商氣轉微涼。○書鈔百五十四。

楚王曹彪

彪。字朱虎。武帝子。初封白馬王。後徙封楚。

答東阿王詩

盤徑難懷抱。停駕與君訣。卽車登北路。永歎尋先轍。○初學記十八。

魏詩卷八

高貴鄉公曹髦

髦。字彦士。文帝孫。東海王霖子。正始五年封郯縣高貴鄉公。嘉平六年十月卽位。甘露五年。爲司馬昭所弑。年二十。有集四卷。

四言詩

菶菶東伐。悠悠遠征。泛舟萬艘。屯衛千營。○書鈔百十七。

詩

干戈隨風靡。武騎齊雁行。○御覽三百五十一。

何晏

晏。字平叔。南陽宛人。文帝時拜駙馬都尉。明帝時爲冗官。齊王卽位。進散騎侍郎。遷侍中。尋爲吏部尚書。主選舉。多所濟拔。嘉平一年。坐曹爽事爲司馬懿所殺。有論語集解十卷、老子道德論二卷、集十一卷。

言志詩

詩紀作擬古。又引名士傳曰。是時曹爽輔政。識者慮有危機。晏有重名。與魏姻戚。內雖懷憂。而無復退也。著五言詩以言志曰。

鴻世説作雙。類聚、初學記、廣文選、詩紀同。鵠類聚、初學記、廣文選作鶴。詩紀同。又注云。世説作鴻鵠。比翼遊。羣飛戲太清。常恐初學記作畏。天類聚作天。初學記作失。詩紀同。世説作大。白帖作常畏大。網羅。憂禍初學記作患。一旦初學記作朝。白帖同。并。豈若集五初學記作太。白帖同。湖。順世説作從。流唼類聚作梭。浮萍。逍遥世説作永寧。放志意。詩紀云。世説作永寧嘯中懷。何爲怵惕驚。○世説新語箴規篇。類聚九十作魏何晏詩。廣文選十五作擬古。詩紀十七。又初學記三十作何晏詩。引清、并、萍三韻。白帖二十九作古詩。引清、并、萍三韻。○逯案。世説常恐大網羅句。唐寫本大作天。

轉蓬去其根。流飄從風移。芒芒四海涂。悠悠焉可彌。願爲浮萍類聚作綠蘋。草。託身寄清池。且以樂今日。其後非所知。○初學記二十七。詩紀十七。又類聚八十二引池一韻。

浮雲翳白日。微風輕塵起。○書鈔百五十。

應璩

璩。字休璉。瑒之弟。明帝時。歷官散騎常侍。齊王時。遷侍中。爲大將軍曹爽長史。作百一詩以諷。

後復爲侍中。典著作。嘉平四年卒。有集十卷。

百一詩

詩紀只載三首。文選李善注云。張方賢楚國先賢傳曰。汝南應休璉作百一篇詩。譏切時事。徧以示在事者。咸皆怪愕。或以爲應焚棄之。何晏獨無怪也。李充翰林論曰。應休璉五言詩百數十篇。以風規治道。蓋有詩人之旨焉。孫盛晉陽秋曰。應璩作五言詩百三十篇。言時事頗有補益。世多傳之。今書七志曰。應璩集謂之新詩。以百言爲一篇。或謂之百一詩。據百一詩序云。時謂曹爽曰。公今聞周公巍巍之稱。安知百慮有一失乎。百一之名。蓋興於此也。◯逯案。應璩百一詩。文選僅保一完篇。其餘皆已亡佚。詩紀蒐輯逸詩亦僅有三篇。然考各書多引應氏新詩。此新詩卽百一詩也。而他書所引雜詩亦往往又名新詩。則詩紀所載雜詩實亦原出百一。依此今將各書所引逸篇。悉編在此題下。至百一詩屬於後人擬作者。則於當篇注明之。

下流不可處。君子愼厥初。名高不宿著。易用受侵誣。前者隳六臣本文選注云。五臣作墮。官去。有人適我閭。田家無所有。酌醴焚枯魚。問我何功德。三入承明廬。所占於此土。六臣本文選注云。五臣作所以占此土。是謂仁智居。文章不經國。筐篋無尺書。用等稱才學。往往見歎譽。避席跪自陳。賤子實空虛。宋人遇周客。慚媿靡所如。◯文選二十一。詩紀十七。

年命在桑榆。東岳與我期。長短有常會。廣文選作命。遲速不得辭。斗酒當廣文選作多。詩紀同。爲樂。無爲待來兹。室廣致凝陰。臺高來積陽。廣文選誤作陰。奈何季世人。侈靡在宮牆。飾巧無窮極。土木被朱詩紀誤作未。光。徵求傾四海。雅意猶未康。◯類聚二十四。廣文選八。詩紀十七。又初學記十八引陽、牆、光、康四韵。◯逯案。室廣下另爲一首。

子弟可不慎。慎在選師友。師友必良詩紀作長。德。中才可進誘。○初學記八。御覽四百四。詩紀十七。

細微可不慎。隄潰自蟻穴。類聚作隙。詩紀云。一作隙。腠理早從事。安復勞鍼石。哲人覩未形。愚夫闇明白。曲突不見賓。燋爛爲上客。思願獻良規。江海倘不逆。狂言雖寡善。猶有如雞跖。廣文選作肋。詩紀云。一作肋。雞跖廣文選誤作脇。食不已。齊王爲肥澤。○類聚二十三。廣文選十五。詩紀十七並作雜詩。

散騎常師友。朝類聚作朋。詩紀同。並注疑作朝。夕進規獻。侍中主書鈔或作王。喉舌。萬機無不亂。尚書統書鈔作摠。庶事。官人乘書鈔作重。詩紀云。疑作秉。事文類聚作承。合璧事類同。法憲。彤管珥類聚作弭。詩紀同。納言。貂璫表武弁。出入承明廬。車服一何煥。三寺齊榮秩。百僚所瞻願。○類聚四十五、詩紀十七並作雜詩。又書鈔五十八作新詩。引獻一韵及亂一韵。百二十七作應璩詩。引亂、憲、弁三韵。初學記十一作新詩。引弁一韵。又白帖二十一作應瑗詩。引侍中喉舌萬機六字。事文類聚新集十及合璧事類後集二十六引憲一韵。○逯案。白帖此例可證作應瑗者實即應璩之訛。

少壯面目澤。長大色醜麄。類聚作長老顏色麤。醜麄類聚作麤醜。人所惡。拔白自洗蘇。平生髮完全。變化似浮屠。醉酒巾幘落。禿頂赤如壺。御覽作狐。○苕溪漁隱叢話四十一作三叟詞。又類聚十八作新詩。引麤、蘇二韵。御覽三百六十四作新詩。引狐一韵。詩紀十七作雜詩。引麤、蘇二韵。

古御覽或作昔。有行道人。陌上見三叟。年各百餘歲。相與鋤禾莠。住車問三叟。何以得此壽。上叟前致御覽或作置。下同。辭。苕溪漁隱叢話作詞。下同。室內御覽或作内中。嫗貌御覽或作麄。醜。下叟前致辭。夜御覽或作暮。卧苕溪漁隱叢話作暮眠。不覆首。要哉三叟言。所以能長久。○御覽三百八十三、七百六十四並作應璩詩。苕溪漁隱叢話四十一作三叟詞。詩紀十七作三叟。又藝文類聚十八作魏應璩詩。引叟、荂、壽三韻。○逯案。少壯面目澤與此篇。苕溪叢話引潘子真詩話均作三叟詞。然少壯一首前人既作新詩。則此亦百一詩之遺。

漢末桓帝時。郎有馬子侯。自謂識音律。請客鳴笙竽。爲作陌上桑。反書鈔作乃。編珠作及。言鳳將雛。左右僞稱善。亦復自摇頭。○御覽七百三十九作新論。又書鈔百十作新詩。引侯、竽、雛三韻。杜公瞻編珠二作百一詩。引雛一韻。

百郡立中正。九州置都士。州閭與郡縣。希疏如馬齒。生不相識面。何緣別義理。○御覽二百六十五作應璩新論。

一室稱忠信。觀過必黨里。○書鈔七十三作應璩新語。○案此當爲上首逸句。

平生居□郭。寧丁當作伶仃。憂貧賤。出門見富貴。□□□□□。竈下炊書鈔作發。牛矢。甑中裝御覽作莊。豆飯。○書鈔四十四作新詩。又御覽八百五十作新詩。引飯一韻。○逯案。書鈔引詩缺略。今以意補六空格。

野田何紛紛。城郭何落落。埋葬嫁娶家。皆是商旅客。喪側食不飽。酒肉紛狼籍。○御覽五百五十六作應璩新詩。

大魏御覽或誤作龜。承衰弊。復欲密其羅。蚍蜉猶見得。何云鰌與蝦。御覽或作鰕。狴犴既已備。欻復置黃沙。○御覽九百四十七。事類賦蟻賦注作百一篇。又御覽九百四十三引羅、蝦二韻。○逯案。黃沙獄。晉武帝置。似此乃後人僞託。不出應璩。抑魏末已有此設置邪。

人才百三家集作材。不能備。各有偏短長。稽可小人百三家集作入。中。便辟必知芒。○書鈔百四作新詩。百三家集。本集。○逯案。此詩書鈔引入筆部。詩之辭句應有涉於筆。小人中之中。應是筆字。

茫茫九州內。莫作應作非。帝者民。民有忠信行。莫非帝者臣。○御覽六百二十一作新詩。

太官有餘厨。大小無不賣。豈徒脯與糗。醯醢及鹽豉。○御覽八百二十八作新詩。

洛水禁罾罟。魚鱉不爲殖。空令自相啖。吏民不得食。○御覽八百三十四作新詩。
豐隆賜美味。受嚼方吶吶。鹿鳴吐野華。獨食有何甘。○書鈔百四十三作新詩。
茍欲娛耳目。快心樂腹腸。我躬不悦懽。安能慮死亡。○葛立方韵語陽秋。
櫓車在道路。征夫不得休。○魏志文帝紀。
有酒流如書鈔或作如浩。川。有肉書鈔或作肴。積如書鈔或作如積。岑。○書鈔百四十五、百四十八並作新詩。
革帶繩爲續。履舄穿無底。○御覽六百九十六作新詩。
山風寒折骨。目面盡生瘡。○書鈔百五十六作應璩詩。御覽三十四作新詩。
溝瀆皆決溢。○書鈔百五十一作新詩。
小兒撫塵。○書鈔十五。

雜詩當亦是百一新詩。

秋日苦促短。遥夜邈綿綿。貧士感此時。慷慨不能眠。○御覽二十五。

同前詩紀作應瑗。

貧子語窮兒。無錢可把撮。耕自不得粟。采彼北山葛。簞瓢恆日在。無用相呵喝。○初學記十八、詩紀十七並作應瑗雜詩。○逯案。瑗乃璩之訛。此由前詩可證。

詩

案其内容。當亦是百一新詩。

司隷鷹揚吏。爪牙徒擢空。折翅躍毛距。宛鶵還入籠。世人指爲武。誰復勵嚴冬。○書鈔六十一應璩詩。

京師何繽紛。車馬相奔起。借問乃爾爲。將欲要其仕。孝廉經述詩乘作務經。通。誰能應此舉。○詩乘補遺。又書鈔七十九作應璩詩。引起、舉二韵及莫言有所爲一句。

放戈釋甲胄。乘軒入紫微。從容侍原誤作待。帷幄。光輔日月輝。○御覽三百三十九應璩詩。

丈夫要雄戟。更來宿紫庭。今者宅四海。誰復有不并。○御覽三百五十三應璩詩。

郡國貪慕將。馳騁習弓戟。雖妙未更事。難用應卒迫。○同上

治化貴簡易。法令不欲多。○書鈔二十七應璩詩。

城狐不可掘。社鼠不可熏。○文選四十奏彈王源注應璩詩。

不悁牽朱絲。三署來相尋。○文選二十六初去郡詩注、事類絲賦注並作應璩詩。

詩

酌彼春酒。上得供養親老。下得温飽妻子。○書鈔百四十八應璩詩。

韋誕

誕。字仲將。京兆人。善草書。建安中爲郎中。太和中爲武太守。正始中。遷侍中、中書監。以光禄大

夫致仕。嘉平五年卒。年七十五。有集三卷。

詩

旨酒盈金觴。清顏發光華。○文選十六別賦注。

毌丘儉

儉。字仲恭。河東聞喜人。初爲平原侯文學。明帝初。遷荆州刺史。徙幽州刺史。討公孫淵定遼東。進封安邑侯。高句麗數侵叛。儉討之。有功。遷鎮東將軍、都督揚州。正元二年。與揚州刺史文欽矯太后詔討司馬師。兵敗見殺。有集二卷。

答杜摯詩

鳳鳥翔京邑。哀鳴有所思。才爲聖世出。德音何不怡。八子未際魏志注作遭。遇。今者遭魏志注作遘。明時。胡康出壠畝。楊偉無根基。飛騰沖雲天。奮迅協光熙。駿驥骨法異。伯樂觀知之。但當養羽翮。鴻舉必有期。體無纖微疾。安用問良醫。聯翩輕栖集。還爲燕雀嗤。詩紀云。此四句疑錯互。韓衆藥雖良。恐便魏志作或更。不能治。悠悠千里情。薄言答嘉詩。信心感諸中。中實廣文選作賞。詩紀同。不在辭。○三國志劉劭傳注。廣文選十。詩紀十七。○三國志注。臣松之案。魏朝自微而顯者。不聞胡康。疑是孟康。康事見杜恕傳。楊偉見曹爽傳。

之遼東詩

憂責重山岳。誰能爲我檐。〇文選三十八爲齊明帝讓宣城郡公第一表注。朱校昌黎集二送文暢師詩注作毌丘儉詩。

在幽州詩

芒山邈悠悠。但見胡地埃。〇文選五十七楊給事誄注。

郭遐周

贈嵇康詩三首 舊抄嵇康集作五言詩三首郭遐周贈。

吾舊抄嵇康集作亮。無佐世才。時俗所不詩紀作不可。量。歸我北山阿。逍遥以倡舊抄嵇康集作相。佯。同氣自相求。虎嘯谷風涼。惟予與嵇生。未面分好章。舊抄嵇康集作面分好文章。古人美傾蓋。方此何不臧。援箏執鳴琴。攜手遊空房。棲遲衡門下。何願於姬姜。予舊抄嵇康集作甘。心好永年。年永懷樂康。我友不斯詩紀作期。卒。改計適他方。嚴車感詩紀作嚴東咸。發日。翻然將高翔。離别在旦夕。惆悵以增傷。〇舊抄嵇康集一。詩紀十八。

風人重離别。行道猶遲遲。宋玉哀登山。臨水送將歸。伊此往昔事。言之以增悲。歎我與嵇生。倏忽舊抄嵇康集作忽然。將永離。詩紀作違。俯察淵魚遊。仰觀雙鳥飛。厲翼太清中。徘徊於丹池。欽哉得其所。令我心獨

違。言別在斯須。惄焉如朝詩紀作調。飢。○同上

離別自古有。人非比目魚。君子不懷土。豈更得安居。四海皆兄弟。何患無彼姝。巖穴隱傅説。空詩紀作寒。谷納白駒。方各以類聚。物亦以羣殊。所在有智賢。何憂不此詩紀作此不。如。所貴身名存。功烈在簡書。歲舊抄嵇康集作年。時易過歷。日月忽其除。勗哉乎嵇生。敬德在舊抄嵇康集作以。慎軀。○同上

郭遐叔

贈嵇康詩二首

舊抄嵇康集作詩五首郭遐叔贈。詩紀作贈嵇康五首。○逯案。贈詩前四篇四言乃一首四章。每章皆以如何忽爾句承轉。章法井然。不得目爲四首。今以四言、五言各爲一首。

每念遘會。惟曰詩紀作日。不足。昕往宵歸。常苦其速。歡接無厭。如川赴谷。如何忽爾。將適他俗。言駕有日。巾車命僕。思言詩紀作念。君子。温其如玉。心之憂矣。視丹如緑。案當有脱文。○以上周樹人嵇康集校語。如何忽爾。超將遠逝。舊抄嵇康集舊校作遊。詩紀同。心之憂矣。將以怵惕。怵惕惟何。惟思惟憂。以上十六字嵇康集舊校改爲情以怵惕。惟思惟憂。詩紀同。展轉反側。寤寐追求。馳情運想。神往形留。心之憂矣。增其勞愁。

不見可欲。使心不亂。譬彼造化。抗無崖畔。封疆畫界。事利任難。唯予與子。本詩紀作鮮。注云。一作籍。不同貫。交重情親。欲面無算。如何忽爾。時適他館。明發不寐。耿耿極旦。心之憂矣。增其憤歎。詩紀作怨。

天地悠長。人生若忽。苟非知命。安保旦夕。思與君子。窮年卒歲。優哉逍遥。幸無隕越。如何君子。周樹人

嵇康集校語云。當作忽爾。案此説甚是。超將遠邁。我情顧闕。我言願結。心之憂矣。良以切怛。○舊抄嵇康集一。詩紀十八。○逯案。此詩脱落幾不成章。詩紀編者力求其叶韵。如越字下注云。叶俞芮切。邁字下注云。叶力制切。皆非是。君子交有義。不必常相從。天地有明理。遠近無異同。三仁不齊迹。貴在等賢蹤。衆鳥羣相追。鷙鳥獨無雙。何必相呴濡。江海自從舊抄本集作蹤。詩紀作可。容。願各保遐年。詩紀作心。有緣復來東。○舊抄嵇康集一。詩紀十八。

阮侃

侃。字德如。尉氏人。魏衛尉卿阮共之子。有俊才而飭以名理。風儀潤雅。與嵇康爲友。仕至河内太守。

答嵇康詩二首

旦詩紀作早。發温泉廬。夕宿宣陽城。顧眄懷惆悵。言思我友生。會遇一何幸。及子遘歡情。交際雖未久。思愛發中誠。舊抄嵇康集作思我愛發誠。良玉須切磋。璵璠就其形。隋珠豈不曜。雕瑩啓光榮。與子猶蘭石。堅芳互相成。庶幾弘詩紀作行。古道。伐檀俟河清。不謂中離別。飄飄然遠征。臨輿執手訣。良誨一何精。佳言盈我耳。舊抄嵇康集作身。援帶以自銘。唐虞曠千載。三代不我詩紀作可。并。洙泗久已往。微言誰爲詩紀作共。聽。曾參易簀斃。仲由結其纓。晳楚安足慕。屢空守以舊抄嵇康集作以守。貞。潛龍尚泥蟠。神龜隱其靈。庶保吾子言。養真以全生。東野多所患。暫往不久停。幸子無損思。逍遥以自寧。○舊抄嵇康集一。詩紀十八。

雙美不易居。嘉會故難常。爰自詩紀作處。憩斯土。與子邁蘭芳。常願永遊集。拊翼同廻翔。不悟卒永離。一別爲異鄉。四牡一何速。征人去詩紀作告。路長。顧步懷想像。遊目屢太舊抄嵇康集作大。行。撫軫詩紀作軨。增歎息。念子安能忘。恬和爲道基。老氏惡强梁。患至有身災。榮子知所康。蟠詩紀作神。龜實可樂。明戒在刳腸。新詩何篤穆。申詠增愷悢。詩紀作慨慷。舒檢詔詩紀作話。良訊。終然永厭藏。還誓必不食。復得同林詩紀作故。房。願子盪憂慮。無以情自傷。候詩紀作俟。路忘所次。詩紀作以。聊以酬來章。○同上

魏詩卷九

嵇康

康。字叔夜。譙郡銍人。好言老莊而尚奇任俠。寓居山陽。鍛以自給。與魏宗婚。拜中散大夫。景元二年以答山濤書忤司馬昭。次年。坐呂安事見殺。有集十五卷。

代秋胡歌詩七章

舊抄本作七首。詩紀從樂府詩集作秋胡行七首。並注云。本集題曰重作四言詩。○逯案。作七首者非是。今改作七章。

富貴尊榮。憂患諒獨多。富貴尊榮。文選補遺誤作樂。憂患諒獨多。舊鈔本集不重言。古人所懼。豐屋蔀家。人害其上。獸惡網樂府、廣文選作罔。羅。惟有貧賤。可以無他。樂府作它。歌以言之。富貴憂患多。

貧賤易居。貴盛難爲工。貧賤易居。貴盛難爲工。恥佞本集作接。直言。與禍相逢。變故萬端。俾吉作凶。思牽黄犬。其計本集作志。莫從。樂府作其莫之從。文章正宗、文選補遺、廣文選同。歌以言之。貴盛難爲工。

勞謙寡本集作無。樂府、文章正宗、文選補遺作有。下同。悔。忠信可久安。勞謙寡悔。忠信可久安。天道害詩紀云。一作惡。盈。好勝者殘。彊梁致災。多事詩紀云。一無事字。招患。文章正宗、文選補遺作多招禍患。詩紀作多事招禍患。欲得安樂。獨有無愆。本集作僽。詩紀云。集作僽。歌以言之。忠信可久安。

役神者弊。極欲令人二字樂府作疾。文選補遺、廣文選、詩紀同。下仿此。枯。役神者弊。極欲令人枯。顏回短折。下詩紀作不誤。及童烏。縱體淫恣。莫不早徂。酒色何物。自令樂府、文選補遺、廣文選、詩紀並作今自。不辜。歌以言之。

酒色令人枯。○本集一。樂府詩集三十六。文選補遺三十四。廣文選十三。

絶智棄學。遊心於玄默。絶智棄學。遊心於玄默。遇樂府無此字。廣文選同。過而悔。舊抄本集作過而復悔。當不自得。垂釣一壑。所本集作好。樂府無此字。樂一國。被髮行歌。和氣樂府作者。廣文選、詩紀同。四塞。歌以言之。遊心於玄默。

思與王喬。乘雲遊八極。思與王喬。乘雲遊八極。淩厲五嶽。忽行萬億。授我神藥。自生羽翼。呼吸太和。鍊形易色。歌以言之。思樂府無此字。行遊八極。

徘徊鍾山。息駕於層城。徘徊鍾山。息駕於層城。上蔭華蓋。下采若英。受道王母。遂升紫庭。逍遥天衢。千載長生。歌以言之。徘徊於層城。○本集一、樂府詩集三十六、詩紀十八並作秋胡行。又文章正宗二、十九作秋胡行。引一、二、三章。文選補遺三十四作秋胡行。引一、二、三、四章。廣文選十三作秋胡行。引一、二、三、四、五、六章。

幽憤詩

晉書曰。東平呂安。服康高致。康友而善之。後安爲兄所枉訴。以事繫獄。辭相證引。遂復收康。康乃作幽憤詩曰。

嗟余薄祜。六臣本文選注云。五臣作祐。少遭不造。哀煢靡識。越在繦緥。本集作襁褓。六臣本文選注云。五臣作襁褓字。母兄鞠育。有慈無威。恃愛肆姐。文選作姐。詩紀同。晉書作好。不訓不師。爰及冠帶。憑文選作馮。舊抄本集同。寵自放。六臣本文選注云。善無此二句。抗心希古。任其所尚。六臣本文選注云。善本作上。託好老莊。晉書作莊老。賤物貴身。志在守晉書作宗。樸。養素全真。曰余不敏。好善闇人。子玉之敗。屢增惟塵。大人含弘。藏垢懷耻。民晉書作人。之多僻。政不由己。惟此褊心。顯明臧否。感悟思愆。本集作僁。同。怛若創痏。欲寡其過。謗議沸騰。性不傷物。頻致怨憎。昔慚柳惠。本集作柳下。魏志注、晉書孫登傳同。世說新語注作下惠。今愧孫登。內負宿心。外恧魏志注作赧。良朋。仰慕嚴鄭。樂道閑本集作閑。晉書同。居。與世無營。神氣晏如。六臣本文選誤作知。咨予不淑。嬰本集作纓。累多虞。匪降自天。寔由頑疎。理弊六臣本文選作蔽。注云。善作弊。患結。卒致囹圄。六臣本文選注云。五臣作圉。對答鄙訊。縶此幽阻。實恥訟冤。李善本文選作宼。六臣本文選注云。善作免。時不我與。雖曰義直。神辱志沮。澡身滄浪。豈晉書作曷。云能補。嗈嗈本集作雍雍。晉書同。鳴鴈。奮本作厲。晉書同。六臣本文選注云。五臣作勵。翼北遊。順時而動。得意忘本集作無。憂。嗟我憤歎。曾莫能儔。晉書作疇。六臣本文選注云。五臣作疇。事與願違。遘茲淹留。窮達有命。亦又何求。古人有言。善莫近名。奉時恭默。咎悔不生。萬石周慎。安親保榮。世務紛紜。祇攪予情。安樂必誡。乃終利貞。煌煌靈芝。一年三秀。予獨何爲。本集作人。有志不就。懲難思復。心焉內疚。庶勗將來。無馨無臭。采薇山阿。散髮巖岫。永嘯長吟。頤性晉書作神。養壽。○文選三十二。晉書本傳。詩紀十八。又三國志王粲傳注引騰、憎、登、朋四韻。晉書孫登傳引登一韻。世說新語棲逸篇注引登一韻。

四言贈兄秀才入軍詩十八章

詩紀并雙鸞匿景曜一首爲贈秀才入軍十九首。並注曰。集云。兄秀才公穆入軍。贈詩。舊抄本集作四言十八首贈兄秀才入軍。注云。兄秀才公穆入軍。贈詩。劉義慶曰。嵇喜。字公穆。舉秀才。○逯案。此詩乃十八章。作十八首非是。并五言詩而曰十九首。尤謬。今據本集爲此題。

鴛鴦于飛。肅肅其羽。朝遊高原。夕宿蘭渚。邕邕類聚作嗈嗈。和鳴。顧眄舊抄本集作盻。廣文選同。儔侶。俛仰慷慨。優遊容與。

鴛鴦于飛。嘯侶命儔。朝遊高原。夕宿中洲。交頸振翼。容與清流。咀嚼蘭蕙。俛仰優游。

泳彼長川。言息其滸。陟彼高岡。言刈其楚。嗟我征邁。獨行踽踽。仰彼凱風。涕泣如雨。

泳本集作沐。彼長川。言息其沚。陟彼高岡。言刈其杞。嗟我獨征。靡瞻靡恃。仰彼凱風。載坐載起。○逯按。以上二章或言嗟我征邁。或言嗟我獨征。似是秀才口吻。

穆穆惠風。扇彼輕塵。奕奕素波。轉此遊鱗。伊我之勞。有懷遐廣文選作佳。詩紀同。人。寤言永思。寔鍾所親。

所親安在。舍我遠邁。棄此蓀芷。襲彼蕭艾。雖曰幽深。豈無顛沛。言念君子。不遐有害。

人生壽促。天地長久。百年之期。孰云其壽。思欲登仙。以濟不朽。纜轡踟躕。仰顧我友。

我友焉之。隔兹山梁。詩紀作岡。誰謂河廣。一葦可航。徒恨永離。逝彼路長。瞻仰弗及。徙倚彷徨。

良馬既閑。麗服有暉。左攬繁弱。右接忘歸。風馳電六臣本文選注云。五臣作雷。御覽作霓。逝。躡景六臣本文選注云。

五臣作影。追飛。凌厲中原。顧盼生姿。

攜我好仇。載我輕車。南凌長阜。北厲清渠。仰落驚鴻。俯引淵魚。盤于游本集作槃遊于。田。其樂只且。

凌高遠眄。俯仰咨嗟。怨本集作宛。彼幽縶。室邇廣文選作邈爾。詩紀同。路遐。雖有好音。誰與清歌。雖有姝本集作朱。顔。誰與發華。仰訊本集作訴。高雲。俯託輕本集作清。波。乘流遠遁。抱恨山阿。

輕車迅邁。息彼長林。春木載榮。布葉垂陰。習習谷文選注作和。風。吹我素琴。交交文選作咬咬。本集同。黄鳥。顧儔文選作疇。本集同。弄音。感悟本集作寤。詩紀云。集作寤。馳情。思我所欽。心之憂矣。永嘯長吟。

浩浩洪流。帶我邦畿。萋萋緑林。奮榮揚暉。魚龍瀺灂。山鳥羣飛。駕言出遊。本集作遊之。六臣本文選注云。五臣作游之。日夕忘歸。思我良朋。如渴如饑。願言不獲。愴矣其悲。

息徒蘭圃。秣馬華山。流磻平皐。垂綸長川。目送歸鴻。手揮五絃。俯仰自得。游心太本集作泰。李善本文選、文章正宗同。玄。嘉彼釣叟。得魚忘筌。郢人逝矣。誰與本集作可。盡言。

閑夜書鈔作開户。肅清。朗月照軒。微風動袿。合璧事類作桂。組帳高褰。旨酒盈樽。莫與交歡。鳴琴本集作琴瑟。在御。誰與鼓彈。仰慕同趣。其馨若蘭。佳人不存。文選作在。六臣本文選注云。五臣作存。能不永歎。

乘風高逝。詩紀作遊。遠登靈丘。託本集作結。好松喬。攜手俱游。朝發太本集作泰。華。夕宿神州。本集作洲。彈琴詠詩。聊以忘憂。

琴詩自樂。遠遊可珍。含本集作舍。道獨往。棄智遺身。寂乎無累。何求於人。長寄靈岳。怡志養神。

流俗本集作代。難悟。逐物不還。至人遠鑒。歸之自然。萬物爲一。四海同舊抄本集作爲。宅。與彼共之。予何所惜。生若浮寄。暫見忽終。世故紛紜。棄之八戎。廣文選作戍。詩紀同。澤雉雖饑。不願園林。安能服御。勞形苦心。身貴名賤。榮辱何在。貴得肆志。縱心無悔。○本集一。詩紀十八。又文選二十四引第九、十、十二、十三、十四、十五六章。廣文選十作贈兄公穆入軍詩。引第一至第六及十一、十八等八章。又書鈔百五十引軒一韵。類聚九十二引羽、侣二韵。文選二十六答吕法曹詩注引琴一韵。御覽三百二十八引輝、飛二韵。合璧事類外集四十九引軒、褰二韵。

四言詩

廣文選、詩紀均以前六篇并酒會詩樂哉苑中遊一篇題爲酒會詩七首。今從舊抄本集。究爲幾首。已不能明。故在各首下注其出處。

淡淡流御覽作淵淵淥。水。淪胥御覽誤作滑。而逝。汎汎柏御覽作虛。舟。載浮御覽作停。載滯。微嘯清風。鼓檝容裔。放櫂御覽誤作鼓柮。投竿。優游卒歲。○本集一。廣文選十五。詩紀十八。又御覽七百七十作嵇康詩。引逝、滯、歲三韵。

婉彼鴛鴦。戢翼而遊。俯唼類聚作吮。緑藻。託身洪流。朝翔素瀨。夕棲靈洲。搖蕩清波。與之沈浮。○本集一。廣文選十五。詩紀十八。又類聚九十二作嵇夜詩。引遊、流、洲三韵。

藻氾廣文選闕。詩紀作流詠。蘭池。和聲激朗。操縵清商。遊心大象。傾昧修身。惠音遺響。鍾期不存。我志誰賞。○本集一。廣文選十五。詩紀十八。

斂絃散思。遊釣九淵。重流千仞。或餌者懸。猗與莊老。棲遲永年。寔惟龍化。蕩志浩然。○同上

肅肅泠廣文選作冷。詩紀作苓。風。分生江湄。却背華林。俯泝丹坻。本集作坘。案坘即唐寫坻字。詩紀云。一作漪。含陽吐英。履霜不衰。嗟我殊觀。百卉具腓。心之憂矣。孰識玄機。○同上

猗猗蘭藹。本集作靄。殖彼中原。緑葉幽茂。麗藻廣文選、詩紀作蘂。豐廣文選、詩紀作穠。繁。馥馥蕙芳。順風而宣。將御椒房。吐薰龍軒。瞻彼秋草。悵矣惟騫。○同上

泆泆白雲。順風而回。淵淵緑水。盈坎而頹。乘流遠逝。舊抄本集作遥邁。自周樹人云。或息字之訛。躬蘭隈。杖策答諸。納之素懷。長嘯清原。惟以告哀。○本集一。詩紀十八。

抄抄周樹人云。案或眇眇之誤。翔鸞。舒翼太清。俯眺紫辰。仰看素庭。凌躡玄虚。浮沉無形。將遊區外。嘯侶長鳴。神□不存。誰與獨征。○同上

有舟浮覆。紼纚是維。栝檝松櫂。有舊抄本集作汎。若龍微。□津經險。越濟不歸。思友長林。抱樸山嵋。守器殉業。不能奮飛。○同上

羽化華岳。超遊清霄。雲蓋習習。六龍飄飄。左配椒桂。右綴蘭苕。淩陽讚路。王子奉軺。婉孌名山。真人是要。齊物養生。與道逍遥。○同上

微風清本集作輕。扇。雲氣四除。皎皎亮本集作皦皦朗。月。麗於高隅。興命公子。攜手同車。龍驥翼翼。揚鑣踟蹰。肅肅宵征。造我友廬。光燈吐輝。本集作耀。白帖同。六臣本文選注云。五臣作曜。華幔白帖作縵。長舒。鸞觴酌醴。神鼎烹魚。絃超子野。歎過綿駒。流詠太素。俯讚玄虚。孰本集作疇。克英賢。與爾剖符。○文選二十九作雜詩。本集一。詩紀十八。又白帖四作嵇康燈詩。引盧、舒二韻。

五言贈秀才詩

詩紀并前贈兄秀才入軍詩爲贈秀才入軍十九首。本集作五言。並注。一本作古意。今依舊抄本集及類聚爲此題。

雙鸞匿景曜。戢翼太山崖。初學記作西。抗首漱本集作嗽。類聚同。案嗽卽漱之别字。朝露。晞陽振羽儀。長鳴戲雲中。類聚作裏。時下息蘭池。自謂絶塵埃。終始永不虧。何意世多艱。虞人來我維。本集注云。維一作儀。詩紀作疑。雲網塞四區。高羅正參差。奮迅勢不便。六翮無所施。隱姿就長纓。卒爲時所羈。單雄初學記作雌。翩本集作翮。初學記作偏。詩紀作翻。獨詩紀作孤。逝。初學記作遊。哀吟傷生離。徘徊戀儔侶。慷慨高山陂。鳥盡良弓藏。謀極本集注。極一作損。身必詩紀作心。危。吉凶雖在己。世路多嶮巇。安得反初服。抱玉寶六奇。逍遥遊太清。攜手長相隨。本集作相追隨。注云。一作長相隨。○本集一。廣文選十。詩紀十八。又類聚九十作魏嵇叔夜贈秀才詩。引崖、儀、池三韻。初學記十八引西、離二韻。

酒會詩

樂哉苑本集作菀。中遊。周覽無窮已。百卉吐芳華。崇臺詩紀作基。邈高跱。林木紛交錯。玄池戲魴鯉。輕丸斃翔本集作飛。禽。纖綸出鱣鮪。坐本集作研。中發美讚。異氣同音軌。臨川獻清酤。微歌發皓齒。素琴揮雅操。清聲隨風起。斯會豈不樂。恨無東野子。酒中念幽人。守故彌終始。但當體七絃。寄心在知己。○本集一。詩紀十八。

答二郭詩三首本集作五言詩三首答二郭。

天下悠悠者。不能詩紀作下京。趨上京。二郭懷不羣。超然來北征。樂道託萊本集作蓬。廬。雅志無所營。良時遘其願。遂結歡愛情。君子義是親。恩好篤平生。寡智詩紀作志。自生災。屢使衆釁成。豫子詩紀云。一作讓。匿梁側。聶政變其形。顧此懷怛惕。慮在苟自寧。今當寄他域。嚴駕不得停。本圖終宴婉。今更不克并。二子贈嘉詩。馥如幽蘭馨。戀土思所親。能不詩紀作不知。氣憤盈。○本集一。廣文選十。詩紀十八。

昔蒙父兄祚。少得離負荷。因疏遂成懶。寢跡北山阿。但願養性命。終己靡有他。良辰不我期。當年值紛華。坎凜本集作懍懍。趣世教。詩紀作務。常恐嬰本集作纓。網羅。羲農邈已本集作以。遠。拊膺獨咨嗟。朔本集誤作明。戒貴尚容。本集誤作用。漁父好揚波。雖逸亦已難。非余心所嘉。豈若翔區外。餐瓊漱朝霞。遺物棄鄙累。逍遥遊太和。結友集靈嶽。彈琴登清歌。有能從我詩紀作此。者。古人何詩紀作豈。足多。○同上

詳觀淩世務。屯險多憂虞。施報更相市。大道匿不舒。夷路值枳棘。安步本集作心安。將焉如。權智相傾奪。名位不可居。鸞鳳避罻羅。遠託崑崙墟。莊周悼靈龜。越稷詩紀作穆。注云。一作稷。案稷穆皆搜字之譌。畏詩紀作嗟。王輿。至人存諸己。隱璞本集作樸。樂玄虛。功名何足殉。乃欲列簡書。所好亮若茲。楊氏歎交衢。去去從所志。敢謝道不俱。○同上

與阮德如詩本集作五言詩一首與阮德如。

含哀還舊廬。感切傷心肝。良時遘吾詩紀作數。子。談慰臭如蘭。疇昔恨不早。既面侔舊歡。不悟卒永離。念隔增憂歎。本集作悵增歎。事故無不有。別易會良本集作良會。難。郢人忽已本集作以。逝。匠石寢不言。澤雉窮野草。靈龜樂泥蟠。榮名穢人身。高位多災患。未若捐外累。詩紀云。拾遺作慮。肆志養浩然。顏氏希有虞。隰

子慕黄軒。涓彭獨何人。唯志在所安。漸漬殉近欲。一往不可攀。生生在豫積。勿以忧本集作休。自寬。南土埠詩紀作旱。不涼。衿計宜早完。本集作看。君其愛德素。行路慎風寒。自力致所懷。臨文情辛酸。〇本集一。廣文選十。詩紀十八。

遊仙詩

遥望山上松。隆谷鬱青葱。自遇一何高。獨立逈無雙。本集作邊無叢。願想遊其下。蹊路絶不通。王喬棄本集作弃。周樹人云。案當作弁。説文云。舉也。我去。乘雲駕六龍。飄飖戲玄圃。黄老路相逢。授我自然道。曠若發童蒙。採藥鍾山隅。服食改姿容。蟬蜕棄穢累。結友本集作交。家板本集作梧。桐。臨觴奏九韶。雅歌何邕邕。長與俗人别。誰能覩其蹤。詩紀作踪。〇本集一。廣文選九。詩紀十八。

述志詩二首

潛龍育神軀。躍廣文選、詩紀作濯。鱗戲蘭池。延頸慕大庭。寢足俟皇羲。慶雲未垂景。本集作降。盤桓朝陽陂。悠悠非吾匹。本集作我儔。廣文選作我匹。疇肯本作□步。應俗宜。殊類難徧周。鄙議紛流離。轗軻丁悔吝。雅志不得施。耕耨感甯越。馬席激張儀。逝將離羣侶。杖策追洪崖。焦朋廣文選、詩紀作鵬。周樹人云。案當作明。振六翮。羅者安所羈。浮遊太清中。更求新相知。比翼翔雲漢。飲露餐本集作食。瓊枝。多念本集作謝。世間人。夙本集作息。駕咸本集作感。驅馳。沖静得自然。榮華安足爲。〇本集一。廣文選九。詩紀十八。

斥鷃擅本集作檀。蒿林。仰笑神本集作鶩。鳳飛。詩紀云。一作姿。坎井蝤蛙廣文選、詩紀作蛭。宅。神龜安所歸。恨自用身拙。任意多永思。遠實與世殊。義譽非所希。往事既已謬。來者猶可追。何爲人事間。自令心不夷。慷慨思古人。夢想見容輝。願與知己遇。本集作過。舒憤啟幽廣文選、詩紀作其。微。巖穴多隱逸。輕舉求吾師。晨登箕詩紀云。拾遺作西。山巔。日夕不知饑。玄居養營魄。千載長自綏。○本集一。廣文選九。詩紀十八。

五言詩三首

人生譬朝露。世變多百羅。苟必有終極。彭聃不足多。仁義澆淳樸。前識喪道華。留弱喪自然。天真難可和。郢人審匠石。鍾子識伯牙。真人不屢存。高唱誰當和。○本集一。

倏夜家周樹人云。疑當作寂。由家而誤。無爲。獨步光庭側。仰首看天衢。流光曜八極。撫心悼季世。遥念大道逼。飄飄當路士。悠悠進自棘。得失自己來。榮辱相蠶食。朱紫雖周樹人云。疑當作雜。玄黃。太素貴無色。淵淡體至道。色化同消息。○同上

俗人不可親。松喬是可鄰。何爲穢濁間。動搖增垢塵。慷慨之遠遊。整駕俟良辰。輕舉翔區外。濯翼扶桑津。徘徊戲靈岳。彈琴詠泰真。滄水澡五藏。變化忽若神。恆娥進妙藥。毛羽翕光新。一縱發開陽。俯視當路人。哀哉世間人。周樹人云。疑當作人間世。何足久託身。○同上

六言詩十章。

詩紀作六言十首。周樹人云。各本取每首之第一句別立一行爲子目。詩紀亦然。○逯案。此詩乃一首十章。不得列

爲十首。又各篇起句率與本篇爲韵。自是詩之本文。不應列爲子目。再各起句皆五言。題爲六言詩。似亦不合。竊謂此詩起句沿用楚歌句式。上三下二爲實字。中間聯以兮字。而足爲六言。後人逞臆删去兮字。遂致此謬。

惟上古堯舜。二人功德齊均。不以天下私親。高尚簡樸慈詩紀作茲。順。寧濟四海蒸民。

唐虞世道治。萬國穆親無事。賢愚各自得志。晏然逸豫内忘。佳哉爾時可憙。卽喜字。○三字舊注。詩紀作喜。

智慧用有詩紀缺此字。周樹人云。案當作何。爲。此句當作智慧何爲用。用與下文叶韵。法令詩紀缺此字。滋章寇生。紛本集作自。然相召不停。大人玄寂無聲。鎮之以静自正。

名與身孰親。哀哉世俗殉榮。馳騖竭力喪精。得失相紛憂驚。自貪詩紀作是。勤苦不寧。

生生厚招咎。金玉滿堂本集作屋。莫守。古人安此麤醜。獨以道德爲友。故能延期不朽。

名行顯患滋。位高勢重禍基。美色伐性不疑。厚味腊毒難治。如何貪人不思。

東方朔至清。外似詩紀作以。貪污内貞。穢身滑稽隱名。不爲世累所攖。所欲不足無營。

楚子文善仕。本集作士。三爲令尹不喜。柳下降身蒙耻。不以爵禄爲已。靖恭古惟二子。

老萊妻賢明。詩紀作名。不顧夫子相荆。相將本集作將身。避禄隱耕。樂道閒居採蓱。詩紀作萍。終厲高節不傾。

嗟古賢原憲。棄背膏粱朱顔。樂此屢空飢寒。形陋體逸心寬。得志一世無患。○本集一。詩紀十八。

思親詩

奈何愁兮愁無聊。恆惻惻廣文選作側側。兮心若抽。愁奈何兮悲思多。情鬱結兮不可化。奄失本集作無。恃兮孤煢煢。內自悼兮啼本集作欷。失聲。思報德兮邈已絕。感鞠育兮情剝裂。嗟母兄兮永潛藏。想形容兮內摧傷。感陽春兮思慈親。欲一見兮路無因。望南山兮發哀歎。感机杖兮涕汍瀾。念疇昔兮母兄在。心逸豫兮壽四海。忽已逝兮不可追。心窮約兮但有悲。上空堂兮廓無依。覩遺物兮心崩摧。中夜悲兮當告誰。本集作誰告。獨收本集作技。淚兮抱哀戚。日遠邁兮思予心。本集作親日遠兮思日深。戀所生兮淚流襟。廣文選作不禁。詩紀同。慈母沒本集作歿。兮誰與本集作予。廣文選同。驕。顧自憐兮心忉忉。訴蒼天兮天本集作遠。不聞。淚如雨兮歎成廣文選作青。詩紀同。雲。欲棄憂兮尋復來。痛殷殷兮不可裁。○本集一。廣文選十五。

琴歌見琴賦。

淩扶搖兮憩瀛洲。要列子兮爲好仇。餐沆瀣兮帶朝霞。眇翩翩兮薄天遊。齊萬物兮超自得。委性命兮任去留。○文選十八。舊抄本集二。

詩

本集此殘篇誤續入微風輕扇篇歎過後。詩紀此殘篇誤續入嵇喜答嵇康第四首春字下。周樹人以爲此是康詩。上闕。鳥羣嬉。感寤長懷。能不永思。永思伊何。思齊大儀。淩雲輕邁。託身靈螭。遥集玄詩紀作芝。圃。釋轡華池。華木夜光。沙棠離離。俯漱神泉。仰嘰瓊詩紀作璠。枝。棲詩紀作結。心浩詩紀作皓。素。終始不虧。○本集一。

遊仙詩

翩翩鳳翮。廣記作轄。逢此網羅。○劉賓客嘉話録作嵇康詩。太平廣記四百引續齊諧記。

魏詩卷十

阮籍

籍。字嗣宗。陳留尉氏人。司空記室瑀之子。歷太尉司馬懿從事中郎、散騎常侍等。正元初。封關内侯。尋遷步兵校尉。景元四年卒。有集十三卷。

詠懷詩十三首

黄節曰。阮步兵詠懷詩五言八十二首。余已爲之注。其四言詠懷詩十三首。據近人丁福保所編全三國詩云。按讀書敏求記謂阮嗣宗詠懷詩行世本。惟五言詩八十首。朱子儋取家藏舊本刊於存餘堂。多四言詠懷十三首云云。余歷訪海上藏書家。都無朱子儋本。今所存四言詩僅三首耳。據丁氏之言。則僅存天地、月明、清風三首。余亦未見朱子儋本。惟舊藏潘璁本。乃明崇禎間翻嘉靖刻者。有嘉靖癸卯陳德文序。有崇禎丁丑潘璁序。分上下兩卷。四言詩十三首。其一至三與丁氏刻同。其四至十三。則丁氏所未見者。意與朱子儋本必無大異。或且潘本在朱本之前也。因並取而注釋之。注有見於五言詩内者不重出。逯案。潘本、朱本阮集今皆不易見。即用黄氏所校潘本比勘之。

天地絪緼。類聚作烟煴。元精代序。清陽曜靈。和風類聚作氣。容與。明日映天。甘露被宇。蓊鬱高松。猗那長楚。草蟲哀鳴。鶬鶊振羽。感時興思。企首延佇。於赫帝朝。伊衡作輔。才非允文。器非經武。適彼沅湘。託分類聚作介。漁父。優哉游哉。爰居爰處。○本集下。詩紀十九。又類聚二十六引序、與、輔、武、父、處六韻。

月明星稀。天高氣類聚作地。寒。桂旗翠旌。珮玉鳴鸞。濯纓醴泉。被服蕙蘭。思從二女。適彼湘沅。靈幽聽微。詩紀云。一作遠。誰觀玉顏。灼灼春華。綠葉含丹。日月逝矣。惜爾華繁。○本集下。詩紀十九。又藝文類聚二十六引寒一韻。

清風肅肅。脩夜漫漫。嘯歌傷懷。獨寐寤言。臨觴拊膺。對食忘餐。世無萱草。令我哀歎。鳴鳥求友。谷風刺怨。重華登庸。帝命凱元。鮑子傾蓋。仲父佐桓。回濱嗟虞。敢不希顏。志存明規。匪慕彈冠。我心伊何。其芳若蘭。○本集上。詩紀十九。又類聚二十六引言、餐、歎三韻。

陽精炎赫。卉木蕭森。谷風扇暑。密雲重陰。激電震光。迅雷遺音。零雨降集。飄溢北林。汎汎輕舟。載浮載沉。感往悼來。懷古傷今。生年有命。時過慮深。何用寫思。嘯歌長吟。誰能秉志。如玉如金。處哀不傷。在樂不淫。恭承明訓。以慰我心。○本集上。

立象昭回。陰陽攸經。秋風夙厲。白露宵零。脩林彫殞。茂草收榮。良時忽邁。朝日西傾。有始有終。誰能久盈。太微開塗。三辰垂精。峨峨羣龍。躍奮紫庭。鱗分委瘁。時高路清。爰潛爰默。韜影隱形。願保今日。永符脩齡。○同上

璣衡運速。四節佚宣。冬日悽悕。玄雲蔽天。素冰彌澤。白雪依山。□□逝往。譬彼流川。人誰不設。案當作沒。貴使名全。大道夷敞。蹊徑爭先。玄黃塵垢。紅紫光鮮。嗟我孔父。聖懿原注一作意。通玄。非義之榮。忽

若塵煙。雖無靈德。願潛于淵。○同上

朝雲四集。日夕布散。素景垂光。明星有爛。肅肅翔鸞。雍雍鳴雁。今我不樂。歲月其晏。姜叟毗周。子房翼漢。應期佐命。庸勳靜亂。身用功顯。德以名讚。世無曩事。器非時幹。委命有□。承天無怨。原注。一作委命承天。無尤無怨。嗟爾君子。胡爲永歎。○同上

日月隆光。克鑒天聰。三后臨朝。原注。一作軒。二八登庸。升我俊髦。黜彼頑凶。太上立德。其次立功。仁風廣被。玄化潛通。幸遭盛明。覩此時雍。棲遲衡門。唯志所從。出處殊塗。俯仰異容。瞻歎古烈。思邁高蹤。嘉此箕山。忽彼虞龍。○同上

登高望遠。周覽八隅。山川悠邈。長路乖殊。感彼墨子。懷此楊朱。抱影鵠立。企首踟躕。仰瞻翔鳥。俯視游魚。丹林雲霏。緑葉風舒。造化絪緼。萬物紛敷。大則不足。約則有餘。何用養志。守以沖虛。猶願異世。萬載同符。○同上

微微我徒。秩秩大猷。研精典素。思心淹留。迺命僕夫。興言出游。浩浩洪川。汎汎楊舟。仰瞻景曜。俯視波流。日月東遷。景曜西幽。寒往暑來。四節代周。繁華茂春。密葉殞秋。盛年衰邁。忽焉若浮。逍遥逸豫。與世無尤。○同上

我徂北林。遊彼河濱。仰攀瑶幹。俯視素綸。隱鳳棲翼。潛龍躍鱗。幽光韜影。體化應神。君子邁德。處約思純。貨殖招譏。簞瓢稱仁。夷叔採薇。清高遠震。齊景千駟。爲此埃塵。嗟爾後進。茂兹人倫。華門圭竇。謂之道真。○同上

華容豔色。曠世特彰。妖冶殊麗。婉若清揚。鬒髮娥眉。綿邈流光。藻采綺靡。從風遺芳。迴首悟精。魂射飛揚。君子克己。心絜冰霜。泯泯亂昏。在昔二王。瑶臺璇室。長夜金梁。殷氏放夏。周翦紂商。於戲後昆。可爲悲傷。○同上

晨風掃塵。朝雨灑路。飛駟龍騰。哀鳴外顧。攬轡按策。進退有原注。一作止應。度。樂往哀來。悵然心悟。念彼恭人。眷眷懷顧。日月運往。歲聿云暮。嗟余幼人。既頑且固。豈不志遠。才難企慕。命非金石。身輕朝露。焉知御覽作得。松喬。頤神太素。逍遥區外。登我年祚。○本集上。又御覽一作阮籍詩。引素、祚二韵。

詠懷詩八十二首

詩紀云。阮嗣宗集傳之既久。頗存僞闕。世之較録者往往肆爲補綴。作者之旨。淆亂甚焉。今以諸本參校。其義稍優者爲正文。互異者分註於下。其舊有闕文疑字而今本竄益者。廓其傍。俟再考正。

夜中秘府論作中夜。不能寐。初學記或作寢。起坐彈鳴琴。薄帷鑒李善本文選作鑑。同。明月。清風吹我襟。文選作衿。類聚、初學記、御覽、文章正宗同。孤鴻號外野。翔李善本文選作朔。六臣本注云。善作朔字。文章正宗作朔。鳥鳴類聚作歸。北林。徘徊將何見。憂思獨傷心。○本集下。文選二十三。類聚二十六。文章正宗二十九。詩紀十九。又文鏡秘府論南卷引琴、襟、林三韵。初學記一引琴、衿二韵。御覽七百引衿一韵。

二妃遊江濱。逍遥六臣本文選誤作道。順玉臺作從。類聚同。風翔。交甫懷玉臺作解。佩環。文選作環佩。玉臺、類聚同。初學記作玉佩。御覽同。婉孌類聚作娩。有芬芳。猗類聚作綺。初學記作倚。靡情歡愛。千載類聚作歲。不相忘。傾城迷下蔡。

容好類聚作華。結中初學記作衷。腸。感激生憂思。萱李善本文選作諼。玉臺作蘐。文章正宗同。草樹蘭房。膏玉臺作蘭。沐爲誰施。其雨怨朝陽。如何金石玉臺誤作磐。交。一旦更離傷。○本集下。文選二十三。玉臺新詠二。文章正宗二十九。詩紀十九。又類聚十八作魏阮籍詩。引翔、芳、忘、腸、房五韻。初學記十九作阮籍詩。引翔、芳、腸三韻及翔、芳、忘、腸、房五韻。御覽三百八十一引翔、芳二韻。

嘉樹事類賦作木。下成蹊。東園桃與李。秋風吹飛藿。零落從此始。繁華有憔悴。堂上生荆杞。驅馬舍之去。去上西山趾。一身不自保。何況戀妻子。凝霜被野草。歲暮亦云已。○本集下。文選二十三。文章正宗二十九。詩紀十九。藝文類聚二十六。又事類賦瓜賦注引李一韻。

天馬出西北。由來從東道。春秋非有託。六臣本文選注云。五臣作訖。富貴焉常保。清露被皋蘭。初學記作蘭皋。凝霜霑野草。朝爲媚本集作美。詩紀云。五臣作美。六臣本文選注云。五臣作美。草堂詩箋作美。少年。夕暮成草堂詩箋作爲。醜老。自非王子晉。誰能常美好。○本集下。文選二十三。文章正宗二十九。詩紀十九。藝文類聚二十六。又初學記二引草、老二韻。草堂詩箋十四遺興詩注引老一韻。

平生少年時。輕薄好絃歌。西遊咸陽中。趙李相經過。娛樂未終極。白日忽蹉跎。文選作跑。驅馬復來歸。反顧望三河。黄金百鎰李善本文選作溢。六臣本文選注云。善作溢字。案溢通鎰。盡。資用常苦類聚作若。多。北臨太行道。失路將如何。○本集下。文選二十三。類聚二十六。詩紀十九。

昔聞東陵瓜。近在青門外。連畛李善本文選作軫。文章正宗同。距水經注作拒。御覽作短。阡陌。子母御覽作母子。相鉤李善本文選作拘。類聚、御覽同。水經注作鉤。初學記同。帶。白帖誤作蔕。五色曜朝日。嘉賓四面會。膏火自煎熬。多財爲患害。布衣可終身。寵禄豈足賴。○本集下。文選二十三。文章正宗二十九。詩紀十九。又水經注十九引外、帶二韻。類聚八十七作晉阮籍詩。引外、帶、會三韻。初學記二十八作阮籍詩。引外、帶二韻。白帖三十作阮籍瓜詩。引蔕一韻。御覽九百七十八作阮籍詩。引外、帶二韻。

炎暑惟茲夏。三旬將欲移。芳樹垂緑葉。青文選作清。雲自逶迤。四時更代謝。日月遞參差。文選作差馳。本集同。又注。一作參差。徘徊空堂上。忉怛莫我知。願覩卒歡好。不見悲別離。○本集下。文選二十三。詩紀十九。

灼灼西隤六臣本文選作頹。注云。善作隤。日。餘光照我衣。迴風吹四壁。寒鳥相因依。周周尚銜羽。蛩蛩亦念飢。如何當路子。磬折忘所歸。豈爲夸譽六臣本文選注云。五臣作與字。名。憔悴使心悲。本集云。一作非。寧與燕雀翔。古今黈作辯。不隨黄鵠飛。黄鵠遊四海。中路將安歸。○本集下。文選二十三。文章正宗二十九。詩紀十九。又羣書校補古今黈五引飛、歸二韻。

步水經注作朝。出上東門。北水經注作遥。白帖同。望首陽岑。下有采薇士。上有嘉樹林。良辰在何許。凝霜初學記作雪。霑衣襟。寒風振山岡。玄雲起重陰。鳴鴈飛南征。鶗鴂發哀音。素質游本集云。一作繇。六臣本文選作由。商聲。悽愴傷我心。○本集下。文選二十三。類聚二十六。文章正宗二十九。詩紀十九。又水經注十六引岑一韻。初學記三引衿、陰二韻。白帖三作魏阮籍詩。引岑、林二韻。

北里多奇舞。文選注作儛。濮上有微音。輕薄閒游六臣本文選注云。五臣作游閒。子。俯仰乍浮沉。捷徑從狹路。僶俛趨文選作趣。荒淫。焉見王子喬。乘雲翔鄧林。獨有延年術。可以類聚作用。六臣文選注云。五臣作用。詩紀云。五臣作用。慰我本集作吾。心。○本集下。文選二十三。詩紀十九。又類聚二十六引音、沉、林、心四韻。文選五十四辯命論注引一句。

湛湛長江水。上有楓樹林。臯蘭被徑路。青驪逝駸駸。遠望令人悲。春氣本集作風。感我心。三楚多秀士。朝雲進荒淫。朱華振芬芳。高蔡相追尋。一爲黄雀哀。淚文選作涕。下誰能禁。○本集下。文選二十三。詩紀十九。

昔日繁華子。安陵與龍陽。夭夭桃李花。類聚作華。灼灼有輝光。悦懌類聚作澤。若九春。磬類聚作罄。折似秋霜。流盼玉臺作眄。類聚同。發姿媚。玉臺作媚姿。言笑吐芬芳。攜手等歡愛。宿昔同衣玉臺作衾。類聚同。裳。願爲雙飛鳥。比翼共翺翔。丹青著明誓。永世六臣本文選注云。五臣作千載字。不相忘○本集下。文選二十三。玉臺新詠二。詩紀十九。又類聚三十三作魏阮籍詩。引陽、光、霜、芳、裳五韵。

登高臨四野。北望青山阿。松柏翳岡岑。飛鳥鳴相過。感慨懷辛酸。怨毒常苦多。李公悲東門。蘇子狹三河。求仁自得仁。豈復歎咨嗟。○本集下。文選二十三。詩紀十九。

開秋兆御覽作肇。涼氣。蟋蟀鳴牀帷。感物懷殷憂。悄悄御覽作消然。令心悲。多言焉所告。繁辭將訴誰。微風吹羅袂。明月耀清暉。晨雞鳴高樹。命駕起旋歸。○本集下。文選二十三。詩紀十九。又御覽九百四十九作阮籍詩。引帷、悲二韵。

昔年十四五。志尚好詩書。文選作書詩。類聚同。被褐懷珠玉。顔閔相與期。開軒六臣本文選注云。五臣作都字。臨四野。登高望六臣本文選作有。注云。善作望。所思。丘墓蔽山岡。萬代類聚作世。本集云。一作世。同一時。千秋萬類聚作百。六臣本文選注云。五臣作百字。歲後。榮名安所之。乃悟詩紀云。文選作悞。案李善本文選作悞。六臣本文選注云。善作悞字。羡門子。噭噭令本集、文選並作今。自嗤。李善本文選作蚩。六臣本文選注云。善作蚩字。○本集下。文選二十三。詩紀十九。又類聚二十六引詩、期、思、時、之五韵。

徘徊蓬池上。還顧望寰宇記作回首。大梁。緑類聚作渌。水揚洪波。曠野莽類聚作漭。茫茫。走獸交横馳。飛鳥相六臣本文選注云。五臣作自字。隨翔。是時鶉火中。日月正相望。朔風厲嚴寒。陰氣下微霜。羈六臣本文選作羇。旅無儔文選作疇。匹。俛仰懷哀傷。小人計其功。君子道其常。豈惜終憔悴。詠言著斯章。○本集下。文選二十三。詩紀十九。又類聚二十六引梁、茫二韵。太平寰宇記一引梁一韵。

獨坐空堂上。誰可與歡本集作親。者。出六臣本文選注云。五臣作山字。門臨永路。不見行車馬。登高望九州。悠悠分曠野。孤鳥西北飛。離獸東南下。日暮思親友。晤言用自寫。○本集下。文選二十三。詩紀十九。

懸車在西南。羲和將欲傾。流光耀四海。忽忽至夕冥。朝爲咸池暉。濛汜受其榮。豈知詩紀云集作放。窮達士。一死不再生。視彼桃李花。誰能久熒熒。君子在何許。歎息本集云。一作昵世。詩紀云。集作曠世。未合并。瞻仰景山松。可以慰吾情。○本集下。風雅翼選詩三。廣文選九。詩紀十九。

西方有佳人。皎若白御覽或作皎皎如。日御覽或作素。光。被服纖羅衣。左右珮雙璜。類聚作佩雙璫。御覽或同。或作佩雙璜。修容耀姿美。順風振微芳。登高眺所思。舉袂當本集云。一作向。詩紀云。集作向。朝陽。寄顏雲霄閒。揮袖淩虛翔。飄颻恍惚中。流眄本集作盼。廣文選作眄。顧我傍。悦懌未交接。晤言用感傷。○本集下。風雅翼選詩三。廣文選九。詩紀十九。又類聚十八作阮籍詩。引光、璫二韵。御覽三百八十一作阮籍詩。引光、璜二韵。又八百十六作阮籍詩。引光、璫二韵。

楊朱泣歧路。墨子悲染絲。揖讓長離别。飄颻難與期。豈徒燕婉情。存亡誠有之。蕭索人所悲。禍釁不可辭。趙女媚中山。謙柔愈見欺。嗟嗟塗上士。何用自保持。○本集下。風雅翼選詩補遺下。詩紀十九。

於心懷寸陰。羲陽將欲冥。揮袂撫長劍。仰觀浮雲征。本集云。一作行。雲間有玄鶴。抗志揚哀聲。一飛沖青天。曠世不再鳴。豈與鶉鷃遊。連翩戲中庭。京師曹氏家藏阮步兵詩一卷。唐人所書。與世所傳多異。其一篇云。放心懷寸陰。羲和將欲冥。揮袂撫長劍。仰觀浮雲行。雲間有立鵠。抗首揚哀聲。一飛冲青天。曠世不再鳴。安與鶉鷃徒。翩翩戲中庭。孔宗翰亦有本。與此多同。○以上詩紀原注。○本集下。風雅翼選詩補遺下。詩紀十九。

夏后乘靈輿。夸父爲鄧林。存亡從變化。日月有浮沈。鳳皇鳴參差。伶倫發其音。王子好簫管。世世相追尋。誰言不可見。文選注作雖云不可知。青鳥明我心。○本集下。風雅翼選詩補遺下。詩紀十九。又文選三十一雜體詩注引心一韵。

東南有射山。汾水出其陽。六龍服氣輿。雲蓋切本集作覆。廣文選同。詩紀云。一作覆。天綱。仙者四五廣文選作五六。人。逍遥晏本集作宴。注云。一作晏。蘭房。寢息一純和。呼噏成露霜。沐浴丹淵中。炤燿日月光。豈安通本集云。一作邇。詩紀云。集作邇。靈臺。游瀁去高翔。○本集下。廣文選九。詩紀十九。

殷憂廣文選誤作勤。令志結。怵惕常若驚。逍遥未終晏。朱華忽西傾。蟋蟀在户牖。蟪蛄號中庭。心腸未相好。誰云亮我情。願爲雲間鳥。千里一哀鳴。三芝延瀛洲。遠遊可長生。○本集下。廣文選九。詩紀十九。

拔劍臨白刃。安能相中傷。但畏工言子。稱我三江旁。飛泉流玉山。懸車棲扶桑。日月徑千里。素風發微霜。勢本集云。一作勢。廣文選作世。詩紀云。外編作世。路有窮達。咨嗟安可長。○本集下。廣文選九。詩紀十九。

朝登洪坡本集云。一作波。廣文選作波。顛。寰宇記作臺。日夕望西山。荆棘被原野。羣鳥飛翩翩。鸞鷖時本集作特。詩紀云。集作特。棲宿。性命有自然。建本集云。一作庭。廣文選作庭。木誰能近。射干廣文選作秋月。復嬋娟。不見林中葛。延蔓相勾連。○本集下。廣文選九。詩紀十九。又太平寰宇記五十六作阮籍詩。引山一韵。

周鄭天下交。類聚作郊。街術類聚作衛衢。當三河。妖冶初學記作妖俊。閒都子。焕燿類聚作英曜。初學記同。何芬本集云。

一作紛。葩。玄髮御覽作鬒。發本集作照。注云。一作發。詩紀云。一作照。朱顔。睇眄御覽作盻。有光華。傾城思一顧。遺視來相誇。類聚、初學記作過。是。本集云。一作過。願爲三春遊。朝陽忽蹉跎。盛衰在須臾。離别將如何。○本集下。詩紀十九。
又類聚十八作阮籍詩。引河、葩、華、過、跎五韵。初學記十九作阮籍詩。引葩、華、過、跎四韵。御覽三百八十一作阮籍詩。引葩、華二韵。

若花本集、廣文選作木。詩紀云。一作木。燿四本集作西。注云。一作四。詩紀云。一作西。海。扶桑翳瀛洲。文選注作州。日月經天塗。明暗不相讐。本集作侔。注云。一作讐。一作投。詩紀云。集作侔。廣文選作投。窮達自有常。得失又何求。豈效路上童。攜手共遨遊。陰陽有變化。誰云沈不浮。朱鱉躍飛泉。夜飛過吴洲。俛仰運天地。再撫四海流。繫累名利場。駑駿同一輈。豈若遺耳目。升遐去殷憂。○本集下。廣文選九。詩紀十九。又文選二十七北使洛詩注引州一韵。

昔余遊大梁。登于黄華顛。共工宅玄冥。高臺造青天。幽荒邈悠悠。悽愴懷所憐。所憐者誰子。明察自照妍。本集作應自然。注云。一作自照妍。詩紀云。一作應自然。應龍沈冀州。妖女不得眠。肆侈詩紀云。一作侫。陵世俗。豈云永厥年。○本集下。詩紀十九。

驅車出門去。意欲遠征行。征行安所如。背棄夸與名。夸名不在己。但願適中情。單帷蔽皎日。高樹隔微聲。讒邪使交疏。本集云。一作流。浮雲令晝冥。嬿婉同衣裳。一顧傾人城。從容在一時。繁華不再榮。晨朝奄復暮。不見所歡形。黄鳥東南飛。寄言謝友生。○本集下。廣文選九。詩紀十九。

駕言發魏都。南向望吹臺。簫管有遺音。梁王安在哉。戰士食糟糠。賢者處蒿萊。歌舞曲未終。秦兵已復類聚作復已。來。夾林廣文選作林夾。非吾有。朱宫生塵埃。軍敗華陽下。身竟爲土灰。○本集下。廣文選九。詩紀十九。
又類聚二十六引臺、哉、萊、來四韵。

朝陽不再盛。白日忽西幽。去此若俯仰。如何似九秋。人生廣文選作人言。若塵露。廣文選作路。天道邈本集作竟。注云。一作邈。廣文選作日。悠悠。齊景升丘山。涕泗紛交流。孔聖廣文選作孟。臨長川。惜逝忽若浮。去者余不及。來者吾不留。願登太華山。上與松子遊。漁父知世患。乘流泛輕舟。○本集下。廣文選九。詩紀十九。

一日復一夕。一夕昌黎集注作朝。復一朝。顔色改平常。精神自損本集云。一作捐。消。胸中懷湯火。變化故相招。萬事無窮極。廣文選作理。詩紀云。一作理。知謀苦不饒。但恐須臾間。魂氣隨風飄。終身履薄冰。誰知我心焦。○本集下。廣文選九。又朱校昌黎集七詩注。詩紀十九。

一日復一朝。類聚作日。一昏類聚作夕。復一晨。容杜詩注作客。色改平常。精神類聚作魂。杜詩注昌黎集注同。自飄淪。臨觴多哀楚。思我故時類聚作情。人。對酒不能言。悽愴懷酸辛。願耕東皐陽。誰與守其真。愁苦在一時。高行傷微身。曲直何所爲。龍蛇爲我鄰。廣文選誤作憐。○本集下。廣文選九。詩紀十九。又類聚二十六引晨、淪、人、辛四韵。朱校昌黎集卷七詩注引晨、淪二韵。黄氏集千家註杜工部詩史補遺六詩注引淪一韵。

世務何繽紛。人道苦不遑。壯年以時逝。朝露待太陽。願攬羲和轡。白日不移光。天階路殊絶。雲漢邈無梁。濯髮暘谷濱。遠遊崑岳傍。登彼列仙岨。採此秋蘭芳。時路烏足争。太極可翺翔。○本集下。廣文選九。詩紀十九。

誰言萬事艱。逍遥可終生。臨堂翳華樹。悠悠念無形。彷徨思親友。倏忽復至冥。寄言東飛鳥。可用慰我情。○本集下。詩紀十九。又文選三十一雜體詩注引逍遥可終生一句。

嘉時在今辰。零雨灑塵埃。臨路望所思。日夕復不來。人情有感慨。蕩漾焉能排。文選注作焉可能。是。應據正。

揮涕懷哀傷。辛酸誰語本集云。一作與。哉。○本集下。文選三十一雜體詩注兩引蕩漾焉可能一句。

炎光延萬里。洪川蕩湍瀨。彎弓掛扶桑。長劍倚天外。泰山成砥礪。黄河爲裳帶。視彼莊周子。榮枯何足賴。捐身棄中野。烏鳶作患害。豈若雄傑士。功名從此大。○本集下。廣文選九。詩紀十九。

壯士何慷慨。志欲威八荒。驅車遠行役。受命念自忘。良弓挾烏號。明甲有精光。臨難不顧生。身死魂飛揚。豈爲全軀士。效命争戰場。忠爲百世榮。義使令名彰。垂聲謝後世。氣節故有常。○同上

混元生兩儀。四象運衡璣。曒日布炎精。素月垂景輝。晷度有昭回。哀哉人命微。飄若風塵逝。忽若慶雲晞。脩齡適余願。光寵非己威。安期步天路。松子與世違。焉得凌霄翼。飄颻登雲湄。本集作巍。注云。一作湄。廣文選作巍。嗟哉尼父志。何爲居九夷。○同上

天網彌四野。六翮掩不舒。隨波紛綸客。本集云。一作落。詩紀云。集作落。汎汎若浮鳧。本集作鳧鷖。廣文選同。詩紀云。一作鳧鷖。生命無期度。朝夕有不虞。列仙停脩齡。養志在沖虚。飄颻雲日間。邈與世路殊。榮名非己寶。聲色焉足娱。採藥無旋返。神仙志不符。逼此良可惑。令我久廣文選作多。躊躇。○同上

王業須良輔。建功俟英雄。元凱康哉美。多士頌聲隆。陰陽有舛錯。日月不常融。天時有否泰。人事多盈沖。園綺遯南嶽。本集作岳。伯陽隱西戎。保身念道真。寵耀焉足崇。人誰不善始。尠能克廣文選作克。厥終。

休哉上世士。萬載垂清風。○同上

鴻鵠相隨飛。類聚或作去。飛飛類聚或作隨飛。文選注同。適本集云。一作浩渺運。廣文選作浩渺運。荒裔。雙本集云。一作揮。廣文選作揮。翮臨文選注作浸。類聚作淩。廣文選同。長風。須臾萬里逝。朝餐琅玕實。夕宿本集云。一作栖。廣文選作栖。

丹類聚或作酉。山際。抗類聚或作託。身青雲中。網羅孰類聚或作不。能制。豈與鄉曲士。携手共言誓。詩紀注云。從藝文定正。○本集下。類聚二十六。廣文選九。詩紀十九。又藝文類聚九十作阮籍詩。引裔、逝、際、制四韵。文選十四舞鶴賦注引裔、逝二韵。

儔物終始殊。修短各異方。琅玕生高山。芝英耀朱堂。熒熒桃李花。成蹊將夭傷。焉敢希千術。三春表微光。自非淩風樹。憔悴烏詩紀云。一作要。有常。○本集下。詩紀十九。

幽蘭不可佩。朱草爲誰榮。脩竹隱山陰。射干臨增城。葛藟延幽谷。緜緜瓜瓞生。樂極消靈神。哀深傷人情。竟知憂無益。豈若歸太清。○本集下。詩紀十九。又類聚二十六引榮、城二韵。

鸑類聚作鷟。鳩飛桑榆。海鳥運天池。豈不識宏大。羽翼不相宜。文選注作儀。招搖安可翔。不若棲樹枝。下集蓬艾類聚作蒿。間。上遊園圃類聚作囿。籬。但爾亦自足。用子爲追隨。詩紀注云。此首藝文類聚所載與今本不同。而義意近優。觀李善文選注江文通擬詠懷詩所引與藝文同。亦一證也。今從藝文定正。○本集下。類聚二十六。詩紀十九。又文選二十五於安城答靈運詩注引儀一韵。

生命辰安在。詩紀作在安。憂戚涕沾襟。高鳥翔山岡。鷰雀棲下林。青雲蔽前庭。素琴悽我心。崇山有鳴鶴。豈可相追尋。○本集下。詩紀十九。

鳴鳩嬉庭樹。焦明遊浮雲。焉見孤翔鳥。翩翩無匹羣。死生自然理。消散何繽紛。詩紀云。漢魏詩集合前爲一首。○同上

步遊三衢旁。惆悵念所思。豈爲今朝見。恍惚誠有之。澤中生喬松。萬世未詩紀云。一作安。可期。高鳥摩天

飛。凌雲共遊嬉。豈有孤行士。垂涕悲故時。〇同上

清露爲凝霜。華草成蒿萊。詩紀誤作菜。誰云君子賢。明達詩紀云。集作自。安可能。乘雲招松喬。呼噏永矣哉。〇同上〇逯案。魏書李彪傳引阮詠懷詩曰。宴衍清都中。一去永矣哉。當是此篇逸文。

丹心失恩澤。重德喪所宜。善言焉可長。慈惠未易施。不見南飛鷰。羽翼正差池。高子怨新詩。三閭悼乖離。何爲混沌氏。倏忽體貌隳。〇同上

十日出暘谷。弭節馳萬里。經天耀四海。倏忽潛濛汜。誰言焱炎久。遊没何本集云。一作河。行俟。逝詩紀缺此字。者豈長生。亦去荆與杞。千歲猶崇朝。一餐聊自已。本集云。一作百金子。詩紀缺以上三字。是非得失間。焉足相譏理。計利知術窮。哀情遽詩紀字缺。能止。〇同上

自然有成理。生死道無常。智巧萬端出。大要不易方。如何夸毘子。作色懷驕腸。乘軒驅良馬。憑几向膏粱。被服纖羅衣。深榭設閑房。不見日夕華。翩翩飛路旁。〇同上

夸談快憤懣。情本集作憤。注云。一作情。詩紀云。一作情。慵發煩心。西北登不周。東南望鄧林。曠野彌九州。崇山抗高岑。一餐度萬世。千歲再浮沈。誰云玉石同。淚下不可禁。〇同上

人言願延年。延年欲焉之。黄鵠呼子安。千秋未可期。獨坐山嵓中。惻愴懷所思。王子一何好。猗靡相攜持。悦懌猶今辰。計校在一時。置此明朝事。日夕將見期。詩紀云。今本作潛見安能處。山巖在一時。置此明朝事。日夕將見欺。〇同上

貴賤在天命。窮達自有時。婉孌佞邪子。隨利來相欺。孤思損惠施。但爲讒夫蚩。本集作嗤。注云。一作蚩。鶺鴒

鳴雲中。載飛靡所期。焉知傾側士。一旦不可持。○同上

鷩風振四野。迴雲蔭堂隅。初學記作除。牀帷爲誰設。几杖爲誰扶。雖非明君子。豈闇桑與榆。世有此聾聵。詩紀缺以上三字。芒芒將焉如。翩翩從風飛。悠悠去故居。離麾玉山下。遺棄毁與譽。○本集下。詩紀十九。又初學記五作阮籍詩。引除一韵。

危冠切浮雲。長劍出天外。細故何足慮。高度跨一世。非子爲我御。逍遥遊荒裔。顧謝西王母。吾將從此逝。豈與蓬户士。彈琴誦言誓。○本集下。詩紀十九。

河上有丈人。緯蕭棄明珠。甘彼藜藿食。樂是蓬蒿廬。豈效繽紛子。良馬騁輕輿。朝生衢路旁。夕瘞横術類聚作街。隅。歡笑不終宴。詩紀作晏。俛仰復歎歔。鑒兹二三者。憤懣從此舒。○本集下。類聚二十六。詩紀十九。

儒者通六藝。詩紀云。一作義。立志不可干。違禮不爲動。非法不肯言。渴飲清泉流。饑食并詩紀云。一作廿。一簞。歲時無以祀。衣服常苦寒。屣履詠南風。緼袍笑華軒。信道守詩書。義不受一餐。烈烈褒貶辭。老氏用長歎。○本集下。詩紀十九。

少年學擊刺。詩紀云。集作劍。妙伎過曲城。英風截雲霓。超世發奇聲。揮劍臨沙漠。飲馬九野坰。旗幟何翩翩。但聞金鼓鳴。軍旅令人悲。烈烈有哀情。念我平常時。悔恨從此生。○同上

平晝整衣冠。思見客與賓。賓客者誰子。倏忽若飛塵。裳衣佩雲氣。言語究靈神。須臾相背棄。何時見斯人。○同上

多慮令志散。寂寞使心憂。翱翔觀陂本集作彼。注云。一作陂。詩紀云。一作彼。澤。撫劍登輕舟。但願長魏書作常。閑

暇。後歲復來遊。○本集下。詩紀十九。又三國志六十二李彪傳引遊一韵。

朝出上東門。遥望首陽基。水經注作岑。松柏鬱森沈。鸝黄相與嬉。逍遥水經注作遥遥。九曲間。徘徊欲何之。念我平居時。鬱然思妖姬。○本集下。詩紀十九。又水經注穀水注引岑、之二韵。

王子十五年。遊衍伊洛濱。朱顔茂春華。辯慧懷清真。焉見浮丘公。舉手謝時人。輕蕩易恍惚。飄颻棄其身。飛飛鳴且翔。揮翼且酸辛。○本集下。詩紀十九。

塞本集作寒。注云。一作塞。詩紀云。一作寒。門不可出。海水焉可浮。朱明不相見。奄昧獨無侯。持瓜思東陵。黄雀誠獨羞。失勢在須臾。帶劍上吾丘。悼彼桑林子。涕下自交流。假乘汧渭間。鞍馬去行遊。○同上

洪生資制度。被服正有常。尊卑設次序。事物齊紀綱。容飾整顔色。磬折執圭璋。堂上置玄酒。室中盛稻粱。外厲貞素談。户内滅芬芳。放口從衷出。復説道義方。委曲周旋儀。姿態愁我腸。○同上

北臨乾昧谿。西行遊少任。遥顧望天津。駘蕩樂我心。綺靡存亡門。本集作間。一遊不再尋。儻遇晨風鳥。飛駕出南詩紀云。一作東。林。漭瀁瑶光中。忽忽肆荒淫。休息晏清都。超世又以上三字詩紀缺。誰禁。詩紀云。一作起坐復誰禁。○同上

人知結交易。交友誠獨難。險路多疑惑。明珠未可干。彼求饗太牢。我欲并一餐。損益生怨毒。咄咄復何言。○同上

有悲則有情。無悲亦無思。本集云。一作無情亦無悲。詩紀云。集作無情亦無悲。苟非嬰網罟。何必萬里畿。翔風拂重霄。慶雲招所晞。灰心寄枯宅。曷顧人間姿。始本集云。一作曲。詩紀缺此字。注云。集作曲。得忘我難。焉知嘿自遺。

〇同上

木槿榮詩紀作熒。丘墓。煌煌有光色。白日頹林中。翩翩零路側。蟋蟀吟户牖。蟪蛄鳴荆棘。蜉蝣玩類聚作翫。三朝。采采脩類聚作循。羽翼。衣裳爲誰施。俛仰自收拭。生命幾何時。慷慨各努力。〇本集下。詩紀十九。又類聚二十六引色、側、棘、翼四韵。

脩塗馳軒車。長川載輕舟。性命豈自然。勢路有所由。本集作繇。高名令志惑。重利使心憂。親昵懷反側。骨肉還相讐。更希毁珠玉。可用登遨遊。〇本集下。詩紀十九。

横術有奇士。黄駿服其箱。朝起瀛洲野。日夕宿明光。再撫四海外。羽翼自飛揚。去置世上事。豈足愁我腸。一去長離絶。千歲復相望。〇同上〇逯案。書鈔百五十七引光一韵。有注云。明光。丹丘也。日定所舍也云云。似是阮集舊注。

猗歟上世士。恬淡志安貧。季葉道陵遲。馳騖紛垢塵。甯子豈不類。楊歌誰肯殉。詩紀云。一作詢。栖栖非我偶。徨徨非己倫。咄嗟榮辱事。去來味本集云。一作未。道真。道真信可娱。清潔存精神。巢由抗高節。從此適河濱。同上

梁東有芳草。一朝再三榮。色容豔姿美。光華耀傾城。豈爲明哲士。妖蠱諂媚生。輕薄在一時。安知百世名。路端便娟子。但文選注作常。恐日月傾。焉見冥靈木。悠悠竟無形。〇本集下。詩紀十九。又文選二十八會吟行注引傾一韵。

秋本集云。一作税。駕詩紀云。作税駕者。誤。安可學。東野窮路旁。綸深魚淵潛。矰設鳥高翔。汎汎乘輕舟。演漾靡

所望。吹噓誰以益。江湖相捐忘。都治難爲顔。脩容是我常。茲年在松喬。恍惚誠未央。詩紀云。莊子逸篇。尹儒學御三年。而無所得。夜夢受秋駕。明日往朝師。師曰。今將教子以秋駕。注曰。秋駕。法駕也。〇本集下。詩紀十九。

咄嗟行至老。僶俛常苦憂。臨川羨洪波。同始異支流。百年何足言。但苦怨與讐。讐怨者誰子。耳目還相羞。聲色爲胡越。人情自逼遒。招彼玄通士。去來歸羨遊。〇同上

昔有神仙士。乃處射山阿。乘雲御飛龍。噓噏嘰瓊華。可聞不可見。慷慨歎咨嗟。自傷非儔類。愁苦來相加。下學而上達。忽忽將如何。〇同上

林中有奇鳥。自言是鳳凰。清朝飲醴泉。日夕棲山岡。高鳴徹九州。延頸望八荒。適逢商風起。羽翼自摧藏。一去崑崙西。何時復迴翔。但恨處非位。愴恨本集作悢。注云。一作恨。使心傷。〇同上

出門望佳人。佳人豈在茲。三山招松喬。萬世誰與期。存亡詩紀云。一作日。有長短。慷慨將焉知。忽忽朝日隤。行行將何之。不見季本集云。一作人。秋草。摧折在今時。〇同上

昔有神仙者。羨門及松喬。噏習九陽間。升遐本集云。一作選。嘰雲霄。人生樂長久。百年自言遼。白日隕隅谷。一夕不再朝。豈若遺世物。登明遂飄颻。〇同上

墓前本集云。一作在。熒熒者。木槿耀朱華。榮好未終朝。連飈隕其葩。豈若西本集云。一作栖。山草。琅玕與丹禾。垂影初學記作穎。臨增初學記作曾。同。城。餘光照九阿。寧微少年子。日久難咨嗟。〇本集下。詩紀十九。又初學記二十七作阮籍詩。引禾一韵。

歌二首見大人先生傳。詩紀云。拾遺作寄懷歌。

采薪者歌

日没不周西。月出丹淵中。陽精蔽世說新語作晦。不見。陰光代本集作大。爲雄。亭亭在須臾。厭厭將復隆。本集作東。離合雲霧兮。往來如飄風。富貴俯仰間。貧賤何必終。留侯起亡虜。威武赫荒夷。邵平封東陵。一旦爲布衣。枝葉托根柢。死生同盛衰。得志從命升。失勢與時隤。寒暑代征邁。變化更相推。禍福無常主。何憂身無歸。推兹由斯理。本集字缺。詩紀同。今據崇禎本詩紀補。負薪又何哀。○阮嗣宗集上。詩紀十九。又世說新語棲逸篇注引中、雄、隆、終四韵。

大人先生歌

天地解兮六合開。星辰隕本集、御覽作賈。兮日月頽。我騰而上將何懷。○阮嗣宗集上。詩紀十九。御覽五百七十一。

又大人先生歌

陽和微弱陰氣竭。海凍不流綿絮折。呼吸不通寒冽冽。○初學記三。

仙道

成公智瓊贈弦超

搜神記曰。魏濟北郡從事掾弦超。嘉平中。夜夢神女從之。自稱天上玉女。東郡人。姓成公。字智瓊。蚤失父母。天帝哀其孤苦。令得下嫁超。當其夢也。嘉其非常。覺寤欽想。若存若亡。如此三四夕。一旦顯然來遊。駕輜軿車。從八婢。服羅綺之衣。狀若飛仙。自言年十七。遂爲夫婦。贈詩曰云云。此其詩之大較。其詩二百餘言。不能悉舉。

飄颻浮勃述。敖曹雲石滋。芝上十一字。搜神記作飄浮勃逢敖曹雲石滋芝一。英不須潤。至德與時期。神仙豈虚降。搜神記作感。應運來相之。納我榮五族。逆法苑珠林作送。我致禍災。搜神記作菑。○搜神記一。法苑珠林八。詩紀外集四。

又類聚七十九引滋、之二韵。○逯案。述成公智瓊弦義起事者。晉初尚有張敏神女賦篇。

魏詩卷十一

雜歌謡辭諺語附

鄴人金鳳舊歌

寰宇記云。按記云魏太祖都之城内諸街有赤闕南面西頭曰鳳陽門。上有鳳二枚。其一飛入漳水。其一仍以鎖絆其足。鄴人舊歌曰。

鳳陽門南天一半。上有金鳳相飛喚。欲去不去著鎖絆。○太平寰宇記五十五相州鄴縣鳳陽門。

徐幹引古人歌

中論貴驗篇云。古之人謌曰。

相彼玄鳥。止于陵阪。仁道在近。求之無遠。○中論貴驗篇。

徐州爲王祥歌詩紀作徐州歌。

晉書曰。王祥隱居廬江三十餘年。不應州郡之命。徐州刺史吕虔檄爲别駕。于時寇盜充斥。祥率勵兵士討破之。

州界清静。政化大行。時人歌之。詩紀云。按魏志。吕虔。文帝時遷徐州刺史。請琅琊王祥爲别駕。

海沂之康。實賴王祥。邦國不空。别駕白帖作王祥。之功。〇晉書王祥傳。類聚十九。白帖二十一。御覽二百六十三、四百六十五。詩紀十九。

滎陽令歌

殷氏世傳曰。殷褒爲滎陽令。廣築學館。會集朋徒。民知禮讓。乃歌之。

滎陽令。有異政。修立學校人易書鈔作復。性。令我子弟恥鬬訟。書鈔作争訟。類聚作訟争。古樂府同。詩紀云。樂府作訟争。〇書鈔七十八引殷氏家傳。類聚十九。古樂府一。詩紀十九。〇逯案。殷褒。字元祚。魏章武太守。

襄陽民爲胡烈歌

襄陽耆舊傳曰。襄陽太守胡烈有惠化。百姓歌曰。

美哉明后。儁哲惟嶷。陶廣乾坤。周孔是則。文武播暢。威振遐域。〇御覽四百六十五。詩紀八。

又

譬春之陽。如冬之日。耕者讓畔。百姓豐溢。惟我胡父。恩惠難置。〇太平寰宇記百四十五。〇逯案。寰宇記云。襄陽城有古隄。皆後漢胡烈所築。嘗爲襄陽太守。惠化及人。塞補決隄。民因歌曰云云。似此歌應入漢詩。然查水經注二十八沔水注云。襄陽太守胡烈有惠化。補塞堤決。民賴其利。景元四年九月。百姓刊石銘之。樹碑於此。據此應入魏詩。

京兆民爲李莊歌

魏略曰。李莊爲京兆太守。有潔白之節。中政治理。民愛敬之。乃作歌曰。

我府君。惠如春。盛如唐。○書鈔七十六。

行者歌

詩紀云。選詩拾遺作魏時童謡。云見五行志。

王子年拾遺記曰。文帝所愛美人薛靈芸。常山人也。年十五。容貌絶世。咸熙中。文帝選良家子女。以入六宫。常山太守習谷以千金寶賂聘之以獻。至京師。帝以文車十乘迎之。道側燒石葉之香。未至數十里。膏燭之光。相續不滅。車徒咽路。塵起蔽于星月。又築土爲臺。基高三十丈。列燭於臺下。遠望如列星之墜地。又於大道之傍。一里一銅表。高五尺。以誌里數。故行者歌曰。○逯案。拾遺記小説家言。未可盡信。又咸熙乃陳留王年號。魏文帝不能以此時選納嬪妃。姑從詩紀。附此備考。

青槐夾道多塵埃。龍樓鳳闕望崔嵬。清風細雨雜香來。土上出金火照臺。此七字是妖辭也。銅表誌道是土上出金之義。以燭置臺下則火在土下之義。漢火德王。魏土德王。火伏而土興。土上出金。是魏滅而晉興之兆。晉以金王也。○拾遺記七。太平廣記二百十七二。詩紀十九。

太和中京師歌

宋書五行志曰。明帝太和中。京師歌兜鈴曹子。其唱曰。

其奈汝曹何。○宋書五行志。晉書五行志。

明帝時宮人謡

拾遺記曰。魏明帝時昆明國貢嗽金鳥。常吐金屑如粟。用飾釵佩。謂之辟寒金。宮人相嘲曰。

不服辟寒金。那得帝王心。不服辟寒鈿。那得帝王憐。○酉陽雜俎十六。又御覽七百十八引心一韵。

明帝景初中童謡

宋書五行志曰。魏明帝景初中童謡。及宣王平遼東。歸至白屋。當還鎮長安。會帝篤疾。急召之。乃乘追鋒車東渡河。終翦魏室。如童謡之言也。

阿公阿公駕馬車。不意阿公東渡河。　阿公東詩紀云。晉書作來。還當奈何。○宋書五行志。晉書五行志。樂府詩集八十八。詩紀十九。

正始中時人謡

晉書曰。正始八年。曹爽用何晏、鄧颺、丁謐之謀。遷太后於永寧宮。專擅朝政。兄弟並典禁兵。多樹親黨。屢改制度。時人爲之謡曰。

何鄧丁。亂京城。○晉書宣帝紀。

嘉平中謡

宋書五行志曰。魏齊王嘉平中謡。按朱虎者。楚王彪小字也。王淩、令狐愚聞此謡謀立彪。事發。淩等伏誅。彪賜死。

白馬素羈西南馳。其誰乘者朱虎騎。○三國志王淩傳注。宋書五行志。晉書五行志。詩紀十九。

蔣濟爲護軍時謡言

魏略曰。護軍總統諸將。任主武官選舉。前後當此官者不能止貨賂。故蔣濟爲護軍時有謡言。

欲求牙門。當得千匹。書鈔作區。百人督。書鈔作五百人。五百匹。書鈔五上有得字。○三國志夏侯玄傳注。書鈔六十四。

曹操引諺

魏武選令曰。諺曰。

失晨之雞。思補更鳴。○御覽四百九十六。

曹操引里諺

魏武令曰。里諺曰。

讓禮一寸。得禮一尺。○御覽四百二十四。

曹丕引里語

典論論文曰。夫人善於自見。而文非一體。鮮能備善。是以各以所長相輕所短。里語曰云云。斯不自見之患也。

家有敝御覽作弊。箒。享之千金。○文選五十二。御覽五百九十九。

曹丕引里語

典論太子篇序云。里語曰。

汝無自譽。觀汝作家書。○意林五。

曹植引諺

魏志曰。植復上疏陳選舉之義曰。諺曰。

相門有相。將門有將。○三國志陳思王植傳。御覽四百九十六。

徐幹引古語

中論曰。古語曰。

至德之貴。何往不遂。至德之榮。何往不成。○中論修本篇。

陳琳引諺

魏志曰。琳前爲何進主簿。進欲誅諸宦官。太后不聽。進乃召四方猛將。並使引兵向京城。欲以刼恐太后。琳諫進曰。易稱即鹿無虞。諺有云云。其可以詐立乎。

掩目捕雀。○三國志王粲傳。文心雕龍書記篇。

王昶引諺

魏志曰。昶爲兄子及子作名字。皆依謙實。以見其意。遂書戒之曰。諺曰。

救御覽或作止。寒莫如重裘。止謗莫如自脩。○三國志王昶傳。御覽四百九十六、六百九十四。

王昶引語

魏志曰。昶爲兄子及子作名字。皆依謙實。以見其意。遂書戒之曰。語曰。

如不知足。則失所欲。○三國志王昶傳。

魚豢引諺

魚豢曰。諺言云云。非人性分也。勢使然耳。

貧不學儉。卑不學恭。○三國志陳思王蕭懷王傳評注。

魏子引諺

魏子曰。諺曰。

己是而彼非。不當與非争。彼是而己非。不當與是争。○意林五。

沮授引語

九州春秋曰。授諫辭曰。

一兔走衢。萬人逐之。一人獲之。貪者悉止。○三國志袁紹傳注。

曹冏引語

魏氏春秋曰。宗室曹冏上書曰。語曰云云。冏冀以此論感悟曹爽。爽不能納。

百足之蟲。至死不僵。○三國志武文世王公傳評注。

杜恕引諺

體論曰。束脩之業。其上在於不言。其次莫如寡辭。諺曰。

使口如鼻。至老不失。○類聚十七。白帖九。

軍中爲典韋語 詩紀作帳下壯士。列入漢詩。

江表傳曰。典韋容貌魁傑。名冠三軍。其所持手戟。長幾一尋。軍中爲之語曰。

帳下壯士有典書鈔作典韋。君。手把魏志作提一。御覽或作持一。又御覽或作手提。雙戟八十斤。○三國志典韋傳。書鈔一百十八。御覽三百五十二、四百三十四、四百九十六。

軍中爲夏侯淵語詩紀作夏侯歌。

魏書曰。淵爲將。赴急疾。常出敵不意。故軍中語曰。

典詩紀作興。誤。軍校尉夏侯淵。三日五百。御覽或作六百。六御覽或作五。日御覽或作十。詩紀同。一御覽無一字。千。○三國志夏侯淵傳注。御覽二百九十三、四百九十五。詩紀十九作夏侯歌。

軍中爲徐晃語

魏略曰。徐晃性嚴。驅使將士不得閑息。于時軍中爲之語云云。晃聞此語。笑曰。我櫃破汝鍋鐺耶。

不得餉。屬徐晃。○御覽七百五十七。

軍中爲盧洪趙達語詩紀作軍中謠。

魏略曰。太祖使盧洪、趙達撫軍。主刺擧。軍中語曰。

不畏曹公。但畏盧洪。盧洪御覽或作曹公。詩紀同。尚可。趙達殺我。○御覽二百四十一、四百九十五。詩紀十九作軍中謠。

鴻臚中爲韓曁韓宣語詩紀作鴻臚歌。

魏略曰。韓宣字景然。爲大鴻臚。始南陽曲阜韓曁以宿德在宣前爲大鴻臚。及宣在官亦稱職。故鴻臚中爲之語曰。

大鴻臚。小鴻臚。前後治御覽或作履。行相曷如。○三國志裴潛傳注。類聚四十九。初學記十二。御覽二百三十二、四百九十五。詩紀十九作鴻臚歌。

時人爲曹洪駿馬諺

拾遺記曰。曹洪與魏武帝所乘之馬名曰白鶴。時人諺曰。

憑空虛躍。曹家白鶴。○御覽八百九十七。

衆人爲賈洪嚴危語詩紀作州中歌。

魏略曰。賈洪。字叔業。好學有材。特精於春秋左傳。與馮翊嚴危材學最高。衆人爲之語曰。

州中曄曄賈叔業。辨論洶洶御覽或作㗊㗊。嚴御覽或作敬。詩紀同。文通。○御覽二百六十五、四百九十五。詩紀十九作州中歌。

時人稱邢顒語詩紀作邢子昂歌。

魏志曰。邢顒。字子昂。太祖辟爲冀州從事。時人稱之。

德行堂堂邢子昂。○三國志邢顒傳。詩紀十九作邢子昂歌。

京師爲鄧颺語

魏略曰。鄧颺。字玄茂。爲人好貨。前在内職。許臧艾授以顯官。艾以父妾與颺。故京師爲之語曰。

以官易富鄧玄茂。〇三國志曹爽傳注。世説新語識鑒篇注。

時人爲李豐等謗語

魏略曰。曹爽專政。豐依違二公間無有適莫。故于時有謗書曰。

曹爽之勢熱如湯。太傅父子冷如漿。李豐兄弟如游光。〇三國志夏侯玄傳注。書鈔五十九。又書鈔百四十四作時人語。引湯、漿二韵。

時人爲何晏鄧颺丁謐曹爽謗語

魏略曰。謐雖與何晏、鄧颺等同位。而皆少之。唯以勢屈於爽。爽亦敬之。言無不從。故于時謗書謂云三狗。謂何、鄧、丁也。默者。爽小字也。其意言皆狗。皆欲嚙人。而謐尤甚也。

臺中有類聚無有字。三狗。二狗崖柴類聚作啀喍。不可當。一狗憑默作疽囊。〇三國志曹爽傳注。類聚九十四。

時人爲陳羣陳泰語

博物記曰。太丘長陳寔。寔子鴻臚紀。紀子司空羣。羣子泰。四世於漢、魏二朝並有重名。而其德漸漸小減。時人爲其語曰。

公惭卿。卿惭長。○三國志陳羣傳附子泰傳注。

博昌人爲蔣任二姓語

任嘏别傳曰。嘏。樂安博昌人。世爲著姓。夙智早成。故鄉人爲之語曰。

蔣氏翁。任氏童。○三國志王昶傳注。初學記十七。白帖六。

時人爲楊阿若號

魏略曰。楊阿若後名豐。字伯陽。酒泉人。少游俠。常以報仇解怨爲事。故時人爲之號曰。

東市相斫白帖作殺。楊阿若。西市相斫楊阿若。○三國志閻温傳注。類聚三十三。白帖二十八。

時人爲張氏兄弟語

語林曰。魏張魯有十子。時人語曰。

張氏十龍。儒雅温恭。○廣博物志十八。

郊廟歌辭

太廟頌歌三章

王粲

建安十年。曹操爲魏公。加九錫。始立宗廟。令王粲作此頌。以享其先。始名曰顯廟頌。後人更今名。

思皇烈祖。時邁其德。肇啓洪源。貽燕我則。我休厥成。聿先厥道。丕顯丕欽。允時祖考。綏庶邦。和四宇。九功備。彝樂序。建崇牙。設璧羽。六佾奏。八音舉。昭大孝。衎妣祖。念武功。收純祜。於穆清廟。翼翼休徵。祁祁髦士。厥德允升。懷想成位。咸犇在宮。無思不若。允觀厥崇。○詩紀十五。

俞兒舞歌四首

王粲

晉書樂志曰。巴渝舞。漢高帝所作也。高帝自蜀漢將定三秦。閬中范因率賨人從帝爲前鋒。及定秦中。封因爲閬中侯。其俗善歌舞。曰。武王伐紂歌也。後使樂人習之。閬中有渝水。因其所居。故曰巴渝舞。舞曲有矛渝、弩渝、安臺、行辭。宋書樂志曰。魏渝兒舞歌四篇。魏國初建所用。使王粲改創其辭。爲矛俞、弩俞、安臺、行辭新福歌曲。行辭以述魏德。後於太祖廟並歌之。

矛俞新福歌

漢初建國家。匡九州。蠻荆震服。五刃三革休。安不忘備武樂脩。宴我賓師。敬用御天。永樂無憂。子孫受百福。常與松喬遊。烝庶德。莫不咸歡柔。○宋書樂志。樂府詩集五十三。詩紀十五。

弩俞新福歌

材官選士。劍弩錯陳。應桴蹈節。俯仰若神。綏我武烈。篤我淳仁。自東自西。莫不來賓。○同上

安臺新福歌

武宋書作我。功既定。庶士咸綏。樂陳我廣庭。式宴賓與師。昭文德。宣武威。平九有。撫民黎。荷天寵。延壽尸。千載莫我違。○同上

行辭新福歌

神武用師士素厲。仁恩廣覆。猛節横逝。自古立功。莫我弘大。桓桓征四國。爰及海裔。漢國保長慶。垂祚延萬世。○同上

魏鼓吹曲辭

魏鼓吹曲十二曲

繆襲

楚宋書作初。之平

晉書樂志曰。改漢朱鷺爲楚之平。言魏也。古今樂録作初之平。

楚宋書作初。之平。義兵征。神武奮。金鼓鳴。邁武德。揚洪名。漢室微。社稷傾。皇道失。桓與靈。閹宦宋書作官。樂府同。熾。羣雄争。邊韓起。亂金城。中國擾。無紀經。赫武皇。起旗旐。宋書作旐旗。麾天下。天下平。濟九州。九州寧。創武功。武功成。越五帝。邈三王。興禮樂。定紀綱。普日月。齊輝光。○宋書樂志。樂府詩集十八。詩

紀十七。

戰滎陽

改漢思悲翁爲戰滎陽。言曹公也。

戰滎陽。汴水陂。戎士憒怒貫甲馳。陳未成。退徐滎。二萬騎塹壘平。戎馬傷。六軍驚。勢不集。衆幾傾。白日没。時晦冥。顧中牟。心屏營。同盟疑。計無成。賴我武皇萬國寧。○同上

獲吕布

改漢艾如張爲獲吕布。言曹公東圍臨淮。生擒吕布也。

獲吕布。戮陳宫。芟夷鯨鯢。驅騁羣雄。囊括天下運掌中。○同上

克官渡

改漢上之回爲克官渡。言曹公與袁紹戰。破之於官渡也。

克紹官渡由白馬。僵屍流血被原野。賊衆如犬羊。王師尚寡沙塠傍。風飛揚。轉戰不利士卒傷。今日不勝後何望。土山地道不可當。卒勝大捷震冀方。屠城破邑。神武遂章。○同上

舊邦

改漢翁離爲舊邦。言曹公勝袁紹於官渡。還譙收藏死亡士卒也。

舊邦蕭條心傷悲。孤魂翩翩當何依。遊士戀故涕如摧。兵起事大令願違。傳求親戚在者誰。立廟置後魂來歸。○同上

定武功

改漢戰城南爲定武功。言曹公初破鄴城。武功之定。始乎此也。

定武功。濟黄河。河水湯湯。旦暮有横流波。袁氏欲衰。兄弟尋干戈。決漳水。水流滂沱。嗟城中如流魚。誰能復顧室家。計窮慮盡求來連和。和不時心中憂戚。賊衆内潰。君臣奔北。拔鄴城奄有魏國。王業艱難。覽觀古今。可爲長歎。○同上

屠柳城

改漢巫山高爲屠柳城。言曹公越北塞。歷白檀。破三郡烏桓於柳城也。

屠柳城。功誠難。越度隴塞路漫漫。北踰岡平。但聞悲風正酸。蹋頓授首。遂登白狼山。神武慹海外。永無北顧患。○同上

平南荆

改漢上陵爲平南荆。言曹公南平荆州也。

南荆何遼遼。江漢濁不清。菁茅久不貢。王師赫南征。劉琮據襄陽。賊備屯樊城。六軍盧新野。金鼓震天庭。劉子面縛至。武皇許其成。許與其成撫其民。陶陶江漢間。普爲大魏臣。大魏臣。向風思自新。思自新。齊功古人。在昔虞與唐。大魏得與均。多選忠義士。爲喉脣。天下一定。萬世無風塵。○同上

平關中

改漢將進酒爲平關中。言曹公征馬超。定關中也。

平關中。路向潼。濟濁水。立高墉。鬬韓馬。離羣凶。選驍騎。縱兩翼。虜崩潰。級萬億。○同上

應帝期

改漢有所思爲應帝期。言文帝以聖德受命。應運期也。

應帝期。於昭我文皇。歷數承天序。龍飛自許昌。聰明昭四表。恩德動遐方。星辰爲垂耀。日月爲重光。河洛吐符瑞。草木挺嘉祥。麒麟步郊野。黄龍游津梁。白虎依山林。鳳凰鳴高岡。考圖定篇籍。功配上古羲皇。羲皇無遺文。仁聖相因循。期運三千歲。一生聖明君。堯授舜萬國。萬國皆附親。四門爲穆穆。教化常如神。大魏興盛。詩紀作聖。與之爲鄰。○同上

邕熙

改漢芳樹爲邕熙。言魏氏臨其國。君臣邕穆。庶績咸熙也。

豈熙。君臣念德。天下治。登帝道。獲瑞寶。頌聲並作。洋洋浩浩。吉日臨高堂。置酒列名倡。歌聲一何紆餘。雜笙簧。八音諧。有紀綱。子孫永建萬國。壽考樂無央。○同上

太和

改漢上邪爲太和。言明帝繼體承統。太和改元。德澤流布也。

惟太和元年。皇帝踐阼。宋書作祚。詩紀作祚。聖且仁。德澤爲流布。災蝗一時爲絶息。上天時雨露。五穀滋宋書作溢。樂府同。田疇。四民相率遵軌度。事務澂宋書作徵。樂府同。清。天下獄訟察以情。元首明。魏家如此。那得不太平。○同上

魏詩卷十二

蜀漢附

費禕

禕。字文偉。江夏鄳人。爲太守舍人。遷庶子。後主卽位。爲黄門侍郎。以昭信校尉使吴。還爲侍中。後歷任丞相參軍、尚書令、益州刺史等職。魏嘉平五年。爲降人郭循所害。

嘲吴羣臣

諸葛恪别傳曰。權嘗饗蜀使費禕。先逆敕羣臣。使至伏食勿起。至。權爲輟食。而羣下不起。禕嘲調之曰。

鳳皇來翔。騏驎吐哺。驢騾無知。伏食如故。○三國志諸葛恪傳注。類聚二十五。御覽四百六十六。

雜歌謡辭

時人爲張飛玉追馬歌

寰宇記曰。張飛有馬號玉追。時人歌曰。

人守有張飛。馬中有玉追。○廣博物志。

襄陽鄉里爲諸葛亮諺

襄陽記曰。黄承彦者。高爽開列。爲沔南名士。謂諸葛孔明曰。聞君擇婦。身有醜女。黄頭黑色。而才堪相配。孔明許。即載送之。時人以爲笑樂。鄉里爲之諺曰。

莫作孔明擇婦。止得阿承醜女。○三國志諸葛亮傳注。

襄陽鄉里爲馬良諺

蜀志曰。馬良。字季常。襄陽宜城人也。兄弟五人。並有才名。鄉里爲之諺曰云云。良眉中有白毛。故以稱之。

馬氏五常。白眉最良。○三國志馬良傳。御覽四百九十五。

鄉里爲李嚴諺

江表傳曰。李嚴少爲郡職。鄉里爲嚴諺曰。

難可狎。李鱗甲。○御覽四百九十六。詩紀九作李鱗甲。

譙周引諺

蜀志曰。周爲仇國論曰。諺曰。

射幸數跌。不如審發。〇三國志譙周傳。

時人語

華陽國志曰。鎮北將軍王平。始出軍武。不大知書。性警朗。有思理。與馬忠並垂事績。同郡句扶。亦果壯亞平。官至左將軍。封宕渠侯。後張翼與襄陽廖化並爲大將。故時人語曰云云。平本養外家何氏。後復姓。

前有王、句。後有張、廖。〇華陽國志劉後主志。三國志王平傳注。何蜀志注作王。

百姓諺

漢晉春秋曰。楊儀等整軍而出。百姓奔告宣王。宣王追焉。姜維令儀反旗鳴鼓。若將向宣王者。宣王乃退。百姓爲之諺曰。

死諸葛走生仲達。〇三國志諸葛亮傳注。詩紀九作諸葛諺。

時人爲劉巴語

韓魏公別録曰。劉巴。字子初。建武二年出鎮荆州。卒於岳陽。葬於郡西。後因巴墳。遂號岳陽爲巴陵。時人語曰。

生居三湘頭。死葬三湘尾。〇詩話總龜十九。

諸葛亮引語論光武

諸葛亮曰。曹子建論光武。將則難比於韓、周。謀臣則不敵於良、平。時人談者亦以爲然。吾以此言誠欲美大光武之德。而有謌一代之俊異。何哉。追觀光武二十八將。下及馬援之徒。忠貞智勇。無所不有。篤而論之。非減曩時。所以張陳特顯於前者。乃自高帝動多闊疏。故良平得廣於忠信。彭勃得横行外。語有云云。此言雖小。有似二祖之時也。

曲突徙薪爲彼人。焦頭爛額爲上客。○金樓子立言篇下。○逯案。兩句見漢書霍光傳。爲彼人作無恩澤。此其小異。漢書不言爲諺語。而諸葛亮云云。或後漢以後已流傳爲俗語乎。

吴附

薛綜

綜。字敬文。沛郡竹邑人。吴初。爲交阯太守。後遷選曹尚書、太子少傅。赤烏六年卒。有集三卷。

嘲蜀使張奉

吴志曰。西使張奉於權前列尚書闞澤姓名以嘲澤。澤不能答。綜下行酒。因勸酒曰。蜀者何也。云云。奉曰不當復列君吴邪。綜應聲曰云云。衆坐喜笑。而奉無以對。

有犬爲獨。無犬爲蜀。横目苟類聚作句。御覽作狗。身。蟲入其腹。

無口爲天。有口爲吴。君臨萬邦。天子之都。○三國志薛綜傳。類聚二十五。御覽四百六十三。

張純

純。字元基。吴郡人。拜郎中。補廣德令。擢爲太子輔義都尉。

賦席

文士傳曰。張惇子純與張儼及異俱童少。往見驃騎將軍朱據。據聞三人才名。欲試之。告曰。老鄙相聞。飢渴甚矣。夫騕褭以迅遽爲功。鷹準以輕疾爲妙。其爲吾各賦一物。然後乃坐。儼乃賦犬曰云云。純賦席曰云云。異賦弩曰云云。三人各隨其目所見而賦之。皆成而後坐。據大歡悦。

席爲冬設。簟爲夏施。揖讓而坐。君子攸宜。〇三國志朱異傳注。類聚六十九。初學記十七、二十五。御覽三百八十五。詩紀二十。

張儼

儼。字子節。吴人。官大鴻臚。有默記三卷。集一卷。

賦犬

守則有威。出則有獲。韓盧初學記作獹。宋鵲。書名竹帛。〇三國志朱異傳注。初學記十七。御覽三百八十五。詩紀二十。

朱異

異。字季文。吴人。赤烏中。拜偏將軍。遷揚武將軍。建興初。遷鎮南將軍。太平二年。假節爲大都督。爲孫綝所害。

賦弩

南嶽之榦。鍾山之銅。應機命中。獲初學記作射。詩紀同。隼高墉。○三國志本傳註。初學記十七。御覽三百八十五。詩紀二十。

諸葛恪

恪。字元遜。琅琊陽都人。弱冠拜騎都尉。轉左輔都。赤烏中。遷大將軍。領荆州事。尋領太子太傅。封陽都侯。後爲孫峻等所殺。有集。

答費禕

諸葛恪别傳曰。權嘗饗蜀使費禕。先逆飾羣臣。使至伏食勿起。禕至。權爲輟食。而羣下不起。禕調之曰云云。恪答曰。

爰御覽誤作愛。植梧桐。以待鳳凰。有御覽作是。何燕雀。自稱來翔。何不彈射。使還故鄉。○三國志諸葛恪傳注。類聚二十五。御覽四百六十六。

華覈

覈。字永先。吴郡武進人。遜皓時。遷東觀令。領右國史。天册元年。免官。數歲卒。有集五卷。

與薛瑩詩

存者今惟三。飛步有匹特。○文選三十一擬古詩注。

周昭

昭。字恭遠。潁川人。與韋昭、薛瑩、華覈同撰吴書。有周子新論五卷。

與孫奇詩

新論曰。散騎侍郎、武衛都尉孫奇。字仲容。年十七。以秀才入侍帷幄。余作詩一篇美而風之曰。

恂恂公子。御覽誤作周公。美色無比。御覽作已。誕姿既豐。世胄有紀。平南之孫。奮威書鈔作威奮。之子。○書鈔六十三引周熙新論。御覽二百四十一引周紹新論。

孫晧

晧。字元宗。大皇帝孫權孫。景帝崩。晧嗣位。爲晉所滅。封歸命侯。太康四年卒。年四十二。

爾汝歌

世説新語曰。晉武帝問孫晧。聞南人好作爾汝歌。頗能爲不。晧正飲酒。因舉觴勸帝。歌云云。帝悔之。

昔與汝爲御覽兩引作國。鄰。今與汝爲御覽或作今爲汝作。或作今爲汝國。臣。上御覽或作勸。汝一杯酒。令御覽或作願。汝壽萬春。詩紀云。一作願汝壽千春。○世説新語簡傲篇。御覽百十八、三百九十、五百七十一。詩紀十二。

樂府古辭

吴歌曲

仙人齎持何等。前謁海童。○文選五吴都賦劉淵林注。又十二海賦注。

雜歌謡辭諺語附

時人爲周瑜謡詩紀作吴謡。

吴志曰。周瑜少精意於音樂。雖三爵之後。其闕誤。瑜必知之。知之必顧。故時人謡曰。

曲有類聚作復。詩紀云。一作復。誤。周郎顧。○三國志周瑜傳。藝文類聚十九。御覽四百六十五、五百六十四。詩紀二十作吴謡。

黄龍中童謡

周處風土記云。吴黄龍中童謡云云。後孫權征公孫淵。浮海乘舶。舶。白也。

行白者君。追汝句驪馬。○南齊書樂志。詩紀二十。

孫亮初童謡

宋書五行志曰。孫亮初童謡曰云云。楊子閣者。反語石子堈也。鉤絡。鉤帶也。及諸葛恪死。果以葦席裹身。篾束其要。投之石子堈。後聽恪故吏收斂。求之此堈云。

吁汝三國志作諸葛。御覽同。恪。何若若。蘆葦單衣篾鉤宋書作鉤。御覽同。絡。於何相求楊三國志作成。晉書、御覽作常。詩紀作揚。子閣。○宋書五行志。晉書五行志。御覽一千。樂府詩集八十八。詩紀二十。又三國志諸葛恪傳載恪、絡、閣三韵。

孫亮初白鼉鳴童謡

宋書五行志曰。孫亮初。公安有白鼉鳴。童謡曰云云。南郡城可長生者。有急易以逃也。明年。諸葛恪敗。弟融鎮公安。亦見襲。融刮金印龜服之而死。鼉有鱗介。甲兵之象。

白鼉鳴。龜背平。南郡城中可長御覽作求。生。守死不去義御覽作來。無成。○三國志諸葛瑾傳注引江表傳。宋書五行志。晉書五行志。渚宫舊事四。御覽九百三十二。樂府詩集八十八。詩紀二十。

孫晧初童謡

宋書五行志曰。孫晧初童謡曰云云。晧尋遷都武昌。民泝流供給。咸怨毒焉。

寧飲建業水。不食武昌魚。寧還御覽或作歸。建業死。不止御覽或作就。或作向。武昌居。業。御覽或作鄴。○三國志陸凱傳。宋書五行志。晉書五行志。御覽百五十六引江表傳。又引三國志。御覽百七十、九百三十五。樂府詩集八十八。又文選補遺三十五作揚州謡。詩紀二十。

建衡中壽春童謡

江表傳曰。初丹陽刁玄使蜀。得司馬徽與劉廙論運命歷數事。玄詐增其文。以誑國人曰。黄旗紫蓋見於東南。終有天下者。荆揚之君乎。又得中國降人言。壽春下有童謡曰云云。晧聞喜曰。此天命也。卽載其母妻子及後宫數千。從牛渚陸道西上。云青蓋入洛陽。以順天命。行遇大雪。道塗陷壞。兵士被甲持仗。百人共引一車。寒凍殆死。兵人不堪。皆曰若遇敵。便當倒戈耳。晧聞之乃還。

吴天子。當西三國志注無西字。上。○三國志孫晧傳注。御覽四十六引無吴字。

使者爲妖祠詩詩紀作孫晧時詩妖。

宋書五行志曰。孫晧遣使者祭石印山下妖祠。使者因以丹書巖曰云云。晧聞之。意益張。曰。從大皇帝至朕四世。太平之主。非朕復誰。恣虐踰甚。尋以降死。近詩妖也。

楚九州渚。吴九州都。揚州士。作天子。四世治。太平始。宋書作矣。○三國志孫晧傳注引江表傳。宋書五行志。晉書五行志。詩紀二十。

孫晧天紀中童謡

宋書五行志曰。孫晧天紀中童謡曰云云。晉武帝聞之。加王濬龍驤將軍。及征吴。江西衆無過者。而王濬先定秣陵。

阿童復阿童。銜刀游白帖作浮。御覽或同。渡江。不畏岸上虎。晉書作獸。御覽或同。獨晉書作但。書鈔、白帖、御覽同。畏水中童。○宋書五行志。晉書五行志。又杜預傳。書鈔六十四、三百二十九、四百六十五。詩紀二十。○逯案。不畏岸上虎句。虎字晉書皆作獸。乃避李唐諱改字。

廣陵諺

張勃吴録曰。陸稠。字伯嬴。爲廣陵太守。姦吏斂手。廣陵諺曰。

解結理煩。我國陸君。○御覽四百九十六。詩紀二十。

時人語

高僧傳曰。孫權已制江左。而佛教未行。有支謙者。本月支人。來遊漢境。博覽經籍。莫不精究。遍學異書。通六國語。其爲人細長黑瘦。眼多白而睛黄。時人爲之語曰。

支郎。眼中黄。形軀雖細是智囊。○高僧傳一。出三藏記集十三。詩紀二十。

黄武中産兒語

萬歲曆曰。黄武六年正月。獲彭綺。是歲。曲拳西鄉有産兒。墮地便語曰云云。於是因曰語兒鄉。

天方明。河欲清。鼎折脚。金乃生。○御覽百五十七。

時人爲殷禮語

通語曰。殷禮。字往嗣。幼而鄉里異之。七歲就官學書。在師未嘗戲弄。諷誦恒不爲聲。潛識而已。師殺雞詣禮父潁曰。賀此子能興君門。行在舟車。手不釋卷。從曲阿往返。遂不知隄潰廣狹。及行旅喧鬧。未嘗視之。時人語曰。

奇才强記殷往嗣。○御覽六百十四引殷興通語。○逯案。三國志顧邵傳。烏程吴粲、雲陽殷禮起乎微賤。邵皆拔而友之。禮零陵太守。注云。禮子基作通語曰。禮字德嗣。則此往嗣乃德嗣之誤。殷興乃殷基之誤。

永安中南郡兒語

搜神記曰。吴以草創之國。信不堅固。邊屯守將。皆質其妻子。名曰保質。童子少年以類相與嬉游者日有十數。永安二年三月。有一異兒。長四尺餘。年可六七歲。衣青衣來從羣兒戲。諸兒莫之識。畏之。重問其故。兒乃答曰。爾惡我乎。我非人。乃熒惑星也。將有以告爾云云。諸兒大驚。或走告大人。大人馳往觀之。兒竦身而躍。卽以化矣。時吴政峻急。莫敢宣也。後五年而蜀亡。六年而晉興。至是而吴滅司馬如矣。

三公鉏。司馬如。○三國志孫皓傳注。

諸葛恪引里語

吴志曰。太傅諸葛恪不欲諸王處江濱兵馬之地。徙孫奮於豫章。奮怒。不從命。又數越法度。恪上牋諫曰。里語曰。

明鏡所以照形。古事所以知今。○三國志孫奮傳。

沈瑩引諺

臨海異物志曰。安家夷皆好噉猴頭羹。諺言云。又曰。鮆魚肥。炙食甚美。諺曰云云。○逯案。隋志。臨海異物志。沈瑩撰。

寧負千石之粟。不願負人猴頭羹。○御覽四百九十六。

寧去累世田宅。不去鮆魚額。○同上

沈瑩引諺

臨海異物志曰。楊桃似南方橄欖子。其味甜。五月十日熟。諺言。

楊桃無蹙。一歲三熟。○御覽九百七十四。

吴鼓吹曲辭

吴鼓吹曲十二曲

韋昭

炎精缺

古今樂録曰。炎精缺者。言漢室衰。孫堅奮迅猛志。念在匡救。王迹始乎此也。當漢朱鷺。

炎精缺。漢道微。皇綱弛。政德違。衆姦熾。民罔依。赫武烈。越龍飛。陟天衢。燿靈威。鳴雷鼓。抗電麾。撫乾衡。鎮地機。厲虎旅。騁熊羆。發神聽。吐英奇。張角破。邊韓羈。宛潁平。南土綏。神武章。渥澤施。金聲震。仁風馳。顯高門。啓皇基。統罔極。垂將來。○宋書樂志。樂府詩集十八。廣文選十二。詩紀二十。

漢之季

漢之季者。言孫堅悼漢之微。痛董卓之亂。興兵奮擊。功蓋海内也。當漢思悲翁。

漢之季。董卓亂。桓桓武烈應時運。義兵興。雲旗建。厲六師。羅八陣。飛鳴鏑。接白刃。輕騎發。介士奮。醜虜震。使衆散。劫漢主。遷西館。雄豪怒。元惡僨。赫赫皇祖功名聞。○宋書樂志。樂府詩集十八。詩紀二十。

攄武師

攄武師者。言孫權卒父之業而征伐也。當漢艾如張。

攄武師。斬黄祖。攘宋書作肅。樂府作攄。詩紀云。一作攄。夷凶族。革平西夏。炎炎大烈震天下。○同上

伐烏林

伐烏林者。言魏武既破荆州。順流東下。欲來争鋒。孫權命將周瑜逆擊之。於烏林而破走也。當漢上之回。

曹操北伐拔柳城。乘勝席捲遂南征。劉氏不睦。八郡震驚。衆既降。操屠荆。舟車十萬揚風聲。議者狐疑

慮無成。賴我大皇發聖明。虎臣雄烈周與程。破操烏林。顯章功名。○同上

秋風

秋風者。言孫權悦以使民。民忘其死也。當漢擁離。

秋風揚沙塵。寒露沾衣裳。角弓持弦急。文選注作急絃。鳩鳥化爲鷹。邊垂飛羽檄。寇賊侵界疆。跨馬披介冑。慷慨懷悲傷。辭親向長路。安知存與亡。窮達固有分。志士思立功。思立功。邀之戰場。身逸獲高賞。身没有遺封。○宋書樂志。樂府詩集十八。詩紀二十。又文選二十八出自薊北門行注引韋曜集引裳、鷹二韵。

克皖城

克皖城者。言魏武志圖并兼而令朱光爲廬江太守。孫權親征。光破之於皖城也。當漢戰城南。

克滅皖城遏寇賊。惡此凶孽阻姦慝。王師赫征衆傾覆。除穢去暴戢兵革。民得就農邊境息。誅君弔民昭至德。○宋書樂志。樂府詩集十八。廣文選十二。詩紀二十。

關背德

關背德者。言蜀將關羽背棄吴德。心懷不軌。孫權引師浮江而擒之也。當漢巫山高。

關背德。作鴟張。割我邑城圖不祥。稱兵北伐圍樊襄陽。嗟臂大於股。將受其殃。巍巍夫宋書作巍夫吴。詩紀云。樂苑有吴字。聖主。睿德與玄通。與玄通。親任吕蒙。泛舟洪汜池。溯涉長江。神武一何桓桓。聲烈正與風

翔。歷撫江安城。大據郢邦。虜羽授首。百蠻咸來同。盛哉三比隆。○宋書樂志。樂府詩集十八。詩紀二十。

通荆門

通荆門者。言孫權與蜀交好齊盟。中有關羽自失之愆。戎蠻樂亂。生變作患。蜀疑其眩。吴惡其詐。乃大治兵。終復初好也。當漢上陵。

荆門限巫山。高峻與雲連。蠻夷阻其險。歷世懷不賓。漢王據蜀郡。崇好結和親。乖微中情疑。讒夫亂其間。大皇赫斯怒。虎臣勇氣震。蕩滌幽藪討不恭。觀兵揚炎耀。厲鋒整封疆。整封疆。闡揚威武容。功赫戲。洪烈炳章。邈矣帝皇世。聖吴同厥風。荒裔望清化。化恢弘。煌煌大吴。延祚宋書作胙。永未央。○同上

章洪德

章洪德者。言孫權章其大德而遠方來附也。當漢將進酒。

章洪德。邁威神。感殊風。懷遠鄰。平南裔。齊海濵。越裳貢。扶南臣。珍貨充庭。所見日新。○同上

從歷數

從歷數者。言孫權從圖籙之符而建大號也。當漢有所思。

從歷數。於穆我皇帝。聖哲受之天。神明表奇異。建號創皇基。聰睿協神思。德澤浸及昆蟲。浩蕩越前代。

三光顯精耀。陰陽稱至治。肉角步郊畛。鳳凰棲靈囿。神龜游沼池。圖讖摹文字。黄龍覿鱗。符祥日月記。覽往以察今。我皇多嘈事。上欽昊天象。下副萬姓意。光被彌蒼生。家户蒙惠賚。風教肅以平。頌聲章嘉喜。大吴興隆。綽有餘裕。○同上○逯案。浩蕩越前代句。代字與前後不韵。原文應作世字。蓋唐人避諱改代字。

承天命

承天命者。言上以聖德踐位道化至盛也。當漢芳樹。

承天命。於昭聖德。三精垂象。符靈表德。巨石立。九穗植。龍金其鱗。烏赤其色。輿人歌。億夫歎息。超龍升。襲帝服。窮宋書作躬。淳懿。體玄嘿。夙興臨朝。勞謙日昃。易簡以崇仁。放遠讒與慝。舉賢才。親近有德。均田疇。茂稼穡。審法令。定品式。考功能。明黜陟。人思自盡。唯心與力。家國治。王道直。思我帝皇。壽萬億。長保天禄。祚宋書作胙。無極。○同上

玄化

玄化者。言上修文訓武。則天而行。仁澤流洽。天下嘉樂也。當漢上邪。

玄化象以天。陛下聖真。張皇綱。率道以安民。惠澤宣流而雲布。上下睦親。君臣酣宴樂。激發弦歌揚妙新。修文籌廟勝。須時備駕巡洛津。康哉泰。四海歡忻。越與三五鄰。○同上

晉詩卷一

晉宣帝司馬懿

懿。字仲達。河内温縣人。建安中。曹操爲丞相。辟爲文學掾。魏國建。遷太子中庶子、軍司馬。魏受禪。遷尚書。封安國鄉侯。歷侍中、尚書右僕射、撫軍將軍、録尚書事。魏明帝卽位。改封舞陽侯。遷驃騎將軍。加都督荆、豫二州諸軍事。遷征西大將軍、都督雍梁二州諸軍事。遷太尉。齊王卽位。録尚書事。徙太傅。進丞相。嘉平三年卒。年七十三。晉受禪。追尊宣皇帝。有集五卷。

歌

晉書曰。高祖伐公孫淵。過温。見父老故舊讌飲累日。悵然有感。爲歌曰。

天地開闢。日月重光。遭逢晉書作遇。御覽或同。或作今遭。際會。奉辭晉書作畢力。御覽或同。遐方。將掃逋晉書作羣。穢。還過故鄉。肅清萬里。總齊八荒。告成歸老。待罪舞樂府作武。詩紀同。陽。○晉書本紀。御覽九十五。又御覽或同。御覽五百七十引晉陽秋。樂府詩集八十五。詩紀二十一。

嵇喜

喜。字公穆。舉秀才。爲衞軍司馬。入晉。爲揚州刺史。遷太僕宗正。有集二卷。

答嵇康詩四首一作答弟叔夜。

華堂臨浚沼。靈芝茂清泉。仰瞻春詩紀作青。禽翔。俯察綠水濱。逍遥步蘭渚。感物懷古人。李叟寄周朝。莊生遊漆園。時至忽蟬蜕。變化無常端。○嵇康集一。詩紀十八。

君子體變通。否泰非常理。當流則蟻詩紀作義。行。時逝詩紀作遊。則鵲起。達者鑒通機。詩紀作塞。盛衰爲表裏。列仙狗生命。松喬安足齒。縱軀任世度。至人不私己。○同上

達人與物化。無俗不可安。詩紀作世俗安可論。都邑可優游。何必棲山原。孔父策良駟。不云世路難。出處因時資。潛躍無常端。保心守道居。覩詩紀作視。變安能遷。○同上

飾車駐駟。駕言出遊。南厲伊渚。北登邙丘。青林華茂。春下闕○同上

江偉

偉。陳留襄邑人。仕魏。官爵未詳。晉初爲通事郎。有集六卷。

答賀蜡詩

正元二年冬蜡。家君在陳郡。余别在國舍。不得集會。弟廣平作詩以貽余。余答之曰。

蜡節之會。廓焉獨處。晨風朝興。思我慈父。我心懷戀。運首延佇。〇類聚五。詩紀三十六。

答軍司馬詩

羈縶繫世網。進退惟準繩。〇六臣本文選二十六赴洛道中詩注。

何楨

楨。字元幹。廬江灊人。魏太和中爲揚州别駕。正始中爲弘農太守。歷幽州刺史。拜廷尉。入晉爲尚書、光禄大夫。有集五卷。

詩

四時代謝。〇書鈔百五十三。

程咸

咸。字延休。魏正元中爲司隸校尉府主簿。入晉。歷黄門郎、散騎常侍、左通直郎。遷侍中。有集三卷。

詩

奕奕恒山。作鎮冀方。伊趙建國。在岳之陽。○初學記五。

平吴後三月三日從華林園作詩

皇帝升龍舟。待當作侍。幄十二人。天吴奏安流。水伯衛帝津。○玉燭寶典三。○書鈔百三十二引程咸詩序云。平原后三月三日從華林園作壇宣宫。張朱幕。有詔乃延羣臣云云。陳俞本引后作邑。宣作建仙。無有字。臣下有作詩以頌之句。逯案。陳俞本此文有臆改處。不足信。原文蓋有序有詩。後有脱落。故不可通。平原后乃平吴後之訛。壇宣宫以下殆是壇宫張朱幕。有詔延羣臣兩逸句也。

劉伶

伶。字伯倫。沛國人。竹林七賢之一。泰始初對策。盛言無爲之化。以無用罷。

北芒客舍詩

泱漭望舒隱。黤黮類聚作黮黤。玄夜陰。寒雞思天曙。擁翅吹長音。蚊蚋歸豐草。枯葉散蕭林。陳醴發悴顏。巴詩紀誤作色。歈暢真心。縕被終不曉。斯歎信難任。何以除斯歎。付之與瑟琴。長笛響中夕。聞此消胸襟。○類聚七。廣文選十。詩紀二十三。

咒辭

世說新語曰。劉伶病酒渴甚。從婦求酒。婦捐酒毁器。涕泣諫曰。君飲太過。非攝生之道。必宜斷之。伶曰。甚善。我不能自禁。唯當祝鬼神自誓斷之耳。便可具酒肉。婦曰。敬聞命。供酒肉於神前。請伶祝誓。伶跪而祝曰云云。便飲酒進肉。隗然已醉矣。

天生劉伶。類聚作靈。以酒爲名。一飲一斛。類聚作石。五斗解酲。婦人之言。愼不類聚作莫。可聽。○世說新語任誕篇。類聚七十二。

傅玄

玄。字休奕。北地泥陽人。博學善屬文。魏末。舉秀才。除郎中。歷任安東衛軍參軍、温令、弘農太守。領典農校尉。晉國建。封鶉觚男。晉受禪。進爵爲子。加駙馬都尉。累遷侍中、御史中丞。泰始五年。轉司隸校尉。坐事免官。尋卒。有傅子百二十卷、集五十卷。

短歌行

長安高城。層樓亭亭。干雲四起。上貫天庭。蜉蝣何整。行如軍征。蟋蟀何感。中夜哀鳴。蚍蜉愉樂府作偷。注云。一作愉。樂。樂府作藥。粲粲其榮。寤寐念之。誰知我情。昔君視我。如掌中珠。何意一朝。棄我溝渠。昔君與我。如影如形。何意一去。心如流星。昔君與我。兩心相結。何意今日。忽然兩絶。○樂府詩集三十。廣文選十三。詩紀二十二。

秋胡行

秋胡子。娶婦三日。會行仕宦。既享顯爵。保兹德音。以禄頤詩紀作順。親。韞此樂府作比。詩紀云。一作比。黄金。覩一好婦。採桑路傍。遂下黄金。誘以逢卿。玉磨逾潔。蘭動彌馨。源流潔清。水無濁波。奈何秋胡。中道懷邪。美此節婦。高行巍類聚作峩。韵補同。峩。哀哉可愍。自投長河。○類聚四十一。樂府詩集三十六。詩紀二十二。又韵補二引邪、峩二韵。

惟漢行以下五言。

危哉鴻門會。沛公幾不還。輕裝入人軍。投身湯火間。兩雄不俱立。亞父見此權。項莊奮劍起。白刃何翩翩。伯身雖爲蔽。事促廣文選誤作從。不及旋。張良慴坐側。高祖變龍顔。賴得樊將軍。虎樂府作獸。注云。當作虎。叱項王前。嗔目駭三軍。磨牙咀豚肩。空巵讓霸主。臨急吐奇言。威凌萬乘主。指顧回泰山。神龍困鼎鑊。非噲豈得全。狗屠登上將。功業信不原。健兒實可慕。腐儒安足歎。○樂府詩集二十七。廣文選十三。詩紀二十二。

豔歌行

日出東南隅。照我秦氏樓。秦氏有好女。自字爲羅敷。首戴金翠飾。耳綴明月珠。白素爲下裾。丹霞爲上襦。一顧傾朝市。再顧國爲虚。問女居安在。堂在城南居。青樓臨大巷。幽門結重樞。使君自南來。駟馬立踟蹰。遣吏謝賢女。豈可同廣文選作用。誤。行車。斯女長跪對。使君言何殊。使君自有婦。賤妾有鄙夫。天地正厥位。願君改其圖。○樂府詩集二十八。廣文選十三。詩紀二十二。

長歌行

利害同根源。賞下有甘鉤。義門近横樂府字缺。塘。獸口出通侯。撫劍安所趨。蠻方未順流。蜀賊阻石城。吴寇馮龍舟。二軍多壯士。聞賊如見讎。投身效知己。徒生心所羞。鷹隼初學記作蒼鷹。厲爪樂府、廣文選、詩紀作天。翼。恥與燕雀游。成敗在初學記作有。縱者。無令鷙鳥憂。○樂府詩集三十。廣文選十三。詩紀二十二。又初學記三十引遊、憂二韻。

苦相篇豫章行○詩紀作豫章行苦相篇。

苦相身爲女。卑類聚誤作早。陋難再草堂詩注作具。陳。男兒玉臺、樂府、廣文選作兒男。樂府又注。一作男兒。當門户。墮地自生神。雄心志四海。萬里望風塵。女育無欣草堂詩注作歡。愛。類聚作慶。不爲家所珍。長大逃深室。藏頭羞見人。垂玉臺、樂府作無。淚適他鄉。忽如雨絶雲。低頭和顔色。素齒詩紀云。一作頰。廣文選誤作領。結朱脣。跪拜無復數。婢妾如嚴賓。情合同廣文選作雙。雲漢。葵藿仰陽春。心乖甚水火。百惡集其身。玉顔隨年變。丈夫多好新。昔爲形與影。今爲胡與秦。胡秦時相見。一絶踰參辰。〇玉臺新詠二。樂府詩集三十四。廣文選十三。詩紀二十二。又類聚四十一引陳、神、塵、珍、新、秦六韻。草堂詩箋三十四錦樹行注引陳、神、塵、新四韻。

秋胡行玉臺作和班氏詩。〇詩紀云。一作和班氏詩。

秋胡納令室。三日宧樂府作宦。他鄉。皎皎潔婦姿。冷冷玉臺、樂府作泠泠。守空房。燕婉類聚作孅娩。不終夕。別如參與商。憂來猶四海。易感難可防。人言生日短。愁者苦夜長。百草揚春華。攘腕采柔桑。素手尋繁枝。落葉不盈筐。羅衣翳玉體。迴目流采章。君子倦仕歸。車馬如龍驤。精誠馳萬里。既至兩相忘。行人悦令顏。借玉臺作請。樂府作情。息此樹旁。誘類聚作言。以逢卿玉臺作郎。喻。遂下黄金裝。烈烈貞女忿。言辭厲秋霜。長驅及居室。奉金升北堂。母立呼婦來。歡樂情玉臺、樂府作情樂。未央。秋胡見此婦。惕然懷探湯。負心豈不慚。永誓非所望。清濁必異源。梟鳳不並翔。引身赴長流。果哉潔婦腸。彼夫既不淑。此婦亦太玉臺作大。剛。〇玉臺新詠二。樂府詩集三十八。詩紀二十二。又類聚十八及廣文選八引鄉、房、裳、忘、傍、裝六韻。

青青河邊草篇飲馬長城窟行〇詩紀作飲馬長河窟行。注云。一作青青河邊草篇。

青青河邊草。悠悠萬里道。草生在春時。遠類聚作還。道還有期。春至草不生。期詩紀云。一作泣。盡歎類聚作漠。無聲。感物懷思心。夢想發中情。夢君如鴛鴦。比翼雲間翔。既覺寂無見。曠如參與商。夢君結同心。比翼遊北林。既覺寂無見。曠如商與參。玉臺無以上四句。樂府同。河洛自用固。當作有涸。不如中岳安。回流不及返。

浮雲往自還。悲風動思心。悠悠誰知者。懸景無停居。忽如馳駟馬。傾耳懷音響。轉目淚雙墮。生存無會期。要君黃泉下。○玉臺新詠二。樂府詩集三十八。詩紀二十二。又類聚四十一、廣文選十三並引道、期、聲、情、翔、商六韻。

放歌行

靈龜有枯甲。神龍有腐鱗。人無千歲壽。存質空相因。朝露尚移景。促哉水上塵。丘塚如履綦。不識故與新。高樹來悲風。松柏垂威神。曠野何蕭條。顧望無生人。但見狐狸迹。虎豹自成羣。孤雛攀樹鳴。離鳥何繽紛。愁子多哀心。塞耳不忍聞。長嘯淚雨下。太息氣成雲。○樂府詩集三十八。詩紀二十二。

有女篇艷歌行○詩紀作艷歌行有女篇。

有女懷芬芳。媞媞步東廂。玉臺作箱。蛾眉分初學記、御覽、萬花谷作雙。翠羽。類聚作若雙翠。明目初學記、御覽、樂府、萬花谷、廣文選並作眸。類聚或同。或作月。詩紀云。一作眸。發清揚。類聚作陽。初學記、御覽作光。丹脣翳皓齒。秀色類聚、初學記、御覽作顏。萬花谷作韻。若珪璋。巧笑露權靨。御覽作靨輔。初學記作靨轉。衆媚不可詳。令玉臺、廣文選作容。儀希世出。無乃古毛萬花谷作王。嬙。頭安類聚、御覽、萬花谷作首戴。樂府云。一作首戴。書鈔、初學記作首載。金步摇。耳繫書鈔或誤作手擊。明月璫。珠環約素腕。翠羽玉臺、廣文選作爵。垂鮮光。文袍綴藻黼。玉體映羅裳。容華既已玉臺、文選注作以。類聚或同。豔。志節擬秋霜。徽樂府作微。音冠青雲。聲響流四方。妙哉英詩紀作美。媛德。宜配侯與王。靈應萬世合。日月時相望。媒氏陳束帛。羔雁鳴前堂。百兩盈中路。起若鸞鳳翔。凡夫徒踊躍。望絶殊參商。

○玉臺新詠二。樂府詩集三十九。廣文選十三。詩紀二十二。又書鈔百三十五引瑲韵。類聚十八作傅玄詩。引廂、陽、璋、嬙、瑲、光、霜七韵。四十二作豔歌行。引陽、璋、霜三韵。初學記十九、御覽三百八十一並作晉玄歌。引廂、光、璋、詳、嬙、瑲六韵。萬花谷後十五引光、璋、嬙、瑲四韵。文選二十一秋胡詩注作有女篇。引霜一韵。

牆上難爲趨

古今樂録曰。王僧虔技録云。牆上難爲趨行。荀録所載牆上一篇。今不傳。

門有車馬客。驂服若騰飛。革組結玉佩。蘩藻紛葳蕤。馮軾垂長纓。顧眄有餘輝。貧主屣弊履。整比藍縷衣。客曰嘉病乎。正色意無疑。吐言若覆水。摇舌不可追。渭濱漁釣翁。乃爲周所諮。顔回處陋巷。大聖稱庶幾。苟富不知度。千駟賤采薇。季孫由儉顯。管仲病三歸。夫差耽淫侈。終爲越所圍。遺身外榮利。然後享巍巍。迷者一何衆。孔難知德希。甚美致憔悴。不如豚豕肥。楊朱泣路歧。失道令人悲。子貢欲自矜。原憲知其非。屈伸各異勢。窮達不同資。夫唯體中庸。先天天不違。○樂府詩集四十。廣文選十三。詩紀二十二。

朝時篇怨歌行○詩紀作怨歌行朝時篇。

昭昭朝時日。皎皎晨樂府作最。明月。十五入君門。一别終華髮。同心忽異離。曠若樂府、廣文選作如。胡與越。胡越有會時。參辰邈且闊。形影雖玉臺、樂府作無。髣髴。音聲寂無達。纖絃感促柱。觸之哀聲發。情思如循環。憂來不可遏。塗山有餘恨。詩人詠采葛。蜻蛚吟牀下。回風起幽闥。春榮隨露樂府、廣文選作路。詩紀同。

落。芙蓉生木末。自傷命不遇。良辰永廣文選作有。乖別。已爾可奈何。譬如紈素裂。孤雌翔故巢。流星光景絶。魂神馳萬里。甘心要同穴。○玉臺新詠二。樂府詩集四十二。廣文選十三。詩紀二十二。

明月篇

皎皎明月光。灼灼朝日暉。昔爲春蠶玉臺作繭。絲。類聚作緒。今爲秋女衣。丹唇列類聚作形。素齒。翠彩發蛾眉。嬌子多好言。歡合易爲姿。玉顔盛類聚作虧。有時。秀色隨年衰。常恐新間舊。變故興細微。浮萍本無根。玉臺、廣文選作無根本。樂府注。一作浮萍無根本。非水將何依。憂喜更相接。樂極還自玉臺作自還。悲。○玉臺新詠二。樂府詩集六十五。廣文選十三。詩紀二十二。又類聚四十一作怨詩。引衣、眉、衰、微、依五韵。

秋蘭篇

秋蘭映玉臺作蔭。類聚、初學記、御覽、樂府同。玉池。池水清且芳。樂府作且芳香。芙蓉隨風發。中有雙鴛鴦。雙魚自踴躍。兩鳥時廻初學記、御覽作徊。翔。君其玉臺作期。樂府、詩紀云。一作期。歷九秋。與妾同衣裳。○玉臺新詠二。樂府詩集六十四。詩紀二十二。又類聚八十一、初學記二十七、御覽九百八十三並作詠秋蘭詩。並引芳、翔二韵。

前有一罇酒行

置酒結此會。主人起行觴。玉罇兩楹間。絲理東西廂。舞袖一何妙。變化窮萬方。賓主齊德量。欣欣樂未央。同享千年壽。朋來會此堂。○樂府詩集六十五。詩紀二十二。

何當行

同聲自相應。同心自相知。外合不由中。雖固終必離。管鮑不世出。結交安可爲。○樂府詩集七十六。文選補遺三十四。詩紀二十二。

却東西門行

金□□□遲。當是金樽訴行遲。絲竹聲大悲。和樂唯有舞。運體不失機。退似前一作潛。龍婉。進如翔鸞飛。回目流神光。傾亞有餘姿。○宋本初學記十五。詩紀二十二。又初學記十五引機、飛二韵。

飛塵篇

飛塵穢清流。朝雲蔽日光。秋蘭豈不芬。鮑肆亂其芳。河決潰金堤。一手不能障。○類聚六。樂府詩集六十四。詩紀二十二。

天行篇

天行一何健。日月無高當作停。縱。初學記作綜。百川皆赴海。類聚作赴暘谷。三辰回類聚作因。泰蒙。○類聚一。初學記一作歌天詩。詩紀二十二。

歷九秋篇董逃行○六言

詩紀作董逃行歷九秋篇十二首。六言。並注云。玉臺新詠以前十首作梁簡文帝。今從樂府併爲玄詩。選詩拾遺曰。樂録云傅玄作。據文選注引之。以爲漢古辭也。○逯案。玉臺歷九秋篇董桃行爲一首十二章。非十二首。

歷九秋兮三春。遣玉臺遣字上有分字。樂府、廣文選、詩紀作遺。貴客兮遠類聚作一。賓。顧多類聚作名。君心所親。乃命妙伎才人。炳若日月星辰。

序金罍兮玉觴。賓主遞起雁樂府誤作寫。行。杯若飛電絶光。交觴接卮結裳。慷慨歡笑萬方。

奏新詩兮夫君。爛然虎變龍文。渾如天地未分。齊謳楚舞紛紛。歌聲上激文選注作徹。青雲。

窮八音兮異倫。奇聲靡靡每新。微披玉臺作笑。素齒丹脣。逸響飛薄梁塵。精爽眇眇樂府、廣文選作眇眇。入神。

坐咸醉兮沾歡。引樽促席臨軒。進爵獻壽翻翻。千秋要君一言。願愛不移若山。

君恩愛兮不竭。譬若朝日夕月。此景萬里不絶。長保初醮結髮。廣文選、詩紀作髮結。何憂坐成玉臺作生。樂府字缺。胡越。

攜弱手兮金環。上遊飛閣雲間。穆若鴛鳳雙樂府字缺。鸞。樂府作燕。注。一作鸞。還幸蘭房自安。娛心極樂府作樂。意難原。

樂既極兮多懷。盛時忽逝若頹。寒暑革御景迴。春榮隨風飄摧。感物動心增哀。妾受命兮孤虛。男兒墮樂府作隨。注。一作墮。地稱珠。玉臺、樂府、廣文選作姝。草堂詩注作殊。女弱雖玉臺、樂府作雖。存若無。骨肉至親更疏。奉事他人托軀。君如影兮隨形。賤妾如水浮萍。明月不能常盈。誰能無根保榮。良時冉冉代征。顧繡領兮含輝。皎日迴光則玉臺作側。微。朱華忽爾樂府作示。廣文選作是。詩紀云。一作是。漸衰。影欲捨形高飛。誰言往思玉臺作恩。可追。薺與麥兮夏零。蘭桂踐霜樂府作履。注。一作霜。逾馨。禄命懸天難明。妾玉臺作委。心結意丹青。何憂君心中傾。〇玉臺新詠九。樂府詩集三十四。廣文選十三。又文選四南都賦注古樂府有歷九秋妾薄命行歌辭。引紛、雲二韵。類聚四十二引倫、脣、塵、神四韵。草堂詩箋三十四錦樹行注引殊、無二韵。

吴楚歌七言

燕人美兮趙女佳。其室則邇兮限層類聚作增。樂府作曾。崖。雲爲車兮風爲馬。玉在山類聚作泥。兮蘭在野。雲無期兮風有止。思多端兮御覽無兮字。樂府作思心多端。誰能理。〇玉臺新詠九作燕人美篇。類聚四十三作燕人美兮歌。樂府詩集八十三。廣文選十四。詩紀二十二。又御覽八作傅玄歌。引馬、野、止、里四韵。

鴻鴈生塞北行以下雜言。

魏武帝却東西門行曰。鴻雁生塞北。乃在無人鄉。

鳳凰遠生海西。及時崑山岡。五德存羽儀。和鳴定宫商。百鳥並侍左右。鼓翼騰華光。上熙遊雲日間。千歲時來翔。孰若彼龍與龜。曳尾泥中藏。非雲雨則不升。冬伏春迺驤。退哀此秋蘭草。根絶隨化揚。靈氣一何憂當作優。美。萬里馳芬芳。常恐物微易歇。一朝見棄忘。○樂府詩集三十七。詩紀二十二。

白楊行

古今樂録曰。王僧虔技録有白楊行。今不歌。

青雲固非青。當雲奈白雲。驥從西北馳來。吾何憶。驥來對我悲鳴。舉頭氣凌青雲。當奈此驥正龍形。踠足蹉跎長坡下。蹇驢慊慍。敢與我争馳。躑躅鹽車之中。流汗兩耳盡下垂。雖懷千里之逸志。當時一得施。白雲彯彯。舍我高翔。青雲徘徊。戢我愁啼。上眄增崖。下臨清池。日欲西移。既來歸君。君不一顧。仰天太息。當用生爲青雲乎。樂府作青乎雲。飛時悲當奈何耶。青雲飛乎。○樂府詩集四十。詩紀二十二。

秦女休行

龐詩紀云。一作秦。氏有烈婦。義聲馳雍涼。父母家有重怨。仇人暴且彊。雖有男兄弟。志弱不能當。烈女念此痛。丹心爲寸傷。外若無意者。内潛思無方。白日入都市。怨家如平常。匿劍藏白刃。一奮尋身僵。身首爲之異處。伏尸列肆旁。肉與土合成泥。灑血濺飛梁。猛氣上干雲霓。仇黨失守爲披攘。一市稱烈義。觀者收淚並慨忼。百男何當益。不如一女良。烈女直造縣門。云父不幸遭禍殃。今仇身以分裂。雖死情益揚。殺人當伏法。義不苟活隳舊章。縣令解印綬。令我傷心不忍聽。刑部垂頭塞耳。令我吏舉不能成。烈著希代之績。義立無窮之名。夫家同受其祚。子子孫孫咸享其榮。今我作樂府作絃。歌樂府有吟字。詠高風。激揚壯發悲且清。○樂府詩集六十一。詩紀二十二。

雲中白子高行

陵陽子。來明意。欲作天與仙人遊。超登元氣攀日月。遂造天門將上謁。閶闔闢。見紫微絳闕。紫宮崔嵬。高殿嵯峨。雙闕萬丈玉樹羅。童女掣電策。樂府、廣文選無策字。書鈔作飛電。童男挽雷車。雲漢隨天流。浩浩如江河。因王長公謁上皇。鈞天樂作不可詳。龍仙神仙。教我靈祕。八風子儀。與遊我祥。我心何戚戚。思故鄉。俯看故鄉。二儀設張。樂哉二儀。日月運移。地東南傾。天西北馳。鶴五氣所補。鼇四足所支。齊駕飛龍驂赤螭。逍遥五岳間。東西馳。長廣文選作期。詩紀云。一作期。與天地並。復何爲。復何爲。○樂府詩集六十三。廣文選十三。詩紀二十二。又編珠一。草堂詩箋七高都詩注、書鈔百五十二並作傅玄詩。引車一韵。御覽十三作傅玄詩。引童女掣電四字。

西長安行

所思兮何在。乃在西長安。何用存問妾。香橙玉臺作橙。雙珠環。何用重存問。羽爵翠琅玕。今我兮聞廣文選作問。詩紀同。君。更有兮異心。香亦不可燒。環亦不可沈。香燒日有歇。環沈日自深。○玉臺新詠二。廣文選十三。詩紀二十二。

車遥遥篇

車遥遥兮馬洋洋。追思君兮不可忘。君安遊兮西入秦。願爲影兮樂府作願將微影。隨君身。君在陰兮影不見。君依光兮樂府作君仰日月。妾所願。○玉臺新詠九。文選補遺三十四。樂府詩集六十九作梁車斆辭。廣文選十三。詩紀二十二。又類聚四十二作車遥篇。引洋、忘、秦、身四韵。

昔思君

昔君與我兮形影潛結。今君與我兮雲飛雨絶。昔君與我兮音響相和。今君與我兮落葉去柯。昔君與我兮金石無虧。今君與我兮星滅光離。○樂府詩集七十四。廣文選十三。詩紀二十二。

美女篇

美人一何麗。顔若芙蓉花。一顧亂人國。再顧亂人家。未亂猶可奈何。○樂府詩集六十三。詩紀二十二。

挽歌

人生鮮能百。哀情數萬端。不幸嬰篤病。凶候形素顔。衣衾爲誰施。束帶就闔棺。欲悲淚已竭。欲辭不能言。存亡自遠近。長夜何漫漫。壽堂閑且長。祖載歸不還。○書鈔九十二。

人生尠能百。哀情數萬嬰。路柳夾靈轜。旟旐隨風征。車輪結不轉。百駟齊悲鳴。〇同上

靈坐飛塵起。魂衣正委移。芒芒丘墓間。松柏鬱參差。明器無用時。桐車不可馳。書鈔或作行。平生坐玉殿。

没歸都幽宫。地下無刻漏。安知夏與冬。〇書鈔九十二。九十四引行一韵。

豫章行

輕裘綴孔翠。明珂曜珊瑚。〇書鈔百二十六、百二十九。御覽三百五十九。

琅玕溢金匱。文璧世所無。〇文選二十五答魏子悌詩注。

擬楚篇

登崑崙漱玉池。〇文選三十一雜體詩注。

光滅星離。〇文選十二江賦注。

豔歌行

咄來長歌續短歌。〇文選二十七長歌行注。

日昇歌

東光昇朝陽。羲和初攬轡。六龍並騰驤。逸景何晃晃。旭日照萬方。皇德配天地。神明類聚作盟。馮校仍作明。鑒幽荒。○類聚一。詩紀二十二。

驚雷歌

驚雷奮兮震萬里。威陵宇宙兮動四海。六合不維兮誰能理。○類聚二。初學記一。詩紀二十二。

九曲歌

歲莫景邁羣御覽作時。光絶。安得長繩繫白日。御覽作日月。○御覽七百六十六。詩紀二十二。

樂府

胡飯兼御。相國食前。方丈殊珍。○書鈔百四十五。

粉加甲煎。名香熏陸。艾納廻光。○書鈔百三十五。○逯案。三句有訛誤。

穆穆三春節。書鈔缺此字。天氣暖且和。○書鈔百五十四。初學記三。

男當進曰當作仕。女適人。投心委命□受身。○書鈔八十四。

昔有林此下或有缺字。號曰陰康。始教民舞。涕氣以揚之。○書鈔百七。

鳳有翼龍有鱗。君不獨興。必須良臣。○初學記十九。

東方將欲和。太白星飛芒。曜靈照照舒光。○書鈔百四十九。

歌

煌煌芙蕖。從風芬葩。照以皎日。灌以清波。陰結其實。初學記、萬花谷作根。陽發其華。類聚作花。金房緑葉。初學記、萬花谷誤作苔。素株初學記、萬花谷作珠。翠柯。○類聚八十二。初學記二十七。萬花谷後三十七。詩紀二十二作芙蕖。

寶劍神奇。鏤象龍離。當作螭。通犀文玉。明珠錯地。光如電影。擬之則離。○書鈔百二十二。

有所思兮。在天一方。何以贈之。玉佩珠璜。○御覽八百七。

飛沉殊厥趣。草木以區别。鸞鷺樂山林。龍蛇安藪穴。○書鈔百五十八。

雷師鳴鐘鼓。風伯吹笙簧。西母出穴聽。王父吟安廂。○初學記十六。

黄葉離高柯。丹棗坐自初學記作生白。誤。零。不惜棗自零。念我少弟兄。○御覽九百六十五。事類賦棗賦注。又初學記二十八引零一韵。

日中萬影正。夕中萬影傾。○文選二十大將軍宴會被命作詩注。

渡江南。採蓮花。芙蓉增敷。曄若星羅。緑葉映長波。廻風容與動纖柯。○類聚八十二。詩紀二十二作蓮歌。

曲池何澮澮。芙蓉敞清源。榮華盛壯時。見者誰不賞歎。一朝光采落。故人不廻顔。○御覽九百九十九。

歌者齊絃。舞者振鐸。絃錚錚。鐸朗朗。○書鈔百八。

所樂亦非琴。唯言琵琶與書鈔無與字。箏。能娱我心。○書鈔百一十。初學記十六。

兔擣藥月間草堂詩注有兮字。下同。安足道。神草堂詩注無神字。烏戲雲間安足道。○初學記二十九。草堂詩箋十月詩注。御覽九百七。事類賦兔賦注。萬花谷後三十九。

青雲徘徊謂我愁。○御覽八。

我家近宫掖。易知復難忘。黄金爲閤門。白玉爲殿堂。○御覽百八十四。

答程曉詩四言

奕奕兩儀。昭昭太陽。四氣代升。三朝受祥。濟濟羣后。峨峨聖皇。元服肇御。配天垂光。伊州作弼。王室惟康。顒顒兆民。蠢蠢戎獯。率土充庭。萬國奉蕃。皇澤雲行。神化風宣。六合咸熙。遐邇同歡。赫赫明明。天人合和。下罔遺滯。焦朽斯華。矧我良朋。如玉之嘉。穆穆雝雝。興頌作歌。○類聚三十一。廣文選十三。詩紀二十二。

宴會詩

日之既逝。情亦既渥。賓委餘歡。主容不足。樂飲今夕。温其如玉。○初學記十四。詩紀二十二。

雜詩三首以下五言。

志士惜日短。愁人知夜長。攝衣步前庭。仰觀南鴈翔。玄景隨形運。流響歸空房。清風何飄颻。微月出西方。繁星衣文選作依。六臣本注云。五臣作衣。詩紀云。一作依。青天。列宿自成行。蟬鳴高樹間。野鳥號東廂。李善本文選作箱。纖雲時髣髴。渥露沾我裳。良時無停景。北斗忽低昂。常恐寒節至。凝氣結爲霜。落葉隨風摧。一絶如流光。○文選二十九。文章正宗二十九。詩紀二十二。又文選十四舞鶴賦注引一句。文選注誤作紀。

閒夜微風起。明月照高書鈔作鸞。臺。清響呼不應。玄景招不來。厨人進藿茹。有酒不盈杯。安貧福所與。富貴爲禍媒。金玉雖高堂。於我賤蒿萊。○類聚二十六。廣文選十五。詩紀二十二。又書鈔百五十引臺一韵。

鵲巢丘城側。雀乳空井中。居不附龍鳳。常畏蛇與蟲。依賢義不恐。近暴自當窮。○類聚九十二。廣文選十五。詩紀二十二。

又答程曉詩

羲和運玉衡。招摇賦朔旬。嘉慶形三朝。美德揚初春。聖主加元服。萬國望威神。伊周敷玄化。並世霑天人。洪崖歌山岫。許由嗟水濱。○類聚三十一。詩紀二十二。○逯案。晉人於宴贈答等詩篇。率四言、五言併作。已屬其時風習。此篇與前四言。類聚以序並列。皆歌頌君主之加元服者。知是同題同時之作。不宜分置兩處。今仍照詩紀著録。特説明於此。

衆星詩

朗月並詩紀作共。衆星。日出擅其明。冬寒地爲裂。春和草木榮。陽德雖普濟。非陰亦不成。○類聚一。詩紀二十二。

又詩紀作古詩。

東方大明星。光景照千里。少年捨詩紀作舍。家遊。思心晝夜起。○類聚一。詩紀二十二。

雨詩詩紀作苦雨。

徂暑未一旬。重陽翳朝霞。厥初月離畢。積日遂滂沱。屯雲結書鈔誤作純。不解。長溜書鈔作霤。周書鈔誤作同。四阿。霖雨如倒書鈔誤作到。井。黄潦起洪波。湍流類聚、韵補作深。詩紀同。激牆隅。編珠作垣牆。門庭若決河。炊爨不復舉。竈中生蛙蝦。○類聚二作傅玄詩。詩紀二十二。又書鈔百五十作傅玄詩。引阿一韵。百五十一傅玄詩。引一句。編珠一傅玄詩引波、河二韵。韵補二引河、蝦二韵。

庭燎詩

元正始朝享。類聚作亨。書鈔作朝天子。萬國執珪璋。枝燈若火樹。庭燎繼天光。○類聚八十。詩紀二十二。又書鈔百五十五引璋一韵。

雜詩詩紀作苦熱。

朱明運將極。溽暑晝夜興。裁動四支廢。舉身若山陵。珠汗洽玉體。呼吸氣鬱蒸。塵垢自成泥。素粉隨手凝。○類聚五作傅玄詩。御覽三十四作傅玄詩。詩紀二十二。又書鈔百五十六引呼吸氣鬱蒸一句。

雜詩

習習谷風興。書鈔或作雨。回回景雲飛。青天敷翠采。朝日含丹輝。○書鈔百四十九、百五十四。○逯案。書鈔百四十九引傅玄樂府詩云。青天含翠彩。素日馳青暉。當即此篇異文。

雜詩詩紀作失題。

暘類聚作湯。谷發精類聚作清。曜。九日棲高枝。願得並天御。六龍齊玉羈。○類聚一作晉傅玄詩。詩紀二十二。又書鈔百四十九引枝一韵。

詩詩紀作宴詩。

鸞鳥晞宋本初學記作師。鳳皇。望舒繼白日。千秋遘嘉會。來升君子室。華樽享清酤。珍肴自盈溢。○初學記十四。詩紀二十二。

詩

季冬時慘烈。猛寒不可勝。嚴書鈔作寒。風截人耳。素雪墜地凝。林御覽或作牀。上飛霜起。波中自生冰。

未夕結重衾。崇朝不敢興。○御覽二十七、三十四。又書鈔百五十六引一句。

詩

炎旱歷三時。天運失其道。河中飛塵起。野田無生草。一飡重丘山。哀之以終老。君無半粒儲。形影不相保。○御覽四百八十六。

詩詩紀作失題。

有女殊代生。涉江采菱花。上翳青雲景。下鑒詩紀誤作鑿。淥水波。○初學記六。詩紀二十二。

詩詩紀作失題。

彎我繁弱弓。弄我丈八矟。一舉覆三軍。再舉殄戎貊。○類聚六十。御覽三百五十四。詩紀二十二。

詩詩紀作失題。

飛蓬隨飄起。芳草摧山澤。世有千年松。人生詎能百。○類聚八十八。詩紀二十二。

擬四愁詩四首并序○以下七言。

昔詩紀無昔字。張平子作四愁詩。體小而俗。七言類也。聊擬而作之。名曰擬四愁詩。其辭曰。詩紀無此三字。

我所思兮在瀛洲。願爲雙鵠戲中流。牽牛織女期在秋。山高水深路無由。愍予不遘嬰殷憂。佳人貽御覽作美人贈。我明月珠。何以要御覽作報。之比目魚。海廣無舟悵勞劬。寄言飛龍天馬駒。風起雲披飛龍逝。驚波滔天馬不厲。何爲多念心憂泄。○玉臺新詠九。詩紀二十二。又御覽四百七十八引珠、魚二韻。

我所思兮在珠崖。願爲比翼浮清池。剛柔合德配二儀。形影一絶長別離。愍予不遘情如攜。佳人貽我蘭蕙草。何以要之同心鳥。火熱水深憂盈抱。申以琬琰夜光寶。卞和既没玉不察。存若流光忽電滅。何爲多念獨藴詩紀作鬱。結。○玉臺新詠九。詩紀二十二。

我所思兮在崑山。願爲鹿麠詩紀云。一作蛩。窺虞淵。日月回耀照景天。參辰詩紀作差。曠隔會無緣。愍予不遘罹百艱。佳御覽作美。人贈玉臺作貽。我蘇合香。何以要之翠鴛鴦。懸度弱水川無梁。申以錦衣文繡裳。三光騁邁景不留。鮮矣詩紀作似。民生忽如浮。何爲多念祇自愁。○玉臺新詠九。詩紀二十二。御覽四百七十八引香、鴦二韻。

我所思兮在朔方。願爲飛燕玉臺作鴈。俱南翔。焕乎人道著三光。胡越殊心生異鄉。愍予不遘罹百殃。佳人貽我羽葆詩紀作葆羽。纓。何以要之影與形。永增玉臺作增冰。憂結繁華零。申以日月指明星。星辰有翳日月移。駑馬哀鳴慙不馳。何爲多念徒自虧。○玉臺新詠九。詩紀二十二。

兩儀詩

兩儀始分元氣清。列宿垂象六位成。日月西流景東征。悠悠萬物殊品名。聖人憂代念羣生。○萬花谷後一作傅玄詩。詩紀二十二。○逯案。類聚一、初學記一引兩儀詩云。兩儀始分。元氣上清。列宿垂象。六位時成。日月西邁。流景東征。悠悠萬物。殊品齊名。聖人憂世。實念羣生。與此少異。

歌 詩紀作天行歌。

天時泰兮昭以陽。清風起兮景雲翔。仰觀兮辰象。日月兮運周。俯視兮河海。百川兮東流。○類聚一。詩紀二十二。

雜言詩

雷隱隱。白帖作殷殷。感妾心。傾耳清聽非車音。詩紀云。一無清字。案宋本初學記無清字。○類聚二。初學記一。白帖一。詩紀二十二。

詩 詩紀作啄木。

啄木高翔鳴喈喈。飄摇林薄著桑槐。𤟹合璧事類作緶。緣類聚作掾。樹間啄如錐。合璧事類誤作佳。嚶喔嚶喔聲正悲。專爲萬物作倡俳。當此之時。樂不可迴。○類聚九十二。合璧事類别集七十一。詩紀二十二。

詩 詩紀作雲歌。

白雲翩翩翔天庭。流景髣髴非君形。白雲飄飄捨我高翔。青雲徘徊爲我愁腸。○類聚一。詩紀二十二。

四言雜詩

忽然長逝。火滅煙消。○書鈔九十二。初學記十四。萬花谷後二十二。

七哀詩

杳杳三泉室。冥冥玄夜堂。○書鈔九十二。

擬馬防詩

繇役無止時。徵發傾四海。○書鈔四十一。○逯案。原本書鈔無繇字。從陳本增入。

雜詩

浮萍蔽緑水。楊柳何依依。繁華正葳蕤。○書鈔百五十四。

浮雲含愁氣。文選注作色。悲風坐自歎。○書鈔百五十。文選十三雪賦注。御覽八。

團團三五日。當作月。皎皎曜清暉。○書鈔百五十。

炎景時鬱蒸。海沸沙石融。○書鈔四百五十六。

詩

蕭蕭秋氣升。凄凄萬物衰。榮華盡零落。槁葉縱橫飛。○書鈔百五十四。○逯案。原本書鈔第一句只作蕭蕭秋聲。或蕭蕭秋氣。今從陳本增改。
蟾蜍食明月。虹蜺薄朝日。○御覽九百四十九。
驚飈晝夜起。○書鈔百五十六。
飢食野棗實。○類聚八十七。
机榻委塵埃。○文選三十和謝宣城詩注。

程曉

曉。字季明。東郡東阿人。衛尉昱之孫。魏黄初中。封列侯。嘉平中爲黄門侍郎。後爲汝南太守。入晉官職不明。有集二卷。

贈傅休奕詩

煢煢獨夫。寂寂静處。酒不盈觴。肴不掩俎。厥客伊何。許由巢父。厥味類聚作醴。伊何。玄酒瓠脯。○類聚三十一。廣文選十贈傅咸詩。詩紀十七。又書鈔百四十五引脯一韵。
三光飛景。玉衡代邁。龍集甲子。四時成歲。權輿授代。徐陳蕩穢。元服初嘉。萬福咸會。赫赫應門。嚴嚴朱闕。羣后揚揚。類聚作傷傷。庭燎晢晢。○類聚三十一。詩紀十七。

嘲熱客詩

平生三伏時。道路無行車。閉書鈔、類聚作閇。門避暑臥。出入不相過。今世太平廣記作代。古文苑作只今。詩紀云。一作只今。褦御覽作能。注。音奈。類聚作悲。襶御覽注。音戴。太平廣記作愚癡。子。觸熱到人家。主人聞客來。顰蹙類聚作嚬䁘。御覽或作頻就。奈此何。謂當起行御覽作行起。去。安坐正御覽作止。跰文苑作踞。跨。古文苑、太平廣記作咨嗟。詩紀同。所說無一御覽作了無。急。喈唅御覽作吟。一古文苑、太平廣記作踏喈吟。何多。疲瘠文苑、御覽作倦。向之歲時雜詠作云。久。御覽誤作以。甫文苑作笑。問君御覽作居。極那。搖扇臂類聚作胛。歲時雜詠作體。太平廣記作腕。古文苑、詩紀作髀。文苑注。類聚作髀。中疼。歲時雜詠作痛。文苑同。又注。歲時作疼。古文苑、詩紀作疾。流汗正滂御覽或誤作滂。沱。莫謂此古文苑、太平廣記作爲。詩紀同。小事。亦是人一詩紀作一大。瑕。傳戒類聚作誡。諸類聚作語。高朋。太平廣記作朋友。熱行宜見訶。類聚作謂。歲時雜詠作歌。古文苑、太平廣記、詩紀作呵。〇古今歲時雜詠二十二作伏日詩。御覽三十四。文苑英華百五十七作伏日。詩紀十七。又古文苑四及太平廣記二百五十三所引缺那一韵。又初學記四、御覽三十一並引車、過、家、何、沱、訶六韵。類聚五引車、過、家、何、沲、謌六韵。書鈔百五十五引車、過二韵。事類賦夏賦注引車、過、訶三韵。萬花谷三作伏日詩。引家、沲二韵。

鍾琰

琰。潁川人。鍾繇曾孫。王渾妻。有集五卷。

詩

冽冽季冬。素雪其霏。〇初學記三。

晉詩卷二

李密

密。字令伯。犍爲武陽人。仕蜀爲郎。蜀平。徵爲太子洗馬。出爲温令。遷漢中太守。免官。卒於家。

賜餞東堂詔令賦詩

晉書曰。密有才能。常望内轉。而朝廷無援。乃遷漢中太守。自以失分懷怨。及賜餞東堂。詔普令賦詩。末章云云。武帝忿之。於是都官從事奏免密官。

人亦有言。有因有緣。官無中人。不如歸田。明明在上。斯語豈然。○晉書本傳。詩紀二十三。

應貞

貞。字吉甫。汝南南頓人。魏侍中應璩子。正始中。舉高第。歷任撫軍及相國參軍。晉受禪。遷給事中、太子中庶子、散騎常侍。泰始五年卒。有集五卷。

晉武帝華林園集詩六臣本文選注云。五臣無園字。○九章

詩紀云。洛陽圖經曰。華林園在城内東北隅。魏明帝起名芳林園。齊王芳改爲華林。干寶晉紀曰。泰始四年二月。上幸芳林園與羣臣宴。賦詩觀志。散騎常侍應貞詩最美。

悠悠太上。民晉書作人。六臣本文選注云。五臣作人。之厥初。皇極肇建。彝倫攸敷。五德更運。膺籙晉書作應録。受符。陶唐既謝。天曆在虞。

於時六臣本文選注云。五臣作是。上帝。乃顧惟眷。光我晉六臣本文選作先。注云。善本作晉。祚。應期納禪。位以龍飛。文以虎晉書作豹。變。玄澤滂流。仁風潛扇。區内宅心。方隅回面。

天垂其象。地耀其文。鳳鳴朝陽。龍翔景雲。嘉禾重穎。蓂莢載芬。率土咸序。晉書作寧。人胥悦欣。

恢恢皇度。穆穆聖容。言思其順。晉書作允。貌思其恭。在視斯明。在聽斯聰。登庸以德。明試以功。

其恭惟何。昧旦丕顯。無理不經。無義不踐。行捨其華。言去其辯。韵補作辨。游心至虚。同規易簡。六府孔修。九有斯靖。晉書作來踐。

澤靡不被。化罔不加。聲教南暨。西漸流沙。幽書鈔幽下多邦字。人肆晉書文選作肆。六臣注云。五臣本作肆。險。遠國忘遐。越裳重譯。充我晉書作物。皇家。

峨峨列辟。赫赫虎晉書作武。臣。内和五品。外威四賓。修晉書作順。書鈔作恭。時貢職。入覲天人。備言錫命。羽蓋朱輪。

貽宴好會。不常厥數。神心所受。晉書作授。六臣本文選注云。五臣作授。不言而喻。於是晉書、李善本文選作時。肆晉書作肆。六臣本文選注云。五臣本作肆。射。弓矢斯御。發彼五晉書作互。的。有酒斯飫。文武之道。厥猷未墜。在昔先王。躬各書作躬。此從五臣本文選。御茲器。示武懼荒。過亦晉書作則。爲失。凡厥羣后。無懈于位。○晉書本傳。文選二十。詩紀二十三。又書鈔十引遐一韻。八十一作華林園詩。引臣、人、輪三韻。韻補三作華林應制詩。引辨、靖二韻。

華覽崇文大夫唱

陰陽運潛。玄風扇厲。鷹隼騰揚。□狸摶噬。○書鈔百五十四。

應亨

亨。貞從孫。南中郎長史。有集二卷。

贈四王冠詩并序

詩紀依初學記編入漢詩。曾培初學記校記云。亨爲貞從孫。貞見晉書文苑傳。又永平爲晉惠帝年號。則後漢字誤也。逯按。曾說是。

永平年四月。初學記作永平四年。非是。外弟王景系兄弟四人兄弟四人。書鈔作長世徹世從世毌地蔣公十字。並冠。貽四王子四王子三字。初學記只作之字。詩曰。○書鈔八十四。初學記十四。○逯案。晉惠帝永平元年三月即改元元康。此云永平年四月。仍有訛誤。通典五十六載王堪冠禮儀云。永平元年正月戊子冠。中外四孫設一席于東廂。引冠者以長幼次于席。南面東上。賓宗人立于西廂。東面面上。堪立于東軒陳元服于席上云。據此王堪爲冠者之一。又王堪之字曰世胄。書鈔引序文有世徹、世從、世毌三人。世毌乃世胄之脱誤。可證此詩爲王景系、王世胄等加冠作。序文四月爲正月之訛。

濟濟四令弟。妙年踐書鈔作才。二九。令御覽作今。月惟吉日。成服加元首。人咸飾其容。鮮能離塵垢。雖初學記作璽。無兕觥爵。書鈔作角酌。杯醮傳旨酒。○初學記十四作後漢應亨贈四王冠詩。詩紀四。又書鈔八十四作貽四王子詩。引九、首、酒三韵。御覽五百四十引九、首、酒三韵。

阮种

种。字德猷。陳留尉氏人。泰始中舉孝廉。爲公府掾。舉賢良對策上第。除尚書郎。轉中書郎。遷平原相。卒于郡。有集二卷。

贈東據詩

體直嚮正。源深流清。○文選二十五於安城答靈運詩注。

裴秀

秀。字季彥。河東聞喜人。魏時大將軍曹爽辟爲掾。遷黄門侍郎。尋爲廷尉正。歷文帝安東司馬。遷散騎常侍。轉尚書。延熙初。遷尚書僕射。封濟川侯。武帝受禪。加左光禄大夫。封鉅鹿郡公。尋爲司空。泰始七年卒。年四十八。有集三卷。

大蜡詩

日躔星紀。大呂司辰。類聚作晨。玄象改次。庶衆更新。歲事告成。八蜡報勤。告成伊何。年豐物阜。豐禋孝祀。介兹萬祜。初學記、古文苑作景福。詩紀云。一作景福。報勤伊何。農功是歸。穆穆我后。矜類聚作務。古文苑同。兹蒸黎。宣力畜畝。沾體暴肌。飲饗清祀。四方來綏。充物類聚作仞。古文苑作物。郊甸。鱗集京師。交錯貿遷。紛葩相追。摻類聚作反。袂成幕。連衽類聚缺成幕連衽四字。成帷。有肉如丘。有酒如泉。御覽作淵。是。有肴如林。有貨如山。率土同懽。和氣來臻。祥古文苑作朔。初學記缺祥字。風叶順。降祉自天。方隅清謐。嘉祚日延。與民優游。享壽萬年。○類聚五。詩紀二十三。又初學記四、古文苑八所引缺肌一韵。御覽三十三引淵、山二韵。

新詩

姬文發號令。哀窮先矜賤。齊景吐德音。益治一國半。注曰。齊景在外壽宫。見長年負薪而飢色。悽然傷心。命吏養焉。晏子聞之。再拜而賀曰。君吐此音。益治國半也。○書鈔三十九。

新詩

渴者易爲飲。飢者易爲食。方丈日在前。○書鈔四十三。

成公綏

綏。字子安。東郡白馬人。仕魏爲博士。歷祕書郎。遷中書郎。晉泰始九年卒。年四十三。有集十卷。

中宫詩二首

殷湯令妃。有莘之女。仁教内修。度義以處。清謐後宫。九嬪有序。尹類聚尹上有伊字。爲媵臣。遂作元輔。詩紀云。周詩逸軌作賢明誦。○類聚十五作成公綏詩。詩紀二十一。

天地不獨立。造化由陰陽。乾坤垂覆載。日月曜鳴沙類書殘卷作輝。重光。治初學記、萬花谷作理。國先家道。立教起閨房。二妃濟萬花谷誤作齊。有虞。三母隆初學記作翊。萬花谷同。周王。塗山興大禹。有莘佐成湯。齊晉霸諸侯。皆賴姬萬花谷誤作同。與姜。關雎思賢妃。此言安可忘。○初學記十。類聚十五作成公綏詩。詩紀二十一。又鳴沙石室古籍叢殘類書殘卷、萬花谷後八並無題。

仙詩廣文選作遊仙詩。詩紀同。

盛年無幾時。奄忽行欲老。那得赤松子。從學度世道。西入華陰山。求得神芝草。珠玉猶戴廣文選作糞。是。土。何惜千金寶。但願壽無窮。與君長相保。○類聚七十八。廣文選九。詩紀二十一。

詩廣文選作行詩。詩紀同。又注。一作途中作。

洋洋熊耳流。巍巍伊闕山。高岡碣崔嵬。雙阜夾長川。素石何磷磷。水禽浮廣文選、詩紀作何。翩翩。遠涉許潁路。顧思邈綿綿。鬱陶懷所親。引領情緬然。○類聚二十七。廣文選十。詩紀二十一。

五言詩

誰謂鬼無知。杜伯射宣王。○水經注渭水注。

皇甫謐

謐。字士安。安定朝那人。自號玄晏先生。晉受禪。舉賢良方正。咸寧初，徵太子中庶子、議郎、著作郎等。並不應。太康三年卒。年六十八。所著有帝王世紀十卷、年曆六卷、高士傳六卷、逸士傳一卷、列女傳六卷、玄晏春秋三卷、集二卷。

女怨詩

婚禮既定。婚禮臨成。施衿結帨。三命丁寧。○書鈔八十四。初學記十四。詩紀二十三。

詩

□輪迴路。驂服□半。駟車遠馳。僕陳交亂。棄我舊廬。爰適他館。○書鈔八十四。○逯案。書鈔此詩在婚禮部。次前詩之後。當亦女怨詩逸句。

辛曠

曠。安定人。

贈皇甫謐詩

顒顒朝士。亦孔其依。莫不遐想。載渴載飢。我弓我旄。禮亦無違。企望高岡。來儀來歸。其歸伊何。與帝同心。明明天子。如日之臨。臨照四方。探頤幽深。山無逸民。水無潛鱗。爰彼詩紀作被。注。一作彼。九皐。克量德音。茂哉先生。皇實是欽。○類聚三十六。詩紀三十。

賈充

充。字公閭。平陽襄陵人。仕魏爲中郎將。晉受禪。封魯郡公。遷尚書令。轉司空、太尉。太康三年卒。年六十六。有集五卷。

與妻李夫人聯句 一云定情聯句。

晉書曰。充初娶李豐女。淑美有才行。豐被誅。李氏坐流徙。復娶郭配女。卽廣城君。後李以赦得還。帝特詔充置左右夫人。郭怒不許。充乃爲李築室於永年里。而不往來。李名婉。字淑文。郭名槐。一云名玉璜。

室中是阿誰。歎息聲正悲。賈 歎息亦何爲。但恐大義虧。李 大義同膠漆。匪石心不移。賈 人誰不慮終。日月有合離。李 我心子所達。子心我所一作亦。知。賈 若能不食言。與君同所宜。李○古詩類苑六十八。詩紀二十三。

薛瑩

瑩。字道言。綜子。吳晧時。歷任選曹尚書、左國史。入晉爲散騎常侍。太康三年卒。有集三卷。

獻詩

吳志曰。建衡三年。孫晧追嘆瑩父綜遺文。且命瑩繼作。瑩獻詩曰。

惟臣之先。昔仕于漢。奕世緜緜。頗涉臺觀。曁臣父綜。遭時之難。卯金失御。邦家毀亂。適兹樂土。庶存孑遺。天啓其心。東南是歸。厥初流隸。困於蠻垂。大皇開基。恩德遠施。特蒙招命。拯擢泥汙。釋放巾褐。受職剖符。作守合浦。在海之隅。遷入京輦。遂升機樞。枯瘁更榮。絶統復紀。自微而顯。非願之始。亦惟寵遇。心存足止。重值文皇。建號東宫。乃作少傅。光華益隆。明明聖嗣。至德謙崇。禮遇兼加。惟渥惟豐。

哀哀先臣。念竭其忠。洪恩未報。委世以終。嗟臣蔑賤。惟昆及弟。幸生幸育。託綜遺體。過庭既訓。頑蔽難啓。堂構弗克。志存耦耕。豈悟聖朝。仁澤流盈。追録先臣。愍其無成。是濟是拔。被以殊榮。翊忝千里。受命南征。旍旗備物。金革揚聲。及臣斯陋。實闇實微。既顯前軌。人物之機。復傅東宫。繼世荷輝。才不逮先。是忝是違。乾德博好。文雅是貴。追悼亡臣。冀存遺類。如何愚胤。曾無髣髴。瞻彼舊寵。顧此頑虚。孰能忍媿。臣實與居。夙夜反側。克心自論。父子兄弟。累世蒙恩。死惟結草。生誓殺身。雖則灰隕。無報萬分。〇三國志薛瑩傳。詩紀二十。

答華永先詩

桴鼓常在側。筆研永欲捐。卷袠不復開。干戈以爲權。〇御覽三百二十八。

棗據

據。字道彦。潁川長社人。辟大將軍府。出爲山陽令。遷尚書郎。賈充伐吴。請爲從事中郎。軍還。徙黄門侍郎、冀州刺史、太子中庶子。太康中卒。年五十餘。有集二卷。

答阮得猷詩

友朋顧之。貽我良箴。玩之無斁。終詠斯音。燕鼎在舟。雖重不沈。庶憑嘉謨。高迹可尋。〇類聚三十一。詩紀二十三。

雜詩

吳寇未殄滅。亂象侵邊疆。天子命上宰。作蕃于漢陽。開國建元士。玉帛聘賢良。予非荆山璞。謬登和氏場。羊質服李善本文選作復。虎文。燕翼假鳳翔。既懼非所任。怨彼南路長。千里既悠邈。路次限關梁。僕夫罷六臣本文選注云。五臣作疲。遠涉。六臣本文選注云。五臣作陟。車馬困山岡。深谷下無底。高巖暨穹蒼。豐草停滋潤。霧露沾衣裳。玄林結陰氣。不風自寒涼。顧瞻情感切。惻愴心哀傷。士生則懸弧。有事在四方。安得恆逍遙。端坐守閨房。引義割外情。內感實難忘。○文選二十九。詩紀二十三。

詩 詩紀作遊覽。

矯足登雲閣。相伴步九華。徙倚憑高山。仰攀桂樹柯。延首觀神州。迴晴韵補作精。盻類聚作眄。韵補作盼。曲阿。芳林挺修幹。一歲再三花。何以濟不朽。噓吸漱朝霞。重岩吐神溜。傾觴挹涌波。恢恢大道間。人事足爲多。○類聚二十八。廣文選九。詩紀二十三。又韵補九引阿、花二韵。

詩

有鳳適南中。終日無歡娱。自怨梧桐遠。行飛棲桑榆。奮迅振長翼。俛仰向天衢。簫韶逝無聞。朝陽不可須。○類聚九十。詩紀二十三。

詩

金玉有本質。焉能不堅剛。惟在遠爐灰。幽居永潛藏。○初學記二十七。

詩

騏驥伏吴坂。不與伯樂俱。駑馬同銜勒。豈得獨卓殊。○御覽三百五十八。

詩

下窺幽谷底。窈窕一何深。魚動起重淵。鳥驚奮高林。○韆林詩話。

五言詩

涼風動玄帳。明月皎素輝。○書鈔百三十一。

詩

真僞各有分。駑驥不齊鑣。○御覽三百五十八。

王濬

濬。字士治。弘農湖人。初辟河東從事。歷益州刺史。平吴有功。封襄陽縣侯。遷鎮軍大將軍。太康六年卒。年八十。有集二卷。

祖道應令詩

侯誰在矣。東宫詵詵。曰保曰傅。弘道維新。前疑協衡。顧問翼輪。豈伊張仲。專美前津。涣乎唐德。欽在四鄰。齊軌上葉。永垂清塵。○類聚二十九。詩紀二十三。

平吴詩

茫茫禹跡。九域乃賓。庶士交正。無思不順。○韵補四。

馬怠其衡。車曳其輪。飛龍造造。天命有晉。○同上

荀勗

勗。字公曾。潁川潁陰人。仕魏爲大將軍曹爽掾。轉驃騎將軍司馬懿從事中郎。遷廷尉正。參大將軍司馬昭軍事。賜爵關内侯。進侍中。封安陽子。武帝受禪。改封濟北郡侯。拜中書監。領著作。進光

禄大夫、尚書令。太康十年卒。有集三卷。

從武帝華林園宴詩二章

習習春初學記作奉。陽。帝出乎震。天施地生。以應仲春。思文聖皇。順時秉仁。初學記作人。欽初學記作飲。誤。若靈則。飲初學記作欽。誤。御嘉賓。洪恩普廣文選作晉。暢。慶乃衆臣。

其慶惟何。錫以帝祉。肆覲羣后。有客戾止。外納要荒。内延卿士。簫管詠德。八音咸理。凱樂飲酒。莫不宴喜。○類聚三十九。廣文選九作晉武帝華林園詩。初學記十四。詩紀二十一。

三月三日從華林園詩

清節中季春。姑洗通滯塞。玉輅扶渌池。臨川蕩苛慝。○初學記四。詩紀四十。○逯案。此與上篇當爲同時之作。蓋一用四言。一用五言也。

王銓

銓。陳郡陳人。太康中爲博望令。

爲兩足虎作歌詩

王隱晉書曰。中宗召問王隱曰。荆州送兩足虎。其欲何爲也。隱曰。謹案先臣銓傳。太康時獻兩足虎。因作歌詩云云以諷。銓意以晉金行也。金在西方。其獸爲虎。虎有四足。猶國有四方。無半勢而又見獲。將有懷、愍之禍也。

般般白虎。觀釁荆楚。孫吴不逞。金皇赫怒。〇開元占經百十六、梅鼎祚西晉文紀並引王隱晉書。

武形有虧。金獸失儀。聖主應天。斯異何爲。〇晉書五行志。〇逯案。五行志曰。太康六年。南陽獻兩足猛獸。此毛蟲之孽也。識者爲其文曰云云。嚴可均全晉文即據以編入闕名卷中。考開元占經引王隱晉書。王銓爲兩足虎作歌詩。而梅鼎祚所引王隱晉書則云。太康六年。荆州送兩足虎。時尚書郎索靖議稱半虎。博令王鈐爲文。據般般白虎四句。武形有虧四句均王銓歌詩逸語。稱爲文者。乃歌詩之簡耳。王鈐乃王銓之誤。武形之武乃虎字。因避唐諱改武也。

夏侯湛

湛。字孝若。譙國譙人。文章宏富。善構新詞。泰始中。舉賢良方正。拜郎中。選補太子舍人。轉尚書郎。出爲野王令。除中書侍郎。出爲南陽相。遷太子僕。惠帝即位。爲散騎常侍。元康初卒。年四十九。有新論十卷、集十卷。

周詩

敘曰。周詩者。南垓、白華、華黍、由庚、崇丘、由儀六篇。有其義而亡其辭。湛續其亡。故云周詩也。世說曰。夏侯湛作周詩成。示潘安仁。安仁曰。此非徒温雅。乃别見孝悌之性。潘因此遂作家風詩。

既殷斯虔。仰説洪恩。夕定晨省。奉朝侍昏。宵中告退。雞鳴在門。孳孳恭誨。夙夜是敦。〇世説新語文學篇注。詩紀三十。

山路吟

夙駕兮待明。陟山路兮遐征。冒晨朝兮入大谷。道逶迤兮嵐氣清。攬轡兮抑馬。踟蹰兮曠野。曠野軀兮遼落。崇岳兮嵬嶨。丘陵兮連離。卉木兮交錯。淥水兮長流。驚濤兮拂石。○類聚七。詩紀三十。

江上泛歌

悠悠兮遠征。倏倏兮曁南荆。南荆兮臨長江。臨長江類聚作江河。兮討不庭。江水兮浩浩。長流兮萬里。洪浪兮雲轉。陽侯兮奔起。鷩翼兮垂天。鯨魚兮岳跱。蘩蕪紛兮被皋陸。脩竹鬱兮翳崖趾。望江之南兮遨目桂林。桂林詩紀作枝。蓊鬱兮鶗雞揚音。淩波兮顧濟。舟檝不具兮江水深。沈嗟迴盼於北夏。何歸軫之難尋。○類聚八。詩紀三十。

離親詠

剖符兮南荆。辭親兮遐征。發軔兮皇京。夕臻兮泉亭。撫首兮内顧。按轡兮安步。仰戀兮後塗。俯歎兮前路。既感物以永思兮。且歸身乎懷抱。苟違親以從利兮。匪曾閔之攸寶。視微榮之瑣瑣兮。知吾志之愈小。獨申愧於一心兮。慚報德之彌少。○類聚二十。詩紀三十。

長夜謡

日暮兮初晴。天灼灼兮遐清。披雲兮歸山。垂景兮照庭。列宿兮皎皎。星稀兮月明。亭檐隅以逍遥兮盻太類聚作大。虚以仰觀。望閶闔之昭晰兮麗紫微之暉焕。○類聚十九。詩紀三十。

寒苦謡

惟立冬之初夜。天慘懔以降寒。霜皚皚以被庭。冰溏瀨於井幹。草槭槭以疏葉。木蕭蕭以零殘。松隕葉於翠條。竹摧柯於緑竿。○類聚五。詩紀三十。

春可樂

春可樂兮樂東作之良時。嘉新田之啓萊。悦中疇之發菑。桑冉冉以奮條。麥遂遂以揚秀。澤苗翳渚。原卉耀阜。春可樂兮樂崇陸之可娱。登夷岡以迴眺。超矯駕乎山隅。御覽作嵎。春可樂兮綴雜華初學記作花。以爲蓋。集繁蕤以飾裳。散風衣之馥氣。納戢懷之潛芳。鸎交交以弄音。翠翾翾以輕翔。招君子以偕樂。攜淑人以微行。○類聚三。又初學記三引裳一韵。御覽五十六引娱、嵎二韵。

援若流之緑芰。○初學記三。

進櫻桃于玉盤。○御覽九百六十九。

秋可哀

秋可哀兮哀秋日之蕭條。火迴景以西流。天既清而氣高。壤含素霜。山結玄霄。月延路以增夜。日遷行以收暉。屏絺綌于笥匣。納綸縞以授衣。秋可哀兮哀新物之陳蕪。綢篠朔以斂稀。密葉槭以損疎。雁擢翼於太清。燕蟠形乎榛墟。秋可哀兮哀良夜之遥長。月翳翳以隱雲。星類聚作時。朧朧以投初學記作而没。光。映前軒之疎幌。照後帷之閑房。拊輕衾而不寐。臨虚檻而褰裳。感時邁以興思。情愴愴以含傷。〇類聚三。又初學記三引光、房二韵。

秋可哀兮哀南畝之菜當作萊。荒。既採蕭於大陸兮又刈蘭乎崇岡。〇御覽五十六。

秋夕哀

秋夕兮遥長。哀心兮永傷。結帷兮中宇。屣履兮閑房。聽蟋蟀之潛鳴。睹遊雁之雲翔。尋修廡之飛檐。覽明月之流光。木蕭蕭以被初學記作死。風。階縞縞以受霜。玉機兮環轉。四運兮驟遷。銜恤兮迄今。忽將兮涉年。日往兮哀深。歲暮兮思繁。〇類聚三。又初學記三作秋可哀詩。引傷、霜二韵。

征邁辭

上伊闕兮臨川。撫駿馬兮授鞍。中衢兮載歎。斂鞚兮盤桓。〇御覽三百五十八。

王濟

濟。字武子。太原晉陽人。武帝時尚常山公主。起家中書郎。遷侍中。終於太僕。有集二卷。

平吴後三月三日華林園詩

蠢爾長蛇。荐食江汜。我皇神武。汎舟萬里。迅雷電邁。弗及掩耳。思樂華林。薄采其蘭。皇居偉則。芳園巨觀。仁以山悦。水爲智歡。清池流爵。秘樂通玄。脩罶灑鱗。大庖妙饌。物以時序。情以化宣。終温且克。有肅初筵。嘉賓在玆。千宋本初學記作干。禄永年。○類聚四引汜、里、耳、蘭、觀、歡、玄、宣八韵。初學記十四作王濟從事華林園詩。引饌、宣、筵、年四韵。廣文選八作華林園詩。引汜、里、耳、蘭、觀、歡、玄、宣八韵。詩紀二十三。

從事華林詩

鬱鬱華林。奕奕疎圃。燕彼羣后。郁郁有序。○書鈔八十二。○逯案。初學記引上詩作從事華林園詩。此四句蓋上詩佚文。

詩

於顯我王。緝乘斯民。俊明有德。嚴恭惟寅。○魏書三十六李順傳附霽傳釋情賦注引王武子詩。

答何劭詩

計終收退致。發軌將先起。○文選二十三拜陵廟詩注。

孫楚

楚。字子荆。太原中都人。歷任著作佐郎、石苞驃騎參軍。後爲扶風王駿征西參軍。轉梁令。遷衛軍司馬。惠帝初爲馮翊太守。元康三年卒。有集十二卷。

答弘農故吏民詩

昔我先侯。邁德垂化。康哉之詠。實由良佐。惟余忝辱。弗克負荷。每歷貴邦。仰瞻泰華。追慕先軌。感想哀嗟。詵詵臣故。爰及羣士。皓首老成。率彼邑里。闡崇高義。長幼以齒。○類聚二十九。詩紀三十。

除婦服詩

集云。婦胡母氏也。世説曰。孫子荆除婦服。作詩以示王武子。王曰。未知文生於情。情生於文。覽之悽然。增伉儷之重。

時邁不停。日月電流。神爽登遐。忽已一周。禮制有敍。告除靈丘。臨祠感痛。中心若抽。○世説新語文學篇注。詩紀三十。

太僕座上詩

朝欽厥庸。出尹京畿。迴受太僕。四牡騑騑。緑初學記作騄。耳盈箱。翠華葳蕤。動齊庭實。增國之暉。○初學記十二。詩紀三十。

會王侍中座上詩

顯允君子。時惟英邵。玄貂左移。華蟬增曜。○御覽六百八十八。

祖道詩

仰天惟龍。御地以驥。利有攸往。不期而至。○初學記五。詩紀三十。

征西官屬送於陟陽候作詩

晨風飄歧路。零雨被秋草。傾城遠追文選殘頁作迫。類聚作相。送。餞我千里道。三命漁隱叢話作本。皆有極。咄嗟安可保。莫大於殤子。彭聃猶爲夭。吉凶如糾纆。文選殘頁作纏。文章正宗、詩紀同。憂喜相紛繞。六臣本文選注云。五臣作擾。按選注原應作擾。天地爲我罏。萬物一何小。達人垂大觀。誠此苦不早。乖離卽長衢。惆悵盈懷抱。孰能察其心。鑒之以蒼昊。齊契在今朝。守之與偕老。〇文選二十。日本延喜十三年刻文選殘頁。文章正宗二十九。詩紀三十。又類聚二十九作征西官屬送別詩。引草、道、抱三韵。初學記十八作征西官屬於陟陽候祖道詩。引草、道二韵。苕溪漁隱叢話二引保一韵。

之馮翊祖道詩

舉翮撫三秦。抗我千里目。念當隔山河。執觴懷慘毒。〇初學記十八。詩紀三十。

出歌

茱萸出芳樹顛。鯉魚出洛水泉。白鹽出河東。美豉御覽作鼓。出魯淵。御覽作川。薑桂茶荈出巴蜀。椒橘木蘭出高山。蓼蘇出溝渠。精御覽作秕。稗出中田。〇陸羽茶經下作孫楚歌。御覽八百六十七。

董京

京。字威輦。不知何郡人。初與隴西計吏俱至洛陽。被髮而行。逍遥吟詠。常宿白社中。時乞於市。後數年遁去。莫知所之。

詩二首

晉書曰。京既遁去。於其寢處。有詩二篇。

乾道剛簡。坤體敦密。茫茫太素。是則是述。末世流奔。以文代質。悠悠世目。孰知其實。逝將去此至虛。御覽作抱此玄虛。歸此自然御覽作我寂寞。之室。○晉書本傳。御覽五百二引王隱晉書。詩紀三十。

孔子不遇。時彼感麟。詩紀云。舊作麒。誤。麟乎麟。胡不遁世以存真。○晉書本傳。詩紀三十。

答孫楚詩

晉書曰。京在洛陽。孫楚時爲著作郎。數就社中與京語。遂載與俱歸。京不肯坐。楚貽之書曰。今堯舜之世。胡爲懷道迷邦。京答之以詩。

周道斁兮頌聲没。夏政衰兮五常汩。便便君子。顧望而逝。洋洋乎滿目。而作者七。豈不樂天地之化也。哀哉乎時之不可與。對之以獨處。無娛我以爲歡。清流可飲。至道可餐。何爲栖栖。自使疲單。魚懸獸檻。鄙夫知之。夫古之至人。藏器於詩紀作如。靈。緼袍不能令暖。詩紀作令煖。注云。當作令暖。軒冕不能令榮。動如川之流。静如川之渟。詩紀作亭。鸚鵡能言。泗濱浮磬。衆人所翫。豈合物情。玄鳥紆幕。而不被害。鴟隼遠巢。咸以欲死。眄彼詩紀作被。梁魚。逡巡倒尾。沈吟不決。忽焉失水。嗟乎。魚鳥相與。萬世而不悟。以我觀之。乃明其故。焉知不有達人。深穆其度。亦將闚我。顰顣而去。萬物皆賤。惟人爲貴。動以九州爲狹。静以環堵爲大。○晉書本傳。詩紀三十。

晉詩卷三

傅咸

咸。字長虞。玄子。泰始末。拜太子洗馬。累遷尚書右丞。出爲冀州刺史。元康初。遷御史中丞。再爲本州中正。以議郎長兼司隸校尉。元康四年卒。年五十六。有集三十卷。

孝經詩二章

詩紀云。春秋正義曰。傅咸七經詩。王羲之寫。今所存者六經耳。

立身行道。始於事親。上下無怨。不惡於人。類聚作不敢惡人。詩紀云。一作不敢惡人。孝無終始。不離其身。三者備矣。以臨其民。

以孝事君。不離令名。進思盡忠。義則不争。類聚作不義則争。匡救其惡。災害不生。孝悌之至。通於神明。

○類聚五十五。初學記二十一。詩紀二十二。

論語詩二章

守死善道。磨而不磷。直哉史魚。可謂大臣。見危授命。能致其身。

克己復禮。學優則仕。富貴在天。爲仁由己。以道事君。死而後已。○類聚五十五。初學記二十一。詩紀二十二。

毛詩詩二章

無將大車。維塵冥冥。濟濟多士。文王以寧。顯初學記作明。允君子。大猷是經。

聿脩厥德。令終有俶。類聚作淑。勉爾遯思。我言維服。盗言孔甘。其何能初學記作惟。淑。讒人罔極。有靦面目。○類聚五十五。初學記二十一。詩紀二十二。

周易詩

卑以自牧。謙而益類聚、詩紀作尊而。光。進德修業。既有典常。暉光日新。照于四方。小人勿用。君子道長。○類聚五十五。初學記二十一。詩紀二十二。

周官詩二章

惟王建國。詩紀云。一作極。設官分職。進賢興功。取諸初學記作時文。易直。除其不蠲。無敢反側。以德詔爵。允臻其極。

辨初學記作卞。其可任。以告于正。掌其戒禁。治其政令。各修乃職。以聽王命。○類聚五十五。初學記二十一。詩紀二十二。

左傳詩

詩紀云。前四首藝文類聚各分二章。此首藝文不載。以例考之。亦當爾也。

事君之禮。敢不盡情。敬奉德義。樹之風聲。昭德塞違。不殞其名。死而利國。以爲己榮。茲心不爽。忠而能力。不爲利謟。古之遺直。威當作咸。黜不端。勿使能植。○初學記二十一。詩紀二十二。

與尚書同僚詩

非望之寵。謬加于己。猥授非據。奄司萬里。煌煌朱軒。服驥騄類聚作參。騑。暐暐初星。類聚作延。肅肅臣僕。暉光顯赫。衆目所屬。斯之弗稱。匪榮伊辱。質弱尚父。類聚作甫。廣文選同。受任鷹揚。德非樊仲。王命是將。百城或違。無能有匡。一州之矜。將弛其綱。得意忘言。言在意後。夫惟神交。可以長久。我心之孚。有盈于缶。與子偕老。豈曰執手。出司萬詩紀云。一作百。里。牧彼朔濱。服冕乘軒。六轡既均。威風先邁。百城肅震。○類聚三十一。廣文選十。詩紀二十二。

贈褚武良詩

爰暨于褚。惟晉之禎。肇振鳳翼。羽儀上京。聿作喉舌。納言紫庭。光贊帝道。敷皇之明。方任之重。實在江揚。乃授旄鉞。宣曜威靈。悠悠遐邁。東夏于征。○類聚三十一。廣文選十。詩紀二十二。

贈崔伏二郎詩

英妙之選。二生之授。顒顒兩城。歡德之茂。君子所居。九夷非陋。無狹百里。而不垂覆。人之好我。贈我清詩。示我周行。心與道期。誠發自中。義形於辭。古人辭讓。豈不爾思。○類聚三十一。廣文選十。詩紀二十二。

答潘尼詩并序

司州秀才潘正叔。識通才高。以文學温雅爲博士。余性直。而處清論褒貶之任。作詩以見規。雖褒飾之舉。非所敢聞。而斐粲之辭。良可樂也。答之雖不足以相酬報。所謂盍各言志也。

貽我妙文。繁春之榮。匪榮斯尚。乃新其聲。吉甫作頌。有馥其馨。實由樊仲。其德克明。授此瓦礫。厠彼瑶瓊。睨非其喻。聞寵若驚。○類聚三十一。廣文選一。詩紀二十二。

答欒弘詩并序

安樂令欒弘。太傅鉅平侯羊公辟未就而公薨。後應司州之命。舉秀才。博文通濟之士。余失和於府。當换爲護軍司馬。賦詩見贈。答之云爾。

鉅平作宰。是貴是欽。弓旌仍招。嘉命胥尋。鸞鳳養儀。戢翼幽林。未附雅調。以和韶音。鉅平遐逝。厲志彌深。肅肅京司。清風裁邁。乃延羣彦。龍集鳳會。亦既斯降。萬里有賴。聲發響應。好結傾蓋。○類聚三十一。詩紀二十二。

贈建平太守李叔龍詩

弘道興化。實在韻補作於。良守。悠悠建平。皇澤未流。朝選於衆。乃子之授。南荆注望。心平克副。○類聚三十一。詩紀二十二。又韻補四作傅玄。引守、流、授三韻。

贈何劭王濟詩并序

朗陵公何敬祖。咸之從内兄。國子祭酒王武子。咸從姑之外孫也。並以明德見重於世。咸親之重之。情猶同生。義則師友。何公既登侍中。武子俄而亦作。二賢相得甚歡。咸亦慶之。然自限初學記作恨。闇劣。雖願其繾綣。而從之末由。歷試無效。且有家艱。心存目初學記作日。替。六臣本文選注云。善本無此一句。賦詩申懷以貽之。

日月光太清。列宿曜紫微。赫赫大晉朝。明明闢皇闈。吾兄既鳳翔。王子亦龍飛。雙鸞遊蘭渚。二離初學記作雞。御覽作雞。揚清暉。攜手升玉階。並坐侍丹帷。金璫綴惠文。煌煌發令姿。斯榮非攸庶。初學記作世所欽。繾綣情所希。豈不企高蹤。麟趾邈難追。臨川靡芳餌。何爲守空李善本文選作空守。坻。槁葉初學記作枯槁。待風飄。逝將與君違。違君能無戀。尸初學記作尺。素當言歸。歸身蓬蓽廬。樂道以忘飢。進則無云補。退則恤其私。但願隆弘美。王度日清夷。○文選二十五。初學記十二。詩紀二十二。又御覽二百十九引序及飛、輝二韻。

詩并序

楊駿就吾索詩云。茅文通相説。文動爲規藏可盡送。便作此詩。欲其有悟。然猶有慮。以示文通曰。得無作唯此白鶴直爲駡可。君此遠有文義。故欲令兄見之。唯此白鶴者。良冀臨池。而中有鶴白令子崔瑋爲賦。指以駡冀。遂并文與駿。寂然云不知多務不省也。將如搔膸。自無覺也。詩曰。

肅肅商風起。悄悄心自悲。圓圓御覽作團團。三五月。皎皎曜御覽作耀。清暉。御覽作輝。今昔一何盛。氛氳自消微。微黄黄及華。飄搖隨風飛。○鳴沙石室佚書修文殿御覽。又御覽四引輝一韵。○逯案。序、詩皆有訛誤。

贈太尉司馬虞顯機詩

帝崇元淑。妙選其屬。命子是佐。增袞之縟。○類聚三十一。詩紀二十二。

愁霖詩

舉足没泥濘。市道無行車。蘭桂賤朽腐。柴粟貴明珠。○御覽十一。詩紀二十二。

詩

零露濬江海。飛塵崇山岳。過謬佐台輔。安能任鼎餗。○初學記二。詩紀二十二。

贈郭泰機詩并序

河南郭泰機。寒素後門之士。不知余無能爲益。以詩見激切可施用之才。而況沉淪不能自拔於世。余雖心知之而未如之何。此屈非復文辭所了。故直戲以答其詩云。

素絲豈不絜。寒女難爲容。○文選二十五答傅咸詩注。

貧寒猶手拙。操杼安能工。○同上

詩

淫雨彌旬日。河流若奔渠。○書鈔百五十一。○逯案。此當是愁霖詩佚句。

春敷和氣百鳥鳴。○書鈔百五十四。

郭泰機

泰機。河南人。寒素後門之士。

答傅咸詩

皦皦六臣本文選作皎皎。草堂詩注同。白素絲。織爲寒女衣。寒女草堂詩注作衣。雖妙巧。不得秉杼機。天寒知運速。況復鴈南飛。衣草堂詩注作良。工秉刀尺。棄我忽若草堂詩注作如。遺。人不取諸身。世事李善本文選作士。焉所希。況復已朝餐。曷由知我飢。○文選二十五。詩紀三十。又草堂詩箋六自京詩注引衣、機二韵。三十二引衣、遺二韵。

張華

華。字茂先。范陽方城人。仕魏爲太常博士。除著作佐郎。遷長史。兼中書郎。晉受禪。拜黄門侍郎。封關内侯。遷中書令。轉度支尚書。吴平。進封廣武縣侯。出爲幽州都督。領護烏桓校尉、安北將軍。惠帝卽位。爲太子少傅。拜右光禄大夫、侍中、中書監。封壯武郡公。元康六年。拜司空。爲趙王倫所殺。有博物志十卷、集十卷。

門有車馬客行

門有車馬客。問君何鄉士。捷步往相訊。果是舊鄰里。語昔有故悲。論今無新喜。清晨相訪慰。日暮不能已。詞端競未究。忽唱分途始。前悲尚未弭。後憂方復起。○類聚四十一。詩紀二十一。○逯案。樂府詩集四十載鮑照門有車馬客行一首。與此全同而又多出六句。文義較爲完整。且鮑照本集亦載之。則此當是鮑詩逸篇。

輕薄篇

末世多輕薄。驕代書鈔、樂府、廣文選作或。詩紀云。一作或。好浮華。志意既樂府、廣文選作能。又樂府、詩紀云。一作既。放逸。貲財亦豐奢。被服極纖麗。肴膳盡柔嘉。童僕餘梁肉。婢妾蹈綾羅。文軒樹草堂詩注作植。羽蓋。乘馬鳴書鈔作佩。御覽、草堂詩注同。玉珂。横簪編珠作著。刻御覽作列。玳瑁。御覽作瑁瑇。長鞭錯書鈔、初學記作施。象牙。足下金鑮書鈔作薄。御覽作黄金。履。手中雙莫耶。賓從煥絡繹。侍御何芬葩。朝與金張期。暮宿許史家。甲第面長街。朱門赫嵯峨。蒼梧竹葉清。書鈔作酒。宜城九醖醝。書鈔誤作酒。浮醪隨觴轉。素蟻自跳波。美女興齊趙。妍初學記誤作研。唱出西巴。一顧傾城國。初學記作城國傾。千金寧樂府、廣文選作不。足多。北里獻書鈔獻下多其字。奇舞。大陵奏書鈔奏下多此字。名歌。新聲踰初學記作殊。激楚。妙妓絶陽阿。玄鶴降浮雲。鱏魚躍中河。墨翟且停車。展季猶咨嗟。淳于前行酒。雍門坐相和。孟公結重關。賓客不得蹉。三雅來何遲。耳熱眼中花。盤案互交錯。坐席咸諠譁。簪珥咸樂府作或。墮落。冠冕皆傾邪。酣飲終日夜。明燈繼朝霞。絶纓尚不尤。安能復顧他。留連彌信宿。此歡難可過。人生若浮寄。年時忽蹉跎。促促朝露期。榮樂遽幾何。念此腸中悲。涕下自滂沱。但畏執法吏。禮防且切磋。○樂府詩集六十七。廣文選十三。詩紀二十一。又書鈔百三十六引華、耶二韻。初學記十五引巴、多二韻。歌、阿二韻。御覽三百五十九引珂、牙二韻。書鈔百六引歌一韻。百四十八引醝一韻。文選三十五七命注引酒一韻。御覽六百九十七引耶一韻。又書鈔百二十六、草堂詩箋三十九送顧詩注、御覽三百五十九引珂一韻。書鈔百二十六、初學記二十二引牙一韻。

遊俠篇

翩翩四公子。濁世稱賢名。類聚、樂府作明。龍虎相樂府作方。交争。七國並抗衡。食客三千餘。門下多類聚作稱。豪英。遊説朝夕至。辯士自縱横。孟嘗東出關。樂府作出東關。廣文選同。濟身由雞鳴。信陵西反魏。秦人不窺兵。韵補作疆。類聚作開濟疆。趙勝南詛類聚作盟。楚。乃與毛遂行。黄歇北適秦。太子還入荆。美哉遊俠士。何以尚四卿。我則異於是。好古師老彭。○樂府詩集六十七。廣文選十三。詩紀二十一。又類聚三十三引明、英、横、鳴、彊、行、荆七韵。韵補二引鳴彊二韵。

博陵王宫俠曲二首

俠客樂幽險。類聚作險幽。築室窮山陰。獠御覽作轑。獵野獸稀。御覽作盡。施網川無禽。歲暮飢寒至。慷慨頓足吟。窮令壯士激。安能懷苦心。千將坐自□。繁弱控餘音。耕佃窮淵陂。種粟著劍鐔。收秋狹路間。一擊重千金。棲遲熊羆穴。容與虎豹林。身在法令外。縱逸常不禁。○樂府詩集六十七。又類聚三十三引陰、林二韵。御覽四百七十三引陰、禽二韵。

雄兒書鈔作魏。任氣俠。類聚、御覽誤作候。聲蓋書鈔作溢。少年場。借友行報怨。殺人租類聚作駔。御覽作都。市旁。吴刀鳴手中。利劍嚴秋霜。腰間叉素戟。手持白頭鑲。騰超類聚作起。如激電。類聚作電激。迴旋如流光。奮擊當手決。交屍自縱横。寧爲殤鬼雄。義不入圜牆。生從命子遊。死聞俠骨香。身没類聚作没身。心不懲。勇氣加四方。○樂府詩集六十七。詩紀二十一。又書鈔百二十三引場、霜二韵。類聚三十三引場、傍、霜、光、香、方六韵。御覽四類聚誤作如。百七十三引場、旁、鑲三韵。○類聚聯爲一首。

遊獵篇

歲暮凝霜結。堅冰沍幽泉。厲風蕩原隰。浮雲蔽昊天。玄雲晻黮合。素雪紛連翩。鷹隼始擊鷙。虞人獻時鮮。嚴駕鳴儔侶。攬轡過中田。戎車方四牡。文軒馭紫燕。輿徒既整飭。容服麗且妍。武騎列重圍。前驅抗修旃。倏忽似回飈。絡繹若浮煙。鼓譟山淵動。衝塵雲霧連。輕繒拂素霓。纖網蔭長川。游魚未暇竄。歸鴈不得還。樂府作旋。詩紀云。一作旋。由基控繁弱。公差操黄間。機發應弦倒。一縱連雙肩。僵禽正狼藉。落羽何翻樂府作翩。翻。積獲被山阜。流血丹中原。馳騁未及倦。曜靈俄移晷。結罝彌藪澤。罾聲振四鄙。鳥驚觸白刃。獸駭掛流矢。仰手接遊鴻。舉足蹴犀兕。如黄批狡兔。類聚或誤作勇。青骹撮飛雉。鵲鷺不類聚或作皆。盡收。鳧鷺類聚或作小鳥。安足視。日冥徒御勞。賞勤課能否。野饗會衆賓。玄酒甘且旨。燔炙播遺芳。金觴浮素蟻。珍羞墜歸雲。纖肴出淥水。四氣運不停。年時何亹亹。人生忽如寄。居世遽能幾。至人同禍福。達士等生死。榮辱渾一門。安知惡與美。遊放使心狂。覆車難再履。伯陽爲我誡。檢跡投清軌。◯樂府詩集六十七。詩紀二十一。又類聚九十一、九十四並引雉、視二韵。

壯士篇

天地相震蕩。回薄不知詩紀云。一作可。窮。人物禀常格。有始必有終。年時俛仰過。功名宜速崇。壯士懷憤激。安能守虚沖。乘我大宛馬。撫我繁詩紀誤作繫。弱弓。長劍横九野。高冠拂玄穹。慷慨成素霓。嘯吒起清風。震響駭八荒。奮威曜四戎。濯鱗滄海畔。馳騁大漠廣文選作漢。中。獨步聖明世。四海稱英雄。◯樂府詩集六十七。廣文選十三。詩紀二十一。

簫史曲

詩紀云。藝文作張華。樂府作鮑照。然此詩詞格不類晉人。當是鮑詩也。

簫史愛長樂府作少。年。嬴女吝童顔。火粒願排棄。霞霧好樂府作霞好忽。登攀。龍飛逸類聚作竟。詩紀云。一作竟。天路。鳳起出秦關。身去長不返。簫聲時往還。○類聚七十八作詠簫史詩。樂府詩集五十一作鮑照。詩紀二十一。

縱横篇

蘇秦始爲交。同學鬼谷先生。辯説剖毫氂。變詐入無形。巧言惑正理。人主莫不傾聽。○御覽四百六十四。

苦寒行

重纊無暖氣。輕被覆空牀。○御覽七百七。○四部叢刊本作苦行詩。無纊字。

真人篇

朱李生東苑。甘瓜出西郊。○御覽九百七十八。

勵志詩九章四言

大儀斡運。天迴地游。四氣書鈔作時。鱗次。寒暑環周。星火既夕。忽焉素秋。涼風書鈔作商飇。振落。熠燿宵流。吉士思秋。實感物化。日與六臣本文選作歟。注云。善本作與字。下同。月與。荏苒代謝。逝者如斯。曾無日夜。嗟爾庶士。胡寧自舍。

仁道不遐。德輶如羽。求焉斯至。衆鮮克舉。大猷玄漠。將抽厥緒。先民六臣本文選注云。五臣作人。有作。貽我高矩。

雖有淑姿。放心縱逸。出李善本文選作田。般六臣本文選注云。五臣作盤。于游。居多暇日。如彼梓材。弗勤丹漆。雖勞樸斲。終負素質。

養由矯矢。獸號于林。蒲蘆文選作蒱盧。六臣本注云。五臣作蒱蘆。文章正宗作蒱盧。書鈔蘆作盧。縈繳。神感飛禽。末伎之妙。動物應心。研精躭道。安有幽深。

安心恬蕩。棲志浮雲。體之以質。彪之以文。如彼南畝。力耒既勤。藨蓘致功。必有豐殷。

水積成川。李善本文選作淵。文章正宗同。載瀾六臣本文選注云。五臣作潤。載清。土積成山。歊蒸鬱冥。山不讓塵。川不辭盈。勉爾六臣本文選作志。詩紀云。一作志。含弘。以隆德聲。

高以下基。洪由纖起。川廣自六臣本文選注云。五臣作其。源。成人在始。累微以著。乃物之理。纆牽之長。實累千里。

復禮終朝。天下歸仁。若金受礪。若泥在鈞。進德修業。輝光日新。隰朋仰慕。予亦何人。○文選十九。文章正宗二十九。詩紀二十一。又書鈔百二十五引林、禽二韻。百五十三引一句。百五十四引流一韻。

祖道征西應詔詩

赫赫大晉。奄有萬方。陶以仁化。曜以天光。二詩紀作貳。跡陝西。實在我王。内飪廣文選作銓。玉鉉。外惟鷹揚。四牡揚鑣。玄輅振綏。庶寮羣后。餞飲洛湄。感離歎悽。慕德遲遲。○類聚二十九。廣文選八。詩紀二十一。

祖道趙王應詔詩

崇選穆穆。利建明德。詩紀云。一作明明。於顯穆親。時惟我王。禀姿自然。金質玉相。光宅舊趙。作鎮冀類聚作異。方。休寵曲錫。備物焕彰。發軔上京。出自天邑。百寮餞行。縉紳具集。軒冕峨峨。冠蓋習習。戀德惟懷。永歎弗及。○類聚二十九。廣文選八。詩紀二十一。

太康六年三月三日後園會詩四章

暮春元日。陽氣清明。祁祁甘雨。膏澤流盈。習習祥風。啓滯導生。禽鳥翔逸。類聚作逸豫。初學記、御覽、廣文選同。卉木類聚作桑麻。初學記、御覽、廣文選同。滋榮。纖條被緑。翠華含英。

於皇我后。御覽作於我皇后。欽若昊乾。順時省物。言觀中園。讌及羣辟。乃命乃延。初學記作筵。御覽作初筵。詩紀云。一作初筵。合樂華池。祓歲時雜詠作復。濯清川。汎歲時雜詠誤作凡。彼龍舟。泝類聚誤作沂。游洪類聚作渚。源。

朱幕雲覆。列坐文茵。羽觴波騰。品物備珍。管絃繁會。變用歲時雜詠作用變。奏新。穆穆我皇。臨下渥仁。訓以慈惠。詢納廣神。好樂無荒。化達無垠。

咨予微臣。荷寵明時。忝恩于外。攸攸三期。歲時雜詠作朞。犬歲時雜詠誤作太。馬惟慕。天實爲之。靈啓其願。歲時雜詠作衷。遐願詩紀作邈□。在兹。于以表情。爰著斯詩。此章歲時雜詠有竄亂。○古今歲時雜詠十六。詩紀二十一。又類聚四、初學記四、御覽三十、廣文選八並引前二章。

詩

聽朝有暇。延書鈔作延。命羣臣。冠蓋雲集。樽俎星陳。○書鈔八十二。初學記十四。

上巳篇以下五言。

仁風導書鈔作道。和氣。勾歲時雜詠作句。詩紀同。芒御昊春。初學記誤作清。姑洗應時月。元書鈔作上。巳啓良辰。密雲蔭朝日。零雨灑微塵。飛軒遊九野。置酒會衆賓。臨川懸廣幕。夾水布長茵。歲時雜詠作裀。徘徊存往古。慷慨慕先真。朋御覽作明。從自遠至。童冠八九人。追好舞雩庭。擬跡洙泗濱。伶人理新樂。膳夫御覽作工。烹御覽作獻。詩紀作然。時珍。八音硼磕奏。肴俎從横陳。妙舞起齊趙。悲歌出三編珠作西。秦。春醴歲時雜詠作體。踰九醖。歲時雜詠作醴。詩紀同。冬清御覽作青。過十旬。盛時不努力。歲暮將何因。勉哉衆君子。茂德景日新。高飛撫詩紀作舞。鳳翼。輕舉攀龍鱗。○古今歲時雜詠十六。詩紀二十一。又書鈔百四十八引句一韵。百五十五引春、辰二韵。初學記四引清、辰、塵、賓四韵。杜公瞻編珠引秦一韵。御覽三十引春、辰、人、珍、旬五韵。

答何劭詩三首 何劭贈詩別見。

吏道何其迫。窘然坐自拘。纓緌爲徽纆。文憲焉可踰。恬曠苦不足。煩促每有餘。良朋貽新詩。示類聚作爾。我以游娛。穆如灑清風。焕李善本文選作奂。對牀夜語作涣。若春華敷。自昔同寮寀。於今比園廬。類聚作墟。衰疾近辱殆。六臣本文選注云。五臣殆辱。庶幾並懸輿。散髮重陰下。抱類聚作把。杖臨清渠。屬耳聽鶯鳴。類聚作鳴禽。流目翫儵李善本文選作鯈。魚。從容養餘日。取樂於桑榆。〇文選二十四。文章正宗二十九。詩紀二十一。又類聚三十一引娛、敷、墟、輿、渠、魚、榆七韵。范晞文對牀夜語一引敷、魚二韵。

洪鈞陶萬類。大塊禀羣生。明闇信異姿。静躁亦殊形。自予及有識。志不在功名。虚恬竊所好。文學少所經。忝荷既過任。白日已西傾。道長苦智短。責重困才輕。周任有遺規。其言明且清。負乘爲我戒。夕惕坐自驚。是用感嘉貺。寫心出中誠。發篇雖温麗。無乃違其情。〇文選二十四。文章正宗二十九。詩紀二十一。

駕言歸外庭。放志永棲遲。相伴步園疇。春草鬱鬱滋。榮觀雖盈目。親友莫與偕。悟物增隆思。結戀慕同儕。援翰屬新詩。永歎有餘懷。〇類聚三十一。詩紀二十一。

情詩五首

北方有佳人。端坐鼓鳴琴。終晨撫管絃。日書鈔作旦。夕不成音。憂來結不解。我思存所欽。君子尋時役。幽妾懷苦心。初爲三載別。於今久滯淫。昔耶玉臺作柳。廣文選作苦。並誤。生户牖。庭内自成陰。玉臺作林。翔鳥鳴翠偶。玉臺作隅。草蟲相和吟。心悲易感激。俛仰淚流衿。願托晨風翼。束帶侍衣衾。○玉臺新詠二。廣文選九。詩紀二十一。又書鈔一百九引琴、音二韻。

明月曜清景。曨光照玄詩紀作元。墀。幽人守靜夜。迴身入空帷。束帶俟將朝。廓落晨星稀。寐假交精爽。覿我佳人姿。巧笑媚懽玉臺作權。靨。聯娟玉臺作嫺。眸與眉。寤玉臺作寐。言增長歎。悽然心獨悲。○玉臺新詠二。廣文選九。詩紀二十一。

清風動帷簾。晨月照玉臺作燭。文選注、海録碎事同。六臣本文選注云。五臣作燭。詩紀同。幽房。佳人處遐遠。蘭室無容光。襟玉臺作衿。懷擁虛李善本文選作靈。景。輕衾覆空牀。居歡惜文選作愒。六臣本注云。五臣作惜。夜促。在戚玉臺作慼。六臣本文選注云。五臣作戚。怨宵長。拊玉臺作撫。六臣本文選注云。五臣作撫。枕獨嘯玉臺作吟。歎。感慨玉臺作綿綿。心內傷。○文選二十九。玉臺新詠二。詩紀二十一。又文選二十一雜體詩注引房一韻。海録碎事上引房一韻。

君居北海陽。妾在江南玉臺作南江。陰。懸邈修塗遠。類聚作極修途。山川阻且深。承歡注隆愛。結分投所欽。銜恩玉臺作思。詩紀云。一作思。篤守玉臺作守篤。義。萬里託微心。○玉臺新詠二。類聚三十二。詩紀二十一。

游目玉臺作自。四野外。逍遥獨延佇。蘭蕙緣清渠。繁華蔭類聚作陰。緑類聚作淥。渚。佳人不在兹。取此類聚作之。欲誰與。巢居知風寒。唐寫本玉臺作颯。類聚作寒風。玉臺作覺風飄。穴處識類聚作知。陰雨。不玉臺作未。曾遠別離。安知慕儔侶。○文選二十九。玉臺新詠二。類聚三十二。詩紀二十一。又敦煌唐寫本玉臺新詠存篇末三十四字。○逯案。詩紀以清風、游目、北方、明月、君居等爲次。今從玉臺新詠。

感婚詩

駕言遊東邑。東邑紛禳禳。御覽作穰穰。婚姻及良時。嫁娶避當梁。窈窕出閨女。嬿婉姬與姜。素顏發紅華。美目流清揚。韡煒衆親盛。於我猶若常。譬彼暮春草。榮華不再陽。○初學記十四。詩紀二十一。又御覽百五十七引穰、梁二韻。

雜詩三首

晷度隨天運。四時互相承。萬花谷作乘。東壁正昏中。涸文選作固。六臣本注云。五臣作涸。陰寒節升。繁霜降類聚作隆。當夕。悲風中夜興。朱火萬花谷作炎。青無光。蘭膏坐自類聚作未。凝。重衾無暖氣。挾纊如懷冰。伏枕終遥昔。寤言莫予應。永思慮崇替。詩紀作昔。慨然獨拊文選作撫。膺。○文選二十九。詩紀二十一。又類聚三、初學記三並引承、升、興、凝、冰五韻。萬花谷後二引乘、升、興、凝、冰五韻。

逍遥遊春宫。廣文選作空。詩紀同。又注云。一作宫。容與緣玉臺、廣文選作緣。詩紀作緑。池阿。唐寫本玉臺作河。白蘋齊廣文選、詩紀作開。素葉。朱草茂丹華。微風摇蔰玉臺、廣文選作茝。唐寫本玉臺作蘪。若。層波動芰荷。榮彩曜中林。流馨唐寫本玉臺作聲。入綺羅。王孫遊不歸。修路邈以唐寫本玉臺作以邈。遐。誰與翫詩紀作玩。遺芳。竚立獨咨嗟。○玉臺新詠二。敦煌唐寫本玉臺新詠。廣文選十五。詩紀二十一。

荏苒日月運。寒暑忽流易。同好逝玉臺作遊。不存。迢迢兩本玉臺俱作苕苕。遠離析。房櫳自來風。户庭無行迹。

蒹葭生牀下。蛛蝥網四壁。懷思唐寫本玉臺作恩。豈不隆。感物重鬱積。遊雁比翼翔。歸鴻知接翮。來哉彼君子。無然玉臺、廣文選、詩紀作愁。誤。徒自隔。○玉臺新詠二。唐寫本玉臺新詠。廣文選十五。詩紀二十一。

擬古詩

詩紀云。見藝文松類。有詩無題。古遺集云擬古。○逯案。又見鮑照集贈馬子喬。

松生壠坂上。百尺下無枝。東南望河尾。西北隱崑崖。剛類聚作網。鮑照集作野。風振山籟。朋鳥夜驚離。悲涼貫年節。葱翠恆若斯。安得草木心。不怨寒暑移。○鮑照集六。類聚八十八。詩紀二十一。

遊仙詩四首

雲霓垂藻旒。羽袿類聚作挂。揚輕裾。飄登清雲間。論道神皇廬。簫史登鳳音。王后吹鳴竽。守精味玄妙。逍遥無爲墟。○類聚七十八。詩紀二十一。

玉珮連浮星。輕冠結朝霞。列坐王母堂。豔體飡類聚作豔飡瓊。瑶華。湘妃詠涉江。漢女奏陽阿。○同上

乘雲去中夏。隨風濟江湘。亹亹陟高陵。遂升玉巒陽。雲娥薦瓊石。神妃侍衣裳。○同上

遊仙迫西極。弱水隔流沙。雲榜鼓霧柂。飄忽陵飛波。○書鈔百三十八。御覽七百七十一。

贈摯仲治詩

君子有逸志。棲遲於一丘。仰蔭高林茂。俯臨淥水流。恬淡養玄虚。沈精研聖猷。○類聚三十一。詩紀二十一。

招隱詩二首

隱士託山林。遁世以保真。連惠亮未遇。雄才屈不伸。○類聚三十六。詩紀二十一。

棲遲四野外。陸沈背當時。循名掩不著。藏器待無期。羲和策六龍。弭節越崦嵫。盛年俛仰過。忽若振輕絲。○同上

荷詩

荷生綠泉中。碧葉齊如規。迴風蕩流霧。珠水逐條垂。照灼鮑集作彪炳。此金塘。藻曜君玉鮑集作王。池。不愁世賞絶。但畏盛明移。○類聚八十二。鮑照集四作學劉公幹體詩。

詩

混沌無形氣。奚從生兩儀。元一是能分。太極焉能離。玄爲誰翁子。道是誰家兒。天行自西迴。日月曷東馳。○御覽一。

詩

清晨登隴首。坎壈行山難。嶺阪峻阻曲。羊腸獨盤桓。○書鈔百五十七。

詩

乘馬佚於野。澤雉苦於樊。役心以嬰物。豈云我自然。○韵補二。

詩

橘生湘水側。菲陋人莫傳。逢君金華宴。得在白帖作生。玉堦類聚作机。前。○類聚八十六。白帖三十。鮑照集四。

詩

日南出野女。羣行不見夫。其狀精且白。裸袒無衣襦。○後漢書郡國志日南郡注引博物記。○逯案。此殆張華詩。

詩

闚徑少行迹。玉臺坐網絲。○海録碎事四。

詩

青蓋覆金鞍。○書鈔百二十六。

櫻桃含紅萼。○初學記二十八。

晉詩卷四

周處

處。字子隱。義興陽羨人。仕吳爲東觀左丞。入晉。歷新平、廣漢太守。除内史。遷御史中丞。元康七年。以建威將軍討氐羌齊萬年。戰死。有默語三十篇、風土記三卷。

詩

晉書曰。齊萬年屯梁山。有衆七萬。夏侯駿逼處以五千兵擊之。乃攻萬年於六陌。處軍未食。梁王肜促令速戰。而絶其後繼。處知必敗。賦詩云云。

去去世事已。策馬觀西戎。藜藿甘粱黍。期之克令御覽作命。終。○晉書本傳。御覽三百十二。詩紀三十。

鄒湛

湛。字潤甫。南陽新野人。泰始初。歷任尚書郎、太子中庶子。太康中。拜散騎常侍。出爲渤海太守。轉太傅楊駿長史。遷侍中。後歷任國子祭酒、少府等職。元康末卒。有易統略若干卷、集三卷。

遊仙詩

潛穎隱九泉。女蘿緣高松。○文選二十一遊仙詩注。
紫芝列紅敷。丹泉激陽瀆。○文選三十一雜體詩注。

曹嘉

嘉。魏楚王彪世子。入晉封高邑公。元康中爲國子博士。後爲東莞太守。

贈石崇詩

詩紀云。曹嘉元康中與石崇俱爲國子博士。後嘉爲東莞太守。崇爲征虜將軍。監青、徐軍事。屯於下邳。嘉以詩遺崇。

文武應時用。兼才在明哲。嗟嗟我石生。爲國之俊傑。入侍於皇闈。詩紀云。一作闡。出則登九列。威檢肅青徐。風發宣吳裔。疇昔謬同位。情至過魯衛。分離踰十載。思遠心增結。願子鑒斯誠。寒暑不踰契。○三國志楚王彪傳注。詩紀三十。

閻纘

讚。字續伯。巴西安漢人。惠帝初。歷舍人。轉安得令。復爲河間王顒西戎司馬。遷漢中太守。轉隴西太守。有集二卷。

爲周處士上詩

周全其節。令聞不已。身雖云没。書名良史。○晉書周處傳。

潘岳

岳。字安仁。滎陽中牟人。武帝時。舉秀才爲郎。出爲河陽及懷二縣令。入補尚書郎。惠帝初。太傅楊駿引爲主簿。後選爲長安令。尋補著作郎。轉散騎常侍。永康元年。趙王倫輔政。孫秀誣岳與石崇爲亂。遂被害。有集十卷。

關中詩十六章

詩紀云。惠帝元康六年。氐賊齊萬年與楊茂於關中反亂。既平。帝命諸臣作關中詩。岳上表曰。詔臣作關中詩。輒奉詔竭愚作詩一篇。案漢記。孝明時護羌校尉竇林上降羌顛岸。以爲羌豪。岸兄顛吾復降。問事狀。林對前後兩屈。坐誣調下獄死。齊萬年編户隸屬。爲日久矣。而死生異辭。必有詭謬。故引證喻。以懲不恪。

於皇時六臣本文選注云。五臣本作乃。詩紀云。五臣作乃。晉。受命既固。三祖在天。聖皇紹祚。德博化光。刑簡枉錯。微火不戒。延我寶庫。

蠢爾戎狄。狡焉思肆。虞我國眚。窺我利器。嶽牧慮殊。威懷理二。將無專策。兵不素肆。

翹翹趙王。請徒三萬。朝議惟疑。未逞斯願。桓桓梁征。高牙乃建。旗蓋相望。偏師作援。

虎視眈眈。威彼好畤。素甲日耀。玄幕雲起。誰其繼之。夏侯卿士。惟系惟處。別營棊跱。

夫豈無謀。戎士承平。守有完郛。戰無全兵。鋒交卒奔。孰免孟明。飛檄秦郊。告敗上京。

周殉師令。身膏氏晉書作齊。斧。人之云亡。貞節克舉。盧播違命。投畀朔土。爲法受惡。誰謂荼苦。

哀此黎元。無罪無辜。肝腦塗地。白骨交衢。夫行妻寡。父出子孤。俾我晉民。六臣本文選注云。五臣本作人。化爲狄俘。

亂離斯瘼。日月其稔。天子是矜。旰食晏詩紀作宴。寢。主憂臣勞。孰不祗懔。愧無獻納。尸素以甚。

皇赫斯怒。爰整精銳。命彼上谷。指日遄逝。親六臣本文選注云。五臣本作新。奉成規。稜六臣本文選注云。五臣本作精。威遐厲。首陷中亭。揚聲萬計。

兵固詭道。先聲後實。聞之有司。以萬爲一。紂之不善。我未之必。虛皛滴德。繆李善本文選作謬。彰甲吉。

雍門不啓。陳汧危偪。觀遂虎奮。感恩輸力。重圍克解。危城載色。六臣本文選注云。五臣本作邑。詩紀云。五臣作邑。

豈曰無過。功亦不測。

情固萬端。于何不有。紛紜齊萬。亦孔之醜。曰納其降。曰梟其首。疇真可掩。孰僞六臣本文選注云。五臣本作爲。可久。

既徵爾辭。既蔽爾訟。當乃明實。否則證空。好爵既六臣本文選注云。五臣本作自。靡。顯戮亦從。不見竇林。伏尸漢邦。

周人之詩。寔曰采薇。北難獫狁。西患昆夷。以古況今。何足曜威。徒愍斯民。我心傷悲。

斯民如何。荼毒于秦。師旅既加。饑饉是因。疫癘淫行。荆棘成榛。絳陽之粟。浮于渭濱。

明明天子。視民六臣本文選注云。五臣本作人。如傷。申命羣司。保爾封疆。靡暴于衆。無陵于彊。惴惴寡弱。如熙春陽。○文選二十。詩紀二十八。又晉書五十八引斧、舉二韵。

爲賈謐作贈陸機詩十一章

肇自初創。二儀絪緼。文選作烟熅。粤有生民。伏羲始君。結繩闡化。八象成文。芒芒六臣本文選注云。五臣作茫茫。九有。區域以分。

神農更王。類聚作生。軒轅承紀。畫野離疆。類聚作彊。爰封衆子。夏殷既襲。宗周繼類聚作繫。祀。綿綿瓜瓞。六國互峙。

彊秦兼併。吞滅四隅。子嬰面櫬。漢祖膺圖。類聚作應符。六臣本文選注云。五臣作應符字。靈獻微弱。在涅則渝。三雄鼎足。孫啓南吴。

南吴伊何。僭號稱王。大晉統天。仁風遐揚。僞孫銜璧。詩紀誤作壁。奉土歸疆。婉婉長離。凌江而翔。

長離云誰。咨爾類聚作余。陸生。鶴鳴九皐。猶載厥聲。況乃海隅。播名上京。爰應旌招。撫翼宰類聚作紫。文選李善注或作紫。非也。庭。

儲皇之選。實簡惟良。英英朱鸞。來自南岡。曜藻崇正。玄冕丹裳。如彼蘭蕙。載採其芳。藩岳作鎮。輔我京室。旋反類聚作及。桑梓。帝弟作弼。或云國宦。類聚作官。六臣本文選注、詩紀並云。五臣作官。清塗攸失。吾子洗然。恬淡自逸。

廊廟惟清。俊乂是延。擢應嘉舉。自國而遷。齊轡羣書鈔作墀。龍。光讚納言。優游省闥。珥筆華軒。昔余與子。繾綣東類聚作同。朝。雖禮以賓。情通友僚。嬉娛絲竹。撫鞞舞韶。脩日朗月。攜手逍遥。自我六臣本文選注云。五臣作成。詩紀云。五臣作成。離羣。二周于今。雖簡其面。分著情深。子其超矣。實慰我心。發言爲詩。俟望類聚作望俟。好音。欲崇其高。必重其層。立德之柄。莫匪安六臣本文選注云。善作宣。詩紀云。善作宣。恆。在南稱柑。文選、類聚作甘。度北則橙。崇子鋒穎。不頹類聚作騫。不崩。○文選二十四。詩紀二十八。又類聚三十一引二章、三章、四章、五章、七章、八章、十章及九章之朝、遥二韻、十一章之曾、橙、崩三韻。書鈔六十引言、軒二韻。

北芒送別王世胄詩五章

世説新語賞譽篇曰。謝胡兒嘗作王堪傳。咨謝公。謝公答曰。堪。烈之子。阮千里姨兄弟。潘安仁中外。安仁詩所謂云云。是許允壻。又注曰。晉諸公贊曰。堪字世胄。東平壽張人。少以高亮義正稱。爲尚書左丞。有準繩操。爲石勒所害。岳集曰。堪爲成都王軍司馬。岳送至北邙別。作詩曰云。

微微髮膚。受之父母。峨峨王侯。中外之首。子親伊姑。我父惟舅。昆同瓜瓞。志齊執友。惟我王侯。風節英茂。執憲中朝。剖符名守。配作此牧。頻顯煩授。徐以姻援。涼疾不就。桓桓平北。帝之寵弟。彬彬我兄。敦書悦禮。乃降厥資。訓戎作楷。誰謂荼苦。其甘如薺。忠惟行本。恭惟德基。沈此舊痾。不敢屢辭。命彼僕駕。謂之輿之。如彼孫子。臏足乘輜。朱鑣既揚。四轡既整。駕言餞行。告辭芒嶺。情有遷文館詞林作遺。延。日無餘景。類聚、詩紀作影。迴轅南翔。心焉北騁。○文館詞林百五十二作贈王胄。又類聚二十九、詩紀二十八並引整、嶺、景、騁四韵。

家風詩

綰髮綰髮。髮亦鬢詩紀云。一作鬒。止。日祇日祇。敬亦慎止。靡專靡有。受之父母。鳴鶴匪和。析薪弗荷。隱憂孔疚。我堂靡構。義方既訓。家道穎穎。豈敢荒寧。一日三省。○類聚二十三。詩紀二十八。

於賈謐坐講漢書詩

治初學記作理。道在儒。弘儒由人。顯允初學記作光矣。魯侯。文質彬彬。筆下摛藻。席上敷珍。前疑既類聚、初學記作惟。詩紀同。辨。舊史惟新。惟新初學記作將分。爾史。既辨爾疑。延我寮友。講此微辭。○類聚五十五。初學記二十一。詩紀二十八。又書鈔一百作讀漢書詩。引珍、新二韵。

離合詩

佃漁始化。人民穴處。意守醇樸。音應律呂。桼梓被源。卉木在野。鍚鸞未設。金石拂舉。害咎蠲消。吉德流普。谿谷可安。奚作棟宇。嫣然以憙。焉懼外侮。熙神委命。已求多祐。嘆彼季末。口出擇語。誰能墨識。類聚作誠。言喪厥所。壟畝之諺。龍潛巖阻。尠義崇亂。少長失敍。思楊容姬難堪○類聚五十六。詩紀二十八。

金谷會詩

遂擁朱旄。作鎮淮泗。○六臣本文選五十九齊故安陸昭王碑文注。

金谷集作詩

王生和鼎實。石子鎮海沂。親友各言邁。中心悵有違。何以敍離思。攜手遊郊畿。朝發晉京陽。夕次金谷湄。迴谿縈曲阻。峻阪路威夷。綠類聚作淥。池泛淡淡。青柳何依依。濫泉龍鱗瀾。六臣本文選作淵。詩紀云。一作瀾。激波連珠揮。前庭樹沙御覽作甘。棠。後園植烏椑。靈囿繁石李善本文選作若。詩紀云。善作若。榴。茂林列芳梨。飲至臨華沼。遷坐登隆坻。玄醴染朱顏。但愬書鈔作數。類聚作訴。杯行遲。揚桴撫靈鼓。簫管清且悲。春榮誰不慕。六臣本文選注云。五臣作耀。詩紀云。五臣作耀。歲寒良獨希。投分寄石初學記作名。友。白首同初學記作固。所歸。○文選二十。詩紀二十八。又書鈔百四十八引遲一韻。類聚二十九作金谷集詩。引沂、違、畿、湄、夷、依、遲、歸八韵。初學記十八引歸一韵。御覽九百七十一引椑一韵。

河陽縣作詩二首

微身輕蟬翼。弱冠忝嘉招。在疚妨賢路。再升上宰朝。猥荷公叔舉。連六臣本文選注云。五臣作違。詩紀云。五臣作違。陪厠王寮。長嘯歸東山。擁耒耨時苗。幽谷茂纖葛。峻巖敷榮條。落英隕林趾。飛莖秀陵喬。卑高亦何常。升降在一朝。徒恨良時泰。小人道遂消。譬如野田蓬。斡流隨風飄。昔倦都邑游。今掌河朔徭。登城眷南顧。凱風揚微綃。洪流何浩蕩。修芒鬱岧嶢。誰謂晉京遠。室邇身實遼。誰謂邑宰輕。令名患不劭。人生天地間。百年孰能要。熲六臣本文選注云。五臣作欻。詩紀云。五臣作欻。如槁六臣本文選注云。五臣作敲。詩紀云。五臣作敲。石火。瞥若截道飇。齊都無遺聲。桐鄉有餘謡。福謙在純約。害盈由李善本文選作猶。矜驕。雖無君人德。視民庶不恌。○文選二十六。詩紀二十八。

日夕陰雲起。登城望洪河。川氣冒山嶺。驚湍激巖阿。歸鴈暎蘭時。六臣本文選注云。五臣作洔。文選注作洔。詩紀云。五臣作洔。音止。游魚動圓波。鳴蟬厲寒音。時菊耀秋華。引領望京室。南路在伐柯。大厦六臣本文選注云。五臣作夏。詩紀云。五臣作大夏。緬無覿。崇芒草堂詩箋作崗。鬱嵯峨。總總都邑人。擾擾俗化訛。依水類浮萍。寄松似懸蘿。朱博糾舒慢。楚風被琅邪。曲蓬何以直。託身依叢麻。黔黎竟何常。政成在韵補作在成。民和。位同單父邑。愧無子賤歌。豈敢陋微官。但恐忝所荷。○文選二十六。詩紀二十八。又文選二十二游西池詩注引一句。草堂詩箋三十五江梅詩注引一句。韵補二引麻、和二韵。

在懷縣作詩二首

南陸迎脩景。朱明送末垂。初伏初學記作秋。啓新節。隆暑初學記作炎景。方御覽作亦。赫羲。歲時雜詠、初學記、御覽、詩紀作曦。六臣本文選注云。五臣作曦。朝想慶雲興。夕遲白日移。揮汗辭中宇。登城臨清池。涼颸類聚、初學記作風。自遠初學記作送。集。輕襟隨風吹。靈圃耀類聚、初學記作曜。歲時雜詠同。華果。通衢列高椅。瓜瓞蔓長苞。薑芋紛廣畦。稻栽肅芊芊。李善本文選作仟仟。詩紀作阡阡。黍苗何離離。虛薄乏時用。位微名日卑。驅役宰兩邑。政績竟無施。自我違京輦。四載迄于斯。器非廊廟姿。屢出固其宜。徒懷越鳥志。眷戀想南枝。〇文選二十六。詩紀二十八。又古今歲時雜詠二十二、初學記四並引垂、曦、移、池、吹、椅六韵。書鈔百五十五引垂、羲二韵。類聚五引垂、羲、移、池、吹、椅六韵。御覽三十一引垂、曦二韵。

春秋代遷逝。四運紛可喜。寵辱易不驚。戀本難爲思。此四句李善本文選屬前一首。我來冰未泮。時暑忽隆熾。感此還期淹。歎彼年往駛。登城望郊甸。游目歷朝寺。小國寡民務。類聚作人民。終日寂無事。白水過庭激。綠槐夾門植。信美非吾土。祇攪懷歸志。眷李善本文選作卷。六臣本注。善作卷。然顧鞏洛。山川邈離異。願言旋舊鄉。畏此簡書忌。祇奉社稷守。恪居處職司。〇文選二十六。詩紀二十八。又類聚五十作懷縣詩。引事、植、志、異、忌五韵。

內顧詩二首

詩紀云。廣文選作潘尼者非。

靜居懷所歡。登城望四澤。春草鬱青青。桑柘類聚作者。何奕奕。芳林振朱類聚作丹。榮。淥水激素石。初征冰未泮。忽焉振詩紀作袗。絺綌。漫漫三千里。迢迢兩本玉臺均作苕苕。遠行客。馳情戀朱顏。寸陰過盈尺。夜愁極清晨。朝悲終日夕。山川信類聚作自。悠永。願言良弗類聚作不。獲。引領類聚誤作別嶺。訊唐寫本玉臺作訴。類聚同。歸雲。類聚作期。沈思類聚作雲沈。不可釋。○玉臺新詠二。古籍叢殘敦煌唐寫本玉臺新詠。類聚三十二。詩紀二十八。

獨悲安所慕。唐寫本玉臺誤作暮。人生若朝露。緜邈寄絕域。眷戀想唐寫本玉臺作相。平素。爾情既來追。我心亦還顧。形體隔不達。精爽交中路。不見山上詩紀作下。松。隆冬不易故。不見陵澗詩紀作澗下。柏。歲寒守一度。無謂希見玉臺作是。疏。在遠分彌固。○玉臺新詠二。古籍叢殘敦煌唐寫本玉臺新詠。詩紀二十八。

悼亡詩三首

荏苒冬春唐寫本玉臺作春冬。謝。寒暑忽流易。之子歸窮泉。重壤永幽隔。私懷誰克從。淹留亦何益。僶俛恭朝命。迴心反初役。望廬思其人。入室想所歷。幃類聚作帷。李善本文選同。屏無髣髴。翰墨有餘跡。流芳未及歇。遺掛唐寫本玉臺作桂。類聚同。猶在壁。悵怳類聚誤作脱。玉臺誤作帳幔。如或存。迴文選、詩紀作周。唐寫本玉臺作迴。遑六臣本文選注云。五臣作惶。唐寫本玉臺作皇。忡驚惕。如彼翰林鳥。雙栖六臣本文選注云。五臣作飛字。唐寫本玉臺作飛。詩紀云。五臣作飛。一朝隻。如彼遊川魚。比目中路析。唐寫本玉臺作隔。類聚同。春風緣隟來。晨霤承檐玉臺均作依簷。滴。寢息何時忘。沈憂日盈積。庶幾有時衰。莊缶猶可擊。○文選二十三。玉臺新詠二。古籍叢殘敦煌唐寫本玉臺新詠。詩紀二十八。又類聚三十四引易、隔、歷、跡、壁、惕、隻、隔八韻。

皎皎玉臺作曒曒。唐寫本玉臺作皎皎。窗中月。事類賦作日。照唐寫本玉臺作昭。我室南端。清商應秋至。溽暑隨節闌。凜凜御覽作懔懔。涼風御覽作氣。升。始覺夏衾單。豈曰無重纊。御覽誤作濵。誰與同歲寒。歲寒無書鈔作先。與同。朗月何朧朧。展轉眄玉臺作眄。類聚同。御覽作睇。枕席。長簟竟牀空。牀空委清塵。室虛詩紀云。一作空。來悲風。獨無李氏靈。髣髴覩唐寫本玉臺作見。爾容。撫衿長歎息。不覺涕霑胷。霑胷安能已。悲懷從中起。寢興目玉臺作自。六臣本文選注云。五臣作自。存形。遺音猶在耳。上慚東門吳。下愧蒙莊子。賦詩欲言志。此志玉臺作零落。難具紀。命也唐寫本玉臺作今世。可玉臺作詩。奈何。長戚自令唐寫本玉臺作令自。鄙。○文選二十三。玉臺新詠二。古籍叢殘敦煌唐寫本玉臺新詠。詩紀二十八。又書鈔百五十引同、朧二韵。類聚三十四引端、闌、單、寒、朧、空、風、起、耳九韵。御覽二十五引端、闌、單三韵。七百七引單、寒二韵。七百八引空一韵。事類賦秋賦注引端、闌二韵。○逯按。長戚自令鄙句。唐寫本作令自鄙較勝。阮籍詠懷昔年十四五篇末句云。噭噭令自嗤。與此句法相似也。

曜靈運天機。四節代遷逝。淒淒朝露凝。烈烈六臣本文選注云。五臣作列。夕風厲。奈何悼淑儷。儀容永潛翳。念此如昨日。誰知已卒歲。改服從朝政。哀心寄私制。茵幬張故房。朔望臨爾祭。爾祭詎幾時。朔望忽復盡。衾裳一毀撤。千載不復引。亹亹朞月周。戚戚彌相六臣本文選注云。五臣作想。愍。悲懷感物來。泣涕應情隕。駕言陟東阜。望墳思紆軫。徘徊墟墓間。欲去復不忍。徘徊不忍去。徙倚步踟躕。落葉委埏側。枯荄帶墳隅。孤魂獨煢煢。安知靈與無。投心遵朝命。揮涕強就車。誰謂帝宮遠。路極悲有餘。○文選二十三。詩紀二十八。

楊氏七哀詩

灌如葉落樹。邈若文選注作然。雨絶天。雨絶有歸雲。葉落何時類聚時字誤入下句氣字上。廣文選同。連。山氣冒岡嶺。長風鼓松柏。堂虚聞鳥聲。室暗如日夕。晝愁奄逮昏。夜思忽終昔。展轉獨悲窮。泣下沾枕席。人居天地間。飄若遠行客。先後詎能幾。誰能弊金石。○類聚三十四作哀詩。廣文選九。詩紀二十八。又文選四十拜中軍記室辭隋王牋注引天一韵。

思子詩

造化甄品物。天命代虚盈。奈何念稚子。懷奇隕幼齡。追想存髣髴。感道傷中情。一往何時還。千載不復生。○類聚三十四。詩紀二十八。

東郊詩

東郊。歎不得志也。

出自東郊。憂心摇摇。遵彼萊田。言採其樵。○文選二十宿東園詩注。

魯公詩

如地之載。如天之臨。○文選二十應詔讌曲水詩注。

詩

成都貴素質。酒泉稱白麗。紅紫奪夏藻。芬芳掩春蕙。○合璧事類別集四十四。

柳條恒着地。弱柳蔭修衢。○類聚八十九。○逯案。此非一篇中句。

依水類浮萍。倚松如懸蘿。○合璧事類續集五十一。

閣道謡

晉書曰。潘岳才名冠世。爲衆所疾。泰始十年。出爲河陽令。而鬱鬱不得志。時尚書僕射山濤領吏部。王濟、裴楷等並爲帝所親遇。岳内非之。乃題閣道爲謡。

閣御覽閣下有東字。道東有大牛。王濟鞅。裴楷鞧。御覽作鞦。和嶠刺促不得休。世説作閣東有大牛。和嶠鞅。裴楷鞦。王濟剔嬲不得休。○晉書潘岳傳。世説新語政事篇。御覽四百六十五引王隱晉書。

夏侯沖

答潘岳詩

相思限清防。企佇誰與言。○文選二十六直東宫答鄭尚書詩注。

束皙

晳。字廣微。陽平元城人。初爲司空張華賊曹屬。轉著作佐郎。遷博士。再遷尚書郎。趙王倫輔政。辭疾歸。有發蒙記一卷、集七卷。

補亡詩六首

序曰。晳與同李善本文選作司。業疇人。肆修鄉飲之禮。然所詠之詩。或有義無辭。音樂取節。闕而不備。于是遙想既往。存思在昔。補著其文。以綴舊制。

南陔

南陔。孝子相戒以養也。

循彼南陔。言采其蘭。眷戀庭闈。心不遑安。彼居初學記作其。下同。之子。罔或游盤。馨爾夕膳。絜爾晨飡。循彼南陔。厥草油油。彼居之子。色思其柔。眷戀庭闈。心不遑留。馨爾夕膳。絜爾晨羞。有獺有獺。在河之涘。淩波初學記作按彼。赴汨。詩記作泊。噬魴捕鯉。嗷嗷林烏。受哺于子。養隆敬薄。初學記作溥。惟禽之似。勗增爾虔。以介丕初學記作壽。祉。○文選十九。詩紀二十三。又初學記十七所引缺飡一韵。

白華

白華。孝子之潔白也。

白華朱蕚。被於幽薄。粲粲門子。如磨如錯。終晨三省。匪惰宋本初學記作情。其恪。白華絳趺。在陵之陬。蒨蒨初學記作偕偕。士子。涅初學記作沮。而不渝。竭誠盡敬。亹亹忘劬。白華玄足。在丘之曲。堂堂處子。無營無欲。鮮侔晨葩。莫之點辱。○文選十九。初學記十七。文章正宗二十九。詩紀二十三。

華黍

華黍。時和歲豐。宜黍稷也。

黮黮重雲。習習李善本文選作輯輯。和風。黍華陵巔。麥秀丘中。靡田不播。九穀斯豐。奕奕玄霄。濛濛甘霤。黍發稠華。禾李善本文選作亦。挺其秀。靡田不殖。九穀斯茂。無高不播。無下不植。李善本文選作殖。芒芒其稼。參參其穡。稿我王委。充我民食。玉燭陽明。顯猷翼翼。○文選十九。詩紀二十三。

由庚

由庚。萬物得詩紀無得字。由其道也。

蕩蕩夷庚。物則由之。蠢蠢庶類。王亦柔之。道之既由。化之既柔。木以秋零。草以春抽。獸在于李善本文選作在。草。魚躍順流。四時遞謝。八風代扇。纖阿案晷。星變其躔。六臣本文選注云。五臣本作星躔其變。五緯李善本文選作是。不愆。李善本文選作逸。六氣無易。愔愔我王。紹文之跡。○文選十九。詩紀二十三。

崇丘

崇丘。萬物得極其高大也。

瞻彼崇丘。其林藹藹。植物斯高。動類斯大。周風既洽。王猷允泰。漫漫方輿。回回洪覆。何類不繁。六臣本注云。五臣作煩。何生不茂。物極其性。人六臣本注云。五臣作民字。永其壽。恢恢大圓。茫茫李善本作芒芒。九壤。資生仰化。于何不養。人無道夭。物極則長。○文選十九。詩紀二十三。

由儀

由儀。萬物之生。各得其儀也。

肅肅君子。由儀率性。明明后辟。仁以爲政。魚游清沼。鳥萃平六臣本注云。五臣作于。林。濯鱗鼓翼。振振其音。賓寫爾誠。主竭其心。時之和矣。何思何修。文化内輯。武功外悠。○文選十九。詩紀二十三。

石崇

崇。字季倫。以伐吴功封安陽侯。惠帝時出爲荆州刺史。致富不貲。尋拜太僕。出爲征虜將軍。監徐州軍事。鎮下邳。永康元年。在朝謀誅趙王倫。被殺。時年五十二。有集六卷。

大雅吟

堂堂太祖。淵弘其量。仁格宇宙。義風遐暢。啓土萬里。志在翼亮。三分有二。周文是尚。於穆武王。奕世載聰。欽明沖默。文思允恭。武則不猛。化則時雍。庭有儀鳳。郊有遊龍。啓路千里。萬國率從。蕩清吴會。六合乃同。百姓仰德。良史書功。超越三代。唐虞比蹤。右一曲晉樂所奏。○樂府詩集二十九。詩紀三十。

楚妃歎并序

歌辭楚妃歎。莫知其所由。楚之賢妃。能立德著勳。垂名於後。唯樊姬焉。故今歎詠之聲。永世不絶。蕩蕩大楚。跨土萬里。北據方城。南接交趾。西撫巴漢。東被海涘。五侯九伯。是疆是理。矯矯莊王。淵渟岳峙。冕旒垂精。充纊塞耳。韜光戢曜。潛默恭己。内委樊姬。外任孫子。猗猗樊姬。體道履信。既紬虞丘。九女是進。杜絶邪佞。廣啓令胤。割歡抑寵。居之不吝。不吝實難。可謂知幾。化自近始。著於閨闈。光佐霸業。邁德揚威。羣后列辟。式瞻洪規。譬彼江海。百川咸歸。萬邦作歌。身没名飛。右一曲晉樂所奏。○樂府詩集二十九。廣文選十三。詩紀三十。又文選二十八吴趨行注引序文。

王明君辭并序

王明君者。本是玉臺、類聚作爲。六臣本文選注云。五臣作爲。王昭君。以觸文帝諱。故文選無故字。改唐寫本玉臺作改政。之。李善本文選作焉。唐寫本玉臺作也。玉臺無之字。匈奴盛。請婚於漢。元帝以後宫良家玉臺有女字。子明文選、詩紀作昭。六臣本文選注云。五臣作明。君配焉。昔公主嫁烏孫。令琵琶馬上作樂。以慰其道路之思。其送明詩紀作昭。君。亦必唐寫本玉臺無必字。六臣本文選注云。五臣無必字。爾也。其造新玉臺新下並有之字。六臣本文選同。並注。善本無之字。曲。多哀怨之聲。故敘之於紙云爾。

我本漢家子。將適單于庭。辭訣未及終。前驅已抗旌。玉臺並作旍。僕御涕流離。轅馬爲悲文選作悲且。類聚、樂府、詩紀同。鳴。哀鬱傷五内。泣淚唐寫本玉臺作涕。沾李善本文選作濕。六臣本文選注云。善作濕字。朱唐寫本玉臺作珠。六臣本文選同。纓。玉臺作珠瓔。行行日已遠。遂玉臺作乃。造唐寫本玉臺作入。匈奴城。延我於穹廬。加我閼唐寫本玉臺作閻。誤。氏名。殊類非唐寫本玉臺作悲。所安。雖唐寫本玉臺作非。貴非所榮。父子見凌辱。對之慙且驚。殺身良不玉臺作未。易。默默以苟生。苟生亦何聊。積思常憤盈。願假飛鴻翼。棄文選作乘。詩紀同。之以遐征。飛鴻唐寫本玉臺作鳴。不我顧。佇立以屏營。昔爲匣中玉。類聚作琴。今爲糞上英。朝華唐寫本玉臺作英。不足歡。樂府作嘉。注。一作歡。甘與玉臺作爲。秋草并。傳語後世人。遠嫁難爲情。〇文選二十七。古籍叢殘敦煌唐寫本玉臺新詠。玉臺新詠二。樂府詩集二十九。詩紀三十。又類聚四十二引序及庭、旌、鳴、城、名、生、征、英、并、情十韻。御覽五百八十三作琵琶引。略引序文。

思歸引并序

余樂府作崇。少有大志。夸邁流俗。弱冠登朝。歷位二十五。年五十以事去官。晚節更樂放逸。篤好林藪。遂肥遁於河陽別業。其制宅也。却阻長隄。前臨清渠。柏木幾於萬株。江水周於舍下。有觀閣池沼。多養魚鳥。家素習技。頗有秦趙之聲。出則以遊目弋釣爲事。入則有琴書之娛。又好服食咽氣。志在不朽。傲然有凌雲之操。歘復見牽羈。婆娑於九列。困於人間煩黷。常思歸而永歎。尋覽樂篇有思歸引。儻古人之心有同於今。故制此曲。此曲有弦無歌。今爲作歌辭以述余懷。恨時無知音者。令造新聲而播於絲竹也。

思歸引。歸河陽。假余翼鴻鶴高飛翔。經芒阜。濟河梁。望我舊館心悅康。清渠激。魚徬類聚作彷。徨。鴈驚泝波羣相將。終日周覽樂無方。登雲閣。列姬姜。拊絲竹。叩宮商。宴華池。酌玉觴。○類聚四十二。樂府詩集五十八。詩紀三十。

思歸歎

登城隅兮臨長江。極望無涯兮思填胸。魚瀺灂兮鳥繽翻。澤雉遊鳧類聚作梟。兮戲中園。秋風厲兮鴻鴈征。蟋蟀嘈嘈兮晨夜鳴。落葉飄兮枯枝竦。百草零落類聚無落字。兮覆畦壠。時光逝兮年易盡。感彼歲暮兮悵自愍。廓羈旅兮滯野都。願御北風兮忽歸徂。惟金石兮幽且清。林鬱茂兮芳卉詩紀云。一作草。盈。玄泉流兮縈丘阜。閣館蕭寥兮蔭叢柳。吹長笛兮彈五絃。詩紀云。一本作玉琴。高歌凌雲兮樂餘年。舒篇卷兮與聖談。釋冕投紱兮希彭聃。超逍遥兮絶塵埃。福亦不至兮禍詩紀有亦字。不來。○類聚二十八。詩紀三十。

答曹嘉詩

昔常接羽儀。俱遊青雲中。敦道訓冑子。儒化涣以融。同聲無異響。故使恩愛隆。豈惟敦初好。欵分在令終。孔不陋九夷。老氏適西戎。逍遥滄海隅。可以保王躬。世事非所務。周公不足夢。玄寂令神王。是韵補作可。以守至沖。○三國志楚王彪傳注。詩紀三十。又韵補一作贈曹嘉詩。引夢、沖二韵。

贈棗腆詩

久官無成績。棲遲於徐方。寂寂守空城。悠悠思故鄉。恂恂一三賢。身遠屈龍光。攜手沂泗間。遂登舞雩堂。文藻譬春華。談話猶類聚作由。蘭芳。消憂以觴醴。娛耳以名娼。博弈逞妙思。弓矢威邊疆。○類聚三十一。詩紀三十。

答棗腆詩

言念將别。睹物傷情。贈爾話言。要在遺名。惟此遺名。可以全詩紀作長。生。○類聚三十一。詩紀三十。

贈歐陽建詩

文藻譬春華。談話如芳蘭。○書鈔一百。

還京詩

迅風翼華蓋。飄颻若鴻飛。○文選三十數詩注。

緑珠

緑珠。石崇妾。

懊儂歌

古今樂録曰。懊儂歌。晉緑珠所作。唯絲布澀難縫一曲而已。

絲布澀難縫。令儂十指穿。黄牛細犢車。遊戲出孟津。○樂府詩集四十六。詩紀三十。

翾詩紀作翔。風

怨詩

王子年拾遺記曰。石季倫有愛婢曰翾風。魏末於胡中得之。年十五。無有比其容貌。最以文辭擅愛。年三十。妙年者争嫉之。崇退翾風爲房老。使主羣少。乃懷怨而作詩。

春華誰不美。卒傷秋落時。突煙還自低。太平廣記作哽咽還自期。鄙退豈所期。桂芳徒自蠹。失愛在蛾眉。坐見芳時歇。憔悴空自嗤。○太平廣記二百七十二。詩紀三十。又萬花谷十七引時、嗤二韵。

歐陽建

建。字堅石。渤海人。石崇甥。歷山陽令、尚書郎、馮翊太守。永康元年。石崇勸淮南王誅趙王倫。事覺。建與崇見殺。有集二卷。

答石崇贈詩

於鑠我舅。明德塞違。俾扞東藩。在徐之邳。載播其惠。載揚其威。濟寬惟類聚、詩紀作以。猛。方夏以綏。光啓先業。增曜重暉。咨余沖人。艱苦攸離。過庭無聞。頑固匪移。寔賴慈誨。導之軌儀。仰遵嘉詠。類聚作訓。詩紀同。俯蹈明規。如葛斯蔓。如樛之類聚、詩紀作斯。垂。旋機迴度。逝者如流。日與月與。稔冉代周。自我之曠。載履春秋。瞻望遐路。邈矣其悠。心之云慕。思結綢繆。人亦有言。愛而勿勞。誰謂河廣。曾不容刀。乃徂來邁。適此西郊。在乾之二。爰著茲爻。我遘君子。仰之彌高。巖巖其高。即之惟温。居盈思沖。在貴忘尊。縱酒嘉讌。自明及昏。無幽不研。文館詞林作折。靡奥不論。人樂其量。士感其敦。○文館詞林百五十六。又類聚三十一、詩紀三十並作答棗腆詩。引違、邳、威、綏、暉、離、移、儀、規、垂、高、温、尊、昏、論、敦十六韵。

臨終詩

晉書曰。及遇禍。莫不悼惜之。年三十餘。臨命作詩。文甚哀楚。

伯陽適西戎。孔子欲居蠻。李善本文選作子欲居九蠻。苟懷四方志。所在可遊盤。況乃遭屯蹇。顛沛遇災患。古人達機兆。策馬遊近關。咨余沖且暗。抱責守微官。潛圖密已構。成此禍福端。恢恢六合間。四海一何寬。天網布紘綱。投足不獲安。松柏隆冬悴。六臣本文選注云。五臣作瘁。詩紀同。然後知歲寒。不涉太行險。誰知斯路難。真僞因事顯。人情難豫觀。窮達有定分。慷慨復何歎。上負慈母恩。痛酷摧心肝。下顧所六臣本文選注云。五臣作嬌。詩紀同。憐女。惻惻心中李善本文選作中心。酸。二子棄若遺。念皆遘凶殘。不惜一身死。惟此如循環。執紙五情塞。揮筆涕汍瀾。○文選二十三。詩紀三十。

何劭

劭。字敬祖。陳國夏陽人。晉太宰何曾次子。武帝卽位。爲散騎常侍。咸寧中。遷侍中。惠帝初爲太子太師。累遷尚書左僕射。永康初。遷司徒。趙王倫篡位。以爲太宰。永寧元年卒。有集二卷。

洛水祖王公應詔詩

穆穆聖王。類聚作皇。體此慈仁。友于之至。通于明神。遊宴綢繆。情戀所親。薄云類聚作言。餞之。于洛之濱。嵩崖巖巖。洪流湯湯。春風動衿。歸鴈和鳴。我后饗客。鼓瑟吹笙。舉爵惟別。聞樂傷情。嘉宴既終。白日西歸。羣司告旋。鸞輿整綏。我皇重離。頓轡驂騑。臨川永歎。酸涕霑頤。崇恩感物。左右同悲。○類聚二十九。廣文選八。詩紀二十三。

贈張華詩

四時更代謝。懸象迭卷舒。暮春忽復來。和風與節俱。俯臨清泉涌。對牀夜語作淵。仰觀嘉木敷。周旋我陋圃。西瞻廣武廬。既貴不忘儉。處有能存無。鎮俗在簡約。樹塞韻語陽秋作塞門。焉足摹。在昔同班司。今者並園墟。私願偕黃髮。逍遥綜類聚作樂。琴書。舉爵茂陰下。攜手共躊躇。奚用遺形骸。忘筌在得魚。○文選二十四。詩紀二十三。又類聚三十一引舒、俱、敷、墟、書、躇、魚七韻。范晞文對牀夜語一引何劭詩敷一韻。韻語陽秋十九引廬、無、摹三韻。

游仙詩

青青陵上松。亭亭高初學記作南。山柏。光色冬夏茂。根柢無彫落。初學記作零。吉士懷真文選作貞。心。悟物思遠託。揚志玄雲際。流目矚巖石。羨昔王子喬。友文選注友或作反。道發伊洛。迢遞陵峻岳。連翩御飛鶴。抗跡遺萬里。豈戀生民六臣本文選注云。五臣作人。樂。長懷慕仙類。眇李善本文選作眩。然心緜邈。〇文選二十一。詩紀二十三。又初學記三引柏、樂二韵。

雜詩

秋風乘夕起。明月照高樹。閑房來清氣。廣庭發暉素。靜寂愴然歎。惆悵出詩紀作忽。六臣本注云。五臣作忽。遊顧。仰視垣上草。俯察階下露。心虛體自輕。飄飄若仙步。瞻彼陵上柏。想與神人遇。道深難可期。精微非所慕。勤思終遥夕。永言寫情慮。〇文選二十九。詩紀二十三。

詩

亮無風雲會。安能襲塵軌。〇文選二十六答顏延年詩注。

晉詩卷五

陸機

機。字士衡。吴郡人。武帝末。與弟雲入洛。太傅楊駿辟爲祭酒。惠帝即位。遷太子洗馬、著作郎。歷吴王晏郎中令。遷尚書中兵郎。趙王倫輔政。引爲相國參軍。大安元年。成都王穎起兵討長沙王乂。假機後將軍、河北大都督。二年。爲穎所害。時年四十三。有晉記四卷、洛陽記一卷、集四十七卷。

樂府

短歌行以下四言。

置酒高堂。悲歌臨觴。人壽樂府作生。幾何。逝如朝霜。時無重至。華不再陽。樂府、詩紀作揚。六臣本文選注云。五臣作揚。蘋以春暉。蘭以秋芳。來日苦短。去日苦長。今我不樂。蟋蟀在房。樂以會興。悲以别章。豈曰無感。憂爲羣書校補本作與。六臣本文選注云。五臣作與。子忘。我酒既旨。我肴既臧。短歌有樂府作可。六臣本文選注云。五臣作可。詠。長夜無荒。○文選二十八。樂府詩集三十。本集六。文章正宗二十九。詩紀二十四。又類聚四十二引觴、霜、陽、芳、長、房六韵。

秋胡行

道雖一致。塗有萬端。吉凶紛藹。休咎之源。人鮮知命。命未易觀。生亦何惜。功名所勤。本集作歎。詩紀同。○類聚四十一。樂府詩集三十六。本集六。詩紀二十四。

隴西行

我静如鏡。民動如煙。事以形兆。應以象懸。豈曰無才。世鮮興賢。○類聚四十一。樂府詩集三十七。本集七。詩紀二十四。

日出東南隅行文選云。或作羅敷艷歌。玉臺作豔歌行。

扶玉臺作榑。桑升朝暉。照書鈔作炤。此高臺端。高臺多妖麗。濬玉臺作洞。房出書鈔倒作出房。清顔。淑類聚誤作涉。貌耀皎日。惠類聚作蕙。心清且閑。樂府作閒。美目揚御覽作楊。玉澤。蛾羣書校補本作娥。眉象翠翰。鮮膚一何潤。秀玉臺作彩。色若可餐。窈窕多容儀。婉媚巧樂府作乃。笑言。暮春春服成。粲類聚作霞。粲綺與紈。金雀垂藻翹。瓊珮結瑤璠。方駕揚清塵。濯足洛水瀾。藹藹風雲會。佳人一何繁。南崖充羅幕。北渚盈軿軒。清川含藻景。玉臺作影。高岸文選作崖。韵補同。六臣本注云。五臣作岸。樂府云。一作崖。被華丹。馥馥芳袖揮。泠泠羣書校補作冷冷。纖指彈。悲歌吐緝珠作麗。清響。玉臺作音。雅舞類聚作韻。樂府同。播幽蘭。丹唇含九秋。妍迹陵七盤。赴曲迅驚鴻。蹈節如集鸞。綺態隨顔變。沈當原作淵字。唐人避諱改字。陸雲與陸典書書云。淵姿之弘毅。淵姿。當時習語。姿無定文選作乏。韻補同。六臣本文選注云。五臣作定。源。俯仰紛阿那。顧步咸可歡。遺芳結飛飆。浮景映清湍。冶容不足詠。春遊良可歎。○文選二十八。玉臺新詠三。本集六。樂府詩集二十八。詩紀二十四。又書鈔百六引端、顔二韻。類聚四十一引端、閑、翰、紈、璠、瀾、蘭、鸞、歎九韻。杜公瞻編珠二作樂府詩。引蘭一韻。御覽三百八十一引翰一韻。吳棫韻補二引軒、丹二韻及鸞、源二韻。

挽歌詩三首

卜擇考休貞。嘉命咸在玆。夙駕警本集作驚。徒御。結文選集注作捻。轡頓重基。龍幰六臣本文選作幰。詩紀同。被廣柳。前驅矯輕旗。殯宫何嘈嘈。哀響沸中闈。中闈樂府作闈中。且勿讙。初學記、御覽、樂府作諠。六臣本文選注云。五臣作喧。聽我薤露詩。死生初學記作生死。御覽同。各異倫。初學記作必異論。祖載當有時。舍爵兩楹位。啓殯進靈轜。初學記作輀。海録碎事同。飲餞初學記作餞飲。御覽作餞飯。觴莫舉。初學記作帳莫反。出宿歸無期。帷衽曠遺本集作道。影。棟宇與子辭。周親咸奔湊。友朋自遠來。翼翼飛輕軒。駸駸策素騏。按轡遵長薄。送子長夜臺。呼子子不聞。泣子子不知。歎息重櫬側。念我疇昔時。三秋猶足本集誤作是。收。萬世安可思。殉李善本文選注云。或作殞。合璧事類作殆。没韻補作殉殁。身易亡。合璧事類作忘。救六臣本文選作殺。詩紀同。子非所能。含言哽咽。揮涕涕文選集注作涙。樂府云。一作涙。流離。○文選二十八。文選集注五十六。本集七。樂府詩集二十七。詩紀二十四。又初學記十引詩、時、輀、期四韻。御覽五百五十二引詩、時、轜、期四韻。吳棫韻補一引能、離二韻。合璧合類六十八所引缺末一韻。海録碎事二十一引輀一韻。

流離親友思。惆悵神不泰。素驂佇轜軒。玄書鈔作白。駟鶩書鈔作犎。飛蓋。哀鳴興殯宮。迴書鈔誤作徘。遲悲野外。魂輿寂無響。但見冠與帶。備物象平生。長旌誰爲旆。悲風徽書鈔作激。是。文選集注、樂府作鼓。六臣本文選注云。五臣作鼓。行軌。傾雲書鈔作仰靈。結流靄。文選集注作藹。書鈔、樂府同。振策指靈丘。駕言從此逝。○文選二十八。文選集注五十六。本集七。樂府詩集二十七。詩紀二十四。又書鈔九十二作王侯挽歌辭。引蓋、外、帶、旆、藹五韻。

重阜何崔嵬。玄廬竄其間。磅礴文選作旁薄。文選集注、本集同。立四極。穹隆放樂府作效。注云。一作放。初學記、御覽作穹崇効。蒼文選集注作倉。天。側樂府作測。注云。一作側。聽陰溝涌。臥觀天井懸。初學記作縣。壙文選作廣。注云。五臣作壙。文選集注作廣。本集、韻補同。詩紀云。五臣作廣。宵李善本文選作霄。韻補同。何寥初學記作遼。廓。大暮安可晨。人往有返歲。我行無歸年。昔居四民初學記作人。御覽、萬花谷同。宅。今託初學記、御覽作爲。萬鬼鄰。昔爲七尺軀。初學記、御覽作體。今成灰與塵。金玉素初學記作昔。御覽、樂府同。所佩。鴻初學記作爲。毛今不振。豐肌饗螻蟻。妍姿六臣本文選作骸。注云。善作姿。樂府作骸。初學記作形骸。御覽作形體。永夷泯。壽堂延魑文選集注作螭。韻補同。魅。初學記誤作歲我。虛初學記誤作行。無自相賓。螻蟻爾何怨。初學記作怒。魑魅我何親。拊御覽作撫。心痛荼初學記誤作紊。毒。永歎莫爲陳。○文選二十八。文選集注五十六。初學記十四。御覽五百五十二。樂府詩集二十七。本集七。詩紀二十四。又初學記十四、萬花谷後二十二並引隣一韻。吴棫韻補二引年、賓二韻及懸、晨二韻。

庶人挽歌辭

死生各異方。昭非神色襲。貴賤禮有差。外相盛已集。魂衣何盈盈。旟旐何習習。父母拊棺號。兄弟扶筵泣。靈輀動轇轕。本集作轕。龍首矯崔嵬。挽歌挾轂唱。嘈嘈一何悲。浮雲中容與。飄風不能迴。淵魚仰失梁。征鳥俯墜飛。念彼平生時。延賓陟此幃。賓階有隣迹。我降無登當作燈。輝。○書鈔九十二引襲、集、習、幃、輝五韻。御覽五百五十二、本集札記引習、泣、嵬、悲、迴、飛六韻。

又

陶犬不知吠。瓦鷄焉能鳴。安寢重丘下。仰聞板築聲。○書鈔九十二。

埏埴爲塗車。束薪作芻靈。○御覽五百五十二作士庶挽歌辭。

王侯挽歌辭

孤魂雖有識。良接難爲符。操心玄芒內。注血治鬼區。○書鈔九十二。

挽歌辭

在昔良可悲。魂往一何感。念我平生時。人道多拘役。○韻補五。

五常侵軌儀。夕氣牽徽墨。隨和乏良聘。枝駃或鴆毒。○同上

長歌行

逝矣經天日。悲哉帶地川。寸陰無停晷。尺波豈徒旋。類聚、樂府作徒自旋。樂府又注。一作豈徒旋。年往迅詩紀作信。

注云。一作迅。勁矢。時來亮御覽作諒。急弦。遠期鮮克及。盈數固希全。容華夙夜零。體澤坐自捐。兹物苟難停。吾壽安得延。俛仰逝將過。倏忽幾何間。慷慨亦焉訴。天道良自然。但恨功名薄。竹帛無所宣。迨及歲未暮。長歌乘文選作承。我閑。樂府作閒。○文選二十八。樂府詩集三十。本集六。詩紀二十四。又類聚四十二引川、旋、全三韵。御覽十七引絃一韵。

君子行

天道夷且簡。人道險而難。類聚作艱。休咎相乘躡。翻覆若類聚作名。波瀾。去疾苦不遠。疑似實生患。近火固宜熱。履冰豈惡寒。掇蜂滅天道。拾塵惑孔顔。逐臣尚何有。棄友焉足歎。福鍾恆有兆。禍集非無端。天損未易辭。人益猶可歡。朗鑒豈遠假。取之在傾冠。近情苦自信。君子防未然。○文選二十八。樂府詩集三十二。本集六。詩紀二十四。又類聚四十一引艱、瀾、患三韵。

從軍行

苦哉遠征人。飄飄類聚作飄。六臣本文選注云。五臣作飄。窮四遐。類聚作西河。樂府云。一作窮西河。南陟類聚作涉。五嶺巔。北羣書校補作比。戍長城阿。深六臣本文選注云。五臣作谿。本集作谿。谷樂府作谿谷。注。一作深谷。邈本集作深。樂府同。又注。一作邈。無底。崇山鬱嵯峨。奮臂攀喬木。振迹涉類聚作陟。流沙。隆暑固已慘。涼風嚴且苛。夏條集羣書校補作焦。樂府同。又注云。一作集。六臣本文選注云。五臣作焦。鮮澡。寒冰結衝波。胡馬如雲屯。越旗類聚作旂。亦星羅。

飛鋒無絶影。鳴鏑自相和。朝食樂府作餐。本集作飡。六臣本文選注云。五臣作餐。不免胄。夕息常負戈。苦哉遠征人。撫李善本文選作拊。類聚、樂府、羣書校補同。御覽作附。心悲如何。○文選二十八。樂府詩集三十二。本集六。羣書校補。詩紀二十四。又類聚四十一引河、阿、羅、戈、何五韻。御覽三百二十八引戈、何二韻。

苦寒行

北遊幽朔城。涼野多險文選作嶮。御覽、本集同。難。六臣本文選注云。五臣作艱。類聚、初學記、樂府作艱。俯入窮文選作穹。初學記、御覽、樂府並同。谷底。仰陟初學記作涉。高山盤。凝冰結重磵。文選作澗。書鈔、類聚、初學記、御覽同。六臣本文選注云。五臣作磵。積雪被長巒。陰雲興御覽誤作與。巖側。悲風鳴樹端。不覩白日景。但聞寒鳥喧。六臣本文選注云。五臣作讙。樂府作嚾。羣書校補同。猛虎憑林嘯。玄猿臨岸歎。夕宿喬木下。慘樂府云。一作愴。愴樂府作慘。恒樂府誤作怕。鮮歡。御覽作尠歡。渴飲堅冰漿。飢待類聚作食。御覽作啾。樂府云。一作飢食。零露餐。離思固已久。詩紀云。一作矣。樂府作矣。六臣本注云。五臣作矣。寤寐莫與言。劇哉行役人。類聚作人行役。慊慊恆苦寒。○文選二十八。樂府詩集三十三。本集六。詩紀二十四。又書鈔百五十六引巒一韻。類聚四十一引艱、巒、端、飡、寒五韻。初學記三引艱、盤、巒三韻。御覽三十四引難、盤、巒、端、喧、歎、歡、飡八韻。

豫章行

汎舟清川渚。遙望高類聚作南。樂府云。一作南。山陰。川六臣本文選作山。注云。五臣作川。陸殊塗軌。懿親將遠尋。三荆歡同株。四鳥悲異林。樂會良自古。悼別豈獨今。寄世將幾何。日昃無停陰。前路既已多。後塗隨年侵。促促薄暮景。亹亹鮮克禁。曷爲復以兹。曾是懷苦心。遠節嬰物淺。近情能不深。行矣保嘉福。景絶繼以音。○文選二十八。樂府三十四。本集六。詩紀二十四。又類聚四十一引陰、尋、林、今四韵。文選二十七始安郡還詩注引川陸殊塗四字。蓋誤漏軌字。

長安有狹邪行

伊洛有歧路。歧路交朱輪。輕蓋承華景。騰步躡飛塵。鳴玉豈樸本集誤作不。儒。憑軾皆俊民。烈心厲勁秋。麗服鮮芳春。余本倦游客。豪彦多舊親。傾蓋承芳訊。欲鳴當類聚作賞。及晨。守一不足矜。歧路良可遵。規行無曠迹。矩步豈逮樂府作建。人。投足緒已爾。四時不必循。將遂殊塗軌。要子李善本文選作予。同歸津。○文選二十八。樂府三十五。本集六。詩紀二十四。又類聚四十一引輪、塵、民、春、親、晨六韵。

塘上行

江蘺生幽渚。微芳不足宣。被蒙風雨文選作雲。會。移居玉臺作君。華池邊。發藻玉臺下。垂影滄浪淵。文選作泉。樂府、文章正宗、本集、詩紀同。又樂府云。一作淵。霑潤既已渥。結根奥且堅。四節逝玉臺作遊。不處。繁華文選作華繁。六臣本注云。五臣作繁華。玉臺作華繁。難久鮮。淑氣與時殞。本集作隕。六臣本文選注云。五臣作隕。餘芳隨風捐。天道有遷易。人理無常全。男歡類聚作稚。智傾愚。女愛衰避妍。不惜微軀類聚作驅。退。但樂府作怕。懼詩紀云。一作歎。蒼蠅前。愿君廣末光。照妾薄暮年。〇文選二十八。玉臺新詠三。樂府詩集三十五。本集六。文章正宗二十九。詩紀二十四。又類聚四十一引宣、邊、全、妍、前、年六韻。

折揚柳行

邈矣垂天景。壯哉奮地雷。豐隆樂府作隆隆。豈久響。廣文選誤作嚮。華光但樂府作華華恒。西隤。日落似有竟。時逝恆若催。仰悲朗月運。坐觀璇蓋迴。盛門無再入。衰房莫苦開。樂府作闓。人生固已短。出處鮮爲諧。廣文選作階。慷本集作慨。慨惟昔人。興此千載懷。升龍悲絶處。葛藟變條枚。寤寐豈虚歎。曾是感與摧。廣文選作推。弭意無足歡。樂府作歎。願言有餘哀。〇樂府詩集三十七。本集七。廣文選十三。詩紀二十四。

飲馬長城窟行

驅馬陟陰山。山高六臣本文選注云。五臣作陰。本集作陰。樂府云。一作陰。馬不前。往御覽作借。問陰山候。勁虜在燕然。戎車無停軌。旌旆屢徂遷。仰憑積雪巖。俯涉堅冰川。冬來秋未反。去家邈以緜。獫狁亮未夷。征人豈徒旋。末德争先鳴。凶器類聚作德。無兩全。師克薄賞行。軍没微軀捐。將遵類聚作軍。甘陳迹。收功單于旃。振旅勞歸士。樂府作去。受爵藁街傳。〇文選二十八。樂府詩集三十八。本集六。詩紀二十四。又類聚四十一引前、然、全、捐、旃五韻。御覽八百引前、然二韻。

門有車馬客行

門有車馬客。駕言發故鄉。念君久不歸。濡跡涉江湘。投袂赴類聚作起。門塗。攬衣不及裳。類聚作裝。拊六臣本文選作撫。膺攜客泣。掩淚敘溫涼。借問邦族間。惻愴論存亡。親友多零落。舊齒皆彫喪。市朝互遷易。城闕或丘荒。墳壟日月多。松柏鬱芒芒。樂府作茫茫。天道信崇替。人生安得長。慷慨惟平生。俛仰獨悲傷。〇文選二十八。樂府詩集四十。本集六。詩紀二十四。又類聚四十一引鄉、湘、裝、亡、長五韻。

櫂歌行

遲遲暮春日。樂府古題要解作春欲暮。天氣柔且嘉。元吉降類聚作隆。樂府、本集、詩紀同。御覽作陸。初巳。濯穢遊黃河。龍舟浮鷁玉燭寶典作鶂。首。羽旗垂藻葩。乘風宣飛景。逍遙戲中波。名謳激清唱。榜人縱詩紀云。一作從。櫂歌。投綸沈洪川。飛繳入紫霞。〇類聚四十二。樂府四十。本集七。詩紀二十四。又玉燭寶典三引河、葩、波三韻。樂府古題要解上引一句。御覽三十引嘉、河、葩、波四韻。

太樂府作泰。山吟

太山一何高。迢迢造天庭。峻極周已岱史作以。遠。曾雲鬱冥冥。梁甫岱史作父。亦有館。蒿里亦有亭。幽塗岱史作岑。延萬鬼。神房岱史作方。集百靈。長吟太山側。慷慨激楚聲。〇類聚四十二。樂府詩集四十一。岱史。本集七。詩紀二十四。

梁甫吟

玉衡既本集作固。樂府云。一作固。已驂。羲和若飛淩。四運循樂府作尋。環轉。寒暑自相承。樂府作懲。冉冉年時暮。迢迢天路徵。當作澂。招搖東北指。大火西南昇。悲風無絶響。玄雲互相仍。豐冰樂府作水。本集同。憑川結。零樂府作霜。詩紀云。集作寒。露彌天凝。年命時相逝。慶雲鮮克乘。履信多愆期。思順焉足憑。慷慨樂府作慷慨。注。一作慷慨。臨川響。非此孰爲興。哀吟梁甫巔。慷慨詩紀云。一作歎息。獨拊膺。○樂府詩集四十一。本集七。詩紀二十四。

東武吟行

投跡短世閒。高步長生闈。濯髮冒雲冠。浣類聚、樂府、本集並作洗。詩紀云。一作洗。身被羽衣。飢從韓衆餐。寒就佚女棲。○類聚四十一。樂府詩集四十一。本集七。詩紀二十四。

班婕妤詩紀云。一作婕妤怨。

婕妤去辭寵。淹留終不見。寄情在玉階。託意惟團扇。春苔暗階除。秋草蕪高殿。黄昏本集作昏黄。履綦絶。愁來空雨面。○樂府詩集四十三。本集七作倢伃怨。詩紀二十四。

駕言出北闕行

駕言出北闕。躑躅遵山陵。長松何鬱鬱。丘墓互相承。念昔徂殁子。悠悠不可勝。安寢重冥廬。天壤莫能興。人生何所樂府作期。促。忽如朝露凝。辛苦百年間。戚戚如履冰。仁智亦何補。遷化有明徵。求仙鮮克仙。太虛不樂府作安。詩紀云。一作安。可凌。良會罄美服。對酒宴同聲。○樂府詩集六十一。本集七。詩紀二十四。又類聚四十一引陵、承、勝、凝、凌五韻。又起首多驅車上東門一句。

君子有所思行

命駕登北山。延佇望城郭。廛里一何盛。街巷紛漠漠。甲第崇高闥。洞房結阿閣。曲池何湛湛。清川帶華薄。類聚作花。邃宇列綺窗。蘭室接羅幕。淑貌色斯升。哀音承顏作。人生誠樂府作盛。行邁。樂府云。一作人生誠行過。六臣本文選注云。五臣作過。容華隨年落。善哉膏粱士。營類聚作榮。生奥且博。宴安消靈根。酖毒不可恪。無以肉食類聚作酒食。資。取笑葵樂府作藜。注。一作葵。與藿。○文選二十八。樂府詩集六十一。本集六。詩紀二十四。又類聚四十一引郭、漠、閣、薄、落、博、藿七韻。

壯哉行

萋萋春草生。王孫猶有情。差池鷰始飛。夭裊桃始榮。灼灼桃悅色。飛飛鷰弄聲。檐上雲結陰。澗下風吹清。幽樹雖改觀。終始在初生。松蔦歡蔓延。樛葛欣虆縈。眇然游宦子。悟言來未并。鼻感改朔氣。心傷變節榮。侘傺豈徒然。澶漫絶音形。風來不可託。鳥去豈爲聽。○本集七作悲哉行。草堂詩箋三十二秋興詩注引飛飛燕弄聲一句。○逯案。類聚、樂府引作謝靈運悲哉行。今兩存之。俟考。

悲哉行

游客芳春林。春芳書鈔作芳春。傷客心。和風飛清響。鮮雲垂薄陰。蕙草饒淑氣。時鳥多好音。翩翩鳴本集作鳩。鳩羽。喈喈倉庚御覽作鶬鶊。吟。六臣本文選作音。注。五臣作吟。樂府作音。注。一作吟。詩紀作音。幽蘭盈通谷。長秀樂府作莠。被高岑。女蘿亦有託。蔓葛亦有尋。傷哉客游文選作客遊。六臣本注云。五臣作客遊。類聚作遊客。士。憂思一何深。目感隨氣草。耳悲詠時禽。寤寐多遠念。緬然若飛沈。願託歸風響。寄言遺所欽。○文選二十八。樂府詩集六十二。本集六。詩紀二十四。又書鈔百五十四作樂府新詩。引一句。類聚四十一引心、陰、音、深、欽五韻。御覽二十作樂府詩。引心、陰、音、吟四韻。

齊謳行

營丘負海曲。沃野爽且平。洪川控河濟。崇山入高文選李善注。高或爲嵩。非也。冥。東被姑尤側。南界聊攝城。海物錯萬類。陸産尚千名。孟諸吞楚夢。百二侔秦京。惟師恢東表。桓后定周傾。天道有迭代。人道無久盈。鄙哉牛山歎。未及至人情。爽鳩苟已徂。吾子安得停。行行將復去。長存非所營。○文選二十八。樂府詩集六十四。本集六。詩紀二十四。

吴趨行

楚妃且勿歎。齊娥且莫謳。四坐並清聽。聽我歌吴趨。吴趨自有始。類聚作紀。請從閶文選作昌。六臣本注云。五臣作閶。類聚、御覽作昌。下同。門起。閶門何峨峨。樂府作嵯峨。飛閣跨通波。重欒承游類聚作斿。極。回軒啓曲阿。藹藹慶雲被。泠泠鮮文選作祥。六臣本注云。五臣作鮮。本集、詩紀作祥。風過。山澤多藏育。土本集作士。風清且嘉。泰類聚作大。伯導仁風。仲雍揚其波。穆穆延陵子。灼灼光諸類聚作其。華。王迹隤陽九。帝功興四遐。大皇自富春。矯手樂府、本集作首。頓世羅。邦彦應運興。粲若春林葩。屬城咸有士。吴邑最爲多。八族未足本集作多。侈。四姓實名家。文德熙淳懿。武功侔山河。禮讓何濟濟。流化自滂沱。淑美難窮紀。商摧爲此歌。○文選二十八。樂府詩集六十四。本集六。詩紀二十四。又類聚四十一作吴越行。引謳、趍、起、峩、波、阿、波、華、羅、葩、多十一韵。御覽百八十四作樂府詩。引波一韵。

前緩聲歌類聚歌下有行字。

遊御覽作遨。仙聚靈族。高會類聚作宴。御覽作讌。層城玉臺作山。阿。長風萬里舉。類聚作急。慶雲鬱嵯峨。宓妃與洛浦。王韓起太玉臺作泰。華。北徵瑶臺女。南要湘川娥。肅肅霄李善本文選作宵。類聚、本集、詩紀同。駕動。翩翩翠蓋羅。羽旗棲瓊玉臺作瑣。鸞。玉衡吐鳴和。太容類聚作大客。揮高絃。洪崖發清歌。獻酬既已周。類聚作終。輕舉玉臺作軒。乘玉臺作垂。紫霞。摠轡扶玉臺作榑。桑枝。羣書校補本作底。六臣本文選注云。五臣作底。樂府云。一作底。濯足湯樂府作暘。六臣本文選注云。五臣作暘。詩紀云。一作暘。谷波。清輝玉臺作暉。溢天門。垂慶惠皇家。○文選二十八。玉臺新詠三。樂府詩集六十五。本集六。詩紀二十四。又類聚四十二引阿、羲、娥、羅、歌、霞六韵。御覽五十六作緩齊歌行。引阿、娥二韵。○逯案。太容揮高絃句。文選三十五七命注引作大客揮高絃。與類聚同。唐時本集當有作此者。

董桃行以下六言。

和風習習薄林。柔條布葉類聚作繁。垂陰。鳴本集作鴅。鳩拂羽相尋。倉庚類聚作鶬。樂府同。喈喈弄音。感時悼逝傷心。 日月相追周旋。萬里倏樂府作儵。忽幾年。人皆冉冉西遷。盛時一往不還。慷慨乖念悽然。昔爲少年無憂。常恡樂府作怪。廣文選作恠。秉燭夜遊。翩翩宵本集作常。征何求。于今知此有由。但爲老去年遒。盛固有衰不疑。長夜冥冥無期。何不驅馳及時。聊樂永日自怡。齎此遺情何之。 人生居世爲安。豈若及時爲歡。世道多故萬端。 憂慮紛錯交顔。 老行及之長歎。○樂府詩集三十四作董逃行。本集七。廣文選十三作董逃行。詩紀二十四。又類聚四十一引林、陰、尋、音、心五韵。

上留田行類聚注平徵調三字。

嗟行人之藹藹。駿馬陟原風馳。輕舟泛川雷邁。寒往暑來相尋。零雪霏霏集宇。悲風徘徊入襟。歲華冉冉方除。我思纏綿未紓。感時悼逝悽如。○類聚四十一。樂府詩集三十八。本集七。詩紀二十四。

燕歌行七言

四時代序逝樂府云。一作遠。不追。寒風習習落葉飛。蟋蟀在堂露盈墀。玉臺、類聚作階。詩紀云。一作階。念君遠本集作客。詩紀同。又云。一作遠。樂府云。一作客。遊常樂府作恒。苦類聚作苦恒。本集同。悲。君何緬然久不歸。賤妾悠悠心無違。白日既没明燈輝。夜玉臺作寒。詩紀云。一作寒。禽赴林匹鳥本集作鳴。棲。雙鳩關關宿河湄。憂來感物涕不晞。非君之念思爲誰。别日樂府云。一作日别。何早會何遲。○玉臺新詠九。樂府詩集三十二。本集七。詩紀二十四。又類聚四十二引追、飛、階、悲、歸五韻。

猛虎行以下雜言。

渴不飲盜泉水。熱不息惡木陰。惡木豈無枝。志士多苦類聚作苦用。心。整駕肅時命。杖類聚作振。策將遠尋。飢食猛虎窟。寒棲野雀林。日歸功未建。時往歲載陰。崇雲臨岸駭。鳴條隨風吟。静言幽谷底。長嘯高山岑。急絃無懦響。亮節難爲音。人生誠未易。曷云開此衿。樂府作襟。文章正宗、韋書校補本同。六臣本文選注云。五臣作襟。眷我耿介懷。俯仰愧古今。○文選二十八。樂府詩集三十一。文章正宗二十九。本集七。詩紀二十四。又類聚四十一引陰、心、尋、林四韻。

鞠歌行

序曰。按漢宫閣有含章鞠室、靈芝鞠室。後漢馬防第宅卜臨道。連閣通池。鞠城彌於街路。鞠歌將謂此也。又東阿王詩。連騎擊壤。或謂蹴鞠乎。三言七言。雖奇寶名器。不遇知己。終不見重。願逢知己。以託意焉。

朝雲升。應龍攀。乘風遠遊騰雲端。鼓鐘歇。豈自歡。急絃高張思和彈。時希值。年夙愆。循己雖易人知難。王陽登。貢公歡。罕生既没國子歎。嗟千載。豈虚言。邈矣遠念情愾然。○樂府詩集三十三。本集七。廣文選十三。詩紀二十四。

順東西門行

出西門。類聚出上有日字。本集同。望天庭。陽谷既虚崦嵫盈。感朝露。悲人生。逝樂府作遊。者若斯安得停。桑樞戒。蟋蟀鳴。我今不樂歲聿征。迨未暮。類聚暮上有年字。及時類聚作世。本集同。平。置酒高堂宴友生。激朗笛。彈哀箏。取樂今日盡歡情。○樂府詩集三十七。本集七。詩紀二十四。又類聚四十一引庭、盈、停、平、生、情六韵。

日重光行

日重光。奈何天廻薄。日重光。冉冉其遊如飛征。日重光。今我日華華之盛。日重光。倏忽過。亦安停。日重光。盛往衰。亦必來。日重光。譬如四時。固恆相催。日重光。惟命有分可營。日重光。但樂府、詩紀云。一作常。惆悵才志。日重光。身没本集作殁。之後無遺名。○樂府詩集四十。本集七。詩紀二十四。

月重輪行

人生一時。月重輪。盛年安樂府作焉。可持。樂府作恃。注。一作持。月重輪。吉凶倚伏。百年莫我與期。臨川曷悲悼。兹去不從肩。月重輪。功名不勗之。善哉。古人揚聲。敷聞九服。身名流何穆。既自才難。既既字衍文。嘉運。亦易愆。俛仰行老。存没將何所樂府無所字。觀。志士慷慨獨長歎。獨長歎。○樂府詩集四十。本集七。詩紀二十四。

百年歌十首

一十時。顔如蕣華曄有暉。體如飄風行如飛。孌彼孺子相追隨。終朝出遊薄暮歸。六情逸豫心無違。清酒將本集、詩紀誤作漿。下同。炙奈樂何。清酒將炙奈樂何。○類聚四十三。本集七。詩紀二十四。○逯案。清酒將炙。謂以酒進炙也。本集、詩紀作清酒漿炙。均爲不辭。

二十時。膚體彩類聚作彩津。澤人理成。美目淑貌灼有榮。被服冠帶麗且清。光車駿馬遊都城。高談雅步何盈盈。清酒將炙奈樂何。清酒將炙奈樂何。○同上

三十時。行成名立有令聞。力可扛鼎志干雲。食如漏巵氣如熏。辭家觀國綜典文。高冠素帶煥翩紛。清酒將炙奈樂何。清酒將炙奈樂何。○同上

四十時。體力克壯志方剛。跨州越郡還帝鄉。出入承明擁大璫。清酒將炙奈樂何。清酒將炙奈樂何。○同上○

逯案。此首當缺一句。

五十時。荷旄仗節鎮邦家。鼓鐘嘈囋趙女歌。羅衣綷粲金翠華。言笑雅舞相經過。清酒將炙奈樂何。清酒將炙奈樂何。○同上

六十時。年亦耆艾業亦隆。驂駕四牡入紫宮。軒冕婀類聚作納。本集同。那翠雲中。子孫昌盛家道豐。清酒將炙奈樂何。清酒將炙奈樂何。○同上

七十時。精爽頗損膂力愆。清水明鏡不欲觀。臨樂對酒轉無歡。攬形詩紀云。集作衣。脩詩紀作羞。注。集作脩。髮獨長歎。○同上

八十時。明已損目類聚缺目字。聰去耳。前言往行不復紀。辭官致祿歸桑梓。安車駟馬入舊里。樂事告終憂事始。○同上

九十時。日告耽瘁月告衰。形體雖是志意非。言多謬誤心多悲。子孫朝拜或問誰。指景玩日慮安危。感念平生淚交揮。○同上

百歲時。盈數已登肌肉單。四支百節類聚節下衍卽字。還相患。目若詩紀作苦。注。一作若。濁鏡口垂草堂詩箋作流。涎。呼吸嚬蹙反側難。茵褥滋味不復安。○類聚四十三。本集七。詩紀二十四。又草堂詩箋二飲中歌注引一句。

放歌行

容華夙夜零。無故自消歇。○文選二十二行藥詩注。

詩

贈顧令文爲宜春令詩五章〇以下四言。

藹藹芳林。有集惟嶽。亹亹明哲。在彼鴻族。淪心渾無。遊精大樸。播我徽猷。□彼振玉。

彼玉之振。光于厥潛。大明貞觀。重泉匪深。我有好爵。相爾在陰。翻飛名都。宰物于南。

禮弊則僞。樸散在華。人之秉夷。當作懿。避晉諱作夷。則是惠和。變風興教。非德伊何。我友敬矣。俾人作歌。

交道雖博。好亦勤止。比志同契。惟予與子。三川既曠。江亦永矣。悠悠我思。託邁千里。

吉甫之役。清風既沈。非子之豔。詩誰云尋。我來自東。貽其好音。豈有桃李。恧子瓊琛。將子無矧。屬之翰林。變彼静女。此惟我心。〇文館詞林百五十六。

贈武昌太守夏少明詩六章

穆穆君子。明德允迪。拊翼負海。翻飛上國。天子命之。曾是在服。西踰崤岡。北臨河曲。

爾政既均。爾化既淳。舊汙孔脩。德以振人。雍雍鳴鶴。亦聞于天。釋厥緇衣。爰集崇賢。

羽儀既奮。令問不已。慶雲烟煴。鴻漸載起。峨峨紫闥。侯戾侯止。彤管有煒。納言崇祉。

既考爾工。將胙爾庸。大君有命。俾守于東。允文允武。威靈以隆。之子于邁。介夫在戎。

悠悠武昌。在江之隈。吴未喪師。爲蕃爲畿。惟此惠君。人胥攸希。弈弈重光。照爾繡衣。

人道靡常。高會難期。之子于遠。曷云歸哉。心乎愛矣。永言懷之。瞻彼江介。惟用作詩。○文館詞林百六十五。

皇太子宴玄圃宣猷堂有令賦詩

太子宴朝士於宣猷堂。遂命機賦詩。○御覽百七十六。

三正迭紹。洪聖啓運。自昔哲王。先天而順。羣辟崇替。降及近古。黄暉既渝。素靈承祜。乃眷斯顧。祚之宅土。三后始基。世武丕承。協風旁駭。天晷仰澄。淳曜六合。皇慶攸興。自彼河汾。奄齊七政。時文惟晋。世篤其聖。欽翼昊天。對揚成命。九區克咸。謳文選作讌。六臣本注云。五臣作謳。歌以詠。皇上纂隆。經教弘道。于化既豐。在工載考。俯釐庶績。仰荒大造。儀刑本集作形。祖宗。妥綏天保。篤生我后。克明克秀。體輝重光。承規景數。茂德淵沖。類聚作冲深。初學記作川沈。天姿玉裕。蕞爾小臣。邈彼荒遐。弛厥負擔。振纓承華。匪願伊始。惟命之嘉。○文選二十。本集七。詩紀二十五。又類聚三十九作侍皇太子宣猷堂詩。引秀、數、裕、運、順、古、祜、丞、澄、政、聖、赫十二韻。初學記十作侍皇太子宣猷堂詩。引裕一韻。○逯案。此詩原題當作侍皇太子宣猷堂詩。并有序文。文選蓋删其序而改其題。今補入御覽所引殘序。又類聚引文多明明隆晋。茂德有赫二句。將篤生我后六句列在詩首。與文選不同。文選乃節録本集無疑。

贈馮文羆遷斥丘令詩八章

文選李善注。集云。文羆爲太子洗馬。遷斥丘令。贈以此詩。逯案。此爲陸集原題。應從之。

於皇聖世。六臣本文選注云。五臣作代。時文惟晉。受命自天。奄有黎獻。閶闔既闢。承華再建。明明在上。有集惟彥。

奕奕馮生。哲問六臣本文選注云。五臣作門。允迪。天保定子。韵補作爾。靡德不鑠。邁心玄曠。矯志崇邈。遵彼承華。其容灼灼。

嗟我人斯。戢翼江潭。有命集止。類聚作上。翻飛自南。出自類聚作彼。幽谷。及爾同林。雙情交映。遺物識心。

人亦有言。交道實難。有頍者弁。千載一彈。今我與子。曠世齊歡。利斷金石。氣惠秋蘭。

羣黎未綏。帝用勤止。我求明德。肆于百里。僉曰爾諧。俾民是紀。乃眷北徂。對揚帝祉。

疇昔之遊。好合纏綿。借曰未給。李善本文選作洽。六臣本文選同。本集注云。五臣作洽。詩紀云。五臣作洽。亦既三年。居陪華幄。出從朱輪。方驥齊鑣。比迹同塵。

之子既命。四牡項領。遵塗遠蹈。騰軌高騁。慶雲扶質。清風承景。嗟我懷人。其邁惟永。

否泰有李善本文選作苟。六臣本注云。善作苟。詩紀同。本集作苟。殊。窮達有違。及子春華。從爾秋暉。逝將去我。陟彼朔陲。本集作垂。非子之念。心孰爲悲。○文選二十四。本集五。詩集二十五。又類聚三十一引第三章。韵補五引迪、鑠二韵。

答賈謐詩十一章

余昔爲太子洗馬。魯公賈長淵以散騎常侍侍東宮積年。余出補吴王郎中令。元康六年入爲尚書郎。魯公贈詩一篇。作此文選、文館詞林此下有詩字。本集同。答之云爾。

伊昔有皇。肇濟黎蒸。先天創物。景命是膺。降及羣后。迭毁文館詞林缺此二字。迭興。邈矣終古。崇替有徵。

在漢之季。皇綱幅裂。大六臣本文選作火。注云。善作大。羣書校補本作火。辰匿暉。李善本文選作曜。金虎曜李善本文選作習。本集同。六臣本文選注云。善作習。韵補同。質。雄臣馳文館詞林作騰。類聚同。騖。義夫赴節。釋位揮戈。言謀王室。

王室之亂。靡邦不泯。如彼墜景。曾不可振。乃眷三哲。韵補作后。俾乂文館詞林作人。斯民。文館詞林作人。啓土雖類聚作綏。詩紀云。一作綏。難。改物承天。

爰兹有魏。卽宮天邑。吴實龍飛。劉亦岳立。干戈載揚。俎豆載戢。民文館詞林作人。勞師興。國玩凱入。

天厭霸德。黄祚六臣本文選注云。五臣作祖。告釁。李善本文選作舋。文館詞林同。獄訟違魏。謳歌適類聚作逼。晉。陳留歸蕃。我皇登禪。庸岷類聚作崏。稽顙。三江改獻。

赫矣隆晉。奄宅率土。對揚天人。有秩斯祜。惟公太宰。光翼二祖。誕育洪胄。纂戎于魯。

東朝既建。淑問峨峨。我求明德。濟同以和。魯公戾止。袞服委蛇。思媚皇儲。高步承華。

昔我逮兹。時惟下僚。及子棲遲。同林異條。年殊志比。文館詞林作密。類聚、本集同。服舛羣書校補本作殊。六臣本文選注云。五臣作殊。義稠。游跨三春。情固二秋。

祇承皇命。出納無違。往踐蕃朝。來步紫微。升降秘閣。我服載暉。孰云匪懼。仰肅明威。分索則易。攜手實難。念昔良遊。兹焉永歎。公之云感。貽此音翰。蔚彼高藻。如玉如蘭。李善本文選作之蘭。六臣本注。善作之蘭。詩紀云。一作之蘭。惟漢有木。曾不踰境。惟南有金。萬邦作詠。民之胥好。捐類聚作指。狂文選作狂捐。六臣本注云。五臣作狂捐。厲聖。儀刑文館詞林作形。本集同。在昔。予類聚作爭。聞子命。○文選二十四作答賈長淵。本集五。詩紀二十五。又類聚三十一引膺、興、徽、裂、節、室、泯、振、民、天、釁、晉、禪、獻、祖、魯、僚、條、稠、秋、違、微、暉、威、難、歎、翰、蘭、聖、命三十韻。韻補一引泯、振、民三韻。又四引釁、晉、禪三韻。又五引裂、質二韻。

與弟清河雲詩十章○詩紀作贈弟士龍。又注云。見陸士龍集。題曰兄平原贈。

余弱文館詞林作夙。年夙文館詞林作早。孤。與弟士龍銜卹文館詞林作恤。喪庭。續忝末緒。本集無忝末緒三字。會逼王命。文館詞林無會逼王命句。墨絰即戎。時並縈髮。悼心告別。漸歷文館詞林作蹈。八載。家邦顛覆。凡厥同生。彫落殆半。收迹之日。感物興哀。而士龍又先在西。本集作四。詩紀同。時迫當祖載。文館詞林作送。二昆不容逍遥。銜痛東徂。遺情西慕。文館詞林作慘愴。故作是詩。以寄其哀苦焉。

於穆予宗。稟精東嶽。誕育祖考。造我南國。南國克靖。實繇洪績。惟帝念功。載繁其錫。其錫惟何。玄冕衮衣。金石假樂。旄鉞授威。匪威是信。稱丕本集作平。詩紀同。羣書校補作平。遠德。奕世文館詞林作葉。台衡。扶帝紫極。

篤生二本集、詩紀作三。昆。克明克俊。遵塗結轍。承風襲問。帝曰欽哉。纂戎列本集作裂。羣書校補作烈。祚。雙組式帶。綬文館詞林作綏。章載路。即命荆楚。對揚休顧。肇敏厥文館詞林作厥敏。績。武功聿舉。烟熅芳素。綢繆江滸。昊天不弔。胡寧棄予。

嗟予人斯。文館詞林作鄙人。胡文館詞林作允。德之微。闕彼遺軌。文館詞林作懿。則此頑違。王事靡盬。本集作匪盬。詩紀同。旍文館詞林作旅。旆屢振。委籍奮本集作舊。詩紀同。戈。統厥征人。祁祁本集作祈祈。詩紀同。征人。載肅載閑。騤騤戎馬。有駰本集缺駰字。詩紀同。有翰。昔予本集、詩紀作子。翼考。惟斯文館詞林作新。伊撫。今予小子。繆尋末緒。

有命自天。崇替靡常。王師乘運。席卷江本集倒作江捲。詩紀同。湘。雖備官本集缺此二字。詩紀同。守。位本集作守。詩紀同。從武臣。守局下列。譬彼飛塵。洪波電本集、詩紀作雷。擊。與衆同湮。本集作泯。詩紀同。顛踣本集、詩紀作跋。西夏。收迹舊京。俯慚堂搆。仰懵類聚作惟。先靈。孰云忍媿。寄之我情。

伊文館詞林作猗。我俊弟。咨文館詞林作嗟。爾士龍。懷襲瑰瑋。文館詞林作偉。播殖韵補作植。清風。非德莫勱。非道莫弘。垂翼東畿。燿穎名邦。綿綿洪統。非爾孰崇。依依同生。恩篤情結。義存並濟。胡樂之悅。願爾偕老。攜手黃髮。

昔我西征。扼腕文館詞林作椀。川湄。文館詞林作涯。掩涕即路。揮本集、詩紀作燿。袂長辭。六龍促節。逝不我待。自往迄兹。曠年八祀。悠悠我思。非爾文館詞林作予。焉在。昔並垂髮。今也將老。銜哀文館詞林作含憂。茹慼。契闊充飽。嗟我人斯。胡恤之早。

天步多艱。性命難誓。常懼隕斃。文館詞林作斃。孤魂殊裔。存不阜物。没不增壤。生若朝風。死猶羣書校補作由。絶景。視彼蜉蝣。本集作浮遊。詩紀同。方之喬本集作僑。詩紀同。客。眷此黄壚。本集作廬。詩紀同。譬之斃文館詞林作弊。宅。匪身是吝。亮會伊惜。其惜伊何。言紆其思。其思伊何。悲彼曠載。

出車戒塗。言告言歸。蓐本集作辱。食警本集作驚。詩紀同。駕。夙興宵文館詞林作霄。馳。濛雨之陰。炤文館詞林作照。月之煇。文館詞林作暉。陵陵峻坂。川越洪漪。爰届爰止。步彼高堂。失爾朔本集作羽。詩紀同。邁。良願中荒。我心永懷。匪悦匪康。

昔我斯逝。兄弟孔備。本集作仁。詩紀同。今予本集作我。詩紀同。來思。我凋我瘁。本集作或彫或疚。詩紀同。昔我斯逝。族有餘榮。今我來思。堂有哀聲。我行其道。鞠爲茂草。我履其房。物存人亡。拊膺涕泣。文館詞林作泣血。類聚同。血文館詞林作灑。類聚同。淚彷徨。

企佇朔文館詞林作明。路。言歡本集缺此字。詩紀作送。爾歸。心存言宴。目詩紀作日。想容輝。迫彼窀穸。載驅東路。係情本集作繼其。詩紀同。桑梓。肆力丘墓。栖遲中流。本集作婉兮孌兮。詩紀同。心本集作與。詩紀同。懷罔極。眷言顧之。使我心惻。○文館詞林百五十二。本集三。詩紀二十五。又類聚二十一作與弟雲詩。引常、湘、靈、情、榮、聲、道、草、房、亡、徨十一韻。韵補一作贈陸雲詩。引風、弘二韵。

皇太子賜讌詩

元康四年秋。余以太子洗馬出補吴王郎中。以前事倉卒未得宴。三月十六。有命清宴。感聖恩之罔極。

退而賦此詩也。○書鈔六十六。又略見御覽五百三十九。○逯案。序文或屬此詩。列此俟考。

明明隆晉。茂德有赫。思媚上帝。配天光宅。誕育皇儲。儀刑類聚、本集作形。在昔。徽羣書校補作微。言時宜。福祿來格。勞謙降貴。肆敬下臣。肇彼先驅。翻成嘉賓。○類聚三十九。本集五。廣文選八。詩紀二十五。

贈潘尼詩

水會于海。雲翔于天。道之所混。孰後孰先。及子雖殊。同升太玄。舍彼羣書校補作被。玄冕。襲此雲冠。遺情市朝。永志丘園。静猶幽谷。動若揮蘭。○類聚三十一。本集五。廣文選十作贈潘岳詩。詩紀二十五。

答潘尼詩

於穆同心。如瓊如琳。詩紀作林。我東曰類聚作日。本集、詩紀同。徂。來餞其琛。彼美潘生。實綜我心。探子本集作我。詩紀同。玉懷。疇爾惠音。○類聚三十一。本集五。詩紀二十五。

祖會太極東堂詩

帝謂御事。及爾同歡。我自嘉禮。以壽永觀。思樂華殿。祇承聖顏。○書鈔八十二。○逯案。書鈔又引陸機祖會太極東堂詩。於是四座具醉云云。當是詩序殘文。

元康四年從皇太子祖會東堂詩

巍巍皇代。書鈔作魏王禪代。誤。奄宅九圍。帝在在洛。書鈔作帝在洛陽。克書鈔作光。配紫微。八風應律。日月重暉。

普歷丘宇。時罔不綏。○書鈔百四十九作陸機詩。引圍、微、暉三韻。匡謬正俗三引圍、微、綏三韻。

講漢書詩

稅駕金華。講學祕館。　有集惟髦。芳風雅宴。○書鈔九十八。

祖道清正清正當是潘正之誤。詩

□□□題。允藩克正。惟是喉舌。光翼明聖。○書鈔六十。

贈潘岳詩

僉曰吾生。明德惟允。○文選二十五答謝靈運詩注。

詩

恢恢天網。飛沈是收。受茲下臣。騰光清霄。○吴棫韵補二。

詩

甕餘殘酒。膝有横琴。○草堂詩箋三十七遇津詩注。

贈馮文羆詩以下五言。

昔與二三子。遊息承華南。拊翼同枝條。翻飛各異尋。苟無淩風翮。徘徊守故林。六臣本文選注云。善無此二句。慷慨誰爲感。願言懷所欽。發軫清洛初學記作濁渭。汭。驅馬大河陰。佇立望朔塗。悠悠迥且深。分索古所悲。志士多苦心。悲情臨川結。苦言隨風吟。愧無雜佩贈。良訊代兼金。夫子茂遠猷。穎誠寄惠音。○文選二十四。本集五。詩紀二十五。又初學記十八引陰、心二韵。

於承明作與弟士龍詩文選李善注。集云。與士龍於承明亭作。

牽世嬰時網。駕言遠徂征。飲餞豈異六臣本文選注云。五臣作他字。族。親戚弟與兄。婉孌居人思。紆鬱遊子情。明發遺安寐。晤文選作寤。羣書校補同。言涕交纓。分途類聚作塗。長林側。揮袂萬始亭。佇眄李善本文選作盼。本集作眄。要遐景。傾耳玩餘聲。南歸憇永安。北邁頓承明。永安有昨本集作作。軌。承明子棄予。俯仰悲林六臣本文選注云。善作外。薄。慷慨含辛楚。懷往歡絶端。悼來憂成緒。感別慘舒翮。思歸樂遵本集作春。渚。○文選二十四。本集五。詩紀二十五。又類聚二十九引征、兄、亭、明四韻。

贈弟士龍詩

行矣怨路長。惄焉傷別促。指途悲有餘。臨觴歡不足。我若西流水。子爲東峙文選作時。六臣注云。五臣作峙。岳。慷慨逝言感。徘徊居情育。安得攜手俱。契闊成騑服。○文選二十四。本集五。陸士龍文集五答兄平原二首之二。類聚二十九作陸雲贈兄詩。詩紀二十五。○逯案。陸士龍集答平原兄二首。一爲悠悠塗可極篇。一爲此篇。類聚陸雲贈兄詩上爲此篇。下爲悠悠塗可極篇。似此詩應屬陸雲。然昭明文選載此作陸士衡。別載悠悠塗可極篇作陸士龍。此其所據之二陸文集當不誤也。意者陸士龍集編士龍答兄平原詩並附載士衡贈詩。與本集並載鄭曼季贈答詩爲同例。經傳寫有脱誤。遂並作士龍詩。歐陽詢編類聚時所據之本已有脱奪矣。

贈尚書郎顧彦先詩二首

大火貞朱光。積陽熙自南。望舒離金虎。屏翳吐重陰。凄風迕時序。苦雨遂成霖。朝游忘輕羽。夕息憶重衾。感物百憂生。纏綿自相尋。與子隔蕭牆。蕭牆阻李善本文選作隔。六臣本注云。善作隔。且深。形影曠不接。所託聲與音。音聲文選注作聲音。日夜闊。何用文選注作以。慰吾心。○文選二十四。本集五。詩紀二十五。又文選二十一秋胡詩注作贈顧彦先詩。引音、心二韵。

朝遊遊層城。夕息旋直廬。迅雷中霄激。驚電光夜舒。玄雲拖朱閣。振風薄綺疏。豐注溢修霤。潢文選作黄。初學記、本集同。潦浸階除。停陰結不解。通衢化爲渠。沈稼湮梁潁。初學記誤作頼。流民泝荆徐。眷言懷桑梓。

無乃將爲魚。〇文選二十四。初學記十一。本集五。詩紀二十五。

贈顧交阯公真詩

類聚作直。詩紀作真。文選李善注云。晉百官名曰。交州刺史。顧祕字公真。

顧侯體明德。清風肅已邁。發迹翼藩后。改授撫南裔。伐鼓五嶺表。揚旌類聚作聲。萬里外。遠績不辭小。立德不在大。高山安類聚作可。足凌。巨海猶縈帶。惆悵瞻飛駕。引領望歸旆。〇文選二十四。本集五。詩紀二十五。又類聚二十九作送顧公直詩。引外、帶二韵。

答張士然詩

潔身躋秘閣。秘閣峻且玄。終朝理文案。薄暮不遑眠。李善本文選作瞑。六臣本注云。善作瞑。駕言巡明祀。致敬在祈年。逍遥春王本集作玉。圃。六臣本文選作囿。躑躅千畝田。廻渠繞曲陌。通波扶直阡。嘉穀垂重穎。芳樹發華顛。余固水鄉士。摠轡臨清淵。六臣本文選注云。五臣作泉字。羣書校補同。文選注作川。戚戚多遠念。行行遂成篇。〇文選二十四。本集五。詩紀二十五。又文選三十一雜體詩注引川一韵。

贈從兄車騎詩

文選李善注。集云陸士光。

孤獸思故藪。離鳥悲舊林。翩翩游宦子。辛苦誰類聚作難。本集同。爲心。髣髴谷水陽。婉孌崑山陰。營魄懷茲土。精爽若飛沈。寤寐靡安豫。願言思所欽。感彼歸途艱。使我怨慕深。安得忘歸匡謬正俗作憂。草。言樹背與襟。李善本文選作衿。六臣本注云。善作衿。斯言豈虛作。思鳥有悲音。○文選二十四。本集五。詩紀二十五。又類聚三十一引林、心、陰、沉四韻。匡謬正俗一引襟一韻。御覽百八十、太平寰宇記九十一並作思鄉詩。引陰一韻。

爲顧彥先贈婦詩二首

六臣本文選引李善注曰。集云爲令彥先作。今云顧彥先。誤也。且此上篇贈婦。下篇婦答。而俱云贈婦。又誤也。○逯案。爲令彥先當是爲令文彥先之誤。陸士龍集有答大將軍祭酒顧令文詩。又有與張光祿書云。顧令文彥先每宣陸眷彌泰之惠。卽指此二人。又陸士龍亦有爲顧彥先贈婦之作。題作爲顧彥先贈婦往返四首。稱往返則知有贈婦。有婦答。題旨明備。文選此目蓋有刪節處。贈婦下應有往返二字。

辭家遠行遊。悠悠三千里。京洛多風塵。素衣化爲緇。循文選作脩。本集、詩紀同。身悼憂苦。感念同懷子。隆思亂李善本文選作辭。心曲。沈歡滯不起。歡沈難克興。心亂誰爲理。願假歸鴻翼。翻飛浙羣書校補作游。江汜。○文選二十四。玉臺新詠三。本集七。詩紀二十五。

東南草堂詩箋作海。有思婦。長嘆充草堂詩箋作脫。幽闥。草堂詩箋誤作闕。借問歎何爲。佳人渺天末。遊宦久不歸。山川修且闊。形影參商乖。音息初學記作信。曠不達。離合非有初學記作豈非。常。譬彼弦與筈。文選作栝。願保金石軀。慰妾長飢渴。○文選二十四。玉臺新詠三。本集七。詩紀二十五。又初學記十八引達、筈二韻。草堂詩箋十一引闕一韻。

爲陸思遠婦作詩

晉書有紀思遠。與陸機同時。親善。

二合兆嘉偶。女子禮有行。潔己入德門。終遠母與兄。如何躭時寵。游宦忘歸寧。雖爲三載婦。顧景媿虛名。歲暮饒悲風。洞房涼且清。拊枕循薄質。非君誰見榮。離君多悲心。寤寐勞詩紀云。集作動。人情。敢忘桃李陋。側想瑶與瓊。○類聚三十二。本集五。詩紀二十五。

爲周夫人贈車騎詩

詩紀云。外編作陸雲。

碎碎織細練。爲君作構襦。君行豈有顧。憶君是妾夫。昔者得君書。聞君在高平。今時得君書。聞君在京城。京城華麗所。璀璨多異人。玉臺作端。羣書校補同。男兒多遠志。豈知妾念君。昔者與君別。歲律玉臺作聿。薄將暮。日月一何速。素秋墜湛露。湛露何冉冉。思君隨歲晚。對食不能湌。玉臺作飧。臨觴不能飯。本集作飲。○玉臺新詠三。本集五。詩紀二十五。

祖道畢雍孫劉邊仲潘正叔詩

皇儲延髦俊。多士出幽遐。過蒙類聚或作適遂。本集同。詩紀作適值。注。一作遂。時來運。與子類聚或作爾。遊承華。執笏崇賢內。振纓層城阿。畢劉贊文武。潘生蒞邦家。感別懷遠人。願言歎以嗟。○類聚二十九。本集五。詩紀二十五。又類聚三十一及六十七引華、阿二韵。

赴太子洗馬時作詩

文選赴洛二首之一。文選李善注云。集云赴太子洗馬時作。下篇云東宮作。而此同云赴洛。誤也。○逯案。此詩言親友贈邁。携手永歎。下篇言托身承華。寒暑已革。顯然非一時一地之作。文選同作赴洛。非是。今依選注分列兩詩。

希世無高符。營道無烈六臣本文選注云。五臣作列。心。靖端肅有命。假檝越江潭。親友贈予邁。揮淚廣川陰。撫膺解攜手。永歎結遺音。無迹有所匿。寂寞文選作漠。韵補同。六臣本注云。五臣作寞。聲必沈。肆目眇不本集作弗。六臣本文選注云。五臣作弗。及。緬然若雙潛。南望泣玄渚。北邁涉長林。谷風拂脩薄。油雲翳高岑。亹亹孤獸騁。嚶嚶思鳥吟。感物戀堂室。離思一何深。佇立慨文選作愾。六臣本注云。五臣作慨。我歎。寤寐涕盈衿。本集誤作矜。惜無懷歸志。辛苦誰爲心。○文選二十六。本集五。詩紀二十五並作赴洛詩。又吴棫韵補一作赴洛詩。引沈、潛二韵。

赴洛道中作詩二首

總轡登長路。嗚咽辭密親。借問類書殘卷誤作門。子何之。類聚作爲。世網嬰我身。永歎遵北渚。遺思結南津。行行遂已遠。野途曠無人。山澤紛紆餘。林薄杳阡眠。虎嘯深谷底。雞鳴高樹巔。哀風中夜流。孤獸更我前。悲情觸物感。沈思鬱纏綿。佇立望故鄉。顧影悽自憐。○文選二十六。本集五。詩紀二十五。又類聚二十七作赴洛詩。引親、身、津三韵。鳴沙石室古籍叢殘類書殘卷客遊門作赴洛詩。引親、身二韵。

遠遊越山川。山川脩且廣。振策陟崇丘。安李善本文選作案。類聚作按。轡遵平莽。夕息抱影類聚作景。寐。朝徂銜思往。頓轡草堂詩箋誤作主。倚高文選作嵩。本集同。六臣本文選注云。五臣作高。草堂詩箋作舊。巖。側聽悲風響。清露墜素輝。明月一何朗。撫枕文選作几。六臣本注云。五臣作枕。文選注作机。按作机是。枕。机之誤。不能寐。振衣獨長想。

〇文選二十六。本集五。詩紀二十五。又類聚二十七作赴洛詩。引廣、莽、往三韵。文選二十六在郡卧病詩注引一句。草堂詩箋二十述古詩注作赴洛詩。引一句。

東宫作詩文選赴洛二首之二。

羈本集作羇。旅遠遊宦。託身承華側。撫劍遵銅輦。振纓盡祗肅。歲月一何易。寒暑忽已革。載離多悲心。感物情悽惻。慷慨遺安豫。文選作愈。六臣本注云。五臣作念。本集作俞。羣書校補作愈。永歎廢寢文選作餐。六臣本注云。五臣作寢食。食。思樂樂難誘。曰歸歸未克。憂苦欲何爲。纏綿胸與臆。仰瞻凌霄鳥。羨爾歸飛翼。〇文選二十六、本集五、詩紀二十五並作赴洛詩。〇逯案。文選旁證云。愈當作念。注引東京賦可證。作念者。形近而訛。

吴王郎中時從梁陳作詩

在昔蒙嘉運。矯迹入崇賢。假翼鳴鳳條。濯足升龍淵。初學記作泉。玄冕無醜士。冶服使我妍。輕劍拂鞶厲。六臣本文選注云。五臣作礪。羣書校補作礪。長纓麗且鮮。誰謂伏事淺。契闊踰三年。薄言肅後命。改服就藩臣。夙駕尋清軌。遠遊越梁陳。感物多遠念。慷慨懷古人。〇文選二十六。本集五。詩紀二十五。又初學記十引賢、泉二韵。御覽六百八十六引玄冕、長纓句。文字有異。

擬行行重行行詩

悠悠行邁遠。戚戚憂思深。此思亦何思。思君徽與音。音徽日夜離。緬邈若飛沈。王鮪懷河岫。晨風思詩紀云。一作悲。北林。遊子眇天末。還六臣本文選作遠。注云。善作還。詩紀云。五臣作遠。期不可尋。驚飇褰反信。歸雲難寄音。佇立想萬里。沈憂萃我心。攬衣有餘帶。循形不盈衿。去去遺情累。安處撫清琴。○文選三十。本集六。詩紀二十五。

擬今日良宴會詩

閑夜命懽編珠作清。友。置酒迎風館。編珠作觀。齊僮梁甫吟。秦娥張女彈。哀音繞棟本集作梁。宇。遺響入雲漢。四座咸同志。羽觴不可算。高談一何綺。蔚若朝霞爛。人生無幾何。爲樂常苦晏。詩紀誤作宴。譬彼伺類聚作司。晨鳥。揚聲當及旦。曷爲恆憂苦。守此貧與類聚作且。賤。○文選三十。本集六。詩紀二十五。又類聚三十九引館、彈、漢、晏、旦五韵。杜公瞻編珠二作陸機樂府詩。引觀、彈二韵。吴棫韵補四引算、賤二韵。

擬迢迢牽牛星詩

昭昭清玉臺作炤炤天。漢暉。粲粲光天步。牽牛西北迴。織女東南顧。華容一何冶。玉臺作綺。揮手如振素。怨彼河無梁。悲此年歲暮。跂彼無良緣。睆玉臺作晥。羣書校補作皖。焉不得度。引領望大川。雙涕如霑露。○文選三十。玉臺新詠三。本集六。詩紀二十五。

擬涉江采芙蓉詩

上山采瓊蕊。穹谷饒芳蘭。采采不盈掬。悠悠懷所歡。故鄉一何曠。山川阻且難。沈思鍾玉臺作鍾。萬里。躑躅獨吟歎。○文選三十。玉臺新詠三。本集六。詩紀二十五。

擬青青河畔草詩

靡靡江蘺玉臺、類聚作離。李善本文選同。又六臣本注。五臣作離。作離是。草。熠熠文選、玉臺作熠燿。本集同。類聚作熠爍。詩紀云。一作燿燿。生河側。皎皎彼姝女。阿那當軒織。粲粲妖類聚作嬌。容姿。灼灼美顔玉臺作華美。色。良人遊不歸。偏棲獨隻翼。空房來悲風。中夜起歎息。○文選三十。玉臺新詠三。類聚三十二。本集六。詩紀二十五。

擬明月何皎皎詩

安寢北堂上。明月入我牖。照之有餘輝。文選、書鈔作暉。類聚作煇。編珠作光彩。攬編珠作覽。御覽同。之不盈手。涼風繞曲房。寒蟬鳴高柳。踟蹰感節物。我行永已久。游宦會無成。離思難常守。○文選三十。本集六。詩紀二十五。又書鈔百五十引牖、手二韵。類聚一引牖、手二韵。杜公瞻編珠一作樂府詩。引牖、手二韵。御覽百八十八引牖、手二韵。

擬蘭若生春陽詩

嘉樹生朝陽。凝霜類聚誤作想。封其條。執心守時信。歲寒終不玉臺作不敢。凋。美人何其曠。灼灼類聚作的的。在雲霄。隆想彌年月。玉臺作時。長嘯入風飈。玉臺作飄。引領望天末。譬彼向陽翹。○文選三十。玉臺新詠三。本集六。詩紀二十五。又類聚三十二引條、凋、霄三韵。

擬青青陵上柏詩

冉冉本集作苒苒。高陵蘋。習習隨風翰。人生當幾時。譬彼濁水瀾。戚戚多滯念。置酒宴所歡。方駕振飛轡。遠游入長安。名都一何綺。城闕鬱盤桓。飛閣纓虹帶。層臺冒雲冠。高門羅北闕。甲第椒與蘭。俠客控絶景。都人驂玉軒。遨遊放情願。慷慨爲誰歎。○文選三十。本集六。詩紀二十五。

擬東城一何高詩

詩紀云。古詩曰東城高且長。

西山何其峻。層曲鬱崔嵬。零露彌天墜。蕙葉憑林衰。寒暑相因襲。時逝忽如頹。玉臺作遺。三閭結飛轡。大玉臺作太。耋嗟落暉。詩紀誤作揮。曷爲牽世務。中心若玉臺作悵。有違。京洛多妖麗。玉顔侔瓊蕤。閑夜撫鳴琴。惠音清且悲。長歌赴促節。哀響逐高徽。一唱萬夫歎。再唱梁塵飛。思爲河曲鳥。雙游澧文選作豐。六臣本注云。五臣作澧。玉臺作豐。水湄。○文選三十。玉臺新詠三。本集六。詩紀二十五。

擬西北有高樓詩

高樓類聚作臺。一何峻。迢迢玉臺作苕苕。李善本文選同。六臣本注云。善作苕苕。詩紀云。善作苕苕。峻而安。綺窗出塵冥。飛陛玉臺作階。類聚同。躡雲端。佳人撫琴文選注作鳴。類聚作瑶。瑟。纖手清且閑。芳氣玉臺作草。誤。類聚作音。隨風結。哀響馥若蘭。玉容誰能文選作得。六臣本注云。五臣作能。顧。傾城在一彈。佇立望日昃。躑躅再三歎。不怨佇立久。但願歌者歡。思駕歸鴻羽。比翼雙飛翰。○文選三十。玉臺新詠三。本集六。詩紀二十五。又類聚六十二引安、端、閑、蘭、彈五韵。文選三十一雜體詩注引一句。

擬庭中有奇樹詩

歡友蘭時往。迢迢玉臺作苕苕。李善本文選同。六臣本注云。善作苕苕。匿音徽。虞淵引絶景。四節逝玉臺作遊。若飛。芳草久類聚作忽。已茂。佳人竟不歸。躑躅遵林渚。惠風入我懷。感物戀所歡。采此欲貽類聚作當遺。誰。○文選三十。玉臺新詠三。本集六。詩紀二十五。又類聚二十九引歸、誰二韵。

擬明月皎夜光詩

歲暮涼風發。昊天肅明明。六臣本文選誤作月。招摇西北指。天漢東南傾。朗月照閑房。蟋蟀吟户庭。翻翻歸鴈集。嘒嘒寒蟬鳴。疇昔同宴友。翰飛戾高冥。服美改聲聽。居愉遺舊情。織女無機杼。大梁不架楹。○文選三十。本集六。詩紀二十五。

招隱詩

明發心不夷。御覽作怡。振衣御覽作投袂。聊躑躅。躑躅欲安之。幽人在浚谷。朝采南澗藻。夕息御覽作宿。西山足。輕類書殘卷作傾。條象雲構。密葉成詩紀作承。翠幄。類書殘卷作握。類聚作屋。激楚六臣本文選注云。五臣作結風。類聚、羣書校補作結風。佇蘭林。回芳薄秀木。山溜何泠泠。飛泉漱鳴玉。哀音附詩紀云。附音拊。靈波。頹響赴曾曲。至樂非有假。安事澆淳李善本文選作醇。六臣本注云。善本作醇字。樸。富貴苟難圖。稅駕從所欲。〇文選二十二。本集五。詩紀二十五。又鳴沙石室古籍叢殘類書殘卷尚門引足、握二韵。類聚三十六引足、屋、木、三韵。御覽五百十引躅、谷、足、幄四韵。〇逯案。文選旁證謂激楚依注應作結風。

遨遊出西城詩

遨遊出西城。按轡循都邑。逝物隨節改。時風肅且熠。遷化有常然。盛衰自相襲。靡靡年時改。冉冉老已及。行矣勉良圖。使爾脩名立。〇類聚二十八。本集五。詩紀二十五。

園葵詩二首

種葵北園中。葵生鬱萋萋。朝榮東北傾。夕穎西南晞。零書鈔作寒。類聚作靈。露垂鮮澤。朗月書鈔作明日。類聚作朗日。案作日是。耀其輝。類聚作暉。時逝柔風戢。歲暮商猋與飈通。六臣本文選注云。五臣作飈。本集作飈。類聚作傷飈。飛。曾雲類聚作露。較勝。無温夜。嚴霜有凝威。幸蒙高墉德。玄景蔭素蕤。豐條並春盛。落葉後秋衰。本集誤作哀。慶彼晚彫福。忘此孤生悲。〇文選二十九。類聚八十二。本集五。詩紀二十五。又書鈔百五十二引輝一韵。

翩翩晚彫葵。孤生寄北蕃。被蒙覆露惠。微軀後時殘。庇足周文心雕龍作同。類聚同。一智。生理各萬文心雕龍作合異。端。不若當作苦。聞道易。但傷知命難。○類聚八十二。詩紀二十五。又文心雕龍事類篇引端一韵。

贈斥丘令馮文羆詩

夙初學記作鳳。駕出東城。送子臨江初學記作河。曲。密席接同志。羽觴飛鄙淥。登樓望峻陂。初學記作坡。時逝一何速。○類聚三十一、詩紀二十五作贈波丘令。又初學記十八作贈馮文羆。引曲、速二韵。

與子別所期。耀靈緣扶木。○文選三十南樓中望所遲客詩注引贈馮文羆詩。○逯案。此殆前篇佚句。

贈顧彥先詩

清夜不能寐。悲風入我軒。立影對孤軀。哀聲應苦言。○類聚三十一。詩紀二十五。

贈紀士詩

瓊瓌俟豐價。窈窕不自鬻。有美峨眉子。惠音清且淑。修姱類聚作嫮。協姝麗。華顏婉如玉。○類聚三十一。本集五。

招隱詩二首

駕言尋飛遯。山路鬱盤桓。芳蘭振蕙葉。玉泉涌微瀾。嘉卉獻時服。靈朮進朝飡。○類聚三十六。本集五。詩紀二十五。

尋山求逸民。穹谷幽且遐。清泉盪玉渚。文魚躍中波。○同上

尸鄉亭詩

詩紀云。詩彙作顔之推者非。

東遊觀鞏洛。逍遥丘墓間。秋草漫文鏡秘府作蔓。類聚同。長柯。寒木詩紀作水。入雲煙。發軫有夙宴。息駕無愚賢。○類聚二十七。文鏡祕府論西。

爲顧彦先作詩

肅肅素秋節。湛湛濃露凝。太陽夙夜降。少陰忽已升。○御覽二十五。

三月三日詩

遲遲暮春日。天氣柔且嘉。詩紀作佳。元吉隆初巳。濯穢遊黄河。○類聚四。詩紀二十五。

東宫詩

詩紀據類聚老部題作詠老。非是。

軟文選注作柔。顔收紅蘂。文選注作藻。玄鬢吐素華。冉冉逝將老。咄咄奈老何。○類聚十八作陸機詩。詩紀二十五。又文選二十二晚出西射堂注引華一韵。

春詠詩紀云。亦見鮑明遠集。

節運同可悲。莫若春氣甚。和風未及燠。遺涼清且凜。○類聚三作晉陸機詩。本集五。詩紀二十五。

詩

太素卜令宅。希微啓奥基。玄沖纂懿文。虛無承先師。○御覽一。

澄神玄漠流。棲心太素域。弭節欣高視。俟我大夢覺。○同上

老蠶晚績縮。老女晚嫁辱。曾不如老鼠。翻飛成蝙蝠。○御覽八百二十五。

軌迹未及安。長轡忽已整。道遐覺日短。憂深使心褊。○吴棫韵補三。

物情競紛紜。至理自宜貫。達觀儻不融。居然見真贋。○吴棫韵補四。

惆悵懷平素。豈樂于兹同。豈宴棲末景。游豫躡餘蹤。○文選五十七陶徵士誄注。

佳穀垂金穎。○合璧事類别集五十七。

石龜尚懷海。我寧忘故鄉。○述異記。

夏靖

靖。字少明。歷任武昌太守、豫章太守。有集二卷。

答陸士衡詩

大哉乾元。萬品資生。陶育五常。惟濁惟清。猗歟君子。誕稟純精。行歸于周。忠篤允誠。允誠伊何。拔羣出俗。華文不修。抱此素樸。履謙居沖。恆若不足。上交不諂。下交不瀆。倬彼雲漢。於章于天。九五翻飛。利見大人。大人有命。是牧是招。時行則行。遂升東朝。東朝光光。天同其曜。匪徒一臺。天同其照。其照爾德。又簡爾才。將登三事。百揆是釐。據仁爲本。仗義爲輿。經緯三墳。錯綜衆書。斟酌聖奥。與道卷舒。靡靡陸生。帝度其心。靜恭夙夜。莫其德音。德音既莫。其美彌深。爲物之主。爲士之林。天作高山。大王荒之。蕩蕩荆土。子其康之。風俗未敦。子其臧之。羣彦未敍。子其綱之。忝榮剖符。悠悠在兹。羔裘豹袪。有愧不能。乃眷我顧。爰貽休詩。嘉覩嘉藻。以爲清規。敢銘妙言。終始永思。○文館詞林百五十七。

顧祕

祕。字公真。歷交州太守、吴興太守。

答陸機詩

恢恢太素。萬物初基。在昔哲人。觀衆濟時。○御覽一作顧公直。

崔寔

爵里不詳。

答陸機詩

棲息高丘。〇文選二十六道路憶山中詩注。

晉詩卷六

陸雲

雲。字士龍。少與兄機齊名。吴平。入洛。刺史周浚召爲從事。以公府掾爲太子舍人。出爲浚儀令。拜吴王郎中令。入爲尚書郎、中書侍郎。後爲清河内史。大安二年。爲成都王穎所害。年四十二。有陸子新書十卷、集十二卷。

大將軍宴會被命作詩六章

皇皇帝祜。本集作佑。誕隆駿命。四祖正家。天禄保六臣本文選作安。注云。善本作保字。詩紀云。一作安。定。叡哲惟晉。世有明聖。如彼日月。萬景攸正。

巍巍明聖。道隆自天。則明分本集作分明。爽。觀象洞玄。陵六臣本文選注云。五臣作淩。詩紀云。五臣作浚。風叶文選作協。極。文選作紀。六臣本注云。五臣作極。絶輝照淵。肅雍往播。福禄來臻。

在昔六臣本文選注云。五臣本作晉。姦臣。稱亂紫微。神風潛駭。有赫兹威。靈旗樹旆。如電斯揮。致天之届。于河之沂。有命冉集。皇輿凱歸。

頹綱既振。品物咸秩。神道見素。遺華反質。辰晷重光。協風應律。函夏無塵。海外有謐。

芒芒類聚作茫茫。宇宙。天地交泰。王在華堂。式宴嘉會。玄暉峻朗。翠雲本集作華。崇藹。文選作靄。冕弁類聚作弁。六臣本文選注云。五臣本作弁。振纓。藻服文選作服藻。六臣本注云。五臣本作藻服。詩紀云。五臣作藻火。垂帶。

祁祁臣僚。有來雍雍。薄言載考。承顏下風。俯覿嘉類聚作前。客。仰瞻玉容。施己唯約。于羣書校補作干。禮斯豐。天錫難老。如岳之崇。○文選二十。本集二。詩紀二十六。又類聚三十九作侍大將軍宴詩。文選五十九頭陀寺碑文注作陸機大將軍宴會詩。引一句。

征西大將軍京陵王公會射堂皇太子見命作此詩六章

芒芒太極。玄化烟熅。頹形成器。凌象垂文。大鈞造物。庶類羣分。先識經始。實綜彝倫。

惟岳隆周。生甫及申。天鑒在晉。祚之降神。邈矣遐風。茂德有鄰。永言配命。唯晉之鎮。

厥鎮伊何。實幹心膂。文教內輔。武功外禦。淮方未靖。帝曰攸序。公于出征。奄有南浦。

南海既賓。爰戢干戈。桃林釋駕。天馬婆娑。象齒南金。來格皇家。絶音協徽。宇宙告和。

玄綱峻極。天罔既紘。文武方升。允茲兼弘。峨峨高夏。有肅其涼。公侯戾止。騄驥龍驤。善問如林。在會鏘鏘。

祝融御節。火正緝熙。凱風徘徊。萬物欣時。秩秩初筵。薄言在茲。嘉福介祜。本集作祐。萬壽無期。○本集二。詩紀二十六。

太尉王公以九錫命大將軍讓公將還京邑祖餞贈此詩六章

烈文辟公。時惟哲王。闡縱絶期。平顯幽光。内實慎徽。緝熙有臧。出糾方慝。問督不揚。高山峻極。天造芒芒。

天子念功。大典光備。肅肅王命。宰臣蒞事。穆矣淵讓。遺功遂志。思我遠猷。徽音孰嗣。

后命既靈。王人反旆。興言出祖。飲餞于邁。旍旐泱泱。軺軒藹藹。和風弭塵。清暉映蓋。

思樂中陵。言觀其川。公王戾止。有車轔轔。伊誰云饗。我有嘉賓。羽觴舉酬。酢爾征人。

悠悠征人。四牡騑騑。發軫北京。振策紫微。昔乃云來。春林方輝。歲亦暮止。之子言歸。道塗興戀。伏載稱徽。本集缺此字。

聖澤既渥。嘉會愔愔。庭旅鐘類聚作鍾。鼓。堂有瑟琴。飛轡清暉。扶桑移蔭。類聚作陰。視景秪慕。揮袂沾襟。

變彼同栖。悲爾異林。我有旨酒。以歌以吟。○本集二。詩紀二十六。又類聚二十九引第六章。

大安二年夏四月大將軍出祖王羊二公於城南堂皇被命作此詩六章

時文唯晳。天祚有祥。聖宰作弼。受言既臧。有赫斯庸。勳格昊蒼。景物台暉。棟隆玉堂。

惟帝本集作常。思庸。大興光迪。聖敬遠躋。神道玄邈。思媚三靈。誕膺天篤。嘉命既辱。王人言告。

翼翼王人。言告惟慕。公輿駕言。乃眷斯顧。華旍飛藻。鳴鸞振路。騑騑駟牡。噓天載步。

我有高夏。韵補作厦。如雲斯薈。彤軒戾止。薄言嘉會。問誰在宴。惟俊惟乂。豐俎殷薦。獻酬交泰。

攸攸昊天。南正興言。朱明有暐。萬葉翠繁。昌雲垂天。凱風熙顔。王臣在此。貽宴于歡。懸象西頽。虞淵納景。嘉樂未晞。嚴本集缺此字。駕已整。行矣征人。身乖路永。飛驂顧懷。華蟬引領。遺思北京。結轡臺省。〇本集二。詩紀二十六。又吴棫韵補四作城南詩。引耆、乂二韵。又五作餞王太尉詩。引迪、篤二韵。

從事中郎張彦明爲中護軍奚世都爲汲郡太守客應作各。將之官大將軍崇賢之德既遠而厚下之恩又隆非應作悲。此離析有感聖皇既蒙引見又宴于後園感鹿鳴之宴樂詠魚藻之凱歌而作是詩六章

逯案。此詩本集以從事中郎張彦明爲中護軍爲題。割奚世都以下爲敍。並於題下注并敍二字。因敍文言奚世都爲汲郡太守。詩紀遂將奚世都以下移作下篇贈汲郡太守之敍。按本集、詩紀俱誤。詩中言出撫邦家。入翔紫微。非僅贈張彦明一人甚明。若從詩紀。則題詩衝突。可見奚世都以下不得移於他篇。從事中郎張彦明爲護軍與奚世都以下實相連爲一長題。校刻者不知之。誤割爲二。遂扞格而不通。

思文有聖。叡哲配天。功濟生黎。道合上玄。休命發揮。有集惟賢。哲彼寤宿。澄此在淵。

濟濟多士。實播令聞。王曰欽哉。余嘉乃勳。徽羣書校補作微。音孔碩。惠爾風雲。穆此芳烈。肇揚清芬。

肅肅庶僚。祇服寵暉。肇被羣書校補作彼。桃蟲。假翼翻飛。出撫邦家。入翔紫微。有命既集。願言永違。

思樂華堂。雲構崇基。公王有酒。薄言饗之。景曜徽芒。芳風詠時。宴爾賓儐。具樂于兹。

亹亹我王。豐恩允臧。我客戾止。飲酒公堂。自彼下僚。聿來有光。悲矣永言。指途逝將。形違殿闥。景附

華房。

開國承家。勿用小人。今我聖宰。實蕃斯仁。凌淵龍躍。披林鳳振。正直既好。嘉禮式本集缺式字。陳。振我遠德。歸于時民。〇本集二。詩紀二十六。

贈汲郡太守詩八章

於穆皇晉。豪彥實蕃。天罔振維。有聖貞觀。鳴鳥在林。良駿卽閑。萃彼俊乂。時亮庶官。

抑抑奚生。天篤其淳。芳穎蘭揮。瓊光玉振。沈機照物。妙思考神。思我善問。觀德古人。

善問伊何。惠音孔韶。肇允衡門。翻飛宰朝。肅雍芳林。芬響凌霄。穆矣和風。育羣書校補作扇。爾清休。

亦既有試。出宰邦家。之子于行。民固謳歌。風澄俗儉。羣書校補作險。化静世波。芒芒既庶。且樂于和。

我有好爵。既成爾服。入贊崇華。遂登帷幄。時文聖宰。天祚方穀。朔風徽止。鴻漸雲嶽。

悠悠斯民。三代直道。我求明德。惟奚攸考。緝熙暉章。天禄來保。惠心無兢。豐化有造。

樂只君子。茂德攸綏。嗟我懷人。式是言歸。聿言來集。如翼斯揮。日當作曰。予不惠。照爾清暉。

職思既殊。亦各有司。念我同僚。悲爾異事。之子之遠。悠悠我思。雖無贈之。歌以言志。〇本集二。詩紀二十六。

贈顧驃騎詩二首

有皇八章

有皇。美祈陽也。祈陽秉文之士。駿發其聲。故能明照有吳。入顯乎晉。國人美之。故作是詩焉。

有皇大晉。時文憲章。規天有光。矩地無疆。神篤斯祜。本顯克昌。載生之儁。實惟祈陽。哲問宣猷。考茂其相。

於鑠祈陽。誕鍾天篤。清輝龍見。玄猷淵嘿。沈機響駭。幽神廣覿。和以同人。歸物韵補作物歸。時育。有大惡盈。謙以自牧。思我懿範。萬民來服。

吳未喪師。天秩有庸。淵哉若人。弱冠休風。俯翼黄門。以德來忠。端秀蕃后。正色儲宮。徽羣書校補作徵。音鑠穎。邈矣遐踪。

皇維南終。舊邦匪歆。委弁釋位。如龍之潛。考槃窮谷。假樂豐林。子雖藏器。鐘鼓有音。惠風往敬。慶問來尋。

濟濟元公。相惟天子。明明辟王。思隆多士。帝曰欽哉。有命集止。我咨四方。令問在爾。以朕大賚。乃膺嘉祉。聿來胥步。觀國之紀。

惟皇建極。緝熙清曜。我有畯民。明德來照。大觀在上。王本集作主。假有廟。顯允顧生。金聲玉振。之子于升。利見大人。龍輝絶跡。有肅清塵。

清塵既彰。朝虚好爵。敬子俟度。慎徽百辟。予聞有命。德禮不易。嗟我懷人。瞻言永錫。豐祐東法。羣書校補作注。惟子之績。

邅汶本集作泫。羣書校補作沍。沍卽泯字。涉泗。言告同征。勁風宵烈。湛露朝零。雲垂藹下。泉冽清泠。哀哉行人。感物傷情。從子京邑。言觀厥成。天保祚德。式穀以寧。○本集二作贈顧驃騎後二首。詩紀二十六、又吴棫韵補五引覿、育二韵。

思文八章

思文。美祁陽也。祁陽能明其德。刑于寡妻。以至于家邦。無思不服。亦賴賢妃貞女以成其内教。故作是詩焉。

思文祁陽。祁陽克畯。天錫純嘏。宣兹義問。德音既烈。海外有奮。既奮斯音。祗敬厥德。昭治其家。覃及邦國。永肇儀刑。俾民惟則。

文王在上。太姒思齊。魯侯克昌。亦賴令妻。鑒神有顧。蘋蘩在斯。祁陽載天。作之伉儷。

在虞之胄。實惟有姚。穎豔玉秀。華茂桃夭。居顯祗明。在靈格幽。清塵熠爍。淑心綢繆。爰及祁陽。惟德之周。

其德伊何。和貞虔告。師民履素。言謀慮度。鐘鼓思樂。靖端夙效。考休攸嬪。來嫁于顧。

羔羊執贄。玉帛有輝。百兩集止。之子于歸。宗姻風從。娣姪雲回。祁陽顧之。焕其盈闈。

既曰本集作日。歸止。式揚好音。言觀河洲。有集于林。思樂葛藟。薄采其蕈。疾彼本集爛作皮。攸遂。乃孚惠心。

惠心既孚。有恪中饋。敦此衆斯。永錫嗣類。載延窈窕。用和寤寐。神之聽之。胤祚來爾。

昔周之隆。有任有姒。本集作如有。内刑聖敬。外崇多士。今我淑人。實亮君子。亹亹翼翼。亦繼斯祉。宜爾子孫。福禄盈止。〇本集二。詩紀二十六。

贈鄱陽府君張仲膺詩五章

神林何有。奇華妙實。皇朝如何。窮文極質。斌斌君子。升堂入室。太上有曜。子誕其輝。知機日羣書校補作日。難。子達其微。入輔帷幄。出御千里。滔滔江漢。南國之紀。

謁帝東堂。剖符南征。天子命我。車服以榮。何以潤之。德被蒼生。何以濟之。威振羣城。却愚以化。崇賢以仁。鳳舒其翮。龍濯其鱗。憶彼荒藪。莫敢不賓。雖云舊邦。其命維新。

卞和南金。終始一色。顯允君子。窮達一德。弘仁厲道。物究其極。古賢受爵。循牆虔本集誤作虎。恭。今哲居貴。履盈如沖。接新以化。愛舊以豐。隆此嚶鳴。惇彼谷風。

忠至寵加。孝至榮集。内崇南芬。外清名邑。煒煒棠棣。敻增其華。猗猗桑梓。厥耀孔多。被繡晝行。昔人攸羨。階雲飛藻。孰與同粲。

人道伊何。難合易離。會如升峻。别如順淇。嗟我懷人。曷云其來。貢言執手。涕既隕之。〇本集三。詩紀二十六。

贈顧彦先五章

玄黄挺秀。誕受至真。行該其高。德備其新。光瑩之偉。隋卞同珍。騰都之駿。龍鳳合麈。

皇皇明哲。應期繼聲。華暎殊域。實鎮天庭。入輔出輔。羣書校補作耀。乾乾靡寧。夏發涼臺。我雨我暑。冬違邦族。風霜是處。嗟彼獨宿。誰與晤語。飄飄艱辛。非禹孰舉。言念君子。悵惟心楚。

悠悠山川。驍驍羣書校補作駪駪。征遐。陟升嶕嶢。降涉洪波。言羣書校補作吉。無不利。乘崄而嘉。人懷思慮。我保其和。

邂逅相遇。良願乃從。不逢知己。誰濟予躬。莫攀莫附。媿我高風。時過年邁。晻冉桑榆。晞光本集作先。賴潤。亦在斯須。假我夷塗。頓不忘驅。氾予津川。桴不失浮。無愛餘輝。遂暗東隅。

幽幽東嵎。戀彼西歸。瞻儀情感。聆音心悲。之子于邁。夙夜京畿。王事多難。仲焉徘徊。○本集三。詩紀二十六。

答顧秀才詩五章

芒芒上玄。有物有則。厥初造命。立我藝則。爰茲族類。有覺先識。斯文未喪。誕育明德。

允矣顧生。載靈之和。沈根芳沼。濯秀蘭波。淵翹戢穎。景茂凌華。惟是德心。是用閑邪。

德心伊何。行歸于周。希本集作晞。高仰峻。企遠懷悠。匪願在明。靡倦斯幽。凡我同朋。瞻言清休。

慎終于遠。俾民歸厚。言若有行。及予攜手。何以恤我。其仁孔有。心之云愛。隆敬其久。

既邁斯仁。亦迪茲文。藻韵補作才。不雕樸。華不變淳。有斐韵補作匪。君子。如珪如璠。仰欽德類。依羣書校補作俯。懷惠詮。式揚好問。邦家于宣。○本集三。詩紀二十六。吴棫韵補一引淳、璠二韵。

答大將軍祭酒顧令文詩五章

惟林有鸞。惟淵有螭。顯允明德。實邦之基。先后陟恪。子配于兹。遵彼本集作被。玉堂。受言遘之。

中原有軌。世鮮克蹈。先民有懷。子探其妙。心猶水鑒。函景內照。名若振炎。攄光外燿。

相彼水鑒。民胥攸臨。矧曰明德。人誰弗欽。寫我朵頤。卽爾澄心。義隆自古。好邈在今。

大人有作。本集作祚。興雲自天。之子于升。亦躍于淵。景曳清霄。響發鳴弦。義問弘集。淑風載鮮。

企予朔都。非子孰念。豈無弱翰。才不克贍。惠音聿來。瓊華玉豔。無德不報。念辭惟忝。〇本集三。詩紀二十六。

答吳王上將顧處微詩九章

邈矣大昧。造化明明。物以曲全。人以直生。類聚百族。羣分萬形。員淵挺隋。本集作隨。方川吐瓊。

藹藹洪族。天祿攸蕃。神綏厥本。道裕其源。條有豐葉。波無輟瀾。烈風時播。芳響世繁。

曰繁曰蹟。本集作熙。載德于兹。克文克敏。乃惠乃慈。遵彼洪流。薄言詠之。好是神契。聊與之期。

仁勇同宅。文武相紛。王謂御事。誰撫上軍。於時翻飛。虎嘯江濆。式遏不虞。俾也無塵。

三代既遠。直道垂音。非齒焉尚。非德孰欽。鑽仰自古。鮮曰在今。匪唯形交。殷薦其心。

心以殷薦。分以道成。祇服惠顧。疇此深情。本集作清。亦有芳訊。薄載其誠。豈無春暉。兹焉可榮。

大道易聞。崇軌難襲。孰云匪衍。咎吝尤集。敢謝不佞。栖山自戢。臨篇焉愧。德輶辭輯。翩彼日月。逝猶駭電。朝華未厭。夕風已扇。詩亦有悲。無幾相見。懷德歎心。于焉東眷。平津晚貢。貢公後徵。陟彼玉階。黄髮來升。靈卉三秀。芳草秋興。唯頤清神。福禄是膺。○本集三。詩紀二十六。

贈顧尚書詩

五嶽降神。四瀆炳靈。兩儀鈞陶。參和大成。兆光人倫。誕育至英。於顯尚書。實惟我兄。行成世則。才爲時生。體道既弘。大德允明。厥弘伊何。靡曠不遵。厥明伊何。靡妙不研。無索炤灼。有求本集誤作冰。幽玄。細微不錯。毫芒以陳。積簣爲山。納流成淵。扶翹布華。養物作春。所肅以禮。所潤以仁。宣質拔行。曜文八采。堅不可鑽。清如凝水。方迹迎脼。本集作服。蹈齊闕里。晞聖而惟。亦顧之子。彼棄芝英。玩此蘭茝。異世同芳。其馥不已。有蘭既馥。我風載清。能芬南岳。運芳北征。子有其德。人求其馨。逝此陋巷。薰彼紫庭。厥音不已。鼓鐘有聲。聞天之聰。譬之鵠鳴。天聰既招。我實惟彰。乘風之鳳。眷言朝陽。披雲藻綉。來此舊鄉。謙光自抑。厥輝愈揚。麗容魑翕。孔好已張。既照平林。具我華英。華英韵補作英華。已曜。餘光難延。會淺别速。哀以紹欣。追曠同塗。暫和笑言。殊音合奏。曲異響連。絶我歡條。統我思因。根分來在。愛感往思。我非形景。有處有遊。載離載會。且歡且憂。感彼遠曠。吝此延娱。樂奏聲哀。言發涕流。唯願我子。德與福俱。亦天之祐。本集作祜。亦我之私。本集缺私字。○本集三。詩紀二十六。又吴棫韵補二引英、延二韵。

答兄平原詩 詩紀云。平原贈詩見前。

伊我世文館詞林作冠。族。太極降精。昔在上代。文館詞林作帝。按字應爲世。軒虞篤生。厥生伊何。流祚萬齡。南嶽有神。乃降厥靈。誕鍾祖考。徹兹神明。運步玉衡。仰和太清。賓御四門。旁穆紫庭。紫庭既穆。威聲爰振。厥振伊何。播化殊鄰。清風攸被。率土歸仁。彤弧文館詞林作弓。所彎。萬里無塵。功昭王府。帝庸厥勳。黄鉞授征。錫命頻繁。闞如虓虎。文館詞林作獸。肅兹三軍。 光若辰跱。文館詞林作時。亮彼公門。仍世上司。芳流慶雲。本集、詩紀作純。純本集、詩紀作雲。和所産。爰育仁本集、詩紀作二。昆。誕豐岐嶷。實昭本集、詩紀作夙邁。令聞。本集作問。令聞本集作問。伊何。休音允臧。先公克構。乃崇斯堂。耀穎上京。發迹扶桑。 戎車出本集、詩紀作山。征。時惟鷹揚。鷹揚既昭。勳庸克邁。天子命我。鎮弼于外。代本集、詩紀作在。蓋世之訛字。作扞城。 以表文館詞林作淩。南裔。降災匪諐。景命顛沛。惟我賢昆。天姿秀生。含奇播越。本集、詩紀作殊。明德惟馨。 太陽散氣。乃稟厥和。山川垂度。爰則厥遐。厥遐伊何。惟光惟大。惟大伊何。如岱如渭。恢此廣淵。文館詞林作泉。廓彼洪懿。弘道惇德。淵文館詞林作美。哉爲器。統我先基。弱冠慷慨。將弘祖業。實崇奕世。文館詞林作代。咨予頑曚。本集作矇。韵補作矇。詩紀作蒙。蕞爾弱才。沈耀文館詞林作濯。韵補作曜。玄渚。文館詞林作波。挹庇雲淇。陶化靡移。固陋于兹。文館詞林作滋。瞻仰洪範。文館詞林作軌。實忝先基。巍巍先基。重規累構。 赫赫重光。遐風激鶩。本集、詩紀作騖。昔我先公。爰造斯猷。今我六蔽。匪崇克扶。悠悠大道。載邈載遐。洋洋淵文館詞林作泉。源。如海如河。昔我先公。斯綱斯紀。本集誤作絶。今我末本集誤作未。嗣。乃傾乃圮。世文館詞林作胄。業之頹。自予小子。仰愧靈丘。銜文館詞林作愆。憂没齒。憂懷惟何。顧景惟塵。峨峨高蹤。眇眇貿辰。明德繼體。莫非哲人。今我頑鄙。規範靡遵。仍世文館詞林作代。載德。荒之予身。莫峻匪岳。有俊本集、詩紀作峻。斯登。莫高匪雲。有翼本集、詩紀作高。斯淩。矧我成基。文館詞林作予成構。匪克階升。玄黄長坂。載寐載興。豈敢憚行。哀此負乘。芒芒高山。自予頹之。濟濟德義。匪我本集、詩紀作予。懷之。終銜永負。于其媿而。昔予言曠。氾舟東川。銜憂告辭。揮淚海濱。羲陽趣駕。炎華電征。自我不見。邈哉八齡。悠思迥望。寤言通靈。昔我往矣。辰在東嵎。文館詞林作隅。今我于茲。日薄桑榆。銜艱文館詞林作難。遘愍。困文館詞林作因。瘁殷憂。哀矣我世。文館詞林作代。匪蒙靈休。開元迄茲。天迭與微。本集、詩紀作震與迭微。震本集、詩紀作弱。風隱駭。海水羣飛。王旅南征。闡耀靈威。予昆乃播。爰集朔土。載離永文館詞林作乖。久。其毒太文館詞林作大。苦。上帝休命。駕言其文館詞林作言。歸。多我文館詞林作我多。遘愍。振蕩朔垂。羈縶文館詞林作旅。殊俗。初願用違。嚴駕東征。肅邁林野。夕秣乘馬。朝整僕旅。嶠嶠乘馬。載驅載馳。漫漫長路。或降或階。晨風夙零。朝不皇飢。傾景鯈墜。夕不存罷。雖有豐草。匪釋奔驅。雖有重陰。匪遑假詩紀作遐。寐。煢煢僕夫。悠悠遄征。經彼喬木。有鳥嚶鳴。微物識儕。矧伊有情。樂茲棠文館詞林作常。棣。實歡友生。既至既覯。滯思曠年。年在曠紀。本集、詩紀作曠年殊口。覯未浹辰。恨其永懷。憂心孔艱。天地永久。命也難長。生民文館詞林作人。忽霍。曷云本集、詩紀作去。其常。我之既存。靡績靡紀。乾坤難並。寂焉其已。生若電激。没若川征。存愧松柏。逝慚生靈。匪吝性命。實悼徒生。苟克析本集作折。薪。豈憚冥冥。瞻企皇極。徼文館詞林作邀。福上天。冀我友生。要期文館詞林作則。永年。昔我先公。邦國攸興。今我家道。綿綿莫承。昔我昆弟。如鸞如龍。今我友生。凋俊墜雄。家哲永徂。世文館詞林作門。業長終。

華堂傾構。文館詞林作榱。類聚同。廣宅頹墉。高門降衡。脩類聚作循。庭樹蓬。感物悲懷。愴矣其傷。惇仁氾愛。錫予好音。晞光懷寶。文館詞林作懷光羨寶。焕若南金。披華玩藻。曄本集作華。若翰林。詠彼清聲。被之瑟琴。味此殊響。慰之予心。弘懿忘鄙。命之文館詞林作以。反覆。敢投挑李。以報寶詩紀云。一作玉。玉。冀憑光益。本集、詩紀作蓋。編諸末録。〇本集三。文館詞林百五十二。詩紀二十六。又類聚二十一作答兄詩。引龍、雄、墉、蓬四韵。吴棫韵補一引才、淇二韵。又四引構、騖二韵。並注。騖。馳也。

贈鄭曼季詩四首

谷風五章

谷風。懷思也。君子在野。愛而不見。故作是詩。言其懷而思之也。

習習谷風。扇此暮春。玄澤墜潤。靈華本集、詩紀作爽。烟熅。文館詞林作氳。高山熾景。喬木興繁。蘭文館詞林作潤。波清涌。詩紀作躍。芳浒增源。本集、詩紀誤作涼。感物興想。念我懷人。

習習谷風。載穆其音。流芳本集、詩紀作瑩。鼓物。清塵拂林。霖雨嘉播。有渰凄陰。歸鴻逝矣。玄鳥來吟。嗟我懷人。其居樂潛。明發有想。如結予心。

習習谷風。以温以涼。玄黄交泰。品物含章。潛介淵文館詞林作泉。躍。飛本集、詩紀作候。鳥雲翔。嗟我懷人。在津之梁。明發有思。凌波褰裳。

習習谷風。有本集作其。詩紀云。一作其。集惟喬。本集、詩紀作高。嗟我懷人。於焉逍遥。鸞栖高岡。耳想雲韶。拊翼墜夕。和鳴興朝。我之思之。言懷其休。

習習谷風。其音孔嘉。所謂伊人。在谷之阿。虎文館詞林作獸。質山嘯。龍輝淵文館詞林作泉。播。本集、詩紀作皤。維南有箕。文館詞林作南有箕山。匪休其和。有捄文館詞林作球。天本集、詩紀作斯。畢。戢詩紀作瞰。爾滂沱。懿厥河漢。耽本集、詩紀作惟。彼大華。明發有懷。我勞如何。○本集三。文館詞林百五十六。詩紀二十七。

鳴鶴四章

鳴鶴。美君子也。太平之時。本集作世。詩紀云。一作世。君子猶有退而窮居者。樂天知命。無憂無欲。收碩人之考槃。傷有德之遺世。文館詞林作俗。故作是詩也。

鳴鶴在陰。戢其左翼。肅雍和鳴。在川之域。本集、詩紀作側。假樂君子。祚本集誤作詐。文館詞林作祈。爾明德。思樂重虛。歸于其極。嗟我懷人。惟馨黍稷。

鳴鶴在陰。其鳴喈喈。垂翼蘭沼。濯清芳池。假樂君子。其茂猗猗。底之瑰寶。文館詞林誤作實。有粲瓊瓌。乃振褧裳。襲爾好衣。嗟我懷人。啓襟以晞。

鳴鶴在陰。其儀藹藹。謂天蓋高。和音于邁。假樂君子。篤膺俊乂。穆風潛烈。興雲戢薈。德茂當年。時愆本集詩紀作衍。嘉會。安德馨文館詞林作磬。藻。改爾縞帶。嗟我懷人。心焉忼文館詞林作慷。慨。

鳴鶴在陰。載好其聲。漸陸儀羽。遵渚回涇。假樂君子。祚之篤生。德耀有穆。如瑤如瓊。視流濯髮。滅景遺纓。本集、詩紀作安得風帆。深濯鬒滅。安得風雲。雨爾北冥。本集、詩紀作景遺雲雨。爾在北冥。嗟我懷人。惟用傷情。

○同上

南衡五章

南衡。美君子也。言君子遯世文館詞林作俗。不悶。以德存身。作者思其以德來仕。又願言就之宿。感白駒之義。而作是詩焉。

南衡惟岳。峻極昊蒼。瞻彼江湘。惟水泱泱。清和有合。俊乂以藏。文館詞林作臧。天保定爾。茂以瓊文館詞林作瑰。光。景秀濛汜。穎逸扶桑。我之懷矣。休音峻本集、詩紀作俊。揚。

穆穆休音。有來肅本集、詩紀作爾。雍。沈波涌文館詞林作踊。奥。淵文館詞林作泉。芳馥風。傃虚養恬。照日遺蹤。考槃遵渚。思樂潛龍。我之懷矣。寘本集、詩紀作冥。爾華宫。

和璧在山。荆林玉潤。之子于潛。清輝遠振。克稱輶德。作寶文館詞林作實。有晉。和聲在林。羽儀未變。我之懷矣。有客來信。

風雲有作。應通山淵。文館詞林作泉。清琴啓彈。宫商乘絃。類族知感。有命自天。夷叔希世。文館詞林作曠代。

猶謂比肩。矧我與子。姤會斯年。我之懷居。其好纏綿。本集、詩紀無末兩句。

古人有言。詩以宣心。本集、詩紀無以上兩句。我之懷矣。在彼北林。北林何有。於焕斯文。瓊瑰非寶。尺牘成珍。豐華非妙。得意惟神。河魴登俎。遭逢本集、詩紀作遺答。清川。○同上

高岡四章

瞻彼高岡。有猗其桐。允也君子。實寶南江。員規啓裕。本集、詩紀作俗。沈矩履方。泳文館詞林作詠。此明流。清瀾川通。陟彼衡林。味其回芳。

馥矣本集、詩紀作馥馥。迴芳。綢繆中原。祁祁庶類。薄采其芬。栖遲泌文館詞林作秘。丘。容與衡門。聲播東汜。響溢南雲。

穆穆閶闔。南端啓籥。庶明以庸。帝聽式闕。文館詞林作闢。有鳳于潛。在林棲翮。非予之祚。孰與好爵。

幽居玩物。顧景自頤。發憤潛帷。本集、詩紀作惟。彷本集、詩紀作徬。彿有思。予美亡此。終然肯本集、詩紀作胥。來。

企予與言。惟用作詩。○同上

答孫顯世詩十章

邈矣上祖。垂休萬葉。廣問文館詞林作門。弘被。崇軌峻躡。高山克荒。大川利涉。繁兹本集、詩紀作藹。惟祜。風連雲接。

大人有作。二后利見。九功敷奏。七德殷薦。鼎實重飪。本集、詩紀作芳。芳本集、詩紀作勞。烈再扇。奕葉本集作世。弘道。天禄來宴。

道弘振古。祚文館詞林作祈。來本集、詩紀作未。替今。如彼在川。亦有浮沈。大韶既系。本集、詩紀作素。響比本集、詩紀作非。我音。豈曰荒止。塗弗克尋。

昌風改物。豈本集、詩紀作豐。水易瀾。百川總紀。四海合源。在彼焉取。聿來莫觀。曾是褊心。敢忘丘園。

員文館詞林作貞。暉偏照。玄澤謬文館詞林作繆。盈。發彼承華。頓此增城。託本集作記。詩紀作紀。景靈雲。倦遊户本集、詩紀作紫。庭。匪曰能之。本集、詩紀作知。實忝長嬰。本集、詩紀作嬰。

煥矣金虎。文館詞林作獸。襲我皇猷。孰云匪吝。仰媿蒼文館詞林作倉。流。往蹇來文館詞林作未。反。弭迹一丘。燮本集、詩紀作變。彼東朝。言卽爾謀。

振振文館詞林作卓卓。孫子。洪族之紀。文館詞林誤作絶。志擬龍潛。德配麟文館詞林作鄰。趾。文館詞林作止。弘義本集、詩紀作引服。朖本集、詩紀作朗。節。克明峻軌。遵彼中皐。於穆不已。

於穆不已。大都是階。之子于命。人應本集、詩紀作民膺。如頹。厚德時邁。協風允諧。惠此海湄。俾也可懷。

乃眷丘林。文館詞林作林澤。樂哉文館詞林作我。河曲。解紱投簪。本集、詩紀作披褐。披褐本集作投。詩紀作投印。懷玉。

遺情春臺。託蔭寒木。言念伊人。溫其在谷。

道佚人行。辭以義輯。和容過表。余未云執。惠音高本集、詩紀作弘。播。清風駿集。懷德形撫。本集、詩紀作憮。

臨篇景立。○本集三。文館詞林百五十六作答孫承。詩紀二十七。

失題八章

悠悠縣象。昭回太素。清濁迭興。升降啓度。遺和既爽。季春告暮。朱明來思。青陽受煦。

日征月盈。天道變通。太初陶物。造化爲功。四月惟夏。南征觀方。凱風有集。飄飆南窻。思樂萬物。觀異知同。

有渰本集作奄。韵補同。萋萋。甘雨未播。黍稷方華。中田多稼。庭槐振藻。園桃阿那。本集缺那字。薄言觀物。在堂知化。

逢户惟情。玩物一室。明發有懷。念昔先哲。通夢幽人。彷彿遺烈。清暉在天。孰與永日。

乃啓遺籍。思予大觀。幽居傲物。顧景怡顔。況惟解舞。衡門重關。思媚古人。有懷良盤。沈曦含輝。芳烈如蘭。

厥初生民。有物有類。自古有稱。大寶以位。征徒式好。俊奔攸遂。啓予有聞。誨爾達貴。

達貴伊何。天爵無榮。渾淪本集缺淪字。大昧。混其濁清。毁方遯象。遺頑履貞。道寶藏器。景以昭形。

芒芒陋世。奚兢奚錯。牧彼紛華。委之沖漠。漂志垂天。矯心馮閣。通好莊聃。儀刑有作。安得達人。顧予命薄。○本集二。詩紀二十七。

同前六章

思樂芳林。言采其菊。衡薄遵塗。中原有菽。登彼脩巒。在林寤宿。彷彿佳人。清顔如玉。

予美亡此。誰爲適道。容與俟之。玄髮方皓。躑躅山阿。玩此芳草。願飡其穎。庶以遺老。

亹亹嘉時。飄忽棄予。有瞻逝深。永歎潛滸。登願韵補作願登。是。扶桑。仰結飛晷。伊人匪存。遺芳孰與。

精氣爲物。或降或升。徂落攸往。神奇有登。死生爲徒。存亡曷勝。謂予不信。遺籍有徵。

閒居外物。靜言樂幽。繩樞增結。甕牖綢繆。和神當春。清節爲秋。天地則爾。户庭已悠。

嗟我懷人。悠悠其潛。念昔先烈。有懷所欽。駭情玩世。當允南金。瓊輝邈矣。誰適爲心。明發興言。忼慨芳林。○本集二。詩紀二十七。

同前

美哉良友。稟德坤靈。明照遠鑒。幽微妍精。超跡皇英。質如瑶瓊。贈我翰林。羣書校補作墨。示我丹誠。道同契合。體異心并。自頃西徂。合于五樓。遲想歡嫵。本集作嫌。詩紀作憮。覩羣書校補作覩。我良疇。亦既至止。願言莫由。室邇人鬲。當作人隔。中情則憂。抱恨東遊。神往形留。何以合志。本集、詩紀作忍。寄之此詩。何以寫思。記之斯辭。我心愛矣。歌以贈之。無秘爾音。不我是貽。○本集三。詩紀二十七。

同前

有美一本集作人。人。芳問芬葩。嗟我欽羨。夢想光華。亦既至止。本集作思。上下欣嘉。德馥秋蘭。容茂春羅。淑似令娣。惟予陋何。雖有良友。朽木難加。愛樂朋規。贈以斯歌。皆能載之。其美孔多。嗟痛薄祜。並罹哀苦。堂構既崩。過庭莫覩。我悴西鄰。子沈東土。契闊艱辛。誰與晤語。身滯情往。神遊影處。發夢宵寐。以慰延佇。○本集三。詩紀二十七。

贈孫顯世詩

制動以静。祕景在隆。雲根可栖。樂此隈岑。○吴棫韵補一。

答兄平原詩以下五言。

悠悠文選作悠遠。塗可極。别促怨會長。初學記作别怨會何長。銜思李善本文選作恩。六臣本注云。善作恩。詩紀云。善作恩。戀行邁。興言在臨觴。南津有絶濟。北渚無河類聚作河無。初學記或同。梁。神往同逝感。形留悲參商。衡軌若殊迹。牽牛非服箱。〇本集四。文選二十五作答兄機。初學記十七。詩紀二十七。又類聚二十九作贈兄。引長、觴、梁、商四韵。初學記十八作答兄機。引長、梁二韵。

答張士然詩

行邁越長川。飄颻本集作飄飄。冒風塵。通波激枉本集作江。渚。悲風薄丘榛。修路無窮迹。井邑自相循。百城各異俗。千室非草堂詩箋作里是。良鄰。歡舊難假合。風土豈虚親。感念桑梓域。李善本文選作城。六臣本注云。善作城。髣髴眼中人。靡靡日夜遠。眷眷懷苦辛。〇本集四。文選二十五。詩紀二十七。又草堂詩箋三十三冬至詩注引循、隣、親三韵。

爲顧彦先贈婦往返詩四首

我在三川陽。子居五湖陰。山海一何曠。譬彼飛與沈。目想清惠本集作慧。姿。耳存淑媚音。獨寐多遠念。寤言撫空衿。彼美同懷子。非爾誰爲心。〇本集四。玉臺新詠三。詩紀二十七。又寰宇記九十四引陸士龍贈顧彦先詩曰。我家五湖陰。君居三山陽。

悠悠君行邁。煢煢妾獨止。山河安可踰。永路隔玉臺作隔路。萬里。京師文選、本集作室。多妖冶。粲粲都人子。雅步嫋文選、本集、詩紀作擢。纖腰。巧笑發詩紀作言。皓齒。佳麗良可美。玉臺作羨。衰賤焉足紀。遠蒙眷顧言。銜恩非望始。○本集四。文選二十五。玉臺新詠三。詩紀二十七。

翩翩飛蓬征。本集誤作篷止。鬱鬱寒木榮。本集作縈。遊止固殊性。浮沈豈一情。隆愛結在昔。信誓貫三靈。秉心金石固。豈從時俗傾。美目本集誤作日。逝不顧。纖腰徒盈盈。何用結中款。仰指北辰星。○本集四。玉臺新詠三。詩紀二十七。

浮海難爲水。遊林難爲觀。容色貴及時。朝華忌本集作忘。日晏。皎皎彼姝子。灼灼懷春粲。西城善初學記作多。稚舞。總章饒清彈。鳴簧發丹脣。朱絃繞素腕。輕裾猶電揮。雙袂如霞文選、詩紀作霧。散。華容溢藻幄。哀響本集作音。六臣本文選注云。五臣作音。入雲漢。知音世所希。非君誰能讚。棄置北辰星。問此玄龍煥。時暮復何玉臺作勿復。言。華落理必賤。○本集四。文選二十五。詩紀二十七。又初學記十五引彈、腕二韻。

芙蓉詩

詩

綠房含青實。金條懸合璧事類作垂。白璆。俯仰隨風傾。煒燁照清流。○本集四。類聚八十二作晉陸筠詩。詩紀二十七。又合璧事類別集四十四作晉陸筠詩。引璆一韻。

盈盈荷上露。灼灼如明珠。○文選十六别賦注。

寢共織成被。絮以同攻綿。○御覽七百七。

夏揺比翼扇。冬坐比肩氈。○書鈔百三十四作陸機詩。引第一句。御覽七百八作陸雲詩。引第二句。

衣用雙絹。寢無絳幬。○書鈔百三十二。○逯案。兩句蓋脱一字。

詩

逍遥近南畔。長嘯作悲歎。○本集四。類聚十九。詩紀二十七。

鄭豐

豐。字曼季。爲吴王文學。有集二卷。

答陸士龍詩四首

鴛鴦六章

鴛鴦。美賢也。有賢者二人。雙飛東岳。揚輝上京。其兄已顯登清朝。而弟中漸。文館詞林作暫。婆娑衡門。然其勞謙接士。吐握文館詞林作捉。待賢。雖姬公之下白屋。洙泗之養三千。無以過也。乃肯垂顧。惠我好音。思與其遊道德之本集、詩紀無上六字。樂。結永好之歡云爾。

鴛鴦于飛。在江之涘。和音交本集、詩紀作反。暢。拊翼雙起。朝遊蘭池。夕宿蘭沚。清風翕習。扇彼蘭茝。文館詞林作芭。凌雲高厲。載翔載止。

鴛鴦于飛。載飛載吟。有蔚浚藪。實惟桂林。芳條高茂。華繁垂陰。爰翺爰翔。爰憩其南。有馥其本集、詩紀作清。芬。協我好音。

鴛鴦于飛。乘文館詞林作垂。雲高翔。有嚶其友。戢翼未翔。澹淡素波。容與趨倡。本集、詩紀作唱。雖曰戢止。和音遠揚。我有好爵。與子偕嘗。文館詞林作當。

鴛鴦于飛。徘徊翩翻。載頡載頏。顧本集、詩紀作命。侶鳴羣。有鬱蘭皋。洌彼清源。駕言遊之。聊樂我云。思與佳人。齊懽順川。

鴛鴦于飛。或矯本集、詩紀作飛。或遊。習習谷風。扇彼清流。春草揚翹。黿魚本集、詩紀作龜。沉浮。感物興想。我心長憂。誰謂河廣。曾不容舟。企予望之。搔首踟躕。

鴛鴦于飛。載和其鳴。懷爾好音。寘本集、詩紀作寡。我中情。人亦有言。心得遺形。文館詞林作刑。授文館詞林作探。我木瓜。報文館詞林作投。爾瑤瓊。匪緊曰報。永好千齡。○本集三。文館詞林百五十六。詩紀二十七。

蘭林五章

蘭林。懽至好也。有君子世文館詞林作代。濟其美。英名光茂。遭時暫否。畜本集、詩紀作福。德衡門。顧我慇懃。屢辱德音。思與結好。以永不刊。

瞻彼蘭林。有翹其本集、詩紀作有。秀。有斐君子。邦之碩茂。厥德伊何。固天攸授。如川之源。如山之富。回流清淵。文館詞林作泉。啓襟開袖。本集、詩紀作裕。縉紳晞風。民文館詞林作人。用胥附。

猗猗碩人。如玉如金。浚文館詞林作沃。其明哲。克廣德心。習習凱風。吹我棘林。飛鴞萃止。本集、詩紀作至。允懷好音。悠悠征徒。輶德鮮任。嗟我猗人。實味實耽。本集、詩紀作和樂實忱。

在昔延州。鵠鳴江涯。今我陸子。曠世文館詞林作代。繼奇。身乖千載。德音並馳。漸鴻遵渚。宛其羽儀。安得高風。騰翮天池。

飛龍蜿蜒。山谷氣翳。本集、詩紀作升氣。猛虎嘯吟。清風高厲。情同來感。數乖身逝。夷鮑齊歎。專名故世。文館詞林作前代。愷悌君子。民之攸塈。文館詞林作人之攸憩。洛予遘時。千載同愛。

垂隴本集、詩紀作襲。之會。匪詩不宣。嗟我懷人。斯恩殷勤。德音來訊。有蔚其文。趯趯毚兔。本集、詩紀作萩萩毚兔。匪迹不存。誠在心德。愛結文館詞林作法。忘言。○本集三。文館詞林百五十六第三首。詩紀二十七。

南山五章

南山。酬至德也。君子在衡門。修道以養和。棄物以存神。民文館詞林作人。思其治。文館詞林作化。士懷其德。或思置之列位。或思從之信宿。詩人嘉與此賢。當年相遇。又屢獲德音。情懽心至。故作是詩焉。

陟彼南山。言采其蕭。樂只君子。邦家之翹。克茂厥猷。本集、詩紀作猶。至道本集、詩紀作輶德。是收。耽本集作聊。道以儉。廣愛以周。嗟我懷人。永好千秋。

適本集、詩紀作瞻。彼江潭。言釣其鱮。有美碩人。自公退文館詞林作遐。處。羔裘逍遥。輶德是文館詞林作退。舉。白駒遯時。世文館詞林作俗。事孰與。思我猗人。寘之晉序。有客信宿本集、詩紀作信。獨寐寤語。

天高地卑。玄黄烟熅。人道交泰。自昔先民文館詞林作人。耽文合好。輔德與仁。管叔罕儔。文館詞林作喬。曠世文館詞林作載。鮮本集、詩紀作難。鄰。修組絶本集、詩紀作施。結。玄弁文館詞林作矢。生塵。洽我與子。遘會當身。琴瑟在御。永愛纏綿。

瞻文館詞林作盤。彼江澳。文館詞林作深。按原當作淵。言詠其潭。所謂伊人。在川本集、詩紀作水。之陰。養和以泰。樂道之潛。錦衣尚絅。至樂是眈。興言永思。繫懷所欽。愛而不見。獨寐寤吟。

詩以言志。先民文館詞林作人。是經。乃惠嘉訊。德音惟馨。欽詠繁藻。永結中情。華文傷實。世文館詞林作俗。士所營。達人神化。反之混冥。交棄其數。言取其誠。思與哲人。獨寶其貞。○本集三。文館詞林百五十六第二首。詩紀二十七。

中陵四章

瞻彼中陵。蘭蕙本集、詩紀作黄。猗猗。顯允本集、詩紀作允矣。君子。樂且有儀。文館詞林作宜。沈仁育物。玄聰鏡機。德充闈庭。名逸南畿。祁祁俊乂。本集、詩紀作友。言酌言依。

鼓鐘于宫。百里震聲。亹亹令問。歸我偉貞。厥振伊何。駿奔以驚。厥問伊何。民文館詞林作人。胥以寧。有鶴在陰。非子誰鳴。我有好爵。非子孰盈。

潛龍遯初。有鳳戢翬。王猷本集、詩紀作猶。未泰。彝倫錯違。臯門文館詞林作門。重管。本集缺此字。詩紀作闕。資本集缺此字。文館詞林作係。爾啓扉。庶績遒本集、詩紀作適。戮。非爾焉綏。翼翼京宇。爾瞻爾睎。本集、詩紀作俟爾攸睎。民文館詞林作人。之胥望。如渴如飢。

德音來惠。覆玩三周。沈潤淵文館詞林作泉。洞。書鈔作沉思淵動。逸藻雲浮。結心所親。曷變文館詞林作顯。曷渝。路隔津文館詞林作河。梁。一葦限殊。終朝之思。三秋是踰。愛而不見。興言踟躕。文館詞林作躊。○本集三。文館詞林百五十六。詩紀二十七。又書鈔一百作贈陸士龍。引浮一韵。

孫拯

拯。字顯世。吴郡富春人。吴黄門郎。入晉爲涿令。陸機爲大都督。引爲司馬。及機被誣。收拯考掠。遂死獄中。有集二卷。

贈陸士龍詩十章

五龍戢號。雲鳥纂文館詞林誤作纂。紀。淳化既離。義風載本集、詩紀作肅。始。軒冕垂容。文教乃理。奕奕洪本集、詩紀作英。族。盛德豐祀。

於赫皇吴。應天統元。文館詞林作文。丞相文烈。公光讚動。本集、詩紀作蒸文烈公。光讚懿勳。九命皇耀。本集、詩紀作重輝。茂本集、詩紀作恭。德彌勤。華黻襲文館詞林作龍。藻。金石載振。

淵文館詞林作美。哉陸生。丕本集、詩紀作本。顯洪冑。亦崇懿風。邈此弘裕。無競厥本集、詩紀作惟。德。豐光伊茂。文以義好。施以仁富。

山積惟峻。道隆名遐。潛景在淵。文館詞林作泉。龍躍文館詞林作耀。承華。既淑本集、詩紀作升。爾儀。誰不允嘉。有漼重淵。本集作深。文館詞林作泉。載清其波。

濟濟皇朝。峨峨髦士。序爵以賢。惟俊萃止。翩翩二宮。本集、詩紀作翩翩二官。非。令問不已。乃遷華閣。皇典文館詞林作豐。斯紀。

思文大謨。恢我王猷。清風肆穆。雅憲允休。邈彼江川。邈此本集誤作比。北流。微言蘭馥。玉藻雲浮。

遭時之險。虎文館詞林作虐。宰滔天。憑德美本集、詩紀作羡。重。繫此俊賢。文館詞林作人。按原當作民。休否既亨。名以德淵。文館詞林作宣。清徽本集誤作微。伊鑠。鑽之彌堅。

明明大象。玄鑒照微。顯允君子。求福不回。善挹餘本集、詩紀作引。慶。險以德祈。澄濁以清。本集、詩紀作静。罔本集誤作岡。有本集、詩紀作久。不暉。

釋彼短本集、詩紀作遊。寄。樂此窈冥。本集、詩紀作貞。形以神和。思以情本集、詩紀作道。新。青雲方文館詞林作可。乘。芳餌可捐。達觀在一。萬物自賓。

制動以靜。秘景在陰。靈根可栖。樂此隈岑。本集、詩紀缺以上四句。闢楗重閉。本集、詩紀作寂寂重門。誰和子音。瞻彼晨風。思託茂林。○陸士龍集三。文館詞林百五十六。詩紀二十七。○逯案。吴棫韵補一引捐、賓二韵作陸雲贈奚士都詩。恐誤。又卮林六引捐、賓二韵作孫拯答陸士龍詩。

晉詩卷七

嵇紹

紹。字延祖。譙國銍人。嵇康子。十歲而孤。事母孝謹。累遷散騎常侍。永興元年。惠帝大軍敗於蕩陰。紹以身衛帝。遂見害。有集二卷。

贈石季倫詩

人生稟五常。中和爲至德。嗜欲雖不同。伐類聚作成。生所不識。仁者安其身。不爲外物惑。事故誠多端。未若酒之賊。内以損性命。煩辭傷軌則。屢飲致疲怠。清和自否塞。陽堅敗楚軍。長夜傾宗國。詩書著明戒。量體節飲食。遠希彭聃壽。虚心處沖默。茹芝味醴泉。何爲昏酒色。○文選二十三。類聚二十三。詩紀三十。

嵇含

含。字君道。紹從子。家鞏縣亳丘。自號亳丘子。舉秀才。除郎中。惠帝朝歷任征西參軍、中書侍郎。范陽王虓爲征南將軍鎮許昌。以爲從事中郎、襄陽太守。後奔鎮南將軍劉弘於襄陽。永興三年弘卒。含爲弘將郭勱所殺。有集十卷。

悦晴詩

勁風歸巽林。玄雲起重基。初學記作低。朝霞炙瓊樹。御覽作林。夕影類聚作景。詩紀同。映玉初學記作雲。御覽同。芝。詩紀作枝。翔初學記作鳴。鳳晞輕翮。應龍曝纖鬐。百穀偃而立。大木顛復持。○類聚二。初學記二。又御覽八引芝一韵。詩紀三十。

伉儷詩

余執百兩轡。之子詠類聚作詩。采蘩。我憐聖善色。爾悦慈姑顔。裁彼類聚作我被。雙絲絹。著以初學記作於。同功綿。夏摇比翼扇。冬卧初學記作坐。詩紀云。藝文作坐。蛩蛩氈。飢食類聚作飡。並根類聚作粮。粒。渴飲一流泉。朝蒸同初學記誤作岡。心羹。詩紀原缺。從初學記補。暮庖比目鮮。挹用合巹酳。受以連理盤。朝采同本芝。夕掇騈穗蘭。臨軒樹初學記作種。萱草。中庭植合歡。○初學記十四。詩紀三十。又類聚四十引蘩、綿、氈、泉、歡五韵。

登高詩

七月有七日。蠢動思登高。顯首稀乾精。方類自相招。○書鈔百五十五。

臺中宴會詩

殿中曰□□□□。煒煒羣龍吐芳蘭。謙謙君子美曾顏。○書鈔六十引蘭一韵、顏一韵。

牽秀

秀。字成叔。武邑觀津人。太康中爲新安令。遷司空從事中郎。後爲司空張華長史。惠帝時。進尚書。河間王顒以爲平北將軍。鎮馮翊。永興三年。爲楊騰所殺。有集四卷。

宴曜武堂詩

沐浴洪流。飲服清芳。將結微根。永晞朝陽。恭承渥惠。庶無怠荒。○初學記十四。

祖孫楚詩

受兹明命。作守西疆。○文選五十九齊故安陸昭王碑文注。

四言詩

乾道輔仁。坤德尚沖。○文選五十八宋文皇元后哀策文注。

詩

高宗夢巖穴。姬文兆渭濱。羣分邈十里。感應用形神。○書鈔百五十八。

司馬彪

彪。字紹統。河内温縣人。泰始中爲秘書郎。後拜散騎侍郎。惠帝末卒。年六十餘。有續漢書八十三卷、九州春秋十卷、莊子注二十一卷、戰略二十卷、集四卷。

贈山濤詩

苕苕椅桐樹。寄生於南岳。上凌類聚作陵。青雲霓。下臨千仞谷。處身孤且危。類聚或作自孤危。於何託余足。昔也植朝陽。傾枝俟鸞鷟。今者絶世用。六臣本文選注云。善作人。倥傯見迫束。班匠不我顧。牙曠不我録。焉得成琴瑟。事文類聚作琴瑟成。何由揚妙曲。冉冉三光馳。六臣本文選注云。五臣作遲。逝者一何速。中夜不能寐。撫劍起躑躅。感彼孔聖歎。哀此年命促。卞和潛幽冥。類聚作巖。誰能證奇璞。冀願類聚作望。神龍來。揚光以燭九韵。事文類聚二十三無題。引鷟、束、録、曲四韵。類聚作已。見燭。○文選二十四。詩紀二十三。又類聚三十一引岳谷足三韵。又八十八作與山巨源詩。引岳、谷、足、鷟、束、録、曲、璞、

贈山濤詩

翩翩野青雀。受性孤且微。昔生三河側。鼓翼帝王畿。○御覽九百二十二作贈山巨源詩。事類賦雀賦注作贈山巨源詩。

詩廣文選、詩紀作雜詩。

百草應節生。含氣有深淺。御覽誤作淺深。秋蓬獨合璧事類作復。何辜。御覽作華。飄颻合璧事類作飄。隨風轉。長飆一類聚、廣文選作臺。飛薄。吹我之四遠。搔首望故株。邈然無由返。○類聚八十二。廣文選十五。詩紀二十三。又御覽九百九十七引深、轉二韵。合璧事類別集五十六引淺、轉二韵。

詩

玉出閬風側。珠生南海濱。奕奕不同阪。蘇桂揚其芬。○類聚八十三。

烈烈玄飈起。粲粲繁霜凝。原作疑。誤。勁風迴白雪。長川激素冰。○事類賦冰賦注。

秋節良可悲。百華咸萎落。堂前柳隨風。疏林樹蕭索。末四字據陳本補。○書鈔百四十四。

左攬又翠羈。右撫犀象鞍。○書鈔百二十六。

汎汎江漢萍。飄蕩永類聚或作水。無根。○類聚八十二。

阮脩

脩。字宣子。陳留尉氏人。爲鴻臚丞。轉行軍參軍、太子洗馬。永興三年。避亂南行。被害。時年四十二。有集二卷。

上巳會詩

三春之季。初學記、歲時雜詠作秀。歲惟嘉時。靈雨既零。初學記、歲時雜詠作零雨既濛。風以散之。英華扇耀。翔廣文選作祥。詩紀同。鳥羣嬉。澄澄緑初學記作渌。水。澹澹初學記作淡淡。其波。修岸初學記、歲時雜詠作崖。逶迤。長川相過。聊且逍遥。其樂如何。坐此脩筵。臨彼素流。嘉肴既設。舉爵獻酬。彈箏弄琴。新聲上浮。水有七德。知者所娱。清瀨瀺灂。菱葭芬敷。沈此芳鉤。引彼潛魚。委餌類聚誤作餌。芳美。君子戒諸。○類聚四。廣文選九。詩紀三十。又初學記四、歲時雜詠十六並引時、之、嬉、波、過、何六韵。

左芬

芬。齊國臨淄人。左思妹。泰始八年拜脩儀。後爲貴嬪。咸寧中尚有撰作。有集四卷。

啄木詩

南山有鳥。自名啄木。飢則啄御覽作緣。樹。暮則巢宿。無干於人。唯志所欲。此蓋禽獸。性清者榮。性濁者辱。○御覽九百二十三作裴諧集左氏詩。詩紀三十。又類聚九十二作袁淑排諧集左氏詩。所引缺此蓋禽獸四字。○逯案。左氏未必即爲左芬。姑從詩紀。

感離詩詩紀云。一作離思。此答左思贈妹之作。

自我去膝下。倏忽踰再期。邈邈浸彌遠。拜奉將何時。披省所賜告。尋玩悼離詞。髣髴想容儀。欷歔不自持。何時當奉面。娱目於書詩。何以訴辛苦。告情於文辭。○類聚二十九。詩紀三十。

左思

思。字太沖。齊國臨淄人。妹芬爲武帝貴嬪。泰始中。思爲秘書郎。永寧中。齊王冏召爲記室督。辭疾不就。有集五卷。

悼離贈妹詩二首

鬱鬱岱青。類聚、廣文選作清。海瀆所經。陰精神類聚作以。廣文選同。靈。爲祥爲禎。峨峨令妹。應期挺生。如蘭之秀。如芝之榮。總角岐嶷。齠齔類聚、廣文選作齔齠。夙成。比德古烈。異世文館詞林、詩紀作代。同聲。

厥德伊何。塞淵文館詞林作泉。其慮。厥聲伊何。日新其譽。幽思泉涌。乃詩乃賦。飛翰雲浮。摛藻星布。光曜邦族。名馳時路。翼翼羣媛。是瞻是慕。

匪惟見慕。善誘善導。斟酌諸姬。言成典誥。匪唯辭章。多才多巧。黼黻文繡。幾微要妙。積德彌高。用心彌奧。伊我之闇。晞妹之曜。

惟我惟妹。寔惟同生。早喪先妣。恩百常情。女子有行。實遠父兄。骨肉之思。類聚、詩紀作恩。固有歸寧。何悟離拆。類聚作析。隔以天庭。自我不見。於今二齡。

豈唯二齡。相見未剋。雖同京宇。殊邈異國。越鳥巢南。胡馬仰北。自然之戀。禽獸罔革。仰瞻參商。沈憂內塞。何以抒懷。告情翰墨。〇文館詞林百五十二。又類聚二十九作贈妹九嬪悼離詩。引第一、第四兩章。廣文選八、詩紀二十九作贈妹九嬪悼離詩。引第一、第四兩章。

穆穆令妹。有德有言。才麗漢班。明朗楚樊。默識若記。下筆成篇。行顯中閨。名播八類聚、詩紀作外。蕃。以蘭之芳。以膏之明。永去骨肉。內充紫庭。至情至念。惟父惟兄。悲其生離。泣下交頸。桓山之鳥。四子同巢。將飛將散。悲鳴忉忉。惟彼禽鳥。猶有號咷。況我同生。載憂載勞。將離將別。置酒中堂。銜杯不飲。涕洟縱橫。會日何短。原作矯。非。今從適園本。隔日何長。仰瞻曜靈。愛此寸光。何以爲贈。勉以列圖。何以爲誡。類聚、詩紀作言。申以詩書。去類聚、詩紀作相。去在近。上下欷歔。含辭滿胸。鬱憤不舒。燕燕之詩。佇立以泣。送爾涉塗。涕泗交集。雲往雨絕。瞻望弗及。延佇中衢。愊憶嗚唈。既乖既離。馳情髣髴。何寢不夢。何行不想。静言永念。形留神往。優思成疢。結在精爽。其思伊何。發言流淚。其疢伊何。寤寐驚悸。詠爾文辭。玩爾手筆。執書當面。聊以永日。○文館詞林百五十二。又類聚二十九。廣文選八、詩紀二十九並引第一、五兩章。與上篇聯爲一首。

詠史詩八首

弱冠弄柔翰。卓犖觀羣書。著論準過秦。作賦擬子虛。邊城苦鳴鏑。羽檄飛京都。雖非甲冑士。疇昔覽穰苴。長嘯激清風。志若無東吴。鉛刀貴一割。夢想騁良圖。左眄文章正宗作盻。澄江湘。右盻定羌胡。功成不受爵。長揖歸田廬。○文選二十一。文章正宗二十九。詩紀二十九。

鬱鬱澗底松。離離山上苗。以白帖作愛。彼徑寸莖。蔭此百尺條。世胄躡高位。英俊沈下僚。地勢使之然。由來非一朝。金張藉李善本文選作籍。類聚、初學記、御覽同。舊業。七葉珥類聚誤作弭。漢貂。馮公豈不偉。白首不見招。○文選二十一。類聚五十五。文章正宗二十九。詩紀二十九。又初學記十八引貂一韵。白帖三十引苗、條二韵。御覽四百七十引貂一韵。

吾希段干木。偃息藩魏君。吾慕魯仲連。談笑却秦軍。當世貴不羈。遭難能解紛。功成恥李善本文選作不。文章正宗同。六臣本注云。善作不。受賞。高節卓不羣。臨組不肯緤。對珪寧李善本文選作不。文選注、文章正宗同。六臣本文選注云。善作不。肯分。連璽曜前庭。比之猶浮雲。○文選二十一。文章正宗二十九。詩紀二十九。又文選十九述祖德詩注引分一韵。

濟濟京城內。赫赫王侯居。冠蓋蔭初學記作陰。四術。朱輪竟長衢。朝集金張館。暮宿許史廬。南鄰擊鐘六臣本文選作鍾。磬。北里吹笙竽。寂寂楊子宅。門無卿相輿。寥寥空宇中。六臣本文選作內。注云。善作中。詩紀云。一作內。所講在玄虛。言論準宣尼。辭賦擬相如。悠悠百世後。英名擅八區。○文選二十一。文章正宗二十九。詩紀二十九。又初學記十八引居、衢、廬、竽四韵。

皓歲華紀麗作皎。天舒白日。靈景耀神州。列宅紫宮裏。飛宇若雲浮。峨峨高門內。藹藹皆王侯。自非攀龍客。何爲欻來游。被褐出閶闔。高步追許由。振衣千仞岡。濯足萬里流。○文選二十一。詩紀二十九。

荆軻飲燕市。酒酣氣益震。李善本文選作振。哀歌和漸離。謂若傍無人。雖無壯士節。與世亦殊倫。高眄邈四海。豪右何足陳。貴者雖自貴。視之若埃塵。賤者雖自賤。重之若千鈞。○同上主父宦不達。骨肉還相薄。買臣困樵採。李善本文選作采樵。六臣本注云。善作采樵。詩紀云。善作採樵。伉儷不安宅。陳平無産業。歸來翳負郭。長卿還成都。壁立何寥廓。四賢豈不偉。遺烈光篇籍。當其未遇時。憂在填溝壑。英雄有迍類聚作屯。邅。由來自古昔。何世無奇才。遺之在草澤。○文選二十一。類聚五十五。詩紀二十九。

習習籠中鳥。舉翮觸四隅。落落窮巷士。抱影守空廬。出門無通路。枳棘塞中塗。計策棄不收。塊若枯池魚。外望無寸禄。内顧無斗儲。親戚還相蔑。朋友日夜疏。蘇秦北游説。李斯西上書。俛仰生榮華。咄嗟復彫枯。飲河期滿腹。貴足不願餘。巢林棲一枝。可爲達士模。○文選二十一。詩紀二十九。又初學記十八引隅、廬、途、魚、儲、疏六韵。

詠史詩

梁習持魏郎。秦兵不敢出。李牧爲趙將。疆埸得清謐。○書鈔百十九。

招隱詩二首

杖策類書殘卷作策杖。招隱士。荒塗横古今。巖穴無結構。丘中有鳴琴。白雪詩紀作雲。注。一作雪。停類聚作傍。陰岡。丹葩曜陽林。石泉漱瓊瑶。纖鱗或李善本文選作亦。六臣本注云。善本作亦。浮沈。非梁書、南史作何。御覽同。必絲與竹。山水有清音。何事待嘯歌。灌木自悲吟。秋菊兼餱糧。幽蘭間重襟。躊躇足力煩。聊欲投吾簪。○文選二十二。詩紀二十九。又梁書、南史昭明太子傳引音一韵。類聚三十六引今、琴、林、音、吟五韵。鳴沙石室古籍叢殘類書殘卷高尚門。

御覽百四十八引梁書。

經始類書殘卷作始經。東山廬。類書殘卷作下。果下自成榛。前有寒泉井。聊可類書殘卷作以。瑩心神。峭六臣本文選作悄。注云。善本作峭。蒨青葱間。竹柏得其真。弱葉棲霜雪。飛榮流餘津。爵服無常玩。好惡有屈伸。結綬生纏牽。彈冠去埃塵。惠連非吾屈。首陽非吾仁。相與觀所尚。逍遥撰六臣本注云。五臣作極。詩紀同。良辰。○文選二十二。鳴沙石室古籍叢殘類書殘卷高尚門。詩紀二十九。

雜詩

李善本文選曰。于時賈充徵爲記室。不就。因感人年老。故作是詩。

秋風何冽冽。六臣本文選注云。五臣作烈烈。類聚、詩紀同。白露爲朝霜。柔條旦夕勁。緑葉日夜黄。明月出雲書鈔作靈。崖。皦皦書鈔、類聚作皎皎。流素光。披軒臨前庭。嗷嗷晨鴈翔。高志局四海。塊然守空堂。壯齒不恆居。歲暮常慨慷。○文選二十九。書鈔百五十。類聚三。詩紀二十九。

嬌女詩

吾家有嬌御覽或作好。事類賦同。女。皎皎頗御覽或作常。或作嬌女皦。白皙。小字爲紈詩紀作織。素。口齒自清類書殘卷作青。歷。鬢御覽作髻。髮覆廣額。雙耳似連璧。明朝弄梳臺。黛眉類掃跡。濃朱衍丹唇。黄吻瀾漫赤。嬌語若連瑣。忿速乃明懂。握筆利彤管。篆刻未期益。執書愛綈素。誦習矜所獲。其姊詩紀作娣。注。玉臺作姊。御覽誤作始。字惠御覽作蕙。芳。面詩紀作兩。御覽作眉。目燦玉臺作曒。茶經、御覽作粲。如畫。輕粧玉臺作粧。喜樓玉臺作縷。邊。臨鏡忘紡績。舉觶擬京兆。立的成復易。玩弄眉頰間。劇兼機杼役。從容好趙舞。延袖象飛翮。上下絃柱際。文史輙卷襞。顧眄屏風畫。如見已指擿。丹青日塵闇。明義爲隱賾。馳鶩翔園林。果下御覽作草木。皆生摘。紅葩掇紫蔕。萍實驟抵擲。貪華御覽作走。事類賦同。風雨中。倏忽玉臺作眒。數百適。務躡霜雪戲。重綦常累積。并心注肴饌。端坐理盤槅。翰墨戢函詩紀作閑。按。相與數離逖。動爲鑪鉦屈。屣履任之適。心爲茶荈劇。玉臺、詩紀作止爲茶菽據。茶經作茶荈劇。按茶、茶通。吹噓對鼎䥶。脂膩漫白袖。煙薰玉臺作勳。染阿玉臺作珂。錫。衣被皆重池。難與沈玉臺作次。水碧。任其孺子意。羞受長者責。瞥聞當與杖。掩淚俱向壁。○玉臺新詠二。詩紀二十九。又陸羽茶經下引皙、歷、畫、摘、適、䥶六韵。古籍叢殘敦煌唐寫本玉臺新詠引五六字。御覽三百八十一引皙、歷、璧、跡四韵。八百六十七引皙、歷、畫、摘、適、䥶六韵。事類賦茶賦注。

張翰

翰。字季鷹。吴郡人。吴大鴻臚儼之子。齊王冏辟爲大司馬東曹掾。棄官歸。年五十七卒。有集二卷。

贈張弋陽詩七章

時道玄曠。階軌難尋。散纓放冕。負劍長吟。昆弟等志。託兹幽林。玄墨澄氣。虚静和心。

惟我友愛。纏綿往昔。易尚去俗。攜手林薄。輕露給朝。遺英飽夕。逍遥永日。何求何索。潛光重陰。抱悴如榮。絶路既續。捨我遐征。束帶皇域。升降都城。爰賴爰慕。忡予中情。負薪弗克。耕者妨力。鍾儀彈弦。顧瞻先職。遺其綿綿。憂心慘惻。乃抗乃拔。釋我繞邑。將逝命駕。陟彼郊圻。和鸞摇響。載驅載馳。言告分别。言告言歸。心怨辭苦。張高弦哀。楊柳可卷。去在斯時。流液可折。豈云旋歸。行役必偕。傷我長離。借喻孤禽。矜翼翩栖。昔我惟樂。羣居多跱。今我斯懷。纏綿萬里。人亦有分。或通或否。行矣免致。我誠永已。○文館詞林百五十六。

周小史詩

翩翩周生。婉孌幼童。年十有五。如日在東。香膚柔澤。素質參紅。團輔圓頤。類聚作蹟。菡萏芙蓉。爾刑類聚作形。既淑。爾服亦鮮。輕車隨風。飛霧流煙。轉側猗靡。顧盻類聚作眄。詩紀云。一作眄。便妍。和顔善笑。美口善言。○類聚三十三。詩紀二十九。

雜詩三首

暮春和氣應。白日照園林。青條若總翠。黄華類聚作花。如散金。嘉卉亮有觀。顧此難久耽。文選作躭。延頸無良塗。頓足託幽深。榮與壯俱去。賤與老相尋。懽樂不照顔。慘愴發謳吟。謳吟何嗟及。古人可慰心。○文選二十九。又類聚二十六引林、金、尋三韵。

東鄰有一樹。三紀裁可拱。無花復無實。亭亭雲中竦。隰禽不爲巢。短翮莫肯任。○類聚二十六。詩紀二十九。

忽有一飛鳥。五色雜英華。一鳴衆鳥至。再鳴衆鳥羅。長鳴摇羽翼。百鳥互相和。○同上

思吴江歌詩紀云。一曰秋風歌。

晉文士傳云。張翰有清名美望。大司馬齊王冏辟爲東曹掾。在洛見秋風起。思吴中菰飯蓴羹鱸魚鱠。嘆曰。人生貴得適意爾。何能覊官數千里以要名爵。因作此歌。遂命駕還。

秋風起兮佳景時。歲華紀麗作木葉飛。吴江水兮鱸魚歲華紀麗作正。中吴紀聞、輿地紀勝同。肥。三千里兮家未歸。恨難得歲華紀麗作禁。兮仰天悲。○歲華紀麗三。中吴紀聞三。輿地紀勝五。詩紀二十九。

張載

載。字孟陽。安平灌津人。太康中爲著作佐郎。轉太子中舍人。遷樂安相、弘農太守。長沙王乂請爲記督。拜中書侍郎。復領著作。稱疾歸。卒。有集七卷。

贈司隸傅咸詩五章

皇靈闡曜。流英敷醇。苞光含素。以授哲人。於赫洪烈。實子厥真。慮該道機。思窮妙神。汪穆其度。焕蔚

其文。實茂成秋。華繁榮春。清藻既振。乃鬱乃彬。德風雲暢。休聲響震。侔蹤古昔。越軌曩朝。外駭方域。内冠皇僚。峨峨峻極。誰其能超。出蒞宰守。播化丞苗。入毗帝猷。翼讚均陶。道殊顔孔。勳擬伊皋。

太上立本。至虚是崇。猗歟清規。允迪斯沖。韜納無方。以光徽融。嗟我昏曚。懷賢仰風。思存豫屬。厠于末徒。沐浴芳源。儀形訓模。重仞幽秘。顧陟其塗。

彼海湯湯。涓流所歸。鱗宗龍翔。鳥慕鳳飛。瞻顧高景。曷云能違。未見君子。載渴載飢。○文館詞林百五十六。

詩

大谷石榴。木滋之最。膚如凝脂。汁如清瀨。江南都初學記作郡。詩紀同。御覽或同。蔗。張掖豐柿。御覽或作釀液豐沛。或作釀液豐霈。詩紀作釀液豐沛。三巴黄甘。瓜州素柰。凡此數品。殊美絶快。渴者所思。銘之裳詩紀作常。帶。○初學記二十八引柿、柰、快、帶四韵。御覽九百七十引最、瀨、帶三韵。九百六十六引榛、帶二韵。九百七十引霈、榛、快、帶四韵。九百七十四引沛、檮、快、帶四韵。事類賦甘賦注引柰、帶二韵。詩紀二十九引柿、柰、快、帶四韵。

登成都白菟樓詩

重城結曲阿。飛宇起層樓。詩紀云。一作區。累棟出雲表。嶢嶭臨太虚。高軒啓朱扉。迴望暢八隅。西瞻岷山嶺。嵯峨似荆巫。蹲鴟蔽地生。原隰殖嘉蔬。雖遇堯湯世。民食恒有餘。鬱鬱小詩紀作少。城中。岌岌百族居。街術紛綺錯。高甍夾長衢。借問楊子宅。類聚、茶經作舍。想見長卿廬。程卓累千金。驕侈擬五侯。門有連騎客。翠帶腰吴鉤。鼎食隨時進。百和妙且殊。披林採秋橘。臨江釣春魚。黑子過龍醢。果饌踰蟹蝑。芳茶冠六清。茶經作情。溢味播九區。人生苟安樂。兹土聊可娱。○類聚二十八引樓、虚、隅、巫、蔬、餘、居、衢、廬九韵。陸羽茶經下引廬、都、彊、殊、魚、蝑、區、娱八韵。詩紀二十九。

贈虞顯度詩

疇昔協蘭芳。繾綣在華年。嘉好結平素。分著寮友前。謂得終遐日。綢繆永周旋。吾子遭不造。遘閔丁憂艱。俾我失良朋。誰與吐話言。一日爲三秋。歲況乃三年。離居一何闊。結思如迴川。○類聚三十一。廣文選十署張協詩。詩紀二十九。

招隱詩

出處雖殊塗。居然有輕易。山林有悔恪。人間實多累。鵷雛翔穹廣文選、詩紀作窮。冥。蒲且不能視。鸛鷺遵皋渚。數爲矰所繫。隱顯雖在心。彼我共一地。不見巫山火。芝艾豈相離。去來捐時俗。超然辭世僞。得意在丘中。安事愚與智。○類聚三十六。廣文選九。詩紀二十九。

七哀詩二首

北芒六臣本文選注云。五臣作邙。詩紀同。初學記、御覽作邙。何壘壘。御覽作纍纍。高陵有四五。借問誰家初學記作人。墳。御覽作冢。皆云漢世初學記作代。主。恭文遥相望。原陵鬱膴膴。季世六臣本文選注云。五臣作葉。詩紀同。初學記作葉。喪亂起。賊草堂詩箋作羣。盜初學記作盜賊。如豺虎。毁壤過一抔。便房啓幽户。珠柙初學記作匣。詩紀云。一作匣。離玉體。珍寶見剽虜。園寢化爲墟。周墉無遺堵。蒙蘢荆棘生。蹊逕登童豎。狐兔窟其中。蕪穢不復掃。頽隴並墾發。萌隸營農圃。昔爲萬乘君。今爲丘中文選作山。土。感彼雍門言。悽愴哀今文選作往。六臣本注云。五臣作今。文章正宗作往。古。○文選二十三。文章正宗二十九。詩紀二十九。又初學記十四引五、主、膴、虎、户、虜六韻。御覽五百六十引五、主二韻。草堂詩箋三十二傷秋詩注引一句。

秋風吐商氣。蕭瑟掃前林。陽鳥類聚作烏。六臣本文選注云。五臣作烏。詩紀同。收和響。寒蟬無餘音。白露中六臣本文選注云。五臣作朝。詩紀同。夜結。木落柯條森。朱光馳北陸。浮景忽類聚作想。西沈。顧望無所見。唯睹松柏陰。肅肅高桐枝。翩翩棲孤類聚作孤栖。禽。仰聽離鴻鳴。俯聞蜻蛚吟。哀人易感傷。觸物增悲心。丘隴日已遠。纏綿彌思深。憂來令髮白。誰云愁可任。徘徊向長風。淚下沾衣襟。○文選二十三。類聚三十四。詩紀二十九。

霖雨詩

詩紀云。初學記作張協。今從藝文作張載。

霖雨餘旬朔。濛昧日夜墜。何以解愁懷。置酒招親類。啾啾絲竹作。伶人奏奇秘。悲歌結初學記作浩。流風。逸初學記作實。響迴秋氣。○類聚二引墜、類、氣三韻。初學記十五引秘、氣二韻。詩紀二十九。

擬四愁詩四首

我所思兮在南巢。欲往從之巫山高。登崖遠望涕泗交。我之懷矣心傷勞。佳人遺類聚、文選注作贈。緯略同。御覽或同。我筩說文繫傳作筩。中布。說文繫傳作綺。何以贈類聚作報。文選注、御覽同。之流黄素。願因飄風超遠路。終然莫致增永玉臺作想。慕。○玉臺新詠九。詩紀二十九。又類聚三十五引巢、高、布、素四韵。文選十六别賦注引布、素二韵。說文繫傳二作古詩。引素一韵。御覽八百十四引布、素二韵。八百二十引布、素二韵。高似孫緯略七引巢、高、布、素四韵。

我所思兮在朔湄。欲往從之白雪霏。登崖永眺詩紀作遠望。涕泗頹。我之懷矣心傷悲。佳人遺我雲中翮。何以贈詩紀作報。之連城璧。願因歸鴻超玉臺作起。遐隔。詩紀作翮。終然莫致增永積。○玉臺新詠九。詩紀二十九。

我所思兮在隴原。欲往從之隔秦玉臺作泰。詩紀作太。山。登崖遠望涕泗連。玉臺作連。我之懷矣心傷煩。佳人遺我雙角端。何以贈之雕玉環。願因行雲超重巒。終然莫致增永嘆。⊙玉臺新詠九。詩紀二十九。

我所思兮在營州。欲往從之路阻修。登崖遠望涕泗流。我之懷矣心傷憂。佳御覽作美。人遺緯略作贈。我綠綺琴。何以贈之雙南金。願因流波超重深。終然莫致增永六臣本文選作咏。吟。○文選三十。玉臺新詠九。詩紀二十九。又御覽四百七十八引金、琴二韵。高似孫緯略引州、修、琴、金四韵。

述懷詩

跋涉山川。千里告辭。楊子哭歧。墨氏感絲。雲乖雨絶。文選注作散。心乎愴而。○初學記十八。詩紀二十九。又文選二十六和謝靈運詩注引而一韵。

詩

靈象運天機。日月如激電。秋風兼夜戒。微霜凄舊院。嘉木殞蘭圃。芳草悴芝苑。嚶嚶南翔鴈。翩翩辭歸燕。玉肌隨爪素。噓氣應口見。斂襟思輕衣。出入忘華扇。睹物識時移。顧已知節變。○御覽二十五。

詩

白日隨天迴。皦皦類聚作皦皦。圓文選注作員。如規。踊躍湯谷中。上登扶桑枝。○類聚一。詩紀二十九。

詩

十日出湯谷。弭節馳萬里。經天曜四海。倏忽潛濛汜。○類聚一。

詩

氣力漸衰損。鬢髮終以皓。昔爲春月華。今爲秋日草。○類聚十八。詩紀二十九。

送鍾參軍詩

善見理不拔。闡道播徽容。○文選三十數詩注。

贈棗子琰詩

輶車運在輪。飛骨須六翮。○文選三十八爲范尚書讓吏部封侯第一表注。

泛湖詩

春菰芽露碧。水荇葉連青。○草堂詩箋三十六過南詩注。

登臺詩

遠望涕泗流。○草堂詩箋三十六登岳詩注。

張協

協。字景陽。載弟。辟公府掾。轉秘書郎。補華陰令。歷征北從事中郎。入爲中書侍郎。轉河間內史。以亂屏居草澤。屬詠自娱。永嘉初。徵爲黄門侍郎。不就。有集四卷。

詠史

昔在西京時。朝略出籯金作國。野多歡娱。藹藹略出籯金作蕩蕩。東都門。羣公祖二疏。朱軒曜金城。供帳臨長衢。達人略出金籯作仁。知止足。遺榮忽如無。抽簪解朝衣。略出金籯作官服。散髮歸海隅。行人爲隕涕。略出金籯作淚。賢哉此略出金籯作二。大文選作丈。夫。揮金樂當年。歲暮不留儲。顧謂四座賓。多財爲累略出金籯作類。愚。清風激萬代。名與天壤俱。咄此蟬冕客。君紳宜見書。○文選二十一。文章正宗二十九。詩紀二十九。又鳴沙石室古籍叢殘略出籯金大夫篇第十五引娛、疏、衢、無、隅、夫、儲、愚八韻。

雜詩十首

秋夜涼風起。清氣蕩暄濁。蜻蛚吟階下。飛蛾拂明燭。君子從遠役。佳人守煢獨。離居幾何時。鑽燧忽改木。房櫳無行跡。庭草萋以玉臺作已。六臣本文選注云。五臣作已。綠。青苔依空牆。蜘蛛網四屋。感物多所懷。沈憂結心曲。○文選二十九。玉臺新詠三。文章正宗二十九。詩紀二十九。

大火流坤維。白日馳西陸。浮陽映翠林。迴飇扇綠竹。飛雨灑朝蘭。輕露棲叢菊。龍蟄暄氣凝。天高萬物肅。弱條不重結。芳蕤豈再馥。人生瀛海内。草堂詩箋作間。忽如鳥過目。川上之歎逝。前修以自勗。○文選二十九。文章正宗二十九。詩紀二十九。又草堂詩箋二十九貽華詩注引目一韻。

金風扇素初學記或作景。節。丹霞初學記或作露。啓陰期。騰雲似涌事類賦作灑。煙。編珠、初學記作漏網。密雨如散絲。寒花發黃采。六臣本文選注云。五臣作彩。詩紀同。類聚作彩。秋草含綠滋。閑居玩萬物。離羣戀六臣本文選注云。五臣作念。詩紀同。所思。案無蕭氏牘。庭無貢公綦。高尚遺王侯。道積自成基。至人不嬰物。餘風足染時。○文選二十九。詩紀二十九。又類聚二引期、絲、滋三韻。杜公瞻編珠一引期、絲二韻。初學記一引期、絲二韻。又三引期一韻。事類賦雨賦注作古詩。引絲一韵。

朝霞迎白日。丹氣臨暘李善本文選作湯。六臣本注云。善作湯。詩紀同。類聚作陽。谷。翳翳結繁雲。森森散雨足。輕風摧六臣本文選注云。五臣作推。勁草。凝霜竦高六臣本文選注云。五臣作喬。按喬字較勝。木。密葉日夜疏。叢林森如束。疇昔歎時遲。晚節悲年促。歲暮懷百憂。將從季主卜。○文選二十九。詩紀二十九。又類聚二引谷、足二韵。御覽八作張載詩。引谷一韵。

昔我資章甫。聊以適諸越。行行入幽荒。甌文選作歐。詩紀同。六臣本注云。五臣作甌。駱從祝髮。窮年非所用。此貨將安設。瓴甋夸璵璠。魚目笑明月。不見郢中歌。能否居然別。陽春無和者。巴人皆下節。流俗多昏迷。此理誰能察。○文選二十九。詩紀二十九。

朝登魯陽關。狹路峭且深。流澗萬餘丈。圍木數千尋。咆虎響窮山。鳴鶴聒空林。淒風爲我嘯。百籟坐自吟。感物多思情。在險易常心。朅來戒不虞。挺轡越飛岑。王陽驅九折。周文走岑崟。經阻貴勿遲。此理著來今。○同上

此鄉非吾地。此郭非吾城。羇李善本文選作羈。旅無定心。翩翩如懸旌。出睹軍馬陣。入聞六臣本文選注云。善作聽。鞞鼓聲。常懼羽檄飛。神武一朝征。長鋏鳴鞘中。烽火列御覽作烈。邊亭。御覽作庭。捨我衡門衣。李善本文選作依。六臣本注云。善作依。更被縵胡纓。疇昔懷微志。帷幕竊所經。何必操干戈。堂上有奇兵。折衝樽俎間。制勝在兩楹。巧遲不足稱。拙速乃垂名。○文選二十九。文章正宗二十九。詩紀二十九。又御覽三百三十五引庭一韵。

述職投邊城。羈束戎旅間。下車如昨日。望舒草堂詩箋作蟾蜍。四類聚作三。五圓。昌黎詩注作團。借問此何

時。胡蝶飛南園。流波戀舊浦。行雲思故山。閩越衣文蛇。胡馬願度燕。風土文選作土風。安所習。由來有固然。〇文選二十九。詩紀二十九。又類聚二十七署張協詩。引間、圓、山三韻。草堂詩箋二十七秋日詩注引圓一韻。朱校昌黎集一秋懷詩注引一句。御覽八事類賦雲賦注署張載。引山一韻。

結宇窮岡類聚、廣文選作嵐。曲。耦耕幽藪陰。荒庭寂以六臣本文選注云。五臣作已。閒。幽類聚作山。廣文選同。岫峭且深。淒風起東谷。有渰類聚作弇。廣文選同。興南岑。雖無箕畢期。膚寸自成霖。澤雉登壟雊。寒猿六臣本文選注云。一作猨。擁條吟。溪六臣本文選作磎。注云。善從水。窐無人跡。荒楚草堂詩箋作氣象。鬱蕭森。投耒文選注作來。類聚作禾。循文選注作脩。岸垂。時聞樵採草堂詩箋作牧。音。重基類聚作碁。可擬志。迴淵可比心。養真尚無爲。道勝貴陸沈。游思竹素園。寄辭翰墨林。〇文選二十九。類聚三十六。廣文選九。詩紀二十九。又文選二十六贈張徐州稷詩注引音一韻。草堂詩箋二十九阻雨詩注引音一韻。又三十二秋興詩注引一句。

墨李善本文選作黑。蜧躍重淵。類聚作川。白帖作泉。商羊儛野庭。飛廉應南箕。豐隆迎號屏。雲根臨八草堂詩箋作北。極。雨足灑四溟。萬花谷作冥。霖瀝過二旬。散漫亞九齡。階下伏泉涌。堂上水衣類聚作苔。生。洪潦浩方割。人懷昏墊情。沈液漱陳根。綠葉腐秋莖。里無曲突煙。路無行輪聲。環堵自頹毀。垣閭不隱形。尺燼重尋桂。紅粒貴瑶瓊。君子守固窮。在六臣本文選注云。五臣作大。約不爽貞。雖榮田方贈。慚爲溝壑名。取志於陵子。比足六臣本文選注云。五臣作之。詩紀同。黔婁生。〇文選二十九。詩紀二十九。又類聚二作苦雨詩。引庭、屏、溟、齡、生、瓊六韻。草堂詩箋三十三題忠詩注引一句。白帖二引一句。御覽十一署張孟陽。引溟、齡、生、瓊四韻。事類賦雨賦注署張孟陽。引溟、生二韻。萬花谷後一引冥一韻。

雜詩

太昊初學記作皞。啓東節。春郊禮青祇。鷹化日夜分。雷動寒暑離。飛澤洗冬條。浮飈解春澌。采虹纓高雲。文虬鳴陰池。沖氣扇九垠。蒼生衍四垂。時至萬實詩紀作寶。成。化周天地移。○類聚三。詩紀二十九。又初學記三引祇一韵。

游仙詩

峥嵘玄圃深。嵯峨天嶺峭。亭館籠雲構。脩梁流三曜。蘭葩蓋嶺披。清風緑隟嘯。○類聚七十八。詩紀二十九。

詩

天氣清和。野有甘瓜。○書鈔百五十四。○逯案。原本有誤。今從陳本。

采菱歌

協作七命。系此歌。

乘鷁舟兮爲水嬉。臨芳洲兮拔靈芝。○晉書本傳。

晉詩卷八

閭丘沖

沖。字賓卿。高平人。爲太傅長史。懷帝初爲光祿勳。有集二卷。

三月三日應詔詩二首

暮春之月。春服既成。陽昇類聚作升陽。土潤。古文苑作潤土。初學記作升陽潤土。歲時雜詠、御覽同。冰渙川盈。餘萌達壤。嘉木敷榮。后皇宣遊。既宴且寧。光光華輦。詵詵初學記作侁侁。歲時雜詠、御覽同。從臣。微風扇穢。朝露翳塵。上蔭丹幄。下藉文茵。臨川初學記作池。歲時雜詠、御覽同。挹類聚作浥。盥。濯故潔新。俯鏡清流。仰睇天津。藹藹華林。巖巖類聚、初學記作嚴嚴。景歲時雜詠作杲。陽。業業初學記作嶫嶫。歲時雜詠、御覽作業業。峻宇。奕奕飛梁。垂蔭倒景。若沈初學記作翔。歲時雜詠、御覽、古文苑同。若翔。◯類聚四。章本古文苑八。廣文選八。詩紀三十。又初學記四、古今歲時雜詠十六、御覽三十並引成、盈、榮、寧、臣、茵、新、津、陽、梁、翔十一韵。

浩浩白水。汎汎歲時雜詠作沉沉。龍舟。皇在靈沼。百古文苑作日。辟同歲時雜詠作周。御覽同。遊。擊歲時雜詠作激。御覽同。櫂清歌。鼓枻行酬。初學記作謳。御覽、古文苑同。歲時雜詠作衎謳。聞樂咸和。具醉斯柔。在昔帝虞。德被遐荒。

干戚御覽作鉞。在庭。苗民初學記作人。歲時雜詠、御覽、古文苑同。來王。今我哲后。古聖齊芳。惠此中歲時雜詠作既今。國。以綏四方。元首既明。股肱惟良。樂酒今日。歲時雜詠作君子。君子歲時雜詠作今日。惟康。初學記作樂只君子。今日惟康。御覽、古文苑同。○類聚四。初學記四。古今歲時雜詠十六。御覽三十。章本古文苑八。詩紀三十。○以上二首。類聚連而不分。似是一首。

招隱詩

大道曠且夷。蹊路安足尋。經世有險易。隱顯自存心。嗟哉巖岫士。歸來從所欽。○類聚三十六。詩紀三十。

曹攄

攄。字顏遠。譙國人。初補臨淄令。轉洛陽令。齊王冏輔政。攄與左思俱爲記室。惠帝末。起爲襄城太守。永嘉二年爲征南司馬。討流人王逌。敗死。有集三卷。

贈韓德真詩四章

赫赫顯族。冠蓋峩峩。葛延王室。蔹蔓帝家。如地之岳。如天之河。爰有韓生。體德逶迤。玉質含章。珪白無瑕。庇岳之崇。蔭林之華。朝遊龍泉。夕棲鳳柯。同宿望舒。參轡羲和。弘曜日月。不榮若何。

時不久留。日月其除。玄景蹉跑。忽淪桑榆。惜此寸陰。念彼白駒。昔齊驥蹤。今則異塗。我頓吳坂。子亨天衢。爾足既駿。爾御亦殊。顧我駑蹇。原作塞。今從古逸本。能不踟蹰。取譬草木。假喻龍魚。松以冬凋。蘭以春芳。龍升在雲。魚沈于梁。大地未綴。華秀梓旁。傾質惠風。晞采朝陽。爐微難熾。根朽不長。燭不自燭。榮於何望。幽室誰照。冀子餘光。餘光不照。怨在貧婦。谷風遺舊。伐木敦友。嗟嗟人間。一薄一厚。時無展季。古逸本作禽。臧文何咎。蕭生既没。誰與結綬。攝余衣冠。歸守丘阜。平生之要。不忘在久。枉爾結駟。軾我壠畝。○文館詞林百五十七。

贈石崇詩四章

昂昂我牧。德惟人豪。作鎮方岳。有徽其高。英風遠扇。峻跡遐招。攻璞荆嵎。滋蘭江皋。朝採芝蕙。夕玩瓊瑶。豈乏碬適園本誤作砥。石。乃收艾蕭。髦儁在位。多士盈朝。雖欣嘉願。懼忝班僚。人亦有云。上明下直。匪唯具臣。諤諤在側。讜言既奏。朝有正色。翰飛沖天。必假羽翼。咨余承乏。與屬備職。曾無補益。徒竭心力。龍旗反旆。鸞駕迴軾。願尋塵軌。以除其逼。美兹高會。憑城臨川。峻墉亢古逸本作元。閣。層樓闢軒。遠望長州。近察重泉。鬱鬱繁林。蕩蕩洪源。津人思濟。舟士戲舩。得厠大歡。屢蒙賓延。飲必酃緑。肴則時鮮。仰接温顔。俯聽話言。嘉我乃遇。遭彼頻煩。浮蓱依水。寄生附林。託根清流。委積重陰。願樹之茂。樂川之深。太陽移宿。葵藿傾心。至誠苟著。雖微難禁。況與夫子。利齊斷金。敢敷中懷。貢之所欽。○文館詞林百五十七。

贈王弘遠詩三章

道貴無名。德尚寡欲。俗牧當作收。其華。我執其朴。人取其榮。余守其辱。窮巷湫隘。環堵淺局。肩牆弗曁。茅室不劉。古逸本、適園本作劉。潦必陵階。雨則浸桷。仰懼濡首。俯惟塗足。妻孥之陋。如彼隸僕。布裳不袵。韋帶三續。將乘白駒。歸于空谷。隱士良苦。樂哉勢族。

爾樂伊何。志逸樂深。太府堂堂。閑房愔愔。旱不厭日。水不患霖。入歡卓氏。出玩秦鍼。寵妻懷目。嬖子娛心。華屏列曜。藻帳垂陰。纓緌流芳。羅襦解衿。嬿婉之求。一笑千金。忽彼苦誡。甘此所欽。言往不訓。祕其德音。

採石他山。攻璞南荆。雖無和璧。冀收原作牧。今從適園本。瑤瓊。日月愈久。曾無玉聲。傾心注耳。寂焉靡聽。桃李不報。徒勞我誠。瑾不匿華。蘭不秘馨。何惜纖翰。莫慰予文館詞林誤作矛。情。〇文館詞林百五十七。

贈歐陽建詩四章

嗟我良友。惟彥之選。弱冠參戎。既立南面。或踴而升。蔚煥其變。豈徒虛聲。考績原誤緒。今從適園本。幾甸。約政理繁。事省功辯。如何勿思。自我不見。乃命僕夫。北臨其縣。

義闕三益。誠替離羣。側想讜言。願同蘭芬。謂芒蓋高。載越其墳。涉境登朝。信惟惠君。烈烈威禁。肅如風雲。誰言善蔽。在幽必聞。鶴鳴既和。好爵亦分。

昔有豹産。實能魏鄭。在漢黄邵。克堪敷政。著名上代。千載遺詠。仰瞻先蹤。可不斯競。方六七十。觀化賢聖。分河跨土。於茲爲盛。茂勉不墮。古人所病。

湯湯洪川。朝宗于海。芒芒甫田。稼穡攸在。瞻彼南畝。勤邮無殆。鑒此長流。朝夕莫改。念茲在茲。非孰肯□。愼終如始。令問遂倍。○文館詞林百五十七。又文選二十九思友人詩注作贈歐陽堅石詩。引選一韵。

答趙景猷詩十一章

於鑠趙生。載德相紹。挺此令嶷。素質皎皎。投跡清規。研思至道。擬秋厲節。晞春振藻。

厲節伊何。如霜之棨。懷玉匿采。抱蘭秘馨。藏器俟賈。潛秀養英。○起首當脱兩句。

海蓄其流。山積其壤。表崇望顯。源深潤廣。仰惟我友。含光昧爽。誰謂未章。今將宣朗。

守真良難。知德者鮮。賢不悶時。樂在爲善。陟彼彌高。流川日遠。無憂不至。敦爾攸踐。

道有夷險。遇有通否。驥不稱力。士貴所履。識歸要會。豈嫌塗軌。苟非德義。於我糠粃。

泉竭龍逝。樹茂鳥聚。鬱彼北林。招其儔侶。嗟我孤根。枝葉胥胥。歲寒靡託。遠播江渚。

濟濟京華。儁乂並湊。悠悠遐裔。我獨是赴。哀此離羣。悲彼孤陋。非無新好。人則惟舊。

義著往葉。分珍來裔。庶幾與子。終茲不敍。豈如冬夏。寒暑易節。斯誠既著。信不待誓。

實望嘉贈。披懷發中。直諒未聞。屬致謙沖。投于幽谷。誠之已崇。客過行雲。虛其旋風。

導以水柔。示以火急。寬猛相濟。孰能企及。古人難慕。洪流叵挹。軀小裁博。余將焉襲。

翟氏載離。陳張終辱。交以時利。胡能不黷。竊怪吾子。自疑末俗。愧以沙礫。何言金玉。○文館詞林百五十七。

同前

汎舟洛川。濟彼黄河。乘流浮蕩。儵忽經過。孤柏亭亭。迴山峨峨。水卉發藻。陵木揚葩。白芷舒華。緑英垂柯。遊鱗交躍。翔鳥相和。俯玩琁瀨。仰看瓊華。顧想風人。伐檀山阿。存彼魚人。滄浪之歌。邈邈淪漪。滔滔洪波。大道孔原缺孔字。據古逸本補長。人生幾何。俟瀆之清。徒嬰百羅。今我不樂。時將蹉跎。蕩心肆志。與物無瑕。歡以卒歲。孰知其他。○文館詞林百五十七。○逯案。文館詞林贈趙景猷詩。目録作贈趙景猷三首。當篇又作贈趙景猷四首。其第一首十一章著録分明。第二首以下則各首連綴。既不分篇。又不列章。然經細審。季秋惟末以下爲一首。與第一首及汎舟洛川一首實共爲三首。知目録三首者爲是。今爲編之如此。

同前九章

季秋惟末。孟冬之初。大火頹流。日月其除。嗟我懷人。離羣索居。山谷乖錯。飛沈異塗。與爾同代。光景永殊。愛而不見。搔首踟躕。出門彷徉。陟彼城隅。俯察緑水。仰瞻天衢。雍雍和鴈。偏偏遊鳧。感物興懷。憤思鬱紆。

倐夜悠悠。寂寂閑處。情在心想。中宵寤語。有鳥自南。寄聲謝汝。飛鳥難期。徒獨延佇。

精誠之至。崩城隕霜。韓凡丹青。化爲鴛鴦。止必交頸。飛必雙翔。願言與汝。攜手同行。情若比目。離如參商。遺夢想象。彷佛暉光。中心鬱滯。伊懷永傷。

素秋授終。玄節敬御。逝將離征。我整我車。命彼僕夫。駕言北徂。告別津裔。執手歧路。汎舟中流。□□當是中流二字。載遡。臨河歎逝。眷眷長顧。越登關阻。踰歷山川。峻阜隆崇。流水泉泫。曠野冥莽。脩塗泯綿。鳥鳴雍雍。木落繽翩。薄寒吹悽。微風交旋。惟時愴爾。悼物惻然。遠思遥奕。近念因悁。古逸本作捐。良夜弗寐。嘉肴弗湌。停駕踟躕。進路槃桓。心亦何爲。顧懷所安。嗟行伊久。慨其永歎。氣感異類。誠發心肝。離禽赴衡。偏鳥鳴軒。思如尋縈。莫知其端。

古人罔極。今我不爽。願言所欽。唯子靡兩。情存口詠。心憶目想。形遊神還。身去意往。佇立不見。瞻望佛仿。婉孌西路。遺憂養養。

人則惟舊。我好惟新。一日之隔。悠若三春。矧乃于別。越兼二旬。薄暮愁予。思亦終晨。耿耿不寐。媚兹良人。今也亡此。誰與獨勤。夕宿路廛。朝發澤濱。良駟蹀足。輕車結輪。

替脱俛仰。荏冉時馳。秋來冬及。節變歲移。蓁蓁之葉。漂然去枝。蔽芾豐草。殞其黄萎。無生不化。我心匪虧。眷眷屈生。哀彼乖離。遲遲楊子。哭此路歧。繾綣之情。鄙我人斯。達者無累。内顧何爲。〇文館詞林百五十七。

思友人詩

密雲翳陽景。霖潦淹六臣本文選注云。五臣作浩。詩紀同。庭除。嚴霜彫翠草。寒風振纖枯。凜凜天氣清。落落卉木疏。感時歌蟋蟀。思賢詠白駒。情隨玄陰滯。心與迴飈六臣本文選作飄。注云。五臣作飈。俱。思心何所懷。懷我歐陽子。精義測神奥。清機發妙理。自我别旬朔。微言絶于耳。褰裳不足難。清揚未可俟。延首出階檐。佇立增想似。○文選二十九。詩紀三十。

感舊詩

富貴他人合。貧賤親戚離。廉藺門易軌。田竇相奪移。晨風集茂林。棲鳥去枯枝。今我唯困蒙。羣李善本文選作郡。六臣本注云。五臣作郡。士所六臣本文選注云。五臣作皆。詩紀云。一作皆。背馳。鄉人敦懿義。濟濟蔭光儀。對賓頌有客。舉觴詠露斯。臨樂何所歎。素絲與路歧。○文選二十九。詩紀三十。

贈石崇詩

涓涓谷中泉。鬱鬱巖下林。泄泄羣翟飛。咬咬春鳥吟。野次何索寞。類聚作漠。薄暮愁人心。三軍望衡蓋。歎息有餘音。臨肴忘肉味。對酒不能斟。人言重别離。斯情效於今。○類聚三十一。詩紀三十。

杜育

贈石荆州詩

轗軻石行難。窈窕山道深。○文選二十二於南山往北山經湖中瞻眺詩注。

育。字方叔。襄城鄧陵人。永興中。拜汝南太守。永嘉中。進右將軍。後爲國子祭酒。永嘉五年。洛陽將没。死于難。有集二卷。

贈摯仲治詩

之子于歸。言秣其駒。矧乃斯人。乃邁乃徂。雖非顯甫。餞彼百壺。雖非張仲。將膾河魚。人亦有言。貴在同音。雖曰翻飛。曾未異林。顧戀同枝。增其慨心。望爾不遐。無金玉音。○類聚三十一。廣文選十。詩紀二十三。

金谷詩

既而慨而。感此離析。○文選三十南樓中望所遲客詩注。

詩

臨下覽羣動。○文選三十雜詩注。

摯虞

虞。字仲洽。京兆長安人。泰始中。拜郎中。除聞喜令。元康中。遷吴王友。歷秘書監。永嘉五年。遭亂餓死。有三輔決録注七卷、文章流別志論二卷、集十卷。

答伏武仲詩四章

崇山栖鳳。廣泉含螭。洋洋大府。儁德攸宜。用集羣英。參翼弘規。皇暉增曜。明兩作離。爰有伏生。東夏之秀。盛德如新。畜智如舊。儲材積藝。待時而茂。九德殊塗。道將焉就。邂逅之遇。良願是適。同閈比屋。笑語卒獲。望宋謂近。曾不咫尺。一葦則杭。矧兹隔壁。既近其室。不遠其心。齊此篤愛。惠予好音。金聲玉振。文豔旨深。孰不歌詠。被之瑟琴。○文館詞林百五十六。

贈褚武良以尚書出爲安東詩四章

蕩蕩大晉。奄有八荒。畿服既寧。守在四疆。桓桓褚侯。鎮彼遐方。變文膺武。武步龍驤。武有七德。衆鮮克舉。帝用是難。詶咨既普。雖有周親。唯能是與。大周之吉。歸美于褚。褚侯之邁。人望實大。企彼江淮。眇焉如帶。智名不彰。勇功斯廢。靡德而稱。靡仁而賴。濟濟百辟。穆穆皇朝。雖則異事。誰非同寮。出者眷之。處者戀之。情發於中。用著斯詩。○文館詞林百五十六。

贈李叔龍以尚書郎遷建平太守詩四章

我有良朋。時惟李生。拊翼岐蜀。翻飛上京。明試以功。聿駿有聲。三載考績。剖符建平。

惟彼建平。居江之瀕。明明在上。率下和會。誰謂水深。曾不浮芥。誰謂曠遠。王道無外。亦既受命。作式南蕃。樞機之發。化流夷蠻。多見闕殆。以慎爾愆。無自立辟。而踰短垣。龍愛同泉。鳳戀共林。之子云往。我勞彌深。既有行李。以通其音。南龜象齒。實將云心。○文館詞林百五十六。

答杜育詩

越有杜生。既文且哲。龍躍潁豫。有聲彰澈。賴兹三益。如琢類聚作瑑。如切。好以義結。友以文會。豈伊在高。分定傾蓋。其人如玉。美彼生芻。鐘鼓匪樂。安用百壺。老夫灌灌。離羣索居。懷戀結好。心焉悵如。

○類聚三十一。廣文選十。詩紀二十三。

雍州詩

於皇先王。經啓九有。有州惟雍。居京之右。土載奥區。山包長安志作苞。詩紀云。一作苞。神藪。嘉生惟繁。庶類伊阜。悠悠州域。有華有戎。外接皮服。内含岐豐。周餘既没。夷德未終。莫不慕義。易俗移風。○初學記八。

長安志二。詩紀二十三。

逸驥詩

逸驥無鑣轡。騰陸從長川。剪落就羈靮。飛軒躡雲煙。○御覽三百五十九。

王讃

讃。字正長。義陽人。太康中爲太子舍人。惠帝時拜侍中。永嘉中爲陳留内史。加散騎侍郎。有集五卷。

三月三日詩

招摇啓運。寒暑代新。亹亹不舍。如彼行雲。猗猗季月。穆穆和春。皇儲降止。宴及嘉賓。嘉賓伊何。具廣文選作且。惟姻族。如彼葛藟。衍于樛木。郁郁近侍。巖巖台嶽。庶寮鱗次。以崇天禄。如彼崑山。列此琚玉。巍巍天階。亦降列宿。右載元首。左光儲副。大祚無窮。天地爲壽。○類聚四。廣文選九。詩紀三十。

侍皇太子宴始平王詩

亹亹聖胤。繼明重體。樂此棠棣。其甘如薺。我有嘉宴。以洽百禮。煌煌同族。藹藹王僚。惟中惟外。如瓊如瑶。湛湛朝雲。德靡不覆。玄黄所綴。文成綵繡。政以神和。樂以安奏。一人有慶。萬邦是祐。○類聚三十九。詩紀三十。

侍皇太子祖道楚淮南二王詩

於明聖晉。仰統天緒。易以明險。簡以識類聚作知。阻。研彼羣慮。俾侯授土。郁郁二王。祗承皇命。睹離鑒親。觀禮知盛。皇儲降會。延于公姓。瞻彼行役。並憇同林。分塗殊軌。靡不迴心。○類聚三十九。詩紀三十。

皇太子會詩

玄陰受謝。青陽啓號。氣以升新。光以永照。○初學記四。

雜詩

朔風動秋草。邊馬有歸心。胡寧久分析。靡靡忽至今。王事離我志。殊隔過商參。昔往鶬鶊類聚作倉庚。鳴。今來蟋蟀吟。人情懷舊鄉。客鳥思故林。六臣本文選注云。五臣作人情舊鄉客。鳥思栖故林。師涓久不奏。誰能宣我心。○文選二十九。詩紀三十。又類聚二十七引心、吟、林三韵。

潘尼

尼。字正叔。岳從子。太康中。舉秀才。爲太常博士。元康初。拜太子舍人。除宛令。入補尚書郎。趙王倫篡位。引疾去。齊王冏起義兵。引爲參軍。事平。封安昌公。歷中書令。永嘉中。遷太常卿。五年。洛陽將没。携家屬東出欲還鄉里。病卒。年六十餘。有集十卷。

獻長安君安仁詩十章

峨峨嵩岳。有巖其峻。奕奕茂宗。載挺英儁。仍代垂芳。金聲玉潤。固天縱之。應期翼晉。
翼晉伊何。惟國之楨。明理内照。流風外馨。出敷五教。入讚典刑。黎人既乂。庶獄既清。
邦人宗德。朝野歸真。乃銓國議。乃綜彝倫。優劣罔差。褒貶齊均。九流順序。百郡望塵。
出不辭難。處不悶滯。望色斯聽。温言則厲。志在恤人。損已濟代。復宰舊都。三命而逝。
赫矣舊都。實惟西京。人不安業。盜賊公行。帝用西顧。朝簡英清。僉曰我君。勛績維明。
西京伊何。實嶮實遐。右帶汧隴。東接二華。我政既平。我化惟嘉。肅之斯威。綏之斯和。
卓公化密。國僑相鄭。名垂載籍。勛加百姓。今在潘后。實有惠政。豈羨在昔。於兹亦盛。
僕夫授策。發軔皇都。親戚鱗集。祖餞盈塗。嘉肴紛錯。清酒百壺。飲者未醒。宴不及娛。
曜靈速邁。王制難違。投觴卽路。憂公忘私。袞職有闕。思君之歸。將升皇極。入侍紫微。
否泰靡常。變通有時。煌煌帝載。俟君而熙。願崇大業。克俊良期。屏營懷慕。舒憤獻詩。○文館詞林百五十二。

贈司空掾安仁詩十章

桓桓上宰。穆穆四門。投綸滄海。結網崑崙。迅翼争赴。遊鱗競奔。美哉逸軌。放轡無前。

放轡伊何。杖策來遊。頡頏將相。書鈔誤作來。高揖書鈔誤作猾。王侯。華茂九春。實繁三秋。騁辭書鈔作思。泉踊。敷藻雲浮。

表奇髫齔。成名弱冠。令德内光。文雅外焕。幽冥必探。凝滯必散。終賈杜口。楊班韜翰。

我車既駕。我弓既招。既升尺木。將遊雲霄。納言帝側。正色皇朝。華組鳴珮。飛蟬曜貂。

人亦有言。人惡其上。至樂貴和。大禮崇敬。泉不可淩。必也心競。伐善施勞。先人所病。

文侯焉軾。干木在庭。子奇何盛。車有老成。昔聞顔子。今也吾生。克己復禮。在貴不盈。

發采故鄉。揚輝蓬宇。文繡煌煌。衣裳楚楚。何以會賓。蓽門環堵。何以備肴。殺雞爲黍。

伊余鄙夫。秩卑才朽。温温恭人。恂恂善誘。坐則接茵。行則攜手。義惟諸父。好同朋友。

年時易逝。進德苦晚。嘉彼駿逸。愧此疲蹇。雖欲望塵。前驅遂遠。解衔散轡。徘徊吴阪。

收迹衡門。旋軫上京。方事之殷。以君之明。緝熙台鼎。協濟和羹。歧路多懷。賦詩贈行。〇文館詞林百五十二。又書鈔一百引侯、秋、浮三韻。

贈陸機出爲吴王郎中令詩六章

東南之美。曩惟延州。顯允陸生。於今勘六臣本文選注云。五臣作鮮。類聚作斯。儔。振鱗南海。濯翼清類聚作洪。流。

婆娑翰林。容與墳丘。

玉以瑜潤。隨以光融。乃漸上京。羽類聚作乃。六臣本文選注云。善作乃。儀儲宮。玩爾清藻。味爾芳風。泳之彌廣。挹類聚作揖。之彌沖。

崑山何有。有瑶有珉。及爾同僚。具惟近臣。予涉素秋。子登青春。愧無老成。厠彼日新。

祁祁大邦。惟桑惟梓。穆穆伊人。南國之紀。帝曰爾諧。惟王卿士。俯僂從命。奚李善本文選作爰。恤奚喜。

我車既巾。我馬既秣。星陳夙駕。載脂載舝。婉孌二宫。徘徊殿闥。醪澄莫饗。孰慰飢渴。

昔子忝私。貽我蕙蘭。今子徂東。何以贈旃。寸晷惟寶。豈無璵璠。彼美陸生。可與晤言。○文選二十四。詩紀二十八。又類聚三十一作贈吴王郎中令陸士衡詩。引前四章。

答陸士衡詩

顧兹蓬蔚。厠根蘭陂。膏澤雖均。華不足披。逮春不茂。未秋先萎。子濯鱗翼。我挫羽儀。願言難常。載合載離。昔遊禁闥。祗畏夕惕。今放丘園。縱心夷易。口詠新詩。目玩文跡。予志耕圃。爾勤王役。慚無琬琰。以詶尺璧。○類聚三十一。廣文選十。詩紀二十八。

答傅咸詩并序

司徒左長史傅長虞。會定九品。左長史宜得其才。屈爲此職。執天下清議。宰割百國。而長虞性直而行。或有不堪。余與之親。作詩以規焉。

悠悠羣吏。非子不整。嗷嗷衆議。非子不靖。忽荷畧紐。握綱提領。矯矯貞臣。惟國之屏。○類聚三十一。廣文類十。詩紀二十八。

七月七日侍皇太子宴玄圃園詩

商風初授。書鈔或作振。辰書鈔作大。火微書鈔作西。流。朱明送夏。少昊迎秋。嘉禾初學記作木。茂園。芳草被疇。於時我后。以豫以遊。○類聚四。初學記四。古今歲時雜詠二十五。事類賦秋賦注。廣文選八。詩紀二十八。又書鈔百五十四引流、秋、疇三韻。又同部作潘岳詩。引流、秋二韻。○逯案。初學記十引潘岳詩序云。七月七日。皇太子會於玄圃。有令賦詩。當卽此篇原序。

上巳日帝會天淵池詩

青春暮月。六氣和理。律應姑洗。日惟元巳。谷風散凝。微陽戒始。春服既成。明靈降祉。○御覽三十。又書鈔百五十五引理、巳二韻。

皇太子上巳日詩

玉衡連極。招摇指辰。太昊司方。句芒御春。○書鈔百五十五。

巳日詩

靄靄疏圃。載繁載榮。淡淡天泉。當作淵。載淥載清。○初學記四。○逯案。以上三篇當爲一首佚文。

釋奠詩

敦書請業。研幾通理。尊師重道。釋奠崇祀。德成教倫。孰云不祉。○初學記十四。詩紀二十八。

詩

八珍代差。六飯迭舉。○書鈔百四十二。

皇太子集應令詩

聖朝命方岳。爪牙司類聚作思。北鄰。皇儲延篤愛。設餞初學記作饌。送遠賓。誰應今日宴。具初學記作其。惟廊廟臣。置酒宣類聚誤作宴。猷庭。擊鼓靈沼濱。霑恩洽明兩。遭德會陽春。羽觴飛醽醁。芳饌備奇珍。巴渝二八奏。妙舞鼓鐸振。長袂詩紀作袪。生迴飈。類聚作飄。曲裾揚輕塵。○類聚二十九引鄰、賓、臣、濱、珍、振、塵七韵。又初學記十引濱、春二韵。十四引鄰、賓、臣、濱、珍五韵。詩紀二十八。

皇太子社詩

太簇協青陽。履端發歲首。孟月涉初旬。吉日唯上酉。我后邇天休。設社祈遐耉。○類聚五。詩紀二十八。又書鈔百五十五作皇太子祀祖詩。引酉一韵。

三月三日洛水作詩

晷運無窮已。時逝焉可追。斗酒足爲歡。臨川胡獨悲。暮春春服成。百草敷英蕤。聊爲三日遊。方駕結龍旂。廣文選、詩紀作旂。廊廟多豪俊。都邑有豔姿。朱軒歲時雜詠誤作輕。蔭蘭臯。書鈔作澤。翠幙映洛歲時雜詠誤作落。湄。臨岸廣文選、詩紀作崖。濯素手。涉詩紀作步。水搴輕衣。沈鈎歲時雜詠作釣。出比目。舉弋歲時雜詠作戈。落雙飛。羽觴乘玉燭寶典作縈。波進。素卵類聚、廣文選作卵。歲時雜詠作管。詩紀作俎。隨初學記作逐。流歸。○類聚四。廣文選八作洛水詩。詩紀二十八。又書鈔百五十五作三月三日水上會詩。引湄、衣二韵。初學記四、古今歲時雜詠十六並引蕤、旗、姿、湄、飛、歸六韵。玉燭寶典三作三日洛水詩。引歸一韵。

贈河陽詩

詩紀云。叔潘岳爲河陽令。

虙類聚作密。李善本文選同。六臣本注云。善本作密。生化單父。子奇蒞東阿。桐鄉建遺烈。類聚作勳。武城播絃歌。逸驥騰夷路。潛龍躍洪類聚作海。波。弱冠步鼎鉉。既立宰六臣本文選注云。五臣作寄。三河。流聲馥秋蘭。摛藻豔春華。徒美天姿茂。豈謂人爵多。○文選二十四。詩紀二十八。又類聚五十作晉河陽令潘安仁詩。引阿、歌、波、河、多五韵。

贈侍御史王元貺詩

崑山積瓊玉。廣厦構衆材。游鱗萃靈沼。撫翼希天階。膏蘭孰爲消。李善本文選作銷。濟治由賢能。王侯厭崇禮。迴迹清憲臺。蠖屈固小往。龍翔迺大來。協心毗聖世。畢力讚康哉。○文選二十四。詩紀二十八。

贈長安令劉正伯詩

遊鸞憑太虛。騰鱗託浮霄。過蒙嘉時會。假翼陵扶摇。疲憊充時乏。及余再同僚。並跡侍儲宮。攜手登皇朝。劉侯撫西都。邁績參豹喬。德厚化必深。政明姦自消。萬尋由積簣。類聚作匱。千里一步超。爾其騁逸軌。遠塗固可要。○類聚三十一。廣文選十。詩紀二十八。

贈隴西太守張仲治詩仲治。廣文選作正治。詩紀同。

二八由唐顯。周以多士隆。羣靈感韶運。理翮應翔風。張生拔幽華。蘋蘩登二宮。未幾振朱錦。剖符撫西戎。及子仍同僚。贈言貽爾躬。威刑有時用。唯德可令類聚作念。終。○類聚三十一。廣文選十。詩紀二十八。

贈滎陽太守吳子仲詩

大晉盛得人。儲宮畜髦士。吳侯降高質。剖符授千里。垂覆豈他鄉。迴光臨桑梓。寮類感歧路。黎庶思知恥。老氏喻小鱗。曹參寄獄市。詩紀作士。無謂敝邑陋。覆簣由茲起。○類聚三十一。詩紀二十八。

答楊士安詩

逝將辭儲宫。棲遲集南畿。類聚作幾。不悮百里賤。徒惜年志衰。躊躇顧城闕。怨戀慕端闈。俊德貽妙詩。敷藻發清徽。媿彼褒崇過。感此歧路悲。○類聚三十一。詩紀二十八。

送盧弋陽景宣詩廣文選、詩紀無弋陽二字。

楊朱焉所哭。歧路重别離。屈原何傷悲。生離情獨哀。知命雖無憂。倉卒意低迴。歎氣從中發。灑淚隨襟頹。九重不常鍵。閶闔有時開。愧無紵詩紀作貯。衣獻。貽言取諸懷。○類聚二十九。廣文選八。詩紀二十八。○逯案。顏氏家訓文章篇云。潘尼贈盧景宣詩云。九五思飛龍。今爲此言。乃朝廷之罪人也。或此篇語。

迎大駕詩

南山鬱岑崟。洛川迅且急。青松蔭脩嶺。緑蘩被廣隰。朝日順書鈔作從。長塗。夕暮無所集。歸雲乘幰浮。凄風尋帷入。道逢深識士。舉手對吾揖。世故尚未夷。崤函方嶮澁。狐狸夾兩轅。豺狼當路立。翔鳳嬰籠檻。騏驥見維縶。俎豆昔嘗聞。軍旅素未習。且少停君駕。徐待干戈戢。○文選二十六。詩紀二十八。又書鈔百四十一引集、入二韵。

逸民吟

我顧傲世自遺。舒志六合。由巢是追。沐浴池洪迅羽衣。陟彼名山。採此芝薇。朝雲靉靆。行露未晞。遊魚羣戲。翔鳥雙飛。逍遥博觀。日晏忘歸。嗟哉世詩紀作四。士。從我者誰。○類聚十九。詩紀二十八。

又

我願遁居。隱身巖穴。寵辱弗縈。當作縈。誰能羈絏。○書鈔百五十八。

送大將軍掾盧晏詩

贈物雖陋薄。識意在忘言。瓊琚尚交好。桃李貴往還。蕭艾苟見納。貽我以芳蘭。○類聚三十一。詩紀二十八。

贈汲郡太守李茂彦詩

潘尼贈二李郎詩序曰。元康六年。尚書吏部郎汝南李光彦遷汲郡太守。都亭侯江夏李茂曾遷平陽太守。此二子皆弱冠知名。歷職顯要。旬月之間。繼踵名郡。離儉劇之勤。就放曠之逸。枕鳴琴以俟遠致。離别之際。各斐然賦詩。○逯案。此序見御覽二百五十九。據序汲郡太守當作李光彦也。

離索何惆悵。後會未可希。河朔類聚作胡。貴相忘。歧路安足悲。○類聚三十一。詩紀二十八。

贈劉佐詩

要言將誰苦。聊以貽友生。念我二三賢。規我無隱情。○類聚三十一。詩紀二十八。

遊西岳詩

駕言遊西岳。寓目二華山。金樓虎珀階。象榻瑇瑁筵。中有神秀士。不知幾何年。○御覽八百八。

長至詩

渾儀賦四氣。玉衡運招摇。靈晷倏期夕。日南始今朝。○御覽二十八。

詩

尺璧信易遺。寸晷難可踰。成名非我事。所玩琴與書。○初學記一。

鸞鳥棲堂廡。不若翔寥廓。○初學記二十四。御覽百七十六。

棗腆

腆。字玄方。潁川長社人。以文章顯。永嘉中爲襄城太守。有集二卷。

答石崇詩

昔我不造。備嘗顛沛。后土傾基。皇天隕蓋。少懷蒙昧。長無耿介。遺訓莫聞。出入靡賴。如彼泉流。不絶若帶。終懷永思。感昔康泰。我舅敷命。于彼徐方。載詠陟岵。詩紀作岡。言念渭陽。乃泝洪流。汎身餘艎。文館詞林作皇。宵寢晨逝。曷路之長。亦既至止。顧言以寫。爰有石侯。作鎮東夏。寬以撫戎。從容柔雅。獸嘯幽巖。翔風扇起。逸響既振。衆聽傾耳。恂恂善誘。大揖羣士。宗道投意。結心萬里。我固其終。人結其始。宗道伊何。英朗特儁。如彼淩高。日以增峻。隰朋有慕。顔生希舜。遊志域外。滌除鄙吝。仰止晨風。豫登數仞。我聞有言。居安思危。位極則遷。勢至必移。上德無欲。遺類聚作貴。道不爲。妙識先覺。通夢皇羲。竊覩堂奥。欽蹈明規。〇文館詞林百五十七。又類聚三十一、詩紀三十並引沛、蓋、介、賴、方、陽、艎、長、寫、夏、雅、危、移、爲、羲、規十六韵。

贈石季倫詩

深蒙君子眷。雅顧出羣俗。受寶取諸懷。所贈非珠玉。凡我二三子。執手攜玉腕。嘉言從所好。企予結雲漢。望風整輕翮。因虚舉雙翰。朝遊清渠側。日夕登高館。〇類聚三十一。詩紀三十。

贈石崇

翕如翔雲會。忽若驚風散。分給海録碎事作塗。懷離析。對樂增累歎。〇初學記十八。〇逯案。四句當爲前篇佚文。

棗嵩

嵩。字臺彦。潁川長社人。腆之叔。歷任太子中庶子、散騎常侍。建興二年爲石勒所殺。有集一卷。

贈杜方叔詩十章

爰有良木。結基崇岸。孤根挺茂。豔此豐幹。晞曜朝陽。接潤辰漢。如彼芳松。繁華冬粲。

厥豔伊何。重英累茂。厥粲伊何。既苗而秀。綽矣杜生。應期特授。人以位瞻當作贍。而能義富。

浩浩萬區。悠悠俗網。變化無際。誰鑒其象。慎微將來。積著在往。惟子居之。久而不爽。

名以實顯。形端景立。弘之匪他。唯我所執。文莫如人。瞻望弗及。若在聞一。其殆知十。

肇允發縱。履霜之始。乃自童矇。芳葩桑梓。鳴鶴在陰。縻爵君子。羽儀上京。弱冠來仕。

在動能躍。處靜思默。既宣厥文。亦茂其德。韞□當是玉字。蓬林。亢衡上國。洪音振朗。暉曜四塞。

達節無累。貴彼脩身。不求善己。而務得人。進替惟意。與時屈申。萬物云云。飄若埃塵。

假翼巖阿。束翮景雲。挫鋭者易。鮮能解紛。德之休明。卓焉出羣。豈獨吴起。高謝田文。

余與吾生。處非先後。神結傾蓋。情固白首。推年下交。以文會友。忠焉之誨。望子善誘。

積細靡隊。一覆斯崇。訓致以道。堅冰則終。雖小必大。無往不隆。嗟我良朋。敬承清風。〇文館詞林百五十七。〇逯案。此詩十章。文館詞林於各章下注其一、其二等字。今依詩紀例删之。而分書各章。後仿此。

贈荀彦將詩五章

光光國寶。曰瑜曰瑾。濟濟清朝。曰髦曰儁。瑜瑾既琢。有温其潤。髦儁既集。芳風其振。

顯允苟生。天挺厥真。沈識膚敏。温粹淑仁。初應宰命。徽音惟新。遂假蒲密。簡在至神。時惟惠后。黎人攸綏。乃授明德。賦政近畿。戢翼太清。翻然鳳飛。尋此退躍。曜彼遠暉。昔在豹産。顯名當時。及爾祖公。播聲于兹。赫赫顯名。在爾揚之。穆穆播聲。在爾光之。孰謂玉寶。匪我所珍。孰謂言輕。乃重千鈞。勉樹惠化。敬乃厥身。引領南望。望子清塵。○文館詞林百五十七。

答杜育詩

矯矯駿足。繁纓朱就。○文選二十六答内兄希叔詩注。

王浚

浚。字彭祖。太原晉陽人。太康三年。除員外散騎侍郎。元康初。轉員外常侍。遷越騎校尉、右軍將軍。尋徙寧朔將軍、持節、都督幽州諸軍事。轉驃騎將軍、都督東夷河北諸軍事。領幽州刺史。愍帝建興二年。爲石勒所殺。

從幸洛水餞王公歸國詩

聖主應期運。至德敷彝倫。神道垂大教。玄化被無垠。欽若崇古制。建侯屏四鄰。皇輿迴羽蓋。高會洛水濱。臨川講妙藝。縱酒釣潛鱗。八音以迭奏。蘭羞備時珍。古人亦有言。爲國不患廣文選誤作思。貧。與蒙廟庭施。幸得厠太廣文選、詩紀作大。鈞。羣僚荷恩澤。朱顏感獻春。賦詩盡下情。至感暢人神。長流無舍逝。白日入西津。奉辭慕華輦。侍衛路無因。馳情繫帷幄。乃心戀軌塵。○類聚二十九。廣文選八。詩紀二十二。

郭愔

愔。石勒臣。

從弟別詩

乖索易永久。尋離覺月促。遼落隔脩途。窈窕閡丘谷。○初學記十八。

百舌鳥詩

百舌鳴高樹。弄音無常則。借問聲何煩。末俗不尚嘿。○御覽九百二十三。

孫機

機。石勒北苑市三老。

爲劉曜進酒作

晉書曰。石勒幽曜于河南丞廨。曜瘡甚。勒載以馬輿。使李永與同載。北苑市三老孫機進酒于曜曰。

僕谷王。關右稱帝皇。當持重。保土疆。輕用兵。敗洛陽。祚運窮。天所亡。開大分。持一觴。○晉書劉曜載紀。

蘇伯玉妻

盤中詩

玉臺新詠考異曰。按滄浪詩話盤中詩爲一體。注曰。玉臺集有此詩。蘇伯玉妻作。寫之盤中。屈曲成文也。據此則此詩出處以玉臺新詠爲最古。當時舊本亦必明署蘇伯玉妻之名。故滄浪云爾。宋刻于題上誤佚其名。因而目録失載。馮氏校本遂改題傅玄之詩。殊爲疏乖。又此詩列傅玄、張載之間。其爲晉人無疑。詩紀、詩乘並列之漢詩。亦未詳所據。○逯案。上説甚是。今列詩於此。

山樹高。鳥鳴悲。泉水深。鯉魚肥。空倉雀。詩紀作鵲。常苦飢。吏人婦。會夫希。出門望。見白衣。謂當是。而更非。還入門。中心悲。北上堂。西入階。急機絞。杼聲催。長嘆息。當語誰。君有行。妾念之。出有日。還無期。結中詩紀作巾。注云。一作中。帶。長相思。君忘妾。天詩紀作未。知之。妾忘君。罪當治。妾有行。宜知之。黄者金。白者玉。高者山。下者谷。姓爲蘇。字伯玉。作人才多智謀足。家居長安身在蜀。何惜書鈔作醉借。馬蹄歸不數。羊肉書鈔無肉字。千斤酒百斛。令君馬肥麥書鈔作肉。與粟。今時人。智詩紀作知。不詩紀作四。足。與其書。不能讀。當從中央周四角。○玉臺新詠九。詩紀四。又書鈔百四十五作古詩。引斛、粟、數三韵。

晉詩卷九

雜歌謠辭

歌辭

會稽民爲徐弘歌

詩紀云。藝文列晉人中。會稽典録曰。徐弘。字聖通。爲汝陰令。誅鉏姦桀。路不拾遺。民乃歌之。

徐聖通。政無雙。平刑罰。姦宄空。○類聚十九。御覽二百六十八。樂府詩集八十五、詩紀四十三並作徐聖通歌。

南土爲杜預歌

晉書曰。杜預都督荆州。舊水道惟沔、漢達江陵千數百里。北無通路。又巴丘湖。沅、湘之會。表裏山川。實爲險固。荆蠻之所恃也。預乃開楊口。起夏水達巴陵千餘里。内瀉長江之險。外通零桂之漕。南土歌之曰。

後世御覽或作代。無叛由杜翁。孰識智御覽或作知。同。名與勇功。○晉書杜預傳。御覽三百三十三、四百六十五。詩紀四十四作南土謡。

陽平人爲束晳歌

晉書曰。束晳。陽平元城人。太康中。郡界大旱。晳爲邑人請雨三日而雨注。衆爲晳作歌。

束先生。通神明。請天三日甘雨零。御覽或重零字。我黍以育。御覽或作萌。我稷以生。御覽或作成。何以疇類聚作酬。御覽或作醻。之。報束長御覽或作先。生。○晉書束晳傳。類聚十九。御覽十一、四百六十五。樂府詩集八十五、詩紀四十三並作束晳歌。

三郡民爲應詹歌

晉書曰。王澄。惠帝末爲荆州牧。假應詹督南平、天門、武陵三郡軍事。天下大亂。詹境獨全。百姓歌之。

亂離既普。御覽或作著。殆御覽或作始。爲灰朽。僥倖之運。賴茲應后。歲寒不凋。孤境獨守。拯御覽或作蔭。我塗炭。惠隆丘阜。潤同江海。恩猶父母。○晉書應詹傳。御覽五百七十。樂府詩集八十五、詩紀四十三並作應詹歌。又御覽四百六十五引朽、后、阜、母四韵。

襄陽兒童爲山簡歌

晉書曰。山簡。字季倫。永嘉初爲南征將軍。出鎮襄陽。于時四方寇亂。朝野危懼。簡優游卒歲。惟酒是躭。諸習氏。荆土豪族。有佳園池。簡每出嬉遊。多之池上。置酒輒醉。名之曰高陽池。時有兒童歌曰。

山公出何許。水經注作去。御覽或同。輿地紀勝作往。世説作時一醉。白帖同。御覽或同。類聚作何所去。或作何所往。御覽或作何所詣。或作時一作。往類聚或作來。至世説作逕造。御覽或同。高陽池。日夕世説作莫。水經注作暮。御覽或同。倒載歸。酩酊世説作茗艼。無所知。輿地紀勝作何所之。時時能騎世説作復能乘駿。御覽或作時復乘駿。馬。倒着白帖作安。白接䍦。類聚作離。御覽或作離。或作棱籬。樂府、輿地紀勝作羅。御覽或同。舉鞭世説作手。御覽或同。或作頭。向世説作問。御覽或同。又或作謝。或作語。葛彊。御覽或作疆。何如并州兒。彊家在并州。簡愛將也。○晉書山簡傳。世説新語任誕篇。類聚十九。御覽六十七、一百六十八、四百六十五、四百九十七、五百七十、六百八十七、八百四十五。樂府詩集八十五、詩紀四十三並作襄陽兒童歌。又水經注二十八引池、知二韵。類聚九引池、知二韵。白帖五引四句。輿地紀勝八十二作古白銅鞮歌。引池、知、羅三韵。○逯案。上述類書或引襄陽耆舊記。或引襄陽耆舊傳。或引晉書及世説。徵引匪一。故多異文。

吴郡民爲鄧攸歌

晉書曰。鄧攸。元帝時爲吴郡太守。刑政清明。百姓歡悦。後稱疾去。百姓數千人留牽攸船。不得進。攸乃少停。夜中發去。吴人歌之。

紞御覽或作紈。或作纔。並誤。如打五鼓。雞鳴天欲曙。鄧侯挽不留。樂府作來。謝令推不去。○晉書鄧攸傳。白帖二十一。御覽二百六十一、四百六十五。樂府詩集八十五、詩紀四十三並作吴人歌。○逯案。此歌既頌鄧攸。又刺謝令。但不識謝令名字。

豫州耆老爲祖逖歌

晉書曰。祖逖。元帝時爲豫州刺史。躬自儉約。督課農桑。克己務施。不畜資産。子弟耕耘。負擔樵薪。又收葬枯骨。

爲之祭醊。百姓感悅。嘗置酒大會。耆老中坐流涕曰。吾等老矣。更得父母。死將何恨。乃歌曰。

幸哉遺黎免俘虜。三辰既朗遇慈父。玄酒忘勞甘瓠脯。何以詠思晉書作恩。歌且舞。○晉書祖逖傳。御覽九百七十九。樂府詩集八十五、詩紀四十三並作豫州歌。○逯案。御覽二百五十八引祖逖別傳童謡。與此略異。謡云。幸哉遺民免豺虎。三辰既朗遇慈父。玄酒清醪甘瓠脯。亦何報恩歌且舞。

時人爲阮脩歌

略出籯金曰。晉阮宣子好酒。長以百錢繫杖頭。入市。若遇士子。非是識故。便邀入店。樂飲而去。時人歌曰。

長安教書罷。洛陽買卜來。百錢繫杖頭。能使世人解。○鳴沙石室古籍叢殘略出籯金縣令子男之篇二十四。○逯案。此歌不類晉作。姑列此俟考。

吏爲郭頣劉聰歌

前趙録曰。劉聰。字玄明。年十四。究通往史。時有太守郭頣。辟爲主簿。吏歌曰。

我有賢后。能任玄明。政理人殷。○白帖二十一。○逯案。此歌有脱誤。

京師爲張軌歌

晉書曰。張軌。永寧初爲涼州刺史。王彌寇洛陽。軌遣北宮純張纂、馬魴、陰濬等率州軍擊破之。又敗劉聰于河東。京師歌之曰。

涼州大馬。橫行天下。涼州鴟苕寇賊消。鴟苕翩翩怖殺人。○晉書張軌傳。詩紀四十三作涼州大馬歌。

隴上爲陳安歌

晉書載紀曰。劉曜圍陳安于隴城。安敗。南走陜中。曜使將軍平先、丘中伯率勁騎追安。安與壯士十餘騎於陜中格戰。安左手奮七尺大刀。右手執丈八蛇矛。近交則刀矛俱發。輒害五六。遠則雙帶鞬服。左右馳射而走。平先亦壯健絶人。與安搏戰。三交。奪其蛇矛而退。遂追斬于澗曲。安善於撫接。吉凶夷險。與衆同之。及其死。隴上爲之歌。曜聞而嘉傷。命樂府歌之。

隴上壯士御覽或作健兒。樂府云。一作交。萬花谷作交。有陳安。軀幹雖小腹中寬。愛養將士同心肝。騄驄父詩紀云。一作馬鐵鍛晉書、樂府作瑕。鞍。七尺大刀奮如湍。丈八蛇矛左右盤。十盪十決無當前。戰始三交失御覽或誤作上。蛇矛。棄我騄驄竄巖幽。爲我外援而懸頭。西御覽或作東。流之水東流河。一去不還東流以下七字。御覽或作名去不還。奈子何。○晉書劉曜載記。御覽二百八十。樂府詩集八十五、詩紀四十三並作隴上歌。又御覽四百九十五引和苞漢趙記作隴上語。引安、槃二韵。萬花谷十五引安、鞍、湍、盤、前五韵。

同前見趙書。與前小異。

隴上類聚作城。健兒曰御覽或作字。陳安。軀幹雖小書鈔作頭小面狹。御覽或同。類聚作頭細面狹。腹書鈔、類聚作腸。中寬。愛養將士同心肝。騄驄駿御覽或作駿。或無駿字。馬鐵鍛御覽或作鏤。鞍。七尺大刀配齊鐶。丈八蛇矛書鈔、類聚作大槼。御覽或作長槼。左右盤。十盪十決無當前。百騎俱出如雲浮。追者千御覽或作十。萬騎悠悠。御覽或作脩脩。戰始三交失蛇矛。十騎俱盪九騎留。棄我騄驄攀巖幽。悲天御覽或作天非。詩紀同。降雨追者休。阿呵嗚呼御覽或作乎。奈子何。嗚呼阿呵奈子何。御覽或作乎。○御覽三百五十三、四百六十五並作謡。詩紀四十三。又書鈔百二十四、類聚六十並引靈鬼志録安、寬、盤三韵。類聚十九引安、寬、肝三韵。御覽三百五十四引靈鬼志録安、寬、盤三韵。

謠辭

泰始中謡

晉書曰。賈充與裴秀、王沈、羊祜、荀勗同受腹心之任。泰始中。人爲充等謡曰云云。言亡魏而成晉也。

賈裴王。亂紀綱。王裴賈。濟天下。○晉書賈充傳。御覽四百六十五。樂府詩集八十七。詩紀四十四。

泰始中童謡

晉書曰。石苞鎮撫淮南。士馬强盛。苞既勤庶務。又以威惠服物。淮北監軍王琛輕苞素微。又聞童謡曰云云。因是密表苞與吴人交通。武帝甚疑之。

宫中大馬幾作書鈔作化爲。驢。大石壓書鈔作狎。之不得舒。○晉書石苞傳。書鈔百六十引崔鴻後魏録。御覽九百一。

軍中謡

晉書曰。杜預遣周旨等發伏兵隨歆軍而入。直至帳下。虜歆而還。故軍中爲之謡曰。

以計御覽或作討。代御覽作伐。戰。一當萬。○晉書杜預傳。書鈔百十九。御覽二百八十六、四百六十五。詩紀四十四。

蜀民爲許遜謡

荆川左編曰。真君姓許氏。名遜。字敬之。世居許昌。晉武帝太康元年。起爲蜀郡旌陽縣令。屬歲大疫。死者十七八。真君以所授神方拯治之。符咒所及。登時而愈。蜀民爲之謡曰。○逯案。此謡或僞託。姑列此備考。

人無盜竊。吏無奸欺。我君活人。病無能爲。○荆川左編百四十二。古謡諺五十五。

武帝太康後童謡三首

宋書曰。武帝太康後。江南童謡。于時吴人皆謂在孫氏子孫。故竊發爲亂者相繼。按横目者四字。自吴亡至晉元帝興。幾四十年。皆如童謡之言。元帝懦而少斷。局縮肉。直斥之也。

局縮肉。數横目。中國當敗吴當復。○宋書三十一。晉書二十八。樂府詩集八十八。詩紀四十四。

宫門柱。且莫朽。吴當復在三十年後。○同上

雞鳴不拊翼。吴復不用力。○同上

蜀人謡二首

晉書曰。羅尚。字敬之。一名仲。太康末爲荆州刺史。及趙廞反于蜀。乃假尚節爲平西將軍、益州刺史。尚性貪少

斷。蜀人謡曰。

尚之所愛。非邪則佞。尚之所憎。非忠則正。富擬魯衞。家成市里。貪如豺狼。無復極已。〇晉書羅尚傳。詩紀四十四。

蜀賊載記作李特。尚可。羅尚殺我。平西將軍。反更爲禍。〇晉書羅尚傳。詩紀四十四。又晉書李特載記引起首二句。

惠帝即位時兒童謡

襄陽耆舊傳曰。晉惠帝即位。兒童謡云云。又河内温縣有人如狂。造書云云。楊濟以問蒯欽。欽垂泣曰。皇太后諱季蘭。兩火。武皇帝諱炎字也。此言武皇崩而太后失尊。罹大禍辱。終始不以道。不得附山陵。乃歸於非所也。及太后之見滅。葬於街郵亭。皆如其言。晉書注曰。楊駿居内府。以戟爲衞。死時又爲戟所害傷。楊后被廢。賈后絶其膳。八日而崩。崩葬街郵亭。百姓哀之也。

兩火没地。哀哉秋蘭。歸形街郵。終爲人宋書作路人爲。歎。〇襄陽耆舊記二。晉書五行志。宋書五行志。詩紀四十四。〇逯案。此四句晉書、宋書並作永熙中河内温縣有人如狂造書曰云云。與耆舊記不同。

趙王倫爲亂時謡

趙王倫爲亂。謡曰云云。言小人在位者衆。

金章滿箱。尚不可長。〇文選三十八爲范尚書讓吏部封侯第一表吕延濟注。

永熙中温縣狂人書

晉書曰。永熙中。河内温縣有人如狂。造書曰云云。又曰兩火没地云云。

光光文長。以晉書、宋書作大。詩紀云。一作大。戟爲牆。毒藥雖耆舊記作卽。詩紀云。一作卽。行。耆舊記作位。戟耆舊記作刃。詩紀云。一作刃。還自傷。○襄陽耆舊記二。晉書五行志。宋書五行志。詩紀四十四。

惠帝永熙中童謡

晉書曰。惠帝永熙中童謡。時楊駿專權。楚王用事。故言荆筆楊版。二人不誅。則君臣禮悖。故云幾作驢也。

二月末。書鈔、御覽作盡。三月初。桑書鈔作葉。生襄蕃御覽作裴雷。均不解。柳葉舒。荆筆楊版書鈔、御覽作板。樂府同。行詔書。宮中大樂府作人。詩紀云。一作人。馬御覽馬上有司字。幾作御覽作作幾。驢。○御覽六百六引王隱晉書。詩紀四十四。又晉書五行志、宋書五行志並引初、書、驢三韻。書鈔百四引初、舒、書三韻。

元康三年蜀中童謡四首

華陽國志曰。蜀自太康至于太安。頻有怪異。元康三年正月中。欻一夜有火光。地仍震。童謡曰云云。又曰云云。又曰云云。又曰云云。魏書曰。李勢建國十年。司馬昞將桓温伐之。勢降於温。先是頻有怪異。童謡曰云云。又曰云云。卒如其言。

郫城堅。盎底穿。郫城細子李持細。○華陽國志八大同志。

江橋頭。闕下市。城都北門十八子。華陽國志作字。御覽同。○華陽國志八大同志。魏書李勢傳。御覽百二十三引崔鴻十六國春秋蜀録。太平寰宇記七十二引十六國春秋。

巴郡葛。當下美。○華陽國志八大同志。

有客有客。來侵門陌。其氣欲索。○華陽國志八大同志。魏書李勢傳。

元康中童謡

屠蘇鄣日覆兩耳。當見瞎晉書作瞎。御覽同。兒作天子。○晉書五行志。宋書五行志。御覽六百八十七引晉八王故事。詩紀四十四。

晉書曰。元康中。天下商農通著大鄣日。時童謡云云。及趙王倫篡位。其目實眇焉。

元康中洛中童謡

虎晉書作獸。從北來鼻頭汗。龍從南來登城看。水從西來河樂府作何。灌灌。○晉書五行志。宋書五行志。詩紀四十四。

晉書曰。晉元康中。趙王倫既篡。洛中有童謡。數月而齊王、成都、河間義兵同會誅倫。按成都西藩而在鄴。故曰虎從北來。齊東藩而在許。故曰龍從南來。河間水區而在關中。故曰水從西來。齊留輔政。居于宮西。有無君之心。故曰登城看也。

惠帝元康中京洛童謡二首

晉書曰。惠帝元康中。京洛童謡。南風。賈后字也。白。晉行也。沙門。太子小字也。魯。賈謐國也。言賈后將與謐爲亂。以危太子。而趙王因釁咀嚼豪賢。以成篡奪也。宋書曰。是時愍懷頗失衆望。卒以廢黜。不得其死焉。

南風起兮晉書、宋書無兮。樂府同。賈后傳作烈烈。御覽同。吹白賈后傳作黄。沙。遥望魯國何賈后傳作鬱。愍懷傳同。嵯峨。千歲髑髏生齒牙。賈后傳作前至三月滅汝家。○晉書五行志。晉書賈后傳。宋書五行志。樂府詩集八十八。詩紀四十四。又御覽三百六十八引干寶晉紀引沙、牙二韻。

城御覽作宫。東愍懷傳作東宫。馬子莫嚨哅。愍懷傳作聾空。御覽作聾啌。比愍懷傳作前。御覽同。至來年宋書作三月。御覽作臘月。纏汝鬉。宋書作鬃。御覽作鬆。○晉書五行志。晉書愍懷太子傳。宋書五行志。御覽一百四十八引王隱晉書。樂府詩集八十八。詩紀四十四。

惠帝大安中童謡

晉書曰。晉惠帝大安中童謡。其後中原大亂。宗藩多絶。唯琅琊、汝南、西陽、南頓、彭城同至江東。而元帝嗣統矣。

五馬浮宋書作游。樂府同。晉書或同。渡江。一馬化爲龍。○晉書元帝紀。晉書五行志。宋書五行志。類聚十三引晉陽秋。御覽九十八引孫盛晉陽秋。樂府詩集八十八。詩紀四十四。

著布謡

晉書曰。齊王冏字景治。趙王倫篡位。冏起義兵誅之。拜大司馬。加九錫。政皆決之。而恣用羣小。不復朝覲。時人謡曰云云。遂爲長沙王所誅。

著布袙腹。爲齊持服。○晉書齊王冏傳。詩紀四十四。

洛下謡

晉書曰。長沙王乂。武帝第六子也。三王舉義。乂率國應之。後見冏專權。奉天子攻冏。斬之。河間王顒與成都王穎同伐京師。詔以乂爲大都督以距顒。相持數月。東海王越慮事不濟。潛收乂送金墉城。密告張方。方遣兵就金墉收乂。炙殺之。初乂執權之始。洛下謡曰云云。以正月二十五日廢。後二日死。如謡言。

草木萌牙殺長沙。○晉書長沙王乂傳。詩紀四十四。

惠帝時洛陽童謡

晉書曰。惠帝時。洛陽童謡。明年而胡賊石勒劉曜反。

鄴中女子莫千妖。前至三月抱胡腰。○玉臺新詠九。樂府詩集八十八引晉書。詩紀四十四。

懷帝永嘉初童謡

晉書曰。司馬越還洛時童謡也。按列傳越既與苟晞搆怨。尋詔越爲丞相。領兗州牧。督兗、豫、司、冀、幽、并六州。越辭丞相不受。自許遷於鄄城。移屯濮陽。又遷於滎陽。後自滎陽還洛。○帝紀曰。永嘉三年三月丁巳。東海王越歸京師是也。

洛中大鼠長尺二。若不早去大天晉書、宋書作大。樂府同。狗至。○晉書五行志。宋書五行志。樂府詩集八十八。詩紀四十四。

苟晞將破汲桑時謡

晉書曰。苟晞將破汲桑時有此謡。司馬越由是惡晞。奪其兖州。隙難遂搆焉。按列傳。東海孝獻王越。字元超。懷帝永嘉初。出鎮許昌。自許昌率苟晞及冀州刺史丁邵討汲桑。破之。越還於許。長史潘滔説之曰。兖州天下樞要。公宜自牧。乃轉苟晞爲青州刺史。由是與晞有隙。

元超兄弟大洛晉書作落。宋書同。度。上桑打椹爲苟作。○晉書五行志。宋書五行志。金樓子説藩篇。樂府詩集八十八。詩紀四十四作懷帝永嘉初童謡。

軍中爲汲桑謡

後趙録曰。汲桑嘗事成都王司馬穎。穎之死也。桑聚衆刼掠郡縣。自稱大將軍。嘗六月盛暑。而重裘累茵。使人扇之。患不清涼。乃斬扇者。時軍中爲之謡曰云云。樂府廣題曰。晉汲桑。清河貝丘人。力能扛鼎。殘心少恩。六月盛暑。重裘累裀。使十餘人扇之。忽不清涼。便斬扇者。并州大姓田蘭、薄盛斬於平原。士女慶賀。奔走道路而歌。

士御覽或作奴。或作仕。爲將軍何可羞。六月重御覽或作累。茵披後趙録作被。御覽或作被。衲詩紀作納。御覽或同。類聚作豹。樂府同。御覽或作貂。或作狐。裘。不識寒暑斷類聚作斬。御覽或作斬。他御覽或作人。頭。雄兒田蘭爲報讐。中夜斬首謝并州。○御覽二十一、三十四、四百九十二、六百九十四並引趙書。樂府詩集八十五、詩紀四十三並作并州歌。又十六國春秋二十二後趙録引羞、裘、頭三韵。類聚十九引趙書引羞、裘、頭三韵。御覽四百六十五引趙書引羞、裘、頭三韵。

王彭祖謡

晉書曰。王浚。永嘉中進大司馬。加侍中、大都督。督幽、冀諸軍事。會京洛傾覆。浚大樹威令。專權横恣。時童謡曰。

幽州城門似藏户。中有伏尸王彭祖。○晉書王浚傳。書鈔七十二、御覽五百四十九並引王隱晉書。詩紀四十四。

北州爲朱碩棗嵩謡

趙録曰。晉幽州牧王浚。矜豪日甚。不親政事。所任皆苛刻小人。棗嵩、朱碩貪横尤甚。北州童謡曰。

府中赫赫朱邱伯。十囊五囊入棗郎。○十六國春秋十二。又詩紀四十四作棗郎謡。引郎一韵。晉書王浚傳引郎一韵。書鈔百三十六、御覽七百四並引王隱晉書引郎一韵。

愍帝初童謡

晉書曰。愍帝初童謡曰云云。至建興四年。帝降劉曜。在城東豆田壁中。

天子何在。豆田中。○晉書愍帝紀。晉書二十八。御覽九十八。

同前

王隱晉書曰。時王浚稱制邊垂。潛使人問霍原。原不答。浚既銜之。又有遼東内徙三百餘人。依山爲賊。意欲刼原爲王。亦未能行。時有謡曰云云。豆者爲霍。浚遂害原。懸其首。諸生悲哭其下。

天子在何許。近在豆田中。〇晉書霍原傳。御覽八百四十一引王隱晉書。詩紀四十四。

建興中江南謡

晉書曰。建興中。江南謡歌。按白者。晉行。坑器有口屬瓮。瓦瓮質剛。亦金之類也。訇如白坑破者。言二都傾覆。王室大壞也。合集持作甒者。元帝鳩集遺餘。以主社稷。未能尅復中原。但偏王江南。故其喻也。及石頭之事。六軍大潰。兵人抄掠京邑。爰及二宮。其後三年。錢鳳復攻京邑。阻水而守。相持月餘日。焚燒城邑。井堙木刊矣。鳳等敗退。沈充將其黨還吴興。官軍踵之。蹈藉郡縣。充父子授首。黨與誅者以百數。所謂揚州破換敗。吴興覆瓿甊。瓿甊瓦器。又小於甒也。

訇呼宏反。如白坑宋書作阬。破。合集持作甒音武。揚州破換敗。吴興覆瓿音部。甊。盧斗反。〇晉書五行志。宋書五行志。詩紀四十四。

王敦將滅時童謡

晉書曰。温嶠滅王敦。先是童謡曰云云。以爲賊如韭柳。尋得復生也。

翦韭翦韭。斷楊柳。河東小子。令我與子。〇御覽九百七十六。

明帝太寧初童謡

晉書曰。明帝太寧初童謡云云。及明帝崩。成帝幼。爲蘇峻所逼。遷於石頭。御膳不足。此大馬死小馬餓也。高山峻也。言峻尋死。石。峻弟蘇石也。峻死後。石據石頭。尋爲諸公所破。是亦山崩石破之應也。

惻力惻力。晉書、世説注作惻惻力力。樂府、詩紀同。放馬世說注此下有出字。山側。大馬死。小馬餓。高山崩。石自破。

○晉書五行志。宋書五行志。世説新語容止篇注引晉陽秋。詩紀四十四。

永嘉中長安謡

晉書曰。張寔。軌之子也。軌卒。授寔涼州刺史。進大都督。劉曜逼遷天子。寔遣太府司馬韓璞東赴國難。璞次南安。諸羌斷軍路。寔擊破之。斬級數千。時焦崧、陳安寇隴右。東與劉曜相持。雍秦之人死者十八九。初永嘉中長安語云云。至是驗矣。樂府云。三十國春秋曰永嘉中童謡也。

秦川中。血没腕。御覽作踠。詩紀云。一作豌。唯有涼州倚柱觀。御覽作看。詩紀云。一作看。○晉書張寔傳。御覽四百六十五引劉敬叔異苑。樂府詩集八十八引三十國春秋。詩紀四十四。

涼州民謡

魏書曰。于時天下喪亂。唯涼州獨全。張寔自恃衆强。轉爲驕恣。平文皇帝四年。寔爲左右閻沙等所殺。先是謡曰云云。寔所住室。梁間有人象而無頭。久之乃滅。寔惡之。未幾見殺。

蛇利砲。蛇利砲。公頭墜地而不覺。○魏書張寔傳。

西土謡

晉書曰。張茂。寔之弟。太興三年。寔既遇害。州人推茂平西將軍、涼州牧。涼州大姓賈摹。寔之妻弟也。勢傾西土。先是謡云云。茂以爲信。誘而殺之。於是豪右屏迹。威行涼域。

手莫頭。圖涼州。○晉書張茂傳。詩紀四十四。

姑臧謡

晉書曰。張駿。寔之子。茂卒。駿嗣位大都督、大將軍、涼州牧、西平公。駿之立也。姑臧謡云云。至是而收復河南之地。

鴻從南來雀不驚。誰謂孤雛尾翅晉書作隻。生。高舉六翮鳳凰鳴。○晉書張駿傳。詩紀四十四。

時人爲張沖謡

前秦録曰。張沖。字長思。燉煌人。家財巨萬。悉日散之鄉閭。時人爲之謡曰。

推財不疑。張長思。○十六國春秋七十五。御覽四百七十七。

冀州童謡

晉書曰。初童謡云云。古在左。月在右。胡字也。讓去言。爲襄也。或在口爲國也。尋爲石勒所都。

古十六國春秋作革。在左。月十六國春秋作力。在右。讓去言。或入口。○御覽百六十一引晉書。十六國春秋後趙録。

臨水人爲張樓謡

後趙録曰。張樓。陽平人也。爲臨水長。嚴政酷刑。殘忍無恵。時人苦之。爲之謡曰。

陽平張樓頭如箱。見人切齒劇虎狼。○十六國春秋二十二後趙録。御覽四百六十五引後趙録。

諺語

南廣郡行人語

華陽國志曰。自僰道至朱提。有水步道。水有黑水及羊官水。至險難。行步道至三津。亦艱阻。故行人爲語曰。

猶水經注作楢。溪赤水。華陽國志作木。詩紀同。盤蛇七曲。盤羊烏櫳。氣與天通。看都護泚。佇柱呼伊。華陽國志作乎尹。庲降賈子。左檐七里。○華陽國志四南中志。水經注若水注。詩紀四十三作僰道謡。

鯸魚諺

三輔決録注曰。鯸魚肥。炙甚美。諺曰。

寧去廣博物志作棄。累世宅。不去鱟魚額。○三輔決録注。廣博物志四十八。

陸機引里語

毛詩草木蟲魚疏曰。檀木。皮正青。滑澤。與繫迷相似。又似駁馬。駁馬。梓榆。其樹皮青白駁犖。遥視似馬。故謂之駁馬。故里語曰。

斫檀不諦。得繫迷。繫迷尚可。得駁馬。○毛詩草木蟲魚疏上。

陸機引齊人諺

毛詩草木蟲魚疏曰。繫迷。一名挈榼。故齊人諺曰。

上山斫檀。挈榼爾雅注作橾榼。先殫。○毛詩草木蟲魚疏上。爾雅釋木郭注。

陸機引里語

毛詩草木蟲魚疏曰。黄鳥。或謂之黄栗留。當葚熟時。來在桑間。故里語曰。

黄栗留。看我麥。黄葚熟。○毛詩草木蟲魚疏下。玉燭寶典二引爾雅郭璞注。

陸機引遼東鄉語

毛詩草木蟲魚疏曰。遼東梁水魴。特肥而厚。尤美於中魴。故其鄉語曰。

居就糧。御覽、事類賦缺此字。梁水魴。○毛詩草木蟲魚疏下。御覽九百三十七引毛詩義疏。事類賦魚賦注引詩疏義。王荆文公詩箋注四。

陸機引里語

毛詩草木蟲魚疏曰。鱮似魴而大頭。魚之不美者。故里語曰。

網初學記、御覽作買。魚得鱮。不如啗初學記作噉。御覽作啖。茹。○毛詩草木蟲魚疏下。初學記三十。御覽九百三十七引詩義疏。

陸機引里語

毛詩草木蟲魚疏曰。蟋蟀。幽州人謂之趣織。督促之言也。里語曰云云。是也。

趣織鳴。嬾婦驚。○毛詩草木蟲魚疏下。御覽九百四十九引詩疏義。

楊濟引諺

通鑑曰。永熙元年三月。帝疾篤。夏四月己酉。崩於含章殿。太子卽皇帝位。大赦改元。五月。詔以楊駿爲太傅、大都督。傅咸謂駿曰。竊謂山陵既畢。明公當審思進退之宜。駿不從。咸數諫。駿漸不平。欲出咸爲郡守。李斌曰。斥逐正人。將失人望。乃止。楊濟遺咸書曰。諺云云云。官事未易了也。

生子癡。了官事。○通鑑八十二。

成公綏引諺

錢神論曰。諺言云云。

錢無耳。何可闇使。○御覽八百三十六。

魯褒引諺

晉書曰。褒傷時人貪鄙。乃著錢神論以刺之。諺曰云云。凡今之人。惟錢而已。

錢無耳。可使鬼。○晉書魯褒傳。

傅玄引諺

傅子曰。丈夫重義如太山。輕利如鴻毛。可謂仁義也。諺曰。

己是而彼非。不當與非争。彼是而己非。不當與非平。意林作争。○御覽九百十六。意林五魏子。

賀循引諺

會稽記曰。山有石室。云是仙人射堂。東亭巖有射的石。遠望的的如射侯。形圓。視之如鏡。土人常以占穀食貴賤。射的明則米賤。暗則米貴。諺曰。

射的白。斛米御覽作一。輿地紀勝作米斛。太平廣記作斛米一。下仿此。百。射的玄輿地紀勝作黑。斛米千。○水經注江水注。御覽四十一。太平廣記三百九十七引洽聞記。輿地紀勝十。

陸士衡引俗語

洛陽記曰。漢鑄銅駝二枚在宮南四會道。夾路相對。俗語曰。

金馬門外聚羣賢。銅駝陌上集少年。○太平寰宇記三。御覽百五十八。

楊泉引里語

物理論曰。里語曰云云。余雖無治絲之能。而悟聞詩之義。

能理亂絲。類聚誤作白能絲三字。乃類聚無乃字。可讀詩。○類聚五十五。御覽六百十六。

楊泉引語

物理論曰。語曰。

黄金累千。不如一賢。○御覽四百二。

土非玉璧。談者爲價。○類聚八十四。

上不正。下參差。○意林五。

衛展引諺

陳諺言表曰。諺言云云。此諺之起。死生之出于此法獄也。

廷尉獄。平如砥。有錢生。無錢死。○初學記二十。

袁準引諺

袁子正書曰。語曰云云。夫盛衰更代。豐荒相半。天之常道也。

歲在申酉。乞漿得酒。歲在辰巳。嫁妻賣子。○書鈔百四十四。御覽十七、八百六十一。又書鈔百五十六、御覽三十五並引上二句。

時人爲崔洪語

晉書曰。崔洪。字伯良。博陵安平人。以清厲顯名武帝世。爲御史治書。朝廷憚之。尋爲尚書左丞。時人爲之語曰。

叢生棘刺。御覽或作荆棘。來自博陵。在南爲鷂。在北爲鷹。○晉書崔洪傳。御覽九百二十六、九百五十九。

時人爲石苞語

晉書曰。石苞。字仲容。渤海南皮人也。雅曠有知局。容儀偉麗。不修小節。故時人爲之語曰。

石仲容。姣無雙。○晉書石苞傳。御覽三百七十九、四百九十五。詩紀四十四。

時人爲羊祜語

晉書曰。王衍嘗詣祜陳事。辭甚俊辨。祜不然之。衍拂衣而起。祜顧謂賓客曰。王夷甫方以盛名處大位。然敗俗傷化。必此人也。步闡之役。祜以軍法。將斬王戎。故戎、衍並憾之。每言論多毁祜。時人爲之語曰。

二王當國。羊公無德。世説注作二王當朝。世人莫敢稱羊公之有德。○晉書羊祜傳。世説新語識鑒篇注引漢晉春秋。御覽四百九十五。詩紀四十四。

時人爲杜預號

晉中興書曰。杜預在内七年。損益不可勝數。朝野稱之。號曰。

杜武庫言。無所不有。○御覽四百九十五。

京師爲劉輿劉琨語

晉書曰。劉輿。字慶孫。雋朗有才局。與弟琨並尚書郭奕之甥。名著當時。京都爲之語曰。

洛中奕奕。慶孫越石。○晉書劉琨傳。御覽四百九十五、五百二十一。詩紀四十四。

時人爲歐陽建語

晉書曰。歐陽建。字堅石。世爲冀方碩族。雅有理思。才藻美贍。擅名北州。人爲之語曰。

渤海赫赫。歐陽堅石。〇晉書歐陽建傳。御覽四百九十五。詩紀四十四。

時人爲衛玠王澄語

晉書曰。瑯琊王澄。有高名。少所推服。每聞衛玠言。輒歎息絶倒。故時人爲之語曰。

衛玠談道。平子絶倒。〇晉書衛玠傳。御覽四百九十五。詩紀四十四。

時人爲樂廣衛玠語

白帖曰。晉樂廣。字彦輔。人謂之水鏡。女壻衛玠。字叔寶。時號玉人。故時語曰。

婦翁晉書作公。冰清。女壻玉潤。〇晉書衛玠傳作議者以爲。白帖二十。

時人爲二陸三張語

太平寰宇記曰。冀州信都縣三張宅。晉文士張協兄弟三人。喜屬文。皆郡人也。語曰。

二陸入洛。三張減價。〇太平寰宇記六十三。

蜀民爲何隨語

華陽國志曰。何隨。字季業。蜀郡郫人也。除安漢令。蜀亡去官。時巴土饑荒。所在無穀。送吏行乏。輒取道側民芋。隨以緜繫其處。使足所值。民視芋見緜。持緜追還之。終不受。因爲語曰。

安漢吏取糧。令爲之償。御覽或作聞何安漢清民取糧令爲之償。○華陽國志十一西州後賢志。御覽四百二十六、九百七十五。

時人爲裴秀語

晉書曰。秀。字季彦。河東聞喜人。父潛。魏太常。秀有風操。八歲能著文。叔父徽。有聲名。秀年十餘歲。有賓客詣徽。出則過秀。時人爲之語曰。

後進世説作來。詩紀云。一作來。領袖。有裴秀。○晉書裴秀傳。世説新語識鑒篇、又注。類聚十九引王隱晉書作時人謡。御覽四百六十五引王隱晉書、四百九十五。詩紀四十四作裴秀謡。

時人爲謝鯤語

晉書曰。謝鯤。字幼輿。陳國陽夏人。鄰家高氏女。有美色。鯤嘗挑之。女投梭。折其兩齒。時人爲之語曰云云。鯤聞之曰。猶不廢我嘯歌。

任達不已。幼輿折齒。○晉書謝鯤傳。御覽三百六十八作謡。詩紀四十四作幼輿謡。

時人爲劉頌語

晉書曰。劉頌。字子雅。廣陵人。世爲名族。雷蔣穀魯四姓。皆出其下。時人爲之語曰。

雷蔣穀魯。劉最爲祖。○晉書劉頌傳。

世爲卞氏語

晉書曰。卞壼父粹。以清辯鑒察稱。兄弟六人。並登宰府。世稱云云。玄仁。粹字也。

卞氏六龍。玄仁無雙。○晉書卞壼傳。

襄陽里人爲龐焕語

襄陽耆舊記曰。焕。字世文。晉太康中爲牂牁太守。去官還鄉里。里人語曰云云。鄉里仰其德讓。少壯皆代老者擔。

我家池裏。龍種來歸。○襄陽耆舊記一

三魏爲劉毅語

晉書曰。劉毅。字仲雄。東萊掖人。僑居平陽。太平杜恕請爲功。沙汰部吏百餘人。三魏稱焉。爲之語曰。

但聞劉功曹。不聞杜府君。○晉書劉毅傳。御覽二百六十四引王隱晉書。

巴蜀爲譙登文石張羅語

華陽國志曰。永嘉元年三月。關中流民鄧定訇氏等掠漢中。巴西太守張燕遣兵圍之。氏求救於李雄。夏五月。雄遣李離救定。州軍以破。四年。天水文石殺雄。雄太宰李國降梓潼、巴西還屬。初。巴西譙登詣鎮南請兵。鎮南無兵。

表爲揚烈將軍、梓潼内史。義募三巴蜀漢民爲兵。克復州郡。先征宕渠。殺雄巴西太守馬脱。還往涪。折衝將軍張羅進據犍爲之合水。巴蜀爲語曰。

譙登治涪城。文石在巴西。張羅守合水。巴氏那得前。○華陽國志八大同志。

洛中爲劉氏兄弟語

晉書曰。劉宏。字終嘏。光禄勳。宏兄粹。字純嘏。侍中宏弟潢。字沖嘏。吏部尚書。並有名中朝。時人語曰。

洛中雅雅。有三嘏。○晉書劉惔傳。世説新語識鑒篇。御覽四百九十五。詩紀四十四作洛中諺。

洛中爲荀闓語

晉書曰。闓。字道明。亦有名稱。京都爲之語曰。

洛中英英。荀道明。○晉書荀闓傳。世説新語識鑒篇。御覽四百九十五。詩紀四十四作洛中諺。

洛中爲馮蓀語

世説曰云云。名蓀。是播子。

洛中錚錚。馮惠卿。○世説新語賞譽篇。詩紀四十四作洛中諺。

時人爲馮蓀邢喬李順語

世説曰。馮蓀與邢喬俱司徒李胤外孫。及胤子順。並知名。時稱。

馮才清。李才明。純粹邢。○世説新語賞譽篇。

時人爲江統語

晉書曰。江統。字應元。陳留圉人也。静默有遠志。時人爲之語曰。

嶷然稀言。江應元。○晉書江統傳。御覽四百九十六引文士傳。詩紀四十四。

時人爲趙王倫諺

晉書曰。趙王倫僭位。諸黨皆登卿相。並列大封。其餘同謀者。咸超階越序。不可勝紀。至於奴卒厮役亦加爵位。每朝會。貂蟬盈坐。時人諺曰。

貂不足。狗尾續。○晉書趙王倫傳。白帖十二、七十。御覽九十七、四百九十五、六百八十八。詩紀四十四。

成都王穎盛時里語

魏略曰。成都王穎伐長沙王乂。募免奴爲軍。自稱四部司馬。市郭人素謬。語奴爲尚。故里語曰。

三部司馬階下兵。四部司馬尚長明。欲知太平須石鼈鳴。○御覽四百九十五。詩紀四十四。

成都王穎盛時義募將士謡語

晉書曰。留義募將士既久。咸怨思歸。或有輒去者。乃題鄴城門云。

大事解。翼欲遽。請且歸。赴時務。昔以義來。今以義去。若復有急更相語。〇晉書成都王穎傳。

時人爲王氏語

晉書曰。元帝以王敦爲揚州刺史。加廣武將軍。尋進左將軍、都督征討諸軍事、假節。帝初鎮江東。威名未著。敦與從弟導。同心翼戴。以隆中興。時人爲之語曰。

王與馬。共天下。〇晉書王敦傳。御覽四百九十五引晉中興書。詩紀四十四。

時人爲鄧攸語

晉書曰。永嘉末。攸以牛馬負妻子而逃。又遇賊掠其牛馬。步走擔其兒及其弟子綏。度不能兩全。乃謂其妻曰。吾弟早死。唯有一息。理不可絶。止應自棄我兒耳。幸而得存。我後當有子。妻泣而從之。乃棄之。攸棄子之後。妻不復孕。卒以無嗣。時人義而哀之。爲之語曰云云。弟子綏服攸喪三年。

天道白帖作皇天。無知。使鄧白帖無鄧字。伯道無兒。〇晉書鄧攸傳。白帖十八。

樊氏陂諺

水經注曰。湖水枝分。東北爲樊氏陂。陂東西十里。南北五里。亦謂之凡亭陂。陂東有樊氏故宅。樊氏既滅。庾氏取其陂。故諺曰。

陂汪汪。下田良。樊子失業庚公後漢書注作氏。昌。○水經注淯水注。後漢書樊弘傳注。詩紀四十三作樊氏陂謡。

陳武引里語

陳武別傳曰。武。胡人。育於臨水令陳君。君奇之。起議欲易其故字。武長跪啟曰。里語有之云云。往在鄉里。久聞故老之説。稱漢使蘇武執忠守志。意竊慕之。陳氏嘉其志。遂名之曰武。又欲令字仲顯。其本是胡人。而石勒、石虎諱胡曰國。故因字之曰國武。

都亭鼠。數聞長者語。○御覽三百六十三。十六國春秋二十二後趙録。

時人爲權翼苻雅語

秦書曰。尚書令苻雅。爲人樂施。乞人填門。嘗曰。天下物何常。吾今日富後日貧耳。忽一日不施。則意不泰。時人爲之語曰。

不爲權翼御覽作異。富。寧作苻雅貧。○御覽四百七十七。廣博物志十六引十六國春秋前秦録。○杜文瀾古謡諺云。按苻秦時有權翼。無權異。御覽所引有誤。

石勒時諺王隱晉書曰。石勒時有諺云。

一杯食。有兩七。石勒死。人不知。○御覽七百六十。

三秦記引諺

辛氏三秦記曰。燉煌西盡大秦。隔海。心無憂。遇善風。不經三十日得渡。心憂。數年不得渡。諺曰。

心無憂患。不經二旬。心若憂患。遠離三春。○御覽三百七十七、四百六十九。

秦雍爲辛氏語

崔鴻前涼録曰。辛攀。字懷遠。隴西狄道人。父奭。尚書郎。兄鑒、曠。弟寶、迅。皆以才識知名。秦雍爲之語曰。

五龍一門。金友玉昆。○御覽四百九十五。十六國春秋七十五前涼録。詩紀四十四。

晉詩卷十

郊廟歌辭

晉郊祀歌三首

傅玄

晉書樂志曰。武帝受命。泰始二年。詔郊祀明堂禮樂權用魏儀。遵周室肇稱殷禮之義。但改樂章。使傅玄爲之辭。凡十九篇。

夕牲歌

天命有晉。穆穆明明。我其夙夜。祗事上靈。常于時假。晉書作夏。迄用有樂府作其。詩紀同。成。於薦玄牡。進夕其牲。崇德作樂。神祇是文選補遺作景。聽。○宋書樂志。晉書樂志。樂府詩集一。文選補遺三十四。廣文選十。詩紀三十九。

迎送神歌

宣文蒸宋書作烝。哉。日靖四方。永言保之。夙夜匪康。光天之命。上帝是皇。嘉樂殷薦。靈祚宋書作祁。景祥。神祇降宋書作隆。樂府同。假。享福無疆。○宋書樂志。晉書樂志。樂府詩集一。廣文選十。

饗神歌三章

天祚有晉。其命惟新。受終于魏。奄有兆晉書作黎。民。燕及皇天。懷柔晉書作和。百神。不晉書作丕。顯遺烈。之德之純。享其玄牡。式用肇禋。神祇來格。福禄是臻。

時邁其猶。昊天子之。祐享有晉。兆民晉書作肇庶。戴之。畏天之威。敬授民晉書、樂府、廣文選作人。詩紀同。時。不顯不承。於猶繹思。皇極斯建。庶績咸熙。庶幾夙夜。惟晉之祺。

宣文惟后。克配彼天。撫寧四海。保有康年。於乎緝熙。肆用靖民。爰立典制。爰修禮紀。作民之極。莫匪資始。克昌厥後。永言保之。○宋書樂志。晉書樂志。樂府詩集一。廣文選十一。詩紀三十九。

晉天地郊明堂歌六首

夕牲歌天地郊、明堂同。

皇矣有晉。時邁其德。受終於天。光濟萬國。萬國既光。神定厥祥。虔于郊祀。祇事上皇。祇事上皇。百福宋書作禄。是臻。巍巍祖考。克配彼天。嘉牲匪歆。德馨惟饗。受天之祚。晉書作佑。樂府、廣文選、詩紀同。神詩紀作佑。化四方。宋書作神和四暢。○宋書樂志。晉書樂志。樂府詩集一。廣文選十一。詩紀三十九。

降神歌

於赫大晉。膺晉書作應。天景祥。二帝邁德。宣茲晉書作此。重光。我皇受命。奄有萬方。郊祀配享。禮樂孔章。

神祇嘉饗。祖考是皇。克昌厥後。保祚宋書作胙。無疆。○同上

天郊饗神歌

整泰壇。祀晉書作盛。初學記同。皇神。精氣感。初學記作盛。百靈賓。蘊朱火。燎芳薪。紫煙遊。初學記作起。詩紀云。一作起。冠青雲。神之體。靡象形。曠無方。幽以清。神之來。光樂府作亢。景照。晉書作昭。韵補同。聽無聞。視無兆。神之至。舉歆歆。靈爽協。動余心。神之坐。同歡娛。澤雲翔。化風舒。嘉樂奏。文中聲。八音諧。神是聽。咸潔齊。宋書作齋。並芬芳。烹牷牲。宋書作牲牷。享玉觴。神悦饗。歆禋祀。祐大晉。降繁祉。祚晉書作作。京邑。行晉書作廣。四海。保天年。窮地紀。○宋書樂志。晉書樂志。樂府詩集一。廣文選十一。詩紀三十九。又初學記十三引神、賓、薪、雲四韵。韵補四引昭、兆二韵。

又

營泰畤。定天衷。思心睿。謀筮從。建表蘊。設郊宫。田燭置。爟火通。歷元旬。集首吉。飾揩壇。坎列室。

○初學記十三。

地郊饗神歌

整泰折。廣文選作圻。竢初學記作祚。皇祇。衆神感。羣靈儀。陰祀設。吉禮施。夜將極。時未移。祇之體。無形

象。潛泰幽。洞忽荒。祇之出。薆若有。靈初學記作虚。誤。無遠。天下母。祇之來。遺光景。昭若存。終冥冥。韵補作溟溟。祇之至。舉欣欣。舞象德。歌成文。祇之晉書作既。坐。同歡豫。澤雨施。化雲布。樂八變。聲教敷。物咸亨。宋書、廣文選作享。祇是娱。齊宋書作齋。既潔。侍者肅。玉觴進。咸穆穆。饗嘉豢。宋書作慶。歆德馨。祚宋書作胙。初學記作作。有晉。暨初學記作壁。羣生。溢九壤。初學記作有。格天庭。保萬壽。延億齡。〇宋書樂志。晉書樂志。樂府詩集一。廣文選十一。詩紀三十九。又初學記十三引祇、儀、黎、庭、齡五韵。韵補三引景、溟二韵。

又

結方丘。祇國琛。樽既享。俎既歆。斂初學記作欽。檢玉。具瘞琛。椺初學記作楙。百福。底自古。錫萬壽。迄在今。〇初學記十三。詩紀三十九。

明堂饗神歌

經始明堂。享祀匪懈。於皇烈考。光配上帝。赫赫上帝。既高既崇。聖考是配。明德廣文選作堂。顯融。率土敬職。萬方來祭。常于時假。保祚宋書作胙。永世。〇宋書樂志。晉書樂志。樂府詩集一。廣文選十一。詩紀三十九。

晉宗廟歌十一首

南齊書樂志曰。晉泰始中。傅玄造祠廟夕牲昭夏歌一篇。迎送神肆夏歌一篇。登歌七廟七篇。饗神歌二篇。玄云。

登歌。歌盛德之功烈。故廟異其文。饗神猶周頌之有瞽及雍。但說祭饗神明禮樂之盛。七廟饗神皆用之。

夕牲歌

我夕我牲。猗歟敬止。嘉豢孔時。供茲享祀。神鑒厥誠。博碩斯歆。祖考降饗。以虞孝孫之心。○宋書樂志。晉書樂志。樂府詩集八。詩紀三十九。

迎送神歌

嗚呼悠哉。日鑒晉書作監。在茲。以時享祀。神明降之。神明斯降。既祐饗之。祚我無疆。受天之祐。赫赫太上。巍巍聖祖。明明烈考。丕承繼序。○同上

征西將軍登歌

經始宗廟。神明晉書作時。戾止。申錫無疆。祇承享祀。假哉皇祖。綏予孫子。燕及後昆。錫茲繁祉。○同上

豫章府君登歌

嘉樂肆樂府作在。庭。晉書作筵。薦祀在堂。皇皇宗廟。乃祖先晉書作乃。皇。濟濟辟公。相予宋書作子。蒸樂府作烝。嘗。享祀不忒。降福穰穰。○同上

潁川府君登歌

於邈先后。實司于天。顯矣皇祖。帝祉肇臻。本支克昌。資始開元。惠我無疆。享祀晉書作祚。永年。○同上

京兆府君登歌

於惟曾皇。顯顯令德。高明清亮。匪兢柔克。保乂命祐。宋書作祜。基命惟則。篤生聖祖。光濟四國。○同上

宣皇帝登歌

於鑠皇祖。聖德欽明。勤施四方。夙夜敬止。載敷文教。載揚武烈。匡定社稷。恭宋書作龔。樂府同。晉書作躬。行天罰。經始大業。造創帝基。畏天之命。于時保之。○同上

景皇帝登歌

執競景皇。克明克哲。旁作穆穆。惟祗惟畏。纂宣之緒。耆定厥功。登此俊乂。糾彼羣凶。業業在位。帝既勤止。維天之命。於穆不已。○同上

文皇帝登歌

於皇時晉。允文文皇。聰明睿智。聖敬神武。萬幾莫綜。皇斯清之。虎兕晉書作蛇豕。放命。皇斯平之。柔遠能邇。簡授英賢。創業垂統。勳格皇天。〇同上

饗神歌二章

曰晉書作日。晉是常。享祀時序。宗廟致敬。禮樂具舉。惟其來祭。普天率土。犧樽既奠。清酤既載。亦有和羹。薦羞斯備。蒸蒸樂府作烝烝。永慕。感時興思。登歌奏舞。神樂其和。祖考來格。祐我邦家。敷晉書作溥。天之下。罔不休嘉。

肅肅在位。濟濟臣工。四海來格。禮儀有容。鐘鼓振。管絃理。舞開元。歌永始。神胥樂兮。肅肅在位。臣工濟濟。小大咸敬。上下有禮。理管絃。振鼓鐘。舞象德。歌詠功。神胥樂兮。肅肅在位。有來雍雍。穆穆天子。相維辟公。禮有儀。樂有則。舞象功。歌詠德。神胥樂兮。宋書缺舞象功以下十字。〇同上〇逯案。肅肅在位起始四句。晉書屬前章。

燕射歌辭

晉四廂樂歌三首

傅玄

晉書樂志曰。晉初。食舉亦用鹿鳴。至武帝泰始五年。使傅玄、荀勗、張華各造正旦行禮及王公上壽酒食舉樂歌詩。後又詔成公綏亦作焉。傅玄造三篇。一曰天鑒。二曰於赫。三曰天命。

正旦大會行禮歌四章

天鑒有晉。世祚聖皇。時齊七政。朝此萬方。
鐘鼓斯震。九賓備禮。正位在朝。穆穆濟濟。
煌煌三辰。實麗于天。君后是象。威儀孔虔。
率禮無愆。莫非邁德。儀刑聖皇。萬邦惟則。○宋書樂志。樂府詩集十三。詩紀三十九。

上壽酒歌

於赫明明。聖德龍興。三朝獻酒。萬壽是膺。敷佑四方。如日之升。自天降祚。元吉有徵。○同上

食舉東西廂歌十三章

天命大晉。載育羣生。於穆上德。隨時化成。
自祖配命。皇皇后辟。繼天創業。宣文之績。
不顯宣文。先知稼穡。克恭克儉。足教足食。
既教食之。弘濟艱難。上帝是祐。下民所安。
天祐聖皇。萬邦來賀。雖安勿安。乾乾匪暇。

乃正丘郊。乃定冢社。廣廣作宗。光宅天下。
惟敬朝饗。爰奏食舉。盡禮供御。嘉樂有序。
樹羽設業。笙鏞以閒。琴瑟齊列。亦有篪塤。
喤喤鼓鐘。鎗鎗磬管。八音克諧。載夷載簡。
既夷既簡。其大不禦。風化潛興。如雲如雨。
如雲之覆。如雨之潤。聲教所暨。無思不順。
教以化之。樂以和之。和而養之。時惟邕熙。
禮慎其儀。樂節其聲。於鑠皇繇。既和且平。○同上

晉四廂樂歌十七首

荀勗

晉書樂志曰。魏杜夔傳舊雅樂四曲。一曰鹿鳴。二曰騶虞。三曰伐檀。四曰文王。皆古聲辭。及太和中。左延年改夔騶虞、伐檀、文王三曲。更自作聲節。其名雖存。而聲實異。唯因夔鹿鳴。全不改易。每正旦大會。太尉奉璧。羣后行禮。東廂雅樂常作者是也。後又改三篇。第一曰於赫篇。詠武帝。聲節與古鹿鳴同。第二曰巍巍篇。詠文帝。用延年所改騶虞聲。第三曰洋洋篇。詠明帝。用延年所改文王聲。第四曰復用鹿鳴。鹿鳴之聲重用。而除古伐檀。古今樂録曰。漢故事上壽用四會曲。魏明帝青龍二年。以長笛食舉第十一古大置酒曲代四會。又易古詩名曰羽觴行。用爲上壽曲。施用最在前。鹿鳴以下十二曲名食舉樂。而四會之曲遂廢。○晉書樂志曰。泰始中。使傅玄、荀勗、張華

各造正旦大會行禮及王公上壽酒、食舉樂歌詩。勗乃更作行禮詩四篇。又爲正旦大會、王公上壽歌詩并食舉樂歌詩。合十三篇。又以魏氏歌詩或二言。或三言。或四言。或五言。與古詩不類。以問司律中郎將陳頎。頎曰。被之金石。未必皆當。故勗造晉歌。皆爲四言。唯王公上壽酒一篇。爲三言五言焉。

正旦大會行禮歌四章

於皇元首。羣生資始。履端大享。歲時雜詠作亨。敬御繁類聚作福。歲時雜詠作羅。祉。肆歲時雜詠作歸。覲羣后。爰及歲時雜詠作致茲。卿士。欽順則元。類聚作時財。歲時雜詠作欽若□時。允也天子。

明明天子。臨下有赫。四表宅心。惠洽荒貊。柔遠能邇。孔淑不逆。來格祁祁。邦家是若。

光光邦國。類聚作家。天篤其祐。丕顯哲命。顧柔類聚作予。三祖。世德作求。奄有九土。思我皇度。彝倫攸序。

惟祖惟宗。高朗緝熙。對越在天。駿惠在茲。聿求厥成。我皇崇之。式固其猶。往敬用治。○宋書樂志。類聚四。樂府詩集十三。詩紀三十九。又古今歲時雜詠一引第一章。

王公上壽酒歌

踐元辰。延顯融。歲時雜詠作融。獻羽觴。祈令終。我皇壽而隆。我皇茂而嵩。本枝奮百世。休祚鍾聖躬。○宋書樂志。晉書樂志。類聚四。古今歲時雜詠一。詩紀三十九。

食舉樂東西廂歌十二章

煌煌七曜。重明交暢。我有嘉賓。是應是貺。邦政既圖。接以大饗。人之好我。式遵德讓。

賓之初筵。藹藹濟濟。既朝乃宴。以洽百禮。頒以位敍。或廷或陛。登儐台叟。亦有兄弟。胥子陪寮。憲茲度楷。觀頤養正。降福孔偕。

昔我三后。大業是維。今我聖皇。焜燿前暉。奕世重規。明照九畿。思輯用光。時罔有違。陟禹之跡。莫不來威。天被顯禄。福履是綏。

赫矣太祖。克廣明德。廓開宇宋書、樂府作寓宙。正世立則。變化不經。民無瑕慝。創業垂統。兆我晉國。

烈文伯考。時惟帝景。夷險平亂。威而不猛。御衡不迷。皇塗焕炳晋書作景。七德咸宜。其寧惟永。

猗歟盛歟。先皇聖文。則天作孚。大哉爲君。愼徽五典。帝載是勤。文武發揮。茂建嘉勳。修己濟治。民用寧殷。懷遠燭幽。玄教氛晋書作氤氳。善世不伐。服事三宋書作參。樂府同分。德博化隆。道冒晋書作昌無垠。

隆化洋洋。帝命溥將。登我晉道。越惟聖皇晋書作王。龍飛革運。臨燾八荒。叡哲欽明。配蹤虞唐。封建厥福。駿發其祥。三朝習吉。終然允臧。其臧惟何。總彼萬方。元侯列辟。四嶽蕃晋書作藩王。時見世享。率茲有常。旅揖在庭。嘉客在堂。宋衛既臻。陳留山陽。我有賓使晋書作有賓有使。觀國之光。貢賢納計。獻璧奉璋。保祐命之。申錫無疆。

振鷺于飛。鴻漸其翼。京邑穆穆。四方是式。無競惟人。王綱允敕。君子來朝。言觀其極。

翼翼晋書作廙廙。大君。民之攸曁。信理天工。惠康不匱。將遠不仁。訓以淳晋書作醇粹。幽明有倫。俊乂在位。九族既睦。庶邦順比。開元布憲。四海鱗萃。協時正統。殊塗同致。厚德載物。靈心隆貴。敷奏讜言。納以無諱。樹之典象。誨之義類。上教如風。下應如卉。一人有慶。羣萌以遂。我后宴喜。令問不墜。既宴既喜。翕是萬邦。禮儀卒度。物有其容。宋書作物。晰晰晉書作晢晢。庭燎。喤喤鼓鐘。笙磬詠德。萬舞象功。八音克諧。俗易化從。其和如樂。庶品時邕。

時邕詩紀作雍。斌斌。宋書作份份。六合同塵。往我祖宣。威静殊宋書作如。鄰。首定荆楚。遂平燕秦。亹亹宋書作娓娓。文皇。邁德流仁。爰造草昧。應乾順民。靈瑞告符。休徵響宋書、晉書作饗。震。天地弗違。以和神人。既戡晉書作禽。庸蜀。吴會是賓。肅慎率職。楛矢來陳。韓濊進樂。宋書作藥。均晉書作宫。協清鈞。西旅獻獒。扶南效珍。蠻裔重譯。玄齒文身。我皇撫之。景命惟新。

愔愔嘉會。有聞無聲。清酤既奠。籩豆既馨。晉書作升。禮充樂備。簫韶九成。愷樂飲酒。酣而不盈。率土歡豫。邦國以寧。王猷允塞。萬載無傾。○宋書樂志。晉書樂志。樂府詩集十三。詩紀三十九。

晉四廂樂歌十六首

張華

晉書樂志曰。張華以爲魏上壽、食舉詩及漢代所施用。其文句長短不齊。未皆合古。蓋以依詠弦節。本有因循。而識樂知音。足以制聲度曲。法用率非凡近之所能改。二代三京。襲而不變。雖詩章辭異。廢興隨時。至其韵逗留曲折。皆繫於舊。有由然也。是以一皆因就。不敢有所改易。

王公上壽詩

稱元慶。奉聖宋書作壽。樂府同。觴。后皇延遐祚。安樂撫萬方。○宋書樂志。樂府詩集十三。詩紀三十九。

食舉東西廂樂詩十一章

明明在上。丕顯厥繇。翼翼三壽。蕃后惟休。羣生漸德。六合承流。三正元辰。朝慶鱗宋書缺此字。萃。華夏奉職貢。八荒覲殊類。黻冕充廣庭。鳴玉盈朝位。

濟濟朝位。言觀其光。儀序既以時。禮文煥宋書作涣。以彰。思皇享多祜。嘉樂永無央。

九賓在庭。臚讚既通。升瑞奠贄。乃侯乃公。穆穆天尊。隆禮動容。履端承元吉。介福御萬邦。

朝享。上下咸雍。崇多儀。繁禮容。舞盛德。歌九功。揚芳烈。播休蹤。

皇化洽。洞幽明。懷柔百神。輯祥禎。潛龍躍。雕虎仁。儀鳳鳥。届游麟。枯蠹榮。竭泉流。菌芝茂。枳棘柔。

和氣應。休徵弦。協靈符。彰帝期。綏宇宙。萬國和。昊天成命。賚皇家。賚皇家。

世資聖哲。三后在天。啓鴻烈。啓鴻烈。隆王基。率土謳吟。欣戴于時。恆文宋書有示字。象。代氣著期。

泰始開元。龍升在位。四隩同風。燮寧殊類。五韙來備。嘉生以遂。凝庶績。臻太康。申繁祉。胤無疆。本枝百世。繼緒不忘。繼緒不忘。休有烈光。永言配命。惟晉之祥。

聖明統世。篤皇仁。廣大配天地。順動若陶鈞。玄化參自然。至德通神明。清風暢八極。流澤被無垠。

於皇時晉。奕世齊聖。惟天降嘏。神祇保定。弘濟區夏。允集大命。有命既集。光帝猷。大明重曜。鑒六幽。

聲教洋溢。惠滂流。惠滂流。樂府少此三字。移風俗。多士盈朝。賢俊比屋。敦世心。斵宋書作斷。彫反素樸。反素樸。懷庶方。干戚舞階庭。疏狄悅遐荒。扶南假重譯。肅慎襲衣裳。雲覆雨施。德洽無疆。旁作穆穆。仁化翔。

朝元日。賓王庭。承宸極。當盛明。衍和樂。竭祇誠。仰嘉惠。懷德馨。遊淳風。泳淑清。協億兆。同歡榮。建皇極。統天位。運陰陽。御六氣。殷羣生。成性類。王道浹。治功成。人倫序。俗化清。虔明祀。祇三靈。崇禮樂。式儀刑。

慶元吉。宴三朝。播金石。詠泠籥。奏九夏。舞雲韶。邁德音。流英聲。八紘一。六合寧。六合寧。承聖明。王澤洽。道登隆。綏函夏。總華戎。齊德教。混殊風。混殊風。康萬國。崇夷簡。尚敦德。弘王度。遠遐則。○宋書樂志。樂府詩集十三。詩紀三十九。

正旦大會行禮詩四章

於赫皇祖。迪哲齊聖。經緯大業。基天之命。克開洪緒。誕篤天慶。旁濟彝倫。仰齊七政。

烈烈景皇。克明克聰。靜封畧。定勳功。成民立政。儀刑萬邦。式固崇軌。光紹前蹤。

允文烈考。濬哲應期。參德天地。比功四時。大亨以正。庶績咸熙。肇啓晉宇。遂登皇基。

明明我后。玄德通神。受終正位。協應天人。容民厚下。育物流仁。躋我王道。輝光日新。○宋書樂志。樂府詩集十三。詩紀三十九。

成公綏

晉四廂樂歌

王公上壽酒歌

上壽酒。樂未央。大晉應天慶。皇帝永無疆。○宋書樂志。樂府詩集十三。詩紀三十九。

正旦大會行禮歌十五章

穆穆天子。光臨萬國。多士盈朝。莫匪詩紀作非。俊德。流化罔極。王猷允塞。嘉會置酒。嘉賓充庭。羽旄曜辰極。鐘鼓振泰清。百辟朝三朝。彧彧晉書作式式。明儀刑。宋書、樂府作形。濟濟鏘鏘。金振玉聲。

禮樂具。宴嘉賓。眉壽祚宋書作胙。聖皇。景福惟日新。羣后戾止。有來雍雍。宋書作雝雝。同。獻酬納贄。崇此禮容。豐肴晉書作羞。萬俎。旨酒千鍾。嘉樂盡宴樂。福祿咸攸同。樂哉。天下安寧。道化行。風俗清。簫韶作。詠九成。年豐穰。世泰平。至治哉。樂無窮。元首聰明。股肱忠。澍豐澤。揚清風。

嘉瑞出。靈應彰。麒麟見。鳳凰翔。醴泉湧。流中唐。嘉禾生。穗盈箱。降繁祉。祚聖皇。承天位。統萬國。受命應期。授聖德。四世重光。宣開洪業。景克昌。文欽明。德彌彰。肇啓晉邦。流祚宋書作胙。無疆。

泰始建元。鳳皇龍興。龍興伊何。享祚宋書作胙。萬乘。奄有八荒。化育黎蒸。圖書煥炳。晉書作既煥。金石有徵。德光大。道熙隆。被四表。格皇穹。奕奕萬嗣。明明顯融。高朗令終。保茲永祚。宋書作胙。與天比崇。

聖皇君晉書作居。四海。順人晉書無順人兩字。應天期。三葉合重光。泰始開洪基。明曜參日月。功化詩紀作光。侔四時。宇宙清且泰。黎庶咸雍宋書作雝。下同。熙。善哉雍熙。

惟天降命。翼仁祐聖。於穆三皇。載德彌盛。總齊璇宋書作璿。璣。光統七政。百揆時序。化若神聖。四海同風。興至仁。濟民育物。擬陶鈞。晉書作均。下同。擬陶鈞。垂惠潤。皇皇羣賢。峨峨英俊。德化宣。芬芳播來胤。播來胤。垂後昆。清廟何穆穆。皇極闢四門。皇極闢四門。萬機無不綜。亹亹宋書作娓娓。翼翼。樂不及荒。饑不遑食。大禮既行。樂無極。

登崑崙。上層宋書作增。樂府作曾。城。乘飛龍。升泰清。冠日月。佩五星。揚虹蜺。建篲宋書作彗。旌。披慶雲。蔭繁榮。覽八極。遊天庭。順天地。和陰陽。序四時。宋書作氣。曜三光。張帝網。正皇綱。播仁風。流惠康。邁洪化。振靈威。懷萬方。納九夷。朝閶闔。宴紫微。

建五旗。羅鐘虡。列四縣。奏韶武。鏗金石。揚旌羽。縱八佾。巴渝舞。詠雅頌。和律吕。于胥樂。樂聖主。

化蕩蕩。清風泄。文選補遺作曳。總英雄。御俊文選補遺作駿。傑。開宇宙。掃四裔。光文選補遺作先。緝熙。美聖哲。超百代。揚休烈。流景祚。宋書作胙。顯萬世。

皇皇顯祖。翼世佐時。寧濟六合。受命應期。神武鷹宋書誤作膺。揚。大化咸熙。廓開皇衢。用成帝基。

光光景皇。無競惟烈。匡時拯俗。休功蓋世。宇宙既康。九域有截。天命降鑒。晉書作監。啓祚宋書作胙。明哲。

穆穆烈考。克明克雋。晉書作儁。實天生德。誕膺靈運。肇建帝業。開國有晉。載德奕世。垂慶洪胤。

明明聖帝。龍飛在天。與靈合契。通德幽玄。仰化青雲。俯育重淵。晉書作川。受靈之祜。宋書、晉書作祐。於萬斯年。〇宋書樂志。晉書樂志。樂府詩集十三。詩紀三十九。又文選補遺三十四作傅玄。引化蕩蕩一章。

晉冬至初歲小會歌

張華

日月不留。四氣迴周。節慶代序。萬國同詩紀云。一作咸。休。庶尹羣后。宋書、初學記作和。奉壽初學記作爵。詩紀云。一作爵。升朝。我有嘉晉書作壽。初學記作家。禮。式宴百僚。繁肴綺錯。旨酒泉渟。歲時雜詠作淳。笙鏞和奏。磬管流聲。上隆其愛。歲時雜詠作受。下盡其心。宣其壅滯。訓樂府作詠。之德音。乃宣乃訓。配享交泰。永載仁風。長撫無外。○晉書樂志。樂府詩集十三。古今歲時雜詠三十九作張會詩。詩紀三十九。又初學記十三引周、休、朝、寮四韵。

晉宴會歌

亹亹我皇。配天垂光。留精日昃。經覽無方。聽朝有暇。延命衆臣。冠蓋雲集。罇俎星陳。肴蒸多品。八珍代變。羽爵無算。究樂極宴。歌者流聲。舞詩紀作武。者投袂。動容有節。絲竹並設。宣暢晉書作揚。四體。繁手趣摯。歡足發和。酣不忘禮。好樂無荒。翼翼濟濟。○晉書樂志。樂府詩集十三。詩紀三十九。

晉中宮所歌

先王統大業。玄化漸八維。儀刑萬花谷作形。孚萬邦。內訓隆壼萬花谷作崇宮。闈。二句初學記作儀形萬邦內。訓崇在宮闈。皇英垂帝典。初學記、萬花谷作則。大雅詠三初學記作王。妃。執德宣隆教。正位理厥機。詩紀云。一作司。案當爲理之異文。含章體柔順。率樂府作帥。禮蹈謙祗。螽斯弘慈惠。樛木逮幽微。徽音穆清風。初學記作風清穆。高義邈不追。遺初學記、萬花谷作貴。榮參日月。百初學記、萬花谷作舉。世仰餘暉。○晉書樂志。樂府詩集十三。詩紀三十九。又初學記十引維、闈、妃、祗、微、追、暉七韵。萬花谷後八引維、闈、妃、祗、微、追、暉七韵。

晉宗親會歌

族燕明禮順。餟食序親親。骨肉散不殊。昆弟豈他人。本枝篤同慶。棠棣著先民。於皇聖明后。天覆弘且仁。隆禮崇親戚。旁施協族姻。式宴盡酣娱。飲御備羞珍。和樂既宣洽。上下同歡欣。德教加四海。敦睦被無垠。○晉書樂志。樂府詩集十三。詩紀三十九。

鼓吹曲辭

晉鼓吹曲二十二首

傅玄

晉書樂志曰。武帝令傅玄製鼓吹曲二十二篇。以代魏曲。

靈之祥

古朱鷺行。古今樂録曰。靈之祥。言宣皇帝之佐魏。猶虞舜之事堯也。既有石瑞之徵。又能用武以誅孟度之逆命也。

靈之祥。石瑞章。旌金德。出西方。天降命。宋書作命降。授宣皇。應期運。時龍驤。繼大舜。佐陶唐。讚武文。

建帝綱。孟氏叛。據古樂府作據。南疆。追有扈。亂五常。宋書誤作帝。吴寇勁。晉書作叛。蜀虜彊。交誓盟。連遐荒。宣赫怒。奮鷹揚。震乾威。曜電光。陵九天。陷石城。梟逆命。拯有生。萬國安。四海寧。○宋書樂志。晉書樂志。樂府詩集十九。古樂府二。詩紀四十。

宣受命

古思悲翁行。古今樂録曰。宣受命。言宣皇帝禦諸葛亮。養威重。運神兵。亮震怖而死。

宣受命。應天機。風雲時動。神龍飛。禦諸葛。宋書、晉書作葛亮。鎮雍宋書作雝。梁。邊境安。夷夏宋書作民夷。康。務節事。勤定傾。攬宋書作覽。英雄。保持盈。淵晉書作深。穆穆。赫明明。沖而泰。天之經。養威重。運神兵。亮乃震斃。宋書作死。天下晉書有安字。寧。○同上

征遼東

古艾而張行。古今樂録曰。征遼東。言宣皇帝陵大海之表。討滅公孫淵。而梟其首也。

征遼東。敵失宋書誤作大。據。威靈邁日域。公孫既授首。羣逆破膽。咸震怖。朔北響應。海表景附。武功赫赫。德雲布。○同上

宣輔政

古上之回行。古今樂録曰。言宣帝聖道深遠。撥亂反正。網羅文武之才。以定二儀之序也。

宣皇輔政。聖烈深。撥亂反正。從晉書作順。天心。網羅文武才。慎厥所生。所生賢。遺教施。安上治民。化風移。肇創詩紀云。一作造。帝基。洪業垂。於鑠明明。時赫戲。功濟萬世。定二儀。定二儀。樂府無此三字。雲行宋書、晉書作澤。樂府同。雨施。海外風馳。○同上

時運多難

古擁離行。古今樂録曰。時運多難。言宣帝致討吴方。有征無戰也。

時運多難。道教痡。天地變化。有盈虚。蠢爾吴蠻。虎晉書作武。視江湖。我皇赫斯。致天誅。有征無戰。弭其圖。天威横被。廓宋書作震。東隅。○同上

景龍飛

古戰城南行。古今樂録曰。景龍飛。言景帝克明威教。賞從夷逆。祚隆無疆。崇此洪基也。

景龍飛。御天威。聰鑒玄察。宋書作發。動與神明協機。從之者顯。逆之者滅夷。文教敷。武功巍。普被四海。萬邦望風。莫不來綏。聖德潛斷。先天弗違。晉書缺普被以下二十字。弗違祥。享世永長。猛以致寛。道化光。赫明明。祚宋書作胙。隆無疆。帝績惟期。有命既集。崇此洪基。○同上

平玉衡

古巫山高行。古今樂録曰。平玉衡。言景帝一萬國之殊風。齊四海之乖心。禮賢養士。而纂洪業也。

平玉衡。紏宋書、晉書作糾。姦回。萬國殊風。四海乖。禮賢養士。羈御英雄。思心齊。纂戎洪業。崇皇階。品物咸亨。聖敬日躋。聰鑒盡下情。明明綜天機。○同上

文皇統百揆

古上陵行。古今樂録曰。文皇統百揆。言文帝始統百揆。用人有序。以敷太平之化也。

文皇統百揆。繼天理萬方。武將宋書誤作皇。鎮四隅。宋書作寓。英佐盈朝堂。謀宋書作侔。言協秋蘭。清風發其芳。洪澤所漸潤。礫石爲珪璋。大道侔樂府作謀。詩紀同。五帝。盛德踰三王。咸光大。上參天與地。至樂府作並。化無内外。無内外。六合並康乂。韵補作艾。並康乂。遘茲嘉會。在昔羲與農。大晉德斯邁。鎮征及諸州。爲蕃衛。玄功濟四海。洪烈流萬世。○宋書樂志。晉書樂志。樂府詩集十九。詩紀四十。又韵補四引晉樂章外、艾二韵。

因時運

古將進酒行。古今樂録曰。因時運。言文帝因時運變。聖謀潛施。解長蛇之交。離羣桀之黨。以武濟文。審其大計。以邁其德也。

因時運。聖策施。長蛇交解。羣桀離。勢窮奔吴。虎晉書作獸。騎厲。惟武進。審大計。時邁其德。清一世。○宋書樂志。晉書樂志。樂府詩集十九。詩紀四十。

惟庸蜀

古有所思行。古今樂録曰。惟庸蜀。言文帝既平萬乘之蜀。封建萬國。復五等之爵也。

惟庸蜀。僭號天一隅。劉備逆帝命。禪亮承其餘。擁衆數十萬。闚隙承我虚。驛騎進羽檄。天下不遑居。姜維屢寇邊。隴上爲荒蕪。宋書作墟。文皇愍斯民。歷世受罪辜。外謨蕃屏臣。内謀衆士夫。爪牙應指授。腹心獻獻字上宋書有同字。樂府、詩紀並云。一作同。良圖。良圖協成文。大樂府云。一作乃。詩紀同。興百萬軍。雷鼓震地起。猛勢陵浮雲。逋虜畏天誅。面縛造壘門。萬里同風教。逆命稱妾臣。光建五等。紀綱天人。○同上

天序

古芳樹行。古今樂録曰。天序。言聖皇應曆受禪。弘濟大化。用人各盡其才也。

天序曆。應宋書倒作應曆。受禪。承靈祐。御羣龍。勒螭虎。晉書作武。弘濟大化。英雋詩紀作雋。同。作輔。明明統萬機。赫赫鎮四方。咎繇稷契之疇。協蘭芳。禮王臣。覆兆民。化之如天與地。誰敢愛其身。○同上

大晉承運期

古上邪行。古今樂録曰。大晉承運期。言聖皇應籙受圖。化象神明也。

大晉承運期。德隆聖皇。時清晏。白日垂光。應籙圖。陟帝位。繼天正玉晉書作王。衡。化行象神明。至哉道

隆虞與晉書無與字。唐。元首敷洪化。百寮股肱並忠良。民晉書作時。太樂府作大。康。隆隆赫赫。福祚宋書作胙。盈無疆。〇同上

金靈運

古君馬黄行。古今樂録曰。金靈運。言聖皇踐祚。致敬宗廟而孝道行於天下也。

金靈運。天符發。聖徵見。參日月。惟我皇。體神聖。受魏禪。應天命。皇之興。靈有徵。登大廣文選作太。誤。麓。御萬乘。皇之輔。若闞宋書作虓。虎。晉書作武。爪牙奮。莫之禦。皇之佐。讚宋書作贊。清化。百事理。萬邦賀。神祇應。嘉瑞章。恭享禮。宋書作祀。廣文選同。薦先皇。樂時奏。磬管鏘。鼓淵淵。晉書作殷殷。鐘鍠鍠。宋書作喤喤。廣文選同。奠樽俎。實玉觴。神歆饗。咸悦宋書作説。康。宴孫子。祐無疆。大孝烝烝。晉書作蒸蒸。德教被萬方。

〇宋書樂志。晉書樂志。樂府詩集十九。廣文選十一。詩紀四十。

於穆我皇

古雉子行。古今樂録曰。於穆我皇。言聖皇受命。德合神明也。

於穆我皇。盛德聖且明。受禪君世。光濟羣生。普天率土。莫不來庭。顒顒六合内。望風仰泰清。萬國雍雍。宋書作雝雝。興頌聲。大化洽。地平而天成。七政齊。玉衡惟平。峨峨佐命。濟濟羣英。夙夜乾乾。萬機是經。雖治興。匪荒寧。謙道光。沖不盈。天地合德。日月同榮。赫赫煌煌。曜幽冥。三光克從。於顯天。垂景

星。龍鳳臻。甘露宵零。肅神祇。祇上靈。萬物欣戴。自天效其成。○宋書樂志。晉書樂志。樂府詩集十九。詩紀四十。

仲春振旅

古聖人出行。古今樂録曰。仲春振旅。言大晉申文武之教。畋獵以時也。

仲春振旅。大致民。晉書作人。武教於時日新。師執提。工執鼓。坐作從。詩紀云。晉書作起。節有序。盛矣允文允武。蒐田表禡。申法誓。遂圍禁。獻社祭。允以宋書作矣。時。明國制。文武並用。禮之經。列車如戰。大教明。古今誰能去兵。大晉繼天。濟羣生。○同上

夏苗田

古臨高臺行。古今樂録曰。夏苗田。言大晉畋狩順時。爲田除害也。

夏苗田。運將徂。軍國異容。文武殊。乃命羣吏。撰車徒。辨其號名。宋書作名號。讚契書。王軍啓八門。行同上帝居。時路建大麾。雲旗翳紫虚。百官象其事。疾則疾。徐則徐。回衡旋軫。罷陳弊車。獻禽享祠。烝烝樂府作烝烝。配有虞。惟大晉。德參兩儀。化雲敷。○同上

仲秋獮田

古遠期行。古今樂録曰。仲秋獮田。言大晉雖有文德。不廢武事。順時以殺伐也。

仲秋獮田。金德常剛。晉書作綱。涼風清且厲。凝露結爲霜。白藏宋書作虎。是。樂府作臧。司辰。蒼隼時鷹揚。鷹揚猶尚父。順天以殺伐。春秋時序。樂府、詩紀作敍。雷霆振威曜。進退由鉦鼓。致禽祀祊。羽毛之用充軍府。赫赫大晉德。芬烈陵三五。敷化以文。雖治晉書作安。不廢武。光宅四海。永享天之祜。○同上

順天道

一作從天道。古石留行。古今樂録曰。順天道。言仲冬大閲。用武修文。大晉之德配天也。

順宋書作從。天道。握神契。三時示。宋書作亦。講武事。冬大閲。鳴鐲振鼓鐸。旌旗象虹霓。文制其中。武不窮武。動軍誓衆。禮成而義舉。三驅以崇宋書作宗。仁。進止不失其序。兵卒練。將如闞宋書無闞字。虎。晉書作武。下同。惟闞宋書作虓。虎。氣陵青雲。解圍三面。殺不殄羣。偃旌麾。班六軍。獻享蒸。修典文。嘉大晉。德配天。禄報功。爵俟賢。饗燕樂。受兹百禄。嘉晉書作壽。萬年。○同上

唐堯

古務成行。古曲亡。古今樂録曰。唐堯。言聖皇陟帝位。德化光四表也。

唐堯諮務成。謙謙德所興。積漸終光大。履霜致堅冰。神明道自然。詩紀云。晉書作成。河海猶可凝。舜禹統百揆。元凱以次升。禪讓應天晉書作大。曆。睿聖世相承。我皇陟帝位。平衡正準繩。德化飛宋書無飛字。四表。祥氣見其徵。興王坐俟旦。亡主樂府云。一作國。詩紀同。宋書作生。恬樂府云。一作主。詩紀同。自矜。致遠由近始。覆簣

成山陵。披圖按先籍。有其證靈液。宋書無液字。案當作靈液有其證。○同上

玄雲

古玄雲行。古曲亡。古今樂録曰。玄雲。言聖皇用人各盡其才也。

玄雲起丘山。宋書作山嶽。祥氣萬里會。龍飛何蜿蜿。鳳翔何翩翩。昔在唐虞朝。時見青雲際。今親遊萬宋書作方。樂府云。一作方。詩紀同。國。流光溢天外。鶴鳴在後園。清音宋書作香。隨風邁。成湯隆顯命。伊摯來如飛。周文獵渭濱。遂載吕望歸。符合如影響。晉書缺周文以下十五字。先天天弗違。輟耕綜時晉書作地。綱。宋書作綱時網。解褐衿天維。元功配二王。宋書作主。芬馨世所稀。我皇敍羣才。洪烈何巍巍。桓桓征四表。濟濟理萬機。神化感無方。髦才盈帝畿。丕顯惟昧旦。日新孔所咨。茂哉明聖宋書作聖明。樂府云。一作人。德。日月同光輝。○同上

伯益

古黄爵行。古曲亡。古今樂録曰。伯益。言赤烏銜書。有周以興。今聖皇受命。神雀來也。

伯益佐舜禹。職掌山與川。德侔十六相。思心入無間。宋書、樂府作閒。智理周萬物。下知衆鳥言。黄雀應清化。翔集晉書作習。何翩翩。和鳴棲庭樹。徘徊雲日間。夏桀爲無道。密網施山河。宋書作阿。詩紀云。晉書作川。酷祝振纖網。當奈黄雀何。殷湯崇天德。去其三面羅。逍遥羣飛來。鳴聲乃復和。朱雀作南宿。鳳皇統羽羣。

赤烏銜書至。天命瑞周文。神雀今來遊。爲我受命君。嘉祥致天和。膏澤隆宋書、樂府作降。詩紀云。一作降。青雲。蘭風發芳氣。闔晉書作蓋。世同其芬。○同上

釣竿

古釣竿行。漢鐃歌二十二曲無釣竿。古今樂録曰。釣竿。言聖皇德配堯舜。又有吕望之佐。以濟天功。致太平也。

釣竿何冉冉。甘餌芳且鮮。臨川運思心。微綸沈九淵晉書作泉。太公寶此術。乃在靈祕篇。機變隨物移。精妙貫未然。游魚驚著釣。潛龍飛戾天。戾天安所至。撫翼翔太清。太清一何異。兩儀出渾成。玉衡正三辰。造化賦羣形。退願輔聖君。與神合其靈。我君弘遠略。天人不足并。天人初并時。昧昧何芒芒。日月有徵兆。文象興二詩紀作三。皇。蚩尤亂生詩紀作山。民。晉書作靈。黄帝用兵征萬方。逮夏禹而德衰。三代晉書作世。不及虞與唐。我皇聖德配堯舜。受禪即祚宋書作胙。享天祥。率土蒙祐靡不肅。庶事康。庶事康。穆穆明明。荷百禄。保無極。永泰平。○同上○逯案。各題下小注引古今樂録語與宋書樂志同。

晉凱歌二首　張華

命將出征歌

重華隆帝道。戎蠻或不類聚作來。廣文選同。賓。徐夷興有周。鬼方亦違殷。今在盛詩紀作聖。明世。寇虐動西宋書、晉書、樂府、廣文選、詩紀並作四。誤。垠。豺狼染牙爪。羣生號穹旻。元帥統方夏。出車撫凉秦。衆貞必以律。臧

否實在人。威信加殊類。疏逖思自親。單醪豈有類聚、廣文選作無。味。挾纊感至仁。武功尚止戈。七德美安民。遠跡由斯舉。永世無風塵。○晉書樂志。樂府詩集十九。詩紀四十。又類聚五十九及廣文選十引賓、殷、垠、仁四韻。

勞還師歌

玁狁背天德。搆亂擾邦畿。戎車震朔野。羣帥贊皇威。將士齊心旅。樂府作膂。感義忘其私。積勢如鞹弩。赴節如發機。囂聲動山谷。金光曜素暉。揮戟詩紀云。晉書作戈。陵勁敵。武步蹈横尸。鯨鯢皆授首。北土永清夷。昔往冒隆暑。今來白雪霏。征夫信勤瘁。自古詠采薇。收榮於舍樂府作舍。爵。燕喜在凱歸。○晉書樂志。樂府詩集十九。詩紀四十。○逯案。上二篇晉書在四廂樂歌。

舞曲歌辭

晉正德大豫舞歌二首

傅玄

宋書樂志曰。晉武帝泰始九年。荀勗典知樂事。使郭瓊、宋識等造正德大豫之舞。勗及傅玄、張華又各造舞歌。咸寧元年。詔定祖宗之號。而廟樂同用正德大豫舞。

正德舞歌

天命有晉。光濟萬國。穆穆聖皇。文武惟則。在天斯正。在地成德。載韜政刑。載崇禮教。我敷玄化。臻於中道。○宋書樂志。樂府詩集五十二。詩紀四十。

大豫舞歌

於鑠皇晉。配天受命。熙帝之光。世德惟聖。嘉樂大豫。保祐萬姓。淵兮不竭。沖而用之。先帝弗違。虔奉天時。○同上

晉正德大豫舞歌二首

荀勗

正德舞歌

人文垂則。盛德有容。聲以依詠。舞以象功。干戚發揮。節以笙鏞。羽籥雲會。翊宣令蹤。敷美盡善。允協時邕。焕炳其章。光乎萬邦。萬邦洋洋。承我晉道。配天作享。元命有造。上化如風。民應如草。穆穆斌斌。形于綴兆。文武旁作。慶流四表。無競維烈。永世是紹。○宋書樂志。樂府詩集五十二。詩紀四十。

大豫舞歌

豫順以動。大哉惟時。時邁其仁。世載邕熙。兆我區夏。宣文是基。大業惟新。我皇隆宋書作降。之。重光累暉。宋書作曜。欽明文思。迄用有成。惟晉之祺。穆穆聖皇。受命既固。品物咸寧。芳烈雲布。文教旁通。篤以淳素。玄化洽暢。被之暇豫。作樂崇德。同美韶濩。濬邈幽遐。式遵王度。○同上

晉正德大豫舞歌二首

張華

晉書樂志曰。泰始九年。光禄大夫荀勗以杜夔所制律呂。校太樂、總章、鼓吹八音。與律呂乖錯。乃制古尺。作新律呂。以調聲韻。律成。遂班下太常。使太樂、總章、鼓吹、清商施用。勗遂典知樂事。啓朝士解音律者共掌之。使郭瓊、宋識等造正德、大豫二舞。其樂章亦張華所作云。

正德舞歌

曰晉書誤作日。皇上天。玄鑒惟光。神器周回。五德代章。祚命于晉。世有哲王。弘濟區夏。陶甄宋書作甄陶。萬方。大明垂耀。旁燭無疆。蚩蚩庶類。風德永康。皇道惟清。禮樂斯經。金石在縣。萬舞在庭。象容表慶。協律被聲。軼武超濩。取節六英。樂府作韺。同進退讓。化漸無形。大和宣洽。通于幽冥。○宋書樂志。晉書樂志。樂府詩集五十二。詩紀四十。

大豫舞歌

惟天之命。符運有歸。赫赫大晉。三后重暉。繼明紹宋書作昭。世。光撫九圍。我皇紹期。遂在璇宋書作璿。璣。羣生屬命。奄有庶邦。慎徽五典。玄教遐通。萬方同軌。率土咸雍。爰制大豫。宣德舞功。醇宋書作淳。化既穆。王道協隆。仁及草木。惠加昆蟲。億兆夷人。悦宋書作說。仰皇風。丕顯大業。永世彌崇。○同上

晉宣武舞歌四首

傅玄

晉書樂志曰。魏黄初三年。改漢巴渝舞曰昭武舞。景初元年。又作武始、咸熙、章斌三舞。皆執羽籥。及晉改昭武舞曰宣武舞。羽籥舞曰宣文舞。咸寧元年。詔廟樂停宣武、宣文二舞。而同用正德、大豫舞云。

惟聖皇篇

矛俞第一

惟聖皇。德巍巍。光四海。禮樂猶形影。文武爲表裏。乃作巴俞詩紀作渝。肆舞士。劍弩齊列。戈矛爲之始。進退疾鷹鷂。龍戰而豹起。如亂不可亂。動作順其理。離合有統紀。○宋書樂志。樂府詩集五十三。詩紀四十。

短兵篇

劍俞第二

劍爲短兵。其勢險危。疾踰飛電。回旋應規。武節齊聲。或合或離。電發星騖。若景若差。兵法攸象。軍容是儀。○同上。

軍鎮篇

弩俞第三

弩爲遠兵軍之鎮。其發有機。體難動。往必速。重而不遲。鋭精分鏄。射遠中微。弩俞之樂一何奇。變多姿。退若激。進若飛。五聲協。八音諧。宣武象。讚天威。○同上

窮武篇

安臺行亂第四

窮武者喪。宋書作喪。何但敗北。柔弱亡戰。國家亦廢。秦始徐偃。既已作戒。前世先王鑒其機。修文整武藝。文武足相濟。然後得詩紀作德。光大。亂曰。高則亢。滿則盈。亢必危。盈必傾。去危傾。守以平。沖則久。濁能清。混文武。順天經。○同上

晉宣文舞歌二首

羽籥舞歌

羲皇之初。天地開元。罔罟禽獸。羣黎以安。神農教耕。創業誠難。民得粒食。澹然無所患。黄帝始征伐。萬品造其端。軍駕無常居。是曰軒轅。軒轅既勤止。堯舜匪荒寧。夏禹治水。湯武又用兵。孰能保安逸。坐致太平。聖皇邁乾乾。天下興頌聲。穆穆且明明。惟聖皇。道化彰。徽四海。清三光。萬幾理。庶事康。潛龍升。儀鳳翔。風雨時。物繁昌。却走馬。降瑞祥。揚側宋書作仄。陋。簡忠良。百禄是荷。眉壽無疆。○宋書樂志。樂府詩集五十三。詩紀四十。

羽鐸舞歌

昔在渾成時。兩儀尚未分。陽升垂清景。陰降興浮雲。中和合氛氲。萬物各異羣。人倫得其序。衆生樂聖

君。三統繼五行。然後有質文。皇王殊運代。治亂亦繽紛。伊大晉。德兼往古。越犧農。邈舜禹。參天地。陵三五。禮唐周。樂韶武。豈惟簫韶。六代具舉。澤霑地境。化充天寓。聖明臨朝。元凱作輔。普天同樂胥。浩浩元氣。遐哉太清。五行流邁。日月代征。隨時變化。庶物乃成。聖皇繼天。光濟羣生。化之以道。萬國咸寧。受茲介福。延于億齡。○同上

晉鼙舞歌五首

古今樂録曰。晉鼙舞歌五篇。一曰洪業篇。當魏曲明明魏皇帝。古曲關東有賢女。二曰天命篇。當魏曲大和有聖帝。古曲章和二年中。三曰景皇篇。當魏曲魏曆長。古曲樂久長。四曰大晉篇。當魏曲天生烝民。古曲四方皇。五曰明君篇。當魏曲爲君既不易。古曲殿前生桂樹。按曹植怨歌行云。爲君既不易。爲臣良獨難。不知與此同否。○晉、宋書樂志載此五詩。俱不言是傅玄作。樂府作玄詩。或別有考也。

洪業篇

宣文創洪業。盛德在泰始。宋書誤作和。聖皇應靈符。受命君四海。萬國何所樂。上有明天子。唐堯禪帝位。虞舜惟恭己。恭己正南面。道化與時移。大赦盪萌漸。文教被黄支。象天則地。體無爲。聰明配日月。神聖參兩儀。雖有三凶類。静言無所施。象天則地。體無爲。稷契並佐命。伊吕升王臣。蘭芷登朝肆。下無失宿民。晉書作人。聲發響自應。表立景來附。虓虎晉書作哮闞。從晉書作順。羆制。潛龍升詩紀云。一作飛。天路。備物立

成器。變通極其數。百事以時敍。萬機有常度。訓之以克讓。納之以忠恕。羣下仰清風。海外同歡慕。象天則地。化雲布。昔日貴雕飾。今尚儉與素。昔日多纖介。今去情與故。象天則地。化雲布。濟濟大朝士。夙夜綜萬機。萬機無廢理。明明降疇晉書作訓。諮。宋書作咨。臣譬列星景。君配朝日暉。事業並通濟。功烈何巍巍。五帝繼三皇。三王晉書作皇。世所歸。聖德應期運。天地不能違。仰之彌已高。猶天不可階。將復御龍氏。鳳皇在庭棲。○宋書樂志。晉書樂志。樂府詩集五十三。詩紀四十。

天命篇

聖祖受天命。應期輔魏皇。入則綜萬機。出則征四方。朝廷無遺理。方表寧且康。道隆舜臣堯。積德踰大王。孟度阻窮險。造亂天一隅。神兵出不意。奉命致天誅。赦善戮有罪。元惡宗爲虛。威風振晉書、樂府作震。勁蜀。武烈懾彊吳。諸葛不知命。肆逆亂天常。擁徒十餘萬。數來寇邊疆。我皇邁神武。秉晉書作執。鉞鎮雍涼。亮乃畏天威。未戰先仆僵。盈虛自然運。時變固多艱。宋書作難。樂府同。東征陵海表。萬里梟賊淵。晉書作克朝鮮。乃避唐諱淵字改。受遺齊七政。曹爽又滔天。羣凶受誅殛。百祿樂府作保。咸來臻。黄華應福始。王凌爲禍先。○同上

景皇篇

景皇帝。聰明命世生。盛德參天地。帝王道大。宋書、樂府無大字。創基既已難。繼世亦未易。外則夏侯玄。内

則張與李。三凶稱晉書作構。逆。亂帝紀。順宋書、樂府作從。天行誅。窮其姦宄。遏晉書作遏。將禦其漸。潛謀不得起。罪人咸伏辜。威風振萬里。平衡綜萬機。萬機無不理。召陵桓晉書、樂府作恒。不君。內外何紛紛。衆小便成羣。蒙昧恣心。治亂不分。叡聖獨斷。濟武常以文。順宋書、樂府作從。天惟廢立。掃霓披浮雲。雲霓既已闢。清和未幾閒晉書作間。是。羽檄首尾至。變起東南蕃。儉欽爲長蛇。外則憑吳蠻。萬國紛騷擾。戚戚天下懼不安。神武御六軍。我皇秉晉書作執。鉞征。儉欽起壽春。前鋒據項城。出其不意。並縱奇兵。奇兵誠難御。廟勝實難支。兩軍不期遇。敵退計無施。虎晉書作豹。騎惟武進。大戰沙陽陂。欽乃亡魂走。奔虜若雲披。天恩晉書作因。赦有罪。東土放晉書作效。鯨鯢。○同上

大晉篇

赫赫大晉。於穆文皇。蕩蕩巍巍。道邁陶唐。世稱三皇五帝。及今重其光。九德克明。文既顯。武又章。晉書作彰。恩晉書作思。弘詩紀作洪。六合。兼濟萬方。內舉元凱。朝政以綱。外簡虎晉書作武。臣。時惟鷹揚。靡順宋書、樂府作從。不懷。逆命斯亡。仁配春日。威踰秋霜。濟濟多士。同茲蘭芳。唐虞至治。四凶滔天。致討儉欽。罔不肅虔。化感海外。晉書作內。海外來賓。獻其聲樂。並稱妾臣。西蜀猾夏。僭號方域。命將致討。委國稽服。吳人放命。憑晉書作馮。海阻江。飛書告諭。嚮應來同。先王建萬國。九服爲蕃衛。亡秦壞諸侯。享祚宋書作序胙。不二世。歷代不能復。忽踰五百歲。我皇邁聖德。應期創典制。分土五等。蕃國正封界。莘莘文武佐。千秋遘嘉會。洪業晉書作澤。溢區內。仁風翔海外。○同上

明君篇

明君御四海。聽鑒盡物情。顧望有讜罰。竭忠身必榮。蘭茝晉書作芷。出荒野。萬里升紫庭。茨草穢堂階。掃截不得生。能否莫相蒙。百官正其名。恭己慎有爲。有爲無不成。闇君不自信。羣下執異端。正直羅浸樂府作譖。詩紀云。一作譖。潤。姦臣奪其權。雖欲盡忠誠。結舌不敢言。結舌亦何憚。盡忠爲身患。清流豈不潔。飛塵濁其源。歧路令人迷。未遠勝不還。忠臣立君朝。正色不顧身。邪正不並存。譬若胡與秦。胡秦宋書、樂府作秦胡。有合時。邪正各異津。忠臣遇明君。乾乾惟日新。羣目統在綱。衆星拱晉書作共。北辰。設令遭闇主。斥退爲凡民。晉書作人。雖薄共晉書作供。時用。白茅猶可晉書作爲。珍。詩紀云。一作爲珍。冰霜晝夜結。蘭桂摧爲薪。邪臣多端變。用心何委曲。便僻宋書作辟。順宋書、樂府作從。情指。動隨君所欲。偷安樂目前。不問清與濁。積僞罔時主。養交以持禄。言行恆相違。難饜甚谿谷。昧死射晉書作則。乾没。覺露則滅族。○同上

晉鐸舞歌

雲門篇當魏太和時。

宋書載此。亦不云是玄作。樂府作玄詩。

黄雲門。唐咸池。虞韶舞。夏夏殷濩。列代有五。振鐸鳴金。近大武。清歌發唱。形宋書作刑。爲主。聲和八音。協律吕。身不虚動。手不徒舉。應節合度。周其敍。時奏宫角。宋書作商。雜之以徵羽。下饜衆目。上從鐘

鼓。樂以移風。與德禮相輔。安有失其所。○宋書樂志。南齊書樂志。樂府詩集五十四。詩紀四十。

拂舞歌詩三首

無名氏

晉書樂志曰。拂舞出自江左。舊云吴舞也。晉曲五篇。一曰白鳩。二曰濟濟。三曰獨漉。四曰碣石。五曰淮南王。○齊多節略舊辭。而因其曲名。碣石篇四章已見曹孟德。淮南王一首已見漢古辭。今不録也。

白鳩篇

南齊書樂志曰。白符鳩舞。出江南。吴人所造。其歌本云。平平白符。思我君惠。集我金堂。言白者。金行。符。合也。鳩亦合也。符鳩雖異。其義實同。宋書樂志曰。晉楊泓舞序云。自到江南。見白符舞。或言白凫鳩舞。云有此來數十年矣。察其辭旨。乃是吴人患孫皓虐政。思屬晉也。晉辭曰。翩翩白鳩。載飛載鳴。懷我君德。來集君庭。蓋晉人改其本歌云。

翩翩白鳩。載宋書、文選補遺作再。下同。飛載鳴。懷我君德。來集君庭。白雀呈瑞。素羽明鮮。翔庭舞翼。以應仁乾。交交晉書作皎皎。文選補遺同。鳴鳩。或丹或黄。樂我君惠。振羽來翔。東壁晉書作璧。餘光。魚在江湖。惠而不費。敬我微軀。策我良駟。習我驅馳。與君周旋。樂道亡餘。晉書作忘飢。文選補遺同。我心虚静。我志霑濡。彈琴鼓瑟。聊以自娱。凌雲登臺。浮游太清。扳晉書作攀。文選補遺同。龍附鳳。目宋書作日。晉書、文選補遺作自。

望身輕。○宋書樂志。晉書樂志。樂府詩集五十四。文選補遺三十四次諸葛亮梁甫吟後。詩紀四十。

獨漉篇獨漉。一作獨禄。

南齊書樂志曰。古辭明君曲後云。勇安樂。無慈不問清與濁。清與無時濁。邪交與獨禄。伎録曰。求禄求禄。清白不濁。清白尚可。貪污殺我。晉歌爲鹿字。古通用也。疑是風刺之辭。

獨漉宋書作禄。下同。獨漉。晉書作獨獨禄禄。文選補遺同。水深泥濁。泥濁尚可。水深殺我。雍雍宋書作雝雝。雙鴈。遊戲田畔。我欲射鴈。念子孤散。翩翩浮萍。得風摇宋書、晉書作遥。風雅翼同。輕。我心何合。與之同并。空牀低帷。誰知無人。夜衣錦繡。誰别僞真。刀鳴削各書作削。中。倚牀無施。父寃不報。欲活何爲。猛虎晉書、文選補遺作獸。下同。斑斑。宋書、晉書、廣文選作班。遊戲山間。虎欲齧人。不避豪賢。○宋書樂志。晉書樂志。樂府詩集五十四。文選補遺三十四。風雅翼選詩補遺下。廣文選十二。詩紀四十。

濟濟篇

暢飛暢舞晉書作暢暢飛舞。氣流芳。追念三五大綺黄。去失有。時可行。去來同時晉書作時同。此未央。時冉冉。近桑榆。但當飲酒爲歡娱。衰老逝。有何期。詩紀云。晉書作何有期。多憂耿耿内懷思。淵晉書作深。池廣。晉書作曠。魚獨希。願得黄浦衆所依。恩感人。世無比。悲歌且宋書、樂府作具。舞無極已。○宋書樂志。晉書樂志。樂府詩集五十四。詩紀四十。

白紵舞歌詩三首

宋書樂志曰。白紵舞。按舞辭有巾袍之言。紵本吴地所出。宜是吴舞也。晉俳歌云。皎皎白緒。節節爲雙。吴音呼緒爲紵。疑白緒即白紵也。南齊書樂志曰。白紵歌。周處風土記云。吴黄龍中童謡云。行白者君。追汝句驪馬。後孫權征公孫淵。浮海乘舶。舶。白也。今歌和聲猶云、行白紵焉。樂府解題曰。古詞盛稱舞者之美。宜及芳時爲樂。其譽白紵曰。質如輕雲色如銀。製以爲袍餘作巾。袍以光軀巾拂塵。唐書樂志曰。梁武帝令沈約效其辭。爲四時白紵歌。今中原有白紵曲。辭旨與此全殊。

輕軀徐起何洋洋。高舉兩手白鵠翔。宛若龍轉乍低昂。凝停善睞容儀光。如推若引留且行。隨世而變誠無方。舞以盡神安可忘。晉世方昌樂未央。質如輕雲以上四字御覽作質如月輕如雲。又質或誤賓。色如御覽或作似。銀。愛之遺誰贈佳人。制以爲袍餘作巾。袍以光軀巾拂塵。麗服在御會佳賓。醪醴盈樽美且淳。清歌徐舞降祇神。四座歡樂胡可陳。詩紀云。宋歌亦用此辭。各以下句作上句。無麗服二句。〇宋書樂志。樂府詩集五十五。詩紀四十。又御覽六百九十三作古樂府。引銀、塵、巾三韻。八百二十作古樂府。引銀、巾二韻。

雙袂齊舉鸞鳳翔。羅裙宋書作裾。飄飖昭儀光。趨步生姿進流芳。鳴弦清歌及三陽。人生世間如電過。樂時每少苦日多。幸及良辰耀春華。宋書作花。齊倡獻舞趙女歌。羲和馳景逝不停。春露未晞嚴霜零。百草凋索花落英。蟋蟀吟牖寒蟬鳴。百年之命忽若傾。早知迅速秉燭行。東造扶桑遊紫庭。西至崑崙戲曾城。〇宋書樂志。樂府詩集五十五。詩紀四十。

陽春白日風花香。趨步明玉舞瑶璫。聲發金石媚笙簧。羅袿徐轉紅袖揚。清歌流響繞鳳梁。如矜若思凝且翔。轉眄遺精豔輝光。將流將引雙鴈行。宋書作翔。歡來何晚意何長。明君御世永歌昌。宋書作倡。○同上

晉杯槃舞歌詩

宋書樂志曰。槃舞。漢曲也。張衡舞賦云。歷七槃而縱躡。王粲七釋云。七槃陳於廣庭。顔延之云。遞間關於槃扇。鮑照云。七槃起長袖。皆以七槃爲舞也。搜神記云。晉太康中。天下爲晉世寧舞。矜手以接杯槃而反覆之。此則漢世唯有拌舞。而晉加之以杯反覆也。五行志曰。其歌云晉世寧。舞杯槃。言接杯槃於手上而反覆之。至危也。杯槃者。酒食之器也。而名曰晉世寧者。言晉世之士。苟偷於酒食之間。而知不及遠。晉世之寧。猶杯槃之在手也。唐書樂志曰。漢有槃舞。晉世謂之杯槃舞。樂府詩云。妍袖陵七槃。言舞用槃七枚也。

晉世寧。四海平。普天安樂永大寧。四海安。天下歡。樂治興隆舞杯槃。舞杯槃。何翩翩。舉坐翻覆壽萬年。天與日。終與一。左回右轉不相失。筝笛悲。酒舞疲。心中慷慨可健兒。樽酒甘。絲竹清。願令諸君醉復醒。醉復醒。時合同。四座歡樂皆言工。絲竹音。可不聽。亦舞此槃左右輕。自相當。合坐歡樂人命長。人命長。當結友。千秋萬歲皆老壽。○宋書樂志。樂府詩集五十六。詩紀四十。